U0498844

威科法律译丛

美国金融机构法

第五版

银行法

上册

〔美〕理查德·斯考特·卡内尔
乔纳森·R.梅西　　　著
杰弗里·P.米勒

高华军　译

商务印书馆
The Commercial Press
创于1897

2016年·北京

By Richard Scott Carnell

Jonathan R. Macey

Geoffrey P. Miller

The Law of Financial Institutions

Fifth Edition

出 版 说 明

我馆历来重视迻译出版世界各国法律著作。早在1907年就出版了第一套系统介绍外国法律法规的《新译日本法规大全》81册，还出版了《汉译日本法律经济辞典》。1909年出版了中国近代启蒙思想家严复翻译的法国著名思想家孟德斯鸠的《法意》。这些作品开近代中国法治风气之先。其后，我馆翻译出版了诸多政治、法律方面的作品，对于民国时期的政治家和学人产生了重要影响。新中国成立后，我馆以译介外国哲学社会科学著作为重，特别是从1981年开始分辑出版"汉译世界学术名著丛书"，西方政治法律思想名著构成其中重要部分，在我国法学和法治建设中发挥了积极作用。

2010年开始，我馆与荷兰威科集团建立战略合作伙伴关系，联手开展法学著作中外文双向合作出版。威科集团创立于1836年，是全球最大的法律专业信息服务和出版机构之一。"威科法律译丛"是我们从威科集团出版的法律图书中挑选的精品，其中涉及当前中国学术界尚处在空白状态、亟需研究的领域，希望能够对中国的法学和法治建设有所助益。除了引进国外法律图书外，我们同时也通过威科集团将中国的法律思想和制度译介给西方社会，俾使中国学人的思想成果走向世界，中华文明的有益经验惠及异域。

商务印书馆编辑部

2011年8月

译 者 序

美国有着世界上最复杂的金融体系,相应地,美国涉及银行与非银行金融机构的法律法规体系堪称纷繁。那么,如何才能更好地理解、更有效地把握美国金融机构法律法规体系?《美国金融机构法》独辟蹊径,作为一流的判例著作,为我们学习金融法的学生、从事金融职业者、金融监管部门和法律专业实务人士以及有关研究人员系统性认识、研究、批判和借鉴美国金融机构法律法规体系提供了一把钥匙。

一、本书作者与内容梗概

本书有三位作者,分别是理查德·斯考特·卡内尔、乔纳森·R. 梅西和杰弗里·P. 米勒。

理查德·斯考特·卡内尔(Richard Scott Carnell)是福特汉姆大学法学院法律副教授。1975 年耶鲁大学本科毕业后,1982 年获得哈佛大学法学院法学博士。1982—1984 年,布罗德、舒尔茨、拉尔森和温伯格(旧金山)律师所律师。1984—1987 年,美国联邦储备委员会出庭律师。之后,受雇美国参议院银行、住房和城市事务委员会律师(1987—1988 年)和资深大律师(1989—1993 年)。1993—1999 年,被克林顿政府提名担任美国财政部主管金融机构的助理部长。离开政府之后,任教福特汉姆大学法学院。教学与研究领域是银行法、银行监管、政府资助企业和金融机构监管,在《华盛顿法律评论》、《银行法评论年刊》、《银行家》、《纽约时报》、路透社等多家专业杂志和媒体发表诸多论文和评论。2008

年,与乔纳森·R.梅西和杰弗里·P.米勒合著出版《美国银行法与监管》,即本书第四版。2013年7月,三位作者修订出版了现在读者看到的第五版。①

乔纳森·R.梅西(Jonathan R. Macey)是耶鲁大学法学院山姆·哈里斯讲席教授,专长公司法、公司财务与证券法;他还是耶鲁大学管理学院教授。1977年哈佛大学毕业,1982年获得耶鲁大学法学院博士学位。他是《耶鲁法律期刊》的论文和书评编辑。1996年,梅西教授从斯德哥尔摩经济学院获得荣誉博士学位。继法学院之后,梅西教授是美国第二巡回上诉法院法官亨利·J.弗兰德利的法官助理。从1991—2004年,他先后任康奈尔大学法学院法学教授、法律与经济学项目主任、约翰逊商学院法律与商学教授。梅西教授曾任教博科尼大学(米兰)、东京大学、多伦多大学、都灵大学、阿姆斯特丹大学和斯德哥尔摩经济学院,他还曾是芝加哥大学法学院教授(1990年)和哈佛法学院的法学客座教授(1999年),是意大利都灵国际经济研究中心高级研究员(ICER)。梅西1998年在阿斯彭出版两卷本《公司法》,与人合著两本一流的判例书,除本书外,还有《合伙企业和有限责任公司》(第八版,汤姆森西部法律出版社2003年),先后在《银行法律期刊》、《芝加哥大学法律评论》、《斯坦福法律评论》、《耶鲁法律杂志》和《康奈尔法律评论》等发表论文100多篇。②

杰弗里·P.米勒(Geoffrey P. Miller)是纽约大学金融机构研究中心主任,史岱文森·P.康福特法律讲席教授。米勒出版八本书、发表200多篇论文,著述涉猎合规与风险管理、金融机构、公司法与证券法、宪法、民事诉讼、法律史、法理学和古代法等领域。他教过的课程范围很广,包括房地产、公司、合规及风险管理、金融机构、土地开发、证券和法律理论。米勒1973年普林斯顿大学毕业,1978年在哥伦比亚大学法学院获得法学博士学位,在

---

① 参见福特汉姆大学法学院网站 http://law. fordham. edu/faculty/richardscottcarnell. htm。

② 参见耶鲁大学法学院网站 http://www. law. yale. edu/faculty/JMacey. htm。

那里他是一位斯通学者①和《哥伦比亚法律评论》主编。他曾为美国哥伦比亚特区上诉法院法官卡尔·麦高文和美国最高法院大法官拜伦·怀特②的法官助理。曾任职美国司法部律师顾问办公室法律顾问，华盛顿特区一家法律所律师。1983年加入芝加哥大学法学院，在那里他担任副院长，法律和经济学项目主任。1995年加入纽约大学法学院。米勒是哥伦比亚大学、哈佛大学、明尼苏达大学、伯尔尼大学、热那亚大学、圣加伦大学、法兰克福大学、阿尔伯托学院、悉尼大学、奥克兰大学和日本银行的客座教授或访问学者。米勒是实证法学研究会创始人，全球经济政策论坛联合召集人，纽约大学法学院金融机构中心主任及合规和强制执行项目主任。他同时是一家农业银行的董事会成员。2011年，米勒当选为美国艺术与科学院院士。③

本书讨论关于金融机构的法律法规。尽管金融机构种类很多，但作者特别突出了针对银行和银行集团公司的法律法规。作者在本书中对前版进行了全面修改，以涵盖金融危机、政策回应以及其他新近进展，增添了关于结构化金融、消费者保护、保险和投资公司的章节。本书分为银行与非银行金融机构两大块，鉴于我国金融分业监管以及方便读者阅读，兹将中文版分为上、下两册出版。

上册各章内容是：

第一章绪论与综述，共七节，从历史回顾和银行特性回答为什么银行业在美国受到最严厉监管以及美国银行业监管结构的独特性。美国历史、联邦与州双轨制度、适应市场变化和政治压力，塑造了美国独特的银行业法规

---

① 斯通学者(a Stone Scholar)，哥伦比亚大学法学院授予毕业生的一种荣誉，以哈伦·菲斯克·斯通(Harlan Fiske Stone，1872年10月—1946年4月)名字命名，斯通曾任哥伦比亚大学法学院院长、美国总检察长、美国最高法院大法官(1925—1941年)和美国首席大法官(1941—1946年)。参见何帆译：《谁来守护公正——美国最高法院大法官访谈录》，北京大学出版社2013年，第358、359页。

② 拜伦·怀特(Byron White)，约翰·F.肯尼迪总统提名的大法官，任职31年(1962年4月—1993年6月)。参见何帆译：《谁来守护公正——美国最高法院大法官访谈录》，北京大学出版社2013年，第359页。

③ 参见纽约大学法学院网站 https://its.law.nyu.edu/facultyprofiles/profile.cfm? section = bio&personID=20131。

体系与监管结构。

第二章起步，共四节，涉及银行准入、银行执照变更、双重银行制度，以及联邦法与州法的相互作用，主线是银行准入、变更和退出的审批管理。银行执照的选择与变更体现联邦与州的监管竞争，行政审批必然涉及司法审查，联邦与州法律层层交织，必然要求先占权规则。

第三章关于银行能力，共九节，考察许可银行发展的各种业务，银行不同于普通公司，其经营范围和业务种类有严格限制。银行通过控股公司间接从事银行不能直接进行的各种金融业务。

第四章关于地域扩张，共五节，核心是突破地域限制，寻求地域扩张。通过银行控股公司、银行州内与州际分行化、州际银行兼并和网络银行等方式，突破维护单元银行制度的法律地域限制，谋求地域扩张。尽管地域扩张已成风靡潮流，但有些地域限制依然存在，《反托拉斯法》也抑制地域扩张。

第五章安全与稳健，共四节，重点是关于银行安全与稳健的限制与要求，核心是实行监管资本要求。监管当局从《1983 年国际贷款监督法》和《联邦存款保险法》的及时纠正行动条款获得实行资本要求的权威。美国根据巴塞尔协议推行资本监管。

第六章关于存款保险，共三节，讨论存款保险的利弊、联邦存款保险制度的基本要点以及联邦存款保险制度改革。联邦存款保险问题广泛而深刻地影响着美国银行业监管的政策与法律。

第七章关于消费者保护与基本金融服务，共十一节，涉及高利贷、平等信贷机会、诚实借贷法、征信体系、房地产交易、收债、搭售、隐私、放款人责任以及社区再投资与开发。不仅每一方面都有专门的法律法规，而且针对金融危机还诞生了《多德-弗兰克华尔街改革和消费者保护法》。

第八章讨论关联关系，共六节，说明银行与其他公司之间的关联关系，银行与关联公司开展业务的限制。本章考察六个关键问题，涉及规制联邦保险的存款机构与控股公司、控股公司附属机构，以及存款机构的子公司之间关联关系的法律。

第九章关于检查考核与强制执行，共两节，讨论监管部门的检查与执法。监管部门通过检查与监控银行、评估风险和识别潜在问题,发现不稳健或违法的做法,并鼓励采取纠正措施。监管部门拥有可以强迫遵守并惩处不当行为责任者的各种执法权力。

第十章关于银行破产问题,共七节,讨论倒闭银行的处理程序及其法律框架。重点是接管破产银行的法律机制,联邦存款保险公司处理破产银行的最低成本原则,以及系统性重要金融机构的例外处理。

二、美国金融机构法律体系的特点

要说美国金融机构法律体系的特点,至少要提及普通法、法典化,以及应对市场变化的重要银行业立法诸方面。

(一)本书是一部关于美国金融机构法的案例著作,体现了美国法的普通法传统

本书最为突出的一点是一本案例著作,全书共涉及案例近200个,其中,予以较大篇幅摘要或节选介绍的引用案例就有70个左右。这些案例体现了美国法的普通法传统,彰显了美国金融机构法律特点及其制度的发展变化。

普通法是判例之法,而非制定之法,强调"遵循先例"原则,是法官在判例的基础上,归纳形成的一套适用于整个社会的法律体系。判例法的优点是动态地以新判例充实其内容,能够及时地对社会现实出现的新变化做出反映。它是由英格兰从古代开始发展而成的一种法律体系。所有现在或以前曾经是英国的殖民地,或属土,或英联邦国家,包括美国,均归属这种法系。这种法系于公元1066年由英王威廉一世的诺曼征服开始,慢慢在12及13世纪成形。当时英格兰王室派出法官巡回各地审判案件,由于当时很多法律问题都没有白纸黑字的规范,因此法官都是根据当地的社会风俗、习惯、道德观念和一般常理作出判决,其中基督教圣经对当时英格兰社会的道

德观念有着相当的影响。当时的法官习惯上都会尊重和跟随以前法官尤其是较高级法庭的法官的判案原则,于是经过几百年累积起来的判例便形成了适用于全国的法律。在印刷术开始普及之后,许多重要的判例都以年鉴的形式印刷出版。法官审理案件时也越来越详细地解释他判案的理由,并分析以前的判例作为支持他判案的理据;律师接手办理新的案件时,都会翻查以往出版的判例作为辩护依据。到了大约15世纪,这种无须经过立法机关立法而成的"法律"慢慢确立,所以普通法又叫不成文法。有法律学者甚至认为,从理论上看,这种慢慢累积而来的"法律"如同公义、道德这些观念一样,在一切制度未曾确立以前,其实已经存在每个人的良知里,法官的职责是把这些法律原则"找出来",而不是"创立"法律。①

美国作为判例法国家,必然遵循先例约束原则,即先前的判例对以后的判例具有约束力,上级法院的判例对下级法院具有约束力。本书很多案例都提及了以前判例首次"创立"的一些法律原则,这些原则被后来的法官们引用,作为支持他们判案的理据。以著名的雪佛龙原则为例,雪佛龙原则出自"雪佛龙美国公司诉自然资源保护委员会法人公司案",本书有若干案例都涉及雪佛龙原则,那么法官在"遵循先例"判案时,如何甄别情况适用雪佛龙原则?

在"科莫诉清算所协会有限公司案②"节选中,法官判词引用雪佛龙原则,"根据众所周知的'雪佛龙'案的框架,我们尊重负责管理《国民银行法》的政府机关对一个成文法的合理解释。"③在同一案例节选中,最高法院大法官④认为,"最高法院关于'雪佛龙案'的裁决对本案的裁决提供了框架。'在雪佛龙案中,本最高法院认定,监管机构管辖范围内执行的法规含糊不

---

① 参见 http://zh. wikipedia. org/wiki/法律体系。

② 《美国案例汇编》第557卷,第519页(2009)。

③ 参见边码第92页。

④ 本案主审大法官斯卡利亚(Antonin Scalia,1986年至今在任)、联合大法官布雷耶(Stephen Breyer,1994年至今在任)、金斯伯格(Ruth Bader Ginsburg,1993年至今在任)、苏特(David Souter, 1990—2009年在任)和史蒂文斯(John Paul Stevens,1975—2010年在任)。参见项焱译《美国宪法个人权利案例与解析》,商务印书馆2014年,第611页。

清,是该机构的权威的代表团以合理的方式填补了法律空白。'因此,'如果一部成文法是含糊的,并且,如果实施机构的解释是合理的,那么,雪佛龙原则要求一家联邦法院接受该机构关于此成文法的解释,即便该机构的理解区别于该法院,而该法院相信它是最好的成文法解释。'"如果"先前法院的裁决认定它的解释是从该成文法的明确术语得出的,那么一家法院先前对一成文法的司法解释胜于一家行政机构尊重雪佛龙案的解释,并且不给行政机构自由裁量权留有余地。""诉讼人基于联邦主义反对尊重雪佛龙案原则,……。但是,裁定国会建立的成文法方案是否异常或甚至"怪异",这不是本最高法院的任务。"①

在"北卡罗来纳国民银行诉可变年金人寿保险公司案②"节选中,大法官金斯伯格引用了雪佛龙案的原则,"作为管理者有责任监督《国民银行法》实施,……按《美国法典》第12卷第24节第七条,货币监理署承担监控'银行业务'的主要责任。按现在熟知的方式,当我们面对一个专家机构的成文法阐释时,我们首先要问关于争议的确切问题是否'国会的意图是清楚的'。参见雪佛龙美国公司诉自然资源协会公司案。如果是那样的话,'这件事就结束了'。但是,'如果该成文法没有说明或者对于这个具体争议是模糊的,那法院的问题是该机构的回答是否基于该成文法的许可的解释。'如果该机构的理解填补空白或按立法机构展现的意图以合理方式定义了一个术语,那么,我们给予该行政机构的判断'支配性重视'。"最高法院"明确认定,'银行业务'不限于在《美国法典》第12卷第24节第七条列举的能力,货币监理署因而有自由裁量权批准超出那些特别列举的业务。然而,货币监理署自由裁量权的行使必须保持在合理范围内。远离金融投资工具的企业,比如,经营一家普通旅游公司,可能超出了那些范围边界。"③

---

① 参见边码第97—99页。

② 《美国案例汇编》第513卷,第251页(1995)。

③ 参见边码第112—114页。

在"证券业协会诉联邦储备系统理事会案①"中,巡回法官博克提到了雪佛龙原则,"最高法院留下了未解决的问题,就是银行家信托公司向其公司客户销售商业票据是否从事了'承销'证券。基于发回重审,联邦储备理事会发现,这项业务构成了'承销'证券,但无追索权,而且仅根据(客户)指令和为客户账户,这是《格拉斯-斯蒂格尔法》第16节许可的。理事会全面讲述了该法的语言、历史和目的。我们对此案裁定欠缺实质性尊重,必须按雪佛龙案的原则复审这个裁定。"②

在"国民银行诉可变年金人寿保险公司案③"中,"强调对货币监理官的解释的司法尊重,以保持与雪佛龙案的一致。这样的司法尊重变成了一系列谈判争论的关键问题,逐渐导致了《格雷姆-里奇-比利雷法》。银行家们和货币监理官寻求保持雪佛龙原则不受削弱,恰如它适用于其他案例,在那些案例中联邦监管机构解释了他们执行的成文法。保险领域的监管机构、保险公司和代理公司都把雪佛龙原则视为死亡威胁。""因此,在保险监管机构与联邦银行监管机构之间的冲突中,雪佛龙原则可能给予银行一方有一种嵌入式的优势。雪佛龙原则,银行家喜欢!为了拉平监管竞赛场地,《格雷姆-里奇-比利雷法》包含了一个财政部制定的妥协条款。在任何'一家州保险监管机构与一家联邦监管机构之间发生关于保险争议问题的监管冲突'时,两家监管机构中的任何一家都可以寻求快捷司法审查。"④

在"美国独立保险代理诉霍克案⑤"中,"在解释一部由单一部门管理执行的联邦成文法的意思时,我们使用(雪佛龙案的)两步调查方法。第一步,我们查究国会是否直接讲过争议的确切问题。如果它说过,我们必须实行那个明示的意图。当我们执行这第一步时,我们使用传统的成文法解释工具。如果我们面前的成文法对确切争议没有说过或模糊不明,我们进行

---

① 《联邦案例汇编第二辑》第 807 卷,第 1052 页(特区巡回法庭,1986 年)。
② 参见边码第 141—142 页。
③ 《美国案例汇编》第 513 卷,第 251 页(1995)。
④ 参见边码第 148—150 页。
⑤ 《联邦案例汇编第三辑》第 211 卷,第 638 页(特区巡回法庭,2000 年)。

第二步,至此我们尊重该机构对此成文法的解释,如果它的解释是合理的并与此成文法的目的一致。"①

在"斯迈利诉花旗银行(南达科他)案②"中,大法官斯卡利亚申明,"对于监管部门负责管理的成文法中有关模糊术语的意思,我们的惯例是尊重监管部门的合理判断。关于该银行法的意思,我们的惯例是尊重货币监理官的判断。"诉讼人辩称,监理官的规条不值得我们尊重,因为"没有在合理基础上将叫做利息的各种收费……与叫做'非利息'的各种收费加以区分。"她认为,西波隆诉利格特集团公司案③宣布的"针对先占权……假定"实际上推翻了雪佛龙案。大法官斯卡利亚申明,"我们已经得出监理官的诠释值得尊重的结论,那么我们面前的问题不是它是否代表该成文法的最好解释,而是它是否代表了一种合理解释。很明显,答案是肯定的。"④

在"弗里曼诉速贷有限公司案⑤"中,大法官斯卡利亚介绍,"当事人就住房与都市发展部于2001年政策说明提出的观点是否应按本院在雪佛龙案宣布的框架被一致遵循进行了激烈争论。"⑥

由上可见,尊重雪佛龙原则意味着尊重监管机构对成文法的某个解释,一般分两步:第一步,法官首先查究成文法是否直接讲过争议的确切问题,如果它说过,法官必须实行那个明示的意图,也就不存在尊重雪佛龙原则的问题,只能按成文法明示的意图判决;第二步,只有在成文法对确切争议没有说过或模糊不明,法官才尊重监管机构对此成文法的解释,条件是监管机构的解释是合理的并与此成文法的目的一致。如果先前法院的裁决认定自己的解释是从该成文法的明确术语得出的,那么一家法院先前对该成文法的司法解释胜于一家行政机构尊重雪佛龙案的解释,并且不给行政机构自由裁量权留有余地;如果监管机构的解释超出合理的范围,法官予以驳回;

---

① 参见边码第152—153页。

② 《美国案例汇编》第517卷,第735页(1996)。

③ 《美国案例汇编》第505卷,第504,518页(1992)。

④ 参见边码第300—301页。

⑤ 《最高法院案例汇编》第132卷,第2034页(2012)。

⑥ 参见边码第335页。

如果法官没有实质尊重雪佛龙原则,那么上级法院可能要求发回重审;如果两家监管机构对同一解释存在争议,两家中的任何一家都可以寻求司法审查;如果诉讼当事人不尊重雪佛龙原则,由法官裁定是否坚持雪佛龙原则。

法官在判决时经常引用先前的判例来支持自己的观点,对判例引用的需要,促使美国发展出了成熟的判例编纂制度①。

(二)本书涉及大量美国金融机构法律,体现了美国法的法典化

本书除了频繁引用的《美国法典》②和《美国联邦法规》③之外,仅上册银行法部分就具体谈到或提及了大约 60 个成文法(参见附录"成文法一览表")。

美国法一方面继受普通法,另一方面也制定各种成文法典和单行法。美国制定了世界上最早的成文宪法典,1787 年通过的联邦宪法④表现出惊人的连续性和稳定性。此外,各州也分别制定了州宪法典。到 19 世纪末和 20 世纪初时,美国法律、法规和各种条例的数量已发展到令人吃惊的地步,名目众多的立法使得人难以驾驭。于是,各州法律统一化和系统化的法典编纂的要求应运而生。弗吉尼亚州经过杰斐逊、威斯和彭德尔三人的数年努力,新修改的总共 126 个法案的大部分于 1785 年获得州议会通过⑤;路易斯安那州 1808 年颁布了以法国法为基础的民法典;1836 年,马萨诸塞州任命了一个法律委员会,"以便考虑把马萨诸塞州的普通法或其某一部分精简为一部成文的和系统的法典是否可行和是否有利";菲尔德领导的纽约州法典委员会起草的民事诉讼法典和刑法典分别于 1848 年和 1882 年获得

---

① 郎贵梅:《美国联邦最高法院判例汇编制度及其启示》,《法律文献信息与研究》2008 年第 2 期。

② 《美国法典》即 United States Code,简称 USC。

③ 《美国联邦法规》即 Code of Federal Regulations,简称 CFR(有人译作《美国联邦行政法典》或《联邦条例汇编》)。

④ 参见《美国宪法及其修正案》,商务印书馆 2014 年。

⑤ 《弗吉尼亚笔记》,商务印书馆 2014 年,第 80、148 页。

通过,他在纽约州的法典编纂活动对其他州产生了巨大影响。① 第一次美国意义上的法典编纂是在 1875 年。自 1926 年起,美国官方的法典编纂已经形成了规范化的程序。此外,美国官方的法律编纂工作还包括联邦最高法院的判例编纂。

美国法的法典化具有如下特点:

第一,成文法和法典化。

美国现行官方的法典编纂主要分为《美国法典》和《美国联邦法规》两大部分,并有专门机构②负责编纂工作。各州的议会和政府也有专门机构进行独立的法律编纂。

《美国法典》。1925 年,美国国会两院任命一个特别委员会,将《1875年修订制定法》(即收录 1926 年之前联邦制定的所有实体法)中仍然有效的部分和 1873 年之后的《制定法大全》中仍然有效的所有公法以及一般法(general laws)收录在内,成为 1926 年版的《美国法典》。1934 年版《美国法典》之后,每隔六年对《美国法典》重新编纂颁布一次,期间每年将国会当年通过的法律编辑成一个补充卷,方便人们查阅和引用当年通过的法律。法律修订委员会办公室只能对法律作一些必要的技术处理,如涉及到法律含义等重大问题时,则必须报经国会审议通过。法典分为 50 个主题进行编排,每一个主题对应一卷,其中第 12 主题是银行与金融。

国会每颁布一部法律,在发行单行本的同时,由编排专业人员将这部法律分解为若干部分,再根据其内容编排到 50 个相应主题的相关卷中。这个编纂体系将成文法分别收入 50 个标题(即"Title"),每个标题项下设很多"章"(即"chapter"),每"章"项下设若干"节"(即"section"),即在 50 个主

---

①　封丽霞:《美国普通法的法典化》,参见中南财经政法大学法律文化研究院举办"法律史学术网"。(http://jyw.znufe.edu.cn/flsxsw/articleshow.asp? id = 65)本序言中关于美国法的法典化特点部分引用了此文的内容。

②　《美国法典》的编纂机构是设在美国国会众议院内的法律修订委员会办公室(the Office of the Law Revision Counsel of the House of Representatives)。《美国联邦法规》的编纂机构是联邦政府公报办公室(Bulletin Office of the Federal Government)。

题之下,法典依次分为卷、章、部分、节、条等。统一的检索系统有相应的编码①。此外,美国韦氏出版集团在《美国法典》的基础上编纂出版了《美国法典注释》(United State Code Annotated,或 USCA),其编纂内容在联邦法律的基础上,又加入立法历史(legislative history)、解释性注释(interpretive notes)和司法判例(judicial decisions)乃至具有次要权威地位的学者论述,使得《美国法典》的内容更加细化,使成文法不疏于简单和粗糙,加上 USCA 有一套先进的检索系统,包括对于涉及同一标题问题的法律、行政法规以及司法判例之间的交叉索引,这就使得美国法典的编纂不沦于一种将法律罗列在一起的汇编。这样的法律编纂工作因其具有的逻辑自洽性和便于查询和学习,为美国法律制度的发展作出了不可磨灭的贡献。②

《美国联邦法规》。最初,联邦政府公报办公室将联邦政府机构当天发布的所有行政法规、会议纪要、决定、通知以及将要议定的行政法规草案等,编辑成联邦政府公报手册,相当于行政法律全书,对外公布,周一至周五,每周共五册,每年 200 多册。后来,由于行政法律全书数量越来越多,内容庞杂,查询起来极为困难。因此,自 1936 年起,参照美国法典的编纂方式开始进行行政法典的编纂。行政法典的编纂也按照法律规范所涉及的领域和调整对象,分为 50 个主题。由于联邦政府对于国家基本制度等方面事项无权立法,故行政法典的 50 个主题分类并不完全等同于美国法典的 50 个主题,但二者的很多主题名称完全一致。为了便于编辑和公众查找,联邦行政法典是按照联邦机构管理内容作为分类标准,其中第 12 主题也是银行与金融。与美国法典一样,各主题之下也分卷、章、部分、节、条,其题注、编号、索引、指引等做法与美国法典的做法也一样。联邦行政法典每年编纂更新一次,每月编一期新法规的目录,供查阅引用。

---

① 比如 19 U.S.C. § 2411(2000),含义为"卷号 《美国法典》的缩写 条款号(出版年份)",即"《美国法典》第 19 卷,第 2411 款(2000 年)"。参见罗伟:《法律文献引证注释规范》(东方律师网 http://shlx. chinalawinfo. com/newlaw2002/slc/slc. asp? db = art&gid = 335585213)。

② 张利宾:《成文法和法典化:一种来自美国法的视角》,参见"北大法律信息网"。(http://article. chinalawinfo. com/ArticleFullText. aspx? ArticleId = 75325)

第二,法律统一和"标准法典"。

1872年,在美国律师协会(ABA)倡导下,由各州出3名或5名代表组成了美国各州法律统一事务委员会或称统一州法全国委员会(National Conference of Commissioners on Uniform State Laws),它对促进各州调整某特定领域的法律的统一作出了突出贡献。它向各州提供了170多项法规草案,建议各州采用或按此制定法律,其中被普遍接受的有《统一流通票据法》(1896年)、《统一提单法》(1909年)等12个。这些法律文件不是真正意义上的法律,并不具有当然的权威性和约束力,它们仅仅是为各州的立法提供一个范式或榜样,在若干立法领域设定可供参照的标准,因此人们称其为"标准法典"或"标准法"。

《美国统一商法典》是在各州法律统一事务委员会和美国法学会①的合作下所取得的迄今为止最成功和最重要的成果,也是最为著名的一部"标准法典",它基本实现了美国州际商法在销售、票据、担保、信贷等领域的统一(除路易斯安那州之外的49个州都采纳了这部法典)。鉴于它的极大影响,人们称它是"本世纪英美法系中最有抱负的法律改革工程","美国自1848年菲尔德纽约州法典化运动以来最雄心勃勃的一次法典编纂活动"。但它不是真正意义上的大陆法系法典。因为作为大陆法系的法典应该由立法机关制定、在其领土范围内具有强制性约束力、有颁布施行的统一日期,而实际上,它不是由专门的立法机关组织编纂的,它对各州的商法典并没有支配和统领关系,其本身不是法律意义上的法典,它只是一个"标准法典"或"标本法典"。但是,从统一商法典的形式以及受推崇程度来看,它又是一部法典,经各州采纳并接受为州商法典后,它才成为该州的名副其实的法典。

第三,"私人法典编纂"和法律重述。

对于判例法体系缺乏逻辑自洽性的缺点,英美法国家的法学家们早就注意到了。所谓的"私人法典编纂"(Private Codification)是指以法典形式

---

① 美国法学会(American Law Institute),也有人将其译作美国法律研究所或美国法律研究会。

出现的私人法学著作,但更主要的是指非官方机构,如美国法学会这种民间组织自觉进行的法典编纂或法律汇编活动。普通法系的这种活动最早可以追溯到韦斯特伯里勋爵在英国实施其法典编纂计划的时候,那时涌现了一大批法学家以私人论著的形式编纂法典的情况。在美国,州际法律统一的进程在很大程度上讲是由民间力量推动的。特别是1923年成立的美国法学会,其成员包括优秀的法官、律师和教授,它的建立宗旨是克服美国法的最大缺陷,即"不确定性和复杂性"之弊端,实现"法的分类和简化,使其更能适应社会的需要"。美国法学会首先编纂了供各州参考的大量的模范法典或称标准法典,如《模范刑事诉讼法典》(1931年)、《模范证据法典》(1942年)、《模范刑法典》(1962年)。虽然这些不是正式立法,但对法官判案具有引用和参考价值,在统一各州法律方面具有一定的积极意义。

当年霍姆斯大法官[①]的《普通法》一书的目的就是有感于普通法在各个法律领域(如合同法、民事侵权法等)缺乏系统性,试图将分散的判例规则构建成相对具有逻辑自洽性的美国法体系。到了20世纪,美国法学会组织著名的法学家和法律教授编写了各种法律重述(Restatement of the Law),如《美国合同法重述》、《美国第二次合同法重述》、《美国民事侵权法重述》等。在商事合同、抵押担保交易、租赁等商业交易法律方面,美国的《统一商法典》的问世并逐渐被美国各州采纳标志着这种努力已经采纳了法典的形式,《统一商法典》在自成一体的逻辑构架基础上吸纳了诸多已被美国法院普遍接受的判例规则。

霍姆斯在谈到美国法学会时写道,"重要的法律都已收集到这里,希望他们这个组织的成员对之进行提高和发展,尤其是解决好法律重述问题。"法律重述是美国法学会对解决美国法不确定和混乱不堪问题的另一回答。其目的在于提出"一个有条理的关于美国一般普通法的阐述",尽可能准确地重述美国共同法的体系和协调最佳的解决方案。这里所要重述的不仅包

---

① 霍姆斯(Oliver Wendell Holmes, Jr.,1841年3月8日—1935年3月6日),是西奥多·罗斯福总统提名的联邦最高法院大法官(1902—1932年)。参见何帆译:《谁来守护公正——美国最高法院大法官访谈录》,北京大学出版社2013年,第358页。

括完全由司法判决发展起来的普通法,而且包括法院创制的浩繁的判例。

　　法学会在重述美国法的过程中采取了以下步骤:"选择著名的法律学者作为各个题目的汇编人,其任务是全面收集有关方面的判例法,从中抽象出一般性规则,在一个由具有经验的法官、律师和教授组成的顾问机构的配合下,编纂成法律条文,但只有在经美国法学会的某个委员会批准之后,这些条文才作为'法律重述'的一部分而公布。汇编人的任务是编纂当时的实体法,并不试图对法律加以改进或使之现代化。但对某个问题如各州的规则不一致,汇编人可以选取其认为较为先进的解决办法,虽然有时这类解决办法只被少数州采用。通过这种方式,除了家庭和继承法,全部美国私法的重要领域都被加以重述。"①

　　法律重述以抽象表述的规则构成,也按照法典的形式编排,但"法律重述"决不是严格意义上的法典,也不是包罗万象的美国法律大全,它只是私人编纂的法律文件,而不是根据法律授权编纂的,因此它始终停留在民间团体的作品这一层次上,并无法律约束力。但是,法律重述作为美国第一流的法律专家共同绘制的当代美国法的缩影,在法官和律师的心目中享有崇高的权威,对美国的司法实践产生了重大的影响,而且也为将来有可能进行的法典编纂铺平了道路。

　　总体看,美国的法典在编纂过程中融入了大陆法系法典的系统性、全面性和确定性精神,在很大程度上实现了大陆法系法典编纂所追求的精简法律、统一法律、法律易于理解、法律的可预测、便于公众查询和引用的目的。但是,美国法典所体现的指导思想和文化内涵等诸多因素决定了美国法典不是真正意义上的"拿破仑式法典"或"潘德克顿式法典"。美国路易斯安那州民法学者卡拉伦斯·莫洛(Clarence J. Morrow)认为,美国的法典编纂是将特定领域的相关制定法收集在一起,经过一些技术处理之后成册出版。这种做法完全忽视或是误解了编纂法典的真正含义,它只是一种法律汇编

---

　　① 参见中南财经政法大学法律文化研究院举办"法律史学术网"。(http://jyw. znufe. edu. cn/flsxsw/articleshow. asp? id =65)

(Compilation)而不是法典编纂(Codification)。他最后作出的结论是"美国法典的编纂方式完全不能与大陆法系的法典编纂相提并论。"美国这种别具特色的法典编纂方式生动体现了美国人灵活务实的"拿来主义"作风和兼容并包的精神,既有效解决了判例法体系庞杂和缺乏系统性的问题,也在某些方面克服了大陆法系法典僵化和滞后的弊病。

(三)应对市场变化,美国银行法对美国银行业的影响

重大市场变化引起了大量或严重的法律问题。应对重大市场变化,国会总是制定重要的银行法,监管机构颁布大量的重要规则,法院裁定许多初次遇到的问题。美国重要银行法深刻影响着银行业。

首先,《国民银行法》创造了美国双重银行制度和单元银行制度。美国早期只有屈指可数的几家州立银行,无所谓联邦银行。到1790年,全国总共有费城、纽约、波士顿和巴尔的摩四家州颁执照的银行。林肯的财政部长蔡斯提议建立一个国民银行体系。1863年,国会颁布了这个提案,叫做《1863年国家通货法》;1864年进一步精炼成为《国民银行法》。国会在1865年决定向州立银行券征收10%惩罚税,而维护联邦政府权力的"维齐银行诉芬诺案"的宪法判例曾一度威胁着州立银行的生存。然而,银行对支票账户的功能创新挽救了州立银行。相比于国民银行执照,各州提供给银行家们更大的灵活性:没有储备要求;很低的股东资本;对银行投资类型限制很松。因此,很多银行尤其大量小银行愿意选择州执照。《国民银行法》不仅没有将全国的银行统一为一个国民银行体系,反而出人意外地创造了双重银行制度:在此制度下,银行可以在国民银行和州立银行执照中选择一种;在此制度下,联邦和州的官员们为监管客户而竞争。双重银行制度是美国银行法的一个鲜明特征。

《国民银行法》也创造了单元银行制度。美国银行业的早期历史几乎没有单元银行制度的预兆。《国民银行法》含有两个条款,貌似要求国民银行以单一地址开展业务。事实上,这两个条款不是寻求消除分行式经营,而是压制"野猫银行"的投机钻营,要求银行要有一个固定的、永久的营业场

所。但货币监理署规定,《国民银行法》禁止国民银行的分行式经营。像双重银行制度一样,这种单元银行制度的产生明显具有偶然性。然而,单元银行制度一旦建立起来,既得利益就强力反对自由化的分行经营。小银行的地方银行自治思想变成了银行业政策的一项基本原则,强有力影响着银行业政治。单元银行制度,通过分散化的银行和增加银行数量影响着美国银行业的结构。

第二,1913 年《联邦储备法》确立了美国独特的中央银行体系。美国财政和货币的起步是混乱的:人们使用五花八门的联邦和州的纸币、外国和本国的铸币以及银行券进行支付;由于缺乏征税能力,早期的大陆会议用洪流般不断发行的纸币给革命政府支付账单。虽然《国民银行法》提供了一个统一的国家通货,并使货币监理署能对银行体系行使某些监管统治,但是美国仍然没有中央银行来充当银行最后贷款人,以平息金融恐慌,并缓和宏观经济波动。在 1873 年、1884 年、1890 年、1893 年和 1907 年,金融恐慌使美国经济经受折磨。人们日益怀疑那些过分倚重 J. 皮尔庞特·摩根这样的一些私人金融家洞察力的所谓智慧,人们还指控华尔街"金融托拉斯"利用危机来扩张其财富和权力。支持货币改革的呼声风生水起。国会设立了一个国家货币委员会,它最终提议创立"联邦储备协会"。国会 1913 年颁布了《联邦储备法》,这是自南北战争以来最具革命性的银行业监管进展。联邦储备系统包括 12 家区域性联邦储备银行,这个体系混合了权力分散、私人所有和政府控制三个方面。联邦储备委员会监管其成员银行。

第三,《1933 年银行法》即《格拉斯-斯蒂格尔法》开创了美国的分业经营、存款保险制度和存款利率限制。1933 年银行体系崩溃的灾难压倒了银行改革的反对派。国会颁布了《1933 年银行法》,该法长期以来保留了美国银行业政策的核心要点,它作出了具有特别历史重要意义的五大变革:本法禁止存款机构承销证券;创立联邦存款保险;限制银行存款利率;给予国民银行与州立银行平等的分行化(权利);率先实行联邦监管银行控股公司。《1933 年银行法》深刻影响了银行业结构和银行业政治,其全部条款的利弊引出了长久的争论。支持者们称赞该法限制投机和利益冲突,预防银行破产和银行恐慌,抑制不良竞争。批评派人士抨击该法仅服务于狭窄的受影响产业的经济利益。分离商业银行与投资银行,保护他们彼此免于互相竞争。监管存款利率,创立了政府发起、政府强制的卡特尔存款定价。存款保险支撑了政治上强有力的单元银行,却以损害大型银行利益为代价。

大萧条也诞生了对互助储蓄业的基本立法。1932 年,国会创立了"联邦住房贷款银行系统",大概模仿了美联储。这个系统包括 12 家地区住房贷款银行,向互助储蓄机构提供紧急流动性贷款,补助长期融资和代理银行服务。联邦住房贷款银行委员会是一个政府机构,监督联邦住房贷款银行系统。《1933 年房主贷款法》授权该委员会颁发联邦储贷协会执照。《1934年国家房屋法》创立了联邦储贷保险公司(简称 FSLIC),办理对互助储蓄机构存款的保险。同年,也颁布了《联邦信用社法》,授权颁发联邦信用社执照。互助储蓄机构借助美联储"Q 条例互助储蓄级差",在二战之后开始了快速扩张,直到 1980 年代中期。大萧条还加快了许多州法律许可在全州或州内部分地区分行化经营。

第四,《1956 年银行控股公司法》是在美国银行业稳定年代(1934—1980 年)规范控股公司扩张的重要联邦立法。在 1933 年到 1979 年期间,不仅是在分行化银行方面,而且也在控股公司持有的银行数量以及扩展其非银行业务方面都有长足发展。大多数对银行业务的限制并不适用那些拥有银行的集团公司。随着《1933 年银行法》,美联储寻求扩展它的监管权威,消除控股公司让子公司银行留在联邦储备系统之外以逃避监管的弊端。大型银行通过控股公司在其他州新设或并购子银行,以规避反对州际分行化经营的规则。因为那些新设或并购的银行不是分行,所以《麦克法登法》不能够予以禁止。国会做出了回应,颁布了《1956 年银行控股公司法》,该法许可控股公司仅从事与银行业务密切相关的业务,禁止控股公司在其他州兼并银行。这些法律条款的每一条都显著地影响了美国银行结构的后续发展。该法不适用于单一银行控股公司。《1970 年的银行控股公司法修正案》延伸调整单一银行控股公司。尽管存有这些限制,银行控股公司的规模和重要性都得以发展。到 1978 年,银行控股公司已经变成银行业的优势架构,银行控股公司的子银行控制着大约71%的全部国内银行存款。控股公司运动也影响了互助储蓄业。雷曼兄弟1955年建立了第一家储贷控股公司,寻求突破格拉斯-斯蒂格尔墙、侵入银行腹地。1969年颁布《储贷控股公司法》,限制拥有一家以上互助储蓄机构的公司的业务。

第五,1980年以来,美国银行业经历了一场革命,一系列重要法案应变而生:

《1980年存款机构放松管制和货币控制法》应对"脱媒",放松监管,决定自1980年3月31日起,分6年逐步取消对定期存款利率的最高限,即取消Q条例①,利率市场化加速。在20世纪60—70年代,美国通货膨胀严重,为了控制通货膨胀,美联储开始于1979年大幅紧缩货币政策。这种紧缩加上通货膨胀自身,驱使利率急升:基准利率1980年达21%。由于利率一飞冲天,在银行或互助储蓄机构存钱的机会成本也随着利率突升而高扬。当能在别处挣得14%的高利率时,储户变得不愿意接受Q条例的低利率规定。银行和互助储蓄机构面临着大规模的"脱媒",大量存款从银行和互助储蓄机构流向安全、高收益的货币市场基金。长期以来,Q条例因为它们压制竞争而成为银行家的朋友,现在变成了银行家的敌人。因为渴求存款,银行提供了市场利率的、不受管制的、大面额存款证(CDs)。互助储蓄机构进入支票业务的产品是可转让提取账户命令(NOW),它实际是一种消费者附息支票账户。《1980年存款机构放松管制和货币控制法》要求逐步废除存款上限,并许可所有存款机构向消费者提供附息支票账户。1982年颁布的《加恩-St.·杰曼法》加速了废除的步伐,详细地制定了废除和修正Q条例的步骤,为扩大银行业资产负债经营能力,还列明了一些其他与利率市场化

①　Q条例是指美国联邦储备委员会的一项监管规定。1929年之后,美国经历了一场经济大萧条,金融市场随之也开始了一个管制时期,与此同时,美国联邦储备委员会颁布了一系列金融管理条例,并按照字母顺序为这一系列条例进行排序,其中对存款利率进行管制的规则正好是Q项,因此该项规定被称为Q条例。后来,Q条例成为对存款利率进行管制的代名词。"Q条例"成为美国创建货币市场基金的最初动因,也为欧洲美元市场提供了源源不断的资金供给,促进了离岸金融市场的飞速发展。储户追求更高收益的驱动力导致1980年代最终废除了Q条例,美国从利率管制走上利率市场化。

相关的改革。1986 年 4 月,美国取消了存折储蓄账户的利率上限。对于贷款利率,除住宅贷款、汽车贷款等极少数例外,也一律不加限制。至此,Q 条例完全终结,利率市场化得以全面实现。

《1989 年金融机构改革、恢复和执行法》(简称 FIRREA)应对 1980 年代至 1990 年代初互助储蓄的崩溃。在 1980 年代期间,高利率使得许多互助储蓄机构无力偿付债务和没有盈利能力。该法授权使用大量纳税人的钱去保护倒闭的互助储蓄机构储户;废除联邦住房贷款银行委员会和联邦储贷保险公司;设立债务重整信托公司,以关闭资不抵债的互助储蓄机构,并处置它们的资产;让联邦存款保险公司(简称 FDIC)负责保险幸存的互助储蓄机构的存款;新成立互助储蓄监督办公室,负责监管互助储蓄。FIR-REA 也要求互助储蓄机构满足银行类的资本要求和其他安全稳健保障条件。

《1991 年联邦存款保险公司改进法》(简称 FDICIA)应对同期的大量银行倒闭。1980 年代至 1990 年代初,银行的倒闭速度自大萧条以来无与伦比:1950 年代 31 家,1960 年代 44 家,1970 年代 79 家,1980 年代 1146 家(倒闭银行总资产 1750 亿美元)。1980 年代倒闭的银行不仅有许多小银行,也有很大的银行,比如大陆伊利诺伊国民银行、新英格兰银行,得克萨斯的四家最大银行。该法极大地增加了 FDIC 从财政部借入的权力,要求FDIC 设置基于风险的存款保险的保费,废止对待大银行"大而不能倒"的惯例(也就是,用保险基金保护这些银行的未参保的储户),并建立一种"立即纠正行动"制度。[①]

《1994 年里格尔—尼尔州际银行和分行化有效法》(简称《里格尔—尼尔法》)为银行地域扩张制定了一个新章程。规模经济的好处激励地域扩张。从《国民银行法》创造单元银行制度起,人们就开始挑战它,逐渐导致了 20 世纪初期以来的分行化、连锁银行和银行控股公司的兴起和发展。大萧条加快了许多州法律许可在全州或州内一些地区分行化银行经营。自动

---

① 参见边码第 28 页。

柜员机(ATM)①开始广泛使用以来,对许多州的单元银行限制提出了挑战,导致了分行化经营规则的广泛解禁。地域扩张的所有法律障碍正在被快速地拆除。各州已经废除了单元银行经营规则,并且通过联邦和州立法已经促进了州际银行经营的显著增长。尽管分行化银行快速增长,美国的银行很长时期内仍然不能跨越州界设立分行。州际银行经营,曾经是作为例外受到反对的,现在,各种手段能让银行规避那些反对州际银行经营的明摆着的硬性规定。《里格尔—尼尔法》废除了道格拉斯修正案,总体上许可联邦储备委员会允许有充分资本能力、充分管理能力的银行控股公司兼并全国各地的银行,而"不管该交易是否有州法禁止"。《里格尔—尼尔法》也废除了对设立州际新分行的联邦法律障碍。外国银行与同一州籍的国民银行具有相同的州际分行化经营权利。《里格尔—尼尔法》也促进了具有重大意义的合并。

1999 年《格雷姆-里奇-比利雷法》(即《1999 年金融服务现代化法》)推倒了格拉斯-斯蒂格尔墙。证券公司通过发行商业票据满足了客户短期借入需求;对计划发行债券的借款人做了临时的"搭桥贷款";开发了客户能签发支票的货币市场基金;形成了有限目的银行,提供范围很广的客户银行服务。银行进入了证券业务:他们帮助自己的公司客户私募商业票据;充当证券经纪人;发起共同基金并提供咨询;银行控股公司的证券子公司开始从事银行禁止进入的证券承销和交易业务。该法推倒了格拉斯-斯蒂格尔反附属条款,允许银行附属于能从事所有类型金融业务的"金融控股公司"。

银行业革命已经模糊了不同类型金融机构的区别。银行产品与证券之间、证券与保险之间、银行与保险之间,不再有清晰的分界存在,不同类型的金融产品边缘交搭。衍生品例证了这种交搭,是超出传统区分的杂交。各种金融机构穿越一个日益宽广的不同产品市场,互相竞争。

金融趋同对监管体制提出了重要挑战。因为在市场差别消失的同时,

---

① 在 1967 年 6 月 27 日,英国人约翰·谢菲尔德-巴伦(John Shepherd-Barron)发明的第一部电脑自动提款机,安装于英国伦敦北部的巴克莱银行的一家分行。参见 http://zh. wikipedia. org/wiki/自动柜员机。

对不同类型金融机构的监管体系却依然门户分立,在许多方面矛盾歧出。这些矛盾为金融机构创造了监管套利机会。监管套利机会对更一致监管,或放松监管,或类似活动更经济产生了压力。或许数年之后,美国会有某种形式的监管统一。

2001 年 10 月 26 日,美国总统乔治·沃克·布什签署颁布《美国爱国者法》。这是由"9·11"恐怖袭击事件引起的立法,虽然它是 1980 年代以来美国"银行业革命"脉络主线的歧出旁支,但随着反恐变得日益重要,它对美国乃至全世界的银行业影响不可小看。这个法案以防止恐怖主义为目的,扩张了美国警察机关的权限。根据该法案,警察机关有权搜索电话、电子邮件通讯、医疗、财务和其他种类的记录,扩张美国财政部长的权限以控制、管理金融方面的流通活动,特别是针对与外国人士或政治体有关的金融活动。①

《2010 年多德-弗兰克法》(全称《多德-弗兰克华尔街改革和消费者保护法》)被认为是"大萧条"以来美国改革力度最大、影响最深远的金融监管改革,旨在促进美国金融稳定,解决"大而不倒"问题,保护纳税人利益,保护消费者利益。1970 年代开始持续到今天,银行法已经变得与消费者保护更加利益攸关,国会已经颁布了十多个重要法律,包括禁止信贷决策歧视立法,要求披露信贷条件,监管消费者信用报告,保护金融隐私,巡查高利贷,限制讨债人业务,要求银行贷款方便当地社区和中低收入消费者。除了在联邦层面上实施充分的行动以外,大多数州也已经正式实施了它们自己的重大立法与法规。针对在金融危机中美国金融体系和监管所暴露的问题,奥巴马政府借此法案进行了极富针对性的、大刀阔斧的改革,总体原则是强化监管。《多德-弗兰克法》综合吸收了大多数法律法规中涉及金融服务消费者保护的内容,其核心理念主要体现在两个方面:一是改变目前超级金融机构"大而不倒"的局面,有效防范系统性风险。二是保护金融市场中的弱

---

① 《美国爱国者法》(USA PATRIOT Act),参见 http://zh.wikipedia.org/wiki/美国爱国者法案。

势群体,避免金融消费者受到欺诈。围绕系统性风险和消费者金融保护两大核心问题,法案从多方面对现有监管规则进行了调整和改革,重构原有监管机构和监管职能,提高对"系统重要性"金融机构的监管标准,对对冲基金、证券化及场外衍生品金融市场进行规范和约束,严格银行资本监管和业务监管,监管银行高管薪酬。[①]

巴塞尔Ⅰ、Ⅱ、Ⅲ风险资本标准。鉴于预警到,一家银行的资本越稀薄,联邦存款保险带来的"道德风险"就越大,美国监管部门就与它们的外国同行们一道工作,发展了基于风险的资本标准。这项工作是通过巴塞尔银行监督委员会发生的。巴塞尔规则已经变成了美国银行业监管的中心焦点。

美国银行业和银行法处在剧烈变化的中心。不同类型金融机构的业务将继续融合,迈向一种更加统一的金融服务业。监管结构如果不是大拆大修的话,也将需要升级换代,以应对这些市场变化。这些变革如何在法律和法规上展示出来仍有待进一步观察。

三、翻译说明与致谢

为方便读者阅读和理解,译文中有一些特别处理,兹向读者交代说明:

第一,原文有一些个别错误,对于译者能够确认的,比如,第537页有多处序号混乱,在译文中予以改正。

第二,原文无脚注,译文增加脚注。脚注分三类,第一类是原文正文中的案例、成文法和论文节选的出处与检索编码;第二类是原文引用的案例、论文中原有的脚注,由页底注改为脚注;第三类为译者添加的少量脚注,并以译者注标明。

第三,原文中大量图表均没有编号和标题,译文一律增加序号,酌情添加图表标题,并单独列出图表目录。

---

① 参见 http://wiki.mbalib.com/wiki/《多德-弗兰克法案》。

第四，原文中讨论涉及或提到了很多成文法，译者汇总为"成文法一览表"，作为书后附表。

第五，译者在翻译本书过程中，从原书中挑选了重要的专业名词或词组，汇集为中英文对照的"专有名词"，附于书后供读者参考。法律专业名词翻译参考了李宗锷、潘惠仪主编《英汉法律大词典》[商务印书馆（香港）有限公司、法律出版社1999年]；魏玉娃译《拉丁法律词典》（商务印书馆2012年）等；并向法律专业人士咨询。

第六，原书中涉及大量人名，按新华社译名室编《英语姓名译名手册》（第四版，商务印书馆2009年）翻译，个别超出此书范围的人名斟酌译出。

第七，已如前述，本书分上、下册出版，上册为银行法，下册为非银行金融机构法。

本书内容横跨金融与法律，承担翻译这样的专业书籍，格外辛苦费力。自2014年5月中旬至2015年2月期间，完成上册原文500多页的第一稿和第二稿翻译，几乎每天工作之余翻译五六个小时，所有周末和节假日无休。专业词汇翻译艰难，非专业词汇翻译有时也不易，比如，原文多次提到电影《美丽人生》(It's a Wonderful Life)，其中描绘一个银行监管部门的检查员，他好像戴着眼镜、表情严峻，为翻译准确，就专门找《美丽人生》电影看了一遍。

感谢商务印书馆编辑金莹莹，她为本书承担了繁琐的编辑工作，通过电子邮件、短信等方式多方面指导书稿翻译。鉴于有的问题甚至辗转请教了哈佛法学院，因此我首先衷心感谢给予我帮助的女士和先生们。特别感谢法学博士王兰萍提供的专业咨询。尤其感谢美国AQR资本管理公司的高深帮助处理了若干疑难问题。感谢其他给予我这样或那样帮助的朋友们。最后需要说明，尽管本人作出了很大努力，但译文仍然可能存在谬误与不当之处，期待阅读本书的各方读者和大家不吝赐教。

高华军

2015年3月7日

于北京

缩　略　语[*]

AIG　美国国际集团

ADSB or S&L　美国多元化储蓄银行

AFP　《多德-弗兰克法》

AG　（美）司法部长,总检察长,检察总长,首席检察官

ALJ　行政法官

ARM　可调利率抵押贷款,浮动利率抵押贷款

APA　《美国行政程序法》

APR　年利率

ATM　自动柜员机

BCBS　巴塞尔银行业监督委员会

BHC　银行控股公司

BHC Act　《1956 年银行控股公司法》

BMW　宝马汽车

BNA　美国国家事务局出版有限公司(2011 年 8 月 26 日彭博公司收购)

BT　建设-移交的投融资模式

BTIM　BT 投资经理公司

CAMELS rating　骆驼评级

CD　大额存单;存单

CDO　担保债务凭证

CDS　信用违约互换

＊ 本表由译者编制。

Census Bureau　美国人口调查局

CEO　首席执行官

CFPB　消费者金融保护局

CFR　《美国联邦法规》

CFTC　商品期货交易委员会

CMP　罚金/罚款

CNB　康涅狄格国民银行

CPI-U　城市消费者价格指数

CRAs　消费者征信机构

D&O　董事与高管人员

D. C.　哥伦比亚特区

DOJ　司法部

DWI　双宽工业公司

ECOA　《平等信贷机会法》

EFT　电子资金划转

FINRA　金融服务监管局

FAA　《联邦仲裁法》

FDCPA　《公平债务催收法》

FCRA　《公平信用报告法》

FDIC　联邦存款保险公司

FDICIA　《联邦存款保险公司改进法》

Fed　美联储,美国联邦储备系统

FedEx　联邦快递

FFIEC　联邦金融机构检查委员会

FHLBB　联邦住房贷款银行委员会

FICO 费尔-艾萨克公司

FIRREA 《金融机构改革、恢复和执行法》

FNH 第一纽黑文国民银行

FR 《联邦公报》

FRM 固定利率抵押贷款

FSA 富尔顿大街联合公司

FSLIC 联邦储贷保险公司

FSRA 金融服务监管局

FTC 联邦贸易委员会

GAAP 公认会计准则

GAO 审计总署

GEICO 政府雇员保险公司,盖可保险公司

GMAC 通用汽车金融服务公司

GSE 政府设立的企业

HAMP 家庭负担得起的住房抵押贷款计划

HC 控股公司

HHI 赫芬达尔-赫希曼指数

HOEPA 《住房所有权及权益保护法》

HUD 住房与都市发展部

IBCA 美国独立社区银行协会

ICI 投资公司协会

IIAA 美国独立保险代理

I. I. I. 白炽焚烧有限公司

ILCs 工业贷款公司(也叫做工业银行)

IOU 借据,欠条

IRA　个人退休账户

IRS　国内税务局/国税局

LTV ratios　贷款成数,担保品贷放率

MBNA America Bank, N. A.　美国美信银行

MBS　抵押支持证券

MERS　抵押贷款电子登记系统

MMF　货币市场基金

MSAs　都市统计区

NBA　《国民银行法》

NCUA　国家信用社局,美国信用合作社管理局,美国国家信用社署,国家
　信用社署

NII　净利息收入

NIM　净利差

NOW　可转让提款指令

NSF　存款不足,资金不足

OCC　货币监理署;货币监理官

OCI　奥肯中心有限公司

OTS　储蓄机构管理局

PNB　费城国民银行

PSB　佩恩广场银行

QTL test　合格互助机构贷款人测试

QFCs　合格金融合同

RBCR　基于风险的资本比率

REO　拥有的不动产

RESPA　《房地产结算程序法》

RICO　诈骗操纵和贿赂组织,黑恶势力

RTC　重组信托公司

RW　风险权重

S&L Holding Company Act　《储贷机构控股公司法》

SBA　小企业管理局

SEC　美国证券交易委员会

SBICs　小型企业投资公司

SCRA　《军人民事救济法》

SIA　证券业协会

SMSA　标准大都市统计区

SPA　服务商参与协议

SSNIP　小幅、但有意义的且非临时性的涨价

TARP　问题资产纾解计划

TBTF　大而不能倒

TILA　《诚实贷款法》

UBS　瑞士联合银行集团,简称瑞银

UCC　《美国统一商法》

UJB　联合泽西银行

URLs　统一资源定位器

VALIC　可变年金人寿保险公司

总　目

目　　录

---

　*　译者在翻译本书过程中,从原书中挑选的词或词组,汇集于此,供读者参考。

**　本表是由译者归纳整理的出现在本书中的成文法,以便于读者阅读。

图表目录

主题插图:"你们把这个地方想错了,好像钱都在这里的保险箱里似的。"①

---

① 选自美国电影《美丽人生》(*It's a Wonderful Life*)。原句:You're thinking of this place all wrong, as if I had the money back in the safe. The money's not here. Well, your money is in Joe's house… that's right next to yours. And in the Kennedy house and Mrs. Macklin's house, and, and a hundred others. Why, you're lending them the money to build, and then, they're going to pay it back to you as best they can. Now what are you going to do? Foreclose on them?

译文:你们把这个地方(指剧中借贷公司)想错了,好像钱都在这里的保险箱里似的。钱不在这儿。你的钱用在了乔的房子上,就是你家旁边那栋。还有用在了肯尼迪的房子上,还有麦克林夫人的房子和上百个其他房子上。为什么?你借款给他们来建房子,然后他们会以最好的方式还给你。现在你要他们怎么做?止赎查封他们? ——译者注

编辑顾问

薇姬·比恩（Vicki Been）

纽约大学法学院,伊莱休·鲁特法律讲席教授

欧文·切姆林斯基（Ervin Chemerinsky）

加州大学欧文分校法学院,院长、杰出法学教授

理查德·A. 爱泼斯坦（Richard A. Epstein）

纽约大学法学院,劳伦斯·A.蒂施法律讲席教授

胡佛研究所,彼得和柯尔斯滕·贝德福德高级研究员

芝加哥大学,法律高级讲师

罗纳德·J. 吉尔森（Ronald J. Gilson）

斯坦福大学,查尔斯·J.迈耶斯法律与商学讲席教授

哥伦比亚法学院,马克和伊娃·斯特恩法律与商学讲席教授

詹姆斯·E. 科瑞尔（James E. Krier）

密歇根大学法学院,厄尔·沃伦·德拉诺法律讲席教授

理查德·E. 小诺伊曼（Richard K. Neumann, Jr.）

霍夫斯特拉大学法学院,法学教授

罗伯特·H. 西特科夫（Robert H. Sitkoff）

霍夫斯特拉大学莫里斯·A.迪恩法学院,约翰·L.格雷法律讲席教授

戴维·阿兰·斯克兰斯凯（David Alan Sklansky）

加州大学伯克利分校法学院,优素福·奥谢威奇法律讲席教授

肯特·D. 赛弗拉德（Kent D. Syverud）

(圣路易斯)华盛顿大学法学院院长,伊森·A. H.谢普利讲席教授

献给我的父母

科尔宾与卡萝尔·卡内尔

——理查德·斯考特·卡内尔

为我的孩子们

乔希、艾丽和扎克·梅西

——乔纳森· R. 梅西

为我的儿子们

贾森和福里斯特·米勒

——杰弗里· P. 米勒

前　　言

本书讨论金融机构的监管法规。金融机构包括银行、保险公司、证券经纪商和投资公司。本书也考察了结构化金融,它是传统金融媒介的一个重要替代品。

我们特别突出了规制银行和银行集团公司的法律法规。但是,我们并不试图覆盖银行业务的全部所有方面。例如,我们把票据法和担保交易留给《美国统一商法典》课程去讨论。除了与金融监管法规有关的话题外,本书不涉及银行法的交易内容,例如,关于贷款协议的规则。

银行监管在很大程度上取决于成文法。我们讨论了许多关键条款,但是,要更深入理解成文法规定,还需要仔细阅读领会有关的法律术语,这些需要学生自己去钻研。本书的附录精选了重要的成文法。

在本书之前的第四版付梓之际,世界进入了自 20 世纪 30 年代大萧条以来最严重的金融危机。在本书的这个版次(第五版)中,我们已经全面地进行了修改,以涵括有关金融危机、政策制定者的回应,以及其他新近的各种进展。并且,我们还增添了关于结构化金融的专门章节;重写了关于消费者保护的有关章节;大大地扩充了关于保险和投资公司的几个章节。像前几版一样,我们一直寻求置法律于理论与实践两方面的展望,并使得这么一个艰难的学科所涉及的内容变得清楚、活泼和有趣。

在修改本书过程中,我们收到了来自读者们的慷慨而又宝贵的帮助。学生们和同事们提醒我们注意需要改进的种种问题。参与的评论者名单很长,不能在此一一提及,其中我们想特别感谢的有:默泽·布拉德(Mercer Bullard),德里克·布什(Derek Bush),霍华德·凯恩(Howard Cayne),阿莉莱泽·伽拉勾兹娄(Alireza Gharagozlou),杰弗里·戈登(Jeffrey Gordon),卡尔顿·戈斯(Carleton Goss),马修·格林(Matthew Green),迈克尔·克劳斯纳(Mickael Klausner),特德·麦卡尼夫(Ted McAniff),帕特里夏·麦科伊

（Patricia McCoy），拉里·莫特（Larry Mote），雷蒙德·纳特（Raymond Natter），埃里克·波斯纳（Eric Posner），海迪·曼达尼斯·斯库纳（Heidi Mandanis Schooner），罗伯特·塞里诺（Robert Serino），彼得·斯怀尔（Peter Swire）和已故的爱德华·莱恩-雷提科（Eaward Lane-Reticker）。我们感谢乔伊·梅德利（Joy Medley）和唐纳·里德表演艺术基金（the Donna Reed Foundation for the Performing Arts）的《美丽人生》中的静物照片。我们感谢阿斯彭丛书编辑们的杰出工作，他们是：达林·凯莉（Darren Kelly），特洛伊·弗罗波（Troy Froebe）和勒妮·科特（Renee Cote）。最后，我们感谢我们的研究助理们；我们的参考书阅览室管理员们，特别是阿莉莎·布莱克-多沃德（Alissa Black-Dorward）和珍妮·雷伯格（Jeanne Rehberg）；我们的助理是：卢克·达文（Luke Davin），杰尔姆·米勒（Jerome Miller）和塔尼莎·斯穆特（Tanisha Smoot）。还有，一如既往地感谢我们的家人。

我们热切地期待着读者对第五版进行评论。

理查德·斯考特·卡内尔

乔纳森·R. 梅西

杰弗里·P. 米勒

2013 年 7 月

致　　谢

我们希望感谢以下版权持有人,他们友善授权同意重印一些节选,这些节选来自下面的材料:

伯德西斯尔

"上市交易基金的财富与弱点:对共同基金若干问题的一个积极市场回应",《特拉华公司法杂志》第 33 卷,第 69,72—91,105,108—109 页。2008 版权所有:《特拉华公司法杂志》(简称 DJCL)。许可重印。

卡内尔

"对不正当激励的一个局部矫正:1991 年《联邦存款保险公司改进法》",《银行法律年鉴》第 12 卷,第 317 页(1993),波士顿大学法学院。波士顿大学理事会许可复印。1992 年版权。所有权利保留。

卡明斯

"关于财产责任保险业风险资本要求的经济概述",《保险监管期刊》第 11 卷,第 427,428—436,439—440 页。1993 年版权。《保险监管期刊》许可重印。

菲谢尔

"放款人责任经济学",《耶鲁法学期刊》第 99 卷,第 131,141—142,145 页(1989)。《耶鲁法学杂志》公司与威廉·S. 海因公司许可重印。

菲谢尔,罗森菲尔德,斯蒂尔曼

"银行和银行控股公司的监管",《弗吉尼亚法律评论》第 73 卷,第 301,302,314,324—325,326—327 页。1987 年版权所有:《弗吉尼亚法律评论》协会。《弗吉尼亚法律评论》经由版权许可中心格式文本许可重印。

弗兰克尔,施维英

"货币经理们的监管:共同基金和顾问们",第 14.02—14.03 节(2001

年第二版,2012 年增补版)。2001 年版权,2012 年阿斯彭出版社。许可
重印。

杰里

　　"《美国法律牛津指南》中的保险"。2002 年版权,牛津大学出版社(美
国)。许可重印。

梅西,米勒

　　"银行倒闭,风险监控与银行控制的市场",《法律评论专栏》第 88 期,
第 1153,1177—1178 页(1988)。本文最初刊登在《法律评论专栏》第 88
期,第 1153 页(1988)。许可重印。

梅西,米勒

　　"社区再投资法案:一个经济学分析",《弗吉尼亚法律评论》第 79 卷,
第 291 页。1993 年版权所有:《弗吉尼亚法律评论》协会。《弗吉尼亚法律
评论》许可重印。

梅西,米勒

　　"非存款的存款和未来银行监管",《密歇根法律评论》第 91 卷,第 237
页。重印自 1992 年 11 月《密歇根法律评论》第 91 卷,第 2 集。1992 年版
权:《密歇根法律评论》协会。

米勒

　　"双重银行制度的未来",《布鲁克林法律评论》第 53 卷,第 1 页。1987
年版权:《布鲁克林法律评论》。许可重印。

沙德波

　　"对冲基金的法律与经济学:金融创新与投资者保护",《伯克利商法期
刊》第 6 卷,第 240,240—241,243—257,274—276,278—286,288,296—297
页。2008 年版权:《伯克利商法评论》。许可重印。

斯怀尔

　　"避风港与改进社区再投资法案的一项建议",《弗吉尼亚法律评论》第
79 卷,第 349 页。1993 年版权所有:《弗吉尼亚法律评论》协会。《弗吉尼
亚法律评论》许可重印。

第一章　绪论与综述

第一节　引言

　　银行界——商业银行、储蓄银行、储贷协会、信用社和货币市场共同基金，是一个动荡多变的世界。新产品以令人目眩的速度接踵而至。原来金融机构之间泾渭分明的区别现在几乎完全没有什么差异。从前约束银行限于当地市场的地域限制在放松监管的大潮面前已经土崩瓦解了。长久以来，银行被禁止向消费者支票账户支付利息，但是现在却为了存款而激烈竞争。而那些非银行金融机构，例如证券公司，染指曾经不可侵犯的吸收存款的地盘。银行扩张进入范围宽广的非银行业务领域。有些银行已经成长为大型银行。有些银行则倒闭了：1980 年代，有更多的存款机构倒闭，比 30 年代大萧条以来任何其他时期都多，但 2008 年至 2012 年破产倒闭又如脱缰野马。这些都是最常见的市场变革的一些效应。过去 30 年来，市场变革已经震撼了银行业的基础。

　　所有这些市场变化，引起了大量的法律问题。一系列革命性变化使得相关法律体系达到了一些界线极限。银行业也是如此。受不断变化的市场和波动不定的政治压力刺激，规制存款机构的法律自身也经历了一场革命。自 1980 年以来，国会通过了八个重要的银行法案，法院已经裁定了许多初次遇到的问题，监管机构颁布了大量的重要规则。即便如此，法律体系仍然落后于迅猛的市场变化。

　　今天，银行业革命对于银行法的学生们和从业者来说既是机遇又是挑战。挑战是紧跟法律和市场的快速发展。机遇是创造性思考银行法是怎样为了帮助客户和保护自身利益而演变的，也有益于学生们和从业者自身去发掘新市场的种种机会。尽管银行法存在很多不确定性,但有一件事我们确定是知道的:未来很多年,这个领域将会发生很多有趣而复杂的问题。

第二节　历 史 回 顾

历史深刻塑造了美国银行法,这一点几乎没有美国其他法律领域可以与之相比。不了解银行业历史,银行法规的很多要素原理(愤世嫉俗者可能说是大多数要素原理)看起来是刚愎武断、变化莫测的,甚至是有悖常理的。为什么我们应当有一个联邦与州执照相竞争的"双重银行制度"? 为什么对银行投资和业务活动有一套详细制定的限制? 为什么对银行可以设立分支机构的地区有限制? 为什么我们发现银行业要划分成不同类型——商业银行、储蓄银行、储贷协会、信用社和货币市场基金? 为什么我们有一个鲁布·戈德堡式的监管结构,有三个或以上的监管部门监视很多交易?

银行法是古怪的,有许多奇特之处只有从历史角度可以解释。但了解历史对解释这些奇特之处可不止于霞光初照,它可以帮助我们透视当前很多争议。它也能更好地使我们理解那些革命性变化,现在这些变化正在彻头彻尾地改造着"双重银行制度"。正如温斯顿·丘吉尔的名言:"你回看得越长,你就能看得越远"。我们需要对银行业的历史有些了解,以抓住目前银行法的结构和内容。

一、美国的银行

美国财政和货币的起步是混乱的。由于缺乏征税能力,大陆会议用洪流般不断发行的纸币给革命政府支付账单,这些纸币引起了嘲笑:"一个不值钱的大陆"。缺乏可信赖的、统一的货币妨碍了贸易。那时,人们使用五花八门的联邦和州的纸币,外国和本国的铸币,以及(1781年以后)银行券进行支付。铸币,最值得信任的价值储藏品,处于长期缺乏状态。顺便说点背景知识:"通货"是卖方为销售其货物与服务都接受的一种有形可见的交换媒介,而"铸币"是本身具有价值的一种通货。因此,金币和银币是铸币(也是通货),因为金、银具有自身价值,这种价值不依赖任何人的良好信义或支付能力。银行券是通货,但不是铸币:从自身价值角度看,银行券仅有纸和墨水而已。

1787 年的宪法包含几个条款,目的是给全国的财政和货币事务带来秩序。宪法授权联邦政府"铸造货币,厘定国币及外币之价值。"宪法禁止各州"铸造货币;发行信用票据;(或)制造除了支付债务的金银币以外的任何东西。"(禁止各州发行信用票据,也就是纸币,但不包括私人发行的银行券。)宪法也授权联邦政府调控州际之间以及与外国的贸易活动。宪法没有言及国会是否可以给银行或其他公司颁发执照。如果联邦政府仅有那些宪法明确授予的权力,则未予言及权力意味着国会缺乏这些权力。

到 1790 年,费城、纽约和波士顿每个城市都有自己的州执照银行,还有另一家要在巴尔的摩开业,全国总共有四家银行。那一年,财政部长亚历山大·汉密尔顿向国会送交了他的关于一家国民银行的报告。在报告里,他提议,国会创立像英格兰银行那样的一家美国银行,是一家具有重要公共职能的私人银行。他解释说,像这样一家银行如何能够提供一种统一的纸币,能够用于所有到期的政府支付;帮助财政部更好地管理公共财政,必要时借出财政部的资金,同时便利税源的汇集;更广而言,增加社会生产资本,从而帮助创造一个强大而繁荣的国家。

汉密尔顿提议,该银行要筹集足够权益股本,以支持银行券的大量流通。政府购买 1/5 的银行股份,以政府自己的债券支付。公众购买其余股份:1/4 以金属铸币购买,以确保银行有充足的铸币储备;3/4 以政府债券购买,通过增加政府债券需求来强化政府信用。该银行私人管理运营,政府监督。设计这样的结构,是为了培育对该银行券的信心。该行经理们应有强烈激励保持该银行声誉和股价,用铸币即时赎回银行券,只在真正需要时才停止赎回(也就是,拒绝赎回银行券)。政府监督将保持银行管理避免挤兑混乱。执照将禁止银行货物贸易和持有土地,收回的担保品除外。20 年后该银行届满。

汉密尔顿的提议受到了来自国会的强硬反对。詹姆斯·麦迪逊,宪法的主要起草人之一,是那些认为该银行违宪的领头人。他争辩说,宪法已经授予联邦政府唯一确定而具体的权力,而组建一家银行不是其中之一。并且,该银行将会干涉各州决定是否组建或禁止银行在其州内的治权。国会中的其他一些人——重农派,以更简单的理由反对该银行:他们视商业公司为反民主精英的罪恶工具。后来,托马斯·杰斐逊概括了重农派对银行家们的敌视,肯定各州有权利"赶走他们……就像我们对疾病缠身的人那样。"尽管有这些反对者,该银行还是在两院获得了2/3多数,北方人和联邦派压倒多数赞成,而南方人和共和派则压倒多数反对。

1791年收到这个决议案后,华盛顿总统面对着一个困难决定。他的国务卿杰斐逊争辩,那个银行,尽管可能是方便的,但并非是极其需要的,而且还是违宪的。财政部长亚历山大·汉密尔顿反驳,宪法寻求建立一个切实可行的政府,并许可国会使用任何"相当有用的"手段以达到政府的目的。杰斐逊与汉密尔顿之间的差别是简单的但又是根本的。杰斐逊要的是一个弱政府,让人民追随他们自己的意愿;汉密尔顿要的是一个强政府,并将领导国家走向繁荣。华盛顿决定签发这个执照,并用法律确定下来。汉密尔顿赢得了这场斗争,并将最终赢得那场战争。

6　　1791年末,美国银行很容易地向投资者卖出了公众股份,在当时的国家首都和最大城市费城开张。它最终设立了八家分行。有些分行遇到了敌意反对。佐治亚州对萨凡纳分行征税,并强力进入了该银行的金库收税。银行起诉想要回被强行收走的铸币,但按照司法裁判理由,结果输了官司丢了钱。参见"美国银行诉德沃案"。①

尽管被视作商业银行,但美国银行运营却是保守的。它保持大量储备铸币,以确保政府随时贷款。它也寻求最少地干涉州立银行业务,这样就减轻了州立银行的敌对。它的第二个目标失败了:通过其很大的规模,银行很快支配国内商业借贷。

---

①　《美国案例汇编》第9卷,第61页(1809)。9 U.S.(5 Cranch)61(1809)。

在公共职能方面,美国银行证明是非常成功的:它有效管理了税收、政府支付和外汇。发出所有银行券的 20% 用于流通,提供了一种统一的通货,用于与政府的交易。它享有近乎垄断地对政府贷款。但是,1800 年之后,随着政府债务的下降,这种垄断变得不那么重要了。实际上,政府变成了银行最大的净储户。这样,银行原来计划的功能之一,即支撑政府的贷款需要,证明是不必要的。

美国银行取得了极大成功,演变成了一个中央银行,调节国家货币供应。这个结果不是预期的也不是计划之内的。其实,在 1791 年,国会感觉不需要一个中央银行。宪法授权国会铸造货币、厘定其价值,预想了一个自我调节的铸币机制,这个机制不需要外部的货币控制。

然而,美国银行变成了一个中央银行。两个因素推动了这一发展:州立银行数量激增,这在 1790 年存在的数量极少而分布稀疏的银行之外,又创造了一个银行体系;而美国银行财力雄厚,这把它推到了那个银行体系的中心舞台。美国银行每天收到大量的州立银行券,因为它习惯于调节全国的信用。在限制信用时,美国银行就立即兑换它收到的这些银行券,迫使其他银行减少钞票发行以保持它们的铸币数量。而在鼓励信用方面,美国银行显示了节制。美国银行巨量的铸币储备(至 1811 年,占到所有银行持有铸币的一半)也使它能够影响银行货币政策活动,尽管很有用,但还是在州立银行家当中很少交到朋友。

在美国银行存在的 20 年期间,国家政治形势发生了显著改变。联邦派权力移交给了共和派。然而,美国银行却枝繁叶茂。杰斐逊,讨厌银行的态度毫不动摇,作为总统完全不理睬它,将代理责任推给财政部长艾伯特·加勒廷。当到了更新银行执照时,詹姆斯·麦迪逊,杰斐逊总统的继任者,实际领导了围绕这个银行的斗争。他辩称,历史证明这个银行是一个必需品,那个两个十年的立法已经心照不宣地承认了它,并说服他该银行是合乎宪法的。美国银行有一些朋友在国会,他们都同意麦迪逊的观点。但他们的拥护并不令人鼓舞:作为一个集会口号,反对派喊叫"令人憎恶",而"几近必需品"听起来空虚。同时,美国银行的内部人却处于被动消极状态。其董事们政治上愚蠢无能,觉得没有责任去为美国银行游说。美国银行的股东们,外国人占压倒多数,他们笃信谨慎决定沉默。

美国银行的反对者没有感受这样的限制。其中,有些是死硬的重农派,发泄他们正常的怨气。大多数反对者是在州立银行有利益的商人们。他们强调自1791年以来景象已经如何的改变了。现在州立银行遍布,能向政府提供由美国银行垄断提供的任何服务。这样来说,限定这个银行(向政府提供服务)是不必要的。这些商人具有一个金钱目的:他们知道,美国银行的死亡将使州立银行业务陡增,也将放松信用,一般来说也增加州立银行的盈利能力。这些州与这些商人结成同盟;商人们持有大量州立银行的所有权股票,热切妄想从毁灭这个联邦银行中分享好处。

1811年初,国会的辩论聚焦在宪法权力而不是政策。关于重新颁发执照的39个发言中有35个集中在一些宪法争议问题上。反对派苛评美国银行设定中央银行一些功能,并断言它干涉了州立银行和各州权利。即使外国股东不能按股份投票,反对派还是攻击美国银行中外国(主要是英国)股东的所谓霸权。无论投票与否,外国人还是从一个政府独裁者那里获益,他们收到的分红只是(美国)自取其辱的贡礼。

尽管有这些恶毒的反对派,美国银行重新办理执照的投票在两院仅有一票之差没有通过。它已经赢得了近乎道义上的胜利。但是,它仍然不过是死劫难逃,它的肢解几乎立即启动。

二、美国第二银行(1816—1836年)

美国银行死掉了,但美国银行业方兴未艾。1811年之后,美国银行的大部分业务在私人手里得以继续。美国银行费城办公室,由商人斯蒂芬·吉拉德取得,继续在原来的房子里由原班人马经营。企业家们开办了许多新的州立银行。在两个美国银行的空位过渡期,即在1811年至1816年期间,银行业务总量大幅度增加,流通的银行券和商业贷款均达到了翻番以上。

但是不久,新的银行体系就摇晃不稳了。当1814年英国烧了华盛顿,政府狼狈逃离时,全国出现了铸币当家的经营局势,各银行停止了铸币兑换它们的纸币。各州政府表明不愿或不能让银行恢复兑付。银行家们通过发行更多纸钞有了意外收获:从铸币兑换的束缚中解脱出来了,他们可以对其纸币当做无限的、不计利息的公众贷款。随着银行券贬值,广大纸币持有人遭受损失,商业受害。联邦政府的税收被迫接受贬值的州立银行券,有些联邦政府债券发生违约,发售新的债券面临极大的困难。

这种一团糟的状况激起人们重新呼吁建立一个国家银行。政府债券持有者期望这样一个银行将有利于他们未来的偿付。州立银行家们害怕一个国家银行会增加竞争,迫使他们恢复铸币兑换。但是,面对国家明显存在的财政与金融的混乱秩序,反对派失败了。1816 年,国会同意组建一家新的美国银行,颁发的执照有效期 20 年。

那个银行死了,却似乎长生不老。第二银行与第一银行一样强大,而且规模更大。经济随着国家工业化而繁荣,培育了银行服务需求空前增长的景象。20 年后向第二银行重授执照似乎是不可避免的。

但是,事情很快恶化了。第二银行的首届董事们是不称职的,甚至比这更糟。第二银行遭受了所有五花八门的假公济私的内部交易,财务诈骗,赤裸裸的欺骗舞弊。最严重的侵害出现在巴尔的摩分行,那里的出纳员叫詹姆斯·麦卡洛克,给自己弄了无担保的 50 万美元贷款,其实这是一个欺诈阴谋的一部分,第二银行最终损失了 150 万美元。在重建后的两年内,第二银行发现自己财务上衰败不堪,政治上不受欢迎。州政府开始实施惩罚税,目的是迫使第二银行关门或者至少撤出本州。麦卡洛克(他的恶行还有待暴露)拒绝支付马里兰州的征税,该州以拒付为由起诉了他。

这个案子最终到了最高法院,结果产生了 19 世纪的主要宪法裁决之一:"麦卡洛克诉马里兰案"。[①] 首席大法官马歇尔的意见是维持国会向这个银行颁发执照的权力,解除马里兰州对这个银行收税。今天,这个关于联邦商业权力的最彻底的解释意见是颇为著名的:"让结局正当合法,让它处

---

① 《美国案例汇编》第 17 卷,第 316 页(1819)。17 U.S.(4 wheat)316(1819)。

在宪法的范围之内,所有手段都是适当的、都是明显适合那个结局的、都不是禁止的,而是都符合宪法的文字和精神,都是宪政的。"不过,在当时,这个意见就有同样重要的实际效果。如果一个州向第二银行或者它的分行征税,那么这个银行就不能作为一家国家银行幸存下来。麦卡洛克案延缓了第二银行死在州政府手里的时间。

最终,第二银行回归了负责任的管理。欺诈欺骗停下来了。在才华横溢而政治上笨拙的尼古拉斯·比德尔领导下,第二银行演变成了现代意义上的中央银行。在比德尔指导下,第二银行调控货币供应,用铸币赎回银行券。它建立了通货,保护信用市场,协助财政部的财政运作。它鼓励州立银行维持充足的铸币储备,这样,承担了全国银行体系事实上的调控角色。

尽管有这些成就(或者也许因为这些成就),第二银行继续不受欢迎。州银行家们、金融投机者们和企业家们把第二银行视作一个盈利威胁,也被视作经济增长的障碍。贷款买地的西部农场主们,因为他们有偿还贷款的种种困难而指责第二银行,尽管大多数人是从州立银行那里借贷的。州政治家们把第二银行视作联邦权力对州事务的未经授权的入侵。

这些各种利益没有什么共同之处,但都不喜欢第二银行。几年来,反对派一直是零星的、无组织的存在。但到了安德鲁·杰克逊总统,第二银行的敌人们得到了一个无情反对它、有胆量、有决心的领袖。杰克逊把银行与欺骗、垄断和特权联系在一起。在他看来,宪法禁止州立银行发行银行券,禁止国会颁发银行执照,只允许铸币作为通货。他对大家反对的结果是持欢迎态度的,相信纸币伤害普通人,促进投机盛行和周期性萧条。他给第二银行封了个名字:"怪兽"。他反对第二银行的斗争变成了著名的"银行战争"。

1832 年,国会通过了给第二银行再颁发执照的决议案,但是杰克逊总统否决了该决议案。他的否决信,是美国历史上最重要的国家档案文件之一,今天看上去它像是思想矛盾、分析扭曲的一团乱麻。他宣称:第二银行的存在违宪,侵害了州权利——尽管最高法院的判决和几十年的广泛认可都与杰克逊总统的看法相矛盾;第二银行是为富人服务的工具——尽管大多数有影响的反对者都像第二银行的股东们一样富有；银行股份的 1/4 是外国人所有，该行对美国利益的忠诚是可疑的——尽管外国投资者不能按股份投票。不论其逻辑如何，杰克逊为他的政治胜出加了分，帮助他有把握地再次当选总统。然而，第二银行注定难逃一死。

杰克逊继续发挥其优势，将政府存款转到支持他的那些州的银行里，这些银行被其批评者讥讽为"宠儿银行"。第二美国银行，受了致命伤，在1836 年执照到期之时，静悄悄地死去了。它在费城的主要办公室获得了一张州执照，在比德尔领导下继续维持了几年，然后倒闭了，留给比德尔沦落和不光彩的余生。

三、自由银行时代（1836—1863 年）

随着第二美国银行的倒掉，全国银行业又开始了一段没有中央银行的航程，这段航程持续时间很长，而且经常湍流汹涌。第二银行的死亡，迸发了企业家强大的力量。为了更易于银行准入，企业家们施压，要求自由的银行业制度。每一家银行执照将不再要求一项专门立法。取而代之的是，州的官员会向任何一个满足必要标准的人发出一个执照。在 1837—1863 年期间，一半以上的州颁布了自由银行业成文法，促进了许多新银行的组建。那个中央银行的死亡，使得各州独自负责监督银行的稳健。有些州，比如纽约，证明具有有效的监管；其他一些州，证明非常缺乏监管能力。

自由进入和州监管的结合，有助于定义 1836—1863 年期间的时代，通常称作"自由银行时代"。通货主要由各州立银行发出的纸币组成。一般地，一个纸币持有人有一项法律权利，就是如果提出兑换要求，银行要立即按面值兑换成铸币。但是，纸币持有人必须出示纸币给发钞银行才行。如果这家银行远离主要城市，那么这是一个令人可怕的任务。即使出示了纸币，持有人也不能确保这家银行实际会以铸币兑换你手中的纸币。银行可能停止兑换以储备其铸币，甚至银行可能倒闭了。两种情况下，纸币持有人都拿不到铸币。

因此，银行券以票面面值的折扣价交易，反映了银行的地理位置和信用差异。例如,1845 年在费城,纽约银行的纸币 1 美元面值按 99.25 美分(折扣了 0.75%)交易,但是,某家密歇根银行的纸币 1 美元面值按 35 美分(折扣了 65%)交易。有专门报纸刊载这些折扣名单,载明在不同金融中心、不同州立银行券的当前价值。以面值交易的通货缺乏统一,阻碍了商业,因为对每一次交易来说,商人必须调整价格,以反映用于支付的银行券的价值。

10 "野猫银行"式的投机性银行业务加重了通货币值的不确定性。"野猫银行"位置偏僻,其办公室难以接近,远离文明社会,访者可能只听见野猫和其他森林动物们的叫声。这样的一家银行会发出洪水般的银行券,其背后却只有极少的铸币支持,就算计着几乎不会有银行券持有人为了兑换自己的银行券去冒大险。尽管在旧的特别立法规定的执照制度之下,"野猫银行"式的投机性银行业务可以出现,但是,自由银行业制度使得犯恶更容易:银行出资人取得执照,不必贿赂立法者,也不用说服他们相信自己的财务诚信。"野猫银行"比起那些更驯化的城市银行,倒闭的概率要高得多。

 长期以来,历史学家们就断定自由银行时代是一个失败。他们强调的问题是通货定价估值问题以及自由银行倒闭的高发率。例如,在印第安纳州,104 家州立银行中的 86 家是在 1852 年和 1862 年期间开办、倒闭的。即便在纽约州,虽然这里是最成功的自由银行之州,449 家州立银行中有 104 家也在 1838 年和 1863 年期间设立、倒闭了。

 修正派学者们抨击了关于自由银行时代的这种消极观点。他们注意到,尽管存在很高的倒闭率,银行券持有人通常都得到了全额支付。有一项研究估计,在 1837 年和 1860 年期间,所有自由银行之州的州立银行倒闭的总损失不足 200 万美元,其中,一半以上的损失发生在一个州,即密歇根州。有些学者也质疑,"野猫银行"式的投机性银行业务几乎并不像许多人相信的那样问题严重。还有人指出,大多数自由银行的倒闭不是由欺诈引起的,而是由银行债券组合的市值急剧下跌引起的。

 今天,传统派和修正派历史学家之间关于自由银行时代的争论,对银行业政策仍然具有一些启示价值。认为自由银行是失败的,如像传统派的观点那样,属于当前需要加强银行政府监管的情况;认为自由银行是基本成功的,如像修正派的观点那样,属于当前需要弱化监管的情况。

四、国民银行法(1863—1864 年)

无论具有其他什么优点,自由银行不适合帮助财政部管理联邦政府的财政。与州立银行有一些不令人满意的交易之后,财政部于 1846 年完全从银行体系撤出,并建立了"独立财政体系"。国会禁止政府接受银行券,也禁止把公共资金存入银行。根据历史学家布雷·哈蒙德,对于公务员们来说,"尽管要求保持政府钱财安全……但是很少提供那么做的手段(地下室或其他),"而他们的各种做法规定"读起来像是一部滑稽剧中导演对舞台布景的指指点点。"

在国内平静、有限和被动的政府时代,"独立财政体系"充分提供了国家财政需要的服务。但是,美国南北战争的爆发凸显了这个体系的一些缺陷。亚伯拉罕·林肯总统就任,政府受困于现金,而法律禁止获得紧急银行贷款。林肯的财政部长萨蒙·P. 蔡斯,获得国会授权从北方银行借钱,但法律仍然要求他用铸币而不是银行贷款支付。正在耗尽的银行铸币储备限制了货币供应,并刺激了黄金的大量囤积。这种货币效应恰好与联邦支持一场长期、很花钱的战争的需要相反。铸币的短缺最终迫使银行和政府停止了所有的铸币支付。

蔡斯应对这一危机的办法是提议建立一个国民银行体系,这个体系吸收了州立自由银行体系的一些成文法和老的美国第一银行的某些规矩。他基本上赞同一种联邦自由银行体制,由联邦执照银行发行一种统一的全国通货。这个提议证明在政治上是受欢迎的:公众相信有必要为战争融资,商人们也讨厌依赖州立银行券的不方便。1863 年,国会颁布了这个提案,叫做《1863 年国家通货法》;经过进一步精炼,成为《1864 年国民银行法》。

与蔡斯期望相矛盾的是,州立银行并没有蜂拥申办国民银行执照;开始几年,绝大多数颁发的国民银行执照都是新银行,而不是转换的州立银行。胡萝卜需要一个辅佐的大棒。国会在 1865 年提供了这个大棒,向州立银行券征收 10% 的税,这是一项惩罚性的怀疑宪法税。州立银行挑战这个税项,但是,在 1869 年,最高法院判决维持这项征税,建立了一个重要的宪法判例,维护了联邦政府权力,这种权力就是区分监管目的,反制一个另类的合法行业。参见"维齐银行诉芬诺案"。[①] 当时的首席大法官蔡斯,写下了最高法院维持该税的意见。

五、从南北战争到《联邦储备法》(1865—1913 年)

在接下来的半个世纪里,三个主要结构特征标志着银行业的发展:(1)双重银行制度,具有州立和联邦执照之间的竞争;(2)单元银行制度,限定单一办公室(或至多,在同一地有几个办公室);(3)商业银行和储贷协会的银行业分化。这些特征不代表选举官员们的自觉政策选择。但是,一旦各在其所,他们就变成了深植于政治现实之中的东西,长期地塑造着银行业政策。

a. 双重银行制度

维齐银行诉芬诺案的判决维持了禁止税,通过有效阻止它们发行银行券,威胁着州立银行的生存。发行银行券被认为是银行经营的关键。有一段时期,州立银行似乎走向消亡。国民银行的数量从 1863 年的 66 家增长到 1868 年的 1640 家,而州立银行的数量从 1466 家下降到 247 家。但是,这个惩罚税证明最终是无效的。银行把支票账户开发成一个有效的银行券替代品。当一家银行做一笔贷款时,它不是发给借款人银行券,而是简单地贷记给借款人支票账户。借款人能向别人转钱,转钱通过支票而不是银行券。支票,像银行券一样,银行是按要求见票兑付的(假若消费者没有转让)。支票账户比银行券给予了消费者更大的安全性和灵活性,而且也避免了 10% 的禁止税。

州立银行的数量在 1868 年达到了低点,其后就很快速地反弹了,到 1890 年大致等于国民银行的数量。相比于国民银行执照,各州通过提供给银行家们更大的灵活性赢得了新银行执照的比赛:例如,没有储备要求;很

---

① 《美国案例汇编》第 75 卷,第 533 页(1869)。75 U.S. (8 Wall)533(1869)。

低的最小股东权益资本;对一家银行可做的投资类型(例如,有各种固定资产担保贷款)限制很松。到 1914 年,州立银行数量达 14,512 家,而国民银行只有 7518 家。

因此,《国民银行法》出人意外地创造了双重银行制度;在此制度下,银行可以在国民银行和州立银行执照中选择一种;在此制度下,联邦和州的官员们为监管客户而竞争。双重银行制度保留了美国银行法的一个鲜明特征,尽管至今它诞生之偶然经常被人们忘记。

b. 单元银行

美国银行业的早期历史几乎没有单元银行制度的预兆。美国银行运营着一个全国性的分行网络。州立银行的分行经营方式因地而异。新英格兰地区的银行很少开设分行。许多南方银行按现代理解的术语(仅仅是单一公司企业的若干分理处)是有分行的。俄亥俄、印第安纳、密苏里和爱荷华州都建立了具有垄断权和广泛分行网络的州立银行。俄亥俄州立银行,1845 年创立,至 1863 年拥有 36 家分行。但是,不像现代的分行化经营的银行,这些分行很明显地属于松散的独立实体的联盟,在资本化、治理和运营上都有相当大的自治权。这些中西部地区的分行网络可能发挥着事实上的卡特尔企业联合的作用,主要银行行使确保偿付能力的职权,限制银行同业竞争,并维持垄断暴利。

于是,到南北战争爆发时,银行分行式经营的做法遵循三种地区模式:东北地区实际上没有分行式经营;中西部地区属于当地银行的松散结盟;南方地区是有限的分行网络,或者说是现在人们所辨识的一种类型。然而,明确禁止分行化的法律的确很罕见。

《国民银行法》深刻改变了这种模式。该法含有两个条款,貌似要求国民银行以单一地点开展业务。事实上,这两个条款不是寻求消除分行式经营,而是压制野猫银行的投机钻营,要求银行要有一个固定的、永久的营业场所。但是,货币监理署规定,《国民银行法》禁止国民银行的分行式经营。

该法没有影响到州立银行的分行式经营;它甚至允许州立银行转变成国民银行时保持其分行网络。然而,作为一种实际模式,该法帮助消灭了以往的州立银行的分行网络。南北战争已经摧毁了南方地区的州立银行,取而代之的所有新银行拿到的是国民银行执照,因此不能设立分行。在中西部地区,国民银行执照摧毁了垄断地位,因而推知也摧毁了州立银行的分行网络;一些(有自治权的)银行分行,宣称自身独立,并变更为国民银行。在东北地区,战后跟战前一样,单元银行制度在州立银行中盛行。

13　　像双重银行制度一样,单元银行制度的产生明显具有偶然性。然而,一旦建立起来,它就产生了既得利益,既得利益是要强力反对自由化的分行经营。小银行,大多是州执照银行,害怕来自"货币中心"银行的竞争。他们发展了独立地方银行的思想,他们宣称,服务众多小社区的金融需求要比服务城市的怪兽们好得多。

　　1902 年,在美国银行家协会会议上,一个乡村银行家联盟告诫国民银行的分行化经营:

> (这样的分行化经营将)产生一窝二百或三百家大中心银行,在大城市和小城市有 10,000 至 15,000 家分行,因为这些分行没有资本,只是进行傀儡般的管理,个人化管理会终止,本地税收(可能会)有逃避,(可能)没有家庭获得收益分配,本地发展(可能)受到阻碍,一句话,这些大中心银行将从整个乡村地区汲取资金乳脂去充实它们自己的金库。

这种地方银行自治思想变成了银行业政策的一项基本原则,强有力地体现了银行业政治。

　　对大城市银行将汲取乡村地区资金的指控,听起来的确如此。迄今为止,因为迅速发展的城市使用资金更有效率,因而提供给银行很多更有利的贷款机会。但是,单元银行几乎不能阻止这种资金的流动。小银行趋向于将更多的存款去投资,而不是它们能在本地更有利地贷出去。代理银行制度的兴起,重新分配了存款。小银行与大"货币中心"银行发展了关系:小银行保持其部分资金存在大银行里;反过来,大银行提供诸如支票清算、投资咨询和证券经纪等服务。农村和小乡镇的资金流向城市,单元银行家们得到了他们的一杯羹。

单元银行制度,与要求获得州立银行执照的相当小的股本有关,通过分散化的银行和增加银行数量,深刻影响了美国银行业的结构,如下表 1－1 所示。

1865—1914 年银行数量

表 1－1　　　年	银行数量
1865	1,643
1880	2,696
1890	5,585
1900	8,100
1910	19,304
1914	22,030

这个制度与其他发达国家(包括加拿大)的发展情况相比特点极其鲜明。在其他发达国家,一个很小数目的几家全国性银行主宰着那里的银行制度。

c. 市场细分

14

在 1865 年至 1913 年期间,时间见证了一种新型银行的成长。长久以来,银行就把自己的角色定义成为商业服务。19 世纪的银行还没有充分地满足个人的银行需求,当然除了很少的富豪和特权人物之外。互助储蓄业的兴起将填补这个缺口,帮助中等收入人民实现他们的财物安全和拥有住房的梦想。

最早的互助储蓄机构服务于慈善活动而不是以盈利为目的;他们谋求社会进步,而不是私人得益。说起来,纽约市水手储蓄银行 1829 年创办,面向水手船员,他们从来不受商业银行的待见。传统互助储蓄的价值,在1946 年弗兰克·卡普拉的电影《美丽人生》里得到很经典的阐释,电影里的吉米·斯图尔特作为当地互助储蓄银行总裁,为帮助劳动人民而斗争,并提防当地商业银行家们各种贪婪的阴谋。

在 19 世纪和 20 世纪,出现了几种类型的互助储蓄机构:第一类是"储蓄银行",主要位于东北地区,这类银行的兴起,是为了帮助工人们储蓄他们的部分工资。第二类是"储贷协会"(也称为"房屋与贷款协会"),这类机构的发展,是为了帮助人们储蓄足够的钱买房子。这两类都很典型,以"共同"形式把他们自己组织在一起:机构归他们自己的储户所有,而不是一帮分离出来的逐利的股东们所有,尽管二者差别在于他们的初始目的不同("储蓄"对"房屋所有")。储蓄银行和储贷协会呈现出并不清晰的功能区别。但是,二者之间的法律区分变得根深蒂固,导致了重要的监管差异。第三类是"信用社",兴起在 20 世纪早期,从欧洲输入和推开,其中最突出的人物是爱德华·法林,一位波士顿百货公司巨头。这类机构的贷款对象是那些有共同纽带联系在一起的人们(比如,在同一公司工作)。

互助储蓄业最终变成了一个政治利益集团,具有自己的老到的院外游说团体,寻求不适用于商业银行的一些特别恩惠。银行业中商业银行与互助储蓄的这种细分,深刻影响了银行业监管的政治斗争和经济行为。

六、《联邦储备法》(1913 年)

国民银行法提供了一个统一的国家通货,并使货币监理署能对银行体系行使某些监管统治。但是,美国仍然没有中央银行,以调控货币供应,通过提供银行最后贷款人服务去平息金融恐慌,并缓和宏观经济的波动。在1873 年、1884 年、1890 年、1893 年、1907 年,金融恐慌使美国经济颇受折磨。

在 1907 年的金融恐慌中,股票市场崩盘,对股票经纪商的无担保利率达到了 150%,银行全国性地拒绝赎回银行券或重要存款的提取,很少放贷。这种金融混乱的剧痛向经济蔓延。与之形成鲜明对照的是,由 J. 皮尔庞特·摩根爵士这样的一些金融家领导的企业,通过合并寻求取得秩序和理性。令人敬畏的摩根在遏制金融恐慌上发挥了关键作用。但是,人们日益怀疑那些过分倚重一些私人金融家洞察力的所谓智慧。平民主义者们持有更暗淡的看法,他们指控,正是华尔街"金融托拉斯"无情地利用了这样的危机来扩张其财富和权力。

支持货币改革,风生水起,不同政治立场的人群,尤其银行家们、商业领 15
袖们、社论作者们和进步政治家们都同赴这项事业。国会设立了一个国家
货币委员会,它殚精竭虑地考察了美国银行制度和外国中央银行经验。该
委员会最终提议创立"联邦储备协会"——一个银行家拥有、银行家管理的
辛迪加,它将调控货币供应,从铸币和政府债券的狭窄基础平台中解放出
来,并作为银行体系的最后贷款人。大型银行都支持这个计划。进步人士
批评这个计划是寡头垄断,赞成政府自己行使这项职能。

伍德罗·威尔逊倡导货币改革。1912 年,在其总统竞选活动中,威尔
逊回应平民主义者的观点:

> 在这个国家,最大的垄断是货币垄断。……一个伟大的工业国家
> 被它的信用制度所控制。我们的信用制度是集中的。国家的成长……
> 以及所有我们的活动,握在一小撮人的手里,……他们必然……泼冷
> 水、使绊子,摧毁珍贵的经济自由。

他偏袒进步人士的请求,反对"集中控制在银行手里的任何计划"。他
也强调保持货币权力分散化的重要性。上任后,威尔逊把货币改革作为他
自己的最高优先立法。在他的领导下,国会 1913 年颁布了《联邦储备法》,
这是自南北战争以来最具革命性的银行业监管进展。

新的联邦储备系统代表了几种竞争性方法的混合体。该体系包括 12
家区域性联邦储备银行,仿照银行家们的票据交换所这种私人安排,使城市
银行借助这种私人安排,进行支票清算和互相紧急贷款。每一家储备银行
享有某些自治权;储备银行的成员银行(也就是,参加这个体系,并且总部
在储备银行地理辖区内的银行)拥有储备银行的股份,并推选储备银行的
董事会的大多数成员。但是,联邦储备委员会由总统任命,参议院确认,监
督联邦储备银行,拥有货币政策的最终话语权。因此,这个体系混合了权力
分散、私人所有和政府控制三个方面。

这个体系通过储备银行的簿记登记,促进了支票清算的效率;随时准备

通过"贴现窗口"进行紧急贷款,因而帮助银行在发生挤兑时幸免于难;对货币供应提供一些联邦控制,特别是该体系在 1920 年代就开始协作,开展公开市场操作。成员银行必须要在其所在地区的储备银行保持现金储备或存款。

16　　《联邦储备法》要求所有国民银行加入这个体系,给予州立银行加入的选择权。联邦储备法的架构曾很有信心地期望州立银行加入,以便它们能得到像支票清算和获得紧急贷款这样的好处。但是,因为储备要求和其他监管条件的原因,州立银行躲开了该体系。在该法(颁布的)第一年,仅有17 家州立银行加入这个体系。到 1922 年,1648 家州立银行加入这个体系,但另外 19,566 家(主要是小的)州立银行继续留在这个体系之外。1922 年之后,州立银行成员实际上下降了,到 1929 年下降到 1177 家。州立银行不愿意加入该体系有几个重要的后果。代理银行安排仍处强势,大多数州立银行与政府最后贷款人缺乏接口,因而处于脆弱运营状态。国民银行执照变得不那么合意,因为它要求必须是储备体系成员。

七、行业合并(1914—1933 年)

在《联邦储备法》之后的 20 年里,人们看到了银行业意义重大的合并。一家银行对地理上分散的分行办公室整合成一个系统,运行起来比互相竞争的单元银行更有效率,即使单元银行有更发达的代理关系。它能享有规模经济的好处,包括内部化的支票清算。通过投资各种不同社区,它能更好地使其资产组合多样化,而不是过分依赖单一社区的财富。它能够使其客户在很多不同地点办理银行交易业务。银行业合并与同时发生的"连锁店"运动大致并行。在"连锁店"运动中,经营很多零售店的大公司排挤取代了独立的本地零售商。

不用惊讶,单元银行觉察到合并是一场生死挑战。像本地的食品杂货店,它们害怕巨大的、地理多元化的对手的竞争,它们习练自己的相当发达的政治肌肉以遏制合并。单元银行成功地维持了许多既有的对银行合并的法律障碍。但是,它们不能逆转合并的潜在经济诱因。当不可抵抗的合并力量与单元银行的不可移动的阻碍相遇时,必须给出某种结果。这两种矛盾力量的冲撞导致了各种妥协办法,最著名的包括分行化、连锁银行和银行控股公司。

a. 分行化银行

反对分行化依然强势,特别是乡村银行。很多州颁布了反分行化法。但是,也有一些州开始许可州立银行的分行化,因为这些州受到一些持有州执照的城市银行的催促,这些城市银行急于在家乡的一些城市获得更多的零售客户。根据货币监理署对国民银行法的严格解释,国民银行依然受到约束。这种不平等缓和了乡村银行的反对情绪,因为乡村银行视大块头的国民银行为最大的竞争威胁。许可某种形式分行化的一些州包括加利福尼亚、特拉华、佛罗里达、乔治亚、缅因、马萨诸塞和纽约。

分行化在缓慢地启动起来之后,就快速地蔓延开来。富有才华的加利福尼亚银行家 A. P. 詹尼尼证明了分行化的优势,他建立起来的意大利银行(后来的美国银行)发展成为美国的最大金融机构之一。通过广布全州的分行网络,这家银行能在需要时把钱从一个地点划到另一个地点,或者从一条业务线划到另一条业务线。例如,运用城市居民的剩余储蓄,为农场主播种、收储和销售作物提供了季节性贷款的资金。到 1920 年代,分行化快速扩张;银行分行总数从 1920 年的 1281 家,增加到 1925 年的 2525 家,再到 1930 年的 3522 家。

州立银行的分行化动摇了双重银行制度。在此之前,州立银行一直是小的单元银行。现在,在许可分行化的州,一些州立银行很快变成了大块头。州立银行的分行化权利给予它们相对于国民银行的竞争优势。它们坚决抵制许可国民银行设立分行。借用一个银行政治学的传统比喻:运动场已经倾斜了。分行化运动威胁了国民银行执照和联邦储备系统。由于不能分行化,国民银行会转为州执照。发现联邦储备成员银行没有吸引力,转为州执照的银行将离开联邦储备系统。

1927 年,经过一番漫长的立法斗争之后,国会颁布了《麦克法登法》,该法许可国民银行在其家乡设有办公室的城市设立分行,其对国民银行的松绑达到了州法许可州立银行去如此行事的那种程度。该法没有达到恢复平等竞争的目标:国民银行不能在家乡城市以外设立分行,无论州立银行的分行化权利何等自由(1933 年消除了这条限制)。但是,该法消减了监管分歧,足以遏止对国民银行体系的侵蚀。

b. 连锁银行

因为禁止或限制分行化,有进取心的银行家就有了明显可用的替代办法:不是拥有一家多分行的银行,而是他们简单地拥有若干家各自独立的银行。这种安排成为颇为出名的"连锁银行"。这几家银行的法人是分别独立的——同时信托责任是针对每一家银行的少数股东——防止连锁银行变成完全替代为分行。然而,如果某人整体拥有所有这些连锁银行,就取得了规模经济的好处。

广泛的银行连锁开始发展是在南北战争之后不久。主要连锁银行运行在中西部、西北太平洋沿岸和南方地区。有一些成长为大块头,其中有一家,威瑟姆 - 曼利连锁体,在 1920 年代初期达到高峰时,包括 180 余家银行。但是,连锁银行主要存在于乡村和小镇。因为连锁银行是限定个人银行所有者,因此它既不提供易于接近资本市场的便利,也不利于进入非银行业务诸多领域。它也不适合集中化管理:在法定形式上,连锁体是由独立的银行组成,联合在一起的只不过是有同一个个体所有者。

c. 银行控股公司

集团银行,即多家银行由单一控股公司所有,提供了一种更好地服务于银行扩张的结构。一家"银行控股公司"是这样的一家公司(比如,有限公司或合伙),拥有或控制一家或多家银行。像连锁银行一样,集团银行也要规避那些防止分行化的法规。但是,集团银行相对于连锁银行有三个重要优势:它提供了更易于接近的资本市场,因为控股公司可以向投资者销售它自己的证券;它直接或通过子公司方便进入非银行业务领域,因为控股公司可以从事不许银行自己干的一些业务;它也有利于集中管理,因为控股公司可以监督和指导其所有子公司的运营。就跟现在一样,一家控股公司的主要银行,也就是最大银行,通常也主宰着这家控股公司,实际上实行集中管理也是如此,集中管理最能影响到控股公司的其他子公司。

银行控股公司比连锁银行发展晚一些,主要因为原有的公司法一直禁止一家有限公司拥有另一家的股份。可是,银行控股公司在 1920 年代成长迅速,部分原因是走向合并和广泛地域扩张运动。面对受到限制的分行化规定,银行最好是通过控股公司去取得规模经济。

八、银行危机(1929—1933 年)

尽管到 1920 年代末期,银行业的表现总体上是健康的,但即便是一个喷涌的牛市也不能隐匿其潜伏的脆弱。理由已经讨论过,那些众多的小单元银行规模不经济,也不能多样化资产组合,其中很多这样的小单元银行在此期间倒闭了。在 1921 年,501 家银行倒闭,代表了全部运营银行的 1.2%;在 1926 年,是 1929 年股票市场崩盘之前最坏的倒闭之年,959 家银行倒闭,代表了全部运营银行的 3.4%。许多互助储蓄机构也倒闭了。因此,即便在大萧条来临之前,公众也有理由质疑银行体系的稳健状况。

1930 年之前,银行倒闭还是孤立(尽管总体是日益增加的)发生的一些事件。但是,在 1930 年,中西部和南部地区的大量银行倒闭,点燃了经济学家米尔顿·弗里德曼和安娜·施瓦茨所称的储户"恐惧传染症"。在接下来的每一年里,普遍的银行恐慌波浪汹涌而至:1930 年有 1345 家银行倒闭;1931 年有 2298 家银行倒闭;1932 年有 1456 家银行倒闭。创建于 1932 年、专门面向有流动性问题的银行提供贷款帮助的"重建金融公司",在消除危机的赛跑中仅取得了有限成功。

公众对银行体系的信心螺旋形下跌。银行恐慌出现在一个州又一个州,催促州政府宣布"银行假日",这是一个嘲讽的误称,指政府延期支付偿还储户。在一个州内,"银行假日"可暂时解除对银行的压力,但是,这实际上增加了对整个银行体系的压力,因为其他地区的储户会在他们所在州宣布"银行假日"之前奔涌前来提取存款。到 1933 年 3 月,一半以上的州已经宣布了"银行假日"。

富兰克林·D. 罗斯福总统 1933 年 3 月 4 日就职时,不可想象的事情发生了:银行体系崩塌了。罗斯福总统宣布一个全国性"银行假日"。不仅银行都像早期的恐慌一样停止了向储户的支付,而且所有银行业务都停止了。大约一周之后,银行又重新开张了,但是大约有 5000 家银行顷刻之间无力重新开张,超过 2000 家银行从此永远关门了。总体来看,在 1930 年代,一半美国银行倒闭了。罗斯福总统在就职演说时宣布:

19　　　　我们唯一值得恐惧的就是恐惧本身——会使我们由后退转而前进所需的努力陷于瘫痪的那种无名的、没有道理的、毫无根据的害怕。……我们的危难并非来自于实质上的失败。我们没有遭到什么蝗虫之害。……贪得无厌的钱商们在舆论的法庭上被宣告有罪,为人类思想感情所厌弃。……最后,在恢复阶段中,我们需要两项保证,避免旧秩序弊端重新出现:必须严格监督一切银行储蓄、信贷和投资;必须制止利用他人存款进行投机活动;必须提供充分而有偿付能力的货币。

当时舆论对这个灾难的谴责指向了华尔街。参议院银行委员会,在一系列轰动的听证会上,已经调查了一些欺诈做法,比如,没有披露卖给公众证券的已知瑕疵、股市操纵、滥用公司机会、放纵内部交易。听证会重点调查了受到指控的大型银行附属证券子公司的劣行,以及银行子公司与一些企业一起增加不稳健贷款、不负责任投机、存在利益冲突的种种勾当。人们很自然地推知,听证会上突出调查的玩忽职守行为源自商业银行与投资银行的结合,帮助引发了继后的金融灾难。有些批评甚至说他们是"银行歹徒"。

更近时期,学者们已经不相信与银行相联系的证券业务助产了大萧条。例如,米尔顿·弗里德曼和安娜·施瓦茨批评美联储甚至在经济滑入衰退时收缩货币供应,然后没有供给银行体系充足的流动性。按他们的观点,1933 年的银行假日"很像是甚于疾病之恶"。并且,乔治·J.贝斯顿总结性地指出,银行与其证券子公司有比较好的业务实践,承销的证券也比非银行证券公司更稳健。

无论原因是什么,1933 年银行体系崩溃的灾难压倒了银行改革的政治反对派。过后很快颁布了《1933 年银行法》,该法长期以来保留了美国银行业政策的中心要点。该法作出了具有特别历史重要意义的五大变革:本法禁止存款机构承销证券;创立联邦存款保险;限制银行存款利率;给予国民银行分行化(权利)与州立银行平等;率先实行联邦监管银行控股公司。

《1933 年银行法》深刻影响了银行业结构和银行业政治。该法全部条款的利弊引出了长久而炽烈的争论。支持者们称赞该法限制投机和利益冲突,预防银行破产和银行恐慌,压制不健康竞争。一批日益增长的批评派人士抨击,该法仅服务于狭窄的受影响产业的经济利益。分离商业银行与投资银行保护他们彼此免于互相竞争。监管存款利率创立了政府发起、政府强制的卡特尔存款定价。存款保险支撑了政治上强有力的单元银行,但以损失更不易倒闭的大型银行利益为代价。

大萧条也诞生了对互助储蓄业的基本立法。1932 年,国会创立了"联邦住房贷款银行系统",它大致模仿了美联储。这个系统包括 12 家地区住房贷款银行,向互助储蓄机构提供紧急流动性贷款,补助长期融资和代理银行服务。联邦住房贷款银行委员会,是一个政府机构,监督联邦住房贷款银行系统。《1933 年房主贷款法》授权该委员会颁发联邦储贷协会执照,该协会是侧重于接受储蓄存款并发放住房抵押贷款的互助机构。《1934 年国家房屋法》创立了联邦储贷保险公司(简称 FSLIC),办理对互助储蓄机构存款的保险。同年,《联邦信用社法》颁布,它授权联邦为信用社颁发执照。

九、稳定的年代(1934—1980 年)

1934 年之后,银行体系步入了一段长期相对稳定的时期。在 1934 年和 1970 年代末期间,银行监管结构没有出现重大变化。的确出现的一些变化趋向是预防性的——监管部门在面对各种市场力量威胁颠覆现状的情况下努力保持现状。

三个关键因素解释了这个延长的稳定。首先,大萧条时代立法的政治调和作用证明相当持久耐用。限制存款竞争降低了银行资金成本。通过约束行业内部竞争,法律帮助证券公司收获了高于市场的利润。互助储蓄机构已经有了他们自己的联邦监管人、存款保险人和最后贷款人。这些受牵涉的细分行业也没有意愿推翻这些惬意并有利可图的安排。

第二,大萧条给银行家们留下了心理创伤,浸透了一种深入彻底的厌恶风险的文化。古板的穿着白衬衫的银行家的普遍形象刻画了许多银行家的实际表现的态度。一个打趣话说,一个银行家就是从来不第一次做任何事情的那种人,这个定义在这段岁月里相当实质。大萧条后遗症也在其他方面有所表现。迟至1960年代,有些银行还不乐意雇员在办公室连续工作数小时,唯恐外面的人看到窗口灯光作为麻烦的信号。

第三,银行倒闭变得极其罕见。1930年代初期的大规模倒闭已经消除了最不稳当、最无效率的那些银行。联邦存款保险公司保险证明相当成功地预防了挤兑,甚至在国会对"州立非成员银行"也放开联邦存款公司保险之后更是如此,州立非成员银行就是不在联邦储备系统之内的州立银行。从1945年直到1979年,每年银行倒闭的平均数量少于1‰。新银行开张的数量,大约与既有银行通过倒闭、并购而消失的数量相同。因此,从1933年直到1970年,商业银行的数量在13,000—14,000家之间一个很窄的范围内波动。互助储蓄机构倒闭也不常见,尽管跟商业银行比倒闭比率仍然有点偏高。不过,在1935年到1979年期间,也仅有120家储贷协会机构倒闭。

然而,这些年的稳定并不意味着没有政治争论。围绕银行通过设立分行或控股公司的地区扩张,争论不急不火地进行着。在1970年代末的几年里,人们也看到了互助储蓄机构与贷款协会的迅速成长,以及消费者保护立法的频繁举动。

a. 地域扩张

i. 分行化银行

大萧条加快了许多单元银行州许可在全州或州内一些地区的分行化银行经营。对放开分行化经营的支持来自于势单力薄的单元银行,因为他们面临关闭,除非能够与更强的银行合并。涉及单元银行的一些法律,由于阻止兼并方对被兼并银行作为一个分行来运营,阻碍了拯救性兼并。然而,具有讽刺意味的是,单元银行最终合力支持制定了开放分行化经营的规则。

单元银行逐渐让路给分行化银行。在 1930 年代,有 18 个州授权开展有限地区或全州范围的分行化银行经营,此后这个趋势持续。拥有分行的银行比例,从 1920 年的 2% 到 1940 年的 7%,1960 年的 17%,1970 年的 30%,1980 年的 45%。

尽管分行化银行快速增长,美国银行仍然不能跨越州界设立分行。但是,这些限制不适用在美国经营的外国银行:它们可以在多个州设立分行,并与国内银行以毫无二致的方式吸收存款、发放贷款。在 1970 年代,外国银行冲到美国,以利用这个特殊环境,因而也就可以预期到政治后果:国内银行大喊"犯规!"1978 年《国际银行法》消除了大多数外国银行的州际分行化优势。

ii. 银行控股公司

在 1933 年到 1979 年期间,人们看到的重要成长不仅是在分行化银行方面,而且也在控股公司持有的银行数量方面,更看到了更大的控股公司扩展其非银行业务。大多数对银行业务的限制并不适用那些拥有银行的集团公司。不像分行化银行,控股公司的扩张产生了重要的联邦立法。

随着《1933 年银行法》,联邦储备委员会敦促国会立法监管所有银行控股公司,包括那些属于银行控股公司,却留在联邦储备系统之外的子公司银行。美联储寻求扩展它的监管权威,消除控股公司鼓励子公司银行留在联邦储备系统之外以逃避监管。美联储争取来自平民派人士和反对银行进入非银行业务领域的非银行公司的支持。美联储也争取了来自小银行的支持,那些小银行害怕来自大型货币中心银行的竞争。大型银行通过控股公司在其他州新设或并购子银行,能够规避反对州际分行化经营的规则。因为那些新设或并购的银行不是分行,所以《麦克法登法》不能够禁止它们。

国会做出了回应,颁布了《1956 年银行控股公司法》。该法许可控股公司仅从事与银行业务密切相关的业务。它禁止控股公司在其他州兼并银行,除非在拟并银行所在州法律特别授权(一项限制叫做道格拉斯修正案)。这些法律条款的每一条都显著地影响了美国银行结构的后续发展。该法不适用于单一银行控股公司。那时,该类公司主要拥有小银行。如此一来,该法就留下了一个漏洞,大型银行在 1960 年代末期日益利用银行控股公司。

美联储、小银行和多银行控股公司发起了一个规范单一银行控股公司的立法运动,声称介于银行和非银行业务之间的子公司将创出一种不合要求的日本式的"财阀"体系,一批庞大的银行—产业联合企业。《1970 年的银行控股公司法修正案》延伸调整单一银行控股公司。尽管有这些限制,银行控股公司的规模和重要性都继续成长。到 1978 年,银行控股公司已经变成银行业的优势架构,银行控股公司的子银行控制着大约 71% 的全部国内银行存款。

控股公司运动也影响了互助储蓄业,尽管互助储蓄要比银行形成控股公司缓慢。雷曼兄弟,一家投资银行,1955 年建立了第一家储贷控股公司,寻求突破格拉斯 – 斯蒂格尔墙、侵入银行腹地。《储贷控股公司法》,1969 年颁布,限制拥有一家以上互助储蓄机构的公司的业务。但是,该法豁免"单一的"控股公司,也就是拥有单一互助储蓄机构的控股公司,前提是这个互助储蓄机构持有一个规定百分比的住房抵押贷款资产。

b. 互助储蓄机构的成长

二战之后,互助储蓄机构,长久以来商业银行的穷表弟,开始了快速扩张,直到 1980 年代中期。几个因素帮助了这段成长冲刺。新住房建设一派繁荣。个人收入和财富快速增长,特别是中产阶级市场部分,传统上就是由互助储蓄服务的。互助储蓄的共同所有逐渐让路给股份所有,股份所有鼓励专业管理和更进取的利润追求。也许最重要的是,互助储蓄享有政府授予的存款竞争优势:美联储 Q 条例,限制存款利率,原来不适用于互助储蓄。当 1966 年国会也把互助储蓄纳入 Q 条例管制时,规定让互助储蓄存款利率比银行高出半个百分点。互助储蓄干了很多利用"Q 条例互助储蓄级差"的事。他们的广告反复提醒储户们:互助储蓄支付了"法律许可的最高利率"。互助储蓄业在金融业持有的全部信贷市场债务的份额,从 1945

年的 11% 升到 1979 年的 20%,甚至当商业银行的份额从 52% 下降到 36%
的情况下。信用社运动引起的增长之多显著超过互助储蓄业。

十、革命(1980 年至今)

银行业的后大萧条稳定在 1970 年代末开始不稳了。自那时起,银行业
经历了一场革命,其深刻和猛烈不亚于历史上先前的任何时期。这场革命
已经触及或摇动了新交易银行业结构的每一个元素。这场革命的发生,经
过了监管机构法律行动、司法判决以及联邦与州立法。但最重要的是,银行
业革命发生在法律制度之外,是快速市场发展引起的。

银行业突变几乎触及了每一个方面:(1)存款利率放松监管;(2)废除
对银行扩张的地域限制;(3)打破和永久废除银行与证券业务之间的关键
障碍;(4)消融各种类型金融机构之间的差异;(5)消费者保护规范的成长,
包括创立一个新的联邦机构(消费者金融保护局);(6)基于风险的资本要
求的发展和应用;(7)被认为大而不能倒的公司的崛起。

a. 放松监管存款利率

联邦储备委员会的 Q 条例对存款利率的限制,在市场利率保持低位和
相对稳定时似乎是可以容忍的。正如 1933 年之后的几十年来他们所做的
那样。储户把他们的钱放在一家银行或互助储蓄机构那里,不会发生什么
大的亏本。存款机构,尽管禁止存款的直接价格竞争,但开展了激烈的非价
格竞争(比如,对于开立账户给予奖励,或者提供额外服务不收费)。

但是,宏观经济力量最终压倒了这种微小的价格控制。在 1960 年代,
通货膨胀在美国经济扎下了根,并在 1970 年代加速。为了控制价格盘旋上
升,美联储开始于 1979 年大幅紧缩货币政策。这种紧缩,加上通货膨胀自
身,驱使利率达到了创纪录水平:基准利率 1980 年达 21%。利率突然上升
威胁到了银行、互助储蓄,以及 Q 条例结构体系。由于利率一飞冲天,在银
行或互助储蓄机构存钱的机会成本也随着利率突升而高扬。当能在别处挣
得 14% 的高利率时,消费者变得不愿意接受 Q 条例规定的低利率。银行和
互助储蓄机构面临着大规模的"脱媒",因为投资者发现了更赚钱的投资

方式。

　　银行难民们在货币市场共同基金上找到了自己选择的庇护所。基金，是一个专业管理的投资池，持有公司和政府发行的短期、高质量债券。货币市场基金提供安全、高收益的投资，经常伴随有限的支票特权。在 1970 年代末期，货币市场基金增长惊人，资产增加从 1978 年不足 40 亿美元，到 1980 年超过 600 亿美元。这些钱的大部分来自银行和互助储蓄机构。

24　　尽管早期（例如在 1960 年代和 1970 年代期间）已经发生过一些小的"脱媒"片段，但没有什么持久效应，而 1978—1980 年的资金大出血对存款机构形成了危机。长期以来，Q 条例因为它们压制竞争而成为银行家的朋友，现在变成了银行家的敌人。因为渴求存款，存款机构寻找限制以外的出路。银行提供了市场利率的、不受管制的、大面额存款证（简称 CDs）。互助储蓄机构进入支票业务的产品是可转让提取账户命令（NOW），事实上，它是一种消费者附息支票账户。《1980 年存款机构放松管制和货币控制法》要求逐步废除存款利率上限，并许可所有存款机构向消费者提供附息支票账户。《加恩－St·杰曼法》加速了逐步废除的步伐。Q 条例的限制现在成为历史了。

b. 废除地域限制

　　地域扩张的所有法律障碍正在被快速地拆除。各州已经废除了单元银行经营规则，并且联邦和州立法机构已经促进了州际银行经营的显著增长。

　　自动柜员机（简称 ATM）的出现对许多州的单元银行限制提出了挑战。ATM 给客户提供了极大的方便，可以在所有时点和很多不同地点进行银行的日常交易。为了回应公众以及产业在 1970 年代和 1980 年代期间的需求，许多州的立法机构放开了分行化经营的规则，允许银行运营一些遥远地点的 ATM。但是，通过 ATM 的分行化经营加剧了银行之间的竞争，还破坏了分行化经营限制的基本意图以及维持这些限制的政治联盟。这样就导致了分行化经营规则的广泛解禁。尽管还有屈指可数的几个州保留了限制性的分行化经营规则，全州范围的分行化经营基本上畅行无阻。

　　更重要的是，限制分行在单一州内的一些障碍被打掉了。州际银行经

营,曾经是作为例外受到反对的,现在已经变成稀松的平常事了。在 1970
年代和 1980 年代期间,各银行发现了很多方式伸入外州市场。例如,银行
争取外州的存款,把银行与 ATM 网络联合起来,设立"贷款产品办公室"和
国际银行子公司。银行控股公司兼并倒闭的银行和互助储蓄机构,指派非
银行子公司去开设办公室,设立信托公司和有限目的银行,有限目的银行是
通过保持业务足够狭窄以避开银行控股公司法所定义的"银行"来回避道
格拉斯修正案。这些以及其他一些花招手段,能让银行规避那些反对州际
银行经营的明摆着的硬性规定。

以扩展为导向的银行业让道格拉斯修正案为它们服务。道格拉斯修正
案允许一家银行控股公司兼并一家外州银行,但仅限于拟并银行所在州有
法章明确批准的兼并。许多年来,小银行一直阻挡颁布这种成文法的尝试。
然而,1982 年,新英格兰诸州开创了第一个"区域银行协议",这个协议就是
彼此开放银行市场,但排除其他州的银行。该区域的银行看到,这样一个协
议具有极大优势,排除来自诸如纽约、伊利诺伊和加利福尼亚的大型货币中
心银行。有些人希望这种排除外来银行的做法永恒下去;其他一些人认为,
它是一种过渡性办法,目的是发展培育区域内的银行,使之足够壮大,而一
旦银行可以全国性经营,那么这些银行就可以保持独立存在。

最高法院在东北地区银行公司诉联邦储备系统理事会的案子中,支持
区域银行立法,①激起了一波全国性的州际银行立法。有些州许可来自任
何州的银行控股公司的并购。许多州加入了区域银行协议。有少数几个州
保留原有的州际银行禁条。但是,趋势是走向允许来自任何州的银行控股
公司的并购。

国会加速了这个趋势,通过颁布《1994 年里格尔·尼尔州际银行和分
行化有效法》,改变了基本规则。该法废除了道格拉斯修正案,取而代之的
是,总体上许可联邦储备委员会允许有充分资本能力、充分管理能力的银行
控股公司兼并全国各地的银行,"不管该交易是否有州法禁止"。银行控股

---

① 《美国案例》第 472 卷,第 159 页(1985)。

公司已经兼并了某一州的一家银行,然后又可以合并位于其他州的一家银行。实际上,这样的合并使得那个被并购的银行成为州外一家银行的分行。里格尔·尼尔法也消除了对设立州际新分行的联邦法律障碍。设立州际新分行,是不同于控股公司州际收购或银行合并的。如果东道州已经颁布法律明确批准,这样的分行化是允许的。在选择退出州际合并或者选择参加新设州际分行方面,该州必须对待其他州也一视同仁:它不能对一些州选择退出(或参加)而对其他州不选择退出(或参加)。外国银行与同一州籍的国民银行具有相同的州际分行化经营权利。里格尔·尼尔法为银行地域扩张制定了一个新章程。迄今为止,该法促进了具有重大意义的合并,在未来的岁月里还可能发生更多。

c. 推倒格拉斯-斯蒂格尔墙

曾经横亘在商业银行和投资银行之间难以逾越的大墙,在受到长久的炮轰之后塌掉了。凭借帮助银行的大公司客户侵入了商业银行腹地的证券公司,通过发行商业票据而不是拿出商业贷款,满足了客户短期借入需求(以较低利率)。他们对计划发行债券的借款人做了临时的"搭桥贷款"。他们开发了客户能签发支票的货币市场基金。他们形成了有限目的银行,提供范围很广的客户银行服务。反过来,银行进入了证券业务。他们帮助自己的公司客户私募商业票据。他们充当证券经纪人。他们发起共同基金并提供咨询。最重要的是,银行控股公司的证券子公司开始从事禁止银行进入的证券承销和交易业务。

26   推倒了格拉斯-斯蒂格尔墙,清除了瓦砾遗渣,1999年《格雷姆-里奇-比利雷法》达到了这个长久过程的顶点。该法推倒了格拉斯-斯蒂格尔反附属条款,允许银行附属于有专门资格的银行控股公司,这个公司叫做"金融控股公司",该公司从事所有类型的金融业务。这些业务包括:证券承销、交易和经纪;充当投资顾问;商人银行(也就是,做公开市场没有的长期权益投资);承销和销售保险。对于一家银行控股公司变成合格的金融控股公司,它的联邦存款保险公司保险的子公司存款机构必须资本充足,管理完善,又有令人满意的社区再投资记录。

两个残留的格拉斯-斯蒂格尔禁条仍然保留有效:首先,一家银行,不同于一家有附属银行的公司,仅在一个有限范围内可以承销、交易证券,比如政府证券。[①] 第二,同一家公司不能既接受存款又承销证券。[②] 不过,这条禁规不延及由一家附属公司管理的业务。

d. 金融趋同

银行业革命已经模糊了不同类型金融机构的区别。像商业银行一样,互助储蓄都提供支票账户、信用卡和商业贷款,他们可以而且通常的确叫他们自己"银行"。反过来,商业银行以及他们的附属公司,发放了全部住房抵押贷款的大部分。客户一般并不在乎,而且经常不知道,他们的存款机构有一个银行或互助储蓄的执照。但是,有些监管差异还保留着。联邦储蓄协会一般不能有超过 20% 的资产是商业贷款,并且任何超过资产 10% 的商业贷款必须是小企业贷款。由非居民固定财产(比如,商铺或办公楼)担保的贷款通常不能超过一家互助储蓄机构资本的四倍。不同法律继续适用于控股公司层次,我们将在第八章再来谈这个区别。

更广泛来说,我们看到在银行与其他金融机构如证券公司、保险公司之间日益增加的趋同。银行产品与证券之间、证券与保险之间、银行与保险之间,确实不再有清晰的分界存在。现在,这些不同类型的金融产品边缘交搭,有时这种交搭非常明显。衍生品例证了这种交搭,是超出传统区分的杂交。各种金融机构穿越一个日益宽广的不同产品市场,互相竞争。

金融趋同对监管体制提出了重要挑战。因为在市场差别消失的同时,对不同类型机构的监管体系却依然门户分立,在许多方面矛盾歧出。不论好坏,这些矛盾为金融机构创造了种种机会,就是从事在不同监管体制之间的一种套利,将经济活动转入享有最少监管(或在某种情况下最大补贴)的实体。监管套利机会对更一致监管、或放松监管、或类似活动更经济产生了压力。但是,任何形式的监管统一将留在数年之后,并将受到当前体制经验

---

① 《美国法典》第 12 卷,第 24 节(第七),335、378(a)(1)。

② 同上,第 24 节(第七),378(a)(1)。

（比如，认识特定监管机构的相对成功或失败）和金融服务业各部分偏好的深刻影响。

e. 消费者保护规范的成长

1970 年代开始持续到今天，银行法已经变得与消费者保护更加利益攸关。国会已经颁布了十多个重要法律，包括禁止信贷决策歧视的立法，要求披露信贷条件，监管消费者信用报告，保护金融隐私，巡查高利贷，限制讨债人业务，要求银行贷款方便当地社区和中低收入消费者。多德-弗兰克法极大提升了这些法规的潜在严密性，创立了一个新的联邦机构即消费者金融保护局，综合吸收了大多数法律法规中涉及金融服务消费者保护的内容。除了在联邦层面上这样充分的行动以外，大多数州已经正式采用了它们自己的重大立法与法规，有时它们提出的要求比联邦法律的那些强制令还要苛刻。这就产生了对于先占权争论的良好契机，问题是各州是否可以对于联邦法律已经调整的行为还要强加它们自己的规则。

f. 对体制的压力

罗斯福新政监管结构，尽管令人窒息，但还是支撑了银行的利润和特许权经营价值。只有存款机构可以吸收存款。只有银行可以提供支票账户。Q 条例限制了银行可以支付存款的利率。分行化经营限制使得现有银行和互助储蓄机构不能进入新的地域市场。监管部门颁发新执照保守，以免过度竞争损害现有银行和互助储蓄机构的健康。

在这个温馨的体制里，即便是平凡的银行家和互助储蓄机构的经理也能创出利润，即便是平凡的监管部门看起来也很成功。银行和互助储蓄机构倒闭很罕见。当它们摇晃挣扎时，其执照的价值使它们成为很有吸引力的收购目标。但是，因为银行变得更有竞争性，它也就变得风险更大，并且存款机构倒闭变得更常见。

在 1980 年代期间，高利率使得许多互助储蓄机构无力偿付债务和没有盈利能力。联邦住房贷款银行委员会让许多资不抵债的互助储蓄机构继续开业，希望它们通过多样化参与更多盈利业务以摆脱它们的诸多问题。但是，颇为常见的是，它们加深了自己资不抵债的程度，因为误导性地冒险进入了高风险的业务领域,像房地产开发和商业房地产贷款。它们已经开始了利率不匹配,它们不得不向储户支付比它们贷款组合所挣得的更多利息。它们因资产质量问题(许多贷款可能永远收不回来)而终结,但降低利率不能治愈症结。联邦储贷保险公司自身也变得深陷资不抵债之中。它缺乏足够储备去保护极度资不抵债互助储蓄机构的参保储户,相比于那么多濒临破产的互助储蓄机构,储备太少。互助储蓄业的强大势力让那些互助储蓄机构我行我素:拒绝联邦储贷保险公司出钱关闭它们,保持病态的互助储蓄机构继续开业。

但是,联邦储贷保险公司资不抵债,还继续在资不抵债的互助储蓄机构 28
身上滥用冤枉钱,最终变成了一个全国丑闻。国会作出了回应,颁布了《1989 年金融机构改革、恢复和执行法》(简称 FIRREA)。FIRREA 提供了500 亿美元(大部分来自纳税人),以保护倒闭的互助储蓄机构储户;废除联邦住房贷款银行委员会和联邦储贷保险公司;设立债务重整信托公司,以关闭资不抵债的互助储蓄机构,并处置它们的资产;让联邦存款保险公司负责保险幸存的互助储蓄机构的存款;新成立一个隶属财政部的局,叫做互助储蓄监督办公室,负责监管互助储蓄。FIRREA 也要求互助储蓄机构满足银行类的资本要求和其他安全稳健保障条件。在颁布 FIRREA 之后的几年里,国会提供了大量追加的纳税人的钱去保护倒闭的互助储蓄机构储户。

互助储蓄的崩溃证明了历史上最昂贵的监管失败之一。(我们这里用"崩溃"而不是"危机",因为正如爱德华·J. 凯恩所言,存款保险预防了这种崩溃变成一场真正的危机,或决定性的转折点;一场真正的危机不会持续十年)。从 1980 年到 1992 年,宣称有 1284 起互助储蓄机构倒闭,这些机构都是由联邦储贷保险公司或它的继任者保险的。这些机构的总资产 6150亿美元。倒闭耗尽了联邦储贷保险公司的储备,花在互助储蓄的保险费超过 300 亿美元,花掉了纳税人大约 1250 亿美元。

1980 年代和 1990 年代初,也见识了银行业的严重劫难。这期间,银行的倒闭速度自大萧条以来无与伦比。银行倒闭,1950 年代 31 家,1960 年代44 家,1970 年代 79 家,1980 年代 1146 家(倒闭银行总资产 1750 亿美元)。

从 1981 年到 1988 年倒闭连年增加,从 1981 年 10 家,到峰值的 1988 年达 280 家,然后 1989 年回落到 207 家,1991 年 127 家,1993 年 41 家。这些数字不仅包括了许多小银行,也有不少大银行,比如大陆伊利诺伊国民银行、新英格兰银行、得克萨斯的四家最大银行。几家大型货币中心银行也几近倒闭。联邦存款保险公司的银行保险基金余额,从 1987 年超过 180 亿美元降到 1991 年的负 70 亿美元。

国会察觉了联邦存款保险和存款机构监督的虚弱不堪,回应颁布了《1991 年联邦存款保险公司改进法》(简称 FDICIA)。FDICIA 极大地增加了 FDIC 从财政部借入的权力;要求 FDIC 设置基于风险的存款保险的保费;废止对待大银行"大而不能倒"的惯例(也就是,用保险基金保护这些银行的未参保的储户);并建立一种"立即纠正行动"制度。如果存款机构的资本降到低于要求的水平,那么,这个制度施加更严厉的限制和要求(例如,禁止支付红利)。目标是早解决问题,留心萌芽之初的问题,避免监管拖延。

在 1990 年代,银行业转向财务健康,许多机构报告盈利创纪录。FDIC 的问题银行清单大幅收缩,从 1994 年到 1999 年,平均每年仅有六家银行倒闭。银行保险基金余额,1991 年占受保存款的负 0.36%,到 1995 年升到 1.30%(总金额超过 250 亿美元)。

g. 资本约束

29 为寻求保持银行健康,监管部门已经日益依赖资本标准。一家银行的资本,基本概念就是权益:银行资产超过负债的数量(参见边码第 216—217 页)。同等情况下,一家银行资产超过负债越多,银行偿还储户、满足其他义务和避免倒闭的可能性就越大。

并且,一家银行的资本越稀薄,联邦存款保险带来的道德风险就越大。"道德风险"是这样一种趋向,即保险鼓励投保的人比他们没投保时冒更大的风险。没有存款保险(或政府对银行的其他支持),储户会有激励把钱存进具有财务诚实名誉的银行,并避开高风险名声的银行。因而,银行经理们也有激励保持充足资本,并避免不稳健的风险承担。财务实力将提供一种竞争优势。存款保险削弱了这些市场约束力量。具有微弱资本和高风险贷款组合的银行仍然能够吸引存款。实际上，以此种方式运营将有助于最大化利润。节省资本会增加股东权益回报。（参见边码第 48 页）如果高风险投资得以偿清，那么银行比设若持有安全、保守的投资将取得更大的利润。

警觉到以上这些激励性问题之后，美国监管部门就与它们的外国同行们一道工作，发展基于风险的资本标准。这项工作是通过巴塞尔银行监督委员会（简称 BCBS）发生的，BCBS 在瑞士巴塞尔的国际清算银行开会。这个巴塞尔委员会在 1980 年代冒出头来，作为包括美国在内的全世界银行监管规范和标准的一个最有成果的提供者。巴塞尔 I 风险资本标准，1988 年发布，提出最小资本要求，作为资产风险监管的一项措施。这些标准被巴塞尔 II 所取代，巴塞尔 II 大大扩展了其范围，也覆盖了除借款人违约风险之外的新型风险。全球金融危机还激发推出了新版，通常被称作巴塞尔 III，2010 年发布，以修补这次危机揭示出来的巴塞尔 II 框架之中的某些缺点和漏洞。巴塞尔规则已经变成了美国银行业监管的中心焦点，不仅是因为其直接的冲击性影响，而且还因为这些资本比率也被用于其他监管目的。

h. **系统性风险**

1984 年，FDIC 救赎了美国第七大银行，即大陆伊利诺伊国民银行的全部债权人。该银行有 400 亿美元资产。联邦监管部门坚称，如果准许该银行倒闭和未投保储户遭受损失，将对美国金融体系引起无法计算的损害。自这次救赎开始，人们供奉起一个概念：有些银行是"大而不能倒"（简称 TBTF）。

这里我们需要考虑，什么将决定一家银行 TBTF？要是我们对它做点什么会怎样？如果规模可以使得一家银行 TBTF，那么我们应当限制银行的规模？或者，更紧地限制大银行通过并购成长到那种程度？让大银行服从更严厉的资本标准以为如何？如果一家银行是 TBTF，原因是它拥有其他金融机构很多钱（其他金融机构不能承受损失的钱），那么，我们应当更紧地限制它们对彼此的信用敞口？如果市场参与者们不能充分地测量大银行的风险，那么，我们应当要求它们更好地披露吗？因此，TBTF 是视具体情形而言

30

的:它取决于很多因素,尤其是金融体系的力量和金融机构之间彼此敞口达到的程度。

TBTF 也取决于市场参与者们的期望。迄今为止,因为人们预期,如果超大企业(MegaCorp)万一陷入困境的话,政府将会救赎它,在这种情况下市场对这个公司的约束将会减小。而且,超大企业将能够逃避冒更大风险比不冒风险的责任。这样,TBTF 期望就创造了道德风险。为了提升自鸣得意的感觉,它们也会去强化一家大公司倒闭将引起投资者恐慌的潜在可能性。

无论如何,日益增加的对金融服务业的关注已经抬高了 TBTF 的身价。美国银行,花旗银行和富国银行每家资产都超过 1 万亿美元,使得大陆伊利诺伊国民银行之类显得如同侏儒。并且,在 2008 年金融危机中,非银行倒闭扮演了关键角色。联邦储备拯救了贝尔斯登公司——一家证券公司的债权人,以免该公司倒闭影响了金融体系的稳定。政府决定不救雷曼兄弟公司——另一家证券公司,陡然引发了世界性的金融恐慌。

十一、全球金融危机

"在梧桐树下的基地*上诞生后 200 多年来,华尔街,正如我们所知,它停止了存在。"《华尔街日报》2008 年 9 月 16 日出版的头条新闻开头如是说。这是些令人震惊和恐怖的文字。这家日报,美国金融的非官方刊物,将宣告华尔街的死亡,而我们知道,华尔街是那么的高深莫测。

然而,这份声明还是事出有因的。前一天,9 月 15 日,金融世界震惊,雷曼兄弟破产,这是美国金融界里最大、最著名的机构之一,还是美国历史上最大的破产申请案。雷曼兄弟倒塌只是 2008 年 9 月的几个地震性事件

---

* 现在的纽约最初是荷兰殖民地,殖民地内的小块土地由尖木桩和围篱分隔。1699 年英国人拆除围篱木墙,但华尔街名字被保留至今。梧桐树协定是在 1792 年 5 月 17 日,美国 24 名经纪人在华尔街的一棵梧桐树下聚会,约定每日在梧桐树下聚会从事证券交易并订出了交易佣金的最低标准及其他交易条款。这是纽约证券交易所的开端。参见 http://baike.baidu.com/link? url = PgNj9LCm9L7BKvJBTDfiB4U65pnob2Ta-rgPV3eXe8HT8LjiJeowR0sShldANIANvQN1g1T6XdGfeKcuXt4-Qwq。—译者

之一,其中一些我们将在下面描述,这些事件将重塑金融景观。总起来说,2008—2009 年的一连串灾难,有不同的称谓,"2008 年危机","全球金融危机",诸如此类,是自股票市场崩盘和 1930 年代大萧条以来世界金融市场最具破坏性的事件。

发生了什么事?

这些事件的完整故事,若干年里将不会有人去写,因为我们正在经历这些效应,对这个话题不可能有一个清楚的透视。不过,可以告诉总体轮廓。

引燃 2008 年爆炸的火花是 2007 年开始的房屋价格的崩塌,这次崩塌是紧跟在美国曾经观察到的最壮观的一次资产价格抬升。房屋价格的剧烈爬高可以特征化地说成一个泡沫,因为这种爬高比起其他资产的变化发生得更加骤然和剧烈。这种爬高也比需求发生得快速,因为基于美国人口规模的增加可以推知住房的未来增加。

为什么在 2000 年代期间房屋价格增加那么快? 一个理由肯定是这一事实,这一期间放松的货币政策驱使利率接近历史性的低点,使得家庭和企业贷款既便宜又容易。自然地,当金融价格下降,人们能支付买房子的数量就会增加。房子价格攀升还进一步增加了银行房屋抵押贷款的数量,因为房子是作为贷款的担保品。回馈效应引起了价格增加更多。

就银行而论,开始忽视长期承诺的住房抵押贷款标准。它们那样做部分是因为它们资金丰裕,急于找到贷款客户。当房子价格爬升持续时,银行——相信价格上升继续——开始主要看那些作为贷款保证的房屋的价值。贷款成数增加——换句话说,银行要求首付款越来越少,经常降到完全没有首付款。贷款员不再担心借款人的还款能力:毕竟,如果借款人不能还,他们可以对该房简单再融资,就得到更大数额的贷款,因为这个房子肯定是增值的。所谓骗子贷款变得平常,因为抵押贷款的发起人放弃了要求借款人在文件中说明收入或资产,并且有时与借款人串谋夸大这些条项。抵押贷款的"放贷到分发"模式,在此模式中,签发贷款的公司将贷款快速卖给另一个人(通常在一个证券化交易里),促成了女巫药水式的一团糟,因为抵押贷款发起人,在知晓设若借款人违约而放款人自己没有风险的情

31

况下,开始签发越来越多的问题贷款。贷款给信用很差的借款人,就是所谓的次级抵押贷款,这在 2000 年代里获得火箭式发展。

证券化过程滋养和促成了房屋泡沫。住房抵押贷款定期打包入池,该池由特殊目的公司持有,特殊目的公司然后出售抵押支持证券(MBS)给公众。担保债务凭证(CDO)证券出场了;这些证券代表了向资产池(经常由MBS 或其他资产支持证券组成)收入流索偿的权利。CDO 允许发行者给出不同组别有不同的破产优先级,这样就产生了优秀信用评级对应高级组,高级组然后卖给银行和其他机构投资者。甚至更神奇的证券也映入眼帘:"CDO 平方",它是许多 CDO 组合的多个 CDO,如此构造就是为了榨取来自风险增加的收入流中最高信用评级的最后剩余物。

MBS,CDO,CDO 平方证券,常常支付比其他同样信用评级(事实是,回顾过去,会提出关于信用评级方法可靠性的问题)工具更高的利率。他们变成金融界的迷人宝贝,因为银行和其他机构投资者可以挣得更多收益,同时又没有逾越他们的投资原则。由于庞大的资金流入这些资产,一些重要金融机构,并且整个金融市场,变成了美国房屋价格的人质。金融界变得暴露在房屋价格将会跌落的风险之中。

32　　像所有泡沫一样,房屋泡沫也不能无限持续。2007 年,泡沫破裂,因为有些市场的房价开始下降,即使以新的更低价格出售也销售缓慢。新建枯萎。从 2007 年全年进入 2008 年到 2009 年,价格下降加速。回馈循环,它在这个十年的前半段驱动房价到了不真实的高水平,然后来一个报复性的翻转。随着房价下跌,房主们发现,他们不能再融资房屋以得到更多的钱。同时,有"戏弄人"的低利率的可调利率抵押贷款,重新安排许多房主不能负担的高利率。

房屋的泡沫破裂,不仅毁灭了数千亿美元的房地产价值,它也触发了大规模的止赎危机。2007 年,超过 200 万人有次级贷款、面临止赎;据大致估计,在危机效应完全消散之前,近 1500 万家庭将走向止赎。并且,每一宗止赎还会进一步拉低附近住房的价值。因为止赎的房屋很少会适当维护,卖价就会更便宜,也拉低了周围邻居的房屋价值。

　　大量违约,蚀低了 MBS、CDO 和 CDO 平方的证券价值。反向效应很快抵达购买了这些投资工具的金融公司。问题首先在英国爆发,一个大型的互助储蓄机构,叫做北方岩石银行。受到美国抵押贷款支持证券投资组合损失的折磨,北方岩石银行发现自己没有能力从投资批发商那里取得现金,于是在 2007 年 9 月转向英国政府寻求帮助。结果是挤兑——这是自从 19世纪以来英国第一家银行挤兑。政府采取超常措施,保证北方岩石银行存款,为的是遏止挤兑,但是,政府的行动削弱了金融体系总体的信心。政府无法找到北方岩石银行的收购者,最终不得不对这个银行进行了国有化。

　　同时,问题也出现在其他金融机构。2007 年 5 月,瑞士联合银行,一家大型的瑞士银行,关闭了狄龙里德资本管理公司,这是它的国内对冲基金,该基金在次级抵押支持证券上遭受了巨大损失。贝尔斯登关闭了它的两家国内对冲基金,它们也遇到了相似的问题;雷曼兄弟关闭了它的次级借贷公司,也因为相似的理由。美国金融服务公司(Countrywide Financial),美国最大、曾经最成功的抵押贷款公司之一,因为遇到麻烦被美国银行收购。2008年 2 月,此类问题也在德国爆发,政府救赎了两家国有银行,德国工业银行和萨克森银行,它们两家都投资了美国次级抵押支持证券。

　　2008 年 3 月,贝尔斯登发现不能为其短期债务再融资。经过一个周末的异常激烈的谈判,纽约储备银行寻求邀集私人收购者,贝尔斯登以极低廉的价格卖给了摩根大通银行。但是,这宗买卖政府是掏了钱的:不像先前对非银行金融机构的救赎,都是只有私人资金,在贝尔斯登的情况里,美联储同意保证 290 亿美元有毒资产。一条主要边界线是交叉的:联邦政府愿意救赎非银行金融机构。

　　2008 年 7 月,印地麦克金融公司,美国最大的互助储蓄机构之一(资产320 亿美元),由于经受了低质量抵押贷款组合的灾难性损失被监管部门查封。几乎不像所有其他银行倒闭那样,政府物色一个收购者,FDIC 找不到愿意收购印地麦克有毒资产的任何人,结果是该银行以一个受保护者身份被保护起来。

　　2008 年 9 月,这场风暴发展成了山崩地陷之势。那个灾难性的月份见

证了一连串的灾变,其中任何一次对金融市场来说都是一次重创性事件。那个月的第一周,政府国有化了两家巨大的政府创办的机构,房利美和房地美,它们一直处在抵押贷款危机的震中。为了证明是前所未有的行动,财政部长亨利·保尔森说了下面的话:"这场动乱将直接和负面地冲击家庭财富:从家庭预算安排,到住房价值,到大学储蓄,到退休储蓄。房利美或房地美的倒闭将影响美国人获得住房贷款、汽车贷款和其他消费贷款以及商业融资的能力。倒闭一家就会伤害经济增长和创造就业。"

接下来是雷曼。

美国历史最久、最著名的投资银行之一,雷曼开始时是一家干货店,在亚拉巴马州蒙哥马利,1850 年由三兄弟创立。公司最终迁到北方,到了纽约市,变成了一家为金融服务的发电所(1970 年代雷曼家庭离开管理的最后企业成员)。像贝尔斯登一样,雷曼大力投资了次级抵押支持证券,也开始了股东利益的大失血。到 2008 年 9 月 12 日,它很明显已经回天无力了。纽约储备委员会举行了长达一周的会议,召集潜在收购者,但是到了最后截止时间,也没有得到一个私人收购者。也许,对手们是做出假象,希望逼迫政府立马掏钱,像它已对贝尔斯登所做的那样。但是,这一次没有人发出信号。政府拒绝掏出任何钱去改善这一交易,而潜在收购者们扬长而去。雷曼宣布 9 月 15 日星期一破产。全世界市场反应恐慌和不可置信:道琼斯工业平均指数下跌 500 点报收。最终,雷曼的破产出现了一个令人惊讶的秩序井然的资产处置过程。但是不久,这一诉讼就爆出了一系列吵闹的、无法预料的事件。

雷曼破产的一个直接后果是对货币市场基金(MMF)的突然而有腐蚀性的信心丧失。这样的基金投资于高质量、流动性好、短期的证券,投资者有权一经要求即可提现基金资产份额。美国货币市场基金,是一只最大、最受推崇的货币市场基金,有大量投资在雷曼兄弟的商业票据上(短期借据),雷曼倒闭后这些票据几乎一文不值,这导致了该基金"跌破面值"(它每股价值降到 1.00 美元以下)。因为投资者从来就期望那个货币市场基金的份额将总是恰好值 1.00 美元,这次打破 1.00 美元,不仅激起机构投资者们挤兑这家最大货币市场基金公司，而且也挤兑其他货币市场基金。这次挤兑对美国经济酿成了一场严重的风险，因为商业票据是大中型公司短期融资的一个重要来源，而货币市场基金投资于商业票据。政府作出回应，发行货币市场基金股份，并建立起支持商业票据市场的项目。

然而，刚走出这场悲伤，又来了美国国际集团（简称 AIG）。作为世界 ₃₄ 最大金融公司之一，AIG 是一个复杂组织，在保险和非保险业务领域有多家子公司。AIG 的子公司之一，已经签发了大量信用违约互换（CDS），这主要是担保私人持有债券，包括发行次级抵押支持证券。在雷曼破产的那天，AIG 受到了信用评级下调，这要求它对其 CDS 债务宣布现金保证。AIG 无法筹集到保证资金。面对世界最大信用保护的签发人之一的逼近崩塌，并害怕如若 AIG 倒闭引起的互相连结的复杂债务网崩散，政府现身拿出 850 亿美元援救融资，基本国有化了这个公司。这是美国历史上最大额度的救赎之一，只逊于此前一周对房利美/房地美的救赎。

在那命运多舛的时期还发生了许多其他地震：美林亏本公卖给美国银行；华盛顿互惠银行（美国第三大抵押贷款人和第九大信用卡贷款人）倒闭；在美国留存下来的两家最大投资银行高盛和摩根士丹利陷入财务困境，它们变身转成银行控股公司；瓦霍维亚银行，一家北卡罗来纳的大型银行，属于富国银行，亏本公卖；欧洲数家金融机构的倒闭与救赎；冰岛整个国家的有效破产；爱尔兰实质上的所有银行挤兑，继后政府全面担保，政府全面担保触发了反转挤兑，因为其他欧洲银行的储户也为其资金寻求安全区；推出问题资产纾解计划（简称 TARP），它是一个 7000 亿美元基金，用来稳定金融市场；揭露作为美国金融偶像的伯纳德·麦道夫经营的巨大庞氏骗局；花旗银行和美国银行几近崩塌；通用汽车和克莱斯勒汽车公司的破产和救赎；美国联邦储备委员会和欧洲中央银行实施大规模放松货币政策计划；通过 2010 年美国多德-弗兰克华尔街改革和消费者保护法；欧洲主权债务问题引起对希腊、爱尔兰和葡萄牙的救赎，欧元和欧盟的幸存威胁。同时，美国的另一场危机也在酝酿出现，因为州和地方政府面对着偿清政府债券的严重挑战。

敬请期待下回分解。

a. 不断演化的市场份额

下面的表格(表1-2)指出了过去半个世纪金融机构市场份额的某些关键变化。该表取数为金融业(全部金融媒介的一个重要指标)持有的全部信贷市场债务,并说明每一类型金融机构不同时间持有债务的数量。

表1-2   市场份额

年度	1950	1960	1970	1980	1990	2000	2012
存款机构	59.9%	57.4%	59.2%	57.6%	41.2%	31.0%	29.3%
货币市场基金	0.0%	0.0%	0.0%	1.2%	3.7%	6.4%	4.0%
其他投资公司	0.3%	0.6%	0.6%	0.6%	4.0%	5.8%	11.3%
证券经纪商	0.5%	0.4%	0.5%	0.2%	1.1%	1.1%	1.7%
金融公司	3.0%	4.8%	5.2%	5.5%	5.7%	5.3%	3.5%
政府设立的企业(GSE)	1.1%	2.1%	3.7%	3.8%	3.8%	8.7%	15.1%
GSE 和联邦抵押权集合	0.0%	0.0%	0.4%	3.2%	10.3%	12.0%	3.7%
资产支持证券池	0.0%	0.0%	0.0%	0.0%	2.5%	6.8%	4.4%
人寿保险公司	21.2%	19.6%	14.7%	10.8%	11.4%	9.4%	8.5%
财产灾害保险	2.6%	2.9%	2.6%	3.5%	3.0%	2.6%	2.3%
养老基金公司	3.7%	7.2%	7.2%	8.4%	8.8%	6.8%	5.4%
联邦储备系统	7.6%	5.0%	5.2%	3.6%	2.4%	2.5%	6.8%
其他	0.0%	0.0%	0.7%	0.4%	1.6%	1.7%	4.0%

来源:联邦储备委员会,美国资金流账户。"其他投资公司"包含共同基金、封闭型公司和交易所交易基金。"养老基金公司"包含联邦、州、地方和私人养老基金公司。"其他"包含基金公司、房地产、投资信托和顶层控股公司。

i. 未来

从当前所见,我们看到银行业和银行法处在剧烈变化的中心。未来仍然乌云密布,但是,变化方向似乎是清楚的。银行和互助储蓄将变得更加如出一辙。包括存款机构、证券公司和保险公司等不同类型金融机构的业务,将继续融合,迈向一种更加统一的金融服务业。监管结构如果不是大拆大修的话,也将需要升级换代,以应对这些市场变化。地域限制将继续受到侵蚀,走向全国甚至是全世界的银行经营。最大的一些金融机构甚至将会变得更大。美国的银行将在统一的世界金融市场中日益发挥作用,并面临来自外国金融机构的激烈竞争。同时,全球金融危机的滞后效应将会在金融体系中显现作用,而且最终尽管不会被忘记,但它也将会丧失一些余威,然而这不会出现在美国和全世界的金融监管结构实施若干重大变革之前。

这些变革将带来变革自身的政治压力,也会带来公共政策的一些辩论。这些变革如何在法律和法规上展示出来仍有待观察。

提问和评论

1. 一家野猫银行会通过发展区位便利的分行网络来最大化其盈利吗?

2. 从沉睡中醒来,你发现自己身处纽约 1830 年代的暴风雪中,瑟瑟发抖。你在你钱包里找到 100 美元的密歇根银行券,走进了一家服装店,发现一件温暖外套要 7 美元,你给了店主 7 美元银行券。店主查看"美国银行券报告"中的密歇根银行券,然后宣称,"那个是 11 美元,所以我还要你再加 4 美元。"这个店主是严谨诚实的。为什么他要收你 11 美元?

图 1-1　沃什坦诺银行的 1 美元券

3. 请对下面的说法提出赞成和反对的最有力论据:"有偿付能力的美国银行在 1930—1933 年期间倒闭,咎由自取。"

4. 什么样的最主要结构形式导致美国互助储蓄业大难临头?

5. 是年 1880 年。艾伯特,一个富有的企业家,拥有 8 家银行的多数投票权股份。每家银行在不同的镇上,都只有单一的办公室地点。艾伯特直接以自己的名字拥有股份。本章的什么概念最好地描述了这种所有权结构?

6. 如 35 页表(表 1－2)所示,银行市场份额(而且通常是存款机构)在过去半个世纪下降了。什么原因引起了下降? 在多大程度上这种下降是由技术变革引起? 由市场力量引起? 由不必要的政府加重负担和限制引起? 由其他政府政策引起?

7. 只要金融服务市场存在竞争,那么,公共政策应当关心存款机构的市场份额吗? 1993 年美联储主席艾伦·格林斯潘宣称:

在我看来,公共政策应当关心银行业重要性的下降。在一定程度上,市场力量正在取代银行的媒介功能,而经济效率并没有受到损害;但从不必要的法律法规对这种下降负有责任来说,存在着与阻止银行公司充分行使承担和管理风险能力相联系的分配效率的显著下降。随着非银行部门相对于银行部门的扩张……人力资源、有形资产和资本必定被再分配到非银行部门。这种再分配的"交易成本"并非微不足道。进一步讲,银行部门丧失了机会,这种机会就是以可以允许银行部门移向风险回报前缘而不是留守传统的方式使其业务充分多样化。最后,也是最重要的一点,金融服务的消费者被剥夺了较低价格、增加访问和高质量的服务,这种服务是伴随着日益增加的竞争,这种竞争与允许银行公司扩张其业务相联系。

你同意吗?

8. 政府允许雷曼兄弟倒闭或者救赎贝尔斯登,错了吗?

9. 非银行公司,像雷曼和贝尔斯登,有时被称作"影子银行",因为它们履行了一些银行类的职能,并严重依赖短期债务。这种债务使它们易于受到某种挤兑的影响,在发生挤兑时,债权人在债务到期时拒绝对它再融资。下面摘取的文章探讨了美国金融中短期债务(作者称之为"非存款的存款")的日益重要性。

梅西与米勒:非存款存款和银行监管的未来①

作者描述了各种形式的"非存款存款",它们意味着一种工具或账户,服务支票账户存款的功能目的,不构成联邦存款保险、储备要求或两者兼而有之目的的一种存款。例如,货币市场基金提供给客户银行体系之外的低风险支票账户。作者认为,这个国家已经大步跨入了非存款存款的银行时代。传统银行存款必须持有对应储备,而支付的存款保险正遭受来自广泛的竞争性的投资工具和安排的侵害,所有这些投资工具和安排多多少少——经常达到一种实质程度——服务于一种功能,这种功能经济上类似存款机构的支票账户。

非存款存款的戏剧性增长……代表了对美国银行业未来具有深远重要影响的一种发展。因为这些工具可以部分起作用,或者在某些情况下,几乎完全替代传统支票账户余额,它们可能相对于银行存款增长所达到的程度,是后者将在不适于无保险存款机构的高成本监管约束下运营。

最终,匹配支票账户存款对商业贷款组合的传统银行功能,将可能变得相当不重要。银行,特别是大型银行,已经处在调整资产负债表负债一边的过程中,包括相对于传统支票账户的更大比例的非存款存款。这个过程将可能加速。

同时,非银行将日益侵入提供交易服务的核心银行业务。许多非存款存款工具享有监管和成本优势,这些工具是非银行机构现在可提供,还有些工具是将来可能被开发出来。这种监管和成本优势几乎一定会引诱非银行进一步扩张进入这个服务市场。结果将是进一步模糊这些显著特点,据称数年来正是这些特点使得银行成为应受到独特监管对待的"特殊"机构。

也许,非存款存款的成长对于银行体系的长远前景和稳定的重要后果是,它们有希望将联邦储备保险从基本强制的社会保险转成一种可选择的制度。基本强制的社会保险,就是人们本来希望完美的经济交易被迫接受

① 《密歇根法律评论》第 91 卷,第 237 页(1992)。

它,对于保险的好处是否值得花费没有任何真正选择。可选择的制度,就是消费者如果希望用的话可以用;或者消费者可以回避使用它,如果他们愿意冒诸多风险做事,就可以通过具有更高收益、但没有保险的交易账户去做。

我们相信,唯有通过这种市场演化方式而不是通过政治过程的社会工程,我们的存款保险制度的真正改革才会到来。如果可以把存款保险做成基本是一种自愿项目,那么,这些保险花费就可以更好从那些愿意得到其好处的人身上征收。在这种情况下,如果其好处超过其花费,那么存款保险得以幸存。但是,如果存款保险花费——就存款保险所产生的道德风险和承担风险的补贴,以及必须制定纠正这些问题的精巧监管限制而言——结果超出了所带来的好处,那么,存款保险将衰亡成一种鸡肋和社会也不关切的项目……如果非存款存款将金融服务业推进到更有竞争和有效的形式,那么,结果将有益于银行服务的消费者,以及整个美国经济。

第三节 什么是银行

在考察银行业历史的部分里,我们对如何定义银行业是留有讨论余地的。我们现在转向这个问题。

什么是银行?大多数人认为,他们知之如所见。例如,一个朋友定义这个词:"它是极小的地方,在那里我存进我极小的储蓄,挣得一点极小的利息"。这样的一个定义对许多实际目的来说可能足够了,但对于银行法研究来说它是不够的。我们需要更特定的东西。

一、三个定义

确切来说,是什么把银行与其他类型的经济企业区分开来?我们可以想到以三种方式定义银行:(1)根据它的法定形式;(2)根据它提供的服务;(3)根据它在社会中的经济功能。

a. 法定形式

也许,定义一个银行的简单方式是根据它的法定形式:一家银行就是拥有一个商业银行执照的一家公司。这个方法,尽管令人称赞的简单而清楚,但对于大多数目的来说还极其单薄。毫无疑问,具有商业银行执照的公司是银行,但是拥有其他种类执照的许多公司也是银行。储蓄银行,储贷协会,以及大型信用社,在许多方面都与商业银行类似。没有充分的理由,排除那些公司是武断的。其他类型的公司,比如货币市场基金,也进行一些银行类型的关键业务。就它们行为像银行而言,难道它们不应当在我们的银行定义之内? 这些考虑,突出了单纯根据法定形式定义银行的缺点。

b. 服务

不过,我们可以根据它向客户提供的服务来定义银行。我们可以把银行定义为接受支票提取存款和发放贷款的一家公司。这个定义对于许多目的(大致接近银行控股公司法使用的定义)而言是令人满意的。 39

但是,这个定义也不完善。人们把他们的储蓄投入了各种各样的投资而不是放在银行账户。公司、联邦和市政债券,买入财产抵押贷款①,以及许多其他投资都支付利息。其他类型的公司——尤其是货币市场基金——提供签发支票权。所有各类非银行公司都发放贷款,包括人寿保险公司,抵押贷款公司,年金公司,以及消费者与商业金融公司。没有一种或一组服务是只有银行向客户提供的。因此,根据服务来定义银行,尽管更值得推荐它,还是不完全令人满意。

c. 经济功能

最后,我们可以根据其经济功能来定义银行。接受存款,提供支票账户,以及发放贷款,都是银行作为一种金融媒介、向客户提供交易服务这种角色的组成部分。让我们来详解这些概念。

---

① 买入财产抵押贷款(purchase money mortgage)是一种购买房产的方式。和从银行贷款不同,房产购买方直接从销售方借款。这种方法有时用于当购买方无资格从银行办理按揭贷款或购买方获得的贷款少于销售方可以接受的最低融资金额。这种方法也叫做卖方融资。——译者

i. 金融媒介

金融媒介从投资者那里吸收资金,形成资金池,把资金池里的资金投资到其他企业。我们把这样的公司称为"媒介",因为它们站在这些投资者和最终投资者之间。当你投资于一家金融媒介(比如,把钱存进一家银行或者买了一家共同基金的股份)时,你只有对这家媒介有权利要求,而不是对这家媒介所投资的企业有权利要求。这样,如果你的银行把你的钱作为贷款发放给了邦佐面包店,那么你对这个面包店没有权利要求。相对照而言,如果你使用经纪人直接投资了证券,商品,或者房地产,那么,你拥有那些所言及的资产;经纪人仅仅帮助你购买了这些资产。金融媒介包括存款机构、寿险公司、共同基金和养老基金公司。

为什么用金融媒介?毕竟,媒介要求按其服务收取佣金——在共同基金和养老基金公司的情形里,就是一笔明确的费用;在银行的情形里,就是利差(也就是,对贷款收取的利息超过对存款支付的利息的数量)。为什么不"切除中间人"而直接投资于营利性企业呢?因为金融企业提供了重要好处。

首先,金融媒介提供了多样化。在同样情况下,你只是更安全地持有了一个多样化的投资组合,而不是将你的全部净值投资在一家企业。如果你持有多样化的投资组合,那么,其中任何一家倒闭将产生有限的后果,而且可能被表现好的其他投资所抵消。"不要把你的鸡蛋都放进一个篮子里。"

40　　　　第二,金融媒介能使投资者享有规模经济。规模经济的好处在于,你做某事越多,你所做每单位分摊的成本就越少。投资一笔 100,000 美元在500 家不同公司的股份里,你可能要进行 500 次不同的交易,并支付 12,000 美元的中介费。若投资一笔 1,000,000 美元在那 500 家不同公司,可能花 20,000 美元的中介费。你会仍然需要进行 500 次交易;这些交易涉及了更多的钱。投资于 10 倍那么多的钱,你减少了你的成本,每投资 100 美元从 12 美元减到 2 美元。若投资于低成本共同基金,比如,万加德 500 指数基金,它每投资 100 美元每年仅花费 17 美分,而你可能享有更大的规模经济。规模经济促进了多样化:一家金融媒介能够比一个个人投资者更便宜、更容易地多样化它的资产池。规模经济也拓宽了可能投资的范围。即使个人愿意承担非多样化的风险,但许多投资对个人来说太大。商业银行的贷款经常管理 7 位数或以上,甚至某些证券投资——尤其是由大公司发行的商业票据,只有大面额,对大多数个人来说都是太大。通过从众多投资者汇集起来钱形成资金池,金融媒介可以参与那些大规模投资的市场。

第三,金融媒介提供了专长:它们比你更好地知晓其业务。例如,银行贷款经理,在辨别贷款机会好坏和监视借款人的表现方面有训练、有经验。即便你愿意招惹发放商业贷款的非多样化风险,你可能都没有市场见识去区分贷款的好与坏。把钱存进银行,你就实际上雇佣了银行使用其专长识别好的投资机会。你不必知晓银行投资的那些市场的任何东西。相反,你可以把时间花在做更享受的一些事情——投投篮球、玩电子游戏、研究银行法。

第四,有些金融媒介,尤其是存款机构,把"非流动性投资"转换成"流动性投资"。如果你能不用折价地很快将某一资产转换成现金,那么这一资产就是流动性的。流动性资产包括,比如,美元现金,美国财政部债券,纽约证券交易所上市的股份。非流动性资产包括祖母的小房子,"蒙娜丽莎"油画,"玛丽二世女王"肖像画,一套俯瞰中央公园的有 20 个房间的合作公寓。当然,这些是很好的资产,但是,不能不打折扣地在一个下午卖出去。其他事情都一样,我们宁愿要流动性投资而不要非流动性投资,以便我们有需要时很快提取现金。但是,非流动性投资通常要提供更大回报,因为它们是固定不流动的,因而需求更少。一家金融媒介可以投资于一个非流动性资产的组合,然后提供给投资者对自有(非流动性)资产的流动性要求权。这种非流动性投资向流动性投资的转换给予投资者丰厚回报。银行也能通过发放贷款把非流动性资产转换成流动性资产。设想一家制造厂的主要厂房值 5,000 万美元,需要现金买新设备。工厂是非流动性资产。但是,如果用工厂担保从一家银行获得贷款,它就能把大部分厂房价值转成现金,同时又不用卖掉工厂。

因为这些以及或许其他理由,金融媒介能够生存和繁荣,即便客户向金融媒介支付一定价码的费用。并不是消费者总是宁愿媒介性投资：直接（非媒介性）投资也很重要。一些很大的投资者比其他投资者更少可能使用金融媒介，因为他们能够复制媒介自身的一些服务（例如，规模经济，以及多样化）。而且，所有各类投资者很少可能使用金融媒介达到投资者们在有效市场运作的程度。随着市场变得更有效，专长价值就下降。媒介的知识在有效市场上更少价值，如在纽约证券交易所比之于像商业贷款市场那样的相对无效市场。

41

ii. 交易服务

银行是提供"交易服务"的金融媒介。每个社会都需要一种机制从一方向另一方转移财富，以完成经济交易。原始社会可能依靠物物交换，双方以讨价还价确定的比率交换不同种类的货物。所有发达社会都使用钱，用钱交易比物物交换要更为高效，因为它不要求交易的每一方有另一方想要的货物。

钱可以采取通货的形式——某些有形的交易媒介，它是社会接受作为购买能力的暂时性寓所。

但对于许多目的（比如，当大笔交易或者与某位远方人士做交易的时候）来说，通货不是发达国家里最高效的转移财富的方式。复式记账转移财富通常是更高效的方式：借记买方账户和贷记卖方账户。交易会计体系的操作通常与通货（用美元、欧元等记录财富）联系在一起，但它不需要那么做。理论上，一种会计体系的操作不必与相应的有形交易媒介相联系。无论如何，银行提供了一套交易会计体系——通过复式记账转移财富的方式。

如果该交易的每一方都有银行账户，这个会计体系就可以操作了。当交易方完成了一宗货物或服务交易，买方指示其银行借记自己的账户，并贷记卖方的账户。（买方可能用支票、借记卡、电子方式的转移或任何其他方法，向买方银行传递指示）。例如，假设买方有 5,000 美元存在银行 B，卖方有一台平板电视值 500 美元，并有 20,000 美元存在银行 S，银行 B 有 1,000 美元存在银行 S。一共有四个相关参与者：买方、卖方、银行 B 和银行 S；他们各自的资产负债表（极大简化）看起来像这样（如表 1 - 3）：

表 1 - 3　　　　　　　　　　资产负债表（交易前）

买方

资产		负债/净值	
银行 B 账户	5,000 美元	净值	5,000 美元

银行 B

资产		负债/净值	
银行 S 账户	1,000 美元	买方账户	5,000 美元
贷款等	4,000 美元		

卖方

资产		负债/净值	
银行 S 账户	20,000 美元	净值	20,500 美元
电视	500 美元		

银行 S

资产		负债/净值	
贷款等	21,000 美元	银行 B 账户	1,000 美元
		卖方账户	20,000 美元

　　买方和卖方同意电视机以 500 美元的价格成交。买方如何补偿卖方以 ⁴²
使交易有效？买方指示银行 B 借记本人账户 500，贷记卖方 500。银行 B 不
能直接贷记卖方 500，因为卖方没有在银行 B 开立账户。但是，卖方有银行
S 的账户，银行 B 也在银行 S 有账户。于是，银行 S 在卖方账户贷记 500。
完成所有这些复式记账项目后，资产负债表看起来如下（表 1 - 4）：

表 1 - 4　　　　　　　　　　资产负债表（交易后）

买方

资产		负债/净值	
银行 B 账户	4,500 美元	净值	5,000 美元
电视	500 美元		

银行 B

续表

资产		负债/净值	
银行 S 账户	500 美元	买方账户	4,500 美元
贷款等	4,000 美元		

卖方

资产		负债/净值	
银行 S 账户	20,500 美元	净值	20,500 美元

银行 S

资产		负债/净值	
贷款等	21,000 美元	银行 B 账户	500 美元
		卖方账户	20,500 美元

对这个简单资产负债表的回顾表明,银行提供的交易服务能够通过复式记账使买方补偿卖方,没有任何通货换手。(其实,如果社会有其他价格测度钉住复式记账条目,通货就完全不必要参与上述交易。)

由于银行 B 在银行 S 有账户,银行 S 可以通过借记在两家银行之间转移钱,上述交易得以进行。但是,在一个有许多银行的体系中,每一家银行不方便在其他每一家银行开立账户。众多银行在中央银行各自保有一个账户,就可以避免这个问题;各家银行通过在中央银行账户进行借记和贷记,就可以彼此转移财富。在美国,联邦储备系统就作为这样的中央账库提供服务。

43　iii. 媒介与交易服务之间的关系

根据功能,我们定义银行为一种提供交易服务的金融媒介。而且,银行提供两种不同的服务:作为金融媒介和通过簿式记账转移财富。如果有的话,这两种主要服务之间存在什么联系?

肯定可以分离两种服务。金融媒介不必提供交易服务。寿险公司、年金公司和金融公司都是金融媒介。然而,它们自己不提供交易服务(尽管它们可以有一家银行或互助储蓄子公司去做交易服务)。同样地,一家公司可以提供交易服务而没有媒介。例如,你可以用西联汇款公司这样的货币转移机构将钱很快地电汇到远方的某人。你把要汇出的钱,加上佣金,一起付给这儿的货币转移机构,承转人就收到了来自那个远方转移机构汇来的钱;转移是通过转移机构的账簿记账发生的。

然而实际上,交易服务与金融媒介之间存在着紧密联系。很明显,提供交易服务最有效的方式是提供者持有客户账户。这样,提供交易服务的公司倾向于持有客户存款。一旦公司持有存款,他们发现,在客户取钱之前把这些钱投资在证券和生产企业里是有利可图的。因而实际上,提供交易服务的所有公司也都是金融媒介。按我们的功能定义,提供这两种服务的公司就是银行。

二、活期存款和部分准备金制度

让我们更详细地思考这些银行主要功能的两个方面:银行进行支付的交易账户;银行用于确保有足够现金去承兑那些支付和其他提取的部分准备金制度。

a. 交易账户

归入我们银行功能定义的所有公司,都提供交易账户。一个"交易账户",是客户可以通过支票、电汇或其他方式提现、向其他人支付的任何账户。传统支票账户提供了范例。你可通过支票、借记卡或电汇任意提取。其实,传统支票账户涉及了"活期存款",因为你有合法权利按意愿提取所存的钱。

交易账户将存款机构和货币市场基金与金融媒介比如定额投资公司、上市交易基金、养老基金公司和寿险公司区别开来。商业银行已经提供交易账户(以及随时可赎回的银行券)数百年之久。互助储蓄机构和信用社开始提供这种账户只是 1970 年代的事。在此之前,如果你要用账户里的钱买电视,你去这个机构,提取现金或以一张出纳员支票(在一家当地商业银行提取)、汇票或旅行支票取钱。然后,你把取出的钱交给那个商人。在那些时日里,按我们的定义,互助储蓄机构和信用社不是银行。现在,互助储蓄机构和大中型信用社都提供了支票账户,已经变成了银行。

货币市场基金也落入"交易账户"这一定义。它们投资于股份公司和政府发行的短期、高质量证券。这些证券正常稳定的价值帮助基金保持其股价稳定在 1 美元。客户可以其账户签发支票（典型情况下账户有最小金额要求，比如 250 美元）。当基金收到支票，它赎回（也就是，从客户回购）足够股份以足够支付支票。该基金是提供交易服务的一家金融媒介，尽管比那些大多数存款机构的服务有限。但是，在货币市场基金和传统银行之间存在一个关键功能差别。银行的活期账户代表了"即期债务"：银行同意偿还客户账户内的任意数额。共同基金的活期账户代表即期权益：共同基金同意偿还的不是一笔确定的数额，而只是客户在基金净资产中的一定比例份额。正如我们将要看到的，共同基金回避即期债务意味着，原则上共同基金没有与传统银行那样相同的脆弱性。由于这一差别，而且因为共同基金面对显著不同的法律监管，我们随后对银行的思考，除非特别说明，将不包括共同基金。

定额投资公司、上市基金公司、养老基金公司、寿险公司，它们尽管都是金融媒介，但不是银行。定额投资公司和上市基金公司向公众发行股份，对其他证券投资获得收益。你在股票交易所买卖它们的股份，如同像普通公司股票一样。也像普通公司，它们不提供交易账户。

养老基金公司，在职工开始提取退休福利金之前，有许多年时间要对职工的定期缴款进行投资。人们不能凭要求随意提取退休福利金（至少不能没有相当数量扣减而提取），他们也不能指示养老基金公司对向基金所有人提供货物或服务的第三方支付福利金。

寿险公司，以保险费的方式收钱，公司把收来的钱投资到证券、贷款和其他生产企业。公司的负债主要是依据投保人死亡支付受益人的准备金。这些负债将在某一天到期（每个人都会死），但这些负债是长期的（大多数人不会短期内死），而且总体上非常容易预测。大多数人宁愿不发生清偿一个长期人寿保单的花费，因为清偿的唯一方式是死亡。

b. 部分准备金

45

提供交易账户的金融媒介利用部分准备金原理。他们不用保持立即偿还所有储户的足够库存现金。一定程度上,每一家商业企业都采用部分准备金。它必须持有足够现金以支付即将到期的债务;不然的话,它就会违约和停业。但是,没有公司会以现金形式保持所有资产。一家管理良好的公司会保持足够库存现金,以满足债权人的到期要求;它将其余资产放在更有利可图的用途上。更广泛而言,每一个经济参与人,包括像我们大家在内的所有普通人,都是使用部分准备金,持有一些现金以备急需,并将其余资产给予长期用途。

尽管按广泛定义来说,部分准备金原理运行于整个经济当中,但是,银行使用与大多数企业不同的方法来确定它们将需要多少钱在手,以付清即将到期的负债。非银行公司知道它们将需要多少现金,因为他们为自己筹集资金主要是使用已经明确到期日的债务或使用权益。它们可以安全地占用大多数资产在非流动性项目上,保持足够库存现金付清到期债务。

然而,银行不能确切知道在任何特定日它们有多少债务即将到期,因为他们大多数债项采取一经要求即时支付(法律或实际上)的形式。当然,他们可以在地下室保持足够现金以覆盖所有这样的存款,但是,地下室现金不生任何利息。这样的话,银行会丧失其最重要的收入来源,即以存款提供资金的贷款和其他投资,也没有相应减少它们在存款上的花费。要是这样的话,大多数银行将变得亏损。

若干世纪之前,银行家们发现了一个奇妙的秘密。他们认识到,他们不需要保持足够库存现金去付清所有提取存款要求,因为大数定律确定了一种不大可能发生的情形,即所有存款同时被提取。在正常情况下,一个人要提取现金与另一个人要提取现金基本上彼此互不相干,而储户提取现金的总体需求是相当容易预测的。因此,一家银行需要保持的库存现金仅足够付清部分存款,这部分存款是客户们可能在某一特定日要求提取的。银行可以贷放其余有息存款。

这是银行部分准备金经营的核心原理:银行需要保持仅仅是总存款的一部分作为现金储备,而且可以预期(基于大数定律),在任何特定时间里,将被提取的存款不会多于一个很小的百分比。它们可以对其余存款进行投资,用于发放贷款或者其他非流动性但有利可图的风险投资。仅仅由于部分准备金的道理,银行就可能非常赚钱。

银行客户认为如何?部分准备金的银行经营,帮助或伤害了他们吗?你发现,在大众文化中,大部分对银行的不信任产生于担心银行依赖部分准备金。自然地,人们倾向于认为,如果你把钱存进一家银行,银行应当为你持有它,而不是借给另外其他人。部分准备金听起来像是一个富有想象力的新版的古老骗人游戏。然而,从经济观点看来,部分准备金的银行经营大大地造福了客户。仅仅因为持有部分准备金的银行能够将客户们的钱投资于生产性企业,并把部分盈利以服务(比如免费签发支票)和利息支付的形式转给客户。如果一家银行只是把客户的钱保存在地库里,那么它可能要收取保存存款的费用,正如它已经为提供保险箱服务而收费那样。

第四节 杠杆率

杠杆率描述了一家公司使用举债(借入的钱)以及权益(你自己的钱)融资的效应。举债相对于权益越多,这家公司杠杆率越高。通过精明的使用杠杆率,你可以从投资于该公司的每一美元权益收获更高的回报。

假设富尔克拉姆有限公司,是一家新成立的企业,需要 1000 美元为其资产融资。它可以以自有资金、举债或两者结合的方式筹集那笔钱。看看杠杆率是如何起作用的,我们将考虑明年在三种商业情境下,四种不同程度杠杆率情况,富尔克拉姆将如何进展。杠杆率程度的范围从 0(0 美元举债和 1000 美元权益)到 1:1(500 美元举债和 500 美元权益)到 3:1(750 美元举债和 250 美元权益)到 9:1(900 美元举债和 100 美元权益)。下表 1-5说明了每一种商业情境下四种不同程度杠杆率的结果。“营业收入”是扣减收入税和利息花费之前的收入。“净收入”是扣减那两项成本后的收入。“净资产收益率”是净收入除以权益。为了简化,我们假定税收为 0。我们也假定,富尔克拉姆将对所有举债支付 10% 的利息,即使它借了全部 1000

美元。事实上,一家公司使用债务而不是权益越多,它必须支付的利率就
越高。

表 1-5 四种不同程度杠杆率的结果

富尔克拉姆公司	资金来源		营业收入		
	权益	债务	300 美元	120 美元	30 美元
净资产收益率			30%	12%	3%
不计利息支出					
例1	1,000 美元	无			
无杠杆率					
营业收入			300 美元	120 美元	30 美元
利息支出			—	—	—
净收入			300 美元	120 美元	30 美元
净资产收益率			30%	12%	3%
例2	500 美元	500 美元			
1:1杠杆率					
营业收入			300 美元	120 美元	30 美元
利息支出			50	50	50
净收入			250 美元	70 美元	(20)美元
净资产收益率			50%	14%	
例3	250 美元	750 美元			
3:1杠杆率					
营业收入			300 美元	120 美元	30 美元
利息支出			75	75	75
净收入			225 美元	45 美元	(45)美元
净资产收益率			90%	18%	-18%
例4	100 美元	900 美元			
9:1杠杆率					
营业收入			300 美元	120 美元	30 美元
利息支出			90	90	90
净收入			210 美元	30 美元	(60)美元
净资产收益率			210%	30%	-60%

47

　　让我们开始讨论富尔克拉姆年营业收入 300 美元的发展情境。在例 1 的情况下,使用 1,000 美元权益,没有举债,富尔克拉姆将收获净收入 300 美元(300 美元营业收入减去 0 美元利息支出)和 30% 净资产收益率(净收入 300 美元除以 1,000 美元权益)。不坏,说得过去。在例 2 的情况下,使用 500 美元权益,举债 500 美元,富尔克拉姆将收获净收入 250 美元(300 美元营业收入减去 50 美元利息支出)和 50% 净资产收益率(净收入 250 美元除以 500 美元权益)。例 2 的情况要比例 1 的情况更好。用了 500 美元借来的钱,让富尔克拉姆的所有者投资了仅 500 美元自己的钱,留给他们自由投资另外那 500 美元于别处,假设那里至少与富尔克拉姆一样有吸引力。富尔克拉姆每一美元权益将收获不是像例 1 没有杠杆率时的 30 美分,而是 50 美分。如果富尔克拉姆使用 100 美元权益和 900 美元举债,这种图景将会更加靓丽。富尔克拉姆将收获净收入 210 美元(300 美元营业收入减去 90 美元利息支出)和 210% 净资产收益率(净收入 210 美元除以 100 美元权益)。每一美元权益将收获 2.10 美元。如果一家公司在其资产上挣得足够多(我们不久就转向讨论这一点),杠杆率能使得所有者投资更少的美元,同时收获每一美元更高的回报。

　　然而,杠杆率的力量还有黑暗的一面。如果富尔克拉姆的营业收入仅有 30 美元会怎样?如果融资完全使用自有资金,公司就没有利息支出,30 美元就是净收入,并有 3% 的净资产收益率:虽可悲,但可以幸存下来。如果融资上举债和权益各占一半,富尔克拉姆将有负 20 美元的净收入(30 美元营业收入减去 50 美元利息支出)和负 4% 净资产收益率(净收入负 20 美元除以 500 美元权益):令人忧心,但不是决定性的危机。可是,如果融资比例是权益 100 美元、举债 900 美元,那么富尔克拉姆将面临灾难。它将有负 60 美元的净收入(30 美元营业收入减去 90 美元利息支出)和负 60% 净资产收益率(净收入负 60 美元除以 100 美元权益)。从开始起家拥有 1,000 美元资产,其中 900 美元负债,100 美元权益。富尔克拉姆将开始其第二年,(因为有上年亏损 60 美元的冲抵,公司变成了)拥有 940 美元资产,其中 900 美元负债,40 美元权益。如果富尔克拉姆在第二年里也是收获 30 美元营业收入,那么,其 90 美元利息支出将留给它 880 美元资产,其中有 900 美元负债,负 20 美元权益。富尔克拉姆已经破产。比照来看,设若富尔克拉姆开始 1,000 美元权益、没有举债,两年连续 30 美元将留给公司 1,060 美元资产,1,060 美元权益,并且无负债:一种略强于其开端之年的资产负债表。

富尔克拉姆的例子说明了杠杆率的三个关键要点。首先,"杠杆率增 48 加了权益的潜在盈利能力"。第二,"杠杆率增加了风险"。在同样情况下,一家公司融资举债比权益越多,公司倒闭的风险就越大,并且其所有者和债权人遭受的损失也会越大。意识到这种风险,放贷者对提高杠杆率的融资收取更高的利率。例如,富尔克拉姆如果杠杆率 1:1(500 美元负债),可能支付 10% 的利息;如果杠杆率 9:1(900 美元负债),可能支付 20% 的利息。第三,"当公司不计利息支出的资产回报率(也就是,它的营业收入减去任何税收除以它的总资产)超过应付负债的利率,杠杆率有利于公司所有者"。我们已经假定,富尔克拉姆没有负担税。因此,富尔克拉姆有 300 美元营业收入(300 美元除以 1000 美元总资产)时,不计利息支出的资产回报率将是 30%;有 120 美元营业收入时,不计利息支出的资产回报率将是 12%;有 30 美元营业收入时,不计利息支出的资产回报率将是 3%。如果富尔克拉姆支付 10% 的负债利息,若公司的回报率有 30% 或 12% 则杠杆率将留给所有者的是情况转好,若公司的回报率有 3% 则杠杆率将留给所有者的是情况转坏。使用杠杆率只要不计利息支出的资产回报率超过 10% 利率(也就是超过 100 美元),富尔克拉姆的所有者将仍旧是盈利的。如果营业收入低于 100 美元,杠杆率将留给所有者的是情况转坏。

银行比工业企业使用更大的杠杆率。后者常常有大约 2:1 的杠杆率:债务资金大约占总资产的 65—70%。银行大约 10:1 的杠杆率:债务资金大约占总资产的 91%。

为什么银行的杠杆率非常高?人们提出了各种各样的解释。首先,银行比工业企业有更可预见的资产回报率。借款人承诺按设定时间、设定利率支付,除非他们违约,银行将收到恰如确定的付款。工业企业对于其资产绩效如何不那么确定。经济衰退或竞争加大,可能遏制销售,引起利润骤然跌落。技术突破可能帮助工厂或者让专利作废。消费者口味可能变了。由于这些不确定性,工业企业严重依赖权益。

第二,如果需求上升,银行可能易于从其他银行或联邦储备银行获得短期贷款。工业企业不那么容易获得流动性。因此,银行可以有合理保证的承担高比例的即期债务,所谓合理保证就是如果银行发现自己临时现金不足,他们可以借入追加款项。

最后,联邦储备保险通过吸引存款帮助银行筹集现金。投保的储户不必担心违约或银行的杠杆率程度。工业企业的债权人不享有类似保护。因此,他们要求他们的借款人维持一个实质性的权益"缓冲垫",以防违约。

49　但是,银行的高杠杆率和相应的小权益缓冲垫容易让银行受到商业挫折,比如大规模的、未预见到的贷款损失或者利率的骤然攀升。这样,如果一家银行的利息支出显著超越其营业收入,那么,银行将很快损失钱,并且它的权益缓冲垫将会消失殆尽。许多互助储蓄机构在 1980 年代初遭受了这一厄运。为了保护银行、金融体系和 FDIC,银行监管部门要求(银行)有最小权益缓冲垫(例如,每一美元资产有权益 4 美分),并强压银行立即解决权益不足问题。

导语与注解:银行的杠杆率最高

下面的例子涉及一家银行、一家石油公司和一家共同基金,它们每一家都是各自业内最大企业。比较的重点是,相比其他行业的公司,银行如何更大规模地利用杠杆和部分准备金。特里亚斯科银行的资产是 60% 贷款,20% 证券,3% 对其他银行隔夜拆借,7% 现金,10% 其他资产。该银行的资金来源 77% 存款,3% 从其他银行隔夜拆借,10% 其他负债,10% 权益。

朱拉斯科石油公司的资产是 70% 物业、工厂和设备,12% 投资和长期应收账款,2% 现金,16% 非现金流动资产(在今后 12 个月内可转换为现金的资产,包括存货和应收账款)。该公司资金来源 50% 权益,20% 长期债务,20% 流动负债,10% 其他负债。

克雷泰舍斯 500 指数基金公司的资产有 0.3% 现金,99.7% 是美国最大 500 家公司的股份。该基金有 99.5% 的资金来自权益,仅有一丁点债务。下表 1－6 概括了这三家公司的杠杆率和现金持有情况。

表 1－6　　　　　　　　公司的杠杆率和现金持有情况

比率	特里亚斯科银行	朱拉斯科石油公司	克雷泰舍斯基金公司
债务÷总资产	90%	50%	0.5%
债务对权益比率（杠杆率）	9:1	1:1	1:200
现金÷总资产	7%	2%	0.3%

第五节　银行挤兑、货币供应和支付系统

人们有时会听到说银行"特殊",而且区别于普通商业组织,比如制造业公司:银行是不同的,不寻常的,甚至是唯一的。但是为什么? 银行,像其他公司一样,为利润而经营。它们向公众提供一项产品,更准确地说是各种服务,它们为这些服务收取费用。像大多数大公司一样,他们的组织结构形式为有限公司,有股东和董事会。肯定地说,银行业有别于其他行业;一家银行不是一家铅笔厂。但是,无论如何,没有任何两家公司具有完全相同的产品、市场和方法。如果有的话,是什么使得银行异于所有其他企业而鹤立鸡群呢? 为什么这个行业不同于所有其他行业?

事实上,银行区别于其他公司至少有三个方面:(1)银行对挤兑和恐慌的敏感性;(2)银行在货币供应中的作用;(3)银行在支付系统中的作用。我们将会看到,这些特殊方面的每一点都直接与银行的功能定义有关,银行作为金融媒介维持账户体系,经由这个体系客户能够通过簿记转移钱财。

一、银行挤兑和恐慌

是什么使得个人银行独有地敏感于挤兑、银行体系独有地敏感于恐

50

慌呢?

让我们设想一个像我们自己这样的一个世界,但是没有存款保险。谣言起于那家特定的银行,赫尔克里士银行,说它有麻烦了。有些极其小心的储户去取走了他们的存款。其他人看到他们进去了银行,害怕银行将不能支付每个人,这些旁观者决定也把钱取出来。柜员窗口前排起了越来越长的队伍。不久,队伍排到了门外、大街上。担心的储户膨大着队伍,希望在银行倒闭前抢救出他们的储蓄。最终,这家银行真的倒闭了,只不过是因为没有任何一家银行有足够库存现金,在任一特定时刻偿清比银行部分准备金更多的存款。

其他城里人把他们的钱存在像是大道银行和家乡储蓄银行这样的机构里。这些储户本来没有理由因对赫尔克里士银行的挤兑而害怕个人损失。但是,因为他们看到了赫尔克里士外面长长的拥挤人群,他们开始疑虑他们自己银行的稳健。极小心者们决定也把他们的钱取走并藏起来,直到赫尔克里士的问题平息下来。排队出现在大道银行和家乡储蓄银行。不久,城里每家银行都面临着暴涨的全面挤兑。挤兑转变成一场恐慌——对所有银行的信心普遍丧失。

银行挤兑和恐慌是令人恐怖的,即便他们采取的形式不是恐慌的聚众闹事而是电子形式的提取。一场挤兑,个人的理性与群体的非理性隆隆并行。它不符合任何人的最佳利益。即便是一家银行已经或将要变得无偿付能力,储户也有望从中获益,那就是让该银行事务以最大化其资产价值的有序方式煞尾结束。但是,一旦挤兑开始,每一个储户在加入挤兑时都有一种个人的自利原则。排在前面的储户将收到全额支付,而在队伍末端的储户有风险,可能只取到部分钱或全部损失掉。

联邦储备保险已经使银行挤兑罕见其踪。然而,挤兑仍然偶尔出现。在 2003 年,一些外国出生的储户,不愿相信 FDIC 保险,上演了一场为期三天的挤兑,挤兑对象是艾巴克斯联邦储蓄银行,它是一家健康的互助储蓄银行,位于纽约昆士兰。在 1984 年,账户超过 100,000 美元保险限额的储户发起了一场挤兑,这场挤兑挤垮了大陆伊利诺伊国民银行。联邦监管部门甚至害怕该银行倒闭会激起一场恐慌。

什么使得银行（没有可信的存款保险）对挤兑和恐慌那么敏感？答案在于银行依赖即期债务和部分准备金。想象谣言发生于财务健康的一家铅笔制造厂。这家工厂的债权人会发起一场挤兑吗？不。普通工业企业拥有相当少的负债，能够按要求支付；它们的负债绝大部分是长期的（例如，20年到期的债券，以及 10 年期的抵押贷款）。只要该公司按时偿还其债务，债权人一般必须等着债务到期。股东们也不能强迫该公司回购他们的股份。

但是，银行储户（除了定期存款如存款证的持有人）的典型取款方式是即期提现，其实大约不过几分钟而已。在部分准备金原则之下，银行持有现金的数量只占存款的很小比例。如果一场挤兑开始，许多储户同时要求提现，那么银行将没有足够的库存现金。此时，大数定律失灵，运用大数定律的银行也要倒闭。没有任何一家银行，无论多么有清偿能力、管理多么好，在没有外来贷款（例如，从联邦储备）的情况下，能够抵挡住持续的挤兑。

共同基金提供了一个有意义的对比。它们投资于相当流动的资产：大多数共同基金的情况是各类证券，基金在任何工作日都能卖掉。甚至更重要的是，投资者对共同基金的要求代表了即期权益而不是即期债务。基金以"资产净值"赎回基金股份：总资产减去总负债，除以基金股份数。赎回对留下的股东并不明显增加遭受损失的风险。昨天，基金有 3,000 万美元总资产，并有 100 万股未结清：资产净值每股 30 美元。今天，在股价大幅下跌后，基金有 2,700 万美元总资产和 100 万股：资产净值每股 27 美元。今天赎回基金股份的投资者将得到每股 27 美元，而不是 30 美元。他们将避免资产净值进一步下跌的风险，但也放弃任何未来上升的好处。因此，证券和债券共同基金的投资者没有明显理由，冲去以可证明不必要的低价赎回他们的基金股份。

货币市场基金介于一种中间情况。尽管它们的基金股份代表着即期权益，按定义这类基金寻求保持稳定每股 1 美元的资产净值。为了帮助取得这种稳定性，此类基金投资于安全、流动、短期资产，即不可能有显著价格下

51

跌的资产。不过,如果出现大的损失,它们可能把基金资产净值压到低于1美元——用行话说"跌破面值"。当基金跌破面值时,它们的发起公司通常会贡献足够的钱以恢复1美元的资产净值。

提问和评论

1. 银行怎样和为什么脆弱?

2. 鉴于银行对挤兑的脆弱性,为什么客户一直把他们的钱放在缺乏可信存款保险的银行里?

3. 长久以来,为什么美国的银行家们做生意要远离精美大理石建造的希腊神庙?

二、银行在货币供应中的作用

银行在创造和消灭货币中发挥着中心角色的作用。它们发挥这种作用,因为它们持有活期存款,活期存款作为货币提供服务——其实,它们属于标准经济定义的货币,即作为一种交换媒介和一种价值储藏手段。为什么支票账户被视作货币?回答是直觉不明显,并且许多人错误地认为,货币只有现金——纸币和硬币。但是,支票账户被用作一种交换媒介和一种价值储藏手段:不像现金被普遍接受,但仍被广泛接受。对于许多用途来说,你可以用支票或借记卡而不是现金去完成经济交易。

支票账户的货币来自何处? 银行它们自己创造了这些货币的大部分。它们发放贷款时创造货币,当收到贷款的还款时它们消灭了货币。为了理解银行是如何创造和消灭货币的,让我们考虑两个假设的世界:在第一个世界里,银行没有存款准备金;在第二个世界里,银行仅有10%的法定准备金。

在第一个世界里,银行没有持有存款准备金。为了简化,让我们进一步假定,银行的资产完全是贷款。一家银行给你发放了无担保贷款1,000美元,以帮助你购买一台电脑。你给了银行你的承诺函。银行向你的支票账户贷了1,000美元。此时,账本看起来像这样:

表1-7 银行创造货币

你

资产		负债/净值	
支票账户	1,000 美元	给银行的承诺函	1,000 美元

银行

资产		负债/净值	
来自你的承诺函	1,000 美元	支票账户	1,000 美元

贷款后,你的支票账户有了 1,000 美元,这钱是你以前没有的。但是,迄今银行也没有必须支出任何现金:它只是向你的账户里授予了信用。当然,你可以立即给电脑商店签发 1,000 美元的支票。但是,商店然后把这张支票存进了它的账户里。这 1,000 美元仍留在这个系统里。令人震惊的是,现在在经济里有另外多出的 1,000 美元,这在该笔贷款之前是不存在的。而且,如果银行能借给你 1,000 美元,那么它也能借给别人 100,000,000 美元。字面上看,银行正在无中生有地创造货币。

然而,很明显,银行家们不能永远创造货币。这项特权留给了伪币造假者和国家政府。部分准备金银行意味着,银行必须至少保持一些现金,以准备储户提取现金。无论如何,银行必须按法律保持等于一定存款比例的储备金,它由库存现金或在联邦储备银行的存款组成。

相应地,让我们转向我们的第二个假设的世界里,在那里银行仅保持 10% 的最低法定准备金。银行不持有任何超额准备金:在没有违反准备金要求的情况下,它们借出了它们能借出的每一美元。没有超额准备金的银行不能发放额外的贷款,也不能创造新货币。让我们假设,联邦储备买了阿勒发银行(Aleph Bank)1,000 美元的美国财政部证券,用费城储备银行的银行账户贷记支付了那些证券。那个账户的余额算作是准备金,因此阿勒发银行现在有了 1,000 美元的超额准备金。这个银行体系创造了多少钱?

美联储初次买了那 1,000 美元美国财政部证券,创造了 1,000 美元的新货币。但这只是故事的开始。阿勒发银行没有让这 1,000 美元闲置:它发放了 9,000 美元的新贷款,留下 1,000 美元以满足 10% 的准备金要求。

53

我们假定,这家银行贷记了 9,000 美元进项到借款人在该行的存款账户。
银行账本看起来像这样:

表 1-8 阿勒发银行资产负债表

资产		负债/净值	
准备金	1,000 美元	存款	10,000 美元
贷款	9,000 美元		

阿勒发银行创造了 9,000 美元,同时立足于 10% 准备金要求,持有应
对 10,000 美元存款的 1,000 美元准备金。美联储 1,000 美元的购买行为
已经创造了总计 10,000 美元。

现实要比这个没有超额准备金的世界更为复杂。银行持有超额准备金
以便它们能够履行它们对储户的提存、签发支票以及电子支付的责任,同时
仍能满足准备金要求。并且,货币创造过程到一定程度才戛然而止,那就是
直到借款人把贷款进项以现金持有而不是放在支票账户里。

然而,原理继续有效:当美联储对银行体系增加准备金(例如,美联储
账户信用),银行体系就以所增数量的多倍数创造新的货币。同样,从银行
体系减去准备金也以缩减数量的多倍数消灭货币。

现金和美联储账户构成了"高能货币",因为对银行体系增加高能货
币,就会创造其面值多倍数的货币,减少高能货币就以相同多倍数消灭货
币。美联储运用高能货币去控制银行体系创造或消灭多少货币。美联储向
银行体系注入或抽出高能货币有几种机制。首先,它在公开市场购买美国
政府证券,以增加银行体系的高能货币数量,因此也就增加了货币供应。第
二,美联储对银行贷放货币,增加高能货币供应;接受银行贷款归还,减少高
能货币供应。第三,美联储有自由裁量权,通过减少准备金要求——一家银
行必须持有现金或在美联储银行一定百分比的存款——增加货币供应,而
增加准备金要求则减少货币供应。(然而实际上,美联储保持着准备金要
求稳定。)所有这些通过银行体系的工具操作,使得银行成了货币政策的
"传送带"。

银行与货币供应之间的紧密关系对公共政策具有重大影响。银行体系

的任何故障,无论什么原因,都将影响货币供应。许多经济学家相信,1933年美国银行体系的崩溃,由于客户挤提银行现金,大规模收缩了货币供应,恶化了大萧条。银行体系与货币供应的这种关系,让我们有理由担心银行体系将来崩溃的可能性。

54

三、银行在支付体系中的作用

我们已经看到,银行不同于其他行业,对挤兑独一无二地敏感,在创造和消灭货币方面起着关键作用。银行在运营美国支付系统方面也发挥着特别作用(与美联储一起)。支付系统通过簿记转移财富,尤其是清算支票和传送电子支付。

银行支配着支付系统。当你向你的房东签发一张支票时,她把支票存进银行,我们叫它吉姆尔银行。那家银行把这张支票送到你的银行,戴勒斯银行。中间通过某种清算机制,通常是一家"票据交换所",在那里一些当地银行与其他当地银行进行支票交换。从你的银行把支票的钱数转到房东的银行,通过捡取所有彼此支取的支票,结算轧差,贷记或借记在银行互相开立的账户,或是联邦储备账户。如果某一天,戴勒斯银行向吉姆尔银行提示支取一张 100,000 美元支票,而吉姆尔银行向戴勒斯银行提示支取一张 88,000 美元支票(包括你的房租支票),这两家银行在这一天的结束时贷记 12,000 美元到戴勒斯银行在吉姆尔银行的账户里,那么这两家银行彼此之间就结清了。这两家银行与它们的客户也结清了:戴勒斯银行根据你的房租支票借记你的账户,而吉姆尔银行贷记你房东的账户。

当然,你可能从没有退回过一张支票,但是如果你有过,那么,你的银行将把支票返回到你房东的银行,支票标着"NSF"(资金不足)。房东银行把支票送回房东,房东会有礼貌地请你作出解释。两家银行将会重新调整临时的结算,以反映支票清算失败的事实。

如果你住在美国堪萨斯州首府托皮卡,用支票从缅因州的比恩邮购公司买了一条牛仔裤,清算就要涉及稍微不同的机制。你的支票大概要通过联邦快递服务清算,你的银行把钱转到比恩邮购公司,中间通过贷记和借记堪萨斯市和波士顿各自的联邦储备银行账户。另一种方式是,你的支票通过大银行的州际快递服务清算。无论怎样,清算是发生在银行系统之内。

转账日益通过 EFT(电子资金转账)技术的电子方式发生。EFT 避免了物理运输支票的成本和延迟。尽管我们还没有变成一个"无支票社会",但是 EFT 日益重要。也像清算一样,EFT 大都通过银行而发生。

为什么银行支配着支付系统?没有任何法律说它们必须那样。我们可以想象清算通过其他方式发生的一种系统。一套建立起的国家快递比如联邦快递(FedEx)可以进入这个清算业务。当比恩邮购公司收到你的支票,它将(不是把支票存到银行)支票交给 FedEx,FedEx 把这张支票运到你的银行,提示支票要求支付,收到现金,然后把等量现金送到比恩邮购公司。

55　非银行支票清算,尽管行得通,很明显在当前情况下没有竞争力,要不然的话,我们或许看到它已经提供服务了。为什么我们没有这样的清算?首先,长久以来,联邦储备清算支票没有收费,这使得银行的联邦储备成员身份(以及它伴随的准备金要求)更令人愉悦。尽管现在 Fed 对这样的服务收费了,但免费清算时代帮助建立了延续至今的模式。第二,银行清算避免了在钱款到达时处理钱的麻烦。第三,有些客户宁愿跟银行打交道。第四,银行清算提供了反欺诈背书的某种保护:支票签发人经常与其银行有长期存续的账户关系;如果事情偏离正道,银行能够推翻交易。第五,因为银行通常没有单独分离的清算费(为什么没有?),非银行竞争者不能提供客户立竿见影的节省。

银行支配支付系统产生了这种潜在可能性,就是银行广泛倒闭,破坏经济。如果保管支票的银行倒闭了,那么在途的支票会发生什么事?支票会得不到支付吗?事实上,单个银行倒闭会偶遇一些问题。但是,一家更大的银行倒闭可能引起中断。一场银行恐慌证明甚至更麻烦。如果恐慌瘫痪了银行系统,支付会发生什么问题?1933 年,支付系统的确停摆了一个星期,引起了广泛的困苦艰难。对这一灾难的害怕已经帮助形成了银行业政策。

四、模拟银行资产负债表

作为金融媒介提供交易服务的银行概念涉及了银行资产负债表的两边。作为金融媒介,银行投资于其他生产性企业(资产一边)。作为交易服务的提供者,银行主要用活期存款为其资产融资(负债一边)。这样,我们就把银行功能模式大大简化成模拟的资产负债表。

表1－9 纽利赛克银行资产负债表

资产		负债/净值	
现金	100 美元	存款	1,000 美元
固定利率抵押贷款	1,000	权益	100

我们可能立即认识到纽利赛克银行是一家金融媒介:它发放贷款(本例情况,对住房购买者)而不是直接从事生产性活动。银行融资主要通过活期存款。它使用部分准备金,仅保留 100 美元现金,刚好足以满足 10% 准备金要求。

纽利赛克银行也表明了利率风险。该银行用活期存款发放长期固定利率的抵押贷款。这样,它在长期资产的久期和短期负债的久期之间有总体的错配。这种错配产生了重大利率风险。

假设短期利率长期在 5%,突然上升到 15%。银行的固定利率抵押贷款将仍然承担 10% 利率。因此,这家银行必须支付 15% 利率的存款,用于支持仅挣 10% 利率的贷款资产。这意味着买高卖低,从来都不是一个盈利的策略。如果该银行卖掉其资产,它仍然招致损失(假设长期利率也已经升高了),因为随着利率上升,市场的固定利率贷款价格下跌。在一个高杠杆率的银行,如我们假设的这家银行,由高利率产生的损失将很快侵蚀权益,并引起银行倒闭。

银行密切关注利率风险,并用各种策略管理风险:减少其资产久期,增加负债久期,或者确保具有可调利率的贷款占比很高。银行也能通过期货或衍生品来对冲利率风险。不过,利率风险始终是一大挑战。

但是,承担利率风险也能产生利润。如果利率下跌而不是上升,纽利赛

56

克银行将赢得未来。一家资不抵债或即将资不抵债的银行可能会故意错配资产和负债,希望利率将来下跌,容许该行大获其利,这将补充其资本。当然,如果利率升高,该行将倒闭,但银行的股东们受到有限负债的保护,没有多少损失:损失并不落在他们头上,而是落在存款保险基金、没有投保的储户和其他债权人身上。这种过分冒风险的反常激励问题代表了应对资不抵债或倒闭银行的一个主要政策关注点。

提问和评论

1. "因为银行与其它公司之间的差别消失,所以银行与其它公司之间的杠杆比率的差异也将消失。"为什么是或为什么不是? 当前趋势支持这一预测吗? 你认为这一预测将证明最终成真?

2. "银行与工业企业的差别其实是这样:银行的资产回报率是确定的,但负债久期是不确定的;工业企业的负债久期是确定的,但资产回报率是不确定的。"你认为这句格言抓住了银行与工业企业之间的多少差别?

注解银行的功能定义

按照最高法院对银行与其它公司的区分,考虑我们的银行功能定义。

> 银行在金融机构中是唯一的,只有银行被法律许可接受活期存款。这种独特能力给予⋯⋯银行在国家经济中一种关键作用。因为银行不仅交易货币和信用,而且实际上是货币和信用之源;当银行通过贷记借款人的活期存款账户而发放一笔贷款时,它增加了国家的信用供应。并且,接受活期存款的能力使得银行成为大多数金融交易的媒介(因为大量货币转移几乎总是经由支票而不是现金。)还有与之相随的一点,银行是无数个人和法人的货币储藏之所。银行使用这种货币的条件是基于这一事实,即银行营运资金主要由活期存款组成,这使得流动性成为银行放款和投资政策的指导原则。因此,银行的确是国家短期商业信用的主要来源。

57

参见"美国诉费城国民银行案"。[①]

第六节 为什么监管银行

乍看起来,该案支持监管银行是压倒一切的。银行业是属于全世界监管最重的行业。其实,银行长久以来就受到严厉监管。甚至在美国自由银行业时代,各州就实行了资本要求,并检查银行账簿。

无可挑剔的知识权威支持这个历史性监管案例。亚当·斯密,虽然一般极不赞成政府控制,但却极力主张规定银行按要求以铸币赎回所有纸钞。斯密的杰出才智后裔米尔顿·弗里德曼,虽然也不是监管的支持者,但却热情洋溢地描述联邦存款保险的好处,称赞南北战争之后对州银行券征收惩罚税。如果具有如此可靠自由市场标志的思想家都赞成银行监管,那还有谁会反对它呢?

当然,过去对银行的严厉监管并不必然意味着银行应当继续严厉监管,也许情况已经变化,或者过去的监管计划制定不合理。并且,斯密和弗里德曼并不赞成"全部"形式的银行监管。他们寻求一种稳定的货币供应,并理解银行在创造和消灭货币中发挥关键作用。这些思想家和许多其他人对其他银行监管形式提出了很多批评。因此,让我们暂时退一步想,考虑银行监管的基本理据——以识别本书后面我们将遇到的多重限制和要求的深层正当理由。

银行服从一套独有监管结构的正当理由是什么? 我们已经看到银行业的三个突出特点,每一个都关系到银行作为金融媒介以即期债务提供交易服务:银行对挤兑和恐慌的敏感性,银行创造和消灭货币的作用,以及银行支付系统的托管人职责。在这些重要方面,银行都区别于其他企业。但这

[①] 《美国案例汇编》第374卷,第321—326页(1963)。

些差别导致了哪些公共政策目的的不同？

这个政策问题集结了关于银行是否"特殊的"长期争论。有些评论者把银行说成是特殊的，甚至是唯一独特的。其他人反驳说银行终究不是真的很特殊。隐含的问题是政府监管的性质和程度。赋予银行"特殊的"特性，是作为特殊监管处理的论据服务。

因而，主张银行是特殊的观点有一种好奇的双面。一方面，它辩解监管58 干预在其他行业不正常或闻所未闻。没有什么行业面对如此普遍的种种政府控制。在这方面，我们看到银行特别"不利"，因为政府监管部门普遍限制它们的业务自由。另一方面，特殊性主张也辩护对银行监管的好处。没有什么其他行业能提供债权人由政府存款保险负担的保护。没有什么其他行业能随时得到政府最后借款人的帮助。没有什么其他行业能从监管限制竞争的慷慨中获益。因此，银行发现"老大哥"不仅令人嫉妒和警觉，而且也有慷慨和宽容。

在下面的案例里，一州最高法院反思1907年恐慌和本案中的政府监管情况。

沙克诉多利案①

伯奇，法官：

一家州立机关收到申请，在阿比伦开办两家银行，而那里已经有三家银行。该机关批准了第一个申请，但在得出当地经济不支持第五家银行的结论后否决了第二个申请。拟办银行的组织者起诉了该机关，辩称该机关的否决违反了他们的宪法权利。

银行是独立机构，当前文明国家和社区的产业、贸易和商业通过它们得以持续经营。银行家是普遍经纪人，供需交换通过其柜台，经过最终分析而生效。他投资的资本和从资本取得的回报，对于社会整体从银行活动得到的好处和银行不稳健经营的恶果在银行家与如此普罗大众之间撒播而言，

---

① 《堪萨斯案例汇编》第118卷，第80页（1911）。

并不那么重要。银行……如果曾经是的话，现在已不再是，像商人的生意那样仅仅是一种私人的关心领域，而且，对于立法性监管和控制的全部目的而言，应当说银行"影响公众利益"。银行家激邀和收获的公众惠顾，富有特点，在一定意义上他是人民和州的财务事务的受托人。设若一位商人不能立即支付其票据，那么，一般公众是不受打扰的，他也不会立即毁掉，而且如果他倒闭了，那么其影响也仅限于比较少的一些人。如果一家银行不能支付一张支票的提取，那么这种拒付就是一种资不抵债的行为，它要关门停业，进行清算，危害范围颇广。无论借款人准备做什么或能够做什么，他们必须偿清贷款，否则都不可获得进一步发展。其它银行必须收回其贷款，并拒绝信贷展期，以加强自身抵抗不安、甚至其储户的恐惧。信心丧失，企业停业，商业停滞，出现房屋止赎，失去财产，灾难一地又一地蔓延。银行业务的所有这些突发事故都是人所共知和众所亲历的事件。很清楚，它们区分了银行业与普通私人行业，说明银行业的公共属性，并表明服从州立法机构授予的管制权是恰当的……

注解外部成本和内部成本

59

"沙克诉多利案"明确区分了银行与其他企业，与之相并列地，经济学家们明确区分了外部成本和内部成本。一种活动的"内部成本"是本人进行活动所带来的那些成本，而"外部成本"是别人带来的那些成本。银行倒闭可能有相当大的外部成本（例如，对储户、借款人和当地社区），这提供了银行监管的一些最重要的理据。

为了清楚地区别内部成本和外部成本，这里有四个例子，每一个都包含了两类成本。

（a）乱糟糟的公寓：如果你是世界上最乱的管家，而且独居，也许你承担（或者用经济学用语"内部化"）了你自己凌乱的几乎所有成本。你找不到你需要的东西，你羞于邀请朋友过来共进晚餐或聚会，你绊倒在早该扔掉的东西上。但是，凌乱管家也可能有外部成本。你那儿的床虱侵入了附近的公寓。灭虫时穿越凌乱之间扭伤了关节。你的台灯短路起火，火苗很快蔓延,吞噬了整座楼宇,烧掉了你邻居的货物,让你没有加入保险的房东破产了。

(b)醉驾:如果你喝了酒开车,你可能伤了你自己,也伤害了别人。内部成本包括撞毁了你的车,弄伤了你自己,你的驾照被取消,并丧失了你爱车的保险赔付。外部成本可能包括损毁了别人的车,伤了三个人,使你的保险公司负责 1,000,000 美元的损害赔偿。

(c)污染:媒染剂公司的普拉姆维尔工厂排放铅到空气和水里,而且许多员工铅中毒。媒染剂公司的内部成本包括很高的职工健康保险金,并很难招募新员工,也难于留住人才。但是,媒染剂公司的排放也有很严重的外部成本。媒染剂公司的排放压低了整个普拉姆维尔地区的房地产价格,甚至从没有在媒染剂公司工作的居民都遭受铅中毒之害,身体铅含量高于美国平均值数百倍。普拉姆维尔地区的学童表现出与铅相关的各种学习缺陷症状。

(d)渎职罪:一家法院认定复原公司 500,000,000 美元的损害赔偿金。作为一家法律事务所的合伙人,你代表复原公司,该公司指示你对此判决提起上诉。本来,复原公司很有可能赢得上诉,但是你没有及时提交上诉通知书,导致初判成了终判,不能复审。你招致的内部成本是你丢了工作,抹黑了你的名誉。同时,你也造成了外部成本,复原公司必须在破产法院寻求其债权人的保护。复原公司也从你原来的律师所合伙人那里获得了一大笔渎职判决赔偿。

成本是内部或外部为什么有重要关系呢?如果你单独承担你行为的成本,那么,社会没有经济理由管你那些行为(尽管可能有其他理由那么做),你可以决定是否有一个整洁或乱糟糟的公寓。但是,如果你让公寓变成了危险建筑或床虱孵卵器,那么,你对邻居产生了成本,使得社会效益减少。于是,你提供了限制你凌乱的一个经济理据。

提问和评论

经济学家们很少有模型刻画他们想象的不干涉主义银行体系,仅仅因为银行业历史上都是监管非常严厉的。最接近的模型可能是在 18 世纪末和 19 世纪初期间的苏格兰银行体系,其特点是自由准入,没有货币政策,并几乎没有政府监管。然而,在苏格兰模型之下,不干涉主义银行业看起来很像有监管的银行业:像有更多监管的英格兰银行业那样,苏格兰银行发行以铸币可赎回的短期债券,而且像货币一样流通,使用部分准备金运作,对商人和制造商贷放货币。但是,不像美国的自由银行(它们大部分是单元银行),苏格兰银行保持分布广泛的分行网络。

从亚当斯以来的评论家已经认定,苏格兰不干涉主义的实验是成功的。货币供应保持稳定,银行倒闭的发生只是罕有而已,比英格兰还少见,并且没有引发过恐慌。同时,苏格兰经济蓬勃发展,享有经济繁荣,有人部分地归之于银行之间的富有活力的竞争。

第七节　监管结构

我们现在从银行监管转向银行监管部门。不同的监管机构结构强力影响了银行监管的实质。正像美国选择发散的、地方化的银行模式,它也发展了发散的不同政府机构交叉管理的监管结构。我们将简要考察各个监管机构,衡量美国监管结构的利弊,并思考美国银行业立法的政治动力。

一、银行监管机构

a. 货币监理官

货币监理官负责对国民银行和联邦互助储蓄机构的执照颁发与监管。

货币监理署(简称 OCC)是最老的联邦监管机构,是财政部的一个自治机构。总统提名货币监理官,参议院确认,任期 5 年,中途免职只能"依据……沟通……参议院的理由。"根据法律,货币监理官服从财政部长的全面监督。实践上,货币监理官按照法律授予的广泛自治权工作。财政部官员不能在货币监理官之前介入具体案例事务(例如,申请、检查,以及执行过程),因为这不同于更宽泛的政策问题。财政部不能封锁、延迟或重写货币监理官的监管法令,也不能控制货币监理官报告国会的内容。

OCC 的自身经费完全出自国民银行所交费用。像其他联邦银行监管机构一样但不同于联邦政府大多数部门,OCC 不依靠国会拨款,因此,它不怎么受国会的压力。像其他银行监管机构一样,OCC 也能比联邦政府其余部门支付更高的员工工资。

b. 联邦储备系统

联邦储备系统(简称 Fed)包括 7 个成员的理事会,12 个地区联邦储备银行,以及联邦公开市场委员会。

Fed 负有货币和监管两大责任。理事会监督联邦储备银行,监管属于联邦储备系统成员(州成员银行)的州立银行和所有银行控股公司,根据各种消费者保护成文法制定监管条令。它也监管由金融稳定监管委员会指定的系统重要性非银行公司的金融业务。

联邦储备银行经营支付系统的关键部分,向需要现金并能提供良好担保的存款机构提供最后贷款人服务,检查州成员银行,执行理事会所代表的银行监管职能。联邦公开市场委员会,由理事会的 7 个成员和 5 个联邦储备银行行长组成,在制定货币政策上起中心作用。

理事会是一个非独立机构。总统任命委员会成员,交错任期 14 年,要经参议院确认,只有理由充分才能开除他们。总统指定一位成员作为主席(以及另一位为副主席),4 年任期,同样经参议院确认。主席作为该机构的行政负责人。实践上,主席也是整个体系的主要发言人,经常对其他委员会成员发挥相当大的影响。

美联储的开支来自用于开展公开市场操作的政府证券巨额投资组合所得利息(参见第 53 页)。因为不然的话这些利息会进入财政部的无指定用途的普通资金,美联储的开支实际上使用了纳税人的钱支付其监管费用。

c. 联邦存款保险公司

联邦存款保险公司(简称 FDIC)保险存入银行和互助储蓄机构的存款。它监管那些不是联邦储备系统成员的州立银行(州非成员银行)和州立互助储蓄机构。它担当参保 FDIC 存款机构的倒闭接管人,打理这些倒闭机构的收尾事务,用其资产支付其债权人。它也充当有麻烦机构的监管人(conservator)①,管理这些机构的持续经营,直到有更长久的解决问题方案。它有权利检查任何投保机构,如果对存款保险目的有必要的话。如果一家机构的联邦监管人没有采取必要的执法行为,那么,FDIC 拥有采取必要执法行为的自由裁量权。

FDIC 是一家独立机构,由一个有 5 位成员组成的董事会领导。货币监理官和消费者金融保护局局长是当然的董事会成员。总统任命其他三位董事会成员,交错任期 6 年,要经参议院确认。

FDIC 使用来自存款保险基金的钱支付其费用。对于州非成员银行和州互助储蓄机构,FDIC 充当主要联邦监管机构,但它们不向 FDIC 额外支付费用。因此,所有被保险机构支持着 FDIC 的监管队伍。

d. 金融稳定监管委员会

金融稳定监管委员会,根据《多德-弗兰克法》创立,成员包括财政部长,联邦储备委员会、联邦存款保险公司、证券与交易委员会和商品期货交易委员会的诸位主席,货币监理官,房地美、房利美和联邦住房贷款银行的监管人,以及消费者金融保护局局长。该委员会负责帮助"弥补监管漏洞,促进政策协调和争端解决,并识别公司和市场活动的苗头性风险。"它能够使系统重要性非银行金融公司服从美联储监管。

e. 国家信用社管理局

国家信用社管理局(NCUA)负责对联邦信用社颁发执照和监管,监管联邦保险的州立信用社,并管理对信用社存款予以保险的国家信用社股份保险基金。NCUA 是一个独立机构,由一个三个成员的理事会管理,理事会由一位主席和两位其他成员组成,所有成员均由总统任命,由参议院确认,任期 6 年。NCUA 的经费来自联邦信用社缴费,以及出自股份保险基金的

---

① FDIC 将"Conservator"一词翻译为"监督管理保存者"。请参见 FDIC 中文文件(网页见 ht-tps://www.fdic.gov/bank/individual/failed/indymac_QA_Chinese_Translation.pdf)。——译者

钱款。

f. 州监管机构

各种州监管机构对持有州颁执照的商业银行、互助储蓄机构和信用社进行执照管理和监管。

g. 消费者金融保护局

消费者金融保护局管理大多数受联邦消费者金融保护法管束的金融服务。它能够对很多种类公司制定规则,采取强制行动。总统任命局长,任期5年,须经参议院确认。尽管享有充分自治权,但是在名义上,消费者金融保护局是联邦储备系统的一部分。这样安排使消费者金融保护局经费独立,不用国会拨款而免于政治压力。

h. 司法部

司法部反托拉斯局,按照联邦反托拉斯法,审核银行并购申请。司法部犯罪局检控银行官员违反联邦法律的犯罪行为。司法部律师代理联邦机构、代表联邦政府在最高法院对某些金融案件进行诉讼。

表 1-10　　　　　　　　　　监管部门监管对象列表

	执照	主要联邦监管	
		银行	母公司
国民银行	OCC	OCC	Fed
州成员银行	州	Fed	Fed
州非成员银行	州	FDIC	Fed
联邦互助储蓄机构	OCC	OCC	Fed
州互助储蓄机构	州	FDIC	Fed

二、美国监管体制的利弊

作者之一访问斯德哥尔摩时,曾经与瑞典的首席银行监管人、首席金融公司监管人、首席证券监管人、首席金融期货监管人和首席保险监管人共进晚餐。可是,这项活动只需要一两桌人,因为瑞典体系将所有 5 个功能的责任合并归入一个人,就是金融监督局总长。

特别与比如瑞典这样一个监管结构框架进行比较时，美国体系表现很复杂，甚至有些巴洛克式的繁琐。参议员普罗克斯迈尔，参议院银行委员会主席，称美国体系是"世界上最离奇、最纠缠的金融监管体系。"FDIC 主席威廉·塞德曼谴责它"复杂、低效、过时、陈旧，"并警告说，"别麻烦动问监管部门关于它什么事，他们的地盘就是他们仅有的思想。"美联储副主席J. L. 罗伯逊甚至宣称这个监管结构是"一种偶然事件，并不是一个体系。"这个监管结构抵制对管辖权重叠的指责，而管辖权重叠助长过度、重复或有冲突的监管，扭曲经济行为，增加交易成本，助长迟延，削弱责任，不公平地偏爱一些公司而不喜欢另一些公司，并固化了监管的利益冲突。

过去 60 年来，时不时地，一些一流专门小组提出了一些关于银行监管结构的根本变革方案。然而，这些提议，尽管有时会对各监管机构更大一致性监管产生压力，但是迄今为止，对于监管机构自身影响甚微。

克林顿政府 1994 年监管整合提案，提供了一个恰当的佐证。克林顿政府提议建立一个新的独立机构，联邦银行委员会，将监管所有 FDIC 保险的存款机构及其控股公司以及其他子公司。该委员会将行使对所有存款机构的监管功能，包括 OCC、联邦储备委员会、FDIC 和 OTS① 的监管功能。FDIC 将继续保险存款，并充当倒闭存款机构的接管人。联邦储备委员会将继续行使货币政策，管理支付系统，并通过贴现窗口提供流动性。各州将继续保留管理州立银行的主要监管机构。

美国财政部长劳埃德·本特森声明支持这些提议，他称当前的体系是"一个管辖权交错的、拖累我们经济的蜘蛛网，一个我们金融服务业的头疼事，也是我们政府内部摩擦的一个源头。"在国会作证时他作了补充发言：

> 如果这还不是改革的充足理由，那么，目前的体系也有另一种特别涉及你们的潜在影响。它能够让各个银行组织购买到最宽厚仁慈的监管部门。这样的话，一家监管机构执行国会颁布的法律越忠诚，它监管

64

---

① OTS，为 Office of Thrift Supervision 的简称，美国储蓄机构管理局。——译者

的金融机构寻找另一家监管部门的可能性将越大。你们不应当容忍其结构必然削弱你们所通过法律的有效性的一种监管体系。……

　　陷于这一官僚主义迷津，大多数银行组织要服从冗余的要求，交叉的监督，并经常受到两家、三家甚至是所有四家联邦监管机构的前后矛盾的监管……

　　考虑到这一体系的重复、浪费和混乱，似乎改革应该水到渠成了，即使它有保持银行安全的一个良好记录。但是，它没有。我们的国家刚摆脱自大萧条以来最坏的金融危机。金融危机的诸多教训之一是我们的银行监管体系笨重而陈旧，它没有充分预见或帮助解决最近这场危机。

　　但是，这一提议，无论多么合乎逻辑，却没有赢得国会的批准，而是像以前的那些提议一样加入了政府简政博物馆。

　　美国银行监管的这种复杂结构部分反映了立法政治。当一些新的业务受到监管的时候，受影响的行业部门对他们自己的监管部门施压，相信这样的一个监管部门比同时监管很多行业部门的一个机构对它们的需求有更多的积极响应。例如，储贷行业期望从一个专门化的互助储蓄监管机构比一个同时也监管商业银行的监管机构那里得到更友好的对待。国会可能也有碎片化的监管管辖权，以加强它自己的权威：国会议员们对于一批小的监管机构比对一家单一的大型金融机构也许能施加更大影响。

　　但问题依然存在：美国银行监管结构框架会有更健全的政策合理性吗？思考下面的论据：

65　　首先，一个碎片化的监管体系可能保护免受过度监管。如果一家监管机构施加了过重负担的限制和要求，那么，它所监管的银行可能转向另一家监管机构，以免银行的竞争者们获得一种优势。这样，国民银行不满意OCC监管的话，可以变成州立银行。联邦储备委员会强调这一点，以此抵制克林顿政府1994年提案，并推翻了它自己长期对"竞争松弛"鄙视的观点：

　　合并成单一的一家监管机构会剥夺我们监管结构框架的……目前宝贵的制约作用,抑制任何一家监管部门实施不灵活、过度刚性的政策。对银行监管监督的各种法律应当制定的非常概括,而留给监管机构制定规则细节。这给予各个监管机构更宽泛的授权和一个并非微不足道的自由裁量的权力。因此,一个避免使用武断行为的安全阀是极其必要的。否决或严重限制执照选择关闭了安全阀,不可避免地导致更大量的银行微观管理,并萎缩银行信用市场。我们必须避免抑制经济增长的一种监管结构。

　　目前结构提供了银行一种转换其监管机构的方法,尽管它是一个既不容易完成也不经常采用的方法,但是提供了一种限制任何一家监管机构武断立场或过于刚性姿态的一种有效测度方法。一种潜在的失去金融机构的压力已经抑制了过度监管,这种压力也充当了一家监管机构过度监管偏见的一种对抗力量。

　　第二,更广一点来说,美国体系的持续的地盘争夺战也是监管竞争等同于私人行业之间的竞争,这促进了监管机构的勤勉和能力,不然它们会失去监管客户(一种市场"份额"),那些老主顾会算计着转入其他监管机构。尽管难于进行对比,但是,大多数观察者都同意,银行监管机构与联邦机构的平均情况相比,表现出了更加勤勉和更有能力。

　　第三,有人可能把监管管辖权的碎片化,比作美国政治上无数利益集团的碎片化。民主多元主义理论把利益集团之间的竞争看作有利于公众利益,产生出哪一方竞争者都不理想的政策,但是,那些政策实际上相当好地服务了公众利益。同理,在一个多元的监管体系之中不同监管机构之间的竞争,可能比一个统一的监管结构产生更好的政策。

提问和评论

1. 思考下面的文章段落,摘自一个一流委员会准备的关于金融服务监管改革蓝图(1984),该委员会由副总统乔治·H. W. 布什任主席。

整个美国历史,没有任何单一政府机构曾经被信任过对所有美国银行行使监管权力。这样一个空前的监管权力集中,最终握在单一个人或委员会的手里,会有一系列危害性影响,包括对双重银行制度的重大侵蚀,以及可能增加影响所有银行未曾预料的监管风险。这些因素强有力地表明,两个以上的联邦银行监管机构应当继续保持。

你同意吗?

2. 在1994年敦促改革时,财政部长本特森注意到,联邦储备委员会和FDIC的银行监管责任与那些机构的核心责任会如何冲突:

联邦储备的主要使命是监督货币政策,但是,它也有银行监管责任。货币政策与监督职能之间会有冲突,至少存在三种方式:(1)银行检查可能与反周期货币政策冲突;(2)两种职能之间竞争政策制定者的时间和能力,银行监管职能总是让位于货币政策职能;(3)由同一机构执行两种职能可能涉及利益冲突,结果是一种职能的目标被推翻转到另一种职能的目标上……

正如前联邦储备委员会副主席 J. L. 罗伯逊所说,"在评估贷款或投资的稳健性时,银行检查员应当绝不被强迫从乐观转向悲观,并来来回回地变换,以努力贯彻当时的货币政策。"……

FDIC 的主要作用是保险银行存款,因此,当监督银行时,它也有潜在的冲突。FDIC,作为保险人,如果保险基金有偿付能力时,有激励抵制银行创新。然而,这些金融创新可能恰恰是银行需要追求的变革,以回应不断演变的客户需求,并确保一个健康的未来。另一方面,如果保险基金接近资不抵债时,保险公司有激励去容忍……

被迫戴两顶帽子的那些监管机构仍然只有一个脑袋。责任与焦点的冲突是内生于这些机构的。通过按照核心职能重新调整银行和互助储蓄的监管机构,本合并法将消除这些潜在的冲突。

你相信存在这些监管利益冲突吗? 如果存在,它们有多么严重? 合并所说各种职能所得益处超过任何风险吗? 你认为有任何必要在联邦储备作为中央银行的角色与其对银行控股公司行使权力之间连接结合吗?

3. 美联储宣称,提议的联邦储备委员会"将会不可避免地持有长期偏见,反对承担风险和创新。它不鼓励通过促进谨慎承担风险帮助经济增长,反而会严厉批评有太多的银行倒闭。其激励是很清楚的。"你同意吗?

4. 你同意美联储的断言"对银行监管监督的各种法律应当制定得非常概括,而留给监管机构制定规则细节"吗? 各种银行法不同于其他法律吗?

5. 美联储辩称,整合联邦银行监管机构"将有效结束双重银行制度:如果一家州执照企业不能选择联邦监管机构或者……不同资产的权力,那么它将变成一个空壳。双重银行制度不能幸存于联邦水平层次的整合。"你同意吗?

6. 按照 FDIC 主席欧文・H. 斯普拉格,目前监管体系的兴起,只有通过一个长期、"艰难斗争,反对长期存在的公众对全能中央银行的不信任。"政治阻止颁布任何"银行和货币监管的综合体系。监管体系不得不被创造成鸡零狗碎的样子,并且监管体系的每一碎块都是从严重到足以支持立法的经济危机中争取而来。"你同意吗?

三、银行政治学

金融机构政治上很活跃,直接通过同业公会表现出来。它们游说国会、州立法机构以及监管机构。它们对拟议法规和主要监管适用发表评论。它们寻求监管行为的司法审查,并向法院提起其它判例案件。它们帮助金融政治运动。

各类金融机构在某些问题(例如,破产案中债权人的权利,或者退休储蓄的税务激励)上为达到共同目的而联合起来,而在其他一些问题上又彼此争斗。许多新老断层线对它们作出了划分:小银行对大银行;银行对互助储蓄;银行和互助储蓄对信用社;银行对保险机构。

在银行同业公会当中,"美国银行家协会"是资格最老、势力最大的。它把自己视作整个银行业的声音——当大、小银行有分歧时,需要一些奇特说辞的角色。"美国独立社区银行家"视自己为小银行的真正声音,并与美国银行家协会竞争小银行的支持。"金融服务圆桌"①起源于一个论坛,通过这个论坛,大型、有扩张心思的一些银行的顶级运营官,在没有小银行挡路碍事的情况下,寻求州际银行经营和更广泛的权威,发展附属证券公司和保险公司。现在它也包括大型非银行金融机构(例如,美国国际集团、富达国际投资、纳斯达克、保德信金融集团)的顶级运营官。

"信用社全国协会"视自己为整个信用社运动的声音,包括州和联邦的信用社。"联邦信用社全国协会"代表联邦的信用社。

"证券业和金融市场协会"代表范围很广,包括投资银行、证券经纪商和投资公司。"投资公司协会"集中代表共同基金和其他投资公司。"国际互换和衍生品协会"代表从事私人协议互换和衍生品业务的参加人。

在保险业之内,"美国人寿理事会"代表人寿公司,而"美国保险协会"代表财产和意外保险公司。保险代理公司可以选择加入一些同业公会,例如,"美国独立保险代理协会"代表不附属于特定公司的代理人,而"国家人寿保险协会"代表作为附属公司的代理人公司。

"美国金融服务协会"代表在资本市场融资的金融媒介(比如金融公司)。

许多其他全国同业公会也在金融问题上很活跃。而且,上面讨论的一些协会(包括美国银行家协会,信用社全国协会,美国独立保险代理协会)都有州一级的强有力的分会网络,分会网络也在国家协会中施加强力影响。

除了向政府政策制定者争取他们的成员利益,这些同业公会还经常告知会员们关于立法、行政、司法和技术发展等方面的信息。他们也提供服务和技术支持,特别是对他们的小成员。

---

① The Financial Service Roundtable, 别译:美国金融服务业圆桌会议组织。——译者

　　监管部门自身也在华盛顿有强大的政治存在。财政部、联邦银行监管机构、证券交易委员会都常设"国会联络办公室"，紧密跟踪立法政治。各机构首脑都花大把时间培育与国会成员的良好关系。白宫以及比如司法部等其他机构也把它们自己卷入特别关心的一些问题。州监管部门通过"州银行监督会议"、"美国州储蓄监督理事会"、"全国州信用社监督协会"、"北美证券管理协会"和"全国保险专员协会"施加影响。这些州监管部门可以从"全国州长协会"和"全国首席检察官协会"召集支援力量。

　　因为同业公会要为成员而竞争（包括它们最坦率和最不妥协成员的忠诚），而且因为政府监管机构要操纵管辖权的优势，所以，向金融服务问题施加压力的所有政治势力都可能阻碍立法行为。宪法里的相互制衡，旨在防止大多数人的暴政，也能妨碍立法，正如宪法制定者们想要他们做的那样。参议院可以与众议院不一致。总统可以阻挠两院的大多数。但是强大的立法程序阻力的存在，却相当程度地脱离了宪法。众议院的那些委员会热心捍卫它们的管辖权，而且众多委员会都可以要求对单一立法提案的管辖权。参议院规则一般许可无限制的辩论和无关痛痒的修改，给予即使单一议员延迟不受欢迎立法的工具。对国会行为失去耐心的观察员可能发现他们自己正想着更聪明、更流畅的程序，这种程序在许多州立法和议会民主中是盛行的。

　　在国会内，至少在过去的一个世纪里，比起许多其他立法问题来，金融服务问题已经倾向于少一些党派偏见。在金融服务问题上支持谁，国会议员们经常不怎么关注党的路线，更多地考虑竞争利益集团的背后力量、有关委员会领袖采取的立场、成员所在委员会的管辖权利益，当然还有成员个人良好政治和公共政策的判断。相对弱化党的路线创造了两党合作的机会，但也提高了立法政治的复杂性。

　　这些各种考量，强调了颁布一项主要金融服务立法的困难。竞斗利益集团经常有足够能量阻挡对手的立法，但在面对来自其他集团反对时却不足以得到想要的立法结果。一场危机可能帮助打破立法僵局，比如发生在1980 年的利率放松监管，1989 年互助储蓄监管改革，以及 1991 年的安全与稳健改革。由于老的法律障碍受到如此侵蚀,人们失去了为之斗争的兴趣,市场、行政和司法的进展也有助于立法。这种侵蚀为1994年州际银行立法和1999年允许银行和其他金融公司设立附属子公司的立法开启了道路。《格拉斯－斯蒂格尔法》,曾被比作高不可攀的石墙,变成了更像是一道纱门。捍卫城堡是一回事,但是有谁曾为一道纱门去战斗?

提问和评论

1. 尽管去比较一种行业或其他产业的政治活动程度很难,但是银行明显像任何美国产业一样政治活跃。为什么会这样?

2. 请展开一项主题争论,即在银行政治中利益集团的广泛影响可有助于社会想要的银行立法。这个观点有何长处和弱点?

3. 你期望国会更乐意僵持于金融服务立法还是其他立法?

问　题

1. 彼得胡椒加工厂腌制胡椒,彼得沿街叫卖每磅1美元。人们每年买2,000,000磅时,彼得每磅赚15便士。当人们每年买3,000,000磅时,彼得每磅赚20便士。本章什么概念最妥切描述了当人们购买更多磅时彼得赢得丰厚利润的能力?

2. 亚特兰提斯海滩是一个离岸沙洲岛,位于罗阿诺克海岸之外。它的最高点在平均高潮点以上不足20英尺(6米)。飓风在过去的一个世纪里已经袭击罗阿诺克海岸7次,光顾这个离岸沙洲岛最近的一次是1980年。直到今年,岛上很少有房子,大部分是小度假屋。但在最近的10年里,几十座昂贵的豪宅沿着岸线拔地而起。托尼亚是海岸地质学家,发现这一建筑非常诧异,"下一次飓风将粉碎这些豪宅。"她告诉一位房主。"哦,得了!"这位房主答道,"如果有风暴,山姆大叔会帮我们重建的。风暴损毁越严重,他会越友善。"本章什么概念最妥切说明了房主的自鸣得意?

3. 奥陶维斯亚共和国拥有极其健康的银行,最少银行监管,没有存款保险,且有安全、保守经营的传统。"我们通过最小化道德风险和最大化市场约束来培育稳健银行，"财政部长告诉你。"我们使银行充分披露它们的财务状况。我们防范不择手段的律师。我们的中央银行提供紧急流动性。但是，没有任何人期望救助，银行不，储户不，股东不，任何其他人都不期望救助。因此，我们不需要银行稳健监管。市场约束更好：更有效果，更有效率，也更可靠。"你要去说服这位财政部长相信，即使最虔诚的自由市场人士都应当支持银行稳健监管。那么，你要向他讲哪些要点？

4. 在坎布里亚共和国，你可以把钱存进一家银行或一家"货币商店。"政府对银行存款保险。它也禁止银行对存款支付高于6%的年利率。它既不对货币商店保险，也不限制货币商店支付的利率。近年来，通货膨胀从每年4%升到8%。货币商店现在支付12%利率。但是银行尽管保持稳健，却仍只能支付6%。许多储户的反应是，把存款从银行搬到货币商店。本章什么概念最妥切描述了这种货币流出银行体系的行动？ 70

5. 在志留维斯亚共和国，财政部有一个没名气的调节署。调节署随时准备发放短期贷款，但要有良好担保品担保，面向有紧急现金需求的健康银行。本章什么概念最妥切描述了这个调节署的职能？

6. 很久以前，伤寒蒂娜的工作是家庭厨师。她做饭很好吃，表现出良好心情，但传播伤寒。在她年轻时，蒂娜就传染了伤寒，已做了充分的康复。那些雇佣她的家庭很不幸，伤寒病菌仍盘踞在蒂娜的肠胃里繁殖。当一个家庭染病时，蒂娜会退雇，并在另一家找到工作。公共卫生官员最终追溯到蒂娜，并命令她实施适当的卫生措施，并决不能再当厨师。但是，蒂娜继续我行我素，跟以前行为一样。"其他人得病，我爱莫能助，"她宣称。"我不愿意学习新行当，也不愿意把手用肥皂洗得发红变糙。我要做我做得来的工作。"本章什么概念最妥切描述了蒂娜行为的结果？

7. 诺里娅管理德文尼恩公司的客户服务中心，中心处理德文尼恩公司产品用户的电话咨询。该中心营业时间每天24小时、每周7天，雇佣半日工30名、全职工60名。值班人数在20—30人之间，取决于预期的来电数量。"你怎么知道这个世界在特定的一小时或特定的一天里有多少电话要打来？"你问诺里娅。"毕竟，是否和何时打电话取决于每个个人客户。"她回答说,以往经验"提供了一个很好的指南,只要我们没有断电,没有什么可怕消息,或者其他事件,不会引起呼叫波动。"本章什么概念有最妥切解释,为什么过往经验通常可以对德文尼恩收到呼叫的数量提供一个很好的指南?

8. 是年,2007 年。凯蒂亚拥有了一家公司,专门发放次级抵押贷款,银行投资购买并证券化这类贷款。今天,凯蒂亚回到家里,闷闷不乐。"生意怎样?"丈夫问她。"眼下仍然火爆,"她回答。"但是,我发放的贷款将永远收不回来。我发放这些贷款仅仅因为其他人将从我这儿买走它们。我自己绝不想持有这个烫手山芋。"本章什么概念最妥切描述了凯蒂亚乐意发放自己绝不想持有的贷款?

第二章 起 步

本书多数时候，我们都把银行当做我们认定它们的样子：执照、股东和管理团队一切就绪，各就其位。但所有的银行是过去某一时间创立的，许多银行此后经历了法定形式、所有者或管理上的根本变化。本章首先考察银行准入的方式：获得一个银行执照或取得一个现有银行。然后考察双重银行制度的好处，以及这个体系中联邦执照与州执照之间的竞争。还简要考察银行并购和变更执照的基本交易。最后，留意美国银行运营的宽广法律背景：联邦与州的众多而交织的层层法律，以及确定何时联邦法先占于州法的种种法律规则。

第一节 银行准入

一、成立一家银行

如果你要成立一个一般商业性的公司，那么你会很快、很便宜、很容易地做到。你选一个公司名字，支付一笔费用，然后向州务卿（the secretary of state）①提交一张简表。州务卿可能会拒绝这个表格，仅仅基于诸如没有提供要求的信息或选了一个其他公司已经使用的名字。你的公司几乎立马诞生，而且你就会有开展任何实体合法业务的法律根据。只要再做点纸头活

---

① 州务卿（secretary of state），在大多数州，州务卿也负责履行《美国统一商法典》（此法典规定全美国商务合同和惯例的统一适用）。与此同时，州务卿还负责本州商标注册和特许执照办理业务（通常包括合伙制企业和股份公司）。此处与美国国务卿（United States Secretary of State）不同。请参见 Wikipedia"Secretary of States"词条（http://en.wikipedia.org/wiki/Secretary_of_State#United_States）。——译者

儿,公司就可以在美国任何地方开张。

银行执照的办理类似于组建一个商业公司。一个银行执照,像一个商业公司的"公司章程"或"公司注册证",设立公司为一个分离于它的所有人的法人;授权公司开展业务;详述公司发行什么股份或其他所有者权利;限制所有者负债为公司债务;可制订公司内部治理的规条。但一个银行执照并不授权你开展所有业务或甚至大部分合法的业务:银行只能从事详细列明的业务种类。另一方面,你可以接受存款,这是限制其它商业公司开展的业务。

银行执照的办理与其相对的商业公司也有重要的程序差异:

1. 你从一个专门的银行监管部门而不是州务卿那里获得一个执照。

2. 这个监管部门对你的申请征求公众意见,按严格的客观标准(例如,审查拟设银行的组织者、所有者、资本和业务计划)对你的申请进行评估,并行使自由裁量权决定是否同意或否决你的申请。

3. 你必须在执照申办州有银行营业办公室。

4. 你有获得一个联邦执照的选择权。

这一过程反映了第一章讨论的银行的一些特点。银行是脆弱的(高杠杆,负债比其资产流动性大),而银行倒闭可能有很高的外部成本。因此,监管部门评价一家银行的成功前景,包括银行拟任经理们的胜任能力。银行作为支付系统的守门人提供服务;因此,密切注意一家银行所有者和经理们的忠诚度,以及银行尊重法律的可能性。

设立一家国民银行的过程有六个步骤。[①]

首先,确定执照类型,成立至少五个人的一个发起人小组。这个小组准备和提交申请执照的文件,他们通常也是该银行的首届董事会。货币监理署非常看重组织者的能力和其他资质。"每个发起人必须有负责任的历史、个性忠诚、正直诚实。"组织者集体必须有"经验、称职、意愿和能力",以

---

① 一般参见《美国联邦法规》第12卷,§5.20;参见货币监理署《货币监理官许可手册:特许执照(2009)》。

安全稳健地指导银行事务。小组应当"包括多种业务、财务收益和（显示）融入社区。"①OCC 期望作为未来的董事们的发起人，进行"单独或集体认购股票，以反映出对银行成功的财务承诺……反映出他们理智地配置了个人和集体的财务能力。"②除非银行有母公司"在财务上能够支持新银行的运营，并在需要时拨付或设定资本"，OCC 宁愿首届董事们在需要时能提供资本或者有获得资本的若干现实计划。③

第二，在你们形成了拟办银行的计划，熟悉了 OCC 的执照申办政策和准备了申请的材料后，你们有一个与 OCC 区域办公室人员的基本情况介绍会。你们要向他们解释你的计划，他们也提供非正式指导和明确可能关心的一些要点，包括要澄清和再考虑的若干要点。监管部门喜欢被咨询，基本情况介绍会提供了向他们咨询的一个重要机会。你们可能接收到该机构是否可能批准申请的一个先期暗示。无论如何，你们需要在会议之前彻底理解自己的申请案（其实，是在与他们约见单独讨论之前）。他们正在评价你们以及你们的申请案。如果你们对申请案理解不明，那么，你们就酿成了申请的被否决。

第三，你们提交申请，使用由 OCC、联邦存款保险公司和州监管当局受理的表格："跨监管部门执照和联邦存款保险申请"。你们的申请文件中最重要部分是你们的业务计划。业务计划必须明确拟设银行的资本来源，制订业务战略，分析盈利前景，包括预计资产负债表和损益表，显示银行如何能够安全稳健地契合社区对银行的需求。④ 除了评估业务计划之外，OCC 也考量拟设银行拥有的"发起人……熟悉国民银行诸多法律"；将来会有"称职的管理，包括一个董事会，具有能力和经验开展有关种类的业务"，这些业务是银行计划开展的；将有资本"足以支持计划的业务量和业务种

73

---

① 参见《美国联邦法规》第 12 卷，§ 5.20(g)(1)。
② 同上，§ 5.20(g)(3)(i)。
③ 同上，§ 5.20(g)(3)(ii)。
④ 同上，§ 5.20(h)(2)。

类";可能发展为持续盈利;将带来安全稳健的运营。① OCC 还考量,银行将如何依据社区再投资法案的要求履行其义务,"满足整个社区包括中低收入居民的信贷需求。"②

第四,如果一切进行顺利,你们就扫清了收到 OCC 附条件初步同意的主要路障。

第五,你们继续跟进前述的附条件初步同意,再提交组织机构证书和公司章程细则,选出首届董事会,完善 OCC 提出的任何其他申报条件。

第六,你们收到 OCC 的最终同意。沉醉啊! 你们通过了! OCC 颁发银行执照证书,授权开办银行业务。

提问和评论

1. 每个国民银行的名字必须有"国民"("national")字样。OCC 最初希望国民银行有分类属性,包含在它们的名字里,像"阿米蒂维尔国民银行"。这个规定反映了印制国民银行钞票具有全国可接受面值的统一货币的目标。但货币监理署最终淡化了对名字的要求,并允许申请使用更独特的名字。

2. 你认为监管当局如何能更好地预测一家银行的生存活力?

3. 哪些因素会促使监管当局必须授予一个执照申请? 或必须否决一个执照申请?

4. 哪些危害是由于封堵银行稳健盈利运营的信息引起的? 哪些危害是由于过于宽容的执照政策引起的?

5. 在没有存款保险或其他政府支持银行的地区,又是什么因素让政府以正当理由否决一个银行执照申请?

6. 持有州执照的银行,在申请联邦存款保险公司保险时,也要接受联邦的详细审查。一些州要求它们的银行获得这样的保险,无论如何,这是一

---

① 参见《美国联邦法规》第 12 卷,§5.20(f)(2)。

② 参见《美国法典》第 12 卷,§2903(a)。

项实际业务所必需的。在同意加入保险上，联邦存款保险公司使用的标准
与货币监理署授予执照的标准类似。①

二、执照决定的司法审查

74

什么标准支配着执照决定的司法审查？法院在什么程度上尊重执照管
理机关？这些问题属于行政法的范围。

行政行为可以采用各种形式。通过"通告、评论所制定的规章"，一个
监管机关可以指定一些规章有法律效力。该机关在《联邦公报》（简称 FR）
发布一个拟议制定规章的通告，提出拟议规章的内容和依据，邀请公众评
论。在考虑了各种评论意见后，该机关在"联邦公报"发布一个最终的规
章，编入《美国联邦法规》（简称 CFR）。一个有效法规约束其适用范围的每
一个人。决定一个事案，一个机关发出一个命令，在有些情况下（比如，终
止一家银行雇佣员工，或者终止一家银行的存款保险），这个机关必须首先
举行一个正式的听证会，该机关通常将这项任务委托给一个行政法官办理。
这个命令仅约束该个案的当事人。所有形式的行政行为涉及一个程序和一
项行政备案，依程序该机关做出其决定，所作备案必须基于其决定。

一旦该机关作出了行政行为（或没有及时作出行为），未能如愿的当事
人可以向联邦法院提出复议。联邦法院必须"强行制止监管机构非法扣留
行为或无理延迟行为"，并撤销实体或程序上的不法行为。如果该机关避
免了这样的错误，即没有"武断、反复无常、滥用裁判力或其他不按法律的
情况，"那么联邦法院一般必须支持这一行政行为。但是，如果法规要求该
机关须举行一个正式的听证会，那么标准反而是该行政行为是否是"实质
证据所支持"：也就是正常心智的人可以认定的合适相关证据。那个"武断
和反复无常"与"实质证据"标准对监管机关的推定专长给予了相当的尊
重。他们可能责成一个法院去支持该机关行为，尽管该法院自行裁决该案
的话，可能会有一个不同的结果。国会有时授权法院进行重新审理，在这种

---

① 参见《美国法典》第 12 卷，§ 1816。

情况下,法院自行听取证据,做出自己的判决,很像它在无陪审团民事案件里的做法。①

下面的案例,探讨对货币监理署授予或否决一家国民银行执照申请决定的司法审查程序。

坎普诉皮茨案②

引用法官判词:

本案例介绍一个狭窄但却实质的问题,就是当一个复审法院裁定一个监管机关所说的非正式行政行为没有为司法审查提供充足根据时,应尊重的正当程序。

货币监理署否决了答辩人的执照申请,指出两家银行、两家储贷协会和一家信用社已经服务于这个地区,并称"至于需求因素,我们不能达成一个有利于申请人的结论。"该机关的解释既没有意义也与"需求因素"无法律相关性。上诉法院推翻了货币监理署的否决,认为货币监理署没有足够清楚地解释其决定允许司法审查,并将此案发回联邦地方法院重新审理。

我们与货币监理署意见一致,上诉法院对于本案诉求提出的审判程序在现行法律下是得不到法律保证的。

毫无疑问,按照《美国行政程序法》,货币监理署的行为是受司法审查的。③ 但是,同样很清楚,《国民银行法》和《美国行政程序法》都没有要求货币监理署,当新的银行开办人递交申请时,举行一次听证或对听证记录作出正式调查。……相应地,货币监理署正当性的司法审查的正当标准并不是对"实质证据"的测试,这种测试在审查对听证记录所做的认定时是恰当的。④ 按《美国法典》第5卷第706(2)(F)款的规定,复审法院也不举行重新听证,此后也不裁决该监管机关行为是否"不为事实所支持"。只有审判

___

① 一般参见《美国法典》第5卷,§706。
② 《美国案例汇编》第411卷,第138页(1973)。
③ 见《美国法典》第5卷,§701。
④ 同上,§701(2)。

过程存在不充分的事实调查程序,或司法程序产生了强迫服从某一行政行为的情况时,重新审查认定才是恰当的。这里没有哪种情形是适用的。

因此,审查的正当标准是,如《美国法典》第5卷第706(2)(A)款规定,货币监理署的裁定是否"武断、反复无常、滥用自由裁量权或其他不按法律的情况"。应用这个规则,司法审查的焦点应是行政行为的记录已经存在,而不是复审法庭开始做一些新记录。

如果……存在不能自圆其说的行政行为解释,以至于使有效司法审查受挫,弥补办法不是举行新听证,而是由该机关通过宣誓书或证言的方式提供该机关裁决理由的补充解释,监管机关对决定理由的补充解释可能证明是必要的。不管怎样,我们要增加防止误解的说明。本案例中,存在该机关行政行为的及时解释,这个解释可能简短粗暴,但它肯定指出了采取最终行为的确切理由:认定结果是,根据银行需求和银行服务附近社区已有的情况,设立一个新银行是不经济的冒险。因此,货币监理署行为的有效性,根据审查的正当标准判断,必然立足于或落脚于其认定的正当与否。如果那个认定在所做行政记录上是不能认可的,那么这个货币监理员的决定必须取消,并要求该监理员对这件事进一步考虑。正是在这种情况下,上诉法院应确定是否以及在何种程度上,根据行政记录,对该监管机关决定的适当评估而言,进一步解释是必要的……

提问和评论

1. 坎普诉皮茨案例,反映了办理银行执照的一条老政策,只有相关地区没有充分满足银行服务需求时——这项政策旨在阻止可能损害银行财务稳健的"过度竞争"问题。货币监理署在1980年代初期放弃了这项政策。"市场通常是最好的经济活动调节者。"现在,货币监理署办理执照规则称:"市场内部的竞争促进效率和为客户提供更好的服务。"相应地,货币监理署有了一项政策,对于具有一个"合理成功机会"和将有安全稳健运营的那些拟设国民银行,才可予以批准。货币监理署不寻求"确保设立一家国民银行的提议对创立者没有风险,或保护现有机构免于来自一家新的国民银行的健康竞争。"①

2. 最高法院给予货币监理署在必要时"通过宣誓书或证言"解释其行为的选择权。一个政府机构能不能使用这一选择权武断行为,并为其行为要手段,搞既成事实的合理化?

3. 国会可以要求货币监理署去进行新银行执照申请的事实认定吗?没有这样的认定,一个法院如何确定这家政府机构是否滥用了它的自由裁量权?该法院用什么办法弥补、可以同意申请?

三、控制变更

设若你想通过收购美洲虎银行的全部股份进入银行业,而该银行是一家已经存在的联邦保险公司保险的银行。一种方式是你可以自己收购这家银行的股份(银行的账簿里写着你的名字,或者你的代表人作为持股人)。另一种方式是,你可以通过一家叫做捷豹有限公司的来收购这家银行的股份,而捷豹有限公司是你完全拥有。尔后,你通过捷豹有限公司就间接地拥有了这家银行。你选择的持有结构方式,将有助于确定什么法律规制这家银行的收购,以及哪家监管部门监管这个银行。

如果要通过捷豹有限公司收购这家银行的股份,那么,根据银行控股公司法案,捷豹有限公司必须得到联邦储备委员会的预先核准。我们将在第八章里考察这个法案(连同考察关于储贷协会的相应法案,即《储贷控股公司法》)。

不过,让我们来说说你作为个人去收购美洲虎银行的全部股份吧。你将需要尊重《银行控制变更法》②——像任何个人收购一家经联邦保险公司保险的机构所必须遵循的那样。③ 该法案定义"控制"为"直接或间接指导该银行的管理或政策的权力",或达到银行有投票权股份的任何层级的

---

① 《美国联邦法规》第 12 卷,§ 5. 20(f)(1)。
② 《美国法典》第 12 卷,§ 1817(j)。
③ 同上,§ 1817(j)(1)。

25％或以上。①

　　你必须给该银行的主要监管机构提交拟议收购的书面通知和一套详细的信息。② 你要陈述你的"个人历史、商业背景和经验，"包括你"在过去五年期间的各种实体商务活动和关联关系"，以及任何过去或现在的各种法律纠纷。你要提交过去五年的财务报告。你也要披露收购条件，你的资金来源，以及你的各种计划，这些计划包括你可能必须清算或合并该银行、出售其资产，或"对其业务或公司结构或管理作出任何其他主要变更。"③

　　这家监管机构一定调查你的"能力、经验、诚实"和财务实力，并征求对拟议收购的公众意见。④ 如果这家银行拥有州执照，这家监管机构也要通知适当的州监管机构。这家监管机构可能不批准这个收购，如果其中：（1）这个收购将是反竞争的；（2）你的财务状况"可能损害这家银行的财务稳健"，或者损害储户利益；（3）你或你的管理团队的"能力、经验和诚实"使得这桩收购将不会促进公共利益或储户利益；或者（4）这桩收购将对存款保险基金有危害性影响。⑤

　　如果你通过遗产或者其他赠与收购一家银行的控制股权，你要在这种并购后提交你的通知。⑥

　　迄今为止，我们已经假定你单独收购了美洲虎银行。然而，如果你和九个朋友每人收购这家银行的 10％ 的股份会怎样？这个法案覆盖了任何一个收购人控制"直接行动，或间接地通过一人或多人、或多人协调一致行动"的情况。监管当局定义，"协调一致行动"包括，无论是否根据明示协议，但都知道朝着共同的收购控制目标，参加一项联合活动或同时动作。⑦ 因为你和你的朋友们协调一致地收购这家银行，你们都必须提交一份通知，

---

① 参见《美国法典》第 12 卷，§ 1817（j）（8）（B）。
② 同上，§ 1817（j）（1）。
③ 同上，§ 1817（j）（6）。
④ 同上，§ 1817（j）（2）。
⑤ 同上，§ 1817（j）（4）—（5）。
⑥ 参见《美国联邦法规》第 12 卷，§ 5.50（c）（3）。
⑦ 同上，§ 5.50（d）（2）。

并提供关于每一个收购人的必要信息。① 可是,在提交通知之前,你和你的朋友们应当弄清你们是否已经有意或无意地形成了合伙人关系——"两个或以上的多个人作为共同拥有人为营利去经营一种生意的一种缔合"(参见边码第 413 页)。如果是那样的话,根据《银行控股公司法》,这桩收购也需要美联储的批准。②

提问和评论

1. 按照《银行控股公司法》,如果一个人"拥有、控制或者持有公司投票权股份的任何层级的 25% 或以上的投票权力"或者"行使了对公司管理或政策的控制性影响",她就控制了这家银行或公司。③ 请参见第 414 页。《银行控制变更法》将"控制"简要定义为,包括对任何层级的 25% 或以上投票权股份拥有投票权。但是,它没有简单地提出拥有或控制了股票而没有权力对这些股票投票。而且,它使用了不同的言词表达来描述对公司"管理或政策"的必要影响。有权指导管理或政策,实质上不同于对它们"行使控制性影响"吗?《银行控制变更法》形成了《联邦存款保险法》的一部分。而《联邦存款保险法》的另一条文④,又为《银行控股公司法》的控制定义参照吸纳,这有重要关系吗?

2. 纳瓦拉大婶是一个富有的投资者,7 年前拯救了格拉纳达银行。她得到了这家银行 80% 的股份,并拥有以每股 10 美元的价格再购买另外一百万股份的期权。她后来将她的股份(以巨额盈利)卖出,但保留了期权。最近纳瓦拉大婶去世了,把期权留给了她侄女华伦西亚。现在这家银行有 300 万股份未行支付,均为单一等级。今天如果华伦西亚完全行使其期权——支付 1,000 万美元就换回 100 万格拉纳达银行的股份——她将持有这家银行的 25% 的股份。她的期权自现在起三年到期。华伦西亚是一个

---

① 参见《美国法典》第 12 卷,§1817(j)(1)。

② 同上,§1841(b),§1841(a)(1)。

③ 同上,§1841(a)(2)。

④ 同上,§1813(w)(5)。

伊朗诗人,没什么钱,而且对商界没有兴趣;她要继续她的学者生涯。她的一个好朋友利昂是一个非常受尊敬的投资银行家。他鼓励她行使期权。"格拉纳达银行的股份应当是每股 20 美元也合算的一项交易,10 美元一股的价格相当低,"他宣称。"因此,不要让期权等到浪费掉。如果你愿意,我将支付这全部 1,000 万美元,然后我们对半分劈这 100 万股份。本月我可以准备好 400 万美元,其余部分我在来年某个时间备好。如果我们现在买下 40 万股份,我们每人将拥有这家银行 6% 的股票。那是一个起始。"华伦西亚同意了这个提议。应华伦西亚的要求,这家银行让利昂仔细检查了银行账簿。他与银行首席运营官塞巴斯蒂安详尽讨论了这家银行。"多么平庸的一个人啊!"利昂告诉华伦西亚。此后不久,塞巴斯蒂安与华伦西亚在他的马球俱乐部共进午餐。他表达了对伊朗诗人的敬仰,邀请她参加银行董事会,并征求她对银行关于未来方向的建议。听说她对东方地毯有兴趣,他请他做银行的付薪顾问,为银行各行政部门创新服务。"我倾向于占这个董事会的位子,但银行家会认为我不行,"华伦西亚告诉利昂。"占董事会的位子将有助于我们监督塞巴斯蒂安和银行,直到我们行使我的其余期权。然而我要花更多时间研读贾拉勒·丁·鲁米的四行诗,因此,你可以为我们对董事会留神,在马球俱乐部享用松脆圆饼。不要扯什么地毯顾问咨询,你请吧!"按照银行控制变更法案,华伦西亚必须提交通知吗? 如果那样的话,什么时间提交?

3. 在检查众多潜在收购人方面,各监管当局有时面对着不同寻常的种种挑战。一位律师恼恨联邦储备委员会,因为他们还没有批准他的当事人通过一家银行控股公司收购一家银行的申请,就对美联储负责这个案子的工作人员接连打了两通电话。他告诉一个属于工作人员的法务专员萨拉·凯尔西,他知道她的孩子们在哪个幼儿园上学——其实,他就在那个幼儿园的外边打着电话。他又对财务分析师说,"我听说华盛顿正在下雪。你应该小心啊。你可能摔倒,伤着你自己。"联邦储备委员会没有批准这桩收购。

第二节　双重银行制度

　　不像其他类型的公司,银行家们总是有在州和联邦执照之间的一个选择。他们在组建银行时就要作出他们的初始选择。如果之后不满意,他们可以便利地把银行转成不同的执照。国民银行、州立银行,以及联邦与州的互助储蓄机构大致上都有相同的权力,因此选择执照很大程度上是选择监管部门。这种不同执照和不同监管部门的选择通常被称作"双重银行制度"。

　　我们在第一章看到,双重银行制度很大程度上是偶然兴起的:国民银行法案的制定者们期望所有的银行都将变成国民银行。可是,一旦建立起来,这种双重制度获得了强势和忠诚的跟从,州立银行和它们的监管部门数量并不最少。长期以来,州立银行监管部门联席会议将州立银行执照的签发描绘为对当地需求和先占性保持银行监管责任的一种重要途径。

　　但是实际上,双重银行制度是好的公共政策吗? 下面的文章分析了为这种双重制度提供的理据,质疑联邦存款保险、强烈竞争和州际银行已经侵蚀了这些理据。

79
米勒:双重银行制度的未来①

　　……长久以来,双重银行制度已经是美国政治传统的神圣之物。政治家们可能抱怨重叠交叉的监管体系的方方面面,并可能试图调整州和联邦政府在细小方面的权力平衡,但是质疑双重银行制度的基础前提已经从传统上突破了允许的政治讨论的边界。然而,时下双重银行制度正在经历着强大的、迄今受到忽视的压力。美国金融制度处在快速演变甚或是革命的状态之中。银行业正在发生的根本变化对于双重银行制度的未来具有深远

---

　　① 《布鲁克法律评论》第 53 卷,第 1,1—2,12—22 页(1987)。

的影响。

本文我要质疑的是,双重银行制度主要是以州事务的存在为前提的,而这些事务由于金融市场的变化正受到侵蚀。双重银行制度在银行竞争限制和地域限制的时代有效地发挥了功能作用;但是,增强竞争和州际银行的采用已经剧烈地改变了根本规则。由于金融服务市场经历着如此快速的变化,双重银行制度能够以现今形式幸存下来令人怀疑。最终我们可能会看到,银行业朝着其他行业所熟悉的模式发展:由各州而不是联邦政府颁发执照;企业迁移率高的重要因素是选择哪里办执照;联邦政府的监管达到必须保护联邦利益的程度。

也许,双重银行制度最值得注意的特征——经常模糊在那些发生在这个体系内部的次要争议的辩论之中——是这个体系自身的高度不规则的特征。实际上,所有私人企业,除了存款机构,都在州层级申办执照。联邦执照通常是为那些部分或全部为政府利益服务的企业预备的。可是,在银行业我们看到了一个非常不同的模式,申办联邦执照的那些金融机构既是私人拥有、又为其所有者专心于追求营利。那些银行合情合理、显然奇特地偏离我们正常的州执照制度是怎么回事呢?

长久以来,人们辩称银行是"特殊的",因此,它们服从独一无二的监管要求,受到保护,例如联邦存款保护计划。银行的"特殊性"表明这样的可能性,就是双重银行制度可以合理调整是由于那些银行特征的需要,而那些银行特征通常并不存在于更典型的商业企业。然而,本文并不抵制分析。首先,银行是特殊的,由于在它们的资产负债表有着很高的即期负债水平,这致使它们独一无二地不稳定运行;第二,由于它们在国家货币供应中的派生和调节的关键作用。不过,银行的这些特征与双重银行制度并不具有多少关联。国民银行和州立银行同样易于挤兑;还有……联邦储备委员会有足够权威去控制货币供应,不管国民银行是否由州还是联邦政府颁发执照。因此,对于银行"特殊性"提供了双重银行制度的合理性这个论点没有什么价值。……

颁发国民银行执照的一个现代理据……是不同监管机构之间的竞争引　80

起了监管体系整体上沿着一些政策方向变动,这些政策允许更宽广的经营权利和对追逐利润施加更少限制。对于自由市场的信徒来说,这意味着朝向经济效率的一个合意的趋向。因此,现今双重银行制度可以被正当地作为一种手段,确保存款机构不被监管部门困住,遭受不必要、负担过重和无效率的监管。

本论点曾经是很强大的一个观点,也继续相当地有效。但是重要的是要注意到,这个观点毫不怀疑的前提是银行经营地域限制的存在。为什么……银行不同于其他行当? 因为银行一直是(在本文行文时,应该是过去)被困住的——被迫去取得执照——在那个州内它们有自己的储蓄业务。如果它们不喜欢由它们州籍的银行监管部门施加的那些政策,他们也不能在其他一些州重新办理。在这方面,银行的确有别于其他行当的企业,因为其他企业的话,如果它们不喜欢执照颁发州实行的政策,那么很简单,它们就到其他州以最小成本再行开办而已。这就是为什么通常特拉华州在公司执照市场上具有优势的原因——那个特拉华州提供了混合监管,这种混合监管一方面对大多数营利性公司是最合意的,另一方面对那些决定到那里开办公司的经理们又是监管最少的。如果银行业也像其他行业,银行就不需要双重银行制度,以逃避把它们自己捆绑在执照监管机构上;很简单,它们会合并到那些不提供那么繁琐监管的其它州。

但是,标志着银行业界竞争特征的州际银行经营环境,在它们办理执照的州内是一个银行很少捆束的环境。在没有执照颁发机构监视的那些州里,银行可以开展它们的许多业务。……即使一家银行被要求执照保留在其主要业务所在的州,它仍然可以在更有利的监管环境的周围地区开展它的很多业务。随着州际银行经营变得多不胜数的现实,未来这个趋势只会加速(这种情形随着 1994 年颁布《里格尔-尼尔州际银行和分行效率法》开始出现)。……

在州际分行化经营的情境下,银行将与其他行业的企业一样运作。如果它们不喜欢由颁发执照州所实施的监管,很简单它们会在另一个州另办执照,不用改变它们业务的实质性质。彻底的州际分行化经营仍然是……

在未来。但是,我们今天看到的银行地域扩张的趋向,的确似乎是处在一个逻辑上的停止点。

因此,市场的种种变化正在侵蚀双重银行制度的正当理由。随着银行走向州际发展,联邦颁发执照将不再作为逃避繁琐监管手段而发挥关键作用,这样,双重银行制度的一个主要方面——联邦颁发执照权威的存在——在银行业激烈竞争的时代停在日益摇晃的境地。

双重银行制度的第二个方面,出现在日益增加的压力下,这种压力是前面概述的各种发展的一种结果:安全稳健监管的州立制度。很多年以来,以保护那些金融机构的财务诚实的利益为名,州立银行业各监管部门对州执照金融机构的各种业务活动实施了全方位监督监管。这不仅是一种监管制度,而且也是由州立银行监管联席会议带头打头阵的一种强大的政治利益。州立银行监管联席会议是一个商业集团和游说组织,它们对国会山和在州立法机构中施加相当大的影响。

在考察州安全稳健监管方面,评估相关州和联邦利益如何由于市场的演进而变化是有用的。……各州监管州执照存款机构的正当理由是保护那些处在本州的储户的利益。在(更早的年代),这种利益可能一直是值得尊敬的。几乎所有在州执照存款机构的储户来自于颁发执照的州,该州没有可能干涉保护储户使命的很多竞争性利益。此外,有些州至少保持了实行存款保险功能的借口,虽然事实上许多州仅仅是监督私人存款保险公司的活动,而不是将州的信用支持这些非联邦存款保险基金。

各州对州执照银行强加安全稳健监管的正当理由在一个激烈竞争的银行业环境里是相当不令人信服的。首先,各州可以不再声称在存款保险中发挥任何作用。……第二,存款市场正日益变成一个州际市场。……州保护州内储户的兴趣相应减低。第三,达到联邦存款保险每行每储户100,000美元的上限的人数的增加,已经意味着大多数个人储户受到联邦存款保险的保护,也意味着没有必要另外增加一层州安全稳健保护。具有无保险余额的储户最可能是那些来自其它州或外国——对这些存款者来说,这个州不能说有很强的关心的兴趣。

同时,近年来的一些事件已经产生了反补贴利益的一套东西,这套东西与安全稳健监管毫不搭界。州立法机构回应各种压力,这些压力不是来自诸银行而是州内利益集团——消费者、房屋所有者、非银行机构等等。这些利益集团施加的各种压力可能导致州监管并不最有利于银行的安全和稳健。……并且,既然州际银行经营已经大行其道,各州正兴趣盎然地吸引银行进入其境内,以便创造州内工作岗位,或者增加它们的税收基数。……因此,州当局面临着反补贴的各种压力,这可能在有些情况下提出了对州安全稳健监管的怀疑。

经济学家使用"道德风险"一词来指称一种情况,就是明知道一个第三方会承担一些伤害的成本而导致的一种风险,即施加者可能没有采取适当的预防措施以预防危害的发生。人们常说,存款保险制度对部分存款机构制造道德风险,那就是激励它们过度冒险,虽然明明知道不成功的冒险的成本将由存款保险基金所承担,而由冒险带来的种种好处却由银行获得。这样,存款保险的存在催生了一种趋势,那就是人们要求防范极端行为。然而,人们通常并没有认识到,州监管部门也受制于来自存款保险的道德风险。各州可能有一种激励,允许甚至鼓励那些州执照银行的冒险活动,因为那些活动带来的种种好处在很多情况下使各州习惯于此。(州际)银行经营活动已经显著地增加了这种道德风险,因为竞争性银行经营的不稳定效应产生了两种机会,一是州与州之间通过提供监管解除措施以竞争银行经营业务;另一种是相应的种种危险,那就是如果一个州不提供监管解除措施,它将流失银行经营业务,流失到其他提供监管解除措施的其他一些州。

最后一方面,在一个州际银行经营环境中,消减功效的州监督管理破坏了捍卫州执照存款机构安全稳健的州利益。部分属于一家州际控股公司的州执照银行不可避免地走向主要依靠整个体系结构的健康。尽管单独执照颁发的需要提供了衡量州监管当局权威的持续动力,但事实是,州立银行监管当局监视属于州际银行网络一部分的各种银行活动将日益困难。(正如州际银行经营发展的那样)州安全稳健监管的功效还将进一步减少。

现在转向联邦利益,我们看到一种完全不同的症结……,激烈竞争的银行业的一个基本特征是日益增加的银行倒闭的风险,反过来又把压力放在联邦存款保险基金上。因此,联邦政府就有非同一般的极大兴趣确保银行的安全稳健。……那种兴趣经常直接地与州监管相矛盾……

州监管的角色延续是成问题的。在竞争性银行时代,保护存款保险基金的联邦利益是至高无上的,而保护储户的州利益将越来越不切实际。最终,银行制度将向一个理智安排演变——在这种安排里,各州办理所有存款机构的执照;那些存款机构可以自由地跨越州界开设分支机构;那些银行和储贷协会,像其他行业一样,可以在其他州没有额外成本地重办执照;联邦角色限于合理必要的活动,就是承担提供存款保险的责任;联邦功能不受各州阻碍,但仅限于那些联邦政府具有强烈监管利益的领域。

提问和评论

1. 自 1987 年本文发表以来,法律情况已经显著变化。一家银行,无论是国民银行还是州立银行,现在都可以在多州设立分支机构——其实,实质上是全国(参见边码第 180—181 页)。州立银行监管联席会议已经发展成一个"全国合作协议",加入它的州立银行可以全国经营,不用面对州众多监管部门的多重监管。这样,州立银行不再在单一州内"受困"和"强迫办理执照"。然而,州际分行化经营已经吸引一些大型银行走向全国执照。我们应当如何理解这些动态?

2. 拥护者们争辩,双重银行制度通过培养州和联邦监管部门之间的竞争,促进了效率,并约束了滥用自由裁量权。反对者们指责,双重银行制度通过使得监管部门迎合银行家们来促进"松弛散漫的竞争"。拥护者们回应说,银行所有者们有经济激励去最大化公司价值,因此将被吸引向最能帮助他们达到目标的监管制度。这些争辩与持久的公司法论战并行,公司法论战围绕公司执照州际竞争的种种好处。

3. 双重银行制度拥护者们强调各州的角色为"实验工作的众多实验室",提供一个相对低风险的手段,对各种新能力和各种监管方法进行彻底检验。这一理据反映了大法官路易·布兰戴斯的思想观点,他认为"联邦

83

制度的愉快事件之一是,一个有勇气的州作为一个实验室提供服务,如果其公民们选择的话;试行创新的社会与经济实验,而对国家的其他地区没有风险。"参见"新州冰公司诉利布曼案"①。布兰戴斯会如何回应米勒教授的论点,即州监管部门有激励允许银行去从事高风险活动,因为该州将得到这些风险活动的种种好处(例如,以增加信贷和投资的形式),而联邦存款保险公司(FDIC)将承担破产的成本?

4. 总的来说,如果双重银行制度可能对安全稳健监管有什么影响的话那会是什么?

5. 按照米勒教授,在联邦水平上存在什么样的各种利益的算计? 联邦政府不会通过限制联邦存款保险的有效性来保护其利益?

6. 米勒教授提出,全国分支行经营弱化了联邦颁发执照的理由。然而,州与联邦颁发执照的交叠体系并没有显示消退的任何迹象。为什么没有? 难道因为国民银行和州立银行监管部门相信他们所做、看重自己的工作,并要继续做这些工作? 因为国民银行看重他与OCC的关系要维持这种关系? 因为他们视国民银行执照作为提供某些保护,以避免重复州监管和那些敌对的消费者法律? 因为也要保有国民银行执照作为保持联邦银行监管部门之间永不休止的竞争的一种手段,以免OCC的消亡导致对州立银行的更强大、一致的联邦监管? 无论理由是什么,一种制度可能(如上面文章所认识到的)会繁盛起来,尽管失去其初衷。

第三节　根本变化

获得一个特定执照不见得一成不变地解决了银行的身份。银行,像其他机构一样,可以经历转换身份的根本变化。本部分我们就将考察几个这样的根本变化。

---

① 《美国案例汇编》第285卷,第262,311页(1932)(持不同意见)。

一、执照转换

已经谈到，一家银行决定取得一个特定种类的执照（国民银行、州执照银行、国民储贷协会、联邦执照信用社，州执照信用社），不是这家银行永远固定在那种结构上。银行能够而且确实从一种类型的执照转换成另一种。事实上，这是双重银行制度的一个根本前提。 84

不用惊讶，各监管部门倾向于欢迎各种执照转换，乐于尽收其囊。这个过程通常是直截了当的。要转换的银行向新执照颁发者提交申请，然后他们考察这家银行，举行一个听证会，并（如果没有出任何差错的话）授予新执照。但监管部门不赞成银行为了避免当前监管部门的强制行动而转换执照。况且，已经被强制命令包括的一家国民银行不能转成一家州执照银行。①

二、兼并与整合

存款机构经常参与重组交易。《国民银行法》提供了这种交易的一个架构，包括（1）国民银行进入州立银行的兼并与整合②；（2）若干家国民银行或州立银行整合成一家国民银行。③（3）若干家国民银行或州立银行合并成一家国民银行。④ 这样的交易需要每家银行董事会的批准，每家银行股东三分之二投票批准（或者在一家州立银行的情况下要求更高的百分比，如果州法那样要求的话），货币监理官批准。幸存下来的银行承担所有合并机构的债务。

不同意的那些股东们享有估价补偿，他们能够得到他们持有股份的现金形式的公平对价。根据《国民银行法》，不同意的股东与幸存下来的银行向一个三名仲裁员组成的专门小组提交争议。每一方指定一名仲裁员，然

---

① 参见《美国法典》第 12 卷，§214d。
② 参见同上，§214a。
③ 参见同上，§215。
④ 参见同上，§215a。

后这两个仲裁员选第三名中立的仲裁员。一方不满意三名仲裁员的裁决,可以获得货币监理署的重估,而货币监理署的决定是最终的。如果前两个仲裁员不同意第三个,货币监理署就进行评估。如果异议者持有一个州立银行的股份,货币监理署进行评估时遵循适用的州法。

不像州公司法典,《国民银行法》没有提供明确的逼走少数股东的机制:也就是,强制他们接受按其股份付给的现金。但货币监理署允许国民银行采用银行总部所在州的公司规制法令,只要这些法令与适用的联邦银行法或安全稳健习俗一致。① 一家国民银行希望通过股份交易形成一家控股公司,可以呈请货币监理署采用州法条令来管辖这一桩交易,而且获得批准后,能以最小的法律风险影响这一桩交易。如果国民银行决定采用州公司规制法令,那么它或许必须遵循那些法令的所有规定条款,包括那些关于保护少数方利益的条款,那些法令要达到与国民银行法案一致的程度。

三、解散

根本变化的最后一种类型是解散一家银行。如果董事们得出结论(无论是作为兼并的部分还是其他),认为解散符合银行最大利益,那么,法律提供实现兼并的机制。若是国民银行解散,程序要求拟解散银行的股东2/3多数投票赞成。② 如果另一家银行要购买拟解散银行的资产,也要承接其存款类负债。通常,解散也要求收购方银行的股东 2/3 多数投票批准。

第四节　联邦法与州法之间的相互作用

当联邦法和州法涉及两法确实都适用的相同主题时会发生什么? 我们必须尊重联邦法、州法,还是两法都要尊重? 让我们从宪法最高条款和第十

---

① 参见《美国联邦法规》第 12 卷,§7,2000(b)。
② 《美国法典》第 12 卷,§181。

修正案所规定的基本宪法原理开始吧。在宪法限制里,国会具有最高权力:"依宪法制定之合众国法律……均为国家之最高法,即使其条文与任何一州之宪法或法律抵触。"①但是,联邦政府仅有有限的权力——就是宪法授予的权力。正如第十修正案宣称,"本宪法所未授予合众国或禁止各州行使的权力,皆由各州或人民保留之。"在联邦权力的一些领域(例如,铸造钱币和加入国际条约),联邦政府具有排他管辖权。但是,在联邦权力的其他领域,共同管辖权是常见情况:各州立法可以达到与联邦法律一致的程度。

　　这种潜在并行的州立法与大多数联邦法律制度所采取的做法形成鲜明对照,其中,组成政府的单元(例如,州或省)一般无权在国家政府管辖权的各领域立法。同样,这与欧盟的常见情况也形成了对比,那里的国家政府可以对欧盟法律覆盖的主题立法,只要欧盟法律那么规定的话。

一、一般先占权

　　我们将从基本的美国原则开始,确定联邦法是否先占州法。这一原则适用于任何实质主题的情况。现在,我们要更密切地考察在银行业的情形里,先占原则是如何运作的。

纳尔逊:先占权②

86

　　联邦政府的权力与各州的权力交叉数量庞大。尽管宪法规定了一些联邦政府的权力是排他的,但是,在联邦政府能够行使权力的大多数领域,各州拥有与联邦政府一样的共同权力。结果,几乎每一个联邦成文法所在的领域,各州都有立法权;或者,联邦成文法不在的领域,各州也有立法权。

　　在这方面,我们的宪法制度使得州法与联邦法的相互影响极其重要。在一定程度上,联邦成文法取代州法既影响了我们生活在其下的实际法律规则,也影响了各州与联邦政府之间的权力分配。……

①　《美国宪法》第六条第二款。
②　《弗吉尼亚法律评论》第 86 卷,第 225,225—229 页(2000)。

美国最高法院已经建立了一个总体框架,在此总体框架内着手分析州与联邦政府之间的权力关系。最高法院的分类识别了三种不同类型的先占权:"明示"先占权,(隐含的)"领域"先占权,以及"冲突"先占权。

"明示"先占权出现在,联邦成文法隐含先占权条款,明确从各州收回的特定权力。法官对于这一条款面对一种两重任务:他们必须判定本条款什么意思;他们也必须判定宪法是否许可国会禁止各州行使这些言及的权力。最高法院已经指示,关于处理这一任务的第一部分,法官应当使用某种形式的对抗先占权假定;至少当各州对一般健康、安全和福利进行立法的传统权力存在争议时,最高法院赞成对明示先占权条款的"一种狭窄的解读"。况且,"在宪法限制内,国会可以通过那么明说的明示条款,先占于州行使权力,这种局面已经很好地建立起来了。"

甚至在没有明示先占权条款时,最高法院有时也愿意推知,如果一部联邦成文法全部占有了一个特定领域,则在此领域收回州的立法权力。最高法院已经说明,一套联邦监管计划可能"如此广泛",以至于隐含了"国会没有为各州留下补充的余地。"同样地,一部联邦成文法所在领域的"联邦利益"可能"如此主宰"以至于联邦法"被假定排除州法对相同主题的施行。"实质上,推断这些领域先占权的法官正把一条隐含先占权条款理解成联邦成文法。至于明示先占权条款,他们必须确定本条款的范围,以及国会是否有权力颁布它。

最高法院已经日益犹豫把隐含的领域条款加进联邦成文法。另一方面,所谓"冲突"先占权是无处不在的。每个人都同意,即便一部联邦成文法含有非明示先占权条款,并且即便它没有隐含地占有一个特定领域,它也先占于与它"实际冲突"的州法。根据最高法院,这样一种冲突是存在的,如果其中(1)既服从州法又服从联邦法"实际上不可能",或者(2)州法"成为完成和执行国会完全目的和目标的一个障碍。"此种测试的第一部分正在消失变窄,而第二部分可能很广:所谓"障碍先占权"潜在覆盖了不仅是那些州法和联邦法彼此矛盾的案子,而且也覆盖了法院认为州法的结果将妨碍实现联邦法背后目的的其他案子。

表格式摘要总结

87

以下表格概括了这些原则:

表 2 - 1 先占权分析

步骤	争议	关键问题	结果
1	联邦法的有效性	联邦法符合宪法吗?*	如果是,继续下一步。 如果不是,联邦法是无效的
2	明示先占权或非先占权	国会已经表明,联邦法是或不是先占于州法吗?	如果是,跟随国会意思。特别是: —如果是明示先占权,联邦法先占于州法。 —如果是明示非先占权(而且州法是有效的),你必须尊重两法。更严厉的法律施加有效约束。** 如果不是,继续下一步。
3	领域先占权	法院应当从有关联邦法的设计推断国会打算占有这个领域,并排除州立法吗?	如果是,联邦法先占于州法。 如果不是,继续下一步。
4	冲突先占权	州法干涉了联邦法的政策吗?	如果是,联邦法先占于州法。 如果不是,州法不先占。假定州法也是有效的,你必须尊重两法。更严厉的法律施加有效约束。**

* 此外,如果这个法律是一个行政性规则,而不是成文法,那么,这个规则代表国会适当授予的权力的有效行使吗?

* * 如果一个法律禁止更多、要求更多,或者许可更少,那么,这个法律就比另一个更严厉。

88 ## 二、银行先占权

国会拥有非常宽广的权力,监管国民银行、联邦储蓄机构和联邦信用社,并对任何不一致的州法有先占权。国会也拥有监管州执照的储蓄机构的宽广权力;如果想要的话,在此领域它先占州权,并使用它自己的规则。因此,就我们的目的而言,关键争议不是国会是否能够先占州法,而是它是否实际那么做。

很久以前,最高法院提出了标准,现在仍然普遍使用,用于确定何时(在没有明示的国会先占权或非先占权的语言表述时)州法适用于国民银行。许多州法的确是适用的,比如,最高法院在"国民银行诉联邦案"[①]中所认可的:

> 国民银行服从州法,而且在它们的日常业务活动中更多受到州法而不是联邦法的规制。它们所有合同由州法规制和解释。它们的并购和财产转移,它们收债的权利,以及其因债务受到起诉的责任,都基于州法。只有当州法使银行不能履行对政府的职责时,州法才变成不符合宪法。

但是,在某些情况下,州法必须给联邦的全局利益让路。在"戴维斯诉埃尔米拉银行案"[②]中,最高法院描述了作为"公理性的"原则,国民银行是

> 联邦政府的工具手段,为公众利益而生,并且在必要时服从美国最高权力。要遵循的是,一州在试图确定其职责或控制其事务处理时,绝对避免那些试图行使的权力与美国法律明显冲突,也不要使国家立法意图受挫,或伤害联邦政府行使职责的各部门的效率。

---

① 《美国案例汇编》(9wall)第 76 卷,第 353,362 页(1869)。76 U. S.(9 wall)353,362(1869)。

② 《美国案例汇编》第 161 卷,第 275,283 页(1896)。

以下案例调查了在具体实际情形中是如何画出这条线的。

马里恩县巴尼特银行诉纳尔逊案[①]

布雷耶大法官：

根据《美国法典》第 12 卷第 92 款，一家国民银行"位于人口不超过 5,000 居民的任何地方做业务,按照货币监理官制定出的规则和法规,可以充当经本州权威机构批准做业务的任何火险、寿险或其他保险公司的代理。"佛罗里达州的一部成文法许可各银行在这样的一个地方卖保险,但只要求这些银行没有任何控股公司。由一家银行控股公司拥有的一家国民银行声称,《美国法典》第 12 卷第 92 款先占于佛罗里达州的这部成文法。

在本案中,我们必须要问联邦和州的成文法是否"不可调和的冲突。" 两个成文法没有对国民银行施加直接的冲突性职责。设若它们要是有冲突的话,例如,如果联邦法说"你必须卖保险",同时,州法说"你不可以。"然而,联邦成文法批准国民银行从事州成文法明确禁止的业务。因此,对于达到联邦成文法意图之一,州对那些业务的禁止似乎是一块拦路石。当然,除非联邦意图是授予该银行仅是很有限的许可,也就是,许可卖保险达到的程度是州法也同意许可那么做。 89

这就是佛罗里达州以及支持它的法律顾问所争辩的。他们说,联邦成文法同意国民银行一种许可,这种许可仅限于那些与州法不冲突的情况。在他们看来,对于国民银行卖保险而言,联邦成文法消除的仅是联邦法律障碍,不是州法律障碍。但是,我们没有发现这一点,或者是该州所说的普通先占权论据令人信服。

其一,联邦成文法的语言表述表明了一种宽泛而不限制的许可。那个语言表述所说,没有实质限制,国民银行可以……充当保险销售的代理。它明确指出"规则和法规"规制这类销售,同时,援引作为规则和法规的出处

[①] 《美国案例汇编》第 517 卷,第 25 页(1996)。

不是州法,而是联邦的货币监理官。同时参照执照许可,它也明确指出州监管法规,限制的不是银行也不是保险代理,而是保险公司——像保险代理一样,银行销售这些保险公司的保险。

其二,联邦成文法说,它同意销售保险是法律现在授予国民银行的"能力"。使用这个字"能力",该成文法选择了一个法律概念,在国民银行立法的情形里,是有历史的。那段历史是对国民银行列举和附带"能力"的说明授权之一,因为授权通常并不被冲突的州法限制,而是通常先占于冲突的州法。因此,最高法院在非常类似本案的一个案子里认定,一部联邦成文法许可,但并不是要求国民银行接受储蓄存款,而是先占于州成文法禁止某些州和国民银行在它们自己的广告中使用文字"储蓄"。参见富兰克林国民银行诉纽约案①。《联邦储备法案》规定,国民银行"可以继续……接受……储蓄存款"解读为"宣告一家国民银行进入或保留那类业务的权利"。在定义对国民银行授予能力的成文法和法规的先占范围时,这些案例采取的观点是,通常国会不会要求各州禁止,或严重损害行使国会明确同意的能力。说道这个不是剥夺各州监管国民银行的权力,那里(不像这儿)那么做不是阻止或严重干涉国民银行行使其能力。这些案例也不是解说联邦银行成文法,一项明确能力授权伴随一个明确说明,说明行使那项能力服从州法。可以参见的例子,比如《美国法典》第12卷,第36(c)款(《麦克法登法》)。批准国民银行开设分行,但是仅限于那些州法批准州立银行也那么做的地方。……

但是……在国会还没有基于一项州许可授权明确地有条件授予"能力"的地方,最高法院发现在正常情况下没有如此条件适用。在富兰克林国民银行案中,最高法院对此点予以了明确解释。最高法院认为,国会没有打算让国民银行的能力服从当地限制,因为此处的联邦授权的成文法含有"没有表明国会(那么)打算……正如它已在几个其他实例里通过明示语言所做的表示。"

---

① 《美国案例汇编》第347卷,第373,375—379页(1954)。

在我们之前,像在富兰克林国民银行案的情况一样,联邦成文法没有明确给予一家国民银行一项批准、许可或能力。并且,像在富兰克林国民银行案的情况一样,它没有含有"标明"国会打算让此能力服从当地限制。因此,最高法院在富兰克林国民银行案中的讨论,那个案子的观点,以及我们上面引用的其他判例,都强力主张一个类似此处的解释——一个宽泛的对"可以"一词的解释,本词并不是限制联邦的许可要基于州授权这一条件……

根据这些考虑,我们得出结论,联邦成文法意旨是同意小城镇国民银行有权销售保险,无论州授予其州立银行或国民银行相似的许可与否……

提问和评论

1. 最高法院正确地得出了联邦成文法先占于州法的结论吗? 肯定授予了国民银行按联邦法会缺失的能力——在小城镇充当保险代理的能力——而这一能力自身没有与这些业务的州监管不一致,对吗? 如果国会本想要求取代此地的州权力,为什么它恰恰没有那么说?

2. 你察觉了在州成文法背后的一种微妙的保护主义激励吗? 国民银行趋向于比州执照银行规模更大,并且大多数大型银行拥有控股公司。因此,佛罗里达州成文法可以说是歧视性地反对国民银行,不均衡地排除它们在小城镇提供保险代理服务。先占权分析应当考虑州监管背后的激励吗?

3. 巴尼特银行涉及银行卷入保险业务,不仅包含标准的先占权分析,而且也涉及了联邦麦克卡伦 – 弗格森法里的特殊的先占权规则。[①] 我们将在后面的章节里(参见第 567—578 页)讨论这条规则。

4. 国民银行是公司,并因此受公司法管辖。但是,适用哪一个公司法:州的或者联邦的? 联邦法包括一些对持有联邦执照机构的公司治理规则。国民银行规则出现在《美国联邦法规》第 12 卷,第 7. 2000—7. 2024 款。按照 OCC 法规,国民银行可以用公司法的以下内容之一增加那些规则:(1)银

① 《美国法典》第15卷,§ 1012(b)。

行总部所在州的州法;(2)银行控股公司组建所在州的州法;(3)特拉华州普通公司法;(4)美国标准公司法。① (然而,要求任何这样的选择都必须与其他适用的联邦成文法和法规以及银行安全与稳健要求相一致。)

导语与注解:州法对国民银行的适用问题

过去 20 年里,人们已经看到围绕州法对国民银行适用问题的一些硬仗。在"沃特斯诉瓦霍维亚银行案"②中,最高法院认定,《美国法典》第 12 卷第 484(A)款排除了州监管一家国民银行的抵押贷款子公司:

> 我们已经多次澄清,联邦控制就是要保护国民银行免受过度负担和重复的州监管。联邦注册银行在日常业务中服从州法的一般适用程度,限于这些州法与 NBA(即国民银行法)的文意或总体目的不相冲突……
>
> 这些密歇根州的争议条款不适用国民银行。这不是简单的密歇根州立法体面的问题。因为……NBA 具有先占力,也就是,先占力应是国民银行免受此处涉及的各种州的控制。限制国民银行房地产贷款在该州登记,并且使这类贷款服从该州的调查和强制执行机制的州法,肯定干涉了该银行的联邦批准的业务:国民银行应当服从登记、检查和执行制度,这些制度不能只有密歇根州实行,而是该国民银行开办业务的所有州都实行。对国民银行从事银行业务的迥异和重复的监督管理……恰恰是 NBA 指定要阻止的……
>
> 我们从来不认为,NBA 的先占权范围仅及于国民银行自身。相反,在分析州法是否阻碍国民银行开展联邦许可业务时,我们一直聚焦于国民银行能力的行使,而不是对它的公司结构……

---

① 《美国联邦法规》第 12 卷,§7.2000(b)。
② 《美国案例汇编》第 550 卷,第 1 页(2007)。

大法官金斯伯格写下了大多数人的意见,其中包括大法官阿里托、布雷耶、肯尼迪和苏特。大法官史蒂文斯、罗伯茨和斯卡利亚持异议。两年后,最高法院在下面的案子里重新讨论了先占权。

科莫诉清算所协会有限公司案[①]

大法官斯卡利亚,联合布雷耶、金斯伯格、苏特和史蒂文斯:

(纽约首席检察官)给几家国民银行发信提出一个请求,作为"代替传票",要他们提供关于他们的贷款做法的某些非公开信息。他索取这一信息以确定这几家银行是否违反了该州的公平贷款法……被上诉人,联邦货币监理署(以下称监理署或 OCC)和清算所协会(一家银行业集团),提起诉讼以禁止这类信息请求,声称监理署按照《国民银行法》出台的法规,禁止州法针对国民银行的那种形式的执法。……提出的问题是,声称先占于州法执行的监理署的法规是否可被看作是一种对《国民银行法》的合理阐释。

I

《美国法典》第 12 卷第 484(A)款,是《国民银行法》的一项条款,规定如下:

> 国民银行应当只接受联邦法授予的巡查权力(visitorial powers)的管辖,巡查权力属于法院行使,或由国会,或由众议院或参议院,或由其所属任一委员会经适时授权去实施或已实施或指导实施。

92

监理署负责管理《国民银行法》,通过通告和评论的规则制定办法,采纳了此处有争议的法规,贯彻那个成文法条款。该法规的主要条款读作如下:

---

① 《美国案例汇编》第 557 卷,第 519 页(2009)。

第 7.4000 条　巡查权力。

（a）总则。（1）只有 OCC 或 OCC 授权的代表可以行使对国民银行的巡查权力，但本款（b）段规定的除外。州政府官员不可以行使对国民银行的巡查权力，比如安排审查、检查或要求制作国民银行记录或账簿，从事强制行为，联邦法授权的有限情况除外。不过，制作账本记录……可以遵按正常司法程序要求。

（2）对于本条的目的，巡查权力包括：

（ⅰ）审查一家银行；

（ⅱ）检查一家银行的账簿或记录；

（ⅲ）监管监督依据联邦银行法批准或许可的业务；以及

（ⅳ）强制遵守任何适用的关于这些业务的联邦或州的法律。

根据其清楚的语境，本法规禁止各州"从事强制行为"，除了"联邦法授权的有限情况。"

根据众所周知的"雪佛龙案"的框架，我们尊重负责管理《国民银行法》的政府机关对一个成文法的合理解释。参见"雪佛龙美国有限责任公司诉自然资源保护委员会法人公司案"①。关于成文法术语"巡查权力"有必要模糊一些，特别是我们工作在一个君主特权令不再流行的时代，而传统上是通过君主特权令来推行巡查权的。监理署可以在那种不确定范围内对该成文法给出权威性的意思。但是，某些不确定性的存在，不是把对雪佛龙案的尊重扩展到几乎覆盖《国民银行法》的任何解释。我们甚至通过历史的模糊镜头能够辨别术语"巡查权力"的外部边界。正如监理署那个扩展性法规所规定的，它们不包括普通的执法。来自该成文法颁布时间的证据，一长串我们自己的案例，以及诠释《国民银行法》的常用原则的适用，令其昭然若揭。……

历史上，对公司的统制巡查权利类似教堂监督其机构的权利，也类似于

---

① 《美国案例汇编》第 467 卷，第 837 页（1984）。

慈善机构创办人"察看其财产正当利用"的权利。由此原则延伸来看,"国王是所有民用企业的合法巡查人。"此等巡查人能够任意视察和控制所访机构。

1864 年颁布《国民银行法》时,"巡查"相应地被理解为由"政府自身""审查公司事务的行为。"下级法院把"巡查"理解为,意指"一名高级或监督官员的行为,造访一家公司,审查公司开展业务的方式,以及强制它服从法律法规。"州是州内开办的所有公司的"巡查人",不过仅凭该州作为统制的角色:"立法机关是由它创办的所有公司的巡查人。"参见"格思里诉哈克尼斯案"。① 93

统制与公司的关系被理解为允许各州使用君主特权令(例如,旧时英国上级法院向下级法院书面发出的强制执行的训令,以及法庭所发责问某人根据什么行使职权或享受特权的令状。)以行使控制"无论何时一家公司正在滥用给予的权力,或者,……有不利于公众的行为,或制造了公害。"州巡查委员会被授权对州内公司"行使全面监管"……

我们的案例一直把"巡查"理解为监督公司事务这一权利,完全分离于执法的权力。在著名的达特茅斯学院案(美国,1819 年)中,大法官斯托里描述了对一个属于慈善类法人的巡查,他写到,达特茅斯是"应受其合法巡查人的控制性管理的,巡查人……可以修正和废除它的章程,对其官员免职,纠正滥用特权行为,以及总体监督信托基金的管理。"并且巡查人"有可能没有监管和控制。"

在格斯里案中,我们认定,一个股东以一种私人个人身份行为,当他请求一家法庭强行制作那家法人的记录时,不是按国民银行法行使一种"巡查权力"。我们说,"法院的控制"不是巡查性的,并且,我们对比非巡查行为的"在州法院起诉"和巡查性的"货币监理署的监管",两者泾渭分明。

在"圣路易斯第一国民银行诉密苏里州案"②中,我们支持密苏里首席检察官起诉一州推行针对一家国民银行的反银行分行化法的权利。我们说

---

① 《美国案例汇编》第 199 卷,第 148 页(1905)。

② 《美国案例汇编》第 263 卷,第 640 页(1924,圣路易斯)。

过,只有美国可以实行巡查性行政监督,例如,"令状查询是否一家国民银行的行为超出了其执照权力。"但是,如果一州普遍适用的成文法实质不是被先占的,那么,"强制执行的权力"必须归于州而不是联邦政府。

我们最近期的判决,"沃特斯诉瓦克维亚银行案"(2007年),正如反对意见所说,不"支持 OCC 对成文法的解释。"相反地,它与很好建立起来的监管和执法之间的区别非常一致。沃特斯案认定,一州不可以对一家国民银行的一个附属子公司行使"总体监管和控制",因为"在竞争性的监督制度下多重审计和规制"会产生不确定性。"总体监管和控制"和"监督"与执法之间存在天壤之别。该案所有当事人都同意,密歇根州的全面监督制度不能施加于国民银行。唯一的问题是,是否国民银行的经营子公司也同样享有免除州的巡查。意见陈述和回答没有其他问题。

上述所有案例都涉及了州的执法问题。但是,如果监理署单独行使巡查权力,排除各州的执法,它也应当排除联邦行政机构的执法。当然,它没有。

总之,在颁布《国民银行法》之前和之后,我们明白无误的和完全一致的法理教义是,统制"巡查权力"和统制执法权力是两个不同的东西。没有与之相反的可靠论据。而与监理署的法规所言相左的是,《国民银行法》完全先占于监理署的法规。……

94   监理署法规的后果也对其有效性投下了可疑的影子。没人否定,《国民银行法》留给某些州实体法影响银行的余地。但是,监理署的规则说,州不可以行使针对国民银行有效的、非先占权的法律。吠叫犹在,却没有下口动咬。

反对者相当低调地承认,如此结果是不寻常的,要说是怪异更恰当。如圣路易斯法院所说:

> 说明一部成文法的约束力但否认执法权力涉及的谬误,这种谬误明显是由仅说明命题造成的,因为这样的权力基本上是法律概念本身固有的。

与监理署法规引出的"不寻常"理解形成鲜明对比,理解"巡查权力"作为只限于统制监督和监管,会产生一个极为平常的结果——我们在圣路易斯案提出的意见预期了这种准确的结果,我们的意见是,如果一个州成文法对国民银行有效,那么"必然的结果是,它是一个义不容辞和有强制执行必要性的结果。"把州首席检察官引导到司法执法活动,而不是允许他们行使"巡查"监督,保留监理署独立行政监督的一种制度,同时,事实上而不是仅仅在理论上尊重国会决定不先占实体州法。这种制度也引起了许多其他州/联邦混合制度的反响,混合制度下,联邦政府行使总体监督,同时给州实体法留出合适位置。

第484(A)款也表明这种理解,否则无法解释保留州的权力"归于法院"。如早前所述,巡查通常通过使用君主特许权的训令和令状进行。这个例外不可能免除那种方式的行使巡查权,不然这个例外会吞掉那个规则。其唯一可能的目的是维持正常的民事和刑事诉讼。可以肯定,保留"归于法院"的权力的措辞是作为禁止巡查权力的一个例外。但是,正如我们刚讨论的,它不可能是,并且它仅可解释为试图澄清法院普通执法权力是不受影响的。

从语用层面来讲,巡查与执法之间的差别是清楚的。如果一州选择对其法律寻求法院执法,那么,它不是行使其巡查权力,而是被视作诉讼当事人。一个首席检察官充当一个民事当事人必须提起诉讼,顶住一项动议的驳回,忍耐程序规则并出示证据,并且,如果他的要求是轻佻的或出示证据滥用手段,那会有受到制裁惩罚的风险。相信法官们会防止为了获得某些未知错误行为的证据,非法调查或间接搜查银行账簿和记录的行为……与之相比,巡查人可以在任何时候、以任何理由或完全没有理由检查账簿和记录。

II

因此,监理署的那个法规与成文法并不一致。监理署对其法规的解释与成文法也不一致,但此处语境不同,必须另行讨论。

95　　由于明显认识到,排除州"所有"州法对国民银行的执法,太极端、欠周密考虑,因此监理署在《联邦公报》刊出了该机构关于基础和目的的声明,寻求限制其法规的广度:

> 判例法的确认识到的是,"各州保留某些权力,监管国民银行的一些领域,比如,合同、收债、并购和转移财产、税收、分区规划、刑事犯罪、民事侵权法。"这些法律对国民银行的适用以及州行政机构对这些法律的实施,通常不影响联邦批准的银行经营业务的内容和范围……更确切地说,建立了围绕和支持国民银行……营业能力的法律基础设施。

这与该法规的几乎绝对禁止条项是不能调和的。[①] 从该条款的亚条款(a)(2)(iv)看,它也不能算是合理的,它定义的巡查权力包括"强制遵守任何适用的……州法,这些州法涉及""按照联邦银行法授予或许可的业务。"[②]后面的词不能解释为仅包括独特的银行业务(留给各州随意强制执行各种非银行州法的歧义),因为如果它使用相同术语那么解释亚条款(a)(2)(iii)的话,会限制监理署对特别银行业务的"监管和监督"的独立巡查权力——没人觉得是这种情况。无论如何,《国民银行法》的确具体授予和许可了那些业务,这些业务落入基础和目的声明所称的"建立了围绕和支持国民银行……营业能力的法律基础设施"约束范围。当然,"贯彻施行""基础设施"与其他法律司法执行之间的差别,在成文法的行文里是看不到的。这段文字出自基础和目的声明,既不傍靠那个法规的字句也不傍靠那个成文法的字句,试图要做国会拒绝做的事:国民银行免受所有州银行法的管辖,或至少免受那些州法的执法。

---

① 《美国联邦法规》第12卷,§7.4000(a)(1)的"实施强制行动"。

② 同上,§7.4000(a)(2)(iii)。

III

反对者没有说服我们。它的主要争论是,单独授予的巡查权力可以解读为排除州法的强制执行。这是依赖了逻辑谬误。反对者认可,……在行使巡查权力的过程中,统制可能强制遵守法律。但由此推断,任何统制都试图强制遵守法律,这可被视为行使巡查权力。很明显,那一结论并不随之而来。例如,在行使其巡查权力的过程中,统制者肯定可以强迫银行履行处于违约的债务。这难道意味着,该统制者将在执行偿付这些债务的一次民事判决中采取相同行动,可被认为是一次行使巡查权力吗?当然不是。许多事情可以通过巡查权力逼迫,逼迫他人的巡查权力也通过行使其他统制权力逼迫。关键问题不是什么被逼迫,而是请求统制权力去强迫它。强制执行法律的权力独立于巡查权力。

反对者争辩说,监理署的扩大理解"巡查权力"不是侵入"美国有历史的警察权力",因为,像海商法,联邦涉入这一领域可回溯到"国家之初的岁月。"因为这一理由,反对者得出结论,本案没有发生那种联邦主义的担忧,即激起一种针对先占权的推定。我们没有援用先占权推定,并认为如此实施《国民银行法》的简单条款是不必要的。然而同样不必要的是,监理署的法规对传统的州权力的侵犯性招惹应当减至最小。尽管联邦政府自国民银行产生之初就有的统制巡查权力确保国民银行遵守"所有"法律,但是,监理署直到 1966 年才被授权执行非先占权的州法。一个现任大法官在有生之年才执行的一项权力几乎无涉"自国家之初的岁月"。

另一方面,美国一直执行针对国民银行的普通法,并且执行针对国民银行的涉及银行法律至少 85 年之久。已如圣路易斯案所证明,此案中,我们支持州强制执行反银行分行化法。

反对者寻求最小化那个法规对州权力的招惹,声称那个法规不是"宣称国民银行法的先占权范围",而是仅仅"解释术语'巡查权力'"。那真是太友善了。不是没有来由,那个法规也收进了监理署关于银行业务和经营的各法规子篇中,题头均冠以"先占权"。成文法术语"巡查权力"的目的和功能界定限制联邦政府保有的此类作为,并设禁各州。"巡查权力"的任何解释有必要"宣称国民银行的先占权范围"。逻辑清楚则适用也清楚:那个法规宣称"州政府官员不得起诉执法行动。"如果那不是先占权,那没有什么是先占权了。

Ⅳ

应用前面的原理于此案是不困难的。《国民银行法》里的"巡查权力"指对公司的统制监管权。它们包括任何形式的行政监督,许可统制者随时要求检查账簿和记录,即便一家法院通过国王特权令或类似方式介入了处理亦然。监理署理由充分地解释了这一成文法术语,包括当该州以其作为公司监管部门的能力开展那些活动时,"行使审查、检查或要求制作国民银行账簿或记录"。

然而,州首席检察官提起诉讼,强制执行针对国民银行的州法时,他就不是以监管部门的统制角色行为,而是以执法者角色行为。这样的一起诉讼不是行使"巡查权力",这样看来,监理署错了,因为扩大了"巡查权力"的定义,它包括了在州法院的"检控性的强制执行行为。"……

因此,下面的强制令肯定适用由纽约首席检察官威胁性地发出的执行传票,但是迄今为止它是无效的,因为它禁止首席检察官带来司法强制行为。……

大法官托马斯,并有首席大法官,大法官肯尼迪,以及大法官阿利托加入,部分同意和部分不同意。……

我肯定最高法院的上诉裁定,术语"巡查权力"是含糊的,并且很有道理的是,货币监理署(OCC)围绕着州努力获得国民银行记录和针对国民银行强制执行州公平贷款法解释这一术语。因此,我谦恭地说部分同意和部分不同意。……

最高法院对"雪佛龙案"的裁决对本案的裁决提供了框架。"在雪佛龙案中,本最高法院认定,监管机构管辖范围内执行的法规含糊不清,是该机构的权威的代表团以合理的方式填补了法律空白。"因此,"如果一部成文法是含糊的,并且,如果实施机构的解释是合理的,那么,雪佛龙原则要求一家联邦法院接受该机构关于此成文法的解释,即便该机构的理解区别于该法院,而该法院相信是最好的成文法解释。"

OCC 是"负有《国民银行法》(NBA)监管责任的管理者",它通过通告和评论的规则制定程序发布本案争议的那个法规。结果,《美国联邦法规》第 12 卷第 7.4000 条落入雪佛龙案的核心。……结果,唯一争端的问题是,是否成文法术语"巡查权力"是含糊的,并且,如果那样的话,OCC 对它的解释是合理的。……

大多数人承认,存在"成文法术语'巡查权力'的意思有些含糊"。可是,它得出结论说,OCC 在第 484(A)款的解释没有资格受到尊重,因为,最高法院"甚至通过历史的模糊镜头能够辨别术语'巡查权力'的外界",并且,这些定义上的外界"不包括……普通执法。"我不同意。对成文法术语"巡查权力"的怀疑不止有一种意思,并且 OCC 的解释是合理的。

因为《国民银行法》没有定义"巡查权力",而国会选择的这个词组的通常含义提供了诠释此成文法的起点。1864 年,当《国民银行法》颁布时,"巡查"一般被定义为"检查;督导;指导和监管。"对于私营公司而言,"巡查"是由"政府本身、经由法院介入"进行。最高法院先前在考察"巡查权力"对于《国民银行法》意图的含义时,已经思考了这些定义。

OCC"巡查权力"的解释包括两者,"按照联邦银行法授予或许可的业务的监管和监督"和"强制遵守关涉那些业务的任何适用的联邦或州法",这两者都与字典广义定义的"巡查"非常搭配。反之,诉愿人(请求人)在威胁采取司法行动的情况下,为了强制国民银行尊重州公平贷款法,要求提供非公开信息,似乎可以看做是一种试图"通过法院介入"去"督导"银行联邦授权的经营。

另一方面,……"巡查权力"被限于掌理审查国民银行或干涉其内部经营……按大多数人的观点,第 484(A)款的任何解释,即没有保留州权通过司法行为对国民银行强制执行普遍适用的法律是不合理的,因此,没有资格受到尊重。

但是……非成文法或普通法传统并不强迫得出这一结论,即诉愿人的巡查定义是唯一行得通的本术语解释。其实,对第484(A)款中的普通法血统或始祖的更彻底考察表明了与之相反……关于教堂、慈善团体和大学,巡查责任是狭义的。但是,对于包括银行在内的私营公司而言,"巡查权力"是广义的。……

传统上,美国通过借助司法权威行使对私营公司的巡查权,以"强迫国内公司或其官员履行具体职责,这些职责对他们是义不容辞的,是公司章程,或成文法、条令、普通法规定的。"……

在普通法上,统制者强迫私人公司遵守州法的所有尝试,无论是通过行政传票或司法行动,本质上都是巡查。因此,即使统制法的强制执行和巡查权力一时不同,最终它们与针对私人公司的一般适用的公法的强制执行已经合并相融了。……

结果到头来,OCC被出示了词典广义定义的"巡查",以及普通法历史启示或暗示的随受监管组织性质而变的巡查人职权范围。很有可能,"巡查权力"要比OCC所结论的更狭义。但是,巡查人权力也可以更广。受支持的建议是,巡查包括所有一般适用法律的强制执行。反而,OCC解释"巡查权力",唯一禁止"有涉联邦银行法授予或许可业务的法律"的强制执行。这样一来,美国就没有了不监管联邦授权的银行业务的强制执行的适用法律,"包括例如刑事犯罪、税、分区规划、劳工与就业的各个法律"。

因此,尽管巡查的语义和历史并不支持双方当事人各自对成文法的解释,但是,OCC决定采用比普通法和历史定义所支持的更适度的解释,加强了其法规的合理性。简而言之,OCC选择了对一个成文法术语的令人认可的诠释,但与大多数解释相比它的诠释是可疑的。……

大多数人也接受诉愿人的看法,OCC对"巡查权力"的诠释不合理,因为它与本最高法院的几个裁决是冲突的。但是,诉愿人不能简单地说明本最高法院先前采用的第484款的解释就获胜了,因为那个解释不同于OCC后来选择的解释。"一家法院先前对一成文法的司法解释胜于一家行政机构另外尊重雪佛龙案的解释,只要先前法院的裁决认定它的解释是从该成文法的明确术语得出的,并且没有给行政机构自由裁量权留有余地。"这些裁决没有以胜于 OCC 法规的方式领会理解第 484 款。

本最高法院直接说道"巡查权力"的仅有裁决就是格思里案,该案认 99
定,《国民银行法》并不禁止由要查一家国民银行账户的一个私人股东提起的诉讼。在那个认定里,最高法院对比了"该股东拥有审查他感兴趣业务的私权利"与一位巡查人审查该公司在合法权力内开展活动的"公权利"。因此,格思里案明确区分了私权利和公法巡查权的实施,公法巡查权是与 OCC 接纳的巡查权定义契合一致的。OCC 从未坚持把"巡查权力"的禁止延伸至私人行为。

本最高法院在沃特斯诉瓦克威亚银行案的裁决中,支持 OCC 对成文法的解释。沃特斯陈述提出了,对于一家国民银行子公司的抵押贷款业务,是否国民银行法先占某些密歇根州法的适用。在裁定那一争议问题时,最高法院没有触及此处提出的问题。但是,最高法院充分意识到,密歇根州成文法授权州银行委员会官员适度执行权,这是本案诉愿人寻求施加于国民银行的。① 其实,沃特斯宣称,国民银行法可能已经排除了那些成文法对国民银行他们自身的适用,这更加强化了对 OCC 的第 484(A)款的解释。

这里必须说清楚,是国会而不是监理署决定"国民银行不受任何巡查权力的管辖,除了联邦法授权的之外。"实际上,大多数同意,正是"成文法术语",而不是 OCC 法规"定义并因此限制了对联邦政府保留的和对各州禁止的行为类型。"因此,OCC 仅仅解释了那个术语,包括诉愿人决定要求国民银行记录,以及威胁司法执行纽约公平贷款法,作为获得它们的一种手段。如斯迈利案所表明的,一个联邦机构对一个含糊的成文法术语的解释,可以澄清所颁布的联邦法的先占范围,但是,单凭那个事实并不意味着是那个监管机构而不是国会影响了先占权。

---

① 大多数主张,沃特斯是"与充分建立的监管和执法之间的区分十分一致。"但是,在沃特斯案中有争议的密歇根州法律,包括有条款许可首席检察官"采取任何适当法律行动严禁商业经营",并许可银行委员会官员"采取行动在……巡回法庭以本州名义和为了本州利益"去严禁"任何不安全或有害的违反本法或依本法颁布的规则的做法或法律。"

诉愿人基于联邦主义反对尊重雪佛龙案,最终提出一个观点:令人疑惑的是,国会先占于州对州法的执行,而不是先占于作为基础的州法自身。但是,裁定国会建立的成文法方案是否异常或甚至"怪异",这不是本最高法院的任务。最高法院必须裁决的仅是,OCC 采用的解释是否清楚地被成文法原文排除在外了。这里,"巡查权力"的原文、结构、历史支持 OCC 在第484 款的合理解释。诉愿人没有找出任何宪法原理依据,要求国会在先占所有州贷款法的执行(包括私人执行)上迈出更大步伐,尽管其主要关心点在于对国民银行行使公权巡查的权利分配。

100

提问和评论

1. 按第 484(A)款,限制州执行权与先占于州要执行的法律有何不同?你期望在实践中所做的区分有多少差异?

2. 总的来说,对成文法的解释谁的论据更好,大多数还是托马斯?

3. 作为一个政策问题,科莫案更有意义吗?让各州起诉国民银行执行更多州法的利弊是什么?

4. 如果主张先占州法的当事人是一个联邦监管部门而不是国会,先占权分析会有多大不同?

5. 从前,普通法法院针对公司和公共官员的某些种类的不法行为,发出训令和令状的"君主特权令"(也就是,命令)。"训令"(我们命令)即命令一家公司落实一项还没有依法履行的公共责任。令状(靠什么保证?)要求公司表明对特定行为它有法律权力。因此,在基本概念上,训令涉及非法抵抗的行为,而令状涉及非法采取的行为。法院原来发出这样的命令仅为了国王:因此称呼"君主"。这两类命令甚至在变成方便私人当事人时仍然保留一种公共特征。训令执行公共责任,不是普通的私人权利;令状减少行政僭越权力和某些非法活动。在科莫案中,双方陈述意见都援引了君主特权令的历史,解释在第 484(A)款中的"巡查权力"。

6. 到目前为止,我们考察了州努力监管国民银行的先占权问题。如果联邦政府寻求先占州法规监管州立银行会怎样?"格林伍德信托公司诉马萨诸塞州案"①介绍了这样一个案子。一家有 FDIC 保险的、在特拉华州注册的银行向全国客户发放信用卡。持卡人同意,若没有及时按最小额还款,要支付滞纳金。虽然马萨诸塞州法律禁止这样的滞纳金,但银行声称,《美国法典》第 12 卷第 1831d(a)款先占于那个州法。按第 1831d(a)款,尽管有州法,但一家有 FDIC 保险的银行可以向客户以"州法律允许的利率⋯⋯在银行所在地区"收取利息。该法院在发现滞纳金是利息后,认定马萨诸塞州成文法使得第 1831d(a)款的意图无效,给予有保险的州立银行与国民银行同等对待。斯迈利诉花旗银行案②(关于本案的节选参见边码 299—302 页),确认第一巡回法院的结论,滞纳金由利息构成。

三、多德-弗兰克法

多德-弗兰克法针对 OCC 对州消费者保护法的先占权提出了成文法约束。这些约束,编入《美国法典》第 12 卷第 25b 款,管治先占权的理由和程序、司法审查的范围以及非银行子公司的地位。第 25b 款建立了国民银行法先占"州消费者金融法"的一般规则,仅当(1)可能"相比那个州执照银行适用法律,具有歧视国民银行的效果";或(2)按照最高法院的巴尼特银行标准,可能阻止或严重干涉国民银行行使权力。如果它"直接或具体监管一个消费者的任何金融交易(或有关账户)的方式、内容或条款与条件",并且没有"直接或间接歧视国民银行",那么,一部州法有资格作为一部"消费者金融法"。

在缩窄了先占权的理由后,第 25b 款重点突出了先占权确定的司法监督。复审法院必须考虑"OCC 思考缜密明白",OCC 推理有效,以及该裁定与 OCC 有效先例相一致。复审法院也要考虑它"发现的有说服力和相关性的"其他因素。并且,OCC 依据巴尼特银行标准获胜,仅当"根据诉讼记录所做的实质证据支持那些特定调查结果",那些特定调查结果表明州法严

① 《联邦判例第二辑》,第 971 卷,第 818 页(第 1 巡回法庭,1992)。
② 《美国案例汇编》第 517 卷,第 735 页(1996)。

重干涉了国民银行行使其权力。

第25b款紧缩了对 OCC 先占权的法律程序约束。只有监理官可以作出先占权裁定;它不能删除这个决定。它必须每5年重新考虑这样的裁定,并按季出版所有保留有效的累计裁定名单。

该成文法载明,那个州消费者金融法适用国民银行的子公司和分支机构,适用国民银行的程度与任何其他适用相同。为了跟进科莫案,它宣称,第484款没有限制州首席检察官寻求解除国民银行权力。它通过宣称国民银行法"没有占有州法任何范围的领域,"排除了领域先占权,无论这个范围是否涉及消费者保护。但是,第25b款对先占权的限制不适用国民银行可以收取的利率或"利息"的定义。

货币监理署先占权规则[①]

第7.4007条 吸收存款

(a)国民银行职权。国民银行可以接受存款,并从事接受存款的任何附带业务,包括开立账户凭证,服从货币监理署或任何其他适用联邦法律规定的期限、条件和限制。

(b)被先占的州法。国民银行可以行使其存取款权力,不管州法的相关限制:

(1)遗弃和休眠账户;

(2)支票账户;

(3)披露要求;

(4)资金准备;

(5)可提取储蓄账户命令;

(6)州牌照或注册要求(除了送达目的之外);以及

(7)专用储蓄服务。

---

① 《美国联邦法规》第12卷,§7.4000—7.4008。

（c）**不被先占的州法**。对于下列项目,州法与国民银行的存取款权力一致,适用于国民银行的程度与最高法院在马里恩县巴尼特银行诉纳尔逊、佛罗里达保险委员会委员等人案的裁定一致,见《美国案例汇编》第 517 卷,第 25 页(1996)：

（1）合同;

（2）民事侵权行为;

（3）刑法;

（4）收债权利;

（5）财产取得和转移;

（6）课税;

（7）分区规划;以及

（8）OCC 裁定适用于国民银行、与最高法院在巴尼特银行诉纳尔逊案的裁决一致,或由联邦法规定适用的任何其他法律。

第 7.4008 条 贷款

（a）**国民银行职权**。国民银行发放、卖出、买进、参加或其他贷款及贷款利息交易,这些贷款的担保或利益与房地产无关,服从货币监理署或任何其他适用联邦法律规定的期限、条件和限制。

（b）**贷款标准**。国民银行受本第 7.4008 条约束,主要基于银行止赎变现或借款人担保品出清价值,没有考虑借款人按合同条款归还贷款能力的,不应发放消费贷款。银行可以使用任何合理方法确定借款人还贷能力,例如包括,借款人即期和预期收入,即期和预期现金流,净值,其他相关金融资源,即期金融债务,就业状况,信用历史,或其他相关因素。

（c）**不公平和欺诈业务活动**。国民银行不应从事不公平或欺骗性的业务活动,这类活动由联邦贸易委员会法第 5 节,《美国法典》第 15 卷第 45（a）（1）款,以及此后颁布的与按第 7.4008 条发放的贷款相联系的法规所限定。

（d）**被先占的州法**。国民银行可以发放非房地产贷款而不必考虑州法的有关限制：

（1）许可证、注册（除了送达目的之外）、档案或债权人信用报告。

（2）债权人要求或获取担保品保险或其他信用提升或风险缓释的能力，以深化安全和稳健银行实践。

（3）贷款成数；

（4）信贷条款，包括本金和利息偿还计划，贷款分期偿还，余额，到期应付款，最低还款额，或贷款到期期限，包括已到期贷款和按时间进度还款的情况，或贷款之外的特殊事件；

（5）第三方保管账户，扣押账户和类似账户；

（6）抵押品财产，包括租赁；

（7）信用报告的获得和使用；

（8）披露和广告，包括法律要求的特别声明、信息，或信贷申请表里的其他内容，征信，对账单，信贷合同，或其他与信用有关的文件；

（9）垫款和偿付；

（10）贷款利率。

（e）**不被先占的州法**。州法在下列项目上与国民银行的非房地产贷款权力一致，适用国民银行的程度与最高法院对巴尼特银行诉纳尔逊案的裁决一致：

（1）合同；

（2）民事侵权行为；

（3）刑法；

（4）收债权利；

（5）财产取得和转移；

（6）课税；

（7）分区规划；以及

（8）OCC裁定适用于国民银行、与最高法院在巴尼特银行诉纳尔逊案的裁决一致，或由联邦法规定适用的任何其他法律。

提问和评论

这些规则对《美国法典》第 12 卷第 25b 款之中的字面意义和精神实质来说是忠诚的吗？

问　题

尽管《美国法典》第 12 卷第 25b 款限定、分析了在那个成文法之下的每个问题，但第 25b 款没有限定、分析我们已经研究过的那些一般原则。那么请思考，OCC 法规的第 7.4000—7.4008 条是否会影响结果。为了简化，假定这些问题提到的任何联邦成文法是有效的。记住，《国民银行法》授权国民银行吸收存款和发放贷款。

1. 为便利在大火或其他紧急情况下的快速撤离，奥尔巴克里州建筑法要求，任何"公共集合地"的大门要向外开启。"公共集合地"包括零售商客户使用的任何房间，如果超过 50 人占用该房间。尽管巴拉柯达国民银行的大厅可以容纳 50 人以上，但大厅的门朝里开。该州能要求这家银行改门朝外开吗？

2. 卡皮阿州禁止未经该州银行委员会官员颁发牌照的任何人在该州吸收存款。达特国民银行没有这样的牌照，那么，这家银行能在它的卡皮阿分行吸收存款吗？

3. 按《美国法典》第 12 卷第 92 节，一家国民银行"位于……任何人口低于 5,000 人的地方"可以充当保险销售代理。哈里伯国民银行位于科伊阿州一个有 3,500 人的镇上。州法禁止任何企业在本州销售保险，除非那家企业的每一主管、主任和职员都是有许可证的保险代理。假定没有任何联邦成文法提及州是否对国民银行可以适用州保险许可证法。哈里伯国民银行在没有遵守科伊阿州法的情况下可以销售保险吗？

4. 罗非鱼州要求，房东要把房客押金存在特别指定的账户里，它是在罗非鱼州有 FDIC 保险的存款机构的账户。它要求存款机构对那些账户支付至少 3% 年利率。国民银行必须对那些账户支付 3% 年利率吗？

5. 雷莫里亚州禁止债权人对债务人施加超过每天 1 美元的滞纳罚金。假定联邦法既不涉及滞纳罚金也不参照州对罚金的限制是否适用国民银行。雷莫里亚州每天 1 美元限制是否约束在雷莫里亚州的国民银行？

6. 联邦法一般禁止有 FDIC 保险的银行对其任何一名执行官的贷款总额不超过该银行资本的 15%。萨蒙尼亚州一般禁止有萨蒙尼亚州执照的银行对其任何一名执行官的贷款总额不超过该银行资本的 20%。那么，一家既有萨蒙尼亚州执照也有 FDIC 保险的银行对一名执行官的贷款可以是多少？

7. 珀基亚州和联邦政府都要求银行要满足资本标准。珀基亚州对负债超过其资产 94% 的银行施加制裁。为了简化，假定联邦法对负债超过其资产 96% 的银行施加制裁。其差别是，珀基亚州要求权益（资产减负债）至少 6%，而联邦法要求至少 4%。进一步假定，没有联邦法涉及更严格的州资本标准。那么请问，珀基亚州要求有珀基亚州执照也有 FDIC 保险的银行遵守珀基亚州资本标准吗？

8. 最近，弗朗德里阿州颁布了一部成文法，禁止银行对贷款人主要住所担保的任何贷款止赎，除非银行证明贷款人以欺诈方式获得贷款。这种延期偿付权将保留有效期三年。在颁布延期偿付权时，立法机构援引该州失业率很高，房地产价值下跌，其他经济不景气问题，以及银行和其他抵押贷款者没有保存贷款人还款记录的证据。OCC 担心延期偿付权会怎样影响弗朗德里阿州国民银行的经营。OCC 预见到，延期偿付权将减少银行抵押贷款组合的价值，使得贷款人更可能违约，并鼓励银行发放新的抵押贷款。请问，OCC 能够适当裁定国民银行法先占于延期偿付权吗？如果 OCC 希望作出这样一个裁定，它应当如何着手进行？

第三章　银行能力

第一节　引言

一、商务基础

银行以两种方式赚钱:投资业务和非投资业务。

先看第一种投资方式。作为金融媒介,银行接受储户和其他投资者的钱,形成资金池,以一种资产组合进行投资。银行投资于贷款、证券和很多其他金融工具。当一个借款人对一笔担保贷款违约,而银行对担保品止赎时,银行投资在担保品上。资产组合因银行客户基础和业务战略而不同,也随国家经济的起伏而变化。在经济衰退期间,贷款需求下降,银行增加证券投资的资产比例。

以下表格提供了美国银行如何投资其资产的概览。表格包含了2013年初所有 FDIC 保险的存款机构的资产,并显示了特定资产类别的百分比。贷款占所有资产的52%,其中大部分来自房地产贷款。证券占资产的26%。为了简化,表格给出的是百分比而不是美元数量。但是,涉及的美元数量很庞大:银行集结的资产达14.4万亿美元。

翻看一家银行的年报,你或许发现有一张表列出净利息收入(NII)。NII 是银行从资产组合获得的利息和银行支付给储户与其他债权人的利息之差。NII 提供银行投资盈利或损失的一种方式。一家银行的净利差(NIM)是银行从资产上挣得的数量和它支付给储户与其他债权人的数量之差,除以银行生息资产的数量。这两个测度——NII 和 NIM——是银行媒介功能盈利性的关键指标。

106　**表 3 − 1**　　　　　　　　　　　**全部投保 FDIC 机构的总资产**

现金	0.4%	0.4%
存其他银行资产	13.0%	
联邦储备银行存款		5.0%
在其他银行存款		3.4%
对其他银行隔夜贷款		3.5%
进账		1.1%
证券	25.8%	
美国财政部		1.4%
其他美国政府		11.9%
州与地方政府		1.8%
其他国内证券		3.6%
外国债券		2.0%
交易持有		5.0%
权益		0.1%
贷款	52.2%	
房地产贷款		
居民,1—4 口家庭		17.0%
商用		7.4%
其他		4.0%
商业贷款		10.4%
个人信用卡贷款		4.8%
其他个人贷款		4.4%
所有其他贷款		4.2%
其他	8.6%	
银行建筑物		0.8%
拥有的其他房地产		0.3%
无形资产		2.5%
所有其他资产		5.0%*

*　联邦基金卖出和返售协议。

除了从投资方面赚钱之外,银行还从事产生非利息收入的各种业务。最重要的收费业务是服务活期存款账户。银行不必收取明确的账户费,而是把费埋入银行支付的利率中。在本案中有一项收费服务,即管理活期账户,占了部分银行净利息收入。这样一来,就模糊了投资收入和服务收入的区别。但是,其他以账户为基础的收费是明确地列为费收入,包括超限费或支票退票费、电汇费、支票止付费、支票打印费以及其他项目。

很多其他银行业务也产生费收入。有些银行从信托服务和它们发起的基金管理业务挣得大笔费收入。抵押服务是另一个费收入来源。作为发放住房抵押贷款的附带业务,银行经常要对他人拥有的抵押贷款提供服务。它们对记录台账、与借款人交易以及处理止赎收费。信用卡费是又一项费收入:银行收取年费和过期还款罚金,也对接受使用信用卡的商人收费。当银行充当证券经纪和保险代理时,这些业务也产生收费。大型银行有交易柜台,买卖政府债券和外币,这些交易的收益和损失也构成了非利息收入。

一家银行的非利息收入可能数额巨大,在某些银行的收入构成中占比很高。例如,富国银行 2011 年挣得非利息收入 380 亿美元,相比之下,利息收入不过 430 亿美元。

二、有限能力

对于普通公司来说,决策做什么投资、提供什么服务,几乎完全是一个商业判断的事儿。大多数公司自由从事"任何合法业务",不用面对任何法律阻碍地开始一项业务和放弃另一项业务,或做这项投资而不做另一项投资。它们可以根本性地变换业务。国际鞋业公司,你可能在民事诉讼课程中已经遇到,现在制造家具了。比较而言,银行仅能进行某些业务种类。这些业务种类可能有数百个(取决于你怎么数它们),但是,它们仍然只能包括所有可能而又合法的业务种类的一小部分。

为什么限制银行能力?为什么不许银行开展任何合法业务?限制银行能力的捍卫者(简短说,限制主义者)争辩说,限制可帮助银行(1)保持银行安全;(2)促进有效监督;(3)避免利益冲突;(4)阻止不公平竞争和扩大政府补贴。让我们来看看这些论据的利弊。

保持银行安全。限制银行能力的最古老、最一致的论据涉及保持银行安全。让我们考虑这个论据的利弊。该论据的经典形式是,推定传统银行业务比其他业务活动更安全。然而,这一假设是有问题的。在具有多种业务活动的一家公司里,我们不能抽象地判断某种业务活动的风险。我们需要考虑那一业务活动的得失与其他业务活动的得失之间的相关关系。经济学家们认为风险等于回报的波动性。回报变动越大,风险就越高。但是,通过帮助多样化银行的资产和收入,一种特定业务的波动回报可能实际上减小银行总体回报的波动:其他业务产生损失时,新业务可能产生收益。若其他情况不变,多样化减少风险。不论怎样,传统银行业务无论如何衡量都不是必然比其他业务更安全。例如,美国的银行一再悲剧性地发放房地产贷款,这明显是传统业务。

有些限制主义者持更新的观点。他们认为,有些业务很不同于银行业,银行经理们不可能做好,即使不造成损失也会使这些业务成混乱之源。他们注意到,法人集团一般业绩平庸,集团中彼此不同的业务领域通常都没有呈现出管理设想的协同效果。他们也强调自营业务和代理业务之间的差别。为了简化,让我们考虑不同投资情况的差别。一家银行买 500 万政府证券加入自己的投资组合,这是自营,银行承担证券带来的收益和损失;一家银行为一个客户买 500 万政府证券,他充当了代理,银行仅收取经纪证券的费用(若搞砸了客户指令,也要面对债务责任),并不承担证券带来的收益和损失。由于代理业务负面作用有限,对代理业务的限制比自营新业务更放宽一些。

促进监督。正如银行高级职员对经营管理很多不同业务的银行感到困难一样,监管部门对监管这样的一家银行也有困难。即便是传统银行,银行监督也有喜忧掺杂的记录。过去 30 年里,监管部门任由不稳健问题发展,那些问题导致联邦互助保险基金破产,并且要不是政府支持的话 FDIC 可能已经两度垮掉。考虑到这种糟糕的记录,我们怎能切实期望监管部门监管银行开展更广领域、更多种类的业务呢? 另一方面,如果监管部门监管传统银行都糟糕透顶的话，或许让银行开办非银行业务反而没什么害处。

避免利益冲突。银行业务范围的扩展开启了增加利益冲突的大门，其中，银行利益与它的一些客户利益会有冲突。无论何时，一旦一家企业与其客户竞争，或提供相同客户不止一种服务，那么，就会产生潜在利益冲突。冲突甚至出自像接受存款和经纪政府证券这样的寻常业务：一家银行为了利润，可能引导一位客户做 5 年期存款而不买 5 年期财政部债券。实际上，潜在利益冲突存在于整个经济的各个方面：企业利用客户的信任向他们销售货物和服务，而客户没有这些可能会过得更好。什么使得与银行相关的利益冲突比其他利益冲突更坏？什么阻碍对一家银行不满意的客户到别处做他们的业务？银行曾经独享当地寡头的好处，现在在大多数业务领域它们都在竞争市场里经营。并且，如果竞争没有充分约束无良实践，那为什么限制实践本身呢？

阻止不公平竞争和扩大政府补贴。存款保险和使用联邦储备贴现窗口给予银行相比于其他企业的重要优势。它们减少了银行的借入成本，能使银行拥有更大的杠杆率和更低的流动性，但损害了市场对承担风险的约束，并且这种损害也助长了市场参与者期望政府对待银行"大而不能倒"。当然，这些优势是有附带条件的。银行必须遵守不适用于其他企业的监管。并且，银行的确要支付存款保险：FDIC 由行业支付的保费补偿其损失。但是，银行和 FDIC 都不支付财政部为承担风险的任何付出，财政部要承担的风险是 FDIC 可能发生的严重损失，这种损失要不是政府支持就会侵蚀（人们对）存款保险的信心。纳税人也不可能补偿对待银行"大而不能倒"的全部成本（例如，未来金融彻底失败的可能性增大）。总的说来，我们能够合理地得出结论，银行接收的好处不适于其他企业，这种好处是一种补贴，这种补贴尤其显而易见的是低成本借入。限制主义者们表达担心，银行可能利用这一资金优势获得一种对其他企业不公平的优势。

当你学习本章后面讨论的银行业务规则时，请思考你是如何看这些争论的。我们应当限制银行能力吗？如果是的话，为什么、到什么程度？我们应当限制银行在传统银行业务上吗？我们应当区分金融业务和非金融业务

109

吗？区分自营业务和代理业务吗？你是怎样预期公众受益于或受害于银行业务扩张的？

　　本章考察了许可银行特别是国民银行发展的各种业务。我们将思考（1）法人能力；（2）银行核心能力；（3）附属能力；（4）不动产；（5）个人财产；（6）信托；（7）证券；以及（8）保险。我们将推迟思考银行母公司及其附属机构的能力（参见边码第 416—418，421—423 页）。现在我们只须注意到，银行可以拥有从事几乎任何金融业务的附属子公司。这样一来，如果一家银行不能直接从事一项特定业务，那么，它仍然能够通过附属子公司来做。

第二节　　法人能力

　　银行是有限责任公司法人，有章程、章程细则、股东和董事会，其股东仅有有限责任。作为有限责任公司，银行有正常范围的诸多法人能力。在国民银行情况下，那些能力出现在《美国法典》第 12 卷第 24 节，这是国民银行能力的关键成文法来源。在《美国法典》第 12 卷第 24 节之下，一家国民银行可以（1）"采纳和使用一枚公司公章"；（2）永久存续；（3）"缔结合同"；（4）诉和被诉；（5）"选举或委派董事"和（6）"制定……规章制度"。所有公司都有这些能力。但此处这些能力来自联邦法，并且有一个专门的联邦监管部门定义和执行这些能力。其他存款机构遵循类似模式。

第三节　　银行核心能力

　　除了基本法人能力之外，《国民银行法》还授予了叫做"核心能力"的一些关键能力。这些能力由联邦银行法全集中的最主要（而且最有问题的）成文法之一予以阐述：《美国法典》第 12 卷第 24 节第七条。

一、列举能力

110

《美国法典》第12卷第24节第七条授予国民银行下列传统银行能力：
（1）"贴现和议付本票、汇票、票据和其他借据"；（2）"接受存款"；（3）"买卖外汇、铸币和金银"；（4）"人身担保贷款"和（5）"获得、发行和流通纸币"。

当国会颁布《国民银行法》时，这些列举的能力提供了1864年制定该法时银行经营的一幅粗线条快照。在那个时代，银行遵循一些简单业务模式，这或多或少被精确描述在以上所引的简单条款里。第5项，关于流通纸币，印证了该成文法的时代局限：一个多世纪以来，银行已经不再发行任何数量的流通纸币。

这5项列举的能力在范围上是有限的。但是，法院和货币监理署都作了巧妙圆通的解释。为跟上技术和市场的发展，它们允许银行有相当大的自由余地。在这种解释过程中，两项技术夺人耳目：**抽象**，这涉及到从一项明示能力到更综合功能的一般化；**规定**，这涉及到从银行习惯和惯例得到能力。

例如，考虑银行吸收"存款"的能力。银行可以使用这种能力接受现金，并给予储户提取同样数量现金的权利。但是，给予客户安全保管箱存放非现金的贵重物品，如黄金、宝石、契约、证券凭证，以及祖父的荣誉章，如何？银行早就有了用于保管现金和金银的复杂金库——这样的保护设施普通人是承担不起的。因此，银行就有了一种明显的市场机会，对他人贵重物品提供安全保管服务。但是，《美国法典》第12卷第24节第七条在哪里说银行可以提供那种服务？

法院使用抽象和规定技术去扩展"接受存款"的意思。借助抽象方法，法院解释"接受存款"包括接受所有种类的贵重物品。尽管安全保管和接受存款之间差别很大，但它们还是那么解释。一笔现金存款产生一项债务：银行拥有你存的那笔钱，你有取回相同数量现金、但却不是相同票据和铸币的权利。安全保管涉及托管。不管你（将物品）放在安全保管箱何处，你都保有物品所有权（例如，祖母的珠宝胸针），并且，你有取回同一物品、而不仅仅是等值物的权利。法院使用规定技术强调,银行自古以来就提供安全保管服务。"早期银行收到的主要甚至在有些情况下唯一的存款是具体存入一笔钱、金银块或金银板之类物品,要求安全保管,并且明确返还储户。"最高法院宣称,"这就是早期威尼斯银行、古阿姆斯特丹银行所做业务的特征,而且伦敦的金匠和英格兰银行也做同样业务,我们知道没有一家早期银行不做那个业务。"参见国民银行诉格雷厄姆案。[①]

保存的全是无形财产会怎样?现在证券是以记账分录形式(就是,作为单独的会计分录条目)出现的典型。一家银行可以那种形式持有客户证券吗?此处的抽象方法帮了忙。这类保管,服务相同目的,把纸质凭证放在安全保管箱里,这么做更方便、更有效率。因此,货币监理署许可这种形式。

我们通常想到,一笔存款有固定回报。但是,银行通常调整存款利率,以反映当前市场利率。银行可以更进一步设定存款利率以反映某些权益价格,比如标准普尔 500 指数吗?注意,这种交易,尽管仍然以存款形式,却开始类似于权益投资,权益投资的收益反映股票回报(尽管银行仍然承诺偿还面值本金)。货币监理署,凭借可变利率与固定利率之间的抽象功能相似性,已经宣称国民银行可以提供这种存款工具。

正常情况下,客户发起存款交易。但是,通过四处搜索市场找到潜在储户,并把进款转到银行的"存款经纪人",这样获得的钱会怎样?经纪人存款不容易适合传统存款概念。使用抽象方法,货币监理署许可经纪人存款,因为银行将这笔钱计入存款(可是,OCC 不鼓励经纪人存款,因为他们具有高波动性和高成本)。

传统上,贷款有固定利率,借款人在贷款存续期间均以固定利率归还贷款。对贷款的钱成文法定的能力是怎样的?如果贷款是可变利率,那么,按《美国法典》第 12 卷第 24 节第七条来说,这笔贷款能合格吗?这在此成文法里没有禁止,并且当今的银行发放了许多可变利率贷款。但是,这一能力伸展多远?银行按借款人生意盈利能力能发放调整利率的贷款吗?这样一

---

① 《美国案例汇编》第 100 卷,第 699 页(1879)。

笔贷款类似在生意上的投资,而这种权益投资一般是对银行禁止的。然而,货币监理署已经宣称,这类贷款是许可的,只是借款人在到期日必须偿还本金。①

按《美国法典》第 12 卷第 24 节第七条发放"人身担保"贷款,银行的权限会怎样? 术语"人身担保"有保镖或人身抵押的奇怪意味。然而,通过这样的语言表达,国会明显意指确认银行发放"无担保"贷款,即贷款仅由借款人允诺偿还所支持。尽管这样的语言表达说得并不怎么多,但它也是十分清楚的,倘若这种交易不被其他法律禁止,银行也可以发放担保品担保贷款。这种权限可以伸展到发放其他种类担保的贷款,比如住房抵押贷款吗?

二、相关能力

迄今为止,我们已经考察了在《美国法典》第 12 卷第 24 节第七条里列举的核心银行能力。那 5 个能力是"独有"的,因此如果一家国民银行要从事另一种业务,它必须找出某一另外的成文法授权? 或者那 5 个能力是"解说性的",以便于国民银行可以开展另外的业务作为"银行业务"的一部分,即便那些业务没有明示性授权?

这个问题隐伏了数十年,一直没有解决。没有哪一种选择似乎总是魅力迷人。如果国民银行仅有 5 种核心能力,它们可能(没有立法救济),难于在面对不断变化的技术和市场实践中保持竞争力。但是,如果国民银行拥有列举之外的核心能力,怎么能阻挡银行转向那些与银行基本角色不相干的业务? 国会可能已经打算许可那样?

1995 年,最高法院提出了答案,尽管模糊不清。

北卡罗来纳国民银行诉可变年金人寿保险公司案②

金斯伯格,大法官。

① 《美国联邦法规》第 12 卷,§7. 1006。
② 《美国案例汇编》第 513 卷,第 251 页(1995)。

货币监理署规定,充当销售年金代理,形成"银行业务"的一部分,根据《美国法典》第12卷第24节第七条(年金提供给持有人随时间的收入流,尽管经常不总是终生的),对国民银行是许可的。可变年金人寿保险公司(简称VALIG)是一家保险公司和年金销售商,质疑货币监理署的裁定。

作为管理者有责任监督《国民银行法》实施,……按《美国法典》第12卷第24节第七条,货币监理署承担监控"银行业务"的主要责任。……按现在熟知的方式,当我们面对一个专家机构的成文法阐释时,我们首先要问关于争议的确切问题是否"国会的意图是清楚的",参见雪佛龙美国公司诉自然资源协会公司案。[①] 如果是那样的话,"这件事就结束了"。但是,"如果该成文法没有说明或者对于这个具体争议是模糊的,那法院的问题是该机构的回答是否基于该成文法的许可的解释。"如果该机构的理解填补空白或按立法机构展现的意图以合理方式定义了一个术语,那么,我们给予该行政机构的判断"支配性重视"。

通过做一个初始支付以交换一个未来收入流,客户推迟消费,留出钱为退休、未来花销或艰难时日作准备。对他而言,年金类似把钱放进一个银行账户、一种债务工具或一笔共同基金。在销售债务工具和基金中提供银行账户并充当代理,类似部分银行业务。总之,现代年金,尽管比老式银行储蓄存款更复杂,基本上呼应了相同需求。通过提供客户机会投资一个或多个年金选择,银行基本上提供了国会批准许可它们经纪的那种金融投资工具。

在脚注2,最高法院又补充:我们明确认定,"银行业务"不限于在《美国法典》第12卷第24节第七条列举的能力,并且货币监理署因而有自由裁量权批准超出那些特别列举的业务。然而,货币监理署自由裁量权的行使必须保持在合理范围内。远离金融投资工具的企业,比如,经营一家普通旅游公司,可能超出了那些范围边界。

---

① 《美国案例汇编》第467卷,第837页(1984)。

提问和评论

1. 最高法院声称,对于超出 5 项列举能力的情况,货币监理署可以扩展"银行业务"术语的意思。成文法语言支持这一解释,你同意吗?

2. 脚注 2 是一个经典的司法边栏评论,它似乎总是一种事后想法,拟写慎重且含义丰富。尽管隐晦含蓄,对于裁定由《美国法典》第 12 卷第 24 节第七条授予的银行核心能力的内容,这个脚注阐述了一个综合框架:(a)"银行业务"已经超越了第 24 节第七条列举的能力。那些能力是例证性说明的而不是排他的。(b)"银行业务"包括"金融投资工具交易"。(c)货币监理署有责任裁定某一业务是否有资格作为金融投资工具交易。(d)货币监理官在考虑适当性时有履行这一责任的自由裁量权。(e)各法院有责任确保货币监理官没有滥用这一自由裁量权。(f)对货币监理官行为的司法审查是恭敬的。(g)这种恭敬有其限度,并且一家法院或许不会尊重一项批准旅行代理服务的行政裁决。

3. 为什么最高法院把一部关键成文法的基本解释放在一个脚注里?

4. "金融投资工具交易"怎样很好地说清了"银行业务"? 它精确代表了 5 项列举能力的共性特征吗? 任何其他标准也行吗?

5. 依从货币监理官,最高法院遵循得到确认的行政法,详尽解释见雪佛龙美国公司诉自然资源协会公司案[①]:

> 当一家法院审查一家行政机构对所执行的成文法的解释时,面临两个问题。首先,始终存在的问题是国会是否对那个争议的确切问题已经直接说过。如果国会的意图是清楚的,那么这事就了结了;对于法院以及该行政机构来说,必须实施清楚表达的国会意图。然而,如果法院认定国会没有直接说明那个争议的确切问题,那么,法院不能简单地施加它自己对该成文法的解释,这在没有行政解释时可能是必要的。

[①]　《美国案例汇编》第 467 卷,第 842—844 页(1984)。

相反,关于这个特定争议问题,如果成文法没有说过或模糊不清,那么,法院的问题是,该行政机构的回答是否基于对成文法的一个可容许的解释。

法官对成文法解释的争议问题是最终权威,并且必须拒绝与清楚的国会意图相冲突的行政解释。如果一家法院,使用传统成文法解释工具,确定国会对争议的确切问题有意思表示,此意思表示就是法律,并必须实行。

如果该问题开始出现在司法程序中,法院不必得出结论,行政机构的解释是唯一容许采用支持的解释,或者甚至这一理解是法院能够达到的。

“一家行政机构执行一项国会创立项目的权力有必要要求制定政策,并且制定的规则填补国会或隐或显地留下的空白。”如果国会明确留有需要行政机构填补的空白,那么,要有一个明确的该行政机构权威代表,通过法规阐明成文法的一项特定条款。这样的立法性法规给予支配性重视,除非这些法规是武断的、反复无常的或明显与成文法矛盾。有时行政机构立法代表对一个特定问题是隐晦而不明确的。在这种情况下,法院不得以自己的一项法律解释条文代替一家行政机构执行人所作的一个合理解释。

雪佛龙尊重已经帮助银行监管部门挡开了来自各个方向的质疑挑战,包括面对行政执法行为的银行家、不满意银行做法的客户,以及反对让银行准入其业务的行业。我们会一再看到法院与关涉雪佛龙尊重的意思和适当界限的问题较劲。

6. 此处的雪佛龙尊重是有保证的吗?你认为 OCC 是一个对银行能力的不偏不倚的仲裁者,或它的看法会精确反映国会意图吗?

7. 如果不把列举能力理解为例证说明,那么,最高法院会得出结论,列举能力是排他的,留给国会对“银行业务”作出任意扩充,是吗?

8. 最高法院提到"经营一般旅行社",影射了阿诺德旅行社诉坎普案①,我们不久就转谈此案。我们将在本章后面谈北卡罗来纳国民银行诉可变年金人寿保险公司案的保险方面(参见边码第 146—147 页)。

导语与注解:扩展银行业务

货币监理官已经批准下列业务,与其他业务一起作为银行业务的一部分:

数据处理服务。银行一直处理客户金融数据以记录跟踪存款和贷款支付情况。他们也做大量数据处理以管理它们自己的操作运营。金融投资工具交易要求精确地记录保存。货币监理官宣称,银行业务包括"提供数据处理和数据传输服务,设施(包括设备、技术和人员),数据库,建议,以及使用这些服务、设施、数据库和建议,包括为银行自己和为他人,"如果(1)"数据是银行、金融或经济数据";或者(2)在其他类型数据的情况下,"如果衍生或组合产品是银行、金融或经济数据。"货币监理官定义的经济数据包括"在银行和金融决定中任何有价值的东西。"②

代理银行服务。大型银行向小银行提供服务(例如支票清算)以便利小银行操作运营。根据货币监理官,银行业务包括"对它自己的任何附属机构提供代理服务,或向其他金融机构提供银行为自己执行的任何服务。"③

撮合人服务。像一位聪明的媒人那样,撮合人为了互惠互利撮合当事人。自银行业早期,银行就一直充当撮合人。充当撮合人,银行具有若干优势:银行了解其社区的商业活动;银行行事谨慎;客户信任银行,带来敏感信息。货币监理官宣称,作为银行业务的一部分,银行可以"充当撮合人,聚合有兴趣的当事人参与一笔交易。"它可以"识别潜在当事人,探询兴趣,引介或安排接触或感兴趣当事人聚会,充当感兴趣当事人之间的媒介,要不就

115

---

① 第一巡回法庭,1972 年。
② 《美国联邦法规》第 12 卷,§ 7. 5006。
③ 同上,§ 7. 5007。

聚合各当事人完成当事人自己商谈和达成一桩交易。"①我们将在第 121—124 页再谈撮合人服务。

我们将在第 121—124 页再谈撮合人服务。

第四节　附属能力

北卡罗来纳国民银行诉可变年金人寿保险公司案发展到顶峰经历了一个很长的过程,在这个过程中,国民银行能力增长积累到这样一个标志点,最高法院表示银行业务包括"金融投资工具交易。"这个过程部分涉及了扩展的列举能力解释。但是,它也极大依赖《美国法典》第 12 卷第 24 节第七条的权威,因为银行"行使……所有这样的附属能力对继续开展银行业务将是必要的。"实际上,在北卡罗来纳国民银行诉可变年金人寿保险公司案中,货币监理官将其裁决建立在这个附属能力条款的基础上。

因此,我们来考察"附属能力"条款的范围和内容。该条款与普通公司法的相应条款(甚至在美国宪法的必要和适当条款)并行相似。从逻辑上说,该条款似乎建立了许可银行业务的两个区域:第一,"银行业务"有严格解释的;其他业务,尽管不是那些业务的"部分",却是继续开展那些业务所必要的。第二类明显比第一类宽广。到底多宽还是有争论的一个问题。

阿诺德旅行社诉坎普案②

哈姆利,巡回法官。

这起集团诉讼涉及国民银行从事旅行代理业务的根据。原告是马萨诸塞州的阿诺德旅行社和其他 41 家独立旅行社。……

---

① 《美国联邦法规》第 12 卷,§7. 1002。
② 《联邦案例汇编第二辑》第 472 卷,第 427 页(第 1 巡回法庭,1972)。

　　被告之一是威廉·B.坎普,他是货币监理官,其所在的货币监理署发出条令和规则,大意是,国民银行可以从事那种业务。另一被告是南岸国民银行(下称南岸)。……南岸在买下新英格兰地区第四大旅行社之后,自1966年11月开办旅行代理业务,并作为该银行的一个部门来经营这一业务。原告要求宣告和禁令救济,宣告和禁令救济的执行会强迫南岸退出旅游业务。……

　　双方当事人同意,是否存在国民银行从事旅行代理业务的任何成文法根据,结果发现,下列语言表述包含在《美国法典》第12卷第24节第七条,这是国民银行法的一项条款:

　　　　第七。行使……所有这样的附属能力对继续开展银行业务将是必需的。……

　　货币监理官在1963年条令中依据了所引用的成文法原话,该条令说国民银行可以从事旅行代理业务。该条令编入《美国联邦法规》第12卷第7.7475条,规定如下:

　　第7.7475条　国民银行充当旅游代理

　　　　附属于《美国法典》第12卷第24节授予银行的那些能力,国民银行可以为其客户提供旅行服务并因此收取补偿。这样的服务包括销售旅行保险,并像当地租赁服务代理那样出租汽车。与此相关的是,出于吸引客户到银行的目的,国民银行可以广告、开发和延伸这些旅游服务。

　　为了认定《美国法典》第12卷第24节第七条没有授权国民银行从事旅行社业务,联邦地方法院首先将注意力聚焦于南岸旅行代理业务经营的性质。法院依据了查尔斯·F.哈特菲尔德给出的现代代理经营的草图说明。哈特菲尔德是南岸副董事长,从1966年11月1日到1970年主管旅行部。他的现代代理经营说明附在下边。①

然后,这家联邦地方法院评论说:

要说哈特菲尔德所述性质和类型的一项业务的开展对一家国民银行的成功经营是"不可欠缺的",这是一种反驳自己的提议。特别是从事实来看,被告自己宣称,在 1967 年,在已有的不是数千家也有数百家的国民银行中,仅有 122 家提供旅行代理服务。

117　　货币监理官辩称,联邦地方法院在审查货币监理官关于《国民银行法》"附属能力"条款的解释时,适用了错误的法律标准,这由法院前面引用"不可欠缺的"的术语足以表明。

我们同意货币监理官,根据《美国法典》第 12 卷第 24 节第七条,对于国民银行附属能力以"不可欠缺的"标准衡量是不恰当的。当第 24 节的确当语言表述提到这样的附加能力"对继续开展银行业务将是必需的",我们不相信"必需的"一词在那里用于暗示它是不可缺少的意思。

但是,我们相信,从其整体意见的语境解读,联邦地方法院提到"不可欠缺的"概念并不是想说明这种测试,裁定一项特定银行业务是否被批准为附属能力。对我们似乎更可靠的测度联邦地方法院理据的是紧跟"不可欠缺的"陈述之后的讨论,引用见页底。②

---

① 哈特菲尔德说:

旅行部是在银行范围和控制之内的功能完善的旅行服务社。它是一家旅行百货商店——员工是知识人群,训练有技巧地销售各种交通方式——飞机、火车、汽船、自驾车。其员工熟知数千家宾馆和旅游胜地,精通复杂的外国习俗与法规、健康要求和语言,习惯于小费习俗、外汇,熟悉外国使节和宾馆经理、旅游经理和导游,广闻博知我们伟大美国以及日益变小的世界其他地区的历史和地理,保持知晓关税和各种时刻表的变动,熟知全世界 60 多家航空公司,40 多家国内和国际铁路公司,以及数量众多的长途巴士、轮船公司,等等……总而言之,一个很好的旅行部是一家个性化的旅行百货公司。——案例原注。

② 紧跟在"不可欠缺的"陈述之后,地区法院说:

被告辩称,因为银行可以从事销售信用证、旅行支票和外币,或者发放旅游贷款,因此,它也应被许可从事旅游业务,这种辩词完全是不合逻辑的推论。销售旅行支票和外币,签发信用证或发放贷款,都是金融交易,因为这些交易都涉及货币或其替代物,并且所有这些交易都明显在国民银行货币性业务的正常传统范围之内。这些业务活动与开展旅行社业务之间的差异,恰如这些业务与运转一座磨坊之间的差异一样大……——案例原注。

联邦地方法院此处表明,它主要关心的是,是否旅行代理业务主要涉及的金融交易性能属于货币或其替代物。如果不是,那么法院裁断有效,那项业务不在国民银行货币性业务的正常传统范围之内,并因此不由《美国法典》第 12 卷第 24 节第七条的"附属能力"条款所包含。正是基于此点,联邦地方法院将旅行代理业务区别于这些被批准的国民银行"附属能力",像在销售旅行支票和外国通货,签发信用证或发放旅游贷款中使用的能力。

但是,货币监理官和南岸并不同意,国民银行"附属能力"甚至应被限于完成属于货币或其替代物的金融交易,或者仅是在国民银行货币性业务的正常传统范围之内的这类交易。……

关于"附属能力"术语包含什么,最可靠的指南是《国民银行法》制定的国民银行明示能力。并且,……在"附属能力"条款下被认定许可的国民银行业务是那些直接关联这项或那项国民银行明示能力的业务。……

在我们看来,这些裁决充分证明,在《美国法典》第 12 卷第 24 节第七条的意思之内,如果一项国民银行业务对于"继续进行银行经营是必需的,"对于连接实行依《国民银行法》明示能力建立的一项银行业务是方便或有用的,那么这项国民银行业务被批准为一项附属能力。如果一项附属能力与一项明示能力之间的这种联系不存在,那么,这项业务就不被批准为一项附属能力。

这把我们带到……这个问题,经营旅行代理业务……是否可以有理由说,在行使银行明示能力方面,它对于连接完成明示能力建立的一项银行业务是方便或有用的。

当货币监理官和南岸不承认附属能力与明示能力之间的这种关系一定存在时,他们提出了他们相信旅行代理业务是与国民银行正常银行经营直接关联的方式。为了说明这一看法,他们寻求两条论据。论据之一是努力将旅行社履行的基本功能等同于历史上由银行履行的功能。论据之二是基于这一前提,相当数量的银行已经很久就提供了旅行代理业务。

被告坚称,旅行社履行的基本功能包括:(1)通过对旅客和运输公司充当代理取得运输公司通道和其他旅行设施,以及(2)向旅客提供各种信息服务。被告继而坚称,这两种"基本"旅行代理职能仅是银行传统提供的"系列服务"中的广泛代理和信息服务的特定应用。

在我们看来,这一分析不切实际地缩小了旅行社业务的基本职能,并不合理地拔高了国民银行的代理与信息功能。

目前,美国一家旅行社的经营是高度复杂的业务活动。它们有些业务受到严密监管,监督部门有美国民用航空局、州际商务委员会和联邦海事委员会。诚然,旅行社可以充当旅客的代理,但是它也充当各类运输公司的代理。旅行社为旅客提供信息服务,但是它也拉旅游业务、拉广告,并且,一般也促进所代理运输公司的利益。更重要的是,银行旅行代理提供的代理和信息服务是追求自身利益,以使旅行部盈利,整体上偏离了银行正常的各种银行经营。

另一方面,当国民银行提供一定代理和信息服务时,这些服务通常是与银行行使其明示能力的金融经营密切相关的一种服务。当然,也存在一些实际例子,为了方便它们的老主顾,并且没有额外报偿,银行会为这样的常客代购火车、轮船或飞机票,或提供对这样的常客有帮助的信息,这都与他们的旅行有关。但是,这种附属商誉服务不能合理地等同于一家现代旅行社出于利润目的的经营。简言之,向客户提供金融以及有助于客户旅行计划的信息服务,与发展客户、客户将银行看成不是一般金融建议和支持的来源而是旅行管理中心,这两者之间存在着差别。

货币监理官坚称,《国民银行法》颁布于南北战争期间,其中心目的之一是充当国家的一种联合力量,并且,该法的起草者们深思熟虑该法会完成它的联合目的,通过各方面努力,促进州际商务活动和"促进旅行"。

正如对这些文件的解读表明,在那些早期岁月里建立一种"联合力量"和"促进旅行"的目标并不被看作通过银行旅行服务而得到,而是通过建立和流通国家通货而得到。在 1863 年国家通货法、现在也被称为《国民银行法》之前,没有国家通货,而且金融交易主要通过州立银行发行的银行券作为媒介进行。国家通货的建立提供了一种全国认同的法定铸币,并且,正是国家通货的建立提供了所期望的"联合力量"和帮助"促进旅行"。

南岸坚称，至少自 1865 年当威斯康星州树柏根的安全国民银行正式建立该银行旅行部门以来，美国的银行就对客户提供了旅行服务。据南岸所说，在 19 世纪的随后多年和第一次世界大战之前的时期，数量众多的银行开始提供旅行服务，主要为了安顿到达本国的大量移民。银行提供的旅行服务涉及帮助移民向其本土家庭汇款，为亲戚获得船票，并将这些先付款船票递送到国外的地址。这个时期的移民有周期性的"回家"旅行，需要旅行支票、信用证、外币和其他银行帮助。

在这样一个时期由银行提供的这种有限的和大多无报偿的服务，与一家现代旅行社的功能具有很少的相似之处。并且，直到 1959 年货币监理官才裁断国民银行可以从事正规的旅行代理业务。……

尽管货币监理官认可，自 1959 年以来，经营旅行代理业务的国民银行，在 1967 年当本案提起诉讼时仅有 122 家，而同期国民银行总数大约 4,700 家。这对于按国民银行法授予的明示能力经营旅行服务部是有益和便利正常银行服务功能发挥的说法，是远没有说服力的证据。……①

鉴于已如前面回顾的导致相反结论的许多考虑，对货币监理官 1963 年的裁断缺乏基本的表达支持，考虑到货币监理官自己对成文法的解释缺乏一致性，我们得出结论，货币监理官的当前解释，体现在《美国联邦法规》第 12 卷第 7.7475 条，不值得决定性尊重。……

我们断定，该联邦地方法院所登记的一个确认判决没有过错，此判决大意是，一家国民银行经营一个全面的旅行社是非法的，因为这样的一种经营不是行使《美国法典》第 12 卷第 24 节第七条提到的附属能力。同理，就货币监理官对批准一家国民银行经营一家全面的旅行社所作的解释来说，该联邦地方法院对裁定《美国联邦法规》第 12 卷第 7.7475 条无效也没有过

120

---

①　1963 年，货币监理官詹姆斯 J. 萨克森……推动了对既定银行政策的若干大胆和急进的变革……"打开了对国民银行新的探索之路。"除了批准国民银行从事旅行代理业务之外，萨克森还照准他们进入保险业务、承销业务、共同投资基金业务、运钞车与快递业务。

这些 1963 年的其他裁断都被质疑，其后又被法院打垮。那些裁断包括普兰特城国民银行诉迪金森案（参见边码第 176 页），以及投资银行学会诉坎普案（参见边码第 136—138 页）。

错。这些裁定决不是限制银行对旅行者提供银行服务,例如销售旅行支票与外币,发放旅游贷款,签发信用证,以及提供免费旅行信息。

提问和评论

1. 法院宣称,一项业务在银行附属能力之内,只要"对于连接实行依国民银行法明示能力建立的一项银行业务是方便或有用的。"这一测试似乎划分了三个区域:(a)明示能力由国民银行法规定;(b)"创建业务"依据明示能力建立;以及(c)附属业务是对实行创建业务"方便或有用的"。成文法的语言文字支持这一释译吗?

2. 尽管法院认定经营一家全面的旅行社没有通过"方便或有用的"的测试,可这测试本身不太宽容吧?成文法批准对继续进行银行业务必需的一些业务。然而,法院许可的业务是"方便或有用的"实行依据明示能力的一项创建业务。许多东西却不是必需的。"方便和有用的"一词如何能忠实于"必需的"的注释?

3. "创建业务"的概念如何?它没有出现在成文法里。通过识别介于明示批准的业务与附属业务之间的区域,法院要达到什么目的?

4. 旅行代理服务被特征化地说成"银行传统提供的广泛代理和信息服务的特定应用",此处货币监理官借助了抽象。同样,他在强调国会有意要求国民银行通过促进州际商务和其他流动以帮助国家统一。为了强调有些银行长期提供旅行代理服务,他借助了"规定"。法院是拒绝了这些技术技巧还是仅仅发现这些说辞对本案事实没有说服力?

5. "规定"的使用恶化了对于扩展银行能力的冲突吗?它给银行和友善的监管部门一种激励,要更进取地开发新业务领域,以便建立它们在将来争议中可以使用的法律根据。它也给非银行的竞争者们一种激励,要对些小甚或无争议的银行能力扩展予以争辩。对于法律演进还有更好的方式吗?

6. 法院许可银行提供不收费的信息服务。免费实行银行附属的这一服务,为什么收费会招致该服务不被许可?

7. 在货币监理官批准该业务后国民银行开办旅行社的很少,为什么这事关重要? 如果很多银行开办的话,这分析会怎样不同? 除了银行发现那业务很赚钱之外,那还说明什么?

8. 为了评估旅行代理服务是否合格作为附属银行业务,第一巡回法庭从 1972 年银行业观察着手,这一观察比在北卡罗来纳国民银行诉可变年金人寿保险公司案中的赞同之处要狭窄得多。如果法院现在裁决这个案子,你怎么想?

9. 北卡罗来纳国民银行诉可变年金人寿保险公司案从没援引阿诺德旅行社案,迄今这是关于国民银行能力的范围问题的主要判例。然而,在宣称货币监理官批准新业务的自由裁量权"必须保持在合理范围内"之后,最高法院声称"远离金融投资工具的企业,例如经营一家普通旅行社,可以超过那些范围界限。"在北卡罗来纳国民银行诉可变年金人寿保险公司案之后,阿诺德旅行社案具有什么重要影响? 最高法院给了阿诺德旅行社案一种有意的冷落? 它赞同那个结果吗? 办理北卡罗来纳国民银行诉可变年金人寿保险公司案的法院会怎样看待阿诺德旅行社案的推理? 不论怎样,下级法院都已经引用了阿诺德旅行社案(参见例如,边码第 151—153 页)。

10. 什么社会政策规定不准国民银行从事旅行社业务?

导语与注解:案例导言

北卡罗来纳国民银行诉可变年金人寿保险公司案背书支持了广泛尊重货币监理官的裁决,即一项特定业务形成了"银行业务"的一部分。类似尊重附加在货币监理官的另一裁决,即一项特定业务,尽管本身不是银行经营,但有资格作为附属银行的业务吗? 逻辑上表明对待两案一样。如果货币监理官在定义银行业务上得到了尊重,并且在定义附属银行的业务上也再次得到了尊重,但那不是意味着"尊重的平方"吗? 对货币监理官扩大银行能力的职权保持什么实用限制?

在下面的裁决中,货币监理官援用银行业务和附属能力去论证支持,让银行对那些与电子零售相联系的商人提供范围很广的服务。

货币监理署的解释函①

一家国民银行打算投资两家公司,伊康纳克斯和 KMS,它们对商人提供与互联网有关的服务。该行寻求 OCC 认可,此种投资符合《国民银行法》。要符合《国民银行法》,按《美国法典》第 12 卷第 24 节第七条,两家公司的业务必须是许可国民银行的业务。

OCC 已经了解了互联网服务,以及有关订单和支付处理服务,均类似伊康纳克斯和 KMS 提议的服务,并发现它们是银行业务的一部分或附属于银行业务,因此,是《美国法典》第 12 卷第 24 节第七条授权国民银行的。我们先前已经裁决,国民银行可以向零售商人提供"一揽子"基于互联网的服务,包括如下:在银行服务器上托管商人网站;用搜索引擎注册商人,并获得 URLs(统一资源定位器);对产品订单和支付提供电子交互通道;在银行服务器上维护商人网站数据(例如,价格信息,产品描述,图像);提供商人创建网站的软件;提供交易报告,网站"点击量"和销售数据;处理信用卡交易。伊康纳克斯和 KMS 计划提供所有这些之前批准的业务。

在我们之前的裁决中,我们决定,托管商人网站,用搜索引擎注册商人并获得 URLs,对产品订单和支付提供电子交互通道,以及电子存储和检索为商人设置的在线产品样本目录数据,都是授予国民银行的撮合人业务的方式。长期以来撮合人功能被识别为一种许可的国民银行业务,包括"没有限制,识别潜在当事人,探询兴趣,引介或安排接触或感兴趣的当事人聚会,要不就聚合各当事人完成当事人自己商谈和达成的一桩交易。"向潜在购买人提供关于销售人产品和服务的信息,也是撮合人主要业务之一。通过托管商人网站,伊康纳克斯和 KMS 将聚合潜在购买人和商人完成当事人自己商谈和达成的交易,并向潜在客户提供关于那些商人产品和服务的信息。因此,我们决定,伊康纳克斯和 KMS 计划的互联网"一揽子"服务的组成部分,涉及托管商业网站,用搜索引擎登录商人并获得 URLs,电子存储和

---

① 货币监理署的解释函,第 875 号(1999 年 10 月 31 日)。

检索为商人设置的在线产品样本目录数据,都是许可的撮合人业务,是依照《美国法典》第 12 卷第 24 节第七条授权国民银行的业务。

　　之前我们也裁定,从事许可的互联网站托管业务的国民银行可以提供商人能使他们设计其网站的软件。此软件是使用或充分享受许可服务所"必需的",因而是服务的部分之一(如果功能有限)或附属的另一部分(如果全功能)。因此,依照《美国法典》第 12 卷第 24 节第七条,伊康纳克斯和 KMS 提供商人软件能使他们设计其网站是许可的。

　　很清楚,因为商人在银行的虚拟网站收到订单而产生的支付处理是银行业务的一部分。伊康纳克斯和 KMS 将以几种方式处理商人在银行的虚拟网站收到订单而产生的支付。这两家企业要处理经由互联网、使用借记卡和信用卡的购买。商人借记卡和信用卡处理服务一般涉及购买时的检验信用卡授权,卡交易处理,卡交易结算,并在商人账户存入资金。借记卡和信用卡以及其他电子支付交易涉及透过互联网购买物品和服务的事实,并不改变提供服务的性质。因此,伊康纳克斯和 KMS 计划的支付处理业务是银行业务的一部分。

　　伊康纳克斯和 KMS 还计划提供商人月度报告,主要是关于他们网站发生的诸如"点击量"和交易量的经验数据,包括售出产品的数量和类型。再次说,之前我们决定,一定程度上那些报告涉及信息的处理和传输,这些信息都涉及银行为商人处理的具体支付交易。它是支付处理功能的一部分,并不是一种分离的服务。此外,我们裁定,银行对商人网上销售所欠的消费税的计算是附属于支付处理服务的一项业务,因而也是许可的。

　　最后,我们决定,作为网站托管服务的一部分,银行可以提供商人更一般的信息和关于其网站的报告。长期以来,我们认定,作为银行业务的一部分,国民银行可以收集、转录、处理、分析,以及为自己和他人存储银行、金融或关于经济的相关数据。此处,伊康纳克斯和 KMS 计划提供商人类似信息和报告,作为他们互联网"一揽子"服务的组成部分。因此,那些伊康纳克斯和 KMS 计划的业务也是许可的。

　　伊康纳克斯和 KMS 也计划提供账单结算服务;提供从他们自己的网站

到商户网站的联系,这是已经预订的互联网服务"一揽子"计划;在批发基础上对其他金融机构提供互联网商人虚拟服务,以使那些机构对它的商人客户再次售卖这些服务,并根据商人选择建立商人网站。之前我们发现,电子账单提示是银行业务的一部分。因此,依照《美国法典》第 12 卷第 24 节第七条,伊康纳克斯和 KMS 计划提供的账单结算服务是许可的业务。

之前我们也已经裁定,以伊康纳克斯和 KMS 计划的方式对第三方小贩网站提供链接,是一种撮合人业务,因而是银行业务的一部分。通过对商人网站提供链接,KMS 引介了可能进行交易的双方当事人,继而客户和商人之间还将发生进一步协商。在这一点,KMS 在交易上的角色完成了。因此,以计划的方式提供超文本链接处理是充当一个撮合人,并且是开展这方面银行服务的一种新途径。

对其他金融机构提供互联网商人虚拟服务,以使那些机构对它的商人客户再次售卖这些服务,这有资格作为一种现代代理银行功能。OCC 很早就许可了国民银行提供代理银行服务,作为银行业务的一部分。更具体说,OCC 已经容许国民银行作为许可的代理银行业务对其他金融机构提供数据处理和其他与计算机有关的服务。

并且,OCC 已经许可国民银行作为一种代理银行功能对其他金融机构推销专门设计的电脑化的"智能手机"。此处,像互联网商人虚拟服务"一揽子"计划,"智能手机"能使客户与其银行以及其他服务供应商通信,通过电脑和软件支持的网络开展各种金融交易(例如账单支付、零售终端和信用卡交易)。

伊康纳克斯对金融机构提供互联网商人虚拟服务"一揽子"计划,功能上是等同于提供他们数据处理服务、电子路径以及上面提到的通信设施。因此,我们决定,提供互联网商人虚拟服务"一揽子"计划,满足金融机构商人客户银行需求,是有效的代理银行服务,因而是银行业务的一部分。

最后,伊康纳克斯和 KMS 计划为商人建立网站,作为互联网商人虚拟服务"一揽子"计划的一部分。两家企业已经提出了令人信服的证据,作为互联网虚拟服务"一揽子"计划一部分,参与商户建立网站的能力对成功营销"一揽子"计划是关键性的。因而,我们发现,伊康纳克斯和 KMS 为渴望那些服务的商户建立网站的计划是附属于银行业务的。……建立商户网站的服务,对于成功推销伊康纳克斯和 KMS 的互联网服务"一揽子"计划是必需的。没有网站建设这一组成部分,伊康纳克斯和 KMS 的互联网服务"一揽子"计划将不能充分满足客户需求,从而相对于其他互联网商务和网站虚拟服务的提供者而言,是置他们竞争不利。

伊康纳克斯和 KMS 已经证明,网站建设具有很强烈的商户需求,而网站建设是该公司支持的互联网服务"一揽子"计划的组成部分。证据还清楚地表明,伊康纳克斯和 KMS 的竞争对手正在或将提供这样的功能。最终看,网站接入功能将只是伊康纳克斯和 KMS 提供的整个"一揽子"计划的一小部分(未来 5 年平均,网站建设预计毛利润将占整个互联网服务"一揽子"计划预计毛利润的不到30%)。在此情况下,我们发现网站建设服务是其他互联网服务的附属部分,因此予以批准。

由此我们决定,伊康纳克斯和 KMS 计划开展的所有业务是银行业务的一部分或附属于银行业务。

提问和评论

你认为 OCC 的分析怎么样?虚拟商户网站或对第三方小贩网站提供链接是"撮合人"业务,因而是"银行业务"的一部分,这样说真的合理吗?宣称这一业务的附属部分包括设计网站和提供网站软件,这合理吗?考虑到互联网商务的爆炸性快速演变性质,如果银行能够执行这些服务,那么,对银行能力还留下什么实际限制呢?

第五节　不动产

到目前为止,我们一直聚焦于限定国民银行能力的一般标准,这些标准适用于范围很广的潜在业务。但是,国会已经特别处理了一些业务——批准那些可能被禁止的业务和禁止那些可能被批准的业务。这些特别法涉及不动产、动产、信托、证券和保险。我们将依次思考这些主题,先从不动产开始。

一、一般规则

125　　关键成文法《美国法典》第 12 卷第 29 节规定禁止的总则:国民银行不能拥有不动产。对于作为一笔贷款担保品的抵押财产,偿还债务获得的财产,以及银行自用建筑所需的财产,第 29 节规定了例外。通过第 29 节,国会寻求"保持银行资金流入日常商务渠道;阻止银行从事高风险的房地产投机;防止这样的资产大量累积在银行手里。"参见联合国民银行诉马修斯案①。第 29 节也有默示,FDIC 保险的州立银行一般不能搞"对国民银行不予许可类型的任何权益投资。"②

二、担保品和偿还债务

国民银行具有发放不动产担保贷款的明示能力③。重要的是,《美国法典》第 12 卷第 29 节对这一能力规定了广泛禁止。按照普通法,抵押贷款使得银行是这一财产的合法拥有者。借款人有"赎回权益",按此借款人可以通过还清债务收回法定权利。止赎则切断了赎回权益,能使止赎拍卖的购买人取得所有权,借款人任何索赔无效。

除了许可基于抵押的贷款外,第 29 节允许银行取得并持有不动产,如果借款人违约或寻求结清债务。按第 29 节第四条款,银行可以持有在按揭贷款止赎之后取得的不动产。止赎拍卖经常吸引不了几个竞买人。如果银行不能对该财产出价发标,那么,其他竞买人可能以公允市值的一部分买得它,姑且莫论银行这笔贷款的不必要的大损失。按第 29 节第三条款,银行可以持有因"交易过程中事先合同约定的清偿债务"取得的不动产。这一

---

① 《美国案例汇编》第 98 卷,第 621 页(1878)。
② 《美国法典》第 12 卷,§1831a(c)(1)。
③ 《美国法典》第 12 卷,§371。

例外规定补充了止赎例外,并包括了自愿清算债务得到的财产。由止赎和清算债务得到的财产被称为"DPC"("事先合同债")或"REO"("拥有的房地产")。银行一般可持有这样的财产 5 年,尽管 OCC 随时准备许可再延长 5 年。

三、办公用房

国民银行可以取得和持有"必须用于业务交易住房"的房地产。① 这类房地产包括银行总行、各分行以及其他经营处所②。这类房地产还包括"打算、有诚意用于未来扩建"的财产。如果银行目前不需要这一财产,它可以出租给他人。但是这类财产对银行当前和预期的业务需要必须具有合理关系。银行不应当期望购买洛克菲勒中心而逃脱惩罚,宣称它为"办公用房",并出租大部分给无关企业。并且,如果办公用房累计投资超出银行股本数量,银行需要监管审批。③

四、公共福利投资

126

国民银行可以持有房地产,根据其能力去"进行投资,主要用于提升公共福利,包括对中低收入社区家庭(比如通过提供住房服务或工作)的福利。"④一家银行累计公共福利投资,只有 OCC 批准才可以超过其资本的 5%,但无论如何不能超过资本的 10%。

提问和评论

1. 只有窃贼才梦想在银行宾馆度假。但在有些情况下,银行可以提供临时住处。国民银行可以拥有客房以安排雇员住宿,如果在此地"合适商务租住不近便的话"。银行也可以"为转到另一地区的员工购买住房,以减

---

① 《美国法典》第 12 卷,第 29 条(第一款)。
② 《美国联邦法规》第 12 卷,§ 7.1000。
③ 《美国法典》第 12 卷,§ 371d。
④ 同上,第 24 条(第十一款)。

省员工在当前房地产市场的损失,"只要银行恰当安排售卖该房产。①

2. 伊斯兰法禁止收取贷款利息,但允许"穆拉巴哈"融资。一位买者和一位卖者商谈卖出房产或个人财产。银行从卖者以协议价格买下该财产,并立即按确定的销售合同约定的更高价格卖给那位买者。更高价格补偿了银行的购买融资。尽管这种安排不涉及明确的利息收费,但在功能上等同于一笔担保贷款。考虑到《美国法典》第 12 卷第 29 节,"穆拉巴哈"融资遵守了国民银行法吗? 货币监理官说是。参见货币监理署解释函第 867 号(1999 年 6 月 1 日)。

3. 应加维公司请求,滨河国民银行要用 1 亿美元买一座新建办公楼,并出租给加维公司 30 年。加维首次支付 2,500 万美元,之后按照标准 30 年抵押贷款 7500 万美元按月偿还,另外也要支付管理、维护、房产税和保险各项费用。租期结束,加维可以 10 美元买下这座办公楼。这样的安排遵守了国民银行法吗? 货币监理官说是。参见货币监理署解释函第 806 号(1997 年 10 月 17 日)。

问　题

大道银行总部在格林布赖尔州雷德福。该行有总资产 300 亿美元,包括 25,000 万美元的办公用房;总负债 270 亿美元;30 亿美元的股本,其中,35,000 万美元是"资本股本",265,000 万美元是未分配利润。该行在拉德福德有最精明的商业房地产贷款银行之誉。多年来,该行的贷款、其他投资、存款和利润都稳定增长。格林布赖尔的法律禁止"总资产 10 亿美元以上的任何银行安排办公用房投资,设若(在银行做了此项投资之后)该行的办公用房总投资超过该行总资产 1%。"该行在雷德福市中心的德科区拥有土地。一幢毫无特色的平房是分行办公室,目前占据这块地的一部分,其余部分作为停车场。德科区从 1920 年代至 1940 年代繁荣兴旺,此后进入长期的衰退,最近好运气又来了。开发商翻新老房子,建了

---

① 《美国联邦法规》第 12 卷,§ 7.1000(a)(2)(v),(d)(2)。

新房子,房产价值扶摇直上。大道银行计划拆掉原来的分行办公室平房,建一座 20 层的装饰派艺术风格的带地下停车库的办公大楼,并对剩余地块予以园林美化。该工程预计花费 17,000 万美元。该行总部将移驻新大楼,占用新大楼总面积的 28%,并向商户出租其余面积。如果大道银行是一家国民银行,该工程符合我们已学的哪些法律? 如果该行是加入 FDIC 保险、又是格林布赖尔州执照的州立非成员银行,那会怎么样?

第六节 动 产

银行可以拥有有形的动产,比如电话、计算机和回纹针吗? 第 24 节没有明确授权银行那么做,但是银行需要各种动产去继续进行它们的业务。因此,拥有与业务相关的普通动产既是银行业务的一部分,也是附属于那个业务的。

但拥有用于其他目的的动产会怎样? 在 1960 年代和 1970 年代期间,这个问题随着汽车租赁融资的成长而呈现出来。租赁融资,尽管功能上类似担保贷款,但有不同的法定形式。贷方(出租人)购买财产,对它持有法定所有权,授拨借方(承租人)拥有和使用它的权利。借方支付租费,贷方由此收回出资购买该财产的成本。租约结束时,借方得到所有权或以适中的价钱买下它。如果借方对付款或按租约承担的其他债务违约,那么贷方就终止租约并重新拥有此项财产。

比起赊购汽车,租赁汽车具有税务优惠。但是,相比银行实际需要或用于其自身业务来说,这需要作为出租人的银行拥有更多数量的汽车。货币监理官宣称,国民银行可以对它的客户租赁动产,如果该银行是"应客户的请求并为了客户使用而购买此项动产。"第九巡回法庭认定,银行业务包括租赁动产,如果该租赁本质上达到由此项动产担保了一笔贷款。但是,银行不能承担"物质的负担而不是一个贷方钱款的负担,"或者使自己遭受"通常不附属于一笔担保贷款的重大风险。"参见 M&M 租赁公司诉西雅图第一国民银行案。[①]

　　国会后来规定,国民银行可以投资其资产 10% 在"有形的动产,包括……汽车、活动房屋、机器、设备或家具,用于租赁融资交易,须基于一项纯粹的租赁。"[②]一项纯粹的租赁应足够维持到不动产的预期使用寿命,同时承租人要支付保险、维护、税和其他通常与所有权有关的费用。

128

问　题

　　布雷本国民银行长期从事动产租赁融资。考特兰公司开发、制造和销售高技术医疗设备,包括巴氏灭菌器、臭虫扫描器等。考特兰公司想把销售扩大到小医院和专科医师组。经考特兰公司请求,该银行已经开发出"灵动租赁"的两款选择方案:有期限灵动租赁和无期限灵动租赁。有期限灵动租赁的期限比设备预期使用寿命短,但又足够长,以便总计各月还款覆盖两项之和,即期限内融资资产的预计成本加至少购买价的 65%。银行会通过在租期结束时卖出设备收回投资的其余部分。按无期限灵动租赁的选择,租赁各期还款有两部分:第一部分是一笔确定的美元,像传统租赁,但利率比较低;第二部分,出租人收取使用机器费的一个百分比。医疗设备出租人通常提供这样的安排。银行设计收费结构以便租赁期间银行覆盖购买对价和预计财产融资成本,并挣得利润。按两款选择方案,出租人通常按与考特兰公司达成的服务合同支付维护费,并支付适用的税费。银行也要对该设备购买保险,并以补偿的保费水平设定逐月交纳的租费。货币监理官相信,银行开展灵动租赁业务会很稳健并盈利,她倾向于批准两款选择方案。但是,她问你,如果租赁联盟(一家非银行租赁公司的行业协会)起诉阻止该业务,法院会怎样裁定?

---

① 《联邦案例汇编第二辑》第 563 卷,第 1377 页(第 9 巡回法庭,1977 年)。
② 《美国法典》第 12 卷,第 24 条(第十款)。

第七节　信托

银行长期以来就提供信托服务。按《美国法典》第 12 卷第 92a 条,货币监理官可以"通过特别许可国民银行专此申请,若不违反州法或地方法,授予权利充当受托人、遗嘱执行人、托管人、股票和债券的登记人、财产监管人、承接人、接管人、精神病人财产保护人,或者任何其他受托人资格,其中,州立银行、信托公司,或与国民银行竞争的其他公司被许可按国民银行所在州的州法行为。"

起初就出现了关于这一能力值得注意的两件事。第一件事,至今我们考虑的银行能力都不要求任何许可,也不预先批准。即便货币监理官没有预先批准一项特定业务,银行一般仍然向前推进并开展这一业务,尽管存在货币监理官后来不批准的风险。但银行需要许可才能行使受托人身份。第二件事,按第 92a 条,国民银行受托人身份必须不违反州法。这一限制明显是寻求保护州立银行抵制来自国民银行的"不公平"竞争。

《美国法典》第 12 卷第 92a 条照准什么业务? 很清楚,信托业务包括在内:根据遗嘱设立的法律文件银行可以充当受托人,或者给予受托人自由裁量权,代表指定受益人投资钱款。根据《统一赠与未成年人法》,其他信托业务包括充当遗嘱执行人、托管人、股票和债券的登记人、过户代理人、财产监管人、承接人、接管人或保护人。①

货币监理官解释《美国法典》第 12 卷第 92a 条,作为授予的附加受托人身份,尤其包括提供投资建议的能力。② 银行可以向客户提出关于投资策略的建议,以及关于特定股票、债券或其他投资的选择建议。银行官员经常非正式地那么做。如果未经 OCC 许可就提供投资建议,银行违犯了第 92a

---

① 《美国联邦法规》第 12 卷,§9.2。

② 同上,§9.101。

条(的规定)吗？不，货币监理官不认为"免费"给予的建议是作为受托人身份的赠与。虽然银行对作为收费的整套服务的一部分提供了建议服务，但如果它没有收取单独的建议费，那么银行一般可以提供这一服务而无须预先批准。但是，如果它收取这种(单独的建议)费，那么它可能是按受托人身份行为，因而必须先经监管批准。

因为 OCC 批准充当付费投资顾问，银行就能进入更赚钱的业务领域。它们可以(在 SEC 登记为投资顾问之后)管理和发起共同基金，并对提供的服务收取管理费。它们也可以充当全方位服务的证券经纪，提供研究和其他建议服务，并对这种服务收取溢价费。如果充当证券经纪，它们可以提供投资建议(以及基本的指令执行)，因而有可能博取更高的收费。它们还可以充当兼并收购的顾问、重组专家，以及税务筹划与合规顾问。

银行提供信托服务的职权取决于符合州法。但是"哪一个"州法？假定一家银行与马里兰州的一位信托设立人(创立人)订立了信托协议。之后，设立人退休去了佛罗里达州，并从银行收到了她在那儿有生之年的信托分配。设立人的两个孩子是该信托的主要受益人，一个住在加利福尼亚州，另一个住在纽约州。这家银行总部在宾夕法尼亚州。该行的信托服务必须尊重哪一个州的州法？按照货币监理官，一家国民银行行使受托人身份的州，就是银行接受信托订约，执行创立信托关系文件，以及做出关于信托资产的投资和分配的自由裁量决策的州。如果这些活动发生在不止一个州，那么银行要从这些州当中指定一个州。[1] 在上面的例子里，银行大概会指定宾夕法尼亚州，那是该行的州籍故乡。

如果一个不同的州寻求禁止国民银行提供信托服务，理由是州立银行和国民银行的其他竞争者在本州不可以提供这样的服务，这会怎样？货币监理官采取的立场是，除非那个州是该银行行使受托人职能的州——实际意思是该行的州籍故乡，那其他州就运气不佳了，否则它不能禁止该银行提供这种服务。鉴于这一裁断，各州没有激励禁止自己的银行提供信托服务，

---

[1]　《美国联邦法规》第 12 卷，§ 9.7(d)。

不然这一业务就会流失到其他州的国民银行。

第八节　证券

我们现在考察银行证券投资、经纪、交易和承销的能力。

一、基本概念

所有证券都代表针对"发行人"的求偿,也就是针对公司、政府或发行证券的其他实体。国债、企业债券、商业票据和其他债务性有价证券构成了发行人的负债。权益证券(任何种类的股票)代表了发行人的所有者权益。

经纪商从事为他人(即客户)买卖证券的业务。如果你让科林斯资本公司为你买了甲骨文公司股票 100 股,那科林斯资本公司就是充当了经纪,即作为你的代理以购买股票为目的的行为。你将拥有这一股票,接收任何增益,并承担任何损失。

交易商从事为它自己账户买卖证券的业务。如果科林斯资本公司为它自己的投资组合有规律地买卖证券,那它就是买卖证券。如果科林斯资本公司为努力从利率变动和了解发行人财务实力变化中获利而有规律地买卖公司债券,那科林斯资本公司就是从事交易。在买卖债券过程中,科林斯资本公司充当了自营角色:它接收增益和承担损失。

承销商(1)为发行人销售向公众投资人分销的证券;或者(2)从发行人买入证券以向公众投资人分销。"公众投资人"是普通投资者,区别于比如机构投资者和富有且经验丰富的个人。销售证券以便使证券最终分散在公众投资人手里的过程一般称作"分销"。拿科林斯资本公司和它的客户阿戈公司为例。阿戈公司具有单一类型的股份,在股票交易所上市交易,它想通过向公众卖出更多的股份来筹集、增加资本。科林斯资本公司可以两种方式处理这一销售:代表阿戈公司卖出股份(也就是作为阿戈公司的代理)或它为了分销股票自己买进这些股份。但科林斯资本公司也可以不通过分销股票方式为阿戈公司筹钱,这种方式被称作"私募",科林斯资本公司仅对经验丰富的机构投资者提供和卖出一类新证券(不公开交易)。

投资是指提供一种简洁的方式,买入并持有放进你投资组合的这些证券,从利息、股息和长期升值中获利。

银行成文法使用术语"义务"(obligation)表示归还欠款的任何书面承诺。因此,这个术语包括所有债务证券,但也包含普通贷款。

二、历史背景

这里来一点历史能派上用场。甚至在《格拉斯-斯蒂格尔法》之前,银行都不能投资股票。银行家、监管部门和储户都认为银行过于投机。公众意见也是否定的,他们总是怀疑过于集中的金融能力,欢迎银行变成非金融公司的有影响力的股东。

银行的确在债务证券上做了有限投资。但在 19 世纪,银行持有的主要是商业票据——短期、可转让、无担保的企业借款借据。通过投资商业票据,银行在更大范围内多样化资产组合。银行也做了一些公司债投资,虽然如此,银行资产主要是贷款。

长期以来,银行回避过度投机的证券承销,投资银行起来填补了这个空缺。但第一次世界大战之后,随着公开交易证券市场的萌发,一些大型商业银行加入了投资银行业务。典型的做法是,银行做投资银行业务,不是直接做,而是通过分支机构、附属机构或姊妹公司(间接地进行)。

1933 年银行体系崩塌的时候,银行及其附属机构变成了合适的替罪羊,被指控通过犯罪行为破坏了银行体系的稳定。《格拉斯-斯蒂格尔法》剥夺了银行证券业务,并限制商业银行和投资银行之间的隶属关系。格雷姆-里奇-比利雷法废除了子公司限制,但《格拉斯-斯蒂格尔法》的另外两个条款仍然适用。第 16 条一般禁止国民银行拥有股票,并限制银行"交易证券和股票的业务。……完全根据客户指令,为客户而决不为自己买卖这种没有追索权的证券和股票。"①(是的,这是我们认为与银行基本能力相连的同一条;国会硬把《格拉斯-斯蒂格尔法》的语言塞进它里面。)第 21 条禁止"从事发行、承销、销售或分销,以批发或零售,或通过辛迪加参与,股票、国债、企业债券、票据或其他证券的任何人、商号、公司、协会、商业信托或其他类似组织,同时从事任何程度的接受存款业务。"②第 16 条和第 21 条大致具有相同的目标,但从相反方向对待它:第 16 条限制银行证券业务,而第 21 条禁止证券公司吸收存款。

　　州立银行如何? 第 21 条适用所有厂商、银行或非银行:承销企业证券的任何商号不能吸收存款。第 16 条适用州成员银行以及国民银行。③ FDIC 保险的州非成员银行,尽管不由第 16 条覆盖,但"不可以直接或间接获得或保留不许可国民银行的任何类型的权益投资。"④州非成员银行也不可以"从事不许可国民银行的任何类型的自营业务",除非该银行有充足资本,并且,FDIC 裁定该业务"不会对存款保险基金产生重大风险。"⑤因此,总体而言,国民银行和州立银行具有相似的证券能力。

　　大萧条的创伤阻碍了银行和它们的监管部门对《格拉斯-斯蒂格尔法》的限制的测试。其实,银行家、律师和法官很大程度上忽略了这些成文法文本,相信该法已经在商业银行和投资银行之间立起了几乎不可穿透的屏障。然而,到 1980 年代,随着大萧条的记忆减退,并且银行面临着更强烈的竞争压力,律师回到那些文本发现,那些文本完全不是那么回事。

　　本节考察了在银行渴望进入证券商地盘的持续法律挑战下,《格拉斯-斯蒂格尔法》限制银行证券业务是怎样垮掉的。它是充满法律的足智多谋、行业与机构的坚持,以及雪佛龙尊重原则扩张银行能力的一个故事。

132

---

①　《美国法典》第 12 卷,第 24 节(第七条)。
②　同上,§ 378(a)(1)。
③　同上,§ 335。
④　同上,§ 1831(a)(1)。
⑤　同上,§ 1831(a)(a)。

三、证券投资

第 16 条对国民银行和州成员银行施加了两条关键限制。第一,银行必须限制其"交易证券和股票的业务……完全根据客户指令,为客户而决不为自己买卖这样没有追索权的证券和股票。"[1]第二,银行一般不能"为它自己……买进……任何公司的任何股份。"

第一条限制,限定了银行"交易证券业务"的范围,但有两个主要例外和很多小例外。按第一个主要例外,银行可以承销、交易和投资美国政府证券以及州与地方政府的"普通债券"。如果政府有法律义务偿还债务,那么,这种债务证券就代表"普通债券"。这样的证券带着政府的"完全的诚信和信用",由其税收能力所支持。如果证券在第一例外的范围内,银行不仅能投资这类证券,而且能承销和交易这类证券。银行长期承销州与地方政府的债务债券。最大的一些银行或其附属机构也充当美国政府证券的"一级交易商",帮助纽约联邦储备银行代表财政部销售新发行的证券。

按第二个主要例外,银行可以"在货币监理署法规规定的界限限制下为自己购买投资证券。"[2]银行对任何一个发行人证券的投资都不能超过银行资本的 10%。货币监理官定义投资证券为"适于出售、没有明显投机性质的债务证券。"[3]

货币监理署早就要求证券要有投资等级评级(AAA,AA,A,或 BBB),评级机构国家认可,比如穆迪或标准普尔。但是,这些评级机构在房屋泡沫期间摔了大跟头,对数百只次级抵押贷款支持债券授予 AAA 级,后来证明实际质量很差。在 2006 年期间发行的 AAA 级证券中,到 2010 年 93% 进入了垃圾评级。《多德-弗兰克法》予以回应,废除了对信用评级很关键的所有成文法条款,并要求联邦机构审查它们的各个法规,用适当的信誉标准代替信用评级。

---

① 《美国法典》第 12 卷,第 24 节(第七条)。
② 同上,第 24 节(第七条)。
③ 《美国联邦法规》第 12 卷,§1.2(e)。

除了政府证券和"投资证券"这两大例外之外,第24节(第七条)还包含了乏味的许可银行承销、交易和投资其他各种证券的小例外名单。这些合格证券的发行者包括一些国际组织(比如国际货币基金组织、世界银行和亚洲开发银行),联邦政府公司(比如美国政府国民抵押贷款协会,田纳西流域管理局),政府发起的企业(比如房地美和房利美,以及联邦住房贷款银行),以及加拿大联邦和地方政府。

银行投资权益证券的能力非常有限。已如所述,国民银行一般不能拥有公司股票,但可以拥有子公司股份。许可的子公司归入三种基本类型: (1)运营子公司,(2)金融子公司,以及(3)特别法批准的子公司。"运营子公司"仅从事银行可以直接开展的业务。"金融子公司"至少从事银行不能直接开展的一种业务(例如承销公司证券),尽管它也能从事许可银行的业务。术语"运营"和"金融"源于尽力防止子公司受到美联储理事会和银行的非银行竞争者的批评。"运营"强调的是,母银行仅仅通过一个单独的公司实体有选择地开展某些它自己的运营。"金融"强调的是,一个金融子公司不能从事房地产开发或普通商业。我们将在第八章再谈运营子公司和金融子公司(参见边码第406,429—430页)。

特别法批准国民银行拥有小型企业投资公司和银行服务公司。"小型企业投资公司(SBICs)"是由小企业管理局(SBA)许可和监管的风险投资公司。一家银行对SBICs的投资可以达到其资本的5%,反过来,SBICs可以投资于从事几乎任何业务的公司,只要所投资的公司符合SBA对"小型企业"的宽宏定义。[①]"银行服务公司"对存款机构提供各种服务,例如簿记和支票清算。[②] 一家银行对这种公司的投资可以达到其资本的10%。但是,在银行服务公司之后,运营子公司发展起来,它提供了一个更有吸引力的法律框架:运营子公司可以从事范围很广的业务,而且不附带任何资本百分比限制。

---

① 《美国法典》第15卷,§681—687m。

② 同上,§1863。

一家银行的子公司从定义上说是该银行控制的一家公司,各银行都整体拥有大多数子公司。但是,OCC 也许可一家银行拥有一家公司的小部分股份,如果(1)该公司仅从事银行业或附属于银行业务,(2)该投资便于或用于继续进行银行自己的业务,(3)该银行仅有有限的负债,以及(4)银行能够阻止该公司从事未经许可的业务或者撤出它的投资。①

对国民银行股票所有权的限制也约束州立银行,即 FDIC 保险的州立银行一般不能"取得或持有不许可国民银行的任何一类权益投资。"②

提问和评论

1. 为什么禁止银行投资权益证券？这种禁止现在还有意义吗？低级公司债券("垃圾债券")如何？

2. 鼓励银行用储户资金发放贷款而不是购买证券,这服务什么公共政策？

3. 贝拉唐纳银行和夹竹桃银行是互不隶属的中等规模的银行,总部在一个叫做卡拉巴的大城市。贝拉唐纳银行是一家国民银行,夹竹桃银行是 FDIC 保险的州非成员银行。过去两年来,大城市卡拉巴经历了严重的衰退。许多借款人已经贷款违约。贝拉唐纳银行和夹竹桃银行各有一止赎的一大排房屋、商铺、公寓大楼和办公楼。"我们应该拿这些东西干什么呢,吃了它?"贝拉唐纳银行首席执行官抱怨说,"我们没有管理和销售这么多财产的专长。我们不堪重负啊。"夹竹桃银行首席执行官回应说,"我们也是如此。这个城市的每一家银行都是如此。太多的 REO(拥有的不动产),太少的销量,太多的头疼！我们创办一个公司专门来处理那些止赎房子吧,这公司要有合适的人才、合适的专长,如何?"贝拉唐纳银行、夹竹桃银行以及其他三家小银行最终同意组建了赫姆洛克公司,管理和销售银行从违约借款人那里得来的这些不动产。每家银行有权利以这些不动产交换赫姆洛

①　OCC 解释函第 756 号,1996 年 11 月 5 日。
②　《美国法典》第 12 卷, § 1831 a(c)(1)。

克公司的股份,由独立评估师确定了各个区块资产包的估值。让与赫姆洛克公司每 100 美元的财产,银行接收赫姆洛克公司一个股份。贝拉唐纳银行最终拥有赫姆洛克公司大约 30% 的股份,夹竹桃银行拥有其 27% 的股份。这 5 家银行拥有的市场份额足够小,它们对赫姆洛克公司的共有所有权不会招致任何反托拉斯问题。

（a）贝拉唐纳银行能以止赎房产换取赫姆洛克公司的股份吗?

（b）夹竹桃银行也能那么做吗?

（c）赫姆洛克公司可以向提供其服务的银行或除了这 5 家所有人之外的公司收费吗?

四、证券经纪

银行可以充当证券经纪商吗? 第 16 条限制国民银行"交易证券和股票的业务……完全根据客户指令,为客户而决不为自己买卖这样没有追索权的证券和股票。"这就是经纪商! 但在得出银行可以充当证券经纪商的结论之前,我们需要考虑历史。银行家们和他们的监管部门们很早就相信,《格拉斯-斯蒂格尔法》在商业银行和投资银行之间竖起了一道墙,但经纪业务离这道墙很远。因此可以肯定,该成文法不能被解读为"许可"银行做经纪商证券业务。或许它能吗? 这个争议问题发生在下面的案子里。

证券业协会诉货币监理官案[①]

弗兰纳里,地区法官。

货币监理官许可一家国民银行获得一个折扣经纪子公司,许可另一家国民银行建立一个折扣经纪子公司。两个子公司将仅作为代理机构,根据客户指令为客户买卖证券。两个子公司都不能为自己的账户买卖证券,也

---

① 《联邦补充案例》第 577 卷,第 252 页(特区地方法院,1983 年),肯定法庭意见;《联邦案例汇编第二辑》第 577 卷,第 252 页(特区巡回法庭,1985 年),基于其他理由变更案名翻案。克拉克诉证券业协会案,《美国案例汇编》第 479 卷第 388 页(1987 年)。

不能从事承销,不能给客户投资建议。"折扣"经纪商具有这一特征是因为他们的佣金很低,而那些提供完全服务的经纪商所收佣金更高,他们除了代表客户交易之外,还提供投资建议。

证券业协会(SIA)质疑这种交易,辩称一家国民银行或其子公司经营经纪商业务违反 1933 年的《格拉斯-斯蒂格尔法》当中的第 16 条和第 21 条,参见《美国法典》第 12 卷第 24 节第七条和第 378 节。……

SIA 辩称,《格拉斯-斯蒂格尔法》许可银行提供经纪服务,仅对业已存在的真实客户。SIA 说,《格拉斯-斯蒂格尔法》的意图是在商业银行和投资银行之间立起不可穿透的屏障,以避免 1920 年代那种肆无忌惮的投机,把银行体系带到崩溃的边缘,而本来银行应当用储户的钱把投机证券排挤出这个市场。为了支持其论点,SIA 指向两个条文,即《格拉斯-斯蒂格尔法》的第 21 条、《美国法典》第 12 卷第 378 节,禁止"以批发或零售方式从事发行、承销、销售或分销……证券……"的任何组织,同时从事银行业务。折扣经纪商以零售方式从事证券买卖,因此 SIA 辩称,作为同时的银行业务的一部分是被禁止的。

《格拉斯-斯蒂格尔法》第 16 条、《美国法典》第 12 卷第 24 节第七条,将银行经纪业务限于"根据客户指令,为客户账户。……" SIA 说,相对于《格拉斯-斯蒂格尔法》确立的商业银行和投资银行之间坚硬的屏障来说,这个第 16 条是一个很有限的例外,而且其存在价值也仅为了安顿银行既有客户而已。为了支持其论点,SIA 援引了货币监理官几个早期的意见,这些意见认定,第 16 条例外把银行经纪交易限定在银行为其客户进行,客户与银行之间的关系不能独立于证券交易而存在。……SIA 承认,1974 年在批准提供自动投资服务申请,即本法院也支持的一项裁断中,货币监理官修改了他的立场,……货币监理官推翻他自己先前的解释时说,"便利"并不意味着银行对客户提供经纪服务不收费。但是,SIA 说货币监理官保持不变的要求是,客户关系不依赖证券交易而存在,证券交易是充当经纪服务的一部分。

SIA 并未说服本法院。第 16 条的银行证券限定在银行为客户账户的语言,并不限制银行经纪业务,而是用以区别这样的业务与银行为自己的账户买卖证券。尽管在《格拉斯-斯蒂格尔法》立法史上对起因于以前投资银行与商业银行混合经营的种种弊病进行了详尽编目,但是没有提到限制银行经纪业务。相反,在此段立法史里出现了一处提及,说《格拉斯-斯蒂格尔法》将许可国民银行为其客户买卖证券"达到在此以前的相同程度"。并且,正如货币监理官说明,通过援引较早的案例法和第二手文献,在《格拉斯-斯蒂格尔法》之前,银行对普通公众成员而不只对既有客户提供经纪服务。

SIA 所依赖的货币监理官的较早意见,体现了"银行监管的过于审慎的方法,这反映了 1929 年市场崩溃紧随几年里的氛围,"……而在其后的几十年里,货币监理官逐渐不予认可。……

按照前述,本院认定,《格拉斯-斯蒂格尔法》没有禁止由国民银行拥有和运营的附属公司从事经纪业务。 136

提问和评论

1. SIA 聚焦于《格拉斯-斯蒂格尔法》第 16 条哪一个词,质疑银行不能提供这一受到挑战的服务?

2. 本案例涉及了折扣经纪:执行客户买卖指令,不提供投资顾问服务。但是,提供投资顾问服务是银行业务的一部分或附属于银行业务。虽然银行可以分别地提供经纪和投资顾问服务,但似乎令人奇怪的是银行不能同时一起提供这两种服务。因此,本案例含蓄地指出,国民银行可以提供全套服务,也可以提供折扣经纪服务。

3. 证券经纪,尽管从银行法的立场看已经完全许可,仍然可能使银行受到证券交易委员会(SEC)的严厉监管。按 1934 年证券交易法,任何"经纪商"或"交易商"必须在 SEC 登记,并遵守经纪商-交易商规则,这些规则并非为银行而设计的。一家银行可以开展一些经纪和交易业务而不变成一家"经纪商"。它可以有效开展商业票据、政府证券以及特定银行产品的交易,也可以作为信托人或为附属企业有效开展任何证券交易,还可以每年为任何人、任何证券完成另外 500 笔交易。[1] 类似地,一家银行不能通过证券化它自己的资产或通过买卖商业票据、政府证券以及特定银行产品而变成一家"交易商"。[2] 为便于遵守 SEC 规则,银行通常通过一家子公司或其他附属机构而不是银行自身提供经纪服务。

五、证券承销

正如我们所见,银行可以承销美国政府债券,以及州与地方政府债券。公司债和权益证券怎么样呢? 此处的答案似乎是予以了明确:一家银行"不得承销证券或股票的任何发行。"但是,银行一再测试了这些规则的界限,最终确立了私募商业票据的权利。下面几个案例追踪了银行与证券业的斗争。

投资公司协会诉坎普案[3]

大法官斯图尔特:

一家国民银行可以充当受托人、遗嘱执行人、托管人和投资顾问。当银行以这样一种受托人身份接收钱款时,它可以将这笔钱投资在"共同信托基金",而基金持有多样化证券投资组合。它向客户发行"参与单位",代表该基金的比例股份。这些单位功能上等于共同基金份额。此处,货币监理署超越让银行使用一个共同信托基金对抱持传统信托目的的钱款予以管理。它允许银行利用这种基金对委托给银行专门为投资的钱进行投资。

最高法院认定,这一安排违反了《格拉斯-斯蒂格尔法》。在最高法院看来,向投资者售卖参与单位等同于承销证券。把基金的钱投资在公司股票上等同于为银行自己账户买入股票。

《格拉斯-斯蒂格尔法》的目标之一是禁止商业银行……进入投资银行业务。……从该法立法历史可以显见,国会为什么感到这种断然措施是必

---

① 《美国法典》第 15 卷,§78c(a)(4)。

② 同上,§78 c(a)(5)。

③ 《美国案例汇编》第 401 卷,第 617 页(1971)。

要的。美国1930年银行倒闭被广泛归于银行业务涉及其数量众多的证券附属机构。并且,国会关注商业银行……既恶化股票市场下跌,也被股票市场下跌所害,部分原因是商业银行直接或间接介入了投机性证券的交易和拥有。《格拉斯-斯蒂格尔法》反映了一个终结,(本来鼓励)竞争、方便或专长的各项政策可以支持商业银行进入投资银行业务,却被商业银行从事《格拉斯-斯蒂格尔法》所禁止的业务而产生的"灾难"和"金融危险"压倒。

国会心中的灾难不限于银行可能投资其资产于冻结状态,或不然是轻率的股票或证券投资。……国会……一再聚焦于更加微妙的灾难,就是当商业银行逾越充当信托人或管理代理人,并进入投资银行业务,直接或通过设立附属机构持有和卖出特定投资,从而产生的那些灾难。这个过程对银行施加新的推销压力以及其他压力,反过来又创造新的种种诱惑。例如,压力的产生是因为在公众心目中银行和附属机构相联密切,而如果附属机构收费更恶劣,那么公众对银行信心可能受损。因为公众信任是银行偿付能力的基础,因而可能存在一种自然的诱惑,就是通过不稳健的贷款或其他方式支持附属机构。此外,销售特定投资和谋求附属机构成功的压力可能产生一种风险,就是银行可能使得它的融通便利更加无条件地提供给那些公司,而银行附属公司已经投资这些公司的股票或证券,或变成以其他方式涉入。国会害怕银行甚至可能竟然向这样的一些公司发放不稳健贷款。不管怎样,人们往往认为,银行销售人员的利益可能损害其充当公正信用之源的能力。

国会也非常关心,银行储户可能遭受投资损失,也就是储户因相信银行与其附属公司的关系所买入的投资品招致损失。这种客户善意招致的损失可能"在证券市场下跌的主要时期内,成为银行的重大缺陷。"从广义的角度来说,国会担心,投资银行的促销需要可能导致商业银行借助审慎与克制的声誉对销售特定股票和证券的一些企业贷款,于是,必然伴随投资银行业务的那些风险正在侵蚀着银行的声誉,而没有这种声誉这是不可能做到的。有一种危险也被觉察到,当商业银行受投资银行业务的促销需要所支配时,可能诱惑他们向客户发放贷款,期望这一贷款会促进购买股票和证券。有证据摆在国会面前,由商业银行签发的用于投资的贷款大大助长了 1920 年代的投机狂热。参议员格拉斯明确说明,国会的固定目标是,不想看到商业银行服务通过具有强势和促销特征的投资银行业务转入投机经营。

国会非常关心的另一个潜在灾难是,源自投资银行家的促销利益和商业银行家给予公正投资建议的义务之间的那种明显的冲突。……

总之,国会立法以挡住商业银行从事投资银行业务,主要因为它相信,投资银行业务的促销激励和投资银行家特定投资机会成功的金钱利益,对商业银行的审慎和公正以及公众对商业银行体系的信任是具有破坏性的。正如参议员巴克利所说:"如果我们要银行服务做严格的银行服务,不期望向客户销售获取额外利润的什么东西,那么,我们必须阻挡银行从事投资银行业务。"……

我们信服,国会颁布《格拉斯-斯蒂格尔法》的目的对这样的结论不留余地,就是参与一家银行投资基金在该法意义之内不是一种"证券"。……

《格拉斯-斯蒂格尔法》是一个预防性措施,针对特定条件就是 1920 年代的经验,说明巨大潜在滥用的情形。该法的文字条款明确阻止货币监理官此处寻求批准的东西。因为从一家银行流入共同投资业务所具有的潜在的灾难和滥用,与国会大约 40 年前打算消除的基本灾难和滥用是相同的,我们不能不适用被制定的联邦成文法中的条款。我们得出结论,运营由货币监理官所批准的那种投资基金,使得一家银行涉及了承销、发行、销售和分销证券,违反了《格拉斯-斯蒂格尔法》的第 16 节和第 21 节。……

提问和评论

1. 本案例中,争议的"证券"是什么?在什么意义上银行可能在"承销"这一证券?

2. 如何确切地说明,该业务违反《格拉斯-斯蒂格尔法》的第 16 节和第 21 节?

3. 在试图裁定一项特定金融工具构成一种证券时,最高法院为以后的法院规定了什么样的指导?

4. ICI 诉坎普案代表了最高水准的概念,《格拉斯-斯蒂格尔法》在商业银行业务和投资银行业务之间立起了一道不可穿越的大墙。它支持这一解释使用了"金融危险"和"微妙灾难"的若干例子,其中一些是国会成员的脱口之词(尤其是参议员巴克利),这表明了对商业银行业务和投资银行业务二者结合的担心。这些灾难是多么真实? 对于一个有怀疑精神的分析人士来说,请参看梅西《特殊利益集团立法和司法职能:〈格拉斯-斯蒂格尔法〉的两难困境》[①]。

5. 最高法院担心,许可商业银行及其附属公司进入证券业务,会将商业银行家们转入"促销人",不能"充当公平信用之源。"投资银行业务如何偏离一家商业银行的贷款决策? 为何有可能发生那种情况?

6. 最高法院提到商业银行家们的"义务,……给予公正的投资建议。"银行家们有这样的一项义务吗? 如果是这样,它是如何产生的?

7. 让商业银行置身于投资银行业务之外有助于保持商业银行安全,你同意吗? 通过拒绝银行以低成本方式多样化其资产和收入,《格拉斯-斯蒂格尔法》限制实际增加了风险,难道不会吗?

证券业协会诉联邦储备系统理事会案[②]

大法官布莱克门:

银行家信托公司,是一家州成员银行,销售给投资者由该银行的公司客户发行的商业票据。这样做,该银行充当了其客户的代理商。原告方质疑,这些销售等于承销"票据"和"证券",违反了《格拉斯-斯蒂格尔法》。联邦储备理事会注意到,宽泛地定义那些条款你会禁止银行长期存在的一些业务。比如,贷款和存款单两者都居于承诺"票据"的中心。并且,将存款单解释为《格拉斯-斯蒂格尔法》第 21 节规定的"票据"使得第 21 节本身毫无意义:该成文法禁止任何人"从事发行业务,……销售,或分销(存款单),同

---

① 《埃默里法律杂志》第 33 卷,第 1 期,第 11 页(1983)。

② 《美国案例汇编》第 468 卷,第 137 页(1984)。

时在任何程度上从事接受存款的业务。"该理事会推定,"如果一种特定金融工具证实,一笔交易在功能上相比一种投资交易更类似于一种传统商业银行操作,"它就不构成符合《格拉斯-斯蒂格尔法》目的的一种证券或票据。在这种"功能分析"之下,该理事会断定,相比一笔投资交易,商业票据与一笔银行贷款更加紧密相似。因此,该理事会发现《格拉斯-斯蒂格尔法》不适用,并支持此项业务。

《格拉斯-斯蒂格尔法》第16节和第21节是标定分离商业银行和投资银行界线的主要条款。……因为第16节和第21节寻求画出同一条线,双方当事人同意,两节所述的承销禁止规定是相等范围的,并且我们认为事实就是如此。无论如何,因为第16节和第21节都适用于银行家信托公司,如果两节中任何一节予以禁止,本案中该公司的业务就是不合法的。不过,第21节的语言或许更有帮助,因为那一节极其详尽地描述了投资银行的详细业务,国会发现这些业务与商业银行业务相抵触。

普遍一致的共同点是,术语"股票"、"公债"和"公司债券"不包含商业票据。相反地,本案的争论集中在上诉人的主张,即商业票据构成了第21节意思之内的一种"票据"(note),并且,如果不是,那它仍然包含在概括性术语"其他证券"中。……

该成文法既没有定义术语"票据",也没有定义术语"其他证券"。……被告没有争议的是,商业票据包括无担保的本票,并归入一般意义的术语"票据"范围之内。然而,被告坚称,使用那个术语的语境表明,国会意指一种更狭窄的定义。因为那个术语出现在一个词组中,它包括"股票、公债和公司债券,"联储理事会坚持,该法的禁止规定仅适用于这样的"票据和其他证券",它们类似于那些被列举的金融工具。联储理事会的观点似乎是,因为"股票、公债和公司债券"通常被认为是"投资",《格拉斯-斯蒂格尔法》的意思是禁止承销的仅是那些票据,此类票据"共有那种投资特征,就是其他被列举的投资工具的每一个都有的共同特点。"对商业票据适用这一标准,联储理事会断言,商业票据与商业贷款相似性更为切近,因此它不是在该法之下有资格成为"证券"的那种投资。……

联储理事会试图狭窄化该成文法语言的普通意思,这证明是有困难的,该理事会没有成功地努力说明,据称该法所涉及的票据和那些该法未涉及的票据之间存在什么有意义的区别。……联储理事会……似乎得出了结论,只有此票据被恰当地视为一笔"投资"时,才是该法所包括的一种票据。联储理事会争辩说,这种方法要求它要考虑票据一"簇"的特征,例如,它的到期期限,它的风险特点,以及它的潜在购买者。然而,股票、公债和公司债券的各项特征表现都很不相同,并且,《格拉斯–斯蒂格尔法》的承销禁条没有说明对具体争议的特征具有任何敏感性;该法就只是禁止商业银行承销它们全体。……

并且,通过完全聚焦于金融工具的特性和忽略银行在交易中的作用,联储理事会的"功能分析"误解了国会对商业银行涉入营销证券的关心。国会视银行的角色为证券促销者与作为公正的贷款人和顾问,这两种角色是基本不相容的。

《格拉斯–斯蒂格尔法》的承销禁条没有显示对具体争议的特征有所评论,该法只是禁止商业银行承销它们中的任何一种,不包括在内的例外是具体列举的政府债券,这是国会特别选出予以支持的。《格拉斯–斯蒂格尔法》对承销的预防性禁条反映了国会的结论,少量存在的证券经营,"无论多么细心和保守地管理,都与(银行整体的)最大利益相悖。"

在强调银行传统上为自己买入商业票据时,联储理事会没有抓住要点。贴现(也就是买入)商业票据非常不同于承销商业票据。前者是置银行于作为审慎贷款人的传统角色,后者是置商业银行于投资银行家的角色,这是国会在该法中寻求禁止的精准对象。

此外,联储理事会在这一事实上寻求安慰,商业票据主要卖给"资深"投资者。然而,再次说,该法对这样一个特设的分析几乎不留余地。在关于商业银行承销的禁条中,该法不认可按照客户特殊投资专长的例外情况。该法关于承销的禁条是一个并无偏向的禁条,适用于对知识人士和天真人士的销售。国会所表达的关心是,商业银行加入证券经营威胁商业银行充当"贫困寡妇"和"大型公司"两者的"金融知己和导师"的能力。……

141　　大法官奥康纳、布伦南和史蒂文斯持异议,认为联储理事会对《格拉斯-斯蒂格尔法》的解释值得雪佛龙尊重。

提问和评论

1. 本裁决在什么程度上依赖 ICI 诉坎普案的"微妙灾难"分析?
2. 雪佛龙尊重发生了什么问题? 美联储的解释是不合理的吗?
3. 我们在什么程度上寻求两个最重要的联邦证券法的定义的指导?

1933 年证券法第 2 节①规定:

　　　　当在本法使用时,除非语境另有要求,……术语"证券"指任何票据,股票,国库券,公债,公司债券,债务凭证,息票或任何利润分享协议参与,抵押信托证书,筹组证书或认购,可转让股票,投资契约,股权信托证,证券存款证,石油、天然气或其他矿物权利的未分产权部分,……或者,一般地,通常称作"证券"的任何一种权益或工具,或涉及前面提到的任何一种证券的任何权益或参与证书,暂时或临时证书,收据,保证,担保,认购或购买权利。

1934 年证券交易法第 3 节②规定:

　　　　术语"证券"指任何票据,股票,国库券,公债,公司债券,债务凭证,息票,或在任何利润分享协议或在任何石油、天然气或其他矿物开采权或租约中的参与,抵押信托证书,筹组证书或认购,可转让股票,投资契约,股权信托证,存款证,或一般地,通常称作一种"证券"的任何工具;或涉及前面提到的任何一种证券的任何权益或参与证书,暂时或临时证书,收据,保证,担保,认购或购买权利;但是,不应包括通货或任

---

① 《美国法典》第 15 卷,§77b。
② 同上,§78c(a)。

何纸钞,汇票,交易票据,或银行承兑汇票,后者发行到期不超过9个月,不含宽限期天数,或到期可能受限的任何由此更新天数。

这些定义有助于解释《格拉斯-斯蒂格尔法》吗? 如果是那样的话,判例法在证券法里解释"证券"的意思,如果不是决定性的话,也应当是中肯的,对于银行法而言呢? 在银行成文法里,"证券"会有不同的意思吗?

证券业协会诉联邦储备系统理事会案①

博克,巡回法官……

最高法院留下了未解决的问题,就是银行家信托公司向其公司客户销售商业票据是否从事了"承销"证券。基于发回重审,联邦储备理事会发现,这项业务构成了"销售"证券,但无追索权,而且仅根据(客户)指令和为客户账户,这是《格拉斯-斯蒂格尔法》第16节许可的。理事会全面讲述了该法的语言、历史和目的。我们对此案裁定欠缺实质性尊重,必须按雪佛龙案的原则复审这个裁定。

我们必须裁定,第一,理事会是否已经合理推定出,银行家信托公司的商业票据私募业务归于第16节许可语言之内。为裁定这一点,我们必须审视该成文法由"承销"所指什么的问题,因为承销不仅引发了第21节的禁规而且宣告了第16节的许可作用无效。与之对照,只要第16节不适用,我们一定说清第21节的术语"发行,……销售,或分销"的意思。……因此,如果我们发现理事会在推定第16节许可银行家信托公司的业务上做到合理,那么,我们的分析就结束了。……

我们发现,理事会合理地推定,一项"承销"宣告第16节的例外无效,除非它包括公募;因此,私募为此目的不构成成文法的"承销"。理事会依靠区分公募与私募是合理的,因为这个区分获得来自国会意图的支持,国会意图体现在同时期的证券立法之中,并且,合理地结合了《格拉斯-斯蒂格

142

---

① 《联邦案例汇编第二辑》第807卷,第1052页(特区巡回法庭,1986年)。

尔法》寻求满足的关切问题。

不同于《格拉斯-斯蒂格尔法》，《1933 年的证券法》定义了术语"承销"。该证券法将私募作为例外的历史……证实了……国会的确理解承销的概念，承销隐含着参入证券的公募。……

理事会在本案中的责任是达成一个合理裁定，按《格拉斯-斯蒂格尔法》构成私募的应当是什么。理事会发现，银行家信托公司的业务构成了私募，因为（1）该银行"通过分别签约大型金融和非金融机构配售商业票据"；（2）该银行"没有向任何个人配售商业票据"；（3）"该行配售商业票据的被要约人和购买人的最大数量是相当有限的"；（4）该银行"没有任何公开询价或对公众发布广告"来配合配售商业票据（尽管为了宣传它作为发行人的代理便利，它的确在商业出版物上广告了其业务）；以及（5）"该行协助配售商业票据，从大范围平均来看，发行路演是最低限度的，这不可能是公募投资。"这样的考察恰当地裁定了证券公募与私募的区别；我们不久将看到，这些考察对《格拉斯-斯蒂格尔法》驱动的主要关切之一有很强的关系。

国会认识到，使该法的支持者那么焦虑的"微妙灾难"，主要起因于商业银行向零售投资者销售新承销证券招致的沉重固定成本。分销通过一个复杂银团进行，涉及各种层次的购买、各类银行和若干销售团组，由主理银行家管理，主理银行家负责与发行人谈判。参议员巴克利突出强调了由这些大型零售运作所产生的压力：

143　　　　为了高效率，必须培育一个证券部门；证券部门必须要有销售人员；并且，它必须与较小的银行建立代理关系，形成大银行辖内的支流性附庸。伴随着极大热情和高效率发展起来了组织体系。美国发展所需要的伟大证券发行的分销极其便利起来，并且美国发达了。但是，这些销售部门遭受着固定支出费用（的压力），这些支出没有危险就不能减少，危险就是置该机构与对手机构竞争而陷于劣势，瓦解这些组织。如果没有足够的组织和承销以保持销售部门工作饱满的话，这些支出费用会使得这些运作倒转,很快由盈利转入亏损。……

人们容易明白,为什么证券业务发展过度,为什么银行家们的客户和农村银行代理负荷过重,因为在巨大数量投资中有许多投资证明非常倒霉。

公募与私募的区别很好地啮合了国会的目标,就是消除银行业中利益冲突和信托关系滥用的"微妙灾难"。参议员巴克利的评论表明了一种关切,发展巨大销售体系是必要的,以参与分销"美国发展所需要的伟大证券发行",并在该文中镜鉴了无可置疑的证据,银行在20世纪初期正在搭建那种庞大销售组织。

鉴于国会特别关注伴随零售参与公募分销的庞大固定成本,似乎非常合理的是,国会在采纳《格拉斯-斯蒂格尔法》第16节的许可语言时已经划出的一条线就切近公募,这条线可以很好解释禁止承销。同时,正常的参与私募证券无疑也产生一些固定成本以及某些伴随的压力,人们似乎有理由认为,国会可能已经发现这些相对较小的花费是可接受的,这是与拥有广泛零售网络以向公众分销证券的非常沉重的固定负担比较而言。……我们相信,理事会对私募与公募之间所划出的区分合理地解释了承销禁规,并且合理地结合了消除某些微妙灾难。……

简而言之,我们认为,理事会合理地得出结论,不仅银行家信托公司私募商业票据满足了第16节文字原义上的要求,而且那些私募与《格拉斯-斯蒂格尔法》的目的整体一致。

提问和评论

1. 该法院参照ICI诉坎普案的"微妙灾难"分析得出结论,提议的销售业务不构成承销。但是这个分析真是同一回事吗?该法院改变了关切的性质,是吗?

2. 这个意见反映了对监管部门看法的不同态度,这与我们在前面两个案例中看到的不同,是吗?

3. 这个意见暗示,商业银行可以私募全系列证券,是吗?

4. 不像属于一般债务的州与地方政府证券,"收益证券"给予其持有人收益来自一个特定项目的一项债权要求。持有人只有在项目产生岁入税收时才能得到偿付。这类证券具有比较高的利率,以补偿投资者承担了比较高的风险。为什么发行收益证券? 州法一般限制地方政府的借入,以免今天的政治家使明天的公民承担失控的债务。这些债务限制适用于政府自身承担责任的借入。收益债券通过给予持有人对政府自身无任何追索权的做法避开了债务限制。因此,有债务约束的地方政府能够建一座新体育馆,可通过成立一个合法的、独立的体育馆机构,发行收益债券,使用进款建造这个体育馆,并且,如果事情进展顺利,就会从新体育馆的收益中偿付债券持有人。资本充实的银行可以承销和交易收益证券。① 我们将在第五章考察"资本充实"。为满足眼前,先注解一下,按当前标准,银行资本必须高于正常最小要求 25—44%。

5. 比起《格拉斯-斯蒂格尔法》立法历史中的交易,并在此后对《格拉斯-斯蒂格尔法》改革的辩论,承销显得更加突出。国会一般对交易像对承销一样施加相同的限制,但是它无论如何也没有对待交易更加严厉。可是,一项多德-弗兰克法条款叫做沃尔克规则②,一般禁止银行和它们的附属机构从事"自营交易"。它定义这样的交易为,为它自己的短期交易账户买卖证券、衍生品、期货或期权。它规定了例外(1)风险缓释的套期保值业务;(2)买卖与承销相联系的金融工具或对金融工具做市;(3)交易政府证券;以及(4)联邦银行业监管机构、SEC 和 CFTC 决定将"促进和保护银行业实体的安全和稳健以及美国的金融稳定。"

---

① 《美国法典》第 12 卷,第 24 节(第七)。
② 同上,第 1851 节。

第九节　保险

我们现在考察关于银行中与保险有关的产品和服务。记住我们这里只是考察银行直接可以做什么，或通过子公司可以做什么。我们延后学习银行控股公司及其非银行子公司的保险业务。

一、保险代理

我们先从银行充当保险代理的能力开始，也就是，销售由另一家公司发行的保险单。充当代理，银行不承担承保风险。如果投保的伤害发生，发行保险人而不是代理人承担风险。银行充当代理人，仅履行一种营销职能，并因为完成合约挣得费收入。

银行的保险代理业务产生了很多诉讼和政治争论。保险代理商证明是令人敬畏的敌人。成功的保险代理商是娴熟的、讨人喜欢的销售人士，拥有强大的商业关系网。他们知道如何引发一场基层政治争吵。几十年来，他们恰恰就是那么做的，因为他们的行业协会把银行进入保险销售描绘成对代理商生计的威胁。例如，声称银行胁迫潜在的借款人通过银行渠道买入他们的保险。直到 1990 年代中期，保险代理商把他们的基层游说力量与保险公司的金融影响联合在一起，但之后保险公司热衷于期望使用银行作为低成本分销渠道。

我们用《国民银行法》的一个条款开始①，这惹起了银行业与保险业之间的诸多较量：

　　除了现在由法律授予按照美国法律组织的国民银行协会的职权之外，任何（国民银行）所在以及营业的任何之处，此地人口不超过 5000

①　《美国法典》第 12 卷，第 92 节。

居民……可以，按照由货币监理官会制定的规则和法规，充当任何火险、寿险或其他由州政府机构批准的保险公司的代理，所说银行驻在所说之州，经营生意可以通过征求、销售保险以及收集由这样的公司发行的保单保费进行。

国会于 1916 年颁布此成文法，很明显打算给予小镇的国民银行一项附加收入来源，并且大概也便利了小镇居民购买保险。

这个看似简单和无所冒犯的成文法已经惹起了两个最高法院决定。它也有联邦法编年史上或许唯一的濒死经历。1918 年，当修订联邦成文法时，国会意外地放错了一个引号。这一错误具有不可避免的废除第 92 节的逻辑效果。银行业的律师们理解这个问题，并且美国法典的注释标出了它，但是 60 多年来，银行业、各银行监管部门以及国会对待第 92 节好像它继续完全有效。国会甚至在 1982 年修正了它，如果它不存在，那么这个修正就很奇怪。但是，特区巡回法院最终裁定，1918 年修订的明白无误的语言已经废除了第 92 节，并且没有留给法院任何自由裁量权去展望此废除之外的东西。最高法院一致同意撤销原判。参见俄勒冈美国国民银行诉美国独立保险代理公司案。① 大法官苏特的意见认为，"一个仅基于标点符号的据说意思明白的分析必然不完备，并且有冒歪曲成文法真正意思的风险。"仅是标点符号不能提供"一个可靠的发现成文法意思的指导。……在此，尽管标点符号的配置……指向一个方向，……但来自成文法的全部其他证据指向另一条路。它指向如此确定……以至于仅许可这样的结论，这个标点符号放错了地方。……"

这个标点符号的纠葛提供了一个令人兴奋但却没有任何长远意义的弯路。对于由第 92 节文字遗留未决的其他争议就不是这样了。在一位货币监理官急于许可银行业务扩展到保险销售的处理过程中，该成文法比起一篇粗糙读物的可能建议，证明更具可塑性，而且可能很昂贵。然而，最高法

---

① 《美国案例汇编》第 508 卷，第 439 页(1993)。

院并不总是与货币监理官的观点一致。

对于批准国民银行在不到 5000 人的地方营销保险,第 92 节隐含着,国民银行没有任何一般职权去营销保险。为什么另外颁布该成文法? 这个可能负面的含义成为国民银行诉 VALIC 案的一项争议,此案我们结合附属能力(参见边码第 112 页)进行了考察。现在,我们转向那个裁决,以考察最高法院是如何解释第 92 节中的"保险"的。

北卡罗来纳国民银行诉可变年金人寿保险公司案[①]

金斯伯格,大法官:

这些合并的案子提出的问题是,国民银行是否可以充当年金销售代理。货币监理官,受监督国民银行的国会付托,裁定联邦法许可这样的年金销售作为对银行客户的一种服务。特别地,货币监理官认为,按《国民银行法》[②],争议的销售"附属"于"银行业务"。货币监理官进一步推论,《美国法典》第 12 卷第 92 节,年金不是"保险";那一条款,通过明示批准银行在不多于 5000 人的城镇销售保险,可以说意味着在更大的城镇不可以销售保险。……我们满意的是,货币监理官对该法的解释是合理的,因此保证了司法尊重。……

诉愿人北卡罗来纳州的北卡罗来纳国民银行,一家以夏洛特为基地的国民银行,与它的经纪子公司寻求货币监理官许可……为经纪子公司充当年金销售的代理。年金是按照合约,购买人向发行人进行一次或多次保险费付款,以换取一系列支付,系列支付连续的时间可以是购买人或指定受益人的一个固定时期或终生。当一位购买人投资在一个"可变"年金时,此购买人的钱以一种指定的方式被投资,但对购买人的支付则随投资业绩而变化。对比来说,在一个经典的"固定"年金情况下,对购买人的支付是不变的。按照北卡罗来纳国民银行计划销售的合约,购买人可以直接付款到可

146

---

① 《美国案例汇编》第 513 卷,第 251 页(1995)。

② 《美国法典》第 12 卷,第 24 节(第七)。

变的、固定的或混合的账户,并会允许周期性地更改他们的选择。发行人是各保险公司。……

货币监理官同意北卡罗来纳国民银行的申请。他推论,在《美国法典》第 12 卷第 24 节第七条之下的"银行业务"之内,国民银行有权经纪年金。他进一步推论,第 92 节规定了银行在不多于 5000 人的城镇的保险销售,这不阻碍他的批准;对于那一条款的目的,货币监理官解释说,年金并不列为"保险"。……被告可变年金人寿保险公司(VALIC),该公司销售年金,质疑货币监理官的裁定。……

与其声称销售年金不是《美国法典》第 12 卷第 24 节第七条所授予的说法不同的是,VALIC 辩称,《美国法典》第 12 卷第 92 节禁止国民银行作为代理销售年金。那一节提供:"除了由法律现在授予(国民银行)的职权之外,任何(国民银行)所在以及营业的任何之处,此地人口不超过 5000 居民……可以……充当任何火险、寿险或其他由州政府机构批准的保险公司的代理,所说银行驻在所说之州,经营生意可以通过拉客、销售保险以及收集由这样的公司发行的保单保费进行。……"

各当事人不一致的是,关于是否第 92 节,通过负面的隐含,排除国民银行在人口多于 5000 人的地方销售保险。我们不能对这个问题作出决定,因为我们接受货币监理官的看法,就眼前的用途而言,年金适合归类为投资,不是"保险"。

再者,VALIC 争辩说,货币监理官的裁定与国会的明确意图相冲突,或者说不合理。为了支持其年金是保险的观点,VALIC 首先强调,年金传统上由保险公司销售。但是,由保险公司销售的产品并非不可避免地决定此产品是保险。例如,保险公司早就对人寿保险证券提供贷款,……但一笔贷款不因此变成保险。……

VALIC 进一步争辩说,年金在功能上类似人寿保险,因为有些年金考虑当事人死亡风险。按经典固定年金,购买人支付一笔确定的钱,作为交换,发行人安排周期性分次付清,但是时间上不会超过购买人的生命。在这样的年金定价上,发行人依靠对购买人生命延续期限的精算假设。

在认识了年金和保险之间的这种相似性的同时,货币监理官指出,死亡风险是当代产品一个并不突出的特征。目前有许多年金,既有固定年金也有可变年金,并不以生命期限为特征。相反,它们提供的年金分次付款长达数年;如果购买人在预设期限结束之前死亡,余额的支付由购买人的遗产解决。并且,根据第 92 节,死亡风险的存在并不必然要把一笔投资描述为"保险"。……

我们……尊重货币监理官的裁定,《美国法典》第 12 卷第 92 节没有隐含的意思,因为在那一节的意思之内年金不是保险。

提问和评论

1. 一只年金涉及在特定未来时段到期日之前的支付流。在经典的"固定年金"情况下,你现在支付给发行人一笔确定总额的钱(比如,100 万美元),而发行人同意安排特定的按年支付(比如,5 万美元)给你,直到你生命结束。反过来,你从 100 万美元每年收到多大一笔钱,取决于你的预期寿命,发行人关于未来利率、股票市场回报、通货膨胀以及其它因素的预测。当然,发行人不知道你将活多长。但是,它掌握大量人群(比如,1990 年出生的女性)可能活多长的可靠数据。发行人利用这一精算数据,加上投资你的 100 万美元预测的回报,定价出来年金:也就是,作为你 100 万美元的交换,确定每年向你提供多大的支付额。发行人可能从你的年金合同上赚钱,也可能不赚钱:你可能短命(对发行人是好事),也可能长命(对发行人是坏事)。但是,如果它合理地预测了群体寿命和它自己的投资回报,那么,发行人仍然可以赚取利润。发行人一切都算计妥了,但你怎么样?年金有助于确保你防范长寿的风险。你可能寿命很长,以至于你花光了你的积蓄,但你仍然接收年金支付。你的确承担了通货膨胀的风险:通货膨胀越高,你一年用 5 万美元能买到的就越少。反之,发行人承担了投资风险:投资你那 100 万美元比预测的回报低的风险,比如,因为股票市场在直到到期的几十年里表现都很差。

2. 对比来看,在"可变年金"情况下,你承担的是希望一个更高回报的投资风险。你会发现,思考一只可变年金合约作为具有某些保险特征的一个延迟纳税的共同基金账户是有帮助的。你做了首期付款(比如,10,000美元),类似你首次买了一笔共同基金。发行人让你从一系列投资选择(比如,短期投资级公司债券、垃圾债券、高分红股票、成长型股票、外国股票和房地产投资信托)中作出选择。你可以在任何时间追加投资,并且可以将累积的资产从一种选择转换到另一种选择。如果你愿意,比如在你退休后,你可以将资产转成固定年金,比如在你余生或指定年限内按年支付。该合约具有一个或多个附加保险特征。例如,如果你在将资产转换成固定年金之前死亡,发行人将此资产作为"死亡福利"转付给你的受益人。保险特征是有资格将整个合约作为符合联邦所得税目的的"保险"。因此,你的资产回报是复合性的,扣除了你必须每年按资产所付的税,而你仅在提取时付税。可变年金能使富有的人已经对他们延迟纳税的退休账户(例如,401(k)①或 IRA)做了最大限度的许可年度贡献,再做额外的延迟纳税的投资。金融机构认为,可变年金对于吸引和留住富裕个人客户非常重要。可变年金通常收费很高,这使得可变年金对发行人和销售人都格外具有吸引力。

3. 在国民银行诉 VALIC 案,货币监理官许可银行充当全系列年金(产品)的代理。请问,年金有没有保险的成分? 如果年金持有人希望在其余生都能有支取,那么该持有人期望的死亡率对于评估该(金融)工具很关键。这不全都是涉及那种风险保险之类吗?

4. 因为年金传统上由保险公司发行,并由保险监管部门监管,最高法院怎么可能全体一致认定它们不构成"保险"呢?

5. VALIC 强调对货币监理官的解释的司法尊重,以保持与雪佛龙案的一致。这样的司法尊重变成了一系列谈判争论的关键问题,逐渐导致了

---

① 401(K)又称 401K 计划,指美国 1978 年《国内税收法》第 401 条 K 项。该条款对雇主和雇员的养老金存款提供税收方面的优惠。按该计划,企业为员工设立 401K 账户,员工每月从工资中拿出一定比例资金存入养老金账户,而企业也为员工缴纳一定比例的费用。员工可自主选择证券组合进行投资,收益计入个人 401K 账户。员工退休时,可一次性领取、分期领取和转为存款。——译者

《格雷姆－里奇－比利雷法》。银行家们和货币监理官寻求保持雪佛龙尊重不受削弱,恰如它适用于其他案例,在那些案例中联邦监管机构解释了它们执行的成文法。保险领域的监管机构、保险公司和代理公司都把雪佛龙尊重视为死亡威胁。雪佛龙原则要求,尊重"联邦"(监管)机构,但不包含任何联邦保险监管机构;各州处理保险监管。因此,在保险监管机构与联邦银行监管机构之间的冲突中,雪佛龙尊重可能给予银行一方有一种嵌入式的优势。雪佛龙尊重,银行家喜欢! 为了拉平监管竞赛场地,《格雷姆－里奇－比利雷法》包含了一个财政部制定的妥协条款。在任何"一家州保险监管机构与一家联邦监管机构之间发生关于保险争议问题的监管冲突"时,两家监管机构中的任何一家都可以寻求快捷司法审查。法院必须裁定此案"基于其对根据州法和联邦法提出的所有问题的事实真相的审查,包括产品或业务的性质,以及在州法和联邦法之下其监管法规的目的和历史,没有不平等尊重的问题。"[1]假如一家法院按这一标准裁定 VALIC,你怎么想?

6. 各州仅许可有执照的保险公司承销保险,但保险定义因州而异(参见边码第 559—566 页)。

导语与注解:《美国法典》第 12 卷第 92 节涉及的保险问题

"保险"的含义没有彻底探讨第 92 节提出的问题。例如,一家大型城市银行在一个不足 5000 居民的地方设立一家分行,并在那里开始销售保险,将会怎样? 当颁布第 92 节时,国会心目中也许没有想到那种情况,但是,该成文法没有禁止它。货币监理官许可一家国民银行销售保险,但是销售保险是由一个银行分理处,它"位于一个人口不到 5000 的社区,尽管该银行的总部……位于一个人口超过 5000 的社区。"[2]一旦这家大型城市银行的小城镇网点开始销售保险,什么能阻止它向那个社区以外的人销售保险? 它能利用那个网点向全国客户销售保险吗?

---

[1] 《美国法典》第 15 卷,第 6714 节(e)。

[2] 《美国联邦法规》第 12 卷,第 7. 1001 节。

149

美国独立保险代理诉路德维希案①

巴克利,大法官:

摆在我们面前的这个案子是最高法院发回重审的案子(参见边码第145页)。……货币监理官裁定,第92节没有对保险营销施加地域限制,因此,只要一家银行位于小城镇,它就可以到处自由兜售和服务保险客户。我们尊重货币监理官的许可解释。……

1986年,一位货币监理署的资深官员写了一封信,断定"国民银行或其分支机构位于不多于5000人的一个地方,可以向现有和潜在的位于任何任何地方的客户销售保险。换句话说,只要该银行或银行分支机构一定位于一个小城镇,它就可以向位于那个城镇以外的个人或工商企业销售保险。"

摆在我们面前的确切问题是,第92节是否对保险业务的地理范围提出了限制,保险业务可以由位于不多于5000人的一个社区的一家国民银行组织实施。与这一目的不相关的是,问题中的银行是一家大银行公司的子公司。

在考察货币监理官对国民银行法的解释,我们适用(雪佛龙尊重)……第92节规定,一家国民银行位于并在一个人口不超过5000的社区营业,它可以"充当代理,为任何……保险公司……通过拉客、销售保险以及收集由这样的公司发行的保单保费开展业务。"这些话并没有表明任何明确指示,说明银行只可以向当地的镇上居民销售保险。……

(我们发现,立法史上没有任何东西)表明,对争议的确切问题有一个明确的国会意图。进一步说,我们的工作不是去猜测立法者们会如何回应那些假设,……特别是在问题不为人知的方面,这如同1916年的立法者们对一个充满微型集成电路、通讯卫星、传真机、邮件广告和电话邀约以及所有其他技术与技艺的世界的反应一样,今天这些技术与技艺能让一个全国性业务在任何一个小村庄都能进行。我们拒绝上诉人引诱重塑该成文法以

150

---

① 《联邦案例汇编第二辑》第997卷,第958页(特区巡回法庭,1993)。

适应当代情况。当时间和技术打开一个漏洞的时候,那要由国会决定是否应当堵上它,以及如何堵。

(法院推定,货币监理官对该成文法的解释是合理的,足够满足雪佛龙标准。)国会明示许可小镇银行销售保险,并且,货币监理官已经得出结论,该法没有对许可它们开展的保险业务施加地域限制。……

提问和评论

1. 在本案,寻求在全国营销保险的银行有 70 亿美元资产,与国会颁布第 92 节时心目中挣扎在小镇的那种小银行几乎不搭界。你发现大法官巴克利关于银行规模不相关的说明是多么具有说服力了吗?

2. 在像这样的一个案子里,雪佛龙尊重产生了多大政策意义?你认为货币监理署解释这类成文法多么秉公无私吗?OCC 可能照顾国民银行的利益胜过保险代理的利益,不是吗?无论如何,法院应当对一位下级监管机构官员签署的一封来信给予多大重视?你可能期望这种规模的一个裁定,要基于一个综合性监管机构记录,但这不是那种正式的,并采取布告和评论方式的规则制定方式,是吧?你认为 OCC 为什么以如此低调的方式行事?

导语与注解:第 92 节涉及的银行销售保险的地理范围问题

第 92 节授权国民银行位于在一个不超过 5000 居民的地方销售保险。它没有毫无含糊地禁止位于别处的银行销售保险。你可能想到,这个有限制的授权对国民银行的其他能力表达了负面的影响。如果这是一个普通谈话,你或许是对的。如果一位父母对孩子说,"你可以在外面待到 10 点钟,"这位父母在逻辑上没有禁止这个孩子待在外面更晚,但是人人都明白这位父母的意图是什么。语言哲学家把这叫做一种"会话含义":意思是,虽然没有通过语言逻辑正式限定,但在语境里仍然是清楚明白的。

但是,法院解释成文法也应该像日常会话那样吗?这个争议问题在 1963 年冒出来,那是在货币监理官裁断国民银行可以在任何大小地方销售范围很广的保险产品之后。货币监理官认定,国民银行的"附属能力"包括销售"附属于银行交易"的保险的职权。他提出的理由是,因为第 92 节没有禁止在多于 5000 人的地方销售保险,它对这样的销售不造成任何障碍。最高法院驳回了这一解释。请参见萨克森诉乔治亚独立保险代理公司协会案。[1]

151　　货币监理官试图解释第 92 节决不限制国民银行销售保险的职权,你怎么想?即便逻辑上连贯,那个解释也与该成文法的明显意图相抵触,不是吗?货币监理官提出如此勉强的解释适当吗?

　　另一方面,可能更坏的是,作为政策许可银行在美国任何地方充当代理?无论对保险代理多么厌恶,银行准入常常增加竞争,因而有助于降低价格和改善服务质量,总的说来,你认为银行准入有益于消费者,是吗?

　　萨克森参入在任何大小地方销售范围广泛的保险。在输掉了那个案子之后,货币监理官试图授权国民银行在多于 5000 人的地方销售特定领域的保险。下面的案例有解说性的说明。

美国独立保险代理诉霍克案[2]

森特尔,巡回法官。

在 1864 年,国会授予国民银行职权"行使……所有这样的附属能力对继续进行银行业务将是必需的。"在 52 年之后,国会扩展那项授权,对位于人口不超过 5000 居民的城镇的国民银行授予职权充当保险代理。[3]　在 1999 年,国会进一步扩大银行职权,许可"资本充实和管理规范"的国民银行的金融子公司,兼做代理与经纪,从事范围很广的保险业务。

　　货币监理官(下称监理官或 OCC),此处系被告人、上诉人,在 1997 年裁定,依据最初于 1864 年授权的独有职权,国民银行可以作为代理销售一般损害保险以保护免受农作物损失。被上诉人……(集体简称"IIAA"),在联邦地方法院提起诉讼声请,这一解释作为一个法律问题是不正确

---

① 《联邦案例汇编第二辑》第 399 卷,第 1010 页(第 5 巡回法庭,1968 年)。
② 《联邦案例汇编第三辑》第 211 卷,第 638 页(特区巡回法庭,2000 年)。
③ 《美国法典》第 12 卷,第 92 节。

的。……

OCC 发出一封信裁断,"国民银行作为代理,可以提供险情作物保险与冰雹/火灾保险(以下统称'作物保险')。……"该产品保障防范"不可避免的作物损失,包括由于干旱、湿涝、虫灾、病灾、洪水、冰雹、风灾和霜冻引起的损失。"如果一位农民的平均作物产量低于投保的水平,保险公司直接向农民支付差额。

监理官裁断,销售作物保险是在银行业务之内,有三个理由:(1)作物保险是类似于银行可以提供的与信贷有关的保险,也是银行发放贷款职权的"逻辑产物",因为它有助于银行从借款人回收贷款;(2)作物保险是有益于农民的举措,也有益于银行防范风险;以及(3)(该产品的)风险类似于国民银行在售的那些保险产品具有的风险,那些保险销售就是按《美国法典》第12卷第92节或别处授权的保险销售。监理官进一步推定,即便作物保险销售不是银行业务的一部分,它也是附属于那一业务。……

在解释一部由单一部门管理执行的联邦成文法的意思时,我们使用 152(雪佛龙案的)两步调查方法。第一步,我们查究国会是否直接讲过争议的确切问题。如果它说过,我们必须实行那个明示的意图。当我们执行这第一步时,我们使用传统的成文法解释工具。如果我们面前的成文法对确切争议没有说过或模糊不明,我们进行第二步,至此我们尊重该机构对此成文法的解释,如果它的解释是合理的并与此成文法的目的一致。

在本案,我们调查的是,第24节第七条的"所有这些附属能力"的用语是否包括银行销售作物保险的能力。尽管"附属的"一词是歧义的典型代表,但我们发现,在一般保险业务的语境里它是不模糊的。一部时间久远的宽泛的成文法"可能有许多貌似合理的意思,"但继后的诸多立法案可能收窄那些意思,"早期成文法的范围宽泛,但是继后的成文法更特定说明手头的论题。"此处正是如此。因为第92节明示授予位于小城镇的国民银行作为代理销售保险的一般能力,所以,解读第24节第七条授予所有国民银行销售保险既违反了常识,也逾越了两个传统成文法解释的规则:反多余内容假设和明示其一排除其他原则。

宽泛解读第24节第七条,许可国民银行销售普通保险,至少造成两个其他相关成文法没有意义,违反"法定解释的无限重复原则……,即成文法中所有字句都有指定意思,以及没有任何内容可被解释为剩余物。"如果依据第24节第七条,所有国民银行已有那项能力,为什么国会又立法通过第92节对一些国民银行授予保险职权呢? 它应该完全无用。同样地,《格雷姆-里奇-比利雷法》授权由设立的金融子公司,作为代理或经纪去"确保……防范损失、伤害、毁坏、疾病、残疾或死亡。"如果国民银行已经依据第24节第七条销售保险,国会就没有任何理由立法通过一部成文法,对仅有的"资本充实和管理规范"的国民银行的金融子公司限制那种能力。

除了避免剩余物的规则之外,明示其一排除其他原则也指向这一结论,依据第24节第七条,国会没有打算让所有国民银行有保险能力。在语境中,因为成文法第92节仅授权在小地方的银行销售保险,并因为国民银行仅有成文法授予它们的能力,所以,第92节强力确认了这一观点,第24节第七条中更多的普通授权不包括广义保险能力。

货币监理官辩称,明示其一排除其他原则的格言不能排除一种另外合理的行政机构解释。这是不完全正确的。不错,我们在一些行政法案例里拒绝了这一规则,但是仅在此格言的逻辑——特别提到的一件事表明不包括别处的另一件事——实在没有成文法语境支持的地方。正如我们已经指出,如果对成文法遗漏其他没有合理解释,明示其一排除其他原则可能不是一个有用的工具。但是,在语境表明"起草人提到一件事,像授予一项能力,的确真正必要或至少合理地,隐含着排除替代项"的地方,这个规则是一个有用的援助。

153　　在本案,我们依赖的那两条规则不容争辩地迫使我们认定,第24节第七条清楚无误,没有授权国民银行从事一般销售作为"附加"到"银行业务"的保险。……

说到在此争议中留下的任何含糊,我们的结论是,监理官对第24节第七条的解释是不合理的。作物保险是保护农民抵御许多潜在灾难的财产和意外灾害保险的一般形式。……如果按第 24 节第七条,销售作物保险是"附属"到银行的业务,那就无法辨别其他一般形式的保险。毫无疑问,农业人士依靠银行获取贷款,但其他个人和公司借款人也从银行获取贷款,也希望购买财产和意外灾害保险以保护它们的利益。没有任何关于"作物保险"的东西达至一个结论,根据《国民银行法》,对待作物保险比起其他一般形式的保险可以有所不同,仅因为它的覆盖范围是限于农民。

OCC 支持其解释的依据是,销售作物保险涉及的风险类似于银行已经设定的那些风险,会裨益客户,应当是当前银行业务的"逻辑产物"。例如,监理官援引作为支持的是,按《美国法典》第 12 卷第 92 节国民银行在一些小地方销售所有类型保险的经验。可是,那个业务是成文法批准的。尽管销售作物保险大概是国民银行应用它们的先前经验的"逻辑产物",但那单单就不构成合法授权。如果这些国民银行销售作物保险这件事构成了合法授权,这些国民银行就可以在不需要国会授权的情况下在一种递增式基础上不断扩展它们的经营范围。首先可能授权销售作物保险,接下来的"逻辑产物"是防范银行客户业务风险的什么保险。大概不会有任何逻辑上的停止点。第 24 节第七条不能承受监理官按其测试打算置于该法条的重荷。当然,监理官可以按第 24 节第七条"在合理范围内"批准业务,但是今天的解释是不在这样的范围之内。……

提问和评论

1. 雪佛龙尊重发生了什么?该法院正确地拒绝了尊重货币监理官对成文法的解释,对吗?

2. 你同意该法院所说的货币监理官"逻辑的产物"的论据没有停止点吗?

3. 尽管银行在与保险代理和保险公司的长期斗争中打了一些败仗,但它们赢得了其他东西。例如,货币监理官批准了国民银行销售信用人寿保险。这种保险是如果借款人死了才偿清贷款;因此,它既保护了借款人也保护了借款人的家庭或其他幸存者。在美国独立银行家协会诉海曼案①,法院支持该业务的理由是"不像其他形式的保险,信用人寿保险是一种有限的特殊类型的书面确定保护贷款的保险项目。"可是,信用人寿保险根本不同于霍克案中的保险吗?

154 ## 导语与注解:州法对国民银行保险业务的歧视

前面的案例涉及货币监理官为批准国民银行的保险代理业务而做出的努力。货币监理官支持国民银行保险代理业务一点都不令人惊讶。OCC是国民银行的监管部门,因而自然保护它们的利益。保险代理人几乎不受货币监理官控制。另一方面,保险代理人的确影响州的保险部门和州的立法机关。当代理人反击时,他们就在这些地方寻找盟友。

马里恩县巴尼特银行诉纳尔逊案②(参见边码第88—90页),涉及一部佛罗里达州的成文法,该法禁止拥有控股公司的银行在不到5000人的镇子销售保险。最高法院认定,对国民银行适用该州的成文法不允许阻挠第92节的目的。

然后,保险代理人采取了一个微妙的策略。受争议的成文法在银行保险协会诉杜里埃案③中否决了保险代理人的牌照,保险代理人的主要目的是要求支持或开展个人人寿或财产保险。该成文法要求,一家银行要获得一半以上的保费收入是来自个人而非银行自己的存贷款客户。该法院认定,因为那些客户是银行的目标市场,按第92节,该成文法过度地加重了这些银行行使它们的权利的负担。

类似杜里埃案的裁定所提出的问题是州监管国民银行的保险销售的程度。《格雷姆-里奇-比利雷法》用一套详尽的规则作出了回应,所设计的规则就是能让各州对国民银行保险业务的许多方面适用合理的、非歧视性的法规。④

---

① 《联邦案例汇编第二辑》第613卷,第1164页(特区巡回法庭,1979年)。
② 《美国案例汇编》第517卷,第25页(1996年)。
③ 《联邦补充案例第二辑》第55卷,第799页(俄亥俄州南部联邦地方法院,1999年)。
④ 《美国法典》第15卷,§§6701(b)-(e),6711。

二、保险承保

迄今,我们已经考查了银行充当保险代理的能力。银行对承保保险具有什么能力,就是说,银行对承担保险覆盖损失的风险具有什么能力?承保保险比充当保险代理使一家公司暴露在更大风险之下,因此我们会期望看到,银行保险承保比银行充当保险代理受到更加严格的限制。

与这一分析相契合,一般规则是银行完全不能承保保险。按《美国法典》第15卷第6712节(a)条,一家国民银行一般"不可以提供作为自营的……保险。"这一禁规也束缚FDIC保险的州立银行,它们"不可以从事保险承保,除非那项业务对国民银行是许可的。"①然而,银行可以提供"核准产品"——1999年1月1日为止许可国民银行的那些产品。如果(1)货币监理官已经书面裁定国民银行可以作为自营提供这一产品,或者国民银行已经实际合法地作为自营提供着这一产品;以及(2)没有任何相关法院发出过一个最终裁决驳回OCC批准该产品的裁断;那么,一个产品按这条溯及力原则是有资格的。最重要的"核准产品"涉及与信用相关的保险,在此情况下,银行按特定情况,比如借款人死亡、事故、疾病、残疾以及非自愿失业,对一笔贷款的尚欠余额免除债务。产权保险和延迟税收年金合约没有资格作为核准产品。② 但是,一家国民银行可以在特定的州销售产权保险,如果在该州的州立银行可以那么做的话。③

155

布莱克福特国民银行诉尼尔森案④

乔弗拉特,巡回法官:

布莱克福特国民银行,一家位于蒙大拿州的国民银行,向公众发行了一

---

① 《美国法典》第12卷,§183a(b)。
② 《美国法典》第15卷,§6712(b)。
③ 同上,§6713(a)-(b)。
④ 《联邦判例汇编第三辑》第171卷,第1237页(第11巡回法庭,1999年)。

款产品叫做"退休 CD"。① ……佛罗里达州保险专员辩称,提供退休 CD 涉及从事保险业务,并根据佛罗里达州保险法典对布莱克福特提起了行政诉讼。作为回应,布莱克福特起诉了该保险专员,要求一个宣告式判决,就是国民银行法(简称"银行法")授权它销售退休 CD。联邦地方法院,断定《麦卡伦-弗格森法》②的反向先占权规定许可州监管退休 CD,驳回了布莱克福特的观点,并同意保险专员的即决审判。我们确认。……

布莱克福特国民银行与美国存款公司(简称"ADC")签订了一项协议,以获得对银行业的一项新产品即退休 CD 的营销权。希望购买退休 CD 的一位客户向布莱克福特存入一笔初始存款。在存入初始存款的同时,该客户选择一个到期日。该客户也要选择一个存期,一到五年不等,在选定存期内,退休 CD 的利率保持固定不变。此后,直到到期日,利率按照资金成本波动(但绝不会降到低于 3%)。该客户有一项选择权,就是在到期日之前向退休 CD 账户有限度地追加存款。

在到期日,该客户可以一次性最多提取退休 CD 账户余额的 2/3。在初次提取之后剩下的余额,在该客户余生期间内等额定期支付。即使在退休 CD 账户余额为零的情况下,该客户继续收到同样的等额定期支付,直到死亡为止。另一方面,如果该客户在向退休 CD 账户存满本金(这在到期日确定)之前死亡,本金不足部分由该客户的遗产支付。为使得假定的死亡风险最小化,布莱克福特对客户定期支付的数额根据保险精算表确定。

按照它与 ADC 的协议,布莱克福特获得非专属授权在全美国销售退休 CD。作为其影响手段的一部分,布莱克福特在《华尔街日报》投放了退休 CD 广告。在回应这一广告过程中,汤姆·加拉格尔,佛罗里达州保险专员(简称"专员"),开始对布莱克福特和 ADC 提起行政诉讼。专员坚持认为,退休 CD 本质上是一款保险产品,通过那家全国性媒体营销该产品构成了参与佛罗里达州保险业,这违反了佛罗里达州法律。在专员提起那个诉讼

---

① CD,大额存单。——译者
② 《美国法典》第 15 卷,§ 1011—1015。

之后,布莱克福特和 ADC 提起了本诉讼。他们援引了来自货币监理署(简称"监理署")许可(不是阻止)布莱克福特发行退休 CD 的一封信,布莱克福特和 ADC 敦促法院宣告,专员没有监管这一保险产品的能力。联邦地方法院断定,那封信不能排除州对作为保险类退休 CD 的监管,登记确认了专员的即决判决。于是,布莱克福特和 ADC(统称"布莱克福特")提起这一上诉。……

我们对此问题的分析涉及若干调查。首先,我们酌处监理署关于布莱克福特退休 CD 保险"无异议"来信的合理性。第二,我们假定的法律前提是,监理署的裁定是合理的,并考察了一部联邦法许可布莱克福特发行退休 CD 保险与一部佛罗里达州法禁止银行参与保险业务之间的关系。我们把注意力集中在《麦卡伦-弗格森法》的适用方面,并且,在这一点上,我们从三方面进行调查:"(1)这部佛罗里达州法典的有关部分是否'为了监管保险业务的目的'而颁布;(2)退休 CD 是否适当地被认为是'保险业务';以及(3)银行法的有关规定是否'具体关系到保险业务。'"……

布莱克福特对联邦地方法院辩称,它是按银行法的授权发行退休 CD。布莱克福特以监理署的裁定支持其论据,发行退休 CD 是业已批准的银行业务。联邦地方法院认可监理署的合理解释,认定银行法授权布莱克福特发行退休 CD 的行为。我们不同意。

在《华尔街日报》投放其广告之前,布莱克福特向监理署通报了其打算向公众营销退休 CD。反过来,监理署向布莱克福特寄送了本质上是"无异议"①的一封信,此信实际上授权布莱克福特继续推进它的计划。监理署断定,退休 CD 是银行机构通常提供的一种金融产品,并且它的"主要属性是基于银行法明示授予的能力。"按照监理署,那些能力包括"接受存款和缔

---

①　经常地,国民银行对于一项特定实践是否符合银行法会恳求监理署的指导。如果此业务没有任何特殊问题,监理署可能向提出咨询要求的银行寄送一封"无异议"的信函。这封信函不代表正式批复了这一业务实践,只是监理署不会挑战银行此业务的一个保证。监理署可能有条件地寄送"无异议"的信函,就是要银行承诺解决消费者保护问题。

结合约,并且它的能力也包括承担负债责任和为其经营融资。"①……

　　布莱克福特援引国民银行诉 VALIC 案来支持其论据,银行法许可国民银行营销退休 CD。联邦地方法院认可布莱克福特的论据,断定监理署的无异议来信提供了对银行法规定的一个合理解释。联邦地方法院认受,监理署顾及了这一事实,付款安排基于保险精算表。事实上,监理署授权的缓释风险程序涉及了这一付款结构。该法院与监理署意见一致,退休 CD 其实是一种"存款",并且它"代表了银行经营的本质所在,这体现在银行的明示的接受存款和订立契约的能力,以及承担债务和为经营融资的能力。"因此,该法院断定,尽管退休 CD 具有风险转换特征,其本性是一种存款性质,因此,按银行法,它的发行是在布莱克福特能力之内。

　　我们驳回这一推理,并断定,监理署对银行法的解释是对国民银行能力的不合理扩展,超越了国会的那些意图。联邦地方法院依赖国民银行诉 VALIC 案是张冠李戴,因为那个案子是由其事实所限。当然,国民银行诉 VALIC 案的审理法院的确得出结论,年金不是"符合当前目的"的保险。……然而,在国民银行诉 VALIC 案中,法庭调查集中在一家国民银行经纪年金的能力,而我们的案子转到一家国民银行承保(underwrite)②退休 CD 的能力。在裁定一家国民银行是否被授权营销这样的一个产品过程中,最高法院同样接纳我们今天所做的区别,它强调监理署的保证,"国民银行'将仅充当代理,并在年金合约中没有自营利益,因此将不引发任何利率或精算风险。'"……摆在我们面前的事实很清楚,布莱克福特从事承保退休 CD,类似国民银行诉 VALIC 案的审理法院所默示的某种东西,会"脱离传统银行业务的正常航线。"

　　除了这一清楚的并且令人信服的实质性区分,还有更基础和根本性的论据,反对监理署解释的合理性。州监管保险的主要目的,至少可以论证,是防止无力清偿债务。……基于对破产的担心是要理解,出于很多理由,保

---

①　《美国法典》第 12 卷,第 24 节(第三条),(第七条)。

②　underwrite 一词,具有承销证券或承保、经营保险等含意。——译者

险的性质是存在易于大量滥用的可能性。① 结果,我们必须承认推进了保险业的单行法规,根本目标是"保护保险业的清偿能力,防止胁迫,反过来,保护潜在的现在和未来的保单持有人。"……

恰恰是风险转移和此处出现的保险精算表的使用,换句话说,正是因为承保,才有必要从银行业中排除退休 CD,并将其归入保险业。……法院注意到,《格拉斯-斯蒂格尔法》一般禁止银行承销证券。尽管承保保险和承销证券具有不同特性,但两者都涉及的根本特征是进款保证支付。那些承销一只证券发行的人要保证把一定数量的进款在一个确定日期分配到发行人,不管承销人是否能成功营销那些证券。相比而言,保险承保人要保证的是,随时根据发生的具体事件配置进款。两者都涉及配置其客户的在险资产,至少一定程度上如此。既然如此,似乎不合情理的解释是,银行法默示许可了承保一个个例(退休 CD),同时明示禁止承销另一个(证券)。因此,我们断定,监理署裁定银行法许可发行退休 CD 是不合理的。因为银行法不可以被解释成批准了布莱克福特发行退休 CD,所以,保险专员可以根据适用的佛罗里达州的法律和法规,监管退休 CD 的发行。……

158

提问和评论

1. 年金和退休 CD 两种产品都随死亡率表而定,但在两种情况下,并不是发行人都承担投资者实际寿命比期望寿命更长的风险,对吗? 为什么在国民银行诉 VALIC 案中许可年金,而在此处又不许可退休 CD?

2. 法院注意到保护承保保险公司的清偿能力的重要性。但银行业的清偿能力不也同样重要吗? 无论如何,难道法院不应当尊重监管机构专家对于清偿能力风险的判断吗?

---

① 保险涉及风险转移,藉此保单持有人支付的保费(连同来自那些保费的好处)被用于支付其他保单持有人的求偿。本质上,保单提供者是用以往的进款和当前保费支付了当前的求偿,同时,那些现在支付保费的人在将来也有他们的求偿,满足他们求偿的是未来保费的进款。为了确保此体系的清偿能力,保单提供者必须采取一定的预防措施,以便及时支付未来呈交的求偿。如果保单提供者改变保费方向,部分挪作他用,甚或提供者对公司现有资产纯粹经营管理不善,此体系的未来清偿能力就处于险境。

3. 你能调和布莱克福特与 VALIC 两家公司的情况吗?

4. 作为一项政策问题,许可银行承销退休 CD 会有什么问题? 有什么指征表明这些产品对客户不好吗?

5.《格雷姆-里奇-比利雷法》明确禁止银行承销延迟征税的年金。①

导语与注解:备用信用证与担保的区分

银行可以通过设定担保也即第三方履约的承诺,承担像保险那样的风险。有一个传统规则未受《格雷姆-里奇-比利雷法》扰乱,就是银行不可以提供担保。但是,银行可以发行备用信用证,它在功能上很像担保的合约。下面的案例说明备用信用证的运作,并寻求对这种工具与不予许可的担保加以区分。

达拉斯共和国民银行诉沃思堡西北国民银行案②

麦吉,法官:

达拉斯共和国民银行诉沃思堡西北国民银行,是关于一种叫做"不可撤销信用证"的工具引致的。本上诉案的处理取决于那一工具的可执行性。

西北国民银行发行那种工具,是为了便利王冠山纪念公园公司的销售,该公司的所有人是达拉斯北部的一处陵园。按本州法律要求,王冠山纪念公园公司以信托形式持有一只永久关怀基金,目的是维护和照料园区和公园设施。美国城市信托公司是当时该基金的信托公司。在该基金的资产中,构成基金的一个主要部分是一张 50,000 美元的期票,由 B&H 碰碰车娱乐公司签发,分等额五期向信托公司支付。王冠山纪念公园公司的潜在购买人非常警惕这张特殊票据,并且只要这张票据是基金资产,就拒绝达成交易。终于,为支持信托公司,在 1969 年 2 月 28 日,B&H 要求西北国民银行

----

① 《美国法典》第 15 卷,§6712(a),(b)(3),(c)(3)。

② 《西南案例汇编第二辑》第 578 卷,第 109 页(得克萨斯州,1978)。

签发了下面的工具：

我们特此开立以你方为受益人的不可撤销信用证，以下列方式并按以下条件有效：

1. 可转让性。本信用证不可转让。

2. 汇票。你的唯一汇票向沃思堡西北国民银行提取，提取时间是见票 10 日内，数额是未付本金，以及违约时的应付利息和律师费。服从一张确定期票的条款，期票生效时间为 1968 年 1 月 12 日，由 B&H 碰碰车娱乐公司签发，按美国城市信托公司指令支付。汇票票面必须载明"根据得克萨斯州沃思堡西北国民银行 1969 年 2 月 21 日开立的信用证提取。"

3. 总额。汇票金额不得超出美元五万元整（＄50,000）。

4. 用途。适用于一笔确定贷款的剩余额度，贷款由一张确定期票证明。期票由 B&H 碰碰车娱乐公司签发，生效时间为 1968 年 1 月 12 日，按美国城市信托公司指令支付，由 B&H 碰碰车娱乐公司在册担保物权担保。

5. 证明文件。汇票须附四个文件：原始期票，告知 B&H 的各通知函，以及 B&H 票据违约情况下的其他文件。

6. 签发人责任。得克萨斯州沃思堡西北国民银行，与美国城市信托公司，和或一家永久关怀陵园即王冠山纪念公园所属永久关怀基金的信托公司的后继者同意，一旦符合本信用证协议条款的无瑕疵汇票呈示本行，将予及时支付。

7. 适用规则。本信用证，除非另有规定，将受自其签发日起在得克萨斯州有效的《美国统一商法典》管辖……

购买人接受了此信用证，达成了王冠山的出售交易。

在进行了几次支付之后，B&H 票据违约了。信托公司的后继者，达拉斯共和国民银行随即将所有要求的文件，连同 45,104.75 美元的一张汇票，向西北国民银行出示。本出示完全符合信用证条款,然而西北国民银行拒绝承兑这张汇票……

存在的中心问题是,西北国民银行是否发出了一张有效并在正当权限之内或超越权限的信用证。……

共和国民银行……辩称该工具是一张有效并在正当权限之内的信用证,并且,即便发现该工具是一个担保函,它也应由西北国民银行执行。西北国民银行回应,该工具是无法履行的担保函,因为第 4 段基本上证明了提供该信用证的目的是保证一个已有票据并保护违约情况下的支付。既然这样,西北国民银行推理说,该工具的发行是一个超越权限的行为,因为传统想法一直是国民银行没有能力充当担保人或对履行他人签订的合约充当保证人。……由于我们认定,所说的那个工具有资格作为可执行并在权限之内的信用证,我们认为,关于由国民银行所做的担保是否让它执行,没有必要表达进一步的意见。

160 一般地,一个真正的信用证是三个独立合约组合里的第三方合约。第一个合约是有义务的当事人之间的合约,通常这一合约是债务人和债权人之间的合约。第二个合约通常是银行或其他人(发行人)和债务人(账户户主)之间的合约,该合约促使签发信用证。第三个合约,或信用证,是发行人和债务人(受益人)之间的合约,该合约假定,发行人依据受益人出示的汇票及一定文件(跟单汇票)或仅依据一张汇票(光票)的出示进行支付……

据有人估计,自公元 1100 年,"传统信用证"或"商业信用证"就以这种或那种形式使用,并发现其动力是销售有形货物的不安全国际环境。……然而,自其出现以来,信用证的使用就扩展到远超过有形货物的销售环境。一个具体的发展是"备用信用证"或"担保信用证",藉此,发行人依据表明账户户主已经对支付义务违约的出示文件,同意支付受益人。与传统信用证不同,备用信用证主要用于融资或担保一个无形或货币的基础债务,比如一张期票,此债务由账户户主承担。……

备用信用证,也被货币监理署、联邦储备系统理事会和联邦存款保险公司认可为银行的一种附属业务。银行发行这种信用证出现的任何经济纠纷问题适用联邦法规解决。例如,备用信用证被看作功能等同的贷款,并明确服从银行成文法的贷款限制。此外,联邦储备法规要求,发行银行承担对账户方的信用分析,"等同于适用潜在借款人在普通贷款情形的分析。"因此,对发行银行的股东和储户的风险似乎不比发放一笔普通贷款产生的风险更加危险……

据建议,当备用信用证或担保信用证满足信用证的形式要件时,这样的一个工具本质上是一个担保合同或保证合同,因此,按传统分析超出了银行的发行能力。……尽管确实是每一个信用证似乎都起担保作用,但是,有几个微妙但却重要的区别。一个真正的担保产生第二次义务,藉此,担保人要承诺满足另一个人的债务,并且一旦主债务人没有履约就可能被要求履约。因为担保附属于基础合同,对于担保人权利与义务的纠纷只能通过对基础合同当事人的权利与义务的符合事实的裁定予以解决。然而,签发信用证的银行,充当自营而不是账户方当事人的代理,它经营它自己的信用证。因此,基于发出的一个信用证,该银行要承担主要义务,与基础合同无关,并保证一旦出示该工具要求的文件就须付款。如果出示文件合乎要求,信用证签发人就有义务付款,不考虑基础合同当事人的权利与义务……

然而,这不是说,国民银行就可以没有限制地发行以信用证为借口的工具。在威奇托鹰与比肯出版公司诉太平洋国民银行案中[①],太平洋国民银行为支持某些租赁公司签发一张信用证,条件是,若表明承租人没有完成车库建设,银行根据汇票以及文件付款。违约后,威奇托鹰出示了汇票以及要求的文件,但没有按出示兑付。法院判决此工具无效,因为它偏离信用证的基本用途太远。该信用证不是要求仅仅考察文件以确定债务,而是要求银行承担实际裁定的基础债务。这……是引狼入室,信用证本来是用来回避冗长而昂贵的诉讼。

我们被这些权威所折服,并因此认定,根据我们的商业法第5章,测试

①　《联邦判例汇编第二辑》第493卷,第1285页(第九巡回法庭,1974)。

一个真正的信用证可以说明如下:如果签发人所具有的主要义务唯一根据出示符合的文件而不是当事人实际履行或不履行的基础合同,那么这个契约是信用证……

西北国民银行的工具标有"不可撤销信用证"。第6段明确假定,西北国民银行将及时承兑一个无瑕疵提取并依从该工具条款的汇票。第2段要求,汇票规定完全列举应付金额和违约应付款项。第5段列出了要附的必要文件。关于说明该工具余额的第4段,公平合理的解读是,此信用证的用途是按所附汇票条件支付本金、利息和律师费。尽管确实是,该工具提及了基础交易,但是通常认定,这种一般提及可能被视作无关紧要,除非对签发人的义务施加了某些条件。似乎不存在要求西北国民银行在超越所出示的汇票和文件之外去决定其义务。相反,该工具仅包含先行支付的两个条件:(1)出示无瑕疵的提取汇票;(2)出示四个具体文件。

最后,我们没有被西北国民银行论据说服的是,本工具是一个担保函,因为它担保了一个现有的期票。因为根据其本质,信用证是一个不依赖基础交易的独立合同,所以有必要遵循,在之前、之后或同时发行的一个信用证与完整的基础交易之间没有任何法律的区分。

我们得出结论,作为一个法律问题,摆在我们面前的这一工具是一个有效的、在权限之内的和可执行的信用证。下面的判决是撤销原判,并且判决是归还达拉斯共和国民银行。

提问和评论

1. 在有关信用证的专门术语中,银行是签发人,银行的客户是账户方,而银行签发信用证是支持受益人。发行人同意,根据特定情况,它将支付受益人的汇票,汇票是类似支票的一种金融工具。信用证形成一个三角交易的一部分,其中,账户方对受益人有义务。此处的义务包括 B&H 的50,000美元期票,将给付公墓的信托公司。B&H 向它的银行即西北国民银行付款,西北国民银行发行备用信用证以保证 B&H 会按期票付款。最可能的是,公墓的出售者们是真正的受益方,他们要求信用证以满足购买人,就是要求 B&H 按期票付款。

2. 银行发行两种类型的信用证：商业（或传统）信用证，充当一种支付手段；备用信用证，其功能为一个保证。两种类型都承诺银行根据出示的特殊文件支付受益人。在"商业信用证"情况下，当受益人出示的文件表明，受益人已经履行了其对账户方的合同义务时，银行同意支付受益人。商业信用证通常涉及跨国性的货物销售。我们假设宾夕法尼亚火鸡山时尚服装店从加纳订购了价值 100 万美元的高级服装。加纳出口商要求确保它将收到货款。相应地，服装店让巨大银行发出一张商业信用证承诺，银行根据出示文件（例如，提货单），表明出口商已经装运了货物，就向出口商付款。出口商不信赖火鸡山时尚服装店的支付能力和意愿，而是信赖巨大银行。信用证的所有三方——时装店、出口商和银行，都希望银行一旦收到必要的文件就向出口商付款。银行负有向出口商付款的主要义务。

与之对比，在"备用信用证"情况下，银行保证账户方履行它对受益人的义务。账户方对受益人负有主要义务。通过签发备用信用证，银行也变成了对受益人负有主要义务。如果受益人出示了必要文件，像得克萨斯法院宣称的，银行必须付款，"不管基础合同当事人的权利与义务如何。"从实际角度看，银行的义务是第二位的：只有受益人宣称账户方对合同违约时，银行的义务才该兑现。但是，从法律角度看，银行已经承担了"与基础合同无关的主要义务。"

3. 联邦银行业监管机构认为，签发备用信用证是适当的银行业务。国民银行可以签发信用证，服从旨在保护银行安全与稳健（例如，信用证必须限制银行的风险敞口，而且必须包括截止日期）的限制。[①] 尽管 FDIC 一般禁止投保银行担保其他债务，但它许可备用信用证，其定义如下：

任何信用证，或类似叫法或描述的安排，代表签发人对受益人的义务：（1）偿还账户方所借，或为或对账户方预付的钱；或（2）基于账户方

---

① 《美国联邦法规》第 12 卷，§7. 1016。

承担的任何债务的偿付;或(3)基于账户方履行债务中任何违约的偿付。①

4. 共和国民银行根据在一个真正担保的情形中,担保人必须审查和确定基础合同当事人的权利这一原因,区分了真正担保与备用信用证。与之相对照,在备用信用证的情形中,银行仅需要确定受益人是否出示了必要的文件,以及服从备用信用证的其他文件。这是评论人士的标准观点,但它正确吗? 法院说,保证的功能是去"承担另一人的债务,并……一旦主债务人履约失败时去履约。"为什么签发银行只因为它根据文件记录可确定其义务,就比保证人更少审查之类呢?

5. 反对银行担保的规则真是反映了避免诉讼的一项政策吗? 难道我们不能更现实地说这个规则寻求防止银行招致更大和更危险的或有债务? 然而,这个规则通过排除银行确定账户方的防御措施,可能使得那些或有负债更大,并更具威胁性,如果受益人在信用证上起诉银行的话。

6. 银行设立子公司,以"备用信贷"形式对合格信用风险提供市政债券保险。按这种保险条件,如果发行人违约,债券持有人会向子公司出示未偿付的文件证明,由此,子公司变成债券持有人对发行人的权利接替者。这一业务是许可的吗? 参见美国保险协会诉克拉克案②,该案支持监理官的认可批准。

7. 在努力限制银行从事大多数保险承销的过程中,《格雷姆-里奇-比利雷法》将备用信用证和大多数"金融担保"排除在保险定义之外。③

8. 在以后几章里,我们还将考察银行资本规则如何对待备用信用证,以及这样的信用证是否有资格作为 FDIC 保险的存款。

---

① 《美国联邦法规》第 12 卷,§337.2。
② 《联邦判例汇编第二辑》第 865 卷,第 278 页(特区巡回法庭,1988 年)。
③ 《美国法典》第 15 卷,§6712(c)(2)(B)(ii),(v)。

第四章　地域扩张

正如我们在第一章所见,长期以来,美国有一个单元银行体系:银行通常就在唯一的办公室经营,不能有分支机构,并且不能利用控股公司的方式伸展到其他的地点。银行的房子就是银行,没有任何其他东西。今天,反对分行化的绝对禁条已不再存在:每个州都让银行拥有多处网点办公室。尽管小银行依然保持繁荣,但合并和地域扩张无论在州界之内还是跨越州界之外都在快速推进。银行控股公司购并了另外的一些银行。银行开设了一些分支机构,启用了免费电话号码服务,提供 ATM 网络服务,以及与其他公司合作设立在分行网络之外、提供上门或对口服务的银行吧。英特网助推业务跨越国界,并使得"网络银行"成为可能,网络银行的物理位置几乎不是问题。尽管地域扩张已成风靡潮流,但是有些地域限制还是依然存在。反托拉斯法(其远亲是限制银行存款的集中)也能够抑制地域扩张。

在本章,我们将考察地域扩张的五个方面:首先,地域限制的理据。第二,规制银行控股公司州际扩展的法律框架,包括银行与控股公司州籍以外的其他公司合并。第三,规制银行自身地域扩展的法律框架,包括州内分行化(也就是,在同一州内设立分行)、位于不同州的附属银行合并、州际新设分行(也就是,银行在当前无分行的州设立分行)。第四,网络银行与州监管范围。第五,涉及银行的兼并与收购分析。

在讨论州际扩张方面,我们使用术语"州籍或家乡州","东道州"和"州外"。我们根据特许执照确认一家银行的州籍,根据历史确认一家银行控股公司的州籍。

166 表 4 - 1 确认州籍

项目	标准
州立银行	颁发执照州
国民银行	银行执照表明,该州有国民银行办公室总部
银行控股公司	当公司变成一家银行控股公司时,公司的附属银行在该州有大多数存款

东道州是州籍之外的一个州,银行在该州经营业务或寻求经营业务[①]。州外,其意思与正被讨论的银行、银行控股公司或州有关。因此,一家寻求在佛罗里达州经营(如在刘易斯诉 BT 投资经理案,边码第 169—172 页)的纽约银行控股公司,相对于佛罗里达州是州外。类似地,如果一家北卡罗来纳银行在明尼苏达州有几家分行,那些分行是州外,因为它们在北卡罗来纳州以外。

第一节　地域限制的理据

为什么政府要限制银行业务的地域范围? 在美国,对业务扩张的地域限制是很不寻常的。我们不限制铅笔制造商开设多家工厂或州外办公室。对于银行要求什么样的地域限制? 让我们来考察支持和反对限制的论据。

首先考虑反对地域限制的情况。地域扩张有益于银行服务的消费者;增加竞争,并因此趋于改进服务和降低价格;通过许可银行在更多地点提供更多服务促进客户便利;促进配置贷款和支票清算的效率;让银行利用规模经济;通过多样化贷款组合,帮助银行获得更大的金融弹性——因而持有多地而不是一地贷款。总之,地域扩张应当有益于客户,增进经济效率,并增加社会财富。

现在考虑地域限制的情况。支持者强调,这种限制如何可以帮助阻止

---

① 《美国法典》第 12 卷, § § 1831u(g)(4)-(5);1841(o)(4)-(5)。

银行业的过度集中,而集中可能减少竞争,损害服务质量,并抬升价格;驱走当地企业;不利于农村地区;能使几家银行累积不正常的经济实力;削弱当地对银行业的控制;银行体系政治化;并对救赎陷入麻烦的大银行增加压力。限制理由经常具有政治与经济的多维性:他们强调当地所有权和控制权的价值,以及大规模金融机构取得对政府过分影响的危险。限制主义者坚持,地域限制并不降低服务的效率或质量。

167

提问和评论

1. 限制主义者的政治论据反映了美国长期存在的对金融机构的"大"的怀疑,这种怀疑显示在银行战争(参见边码第9页)以及伍德罗·威尔逊关于所谓的货币托拉斯(参见边码第15页)的警告。这种怀疑在路易斯·D. 布兰代斯的作品,特别是在《他人的钱与银行家如何使用》(1914)一文中找到有雄辩的表达。布兰代斯对一个国家的金融机构"大的祸害"提出警告。他辩称,单是规模就可能并的确威胁了公众福利,因为银行家们滥用他们的职权。为了反击这种威胁,布兰代斯提议经济分散化,这会降低"规模过大的无效率",并创建不必"向金钱大佬屈膝"的一种小型组织经济。州际银行扩张的现代成文法宪章,《1994年里格尔-尼尔州际银行和分行化有效法》的颁布,代表了汉密尔顿对杰斐逊、J. P. 摩根对布兰代斯的决定性胜利,是吗? 或者说,直到今天,布兰代斯传统依然颇具活力?

2. 其他发达大国没有那种以美国为典型代表的银行监管法规的地域限制,反而具有更集中的银行体系。发达小国甚至具有更高的集中水平。下面的表格说明一系列发达国家和发展中国家的银行集中水平。"集中度"指的是最大几家银行的综合市场份额。

表 4－2　　银行集中度:基于 1989—1996 年平均总资产的国际比较

国家	集中度(%)		国家	集中度(%)	
	3－银行	5－银行		3－银行	5－银行
约旦	87	94	摩洛哥	57	79

国家	集中度(%)		国家	集中度(%)	
	3-银行	5-银行		3-银行	5-银行
芬兰	85	98	墨西哥	53	66
以色列	79	94	英国	50	65
希腊	79	91	比利时	49	73
津巴布韦	78	97	委内瑞拉	47	62
荷兰	77	88	葡萄牙	46	63
新西兰	75	99	智利	45	62
斯里兰卡	75	89	马来西亚	44	54
丹麦	74	82	奥地利	42	55
瑞典	71	94	土耳其	41	56
巴基斯坦	71	90	菲律宾	40	56
哥斯达黎加	71	82	印度	40	51
南非	69	90	巴西	40	50
秘鲁	64	76	哥伦比亚	35	54
孟加拉	62	75	西班牙	34	50
新加坡	61	83	法国	28	44
澳大利亚	60	80	韩国	28	44
挪威	60	74	德国	27	39
肯尼亚	59	72	意大利	24	38
埃及	58	73	日本	21	32
加拿大	57	84	美国	15	20

资料来源:瑟托勒里 & 甘贝拉,《银行业市场结构,金融依赖与增长:国际产业数据佐证》,《金融杂志》第 56 期第 649 页(2001)(使用美国独立社区银行协会的银行区间数据)。

3. 美国银行业研究显示,长期以来,仅有微弱的经济规模。但有些使用更新方法和更近资料的研究指出,经济规模显著。[1]

---

① 参见休斯与梅斯特,《银行业效率:理论与佐证》,《牛津银行业手册》第 463—485 页(2010)。

4. 银行使用信息技术日益庞大和复杂。它们利用计算机存储、检索、分析、发送和接收数据,用途很多,包括金融、管理和税收会计;风险管理;记录存款、提取和贷款支付;处理贷记卡与借记卡,以及电子资金转账。信息技术有经济规模:例如,为 1000 亿美元规模的银行设计软件和管理计算机系统,其成本与 10 亿美元规模的银行相比虽然更高,但不是多于 100 倍。你希望重要性不断增大的信息技术在多大程度上影响美国银行体系结构?

5. 如果允许美国银行成长得很大,会使银行拥有过多政治权力吗? 那会怎样? 如果一两家银行持有美国存款的大部分,会产生什么其他政策问题?

6. 像小银行、信用社和保险代理这些竞争集团的能力怎样? 如果大银行有过度的政治权力,为什么它们对政治支配力量会特别脆弱? 无论如何,银行业本地控制有助于银行体系与政治支配力量相隔离吗? 难道"本地控制"意指不是政治支配力量而是其它什么东西?

7. 关于银行扩张与合并的经济论据的分析,请比较米勒的《对银行合并的法律限制:一个经济分析》[①]与威尔马思的《大而不能倒,太少不服务? 全国性银行的潜在风险》[②]和《银行业中全国性合并的潜在风险:对米勒教授的一个答复》[③]。

8. 在 1888 年那一年,世界比现在更缓慢、更安静、更简单。你和一个当地商人杰克站在县法院的外面,品味着威严,细嚼着烟草。你代表本州的一家最大银行,最近提议许可州立银行在全州开设分行。杰克强烈反对这个主意,他辩称,大银行吸存小镇存款,却不在那里发放贷款:"它们吸收本地存款,并把钱送到秘鲁或一些其他遥远的地方。"按照杰克,如果银行仅有一处办公室的话,他们将最好地服务当地贷款需求。如果你对杰克做出回应的话,最强有力的一个论据是什么?

---

① 《爱荷华法律评论》第 77 期,第 1083 页(1992)。
② 同上,第 957 页(1992)。
③ 同上,第 1133 页(1992)。

第二节　银行控股公司的州际扩张

对于一州禁止或限制州外公司收购本州一家银行,有什么灵活性余地吗? 法院根据美国宪法的商务条款分析这些限制:任何歧视州际商业或过分加重州际商业负担的限制是无效的,除非国会授权。

此处我们将考察拥有银行公司的州际扩张的四个方面:(1)收购公司而不是银行;(2)收购银行;(3)对存款集中的特别限制;以及(4)让属于同一控股公司的几家银行彼此代理吸收存款。

一、收购公司而不是银行

一州能够禁止州外银行控股公司设立或收购本州一家非银行公司吗? 在下面的案例中,最高法院思考了这个问题。

刘易斯诉 BT 投资经理公司案[①]

布莱克门,法官:

银行家信托,一家位于纽约的银行控股公司,向联储理事会申请批准通过 BT 投资经理公司(BTIM)在佛罗里达州提供投资顾问服务。立法机关的一次特别会议修订了佛罗里达州成文法第 659.141(1)款,⋯⋯禁止一家州外银行控股公司拥有或控制在该州之内的一家公司向任何客户销售投资顾问服务。⋯⋯有证据表明,该项修订是针对银行家信托未决申请的一个直接回应,并且也是对当地金融团体的强力支持。⋯⋯

本上诉对于受质疑的佛罗里达州成文法的有效性提出了两个有区别但相关的问题。第一个问题是,这些成文法,被认为是不顾监管银行业的联邦立法,是否以一种与美国宪法商务条款相左的方式加重了州际商业负担。

---

① 《美国案例汇编》第 447 卷,第 27 页(1980)。

第二个问题是,国会通过它自己在这个地区的立法,已经创立了这样一个地区,在该地区州的监管不受美国宪法商务条款的限制。因为对联邦立法先占于所说州法没有任何争议,所以,只有出现佛罗里达州成文法无联邦授权不能幸存时联邦法律才变得重要。因此,只有我们达成对第一个问题的肯定回答,第二个问题才变得恰当切题。

170

　　这些问题发生在人们熟知原则的背景上。美国宪法商务条款授予国会职权"监管……诸州之间的商业。"①尽管这一条款是就授予国会的职权而言,最高法院早就意识到,它也是限制各州设置州际贸易障碍的权力。当然,这一对州权力的限制决不是绝对的。在没有与联邦立法冲突的情况下,各州保留按其一般治安权监管"当地正当关注"问题的职权,甚至州际商务也可能被影响到。在像这样的当地正当利益牵涉其中之处,规定州监管的适当范围经常是一个"微弱调整"的问题。然而,即便是监管保护当地利益,各州行为方式一般也必须契合"最终……原则,即一州与另一州打交道时不能置自身于经济孤立之境。"无论当前州利益多么重要,都不可以通过歧视来自州外的商业物品来实现,除非除了它们产地的差别之外,还具有区别对待它们的某些理由。

　　这些年来,该法院使用各种表述说明商务条款对各州的限制,但它始终贯穿着对露骨的保护主义和更加间接地增加自由贸易流动负担的区分。最高法院注意到,"在州立法实行纯粹经济保护主义的地方,已经制定了一个实际本身无效的规则。"与之相对照,如果立法对州际和当地企业的区分不过分,那么其效力同样影响州际和当地工商界的立法可以幸存于宪法审查。最高法院在派克诉布鲁斯教堂公司案②中声称:

　　　　在成文法监管一视同仁以实现本地正当公众利益,并且其对州际商务的影响仅是附带性的地方,它将得到支持,除非施加于该商业的负

---

①　《美国宪法》第 1 条,第 8 款,第 3 项。
②　《美国案例汇编》第 397 卷,第 137 页(1970)。

担相对于公认的本地得益明显过分。……如果发现有合法的本地目的,那问题就变成一个程度的问题。可以容忍的负担程度当然取决于涉及的本地利益的性质,也取决于它是否可能得到提升,并对州际活动有更少的冲击。

法庭调查的主要关注重点必然是该成文法的实际运作,因为州法的有效性一定是主要按照他们的可能影响来判断。

记住这一原则,我们先转到第 659.141（1）款。本条款是主要争议对象,因为正是这一条款阻碍被上诉人计划在佛罗里达州创建他们的投资顾问业务。该法条禁止的本地投资或信托业务所有人公司具有两个特征:无论它是作为一家银行、信托公司或银行控股公司,都是具有确定业务和目的的一种组织;以及主要经营地点在佛罗里达州之外。……

我们欣然同意,……无论作为一个历史问题还是作为一个当前的商业现实问题,银行以及有关金融业务都是本地最为关切的。稳健的金融机构与诚实的金融实践对任何州的经济健康与其人民的福祉都是至关重要的。因此,毫不令人惊讶,从我们共和国的初期岁月一直到今天,各州都在颁发银行执照,并且积极监管银行业务。

虽然如此,这并不是说这些相同活动缺乏重要的州际属性。令人印象深刻的一系列联邦成文法不仅监管银行服务的提供,而且也监管银行组织的创立、投资建议的提供以及全国投资市场的管理,这些都是与之相对照的实质佐证。……本高院已经观察到,相同州际属性既确立了国会规范商务的权力,也支持宪法对州权力的限制。就当前目的来说,很清楚,那些限制是适用的。

从蓄意阻止外来企业竞争本地市场的意义上说,佛罗里达州成文法条款是"狭隘的"。

该法条对州外一家银行控股公司设在州内的一家投资子公司的存在设置了明显障碍,从而遏制银行控股公司在本州发展主体业务。因此,它阻碍了具有各种资源和企业利益的州外公司去竞争本地市场,这使得它们可能尝试重新准入。这种法律颁布情况表明，这是该立法机关的主要目的。

上诉人即该州监理官辩称，这项佛罗里达州立法改进了几项重要的州政策。其中得到特别确认的一些政策利益是，不鼓励高端金融领域的过度经济集中；监管金融实践，设想是保护本地居民免受欺诈；对基于当地的金融业务进行最大化本地控制。我们认为，这些宣称的目的，没有使得对施加在州外银行控股公司的负担达到合理程度。

毫无疑问，不鼓励经济集中和保护居民免于欺诈都是州的正当利益。但我们并未被说服的是，这些利益证明对本州施加于主要在本州之外经营的银行控股公司的不相称的沉重负担是合理的。上诉人毫无根据地说明了一种推理，即所有州外银行控股公司都可能具有垄断权力的邪恶，它们比本州成长的同类公司更可能那么做，或者它们比基于本地的控股公司更倾向于使用欺诈手段。也没有任何理由断定，彻底禁止准入而不是某种适度监管是防范假定邪恶的唯一有效方法，特别是当其他同样大规模或大范围的州外企业竞争本地市场时。我们得出结论，这些断然声称的利益完全不满足消除第659.141（1）款法条的明显的宪法性缺陷。

关于坚称促进金融机构本地控制上的利益，我们怀疑那一利益本身完全清除了掺杂本地狭隘主义的意味。在几乎任何涉及宪法商务条款的情况中，很可能一个州会辩称，它拥有支持本地所有权或财富或控制商业企业的利益。然而，这些论据是与一般原则相冲突的，一般原则是宪法商务条款禁止一州使用其监管权力去保护其公民免于外部竞争。无论如何，现行立法没有很好地服务此种利益。例如，该成文法条没有限制本地银行控股公司在州外的所有权。正如上诉人承认，它也没有阻止州外除了所禁止组织形式的企业之外的企业的准入。因此，没有任何理由相信，州在本地控制上的利益达到它正当存在的程度，已经使用的成文法手段已经显著地或一视同仁地促进了这种利益。

最高法院认定，《银行控股公司法》并没有使得第659.141（1）款法条不受宪法商务条款的制约。

因为这些理由，我们得出结论，……第659.141（1）款法条以违反宪法商务条款隐含的限制州权的形式直接加重了州际商务的负担。……

提问和评论

1. 尽管商业银行与互助储蓄机构类似,《银行控股公司法》认为二者有概念上的区别,并且,出于某些目的,认为集团互助储蓄机构为非存款公司。一家银行控股公司收购一家全面服务银行遵循《美国法典》第 12 卷第 1842 节,而收购一家互助储蓄机构遵循《美国法典》第 12 卷第 1843 节。与刘易斯诉 BT 投资经理公司案相一致,一家外州银行控股公司可以收购一家互助储蓄机构,尽管州法声言禁止这样一个收购。被收购的互助储蓄机构保有其开设分行的权利,这在联邦互助储蓄机构的情况下可以在全国开设。[①]

2. 如果一州声称在阻止金融机构过度集中上有利益,若任何银行或银行控股公司控制全国银行业资产超过 2.5%,则禁止它在该州提供投资建议,你觉得怎样?根据刘易斯诉 BT 投资经理公司案,这一限制会通得过审查吗?答案可能部分取决于州银行业的结构,对吗?

二、收购银行

银行控股公司扩张可以作为替代分行化的一部分。不是让一家子公司银行在九个地点开设分行,而是一家控股公司在每一个地点开设一家新银行,各家银行都是独立的法人公司。

直到 1980 年,很少有银行控股公司在一个以上的州拥有多家银行。与之相对照,目前最大的一些银行控股公司在很多州拥有银行。有关历史简要情况:最初的《银行控股公司法》颁布于 1956 年,包括一项规定叫做《道格拉斯修正案》。根据此项规定,联储理事会可以许可一家银行控股公司收购一家州外银行,但只有该收购是"该银行所在州的成文法专门批准,通过语言有效授权而不仅仅是暗示。"几十年来,没有任何州批准过这样的收购。但是,在 1980 年代初,毗邻的一些州,比如 6 个新英格兰州,开始形成

---

① 参见《美国联邦法规》第 12 卷,§ 145.92(b)。

区域性州际银行协约,各成员州同意对其他州的银行控股公司开放其银行业市场。应本地银行家们的请求,这些区域性协约排除了大"货币中心"银行的州籍家乡州,尤其是纽约州和加利福尼亚州。最高法院在西北银行公司诉联储理事会案中支持这些限制[①],驳回了不合宪法的以及其他的挑战,并把这些限制的特征概括为"被《道格拉斯修正案》想到的、抬高抵制州际收购的壁垒栏杆"。

173

西北银行公司诉联储理事会案加快了走向区域性州际银行公司的广泛趋势。经过一段时间,这类区域不断发展,而那些限制日渐式微。有些协约允许货币中心州加入。许多州最终允许来自任何州的控股公司的收购。

走向全国性州际银行的这一趋势,在《里格尔-尼尔州际银行和分行化有效法》废除《道格拉斯修正案》后达到顶点。现在,联储理事会可以许可任何资本充实、管理规范的银行控股公司收购"一家位于不是该银行州籍所在州的银行,不管任何州法是否禁止该交易。"[②]因此,银行控股公司虽然要受相对适中的制约,但可以在全国并购银行。

三、集中度限制

在本章的后面部分,我们将考察反托拉斯法怎样影响银行扩张。现在,我们探讨颁布在《里格尔-尼尔州际银行和分行化有效法》中的对存款集中度的限制,限制意图是约束银行业的合并程度。这些规定至少有一个目的与反托拉斯法的目的相同:通过阻止公司共谋提价或限产,确保竞争活力。经济学的结构-绩效假说断定,集中产业的公司比非集中产业的公司可能更容易抑制竞争;当仅有几家公司主导市场时,组织一个卡特尔企业联盟变得更容易。反托拉斯法限制可能过度集中一个产业的兼并,但前提是由兼并产生的公司将具有"市场势力",这种势力抬升价格并维持它们非竞争的高水平。另一个选择是通过对集中施加数值性限制来保持竞争,无须查实拟

---

① 《美国案例汇编》第 472 卷,第 159,173 页(1985)。

② 《美国法典》第 12 卷,§1842(d)。

议兼并产生的公司可能拥有的市场势力。

里格尔-尼尔限制对州际银行收购和非关联银行的州际兼并采取这样一种数量方法。如果一家银行控股公司控制了所有投保 FDIC 的存款机构的美国存款多于 10% , 那么该银行控股公司不能收购一家州外银行。一旦一家银行控股公司控制了那些存款的 10% , 它就不能通过收购其州籍之外的他州一家银行进行扩张; 然而, 它仍可通过诸如存款增长、分行化、收购州籍州的银行以及收购互助储蓄银行进行扩张。[1] 如果由此产生的银行及其附属机构一起控制了所有投保 FDIC 机构的美国存款大于 10% , 那么, 该银行也不能对不相附属的州外银行兼并、收购资产或取得承担责任的存款。[2]

174　　《里格尔-尼尔法》也施加逐州的存款集中度限制。一家银行控股公司不能通过收购这样一家银行进行扩张, 在这家银行所在州它已经有一家存款机构或分行, 设若该控股公司在该州投保 FDIC 机构的所有存款占比 30% 或以上。[3] 一家投保银行也不能对一家不相附属的州外银行兼并、收购资产或取得承担责任的存款, 设若由此产生的银行及其附属机构在该州投保 FDIC 机构的所有存款占比 30% 或以上。[4] 各州可能许可存款集中度高于 30% 的水平, 也可能对高于 30% 的情况施加更为严厉的非歧视性的存款集中度限制。

当一家投保 FDIC 的银行破产或处在破产危险之中, 存款集中度限制不适用: 联邦各监管部门可以不考虑这一限制(以及诸如资本和管理标准之类的其他约束), 以促进该银行的快速出售或其他处置。[5]

提问和评论

1. 10% 全国存款集中度限制, 并不禁止一家巨大银行在没有分行的那

① 《美国法典》第 12 卷, § 1842(d)(2)(A)。
② 同上, § 1831(b)(2)(A)。
③ 同上, § 1842(d)(2)(B)。
④ 同上, § 1831u(b)(2)(B)。
⑤ 同上, § 1831(e), § 1842(d)(5)。

些州设立新的分行。为什么不?

2. 如果在一个市场上没有任何公司拥有10%的市场份额,传统反托拉斯分析会视该市场为非集中市场,并可能不限制兼并和收购(参见边码第196—197页,下同)。

3. 或许10%限制可以被看作一种手段,阻止一手把控的金融权势的过度集中。这样的集中能对政治体系产生危险,竟然类似危险可能不会,比如说,由相对集中的军火、汽车或石油市场引起吗?

4. 10%限制还服务于任何其他目的,比如使银行更难于发展太大,因为发展太大政府可能不会冒险让它们破产,是吗? 或者,在决定是否许可可能产生甚至更大银行的收购之前,给予选民和国会议员一个机会,考虑他们有多么喜欢这一规模的银行。

5. 为什么10%限制应该专门聚焦于存款集中度? 银行也服务其他市场,比如为商业贷款、住房抵押贷款和其他非存款服务的市场。10%限制不考虑那些其他市场的集中度水平,它应当考虑那些其他市场的集中度水平吗? 另一方面,与银行相关的兼并与收购的反托拉斯分析也聚焦于存款集中度,用它作为一种易于管理的代表多种银行服务的工具(参见第205页)。

6. 《多德-弗兰克法》将10%限制适用到储蓄银行控股公司的州际收购。[①] 但是,此限制仍不适用于 FDIC 保险的大型机构(例如,两个纽约银行的合并)之间的州内结合。

7. 非银行金融机构比如证券公司和保险公司的大型化,是怎样的? 我们应当把数量限制适用到那些公司之间以及银行与那些公司之间的结合吗?

导语与注解:《多德-弗兰克法》

《多德-弗兰克法》对银行和储蓄银行控股公司,FDIC 保险的存款机 175

---

① 《美国法典》第12卷,§1467a(e)(2)(E)(ii)。

构,以及系统重要性非银行公司(为简洁,统称"覆盖公司")施加一个负债基础上的集中度限制。如果一家覆盖公司有大于 10% 的所有覆盖公司合计负债占比,它一般不能收购(或兼并)任何其他公司。[1] 此成文法设置了限制银行控股公司的资本规则:一家银行"负债"的构成是风险权重资产减去它的监管资本。此成文法超越里格尔-尼尔限制有若干方面。它适用收购人的一个更大集群;适用任何金融或非金融公司;适用州内交易。

提问和评论

1. 该限制做出了任何实际区分吗?国会颁布这个限制,禁止金融公司形成如此之大,便于政府救赎它们而不让其破产。然而,目前仅有 4 个公司持有平均 5% 的所有覆盖公司合计负债占比:美国银行公司,花旗银行,J. P. 摩根大通公司,以及富国银行公司。并且,在 2008 年,政府拯救的公司大大小于那个数值。10% 限制是形式大于实质吗?

2. 为什么对负债设置限制?

四、代理协议

在没有与限制分行化法发生冲突的情况下,一个州的一家银行能代表另一个州的一家附属银行接受存款吗?以前监管部门的回答是否,并把接受存款的银行描述成一个州外银行的不合法分行。《里格尔-尼尔州际银行和分行化有效法》消除了这一障碍,它规定任何"一家银行控股公司的银行子公司,作为对一家存款机构关联公司的代理,可以接收存款,定期存款转期,关闭贷款,服务贷款,以及接受贷款还款和其他负债,"不构成该关联公司的分行。[2]

---

[1] 《美国法典》第 12 卷,§ 1852。
[2] 同上,§ 1828(r)。

第三节　银行地域扩张

一、州内分行化

有些州仍然限制银行在州内设立分行的职权。我们现在考察这些限制是如何与《麦克法登法》互相影响的。《麦克法登法》一般许可国民银行设立分行,但仅限于对州立银行也许可的情况。① 下面的几个案例考察《麦克法登法》的争议问题。

普兰特市第一国民银行诉迪金森案②

首席大法官伯格:

佛罗里达州成文法许可州立银行"有唯一一个做业务的地方",并在那个地方"且没有其他地方"办理银行业务。货币监理官批准普兰特市第一国民银行开办运钞车上门服务,遵循的预设条件是确保运钞车收拢的客户现金和支票在到达该银行出纳柜台之前不变成银行的负债。

《麦克法登法》在有关部分中规定:

> 本节使用的术语"分行",应被认定包括任何分行银行、分行办事处、分行分理处、附设办事处,或任何分支业务地点……在这些地点接受存款、解付支票或办理贷款。……

虽然国会对国民银行拥有绝对权威,但第 36 节参照纳入了州法对州立银行分行业务设立的限制。国会刻意拟定了意图培育"竞争平等"的一项

---

① 《美国法典》第 12 卷,§36。
② 《美国案例汇编》第 396 卷,第 122 页(1969)。

政策。

参照州法的机制是,……旨在贯彻国会那个意图,并使得该联邦成文法成为适应州监管法规变化的自动生效的一个条款。……

普兰特市第一国民银行和货币监理官竭力主张,按第 36(j)条,受质疑的业务并没有意味着分行化经营。第一国民银行,极其信赖,如果实际不是完全信赖的话,与使用运钞车或存款箱服务的客户仔细签订的合同。……不管怎样,我们满意的是,该合同唯一重要目标是消除那种可能性,即收到的款项在实际送达银行注册登记的建筑物之前,在技术上和法律意义上变成存款。……因为该成文法的目的是维护竞争平等,与之相关的是解释术语"分行",不仅仅要考虑此项交易产生的合同权利与义务,而且此项交易的所有方面可能给予银行在竞争客户上一种优势。毫无问题的是,有一种优势归于银行,就是提供收款服务,将远离其主要办公地的钱转为存款;客户的便利无关乎是否在接受时刻或若干时间之后确立了债务人与债权人的关系。……

此处,我们面临着全面保护国民银行分行化的特权,而佛罗里达州拒绝国民银行与州立银行的竞争。运钞车的功用是显而易见的,许多州许可州注册银行使用这种非常合理的经营方式。但是,对司法审查而言,佛罗里达州的政策相比国会的"竞争平等"政策更不开放。同样,国会尊重州标准的"竞争平等"政策也不对货币监理署开放修订。

提问和评论

1. 普兰特市第一国民银行诉迪金森案提到在《麦克法登法》下的一条"竞争平等"的法律原则。最高法院在普兰特市第一国民银行诉迪金森案之前 3 年、在洛根第一国民银行诉沃克银行与信托公司案中第一次阐明这条法律原则。[①] 州法许可州立银行在其家乡城市设立分行,但仅限于收购现有银行。OCC 准予国民银行开设新的市籍家乡城市分行,不必收购现有

---

① 《美国案例汇编》第 385 卷,第 252 页(1966)。

银行。OCC 的理由是,州法通过批准市籍分行满足了第36(c)条的要求,"这样的设立和经营是当时由所说的州法明确对州立银行批准的。"最高法院不同意,凭借众议员麦克法登1927年的陈述即该法确立了国民银行与州成员银行之间的"竞争平等",以及1933年参议员格拉斯的陈述即当时进一步修正的成文法许可国民银行设立分行"仅在那些州法许可分行化经营的州,并且仅限于州法许可分行化经营的范围。"因为 OCC 的解释给予国民银行超过州立银行的一种竞争优势,最高法院认定,它违反了"竞争平等"的成文法基础策略。

2. 普兰特市银行宣称,它与客户的合同防止了运钞车变成一家"分行",它说的正确吗?如果运钞车严格充当客户的代理,那么,该行收不到存款(很少支票或借款)直到运钞车到达银行的砖头水泥办公室之后。最高法院高度忠诚于法律语言,会认定这种服务不构成一个分行吗?

3. 最高法院称运钞车服务是一种"非常合理的经营方式",但并不看重此服务的功用。最高法院真正不受公共政策考虑影响吗?

4. 为什么最高法院并不尊重 OCC 对《麦克法登法》的解释?缺乏尊重可能反映了管理部门的什么观点?

5. 一家国民银行可以在它不可以设立分行的地方设立一个生产贷款办公室,银行从这个办公室发掘潜在贷款人并接受贷款申请,但正式批复是在总部。"一家国民银行的一位雇员或代理……可以,"在不违反《美国法典》第12卷第36节情况下,"在该行总部或分行办公室之外的一个地点发生贷款……设若该贷款是在该行总部或分行办公室批准和发放。"①

6. 一台自动柜员机是一个分行吗?普兰特市第一国民银行诉迪金森案的推理认为是。ATM 的身份地位一直有争论,直到国会明确把它们从第36(j)条"分行"定义中排除在外。但是,这一排除没有从字义上延伸到其他语境,其中,普兰特市第一国民银行诉迪金森案及其后继类似案例把"分行"概念上的事看做只有一位银行业律师才会想到称呼一个分行。因此,

---

① 《美国联邦法规》第12卷,§7.1004(b)。

当"某些其他新技术和技艺出现而人们直觉地认为那不是一个'分行'"时,你可能仍然辩称"普兰特市案的广义和反直觉解释都是这一主题的明确指导。"①有一个小好奇是,随着银行不断开发出提供服务的新方法,它们会老是请问 OCC 这种提供服务的新方法是否构成了一个分行。

178　　　　7. 1980 年,国会授予 OCC 一般规则制定的权力,但不含根据《麦克法登法》和《格拉斯-斯蒂格尔法》规定规则的权力。② 你认为国会为什么挑选出那两个法? 缺少一般规则制定权力可能影响对 OCC 关于第 36 节解释的司法尊重吗?

导语与注解:分行概念

我们第一次遇到下面的案例是在关于折扣经纪的部分。参见证券业协会诉货币监理官案(边码第 134—136 页)。下级法院认定,国民银行可以充当折扣经纪,但是,那个经纪办公室构成了受《麦克法登法》限制的"分行"。

克拉克诉证券业协会案③

大法官怀特:

货币监理官许可两家国民银行在其分行办公室和其他地点提供折扣经纪服务,其他地点包括在它们州籍之外的地点。他断定,按《美国法典》第 12 卷第 36(j)条,折扣经纪办公室不构成分行,因为它们不接受存款,不解付支票或贷款放款。尽管经纪客户不从银行借钱购买证券,但银行要在银行营业室批准贷款。尽管银行对存在经纪客户账户的现金支付利息,但此类账户与普通银行账户的差别很大,以至于在货币监理官看来,它们不算是存款。

被告辩称,货币监理官对《银行法》的解释不应受尊重,因为它与《美国

---

① 马洛伊,《银行监管的原则》,第 3.5 节,第 87—88 页(第 2 版,2003 年)。
② 《美国法典》第 12 卷,§93a。
③ 《美国案例汇编》第 479 卷,第 388 页(1987)。

法典》第 12 卷第 81 节的平易语言相矛盾：

> 每家国民银行联盟的一般业务交易应当在其组织机构证书指定的地点，以及在唯一的分行或几家分行，如果有任何分行的话，分行由它设立或保持，并与本主题的第 36 条规定一致。

在被告看来，第 81 节的明确意思是"国民银行可以确定其业务位置，只能在其总部或特许的分行，并都在同一州之内。"……然而，第 81 节相当不明确，远比被告承认的更加含糊不清。第 81 节中的词组"每家国民银行联盟的一般业务"不必解读成包含银行经营的所有业务，而……可以貌似合理地解读成仅覆盖银行核心经营功能中的部分业务。……

被告也依赖下面的陈述，它是众议员麦克法登在通过《麦克法登法》10 天之后放进《国会记录》里的，而此时国会休会：

> 第 36（j）条定义术语"分行"。在总部以外或远离总部的任何地方，在那里银行经营其业务，接受存款、解付支票、贷款放款或在总部经营的任何业务交易，这样的地方是一个分行，如果它按本法的规定合法设立。

179

我们不十分重视这个陈述，国会在通过《麦克法登法》前没有这个陈述。正如货币监理官很有说服力地辩称，众议员麦克法登不能被认为是带着他名字法案的一个公正解释者，因为他不赞同分行经营。……

相当重要的是，在通过《麦克法登法》过程中，国会认识到并第一次特别批准了国民银行从事投资证券买卖的实践。……在 1927 年之前，银行已经开展了这类证券交易，而且范围很广，经常跨州进行，不管第 81 节对"每家国民银行联盟的普通业务"施加的地点限制。我们认为不可能的是，国会既然认识到并明确批准了这一实践，还会在没有专门注释先前实践限制的情况下，通过分行化法同意限制银行地域范围。

我们得出结论,国会没有意图使银行证券业务行为受第36(j)条施加的分行化限制。我们不认为我们今天的裁定与我们先前裁定不一致,先前裁定对第36(j)条解释为体现州立银行与国民银行之间"竞争平等"的一项政策。……货币监理官合理地将该成文法解释为要求"竞争平等"仅在银行核心功能,并不是国民银行有权从事的所有附属服务。[①] 今天,我们并不面临需要裁定,是否有银行核心功能逾越了第36(j)条明确列举的限制。足够裁定本案的认定是,经营折扣经纪服务不是一项银行核心功能。……

提问和评论

1. 你理解在普兰特市第一国民银行诉迪金森案与克拉克诉证券业协会案之间的态度变化吗?

2. 克拉克诉证券业协会案使用"银行核心功能"作为若干业务的简略说法,这个说法表达一个营业地点是符合第36节目的的一个分行。最高法院识别出仅有三个业务列入第36(j)条:接受存款,解付支票,以及提供贷款。它留下的可能的口子是,另外的业务可能也构成核心功能。但是自从克拉克诉证券业协会案以来几十年,无论是OCC还是一家法院都没有识别出任何其他核心功能。考虑到广泛接受了银行分行制,我们没有任何理由相信,所列核心功能会发展超出目前的三个。无论怎样,我们应当小心不要混淆了克拉克诉证券业协会案使用的"银行核心功能"与第三章中讨论的全面"核心能力"。

3. 如果一个州给予州立储蓄银行比州立商业银行更广的分行化权利,会怎样?第5巡回法院认定,按第36(1)条密西西比州立储蓄银行有足够的银行类能力构成州立银行。参见银行与消费金融部诉克拉克案(也叫做存款担保案)[②]。因此,总部在密西西比州的国民银行拥有与州立储蓄银行

180

---

① 如果将"竞争平等"原则带到其逻辑极限,那么,国民银行开展像安全存款业务这样的附属业务的资格应该限定在州立银行按州法那么做的相同资格。然而,……《麦克法登法》的立法历史很清楚地表明,国会意图是国民银行能进行安全存款业务,没有地点限制。

② 《联邦案例汇编第二辑》第809卷,第266页(第5巡回法庭,1987)。

相同的分行化权利。

4. 第36 节实际体现了"竞争平等"的一项政策吗？第36 节自身有多少种方式偏离了竞争平等？

二、附属银行的州际兼并

一家银行控股公司已经在某州收购了一家银行,它还能将收购的这家银行与位于别处的一家银行合并,形成在两个州有分行的单一银行。[①] 跟一般银行兼并一样,[②]这样一个州际兼并要求联邦主要监管部门批准由这一兼并产生的银行。如果这个新生银行要一个州颁发执照,那么这个兼并也需要该州监管部门批准。该兼并的每一银行当事方必须资本充足,新生银行必须资本充实和管理规范。新生银行拥有与被兼并银行任一方同样的分行化权利:它能设立、收购和经营另外的分行,这些分行可以位于被兼并银行任一方都可以有的地点。

《里格尔-尼尔州际银行和分行化有效法》给予各州数年时间,在这段时间里,通过颁布禁止与州外银行所有兼并的一个成文法,决定退出这样的州际兼并。各州不能挑选哪些州的银行允许进入,像他们原来按老的区域协约是有挑选的。只有蒙大拿州有这样的成文法。

提问和评论

里格尔-尼尔存款集中度限制不适用关联银行的合并。经济理论的建议是,经理们将寻求企业家族而不是单个银行的利润最大化。相应地,决策者们不期望关联公司之间彼此竞争。里格尔-尼尔限制审查产生关联关系的交易,但不是任何后续的关联企业之间的兼并。

三、州际分行化

迄今,我们已经考察了州内分行化(以及州际银行业务和州际兼并),

---

① 《美国法典》第12 卷, § §215a—1, 1831u。

② 参见同上, §1828(c)(2)。

但是一家银行寻求在一个新的州开设一家分行会怎样？在大多数行业，公司可以全国性经营。但直到20世纪80年代，法律限制基本上排除银行进入其他新州的分行化。联邦成文法实际上禁止国民银行和州成员银行设立这样的分行。尽管州非成员银行并不面对任何联邦禁规，但许多州禁止州外银行在它们的边界之内设立分行。

181　　　但在20世纪80年代期间，作为全州性分行化和州际银行业务发展的广泛趋势的一部分，这些限制开始受到侵蚀。有些州批准州外银行在本州开设分行，经常提出的条件是银行家乡州提供互惠。银行控股公司收购那些具有潜在全国性分行化权利的联邦储蓄机构①。OCC允许几家国民银行将其总部搬迁至其他新州——因此获得了那里的全部分行化权利，同时保持在老州的现有分行——按照一个老的成文法规定，授权国民银行总部搬迁距离是半径30英里之内。②

　　《里格尔-尼尔州际银行和分行化有效法》为州际分行化创立了一个选择加入制度（大致类似于附属银行州际兼并的选择退出制度）。如果某州已经颁布法律明示许可州外银行在那里设立新的分行，那么，银行可以经监管批准，在新州设立分行。《多德-弗兰克法》推进了这一过程，许可资本充实、管理规范的银行通过新设分行进入一州，不管该州是按选择加入制度已经加入还是没有加入。

　　结局：州际银行业务和州际新设分行不再取决于东道州法律。微不足道的是，一个州际银行与一家附属蒙大拿州银行的兼并属于例外。

问　题

　　1. 总部位于尼亚加拉的一家银行控股公司想收购在泰奥加的一家抵押贷款经纪公司。按泰奥加法律，寻求收购这样一家经纪公司的任何人必须获得泰奥加房地产部的事先批准。为了提升责任感和减少掠夺性行为的

---

① 《美国法典》第12卷，§1464(r)(1)。
② 同上，§30(b)。

可能性,该部门坚持抵押贷款经纪公司的本地所有权。该部门可以不批准这一收购吗?

2. 谢南多厄银行公司,一家银行控股公司,其州籍是谢南多厄,想收购格林布赖尔银行,它是格林布赖尔州的最老的银行。格林布赖尔从来没批准过州际银行业务。谢南多厄银行公司已经控股了两家银行,尽管两家银行在格林布赖尔都没有网点办公室。谢南多厄银行公司能收购格林布赖尔银行吗?

3. 丘比特银行和爱裴银行,位于不同州,目前互不隶属。丘比特银行想通过兼并方式收购爱裴银行。丘比特银行在美国投保 FDIC 存款机构全部存款的占比是 9.5%,爱裴银行占比 1.0%。两家银行都资本充足,管理良好,并且都没有任何附属存款机构。尽管有 10% 全国存款集中度限制,要能有效收购爱裴银行,丘比特银行可以做什么?从公共政策角度看,这样的行为是可取的或是有问题的?

4. 哥伦比亚国民银行在哥伦比亚县有三个分支机构:其总部在哥伦比亚市,该市人口 40,000 人;一家分行在格林菲尔德,该镇人口 10,000 人;另一家分行在尼德莫尔,该镇人口 4,000 人。州法禁止州立银行逾越县界设分行,并定义"分行"为"任何办公室,银行在或从那里开展银行业务。"

(a)该银行可以在人口 25,000 人的布拉德福德县新河镇开设分行吗?

(b)该银行可以在新河镇开设一个办公室以承揽贷款业务、接受贵重物品安全保管以及充当保险代理吗?

182

5. 阿尔伯马尔州没有专门规制州立银行分行化的任何成文法。但自1931 年以来,阿尔伯马尔银行专员已经解释了成文法一个条款,它授权州立银行"开展银行业务"为许可州立银行全州分行化。总部在阿尔伯马尔州的一家国民银行可以全州开设分行吗?

6. 阿利盖尼州有成文法许可州立商业银行仅在家乡县半径 50 英里之内开设分行,但却许可州立储蓄银行全州开设分行。如果一家国民银行总部在阿利盖尼州,它有什么样的分行化权利?

7. 布拉沃国民银行,总部在里奥格兰德州,想在斯蒂尔沃特州设立一家分行,目前它在斯蒂尔沃特州没有任何分支机构,按下列几种情况它能那么做吗?

（a）斯蒂尔沃特州没有专门成文法许可或禁止州外银行去开设分行。

（b）斯蒂尔沃特州有专门成文法禁止州际分行化。

（c）斯蒂尔沃特州专门禁止州内分行化。

四、州际分行的适用法律

《里格尔-尼尔州际银行和分行化有效法》采取三步骤限制在国民银行州际分行化的情形中联邦对东道州法律的先占权。首两步聚焦于东道州的社区再投资、消费者保护、公平贷款以及州内分行化法。该法指定这些法律,如果不是歧视性的或联邦法有先占权的其他情形,适用一家州外国民银行在东道州的所有分行,适用程度同东道州法律对其州执照银行的所有分行的适用。[1] 第二,该法促进更大开放和 OCC 先占裁定的责任,它要求OCC 当裁定联邦法是否先占这样的州法（或对州际分行有歧视性效果）去公开征求意见,并在《联邦公报》发布任何先占权裁定的通告。[2] 第三,该法指定,大多数东道州其他法律适用州外国民银行一家分行达到的同样程度,如同总部在该东道州的国民银行分行。[3]

1997 年,应州立银行监管部门请求,国会将相同的一般法律适用框架（不含先占权程序）扩展到州立银行的州际分行。[4] 州监管部门辩称,州立银行需要这样的立法,以保持与国民银行的竞争。

提问和评论

参议员唐纳德·里格尔在形成《里格尔-尼尔州际银行和分行化有效法》过程中发挥了关键作用,该法遵循了他在 1991 年制定的一个框架。里

---

① 《美国法典》第 12 卷,第 36 节（f）（1）（a）。

② 同上,第 43 节。

③ 同上,第 36 节（f）（2）。

④ 同上,第 1831 节 a（j）。

格尔,一位民粹主义的民主党人,参议院银行委员会主席,设计了州际银行
经营和分行化框架,条款设计赢得了温和民粹主义者以及银行家和监管部
门的接纳。他寻求维护安全和稳健;保护消费者权益,社区再投资,和公平
贷款法;以及促进竞争。因此,有了该法的资本和管理合格标准,它对东道
州法律的得当对待,它关于监管部门评估州际银行社区再投资的总体情况
以及在该行设立分行的每一州与大都市地区的情况的规定,①还有它的存
款集中度限制。里格尔的意图是集中度限制,特别是 10% 全国性限制,使
监管部门可能放弃仅促进收购已经破产或即将倒闭银行的做法,对美国不
可能以银行寡头告终提供某种保证,即使反托拉斯的强制行动陷入新古典
主义的昏迷。

第四节　网络银行

至今,我们一直聚焦于在东道州通过某些物理存在方式(例如,一家分
行或一台自动柜员机)的银行扩张。东道州就是银行寻求吸引和服务客户
的地方。但是,长久以来,银行也能通过电话和电子邮件直达全国的存贷款
客户。网络银行,尽管尚在其初期,但是已经极大地增大了银行可能的地理
范围:银行可以使用其网站服务全国(其实是全世界)客户,不必在客户所
在地点有银行自己的任何物理存在。因此,网络银行有可能消除对银行地
域扩张的现有限制。

因为能使客户与远处的银行做业务,互联网帮助促进竞争和客户便利。
但是,它使保护客户免于不稳健或不诚实的银行经营以及控制非法人等进
入支付系统的任务异常复杂。在本州没有任何物理存在,只因为银行与本
州居民做业务,该州能主张对州外或海外银行的管辖权吗? 如果那样的话,
出于什么目的和到什么程度? 请思考下面非银行的案例。

---

① 同上,第 2906 节(d)。

美国图书馆协会诉帕塔基案①

法官普雷斯卡：

互联网很可能是当今时代的首要技术创新。法官和立法者面临着使现有的法律标准适应网络新环境,他们与术语和概念作斗争,美国人平均 5 年就得折腾着去熟悉它们。毫不惊讶,大部分与英特网有关的争议问题的法律分析一直聚焦于寻求以熟悉的类比说明不熟悉的东西。……我认定,正如下面充分描述的,英特网类似于高速公路或铁路。这一断定意味着词组"信息高速公路"比仅仅一个时髦术语蕴含丰富,它具有法律上的重要意义,因为英特网与更传统的州际商业工具之间的相似性导致了在美国宪法商务条款之下的分析。……

184

本诉讼的原告代表了一连串个人和组织,他们使用英特网沟通、传播、展示,以及访问范围很广的通讯系统。所有这些原告都在纽约州内和州外在线交流,并且每一原告的通讯系统都可以从纽约州内和州外接入。……本案的被告是纽约州州长和纽约州总检察长。……

所谈制定法……确认一个人犯罪:

> 如果知道此通讯的特点和内容,其中,全部或部分地描绘了真实的或模仿的裸露、性行为或施虐受虐滥用,并且知道它们对未成年人是有害的,却故意使用允许输入、输出、查看或从一台计算机向另一台计算机转发计算机数据或计算机程序的任何计算机通讯系统,与一个未成年人开始或从事此类通讯。……

互联网是一种分散的、全球性的通讯媒介,联系着全世界的个人、机构、公司和政府。……互联网是一个众多网络的网络——一个分散的、自我维持的很多冗余的连接分布在计算机和计算机网络中,能够很快地传递信息

---

① 《联邦补充案例》第 969 卷,第 160 页(纽约南部地区联邦法院,1997)。

而无需直接地人类介入或控制。没有任何组织或实体控制互联网。事实上,这个混乱而随机的互联网排除任何这样的控制。……互联网允许用户以若干方式交流图片和文字。……除了传输图片和文字之外,很多这些通讯方法还可以用于传输数据、计算机程序、声音以及动态视频图像。大多数互联网用户配给了用户名、密码和电子邮件地址,许可他们登录互联网并与其他用户交流。很多用户名都是匿名,……为用户提供了一个独特的在线身份并保持不露身份……

尽管互联网是非凡的技术创新产物,技术的创新性并不排除适用传统法律原则,假若那些原则是适应网络空间的。就当前的案子来说,……互联网很适合宪法商务条款保护的传统利益范围。该纽约州法代表了对州际商务的一种不合乎宪法的侵扰。因此,原告有权要求临时禁令。……

互联网的无边界世界引发了关乎诸州之间关系、联邦政府与各州之间关系的一些很深刻的问题。……本案争议的纽约法,只是由州立法者控制互联网无序环境的诸多努力之一。……进一步而言,各州已经广泛采用了各种不同方法使一般法律适用于通过互联网发生的通讯。……

互联网的独特性彰显了一种可能性,就是一个参与者可能受到随意的、不协调的,甚至完全自相矛盾的州法规制,而该参与者从没有打算去那些州,并且可能没有意识到正在进入那些州。典型情况下,各州管辖限制与地理有关;可是,地理是对互联网没有实际意义的管理方式。不相容州法的威胁性招致了在宪法商务条款下的分析,因为那一条款代表了宪法制定者对各州过度插手的反应,那可能危害国家发展,特别是危害到作为整体上的通讯与贸易的国家基础设施发展。

纽约州法与州际商业有关,它违反了宪法商务条款,理由有三:首先,该法代表了一种不合宪法的突兀之处,就是纽约法涉及了整体发生在纽约州之外的管理行为。第二,该法是无效的,因为尽管保护孩子们远离有害资料是正当的和不可争辩的,值得州立法,但是该法引起的州际商务负担明显超过了自它得到的任何本地裨益。最后,互联网是那些必须标出作为国家保护用户免受不当立法危害的商业领域之一。不当立法,就其极端情形而言,可能完全瘫痪互联网的发展。因此,宪法商务条款规定只有国会可以在此领域立法,当然,也要服从宪法其他条款(比如第一修正案)可能要求的任何限制……

……宪法商务条款阻止州颁布具有输出此州州内政策实效的立法。……这有两方面:它使州对州际商务的权限居于联邦法规之下(纵向限制),并且,它体现了一项礼让原则,就是要求一州不能以蚕食其伙伴州主权(横向限制)的方式扩展其监管职权。……遏制一州过界管理的需要不是起因于任何不尊重各州对其内部事务的绝对权威,而是出于认识到,真正保护各州各自权限唯一可行的是,这样的限制为所有各州遵守。

互联网的性质不可能限制纽约州法在纽约州内产生的管理效应。一位互联网用户不打算让纽约人看到一条信息,但他缺乏阻止纽约人访问一个特定网站或浏览一组特定新闻帖子或接收一个特定邮件分发器的能力。因此,在该用户参与的那个州可能合法的行为在纽约州该用户就可能受到检控,并因而使该用户家乡州的政策居于纽约州的关切之下,或许不同的是,该用户家乡州赞成表达自由而不是持更具保护性的立场。……纽约州刻意对互联网立法,并且通过如此行为,将其法律伸入其他州,而那些州的公民也用互联网。……这侵害了宪法专门授予联邦政府的职权,也蚕食了纽约姊妹州的主权,本质上违反了宪法商务条款。……

即便该法借助其治外法权效力没有实质上的违反宪法商务条款,虽然如此,该法也是州际商务的一个无效间接法规,因为它施加到州际商务的负担超出了它给予本地的福祉。在派克诉布鲁斯教堂案[1]中,最高法院阐述了适用于州际商务间接法规的平衡测试。派克要求双重法庭调查,第一层考察是指向州利益的正当合法性,第二个也是更困难的考察是裁定州际商务的负担重于自成文法得到的本地福祉。直接法规与间接法规之间的区分从没有被明确定义。州际商务的直接法规服从一个本质上无效的规则,间

---

[1] 《美国案例汇编》第 397 卷,第 137,142 页(1970)。

接法规服从不严格平衡测试。然而,在二者任一情形中,"关键考虑是成文法对本地和州际活动的整体效果。"……

在本案,我认可保护孩子免受恋童癖侵害,这是一个州的标准的正当目标。对于这一命题,我相信甚至原告也会表达没有异议。……然而,尽管有这一最充分的认识,即保护儿童免受性剥削是无可争议的州有效目标,但是,即便按宪法商务条款较少审查州际商务的间接法规,眼前的成文法也不能幸存。该州不能避免第二步法庭调查,这只要借助在该法之下的州正当利益来证明。……可能由纽约州法产生的本地利益并非是压倒一切的。……权衡来看,由纽约州法产生的有限本地利益是对州际商务的一个极大负担。纽约州法投射到其全球网络;并且,它产生的寒蝉效应势必超过可能受到检举的实际情况,因为互联网用户将大幅度避开该法……

最后,宪法商务条款分析的第三个模式进一步确认,根据其声请即该纽约州法是不合宪的,被告有可能成功。长期以来,各法院已经认识到,一定类型的消费者要求一致性对待,并因而仅对全国层次的监管法规敏感。互联网代表了这些领域之一;有效法规将要求全国、更可能是全世界的合作。任一单个州的法规结果只会是混乱,因为至少有些州可能颁布使互联网用户遭受冲突性义务的法律。如果没有宪法商务条款施加的限制,这些不相容调整体系会完全瘫痪互联网的发展。最高法院已经认识到,铁路和高速公路各自要求一致性监管对待。

互联网,像……铁路和高速公路……,要求统一的国家法规方案,以便互联网用户能合理确定他们的责任。比照来看,地方层次的法规让客户迷失在不相容法规的混乱中,因为不同的州实行的法规有不同的先占事项。……并且,通讯可能对未成年人通过互联网发生危害,监管这类通讯内容存在一些特殊的困难。……然而,法院早就认识到,在美国没有任何单一的"主导社会标准"。因此,即便所有 50 州都颁布了逐字复制纽约州法的法律,互联网用户仍然可能面临不同的责任……

一位互联网用户不能阻止从某些州访问其工作,或者将她不同版本的通讯内容发送到不同管辖区。在这个意义上,此互联网用户比货车或火车司机处在更不利的境地,司机可以绕行伊利诺伊州或亚利桑那州,或者在该州的路上换掉挡泥板或者变换车厢排列,互联网用户没有能力绕过任何特定州。该用户必须遵守此州强行的最严格标准的法规,不然只好放弃互联网信息的传播,因为那可能会或不会使他受到检控。

互联网进一步发展的要求是用户能够在一定程度上预知他们使用互联网的结果。随意和不协调的州法规只会挫伤网络空间的成长。在这个独特领域,商业一致性需要要求,纽约的这个法律将被视为违反宪法商务条款……

提问和评论

1. 帕塔基案与州网络银行法规是怎样的关系？你认为帕塔基在多大程度上违反了第一修正案的关切点？

2. 运用帕塔基案的分析,你认为一家州立银行的监管部门应当有多少自由裁量权,以控制对该州消费者提供网站服务的一家银行的业务？

3. 你认为网络银行会怎样影响双重银行制度？

4. 作为一个实际问题,你如何对付网络银行引起的监管问题？

5. 帕塔基案的宪法商务条款分析没有限制联邦政府监管网络银行的职权,是吗？但是既然国会有权监管它,那我们为什么担心州监管法规？如果国会批准了各州做什么,它就不要干涉它们;如果国会没有批准,国会可以颁布先占权立法,对吗？或者这一分析太简单化？

6. 自从帕塔基案裁决以来,从中国到法国的一些国家已经对本国互联网用户提供的内容设立了不同程度的控制。假设网络服务供应商定时跟踪定制者居住的国家(以及美国之内的州),并且能显示定制者网络协议地址信息。那会影响我们关于州网络银行法规引起的宪法商务条款争议问题的分析吗？

第五节 反托拉斯约束

一、引言

地理扩张不可避免地影响银行业的竞争结构,经常是通过不断提升的竞争影响地理扩张。当在一个新区位有一家银行开设一家分行,或者一家银行控股公司设立一家银行时,那些现有公司面临更多的竞争。由于竞争有助于降低价格和改进服务质量,消费者受益。

但是,有些形式的地理扩张导致减少竞争的威胁。当市场上的一家公司收购或兼并另一家公司时,此交易减少了竞争者的数量。这种竞争者数量的减少可能助长价格操纵以及其他反竞争串通。它也能给予肇始公司市场势力——单边提价和要求长时间垄断性高价的能力。因此,反托拉斯法仔细审查兼并与收购引发的扩张。

两个联邦反托拉斯法特别重要。《谢尔曼法》第一条禁止"以托拉斯或其它形式订立契约、实行合并或阴谋限制(州际或外来)商业"的行为。[①]《克莱顿法》第七条禁止任何股票份额或资产的收购,"如果在(州际或外来)商业的任何领域,或在影响美国任何地区商业的任何活动上,该收购的效果实质上减少竞争或旨在形成垄断。"[②]

在本节,我们考察反托拉斯分析的两个方法。第一个方法适用大多数商务、金融和非金融的情形。第二个方法适用并购双方都是银行或银行控股公司的情形。最高法院在 1960 年代规定第二个方法适用银行业,在1970 年代予以确认。如果面对一个银行反托拉斯案例,我们不知道最高法院是否再次确认第二个方法还是采用第一个方法。简言之,我们将称第一

188

---

① 《美国法典》第15卷,第1节。
② 同上,第18节。

个方法为"标准反托拉斯分析",而称第二个方法为"银行反托拉斯分析"。我们用"银行"意指任何存款机构,用"银行控股公司"意指控制一家存款机构的任何公司。当区分商业银行与互助储蓄行业时,我们将予指定。

两个方法涉及(1)定义"产品市场";(2)定义"地域市场";(3)市场集中度反映市场参与者的当前市场份额,通过考察市场集中度程度评估"实际竞争";以及(4)如果市场足够集中以致引起对实际竞争活力的担心,那么也评估"潜在竞争"——在何种程度上外部企业进入市场的能力可以抑制市场参与者的反竞争行为。标准反托拉斯分析致力于离散的商业领域,比如对小企业贷款。但银行反托拉斯分析把银行经营视为单一产品,并认为关键地域市场是银行分支机构所在地区。

反托拉斯分析重视市场"集中度",即很少几家公司主导所指市场的程度。举两个极端的例子,如果仅有的几家卖家或买家在所有交易中占比很大,那么这个市场是"集中的";如果市场有很多卖家或买家,它们中没有一个人有较大的市场占比,那么这个市场是"非集中的"。如果兼并和收购促使公司综合市场份额最大,那么兼并和收购增加了市场集中度。市场越集中,竞争受到损害的可能性越大。

提问和评论

1. 因为本节反复提到兼并和收购,那就让我们简要说明二者的区别。在一次"兼并"中,两家实体中的一家兼并另一家,留下单一的继存实体。因此,如果阿金特公司与塞布尔公司要并购,阿金特可以并进塞布尔或者塞布尔可以并进阿金特。出于反托拉斯目的,我们不必区分法律认可的不同类型兼并的交易;我们可以用"兼并"包括法定兼并、法定合并、三角兼并、法定股份交换,或者实质全部资产出售。在一次"收购"中,一家公司收购控制另一家公司,但两家公司保留独立的合法实体。因此,阿金特公司可以收购塞布尔公司的大部分股份,但保持塞布尔公司作为子公司存在。兼并和收购的区别不影响反托拉斯分析的实质。两种交易都引起了反托拉斯担心,因为它可能减少竞争。但在银行业情形里,二者的区别可能影响到哪一个部门拥有审查这一交易的管辖权(边码第202页)。

2. 我们现在来谈司法部-联邦贸易委员会并购指南,它涉及横向兼并与收购。这些合并涉及相同行业的公司:例如,一家银行兼并另一家银行;一家铅笔厂收购另一家铅笔厂。但两个其他类型业务的合并也是存在的。纵向兼并与收购涉及的公司具有供应商-客户关系,其中,一家公司的产出是另一家公司的投入。因此,如果一家铅笔厂收购一家贮木场和一家橡皮厂,或者如果一家天然气生产商并购一家天然气分销商,那么这就出现了纵向合并。混合兼并与收购涉及不同行业的公司:例如,一家铅笔厂收购一家银行、一家花店以及一个幽默杂志。因为纵向合并和混合合并涉及不同行业的公司,两个公司之间彼此没有竞争,所以,它们引起的反托拉斯担心远小于横向合并。

二、标准反托拉斯分析

我们现在考察标准反托拉斯分析。除了交易双方为银行或银行控股公司之外,均适用这种方法。司法部经常宣称,该方法也适用银行业的情况。

《美国司法部和联邦贸易委员会横向兼并指南》[①]

1. 概述

本指南概述了司法部和联邦贸易委员会(概称"该机构")关于兼并和收购的主要分析技术、惯例和执行政策。根据联邦反托拉斯法,兼并和收购涉及实际或潜在的竞争者("横向兼并")。……

该机构寻求识别并挑战有害于竞争的兼并,同时避免不必要地干涉有益于竞争或中性的兼并。大多数兼并分析必须具有预见性,要求对兼并可能发生什么和不兼并可能发生什么进行评估比较。鉴于预测的内在需要,

---

[①] 《美国司法部和联邦贸易委员会横向合并指南》(2010年8月19日),第1—2,7—10,13—19页。

本指南反映国会意图,兼并的执行应当在兼并发端之初就阻断若干竞争问题,并且确保反竞争效应几无可能,并要求兼并合法。……

解读本指南应当知晓,兼并分析并不构成统一适用的单一方法。相反,它是一个具体事实过程,该机构通过这一过程,以其丰富经验为指导,在有限时间内运用一系列分析工具分析合理有效和可靠的证据,以评估竞争力关切问题。……

本指南的统一主题是,兼并不应当许可创造、增强或捍卫市场势力或促进市场势力的行使。为简化阐述,本指南一般把所有这些效应称为强化市场势力。如果它可能鼓励一个或多个公司抬升价格,降低产量,减少创新,或其他伤害消费者的行为,结果削弱竞争约束或激励。……

本指南主要描述该机构如何分析作为竞争对手的供应商之间的兼并,这种兼并可能使其作为销售者强化市场势力。销售者强化市场势力经常抬升消费价格。为简化阐述,本指南一般按这样的价格效应讨论兼并分析。强化起来的市场势力也可能以非价格条款与条件呈现出来,非价格条款与条件负面性地影响消费者,包括降低产品质量,减少产品品种,减少服务,或减少创新。此类非价格效应可能与价格效应共存,或者只出现非价格效应而没有价格效应。当该机构调查一项兼并是否导致大量减少非价格竞争时,它们使用类似用于评估价格竞争的一种方法。……

4. 市场界定

当该机构识别一项横向兼并的一个潜在竞争力关切问题时,市场界定起两个作用。首先,市场界定帮助明确发生竞争力关切问题的商业领域和国土区域。……第二,市场界定容许该机构识别市场参与者、衡量市场份额和市场集中度。衡量市场份额和市场集中度……对说明兼并的可能竞争力效应程度是有用的。……

竞争力效应的证据可以预示市场界定,正如市场界定可以预示竞争力效应。例如,如若证据是提供一组产品的主要竞争对手数量减少引起此组产品价格显著升高,那该证据本身可以确立此组产品形成了一个相关市场。

该证据也可以更直接预知一项兼并的竞争力效应,减少从市场界定和市场份额推知的作用。……

市场界定仅聚焦于需求替代因素,也就是,客户因应价格升高或如降低产品质量或服务的非价格变化、用一种产品替代另一种产品的能力和意愿。

客户经常面临兼并公司的很多产品作为可替代品。有些替代品可能更接近被替代品,其他替代品可能在地理或产品属性与直觉上相差更远。此外,客户可能对不同产品的近便性评价不同。当不同地理区域的产品或供应商存在不同程度的彼此替代时,界定一个市场要包括一些替代品(者)并剔出其他替代品(者),这不免是一种简化,因为不可能捕捉不同产品彼此竞争的全部变化情况。下面概括的市场界定的若干原则,力求这一难免的简化尽可能符合实际、有用和有预示信息。相关市场不必有精准的界线范围。

界定一个市场,如果广义上包括相当远的产品替代或地理替代,可能导致误导市场份额。这是因为,远替代品的竞争力重要性不能等同于它们在广义市场的份额。尽管从市场剔出更多远替代品在一定程度上难免低估它们的竞争力重要性,但是相比于包括它们、并在一个扩大的市场高估它们相比其市场份额的竞争力重要性,从市场剔出它们的做法常常提供此种兼并的竞争力效应的一个更精确的标示。

　　例4:公司 A 和 B,两家主导品牌摩托车的销售者,提议合并。如果 A 品牌摩托车价格走高,有些购买人就可能买 B 品牌摩托车作为 A 品牌摩托车的替代品,有些人可能买汽车作为 A 品牌摩托车的替代品。然而,相比汽车,摩托车购买人把 B 品牌摩托车看作更类似 A 品牌摩托车。汽车销售远多于摩托车。评估包括汽车的一个市场份额可能大大地低估 B 品牌摩托车抑制 A 品牌摩托车价格的竞争力重要性,并大大地低估了汽车的重要性。

在狭义定义的市场里不同产品的市场份额更可能捕捉这些产品的相对

竞争力的重要意义,并且,通常更精确地反映近似产品之间的竞争。结果,正确界定市场经常剔除有些客户面临价格升高时转向购买的某些替代品,即便此类替代品为那些客户提供了选择。然而,如果来自一组产品之外的产品竞争如此充足,以至于甚至完全消除此组产品之内的竞争可能也不会严重伤害直接客户或下游客户,那么,太窄的此组产品就不能代替一个相关市场。(参见第4.1.1节)假定垄断者测试旨在确保此方面的候选市场不过于狭窄。

当评估具有不同可能性的候选市场时,该机构灵活贯彻这些市场界定的原则。按照假定垄断者测试界定的有关反垄断市场并不总是直观的,并且可能并不对准配合行业成员如何使用术语"市场"。

第4.1节描述了适用于产品市场界定的若干原则,并对该机构怎样最经常应用这些原则给予指导。第4.2节描述了相同原则怎样适用于地域市场界定。尽管为了简化说明而予以分别讨论,但是,第4.1节和第4.2节描述的诸项原则却结合起来定义一个相关市场,此相关市场具有产品和地域两个维度。特别地,假定垄断者测试用于与一个地理区域一起的一组产品,以决定一个相关市场。

4.1.　产品市场界定

当一家拟兼并公司销售的一种产品(A产品)与另一家拟兼并公司销售的一种或多种产品竞争时,该机构定义围绕A产品的一个相关产品市场,以评价该竞争的重要性。这样的一个相关产品市场由包括A产品在内的一组替代产品构成。由此,多个相关产品市场也可以被识别出来。

4.1.1　假定垄断者测试

该机构利用假定垄断者测试评价候选市场的几组产品是否足够广,构成多个相关产品市场。该机构利用假定垄断者测试识别一组产品,它们与拟兼并公司中的一家公司所售的一种产品是可替代的。

假定垄断者测试要求,一种产品市场包含足够替代产品,以便它可以服从兼并后显著超过兼并前的市场势力的行使。特别是,该测试要求,一家假定利润最大化公司,不服从价格监管,是目前和未来那些产品的唯一销售者

("假定垄断者"),它可能会对该市场的至少一种产品施加小幅,但有意义的,且非临时性的涨价("SSNIP")。……SSNIP 仅被用作执行假定垄断者测试的一种工具,它不是一项兼并引起涨价的一种宽容度。

产品组可以满足假定垄断者测试,无须包括客户选择的全部替代品。假定垄断者测试可以识别一组产品作为一个相关市场,即便客户因应涨价时主要将组外产品作为替代品。

例 5:产品 A 和 B 正被测试作为一个候选市场。每个产品卖 100 美元、有 60 美元成本,卖了 1200 单位产品。因为产品 A 有涨价,对产品 B 在任何给定的价格上,产品 A 失掉 20 个单位的销售落在候选市场之外的产品、失掉 10 个单位的销售落在产品 B,并且对产品 B 而言情况也同样。在此条件下,经济分析说明,控制产品 A 和 B 的一个假定利润最大化垄断者可能将其两种产品价格提高了 10%,到 110 美元。因此,产品 A 和 B 满足假定垄断者测试,所用 SSNIP 为 5%,其实任何大小的 SSNIP 都可达到 10%。真实情况是,尽管一个产品涨价失掉了 2/3 的销售,但失掉的销售转移到了该相关市场之外的产品。……

假定垄断者测试确保,市场不要划分得太窄,但它又不导致一个单一的相关市场。该机构可以在满足该测试的任何相关市场评价一项兼并,其首要指导原则是,界定一个市场并测度一个市场份额的目的是说明评价竞争力效应。因为更远替代品的相对竞争力重要性易于被其市场份额夸大,当该机构依赖市场份额和集中度时,他们通常在满足假定垄断者测试的最小相关市场那么做。

例 7:在例 4,包括在该市场的汽车将误导致摩托车生产商的小市场份额。除非摩托车的假定垄断者测试失败,该机构在分析此摩托车兼并时可能不包括在该市场的汽车。

4.1.2 基准价格和 SSNIP 大小

SSNIP 代表一个"小而有意义的"涨价,它是由候选市场的公司对它们提供客户使用的产品和服务的价值收取的加价。这将注意力正确地指向了价格变化效应,它等同于该兼并引起的竞争明显减少产生的价格变化……

该机构最常使用的一个 SSNIP 是客户对产品或服务支付价格的 5%,而拟兼并公司对产品或服务贡献了价值。可是,构成一个"小而有意义的"涨价,等同于该兼并引起的竞争的显著损失,这取决于行业性质以及拟兼并公司在行业的地位。……

4.2. 地域市场界定

如果地理限制某些客户替代使用某些产品的意愿或能力,或者某些供应商服务某些客户的意愿或能力,那么,由兼并影响的竞争舞台可以有地域边界。供应商和客户的区位可能影响这一点。该机构运用此处以及第 4.1 节描述的市场界定原则,以定义具有地域维度和产品维度的一个相关市场……

基于供应商区位的地域市场包含开展销售的区域。此类地域市场常用于客户在供应商区位接受的产品和服务。该市场的竞争者是那一区域内有关生产、销售或服务设施的公司。一些客户虽从这些公司采购,但他们可能位于该地域市场的地界之外。

假定垄断者测试要求,一家假定利润最大化公司是现在和未来该区域的相关产品的唯一生产商,它可能至少在一个区位施加至少一个 SSNIP,包括至少在拟兼并公司之一的区位。在这次加价中,别处生产的所有产品的销售条件是保持不变的。一家公司可能在很多不同地域市场经营,即便只有一种产品。

例 12:两个拟兼并当事方都在 X 市有制造厂。相关产品运费昂贵,并且供应商在其提货地点确定产品价格。对手的工厂在 X 市彼此有一定距离。一个假定垄断者控制 X 市所有工厂,可能在这些工厂获利性地施加一个 SSNIP。来自更远工厂的竞争并不能击败这一涨价，因为来自更远工厂的供货要求昂贵运费。X 市这些工厂周围的相关地域市场就被划定了。

当基于供货商区位划定了该地域市场时，位于该地域市场的供货商所做的销售就可以计算出来，不考虑客户购买地点……

5. 市场参与者、市场份额和市场集中度

194

该机构通常考虑将市场份额和市场集中度的测度作为它们评价竞争力效应的一部分。该机构评价市场份额和市场集中度与其他合理可用的和可靠的证据相结合，最终目的是决定一项兼并是否可能实质减少竞争。

市场份额可能直接影响公司的竞争激励。例如，如果为获得新客户的一次降价也适用于现有的客户，那么，比起拥有小市场份额的一家公司，拥有大市场份额的一家公司可能更不情愿实行降价。同样，即便小的竞争对手降价，拥有大市场份额的一家公司可能对降价不感到有压力。例如，与小公司相比，拥有大市场份额的一家公司可能以更大绝对数量快速扩大产量。类似地，一个更大市场份额往往表明成本低、产品有吸引力，或两者兼备。

5.1. 市场参与者

目前在相关市场赚取收入的所有公司都被认为是市场参与者。就所包含的公司准确反映了其竞争重要性而言，垂直产业链公司也被包括在内。目前在相关市场虽不赚取收入的公司，但已经承诺将在近期进入该市场，也被认为是市场参与者。

目前虽不是相关市场生产商的公司，但很可能很快供货，一旦有一个 SSNIP 则有直接竞争冲击反应，也没有产生显著沉没成本，这类公司也被认为是市场参与者。此类公司有一个术语叫做"迅捷新生"（rapid entrants）。沉没成本是进入或退出成本，它们在相关市场之外不能被收回。……

生产相关产品但不在相关地域市场销售该产品的公司可能是迅捷新生。其他方面相同情况下，如果它们接近该地域市场，则此类公司最可能是

迅捷新生。

例16:公司 A 在城市 X 和城市 Y 中间处种植番茄。目前,它将番茄运往城市 X,因为价格高出2%。之前,它因应小的价格变动将番茄运往不同目的地。公司 A 在城市 Y 的番茄市场可能是一位迅捷新生。

例17:公司 B 竞标学区 S 的多时段供奶业务,并实际向一些邻近区域的学校供奶。它从来没有赢得学区 S 的招标,但它服务该学区是充分合格的,并经常差点赢得招标。公司 B 可以算作学区 S 的学校牛奶市场的一位迅捷新生。

更一般说来,如果相关市场围绕目标客户界定,那么,如若公司能容易和快速地开始向目标客户销售,则生产相关产品但没有向那些客户销售该产品的公司可能是迅捷新生。

明确拥有快速供应相关市场必要资产的公司也可以是迅捷新生。供应商的竞争能力主要取决于其成本与生产能力,并不取决于诸如经验和在相关市场的声誉等其他因素的相对同类货物市场,一位供应商拥有有效闲置生产能力,或者,拥有现成的"摆动"生产能力,目前用于邻近市场,可以容易地和有利可图地转换服务该相关市场,也可以是一位迅捷新生。可是,闲置生产能力可能效率低下,并且用于邻近市场的生产能力可能无法使用,因此,一家公司单单拥有闲置或摆动生产能力并不能使得该公司算作一位迅捷新生。

5.2. 市场份额

该机构通常对当前在相关市场生产产品的所有公司计算市场份额,如果数据现成的话。该机构也对其他生产参与者计算市场份额,如果可以做到就能可靠反映它们的竞争重要性。

市场集中度和市场份额数据通常基于历史证据。然而,最近或正在发生的市场条件变化可以表明,一家特定公司的目前市场份额不是低估就是夸大该公司未来的竞争重要性。该机构在计算和解释市场份额资料时,合理考虑最近或正在发生的市场条件变化的可预见效应。……

在大多数情况下,该机构基于公司在相关市场实际的或计划的收入测算每一公司的市场份额。在相关市场的收入往往是客户吸引力的最好测度,因为它们反映了公司克服所有障碍的真实世界的能力,这是根据吸引客户的条款与条件提供产品所必需的。在有些情况下,一单位的低价产品可以替代一单位的高价产品,因而,单位销售比收入数据可以更好地测算竞争重要性。例如,一种款式新、很便宜的产品可能具有重大竞争意义,如果它实质上侵蚀了那些款式老、价格高的产品挣得的收入,即便它挣得的收入相对来说微不足道。在客户签约了长期合同、面临转换成本,或仅偶然重估其供应商的情况下,从新近获得客户挣得的收入要比总收入可能更好地反映了供应商的竞争重要性……

5.3. 市场集中度

市场集中度通常是反映兼并的可能竞争重要性的一个有用指标。关于评估市场集中度,该机构考虑两者,兼并后的市场集中度水平和兼并引起的集中度变化。市场份额可能不能充分反映该市场公司的竞争重要性或兼并的冲击性影响。它们连同竞争力效应的其他证据配合使用。

关于分析一个现有公司和一个新进或潜在进入者之间的兼并,一定程度上该机构使用集中度变化评估竞争效应,他们这样做时使用市场份额的预计数。一个现有公司和一个潜在进入者之间的兼并,可能引起竞争重要性关切。由此项兼并引起的竞争减少更可能是实质性的,现有公司的市场份额越大,潜在进入者的竞争重要性就越大,该潜在进入者相对于其他公司形成的竞争威胁就越大。

当市场份额随时间变动不大,特别是面对相对价格或成本的历史变化时,该机构更重视市场集中度。如果一家公司甚至在相对于竞争对手的价格已有涨价之后,仍然保持其市场份额变动不大,那么该公司已经面对着有限竞争约束。如果该公司的重要竞争对手之一由于兼并而被消除,那么,留下的竞争对手取代竞争空缺更不可能。相比之下,甚至一个高度集中的市场可能竞争非常激烈,如果因应竞争性报价变化、市场份额短时期内波动剧烈。可是,如果拟兼并公司之一的竞争对这些波动贡献很大,也许因为它已经充当了一个特立独行者,该机构将考虑该兼并是否通过该公司与其竞争对手的结合将强化市场势力。

该机构使用市场重要竞争者数量来测算市场集中度。当重要竞争者与较小对手之间存在市场份额差距,或者当测算相关市场的收入很难时,这种测算最有用。该机构也可能考虑将拟兼并公司的合并市场份额作为一项指标,在该市场的其他公司可能做不到取代拟兼并公司之间的竞争,此竞争通过兼并而消失。

该机构经常计算市场集中度的赫芬达尔—赫希曼指数(HHI)。HHI 的计算方法是对单个企业市场份额的平方的加总①,因此对更大市场份额给予了相应比例的更大重视。当使用 HHI 时,该机构考虑两者,兼并后的 HHI 水平和由此兼并引起的 HHI 的增加。HHI 的增加等于该兼并公司产品市场份额的两倍。②

基于赫芬达尔—赫希曼的经验,该机构一般将市场分为三种类型:

● 非集中市场:HHI 低于 1500

● 中等集中市场:HHI 介于 1500 和 2500

● 高度集中市场:HHI 高于 2500

该机构使用它们界定的相关市场的一般标准如下:

● 集中度小幅变化:兼并涉及的 HHI 增加小于 100 点,不可能具有不利竞争效应,并且通常不需要进一步分析。

● 非集中市场:形成非集中市场的兼并不可能具有不利竞争效应,并且通常不需要进一步分析。

● 中等集中市场:形成中等集中市场的兼并,涉及 HHI 的增加大于

---

① 9. 例如,一个市场由四家公司组成,市场份额分别是 30%、30%、20% 和 20%,HHI 是 2,600($30^2 + 30^2 + 20^2 + 20^2 = 2600$)。HHI 的变动范围是从 10,000(完全垄断)到趋近于 0 的一个数(原子型市场)。理想的情况是计算包括所有公司,但是缺乏小市场份额公司的信息并不重要,因为此类公司对 HHI 影响不显著。(更多 HHI 例子参见边码第 200—201 页。)

② 10. 例如,兼并公司的市场份额分别是 5% 和 10%,兼并增加的 HHI 为 100($5 * 10 * 2 = 100$)。

100 点,可能提升了重要竞争关切,并且需要经常审查。

● 高度集中市场:形成高度集中市场的兼并,涉及 HHI 的增加介于 100 点和 200 点,可能提升了重要竞争关切,并且有必要经常审查。形成高度集中市场的兼并,涉及 HHI 的增加大于 200 点,将被假定为可能强化市场势力。这一假定可能被有说服力的证据驳回,说服力的证据表明该兼并不可能强化市场势力。

这些临界值的目的不是提供分离良性竞争兼并与反竞争兼并的一个刚性筛查,尽管高水平集中度的情况的确引起了关切。更确切地说,它们提供了便于识别的一种方法,有些兼并不可能引起竞争关切,有些则不然。特别重要的是,考察其他竞争因素是否确认、增强或抵消了集中度增加的可能有害效应。兼并后 HHI 越高、HHI 增加幅度越大,该机构的潜在竞争力关切就越大,并且该机构要求更多信息进行深入分析的可能性就越大。

提问和评论

1. 在界定产品市场过程中,该指南援引一个"假定垄断者":一家利润最大化公司,是所说产品的"当前和未来的唯一销售者"。按该指南,我们界定市场足够广义,如果该垄断者"对该市场至少一个产品可能施加至少小幅的,但有意义的和非临时性的涨价……"。让我们更深入地考察这一界定是怎样进行的。此界定聚焦于激励,如果一家公司是所说产品的"当前和未来的唯一……销售者",它就有了激励。不像一些真实世界的垄断者,此假定垄断者不必担心提价可能提示那些打折竞争者进入该市场。垄断者会通过提价最大化其利润吗? 未必。答案取决于(除了其他方面之外)垄断者有多大比例的客户可能会按新价格支付,转而购买其他东西(例如从根汁汽水到可乐),或者干脆什么也不买。只要客户继续购买此产品,垄断者就可能通过提价最大化利润。一旦客户转而购买其他产品或者什么也不买,提价可能是自掘坟墓。因此,客户对涨价的预期反应成为谋求利润最大化的垄断者提价还是不提价的激励。如果客户全部转买其他产品,那么我们应该界定此产品市场至少包括那些产品中的某些产品。如果只有一部分客户转买其他产品,那么是否把那些产品包括在本市场就变成了一个需要判断的问题。无论怎样,客户转买其他产品的意愿和能力影响该产品市场的尺度规模,以及一定程度上影响我们的假定垄断者拥有的市场势力。

2. 按本指南界定产品市场,基本上涉及一种思想实验。我们识别产品市场的若干可能界定,并将它们从最窄到最广排列出来。从最窄的界定开始,我们发问假定垄断者,作为当前和未来该产品或产品组的唯一销售者,是否通过提价来最大化利润。如果不是,则此界定太窄。我们继续这一过程,连续测试更宽的界定,直到答案是肯定。得出肯定答案的最窄界定就构成了此产品市场。我们用一个类似的过程界定地域市场:识别出各种可能界定;将它们从最窄到最广排列出来;从最窄的界定开始,连续测试更宽的界定。作为本地域市场当前和未来该产品或产品组的唯一销售者,垄断者会通过提价来最大化利润? 如果不是,则此界定太窄。得出肯定答案的最窄界定就构成了此地域市场。

3. 思考菲兹公司和飞溅公司的拟议兼并,两公司均位于德赖登,并都生产单一产品根汁汽水,所产根汁汽水都在超市和便利店出售,并且其他零售商也转卖给消费者。在德赖登市消费的全部根汁汽水中,菲兹公司生产的占 60% ,飞溅公司的占 30% 。

在进行司法部反托拉斯兼并审查中,你已经对该产品市场识别了许多可能界定。为了简化,我们仅考虑其中 6 个,按递增宽度顺序列出在此:(a)根汁汽水;(b)香味非可乐碳酸饮料,比如姜汁啤酒、柠檬汽水、橘汁和山莓苏打水;(c)香味碳酸饮料,包括可乐;(d)非酒精冷饮料,包括自来水、瓶装水、冰茶、运动饮料、果汁、蔬菜汁和牛奶;(e)非酒精饮料,包括诸如咖啡和茶之类的热饮品;以及(f)所有饮料,包括酒精饮料。从最窄界定开始,你发问我们的假定垄断者,作为当前和未来根汁汽水的唯一销售者,是否通过加价最大化利润。你断定,目前很多根汁汽水的饮用者会转向其他饮料,而不是付更高价钱,结果垄断者销售量下降、利润下降。因此,此产品市场一定比根汁汽水更宽。于是,你测试下一个更宽的市场界定:如果该垄断者是当前和未来香味非可乐碳酸饮料的唯一销售者,它会通过提价来最大化利润? 如果是,这个市场构成了此产品市场。如果不是,你继续测试更宽的市场界定,直到得出肯定答案。让我们设想,此处,香味碳酸饮料的假定垄断者通过提价来最大化利润。尽管涨价可能减少卖掉的升数,但它仍让公司赚取了暴利。相应地,你界定了该产品市场是香味碳酸饮料。

通过类似过程,你界定地域市场。你识别这些可能界定为(a)消费者步行距离之内的商店;(b)消费者居住地两英里之内的商店;(c)在德赖登市内任何地方的商店;(d)距德赖登 30 英里之内的商店。从最窄的界定开始,你发问假定垄断者,作为当前和未来该产品组的唯一销售者,是否通过提价来最大化利润。得出肯定答案的最窄界定就构成了此地域市场。那我们说,你最终将德赖登定为地域市场。

已经界定了产品和地域市场,你现在评估德赖登香味碳酸饮料的实际竞争。这是评估菲兹公司和飞溅公司兼并的"相关市场"。尽管这两家公司合占根汁汽水销售量的 90%,但它们在这个很大市场中仅占有很小的份额。

4. 考虑具有竞争关系的两个职业篮球联盟之间的拟议兼并的例子。当评估该兼并对竞争的可能效应时,我们应当如何界定产品市场? 难道市场仅由职业篮球,或更专业地说是男子或女子职业篮球组成吗? 或者市场也包括大学篮球? 我们应当将该市场看作包括像橄榄球和棒球一类的其他主要职业运动队在内吗? 甚至更广地说,我们应当将该市场看作包含所有形式的商业性娱乐,包括电影、无线电广播和电视吗? 注意市场界定的实际效应:市场越窄,兼并引起关切的可能性越大。

在界定该产品市场时,法院可能考虑控制所有职业篮球的一家公司是否会通过提价最大化利润。如若篮球粉丝们将大学篮球、职业橄榄球、音乐视频视为职业篮球的接近替代品,那么涨价可能将粉丝们驱往其他爱好。害怕触发这样一种退出可能有助于压价。另一方面,如若粉丝们特别喜欢职业篮球并专注于此,那么兼并后的联盟可能具有提价的余地,也不会遭受自作自受的市场份额损失。

5. 对于决定某一公司是否在兼并后动用市场势力,哪些证据可能是有关的?

6. 为了用例子说明如何使用赫芬达尔—赫希曼指数评估竞争,请思考一个相关市场,其中,相关市场的参与者及其市场份额如下:

表4-3 　　　　　　　　　　**相关市场参与者及市场份额**

公司	份额
科珀菲尔德	30%
斯本罗	25%
特罗特伍德	20%
摩德斯通	15%
皮格迪	5%
巴克斯	4%
密考珀	1%
合计	100%

200　　　　为计算 HHI,我们对各个公司的市场份额数值平方。像科珀菲尔德的市场份额数值为 30% ,我们 30 乘 30 = 900。像斯本罗的市场份额数值为 25% ,我们 25 乘 25 = 625。对该市场的其他公司依次类推:

表4-4 　　　　　　　　　　**计算 HHI**

公司	份额	份额平方
科珀菲尔德	30%	$30 \times 30 = 900$
斯本罗	25%	$25 \times 25 = 625$
特罗特伍德	20%	$20 \times 20 = 400$
摩德斯通	15%	$15 \times 15 = 225$
皮格迪	5%	$5 \times 5 = 25$
巴克斯	4%	$4 \times 4 = 16$
密考珀	1%	$1 \times 1 = 1$
合计	100%	HHI　2192

将各公司的平方数加总(也就是,900 + 625 + 400 + 225 + 25 + 1),我们

得到 HHI 的值为 2192。《兼并指南》概括的特点是，HHI 值域在 1500 至
2500 之间的一个市场是"中等集中"。在如此一个市场，凡 HHI 继续增加
多于 100 点的兼并"潜在引起重大竞争关切，并有必要经常审查。"

科珀菲尔德-特罗特伍德兼并可能极大地加大本已过于集中市场的集
中度，并因此引起反托拉斯质疑。二者兼并后 HHI 会新增 1200 点，合计达
到 3392：

表 4 - 5　　　　　　　　引起反托拉斯质疑的兼并

公司	份额	份额平方
科珀菲尔德-特罗特伍德	50%	$50 \times 50 = 2500$
斯本罗	25%	$25 \times 25 = 625$
摩德斯通	15%	$15 \times 15 = 225$
皮格迪	5%	$5 \times 5 = 25$
巴克斯	4%	$4 \times 4 = 16$
密考珀	1%	$1 \times 1 = 1$
合计	100%	3392

相比之下，皮格迪-巴克斯兼并可能对市场集中度具有很小影响，HHI
仅增加 40 点，因此不可能面临反托拉斯质疑：

表 4 - 6　　　　　　　　不引起反托拉斯质疑的兼并

公司	份额	份额平方
科珀菲尔德	30%	$30 \times 30 = 900$
斯本罗	25%	$25 \times 25 = 625$
特罗特伍德	20%	$20 \times 20 = 400$
摩德斯通	15%	$15 \times 15 = 225$
皮格迪-巴克斯	9%	$9 \times 9 = 81$
密考珀	1%	$1 \times 1 = 1$
合计	100%	2232

7. 测算市场集中度，赫芬达尔—赫希曼指数比主要公司集中度比率更
准确吗？请思考这个例子：有市场 X、Y 和 Z，在其中每一个市场，最顶尖四 201

家公司合占市场份额均为80%。在市场X,最顶尖四家公司的每一家都有20%份额。在市场Y,最顶尖公司占市场份额为40%,第二家25%,第三家10%,第四家5%。在市场Z,最顶尖公司占市场份额为60%,第二家12%,第三家5%,第四家3%。每一个市场也有10家小公司,每家小公司有份额2%。

表4-7　　　　　　　测算市场集中度比较:四公司比率与HHI

公司等级	市场X	市场Y(%)	市场Z(%)
1	20%	40%	60%
2	20%	25%	12%
3	20%	10%	5%
4	20%	5%	3%
4-公司比率	80%	80%	80%
HHI	1640	2390	3818

每个市场HHI的详细计算

市场X:最顶尖四家公司的每一家,$20 \times 20 = 400$,四家公司合计1600;10家小公司d的每一家,$2 \times 2 = 4$,10家小公司合计40;两类公司共计1640。

市场Y:公司1,$40 \times 40 = 1600$;公司2,$25 \times 25 = 625$;公司3,$10 \times 10 = 100$;公司4,$5 \times 5 = 25$;10家小公司d的每一家,$2 \times 2 = 4$,10家小公司合计40;两类公司共计2390。

市场Z:公司1,$60 \times 60 = 3600$;公司2,$12 \times 12 = 144$;公司3,$5 \times 5 = 25$;公司4,$3 \times 3 = 9$;10家小公司d的每一家,$2 \times 2 = 4$,10家小公司合计40;两类公司共计3818。

　　尽管具有相同的四小公司集中度比率,这三个市场的集中度并不相等:市场X集中度最小,而且没有一家公司市场份额超过20%;市场Z集中度最大,而且单单最大一家公司的市场份额为60%。HHI,通过对更大市场份额给予更大权重,更好地反映了集中度的差异。

三、银行反托拉斯分析

　　本部分考察银行业情境中的反托拉斯法:适用于银行和银行控股公司的反托拉斯审查程序,以及当一家银行或银行控股公司兼并或收购另一家时,所用的反托拉斯分析的一种特殊形式。

相比其他类型的交易,与银行相关的交易存在着更加复杂的审查机制。联邦银行业监管机构具有法定权力,这其实是一种法定责任,就是基于反垄断理由审查拟议兼并与收购。下表甄别了相关的成文法,所覆盖的交易类型(本节通指为"银行相关的"交易),涉及的处理程序,以及负责机构。

表 4-8　　　　　　　　　　　　银行业监管机构的并购审核　　　　　　　202

成文法	《美国法典》第 12 卷	覆盖的交易	处理程序	监管部门
《银行兼并法》	第 1828(c)款	涉及一家 FDIC 保险的存款机构	预先审批	兼并后新公司以联邦监管部门为主
《银行控制变更法》	第 1817(j)款	由不构成一家公司的数人收购一家 FDIC 保险的存款机构	事先通知	存款机构以联邦监管部门为主
《银行控股公司法》	第 1842(c)款	由一家公司收购一家银行	预先审批	联储理事会
《储贷机构控股公司法》	第 1467(e)(1)款	由不是银行控股公司的一家公司收购一家储蓄银行	预先审批	联储理事会

这些成文法,尽管细节不同,但采取方法类似,并共享很多具体条款。各成文法都要求向主管银行业联邦监管机构提交一份书面申请或通知,也都要求该监管机构考察兼并各方的财务状况、管理状况与发展前景,以及所受影响社区的"便利和需求"情况。各成文法一般都要求该监管机构咨询司法部。

每一成文法包括两条关键而实质的反托拉斯规则,本节分别称这两条规则为"反垄断"规则和"维护竞争"规则。第一条规则对可能"导致垄断"或进一步"合并或阴谋垄断或图谋垄断银行业务"或在《储贷机构控股公司法》情况下"美国任何地区"的"储贷业务"的任何交易作出了规定。此话类似于《谢尔曼法》第 2 款,该款规定"垄断,或试图垄断,或结盟,或阴谋……垄断数州中的任何部分的贸易或商务"是一种犯罪。[1] 在《银行兼并法》或两个控股公司法之下,各监管部门不能例外执行反垄断规则。

"维护竞争"规则对任何拟议交易"在本国任何部分的影响可能严重削弱了竞争,或有形成垄断倾向,或可能以任何其他方式抑制贸易"作出了一般规定。仅当一项交易"在公众利益上满足所服务社区的便利和需求,这一可能效应……显著超过了反竞争效应",监管机构才能批准这项交易。"维护竞争"规则吸收了《克莱顿法》第 7 款的语言,并回应了《谢尔曼法》第 1 款(参见边码第 188 页)。

203　　　　但是,这些银行反托拉斯法在若干方面不同于一般反托拉斯法。首先,《银行兼并法》或两个控股公司法对兼并与收购都要求预先批准。一般反托拉斯法不要求预先批准,尽管《赫特-斯科特-罗迪诺法》对某些兼并与收购要求事先通知。[2] 类似地,《银行控制变更法》只要求事先通知,并许可交易继续进行,除非不予批准。要求预先批准往往增加复杂性和费用支出,并可能造成延迟。

第二,尽管有"维护竞争"规则,但银行监管部门可以准许在其他方面服务公众利益的反竞争兼并。一般反托拉斯法不含捍卫明确公共利益的内容。

第三,《银行兼并法》和《银行控股公司法》禁止当事方在监管部门批准后 30 天内完成交易。

第四,《银行兼并法》和《银行控股公司法》禁止对 30 天等待期内未受质疑的交易进行反托拉斯攻击。一般反托拉斯法的规定限制期比这长很多。

第五,按《赫特-斯科特-罗迪诺法》,银行反托拉斯法覆盖的交易一般不要求事先通知。但是,当一家金融控股公司收购一家保险、证券或非金融

---

① 《美国法典》第 15 卷,第 2 节。
② 同上,第 18 节 a。

公司时,的确适用事先通知的要求。①

第六,联邦贸易委员会对大多数与银行有关的并购没有管辖权。但是,它与司法部同时执法时,FTC 对保险、证券或非金融公司的并购就有了管辖权。一般地,它对金融控股公司这样一家企业实施的收购也有管辖权。

提问和评论

1. 银行有关的交易与其他交易相比,为什么有不同的规则? 为什么不消除联邦监管部门的反托拉斯审查,不废除 30 天等待期、有关限制规定和捍卫明确的公共利益? 如果我们选择一套适用其他企业的规则,一般反托拉斯法不是更好吗? 鉴于我们有一套很发达的反托拉斯法律,那银行反托拉斯法服务什么目的?

2. 除了保护竞争,那些成文法还反映了哪些政策目标? 这些政策目标可能包括(1)保持地方对银行业的控制;(2)避免银行过大,因为天性讨厌大银行,并不仅仅为了保护竞争;以及(3)通过避免过度、动荡不定的竞争,保持银行安全与稳健。这些目标就保证有必要专门的银行反托拉斯处理?

3. 罗伯特·查尔斯·克拉克教授质疑对银行有关的交易进行专门的反托拉斯处理。他开始特别提到公共利益例外这一反常情况。在公共利益例外之下,监管部门可以批准一项交易,此交易的可能好处是"满足所服务社区的便利和需求",这种好处明显超过它的反竞争效应。此例外使用了"便利和需求"的语词,长期以来与之相联系的是试图通过阻止新银行或分行的过度竞争以保持银行健康。按照这种方法,拒绝"一项拟议合并会令人信服地促进银行与一个或多个结盟银行竞争的稳健性。但这种考虑将指向同一方向的任何可能的收购的反竞争效应,而不是胜过它们。"克拉克也不认为公共利益例外对于处理倒闭银行是必要的:一般反托拉斯法已经考虑到了破产公司的收购。因此,克拉克得出结论,此成文法既对银行有关的交易"冲淡了反托拉斯标准","也至少显示这些标准将有丧失在其他模糊

204

---

① 同上,第 18 节 a(c)(7)-(8)。

因素洗牌之中的风险。"克拉克也对银行监管部门反托拉斯核准的作用有所怀疑:"确保普通反托拉斯规则与政策适用于金融集团的最好办法是让他们的反托拉斯核准行为由司法部反垄断局接手处理,因为正常情况下它本应该如此。"因为银行监管部门"使得干预市场成为一种习惯",并且"奉稳健为最大价值,竞争精神心中缺失或置于扭曲状态。即便这种情况并非如此,如果它们想专注于其主要工作,确保稳健,那么它们就要把自己的职能调整得更好。"参见克拉克《金融控股公司监管》[1]。

美国诉费城国民银行案[2]

布伦南,大法官:

费城国民银行(PNB)是大都市费城的第二大商业银行,同意与第三大银行吉拉德信托谷物交易所银行(简称吉拉德)合并。司法部起诉禁止这一合并,但联邦地方法院判其败诉。

商业银行在金融机构当中具有唯一性,法律只许可它们接受活期存款。这种独特能力给予商业银行在国民经济中起着一种关键作用。因为银行不仅交易货币和贷款,而且实际上也是货币和贷款的来源之一。当一家银行通过贷记借款人活期存款账户形式发放一笔贷款时,它增加了全国的信用供应。并且,接受活期存款的能力使得银行成为大多数金融交易的媒介(因为大量货币的转移几乎总是通过支票而不是现金),还有与之相伴的是,它也是个人与法人庞大资金的贮藏处。银行使用这些资金是有条件限制的,事实上它们的营运资金主要由活期存款组成,这使得流动性成为银行贷款和投资的指导原则。因此,银行是国家短期商业信用的主要源泉。

银行经营复杂多样,"商业银行业务"描述的是一系列服务和信用工具

---

① 《哈佛法律评论》第 92 卷,第 787,794—795,837 页(1979)。
② 《美国案例汇编》第 374 卷,第 321 页(1963)。

的集合①。其中,增加货币和信用,支票账户系统管理,以及提供短期商业 205
贷款是最重要的。合理发挥这些功能作用对于国民经济健康是必不可少
的,同时银行破产的作用在萧条时期得到了证实。因此毫不令人惊讶,美国
的商业银行业务受到了州和联邦政府的种种控制。联邦监管尤为广泛,而
且我们的重点正在于此。……

如果拟议兼并完成的话,兼并后的新生银行将是在这个四县范围内最
大的银行,大约占该区银行总资产的 36%,存款的 36%,以及净贷款的
34%。它和第二大银行(第一宾夕法尼亚银行和信托公司,现在是最大银
行)总共占总资产的 59%,存款的 58%,以及净贷款的 58%。同时,兼并后
该区前四大银行共占总资产的 78%,存款的 77%,以及净贷款的
78%。……

(按《克莱顿法》第 7 款,要测试此兼并是否实质性地削弱了美国任何
地区任何商务领域的竞争。)

我们很容易地确定"商务领域"(有关产品或服务市场)和"国家地区"
(有关地域市场),其中,要评估被上诉人拟议兼并的可能竞争效应。术语
"商业银行业务"所指的产品(各种贷款)与服务(比如支票账户和信托管
理)集合组成了一个独特的商务领域。有些商业银行产品或服务如此独特
以至于它们完全免受其他金融机构产品或服务的有效竞争;支票账户就属
于此类情况。其他产品或服务享有如此成本优势以致绰绰有余地隔离了其
他机构提供替代产品或服务。例如,商业银行与小额贷款公司在个人贷款
市场的竞争;除了小额贷款公司利率总是远高于银行利率之外,部分原因似
乎是,这些小额贷款公司营运资金的相当一部分构成了银行贷款的一部分。

---

① 主要银行产品当然是各种贷款,例如:无担保个人和企业贷款,抵押贷款,证券或应收款担
保贷款、汽车分期和消费品分期贷款、学费融资、银行信用卡、额度循环贷款。银行服务包括:接受
个人、公司、政府机构和其他银行活期存款;接受定期和储蓄存款;资产信托计划托管服务;锁箱和
保管箱服务;对账单服务;国外业务服务(承兑和信用证);代理行服务;投资咨询。应当说明的是,
许多其他机构也从事提供贷款业务,或多或少与商业银行进行竞争,例如:互助储蓄银行,储贷协
会,信贷联盟,私人融资公司,销售金融公司,私人商人(提供贸易信用),保理业务,直贷政府机构,
邮政局,小企业投资组织,人寿保险公司。

最后,有些银行贷款便利,尽管他们在成本和价格上与其他金融机构提供的便利是自由竞争的,然而却享有固定的客户偏好,显而易见,它们免受竞争。这似乎就是与储蓄存款有关的情形。总之,很清楚,商业银行业务市场是一个"交易现实中颇为重要的相当排外"的市场 。

在确定评估"国家地区"上,要问的适当问题不是该项兼并的各当事方在哪里干生意甚或在哪里竞争,而是在竞争交叠区域内,兼并对竞争将有直接和即时的影响的地方。这取决于"供应商-消费者关系的地域结构。"在银行业,像大多数服务业一样,位置方便是有效竞争的基础。典型情况下,个人和公司主要光顾当地社区银行,他们觉得去远点的地方打理自己的银行事务不切实际。这种不便因素对确定银行竞争地点很有效,这如同其他行业的高昂运输成本约束问题一样有效。因此,既然……"在已知商务领域的有效竞争地域必须由仔细选择的市场区域图示出来,在市场区域内销售者进行经营,购买者实际转向供应,"那么,被上诉人办公所在的四县区似乎就是相关地域市场。事实上,被上诉人的大量业务都发生在四县区。理论上,我们应当关切这种可能性,该区四周的银行分支机构与该区之内的银行分支机构可能存在有效竞争;实际上,这似乎是没多大意义的一个因素。①

我们认识到,在被上诉人设有分支机构的区域并没有极其精确地勾画出一个恰当的"国家地区",以在其内评估该兼并对竞争的影响。记录表明,贷款大户和存款大户都很务实,一般在其居住社区之外打理他们自己的大部分银行事务;很小的贷款户和存款户,也从实际出发,可能仅限于光顾

① 被上诉人提示,不是四县区四周的银行分支机构向四县区内的客户提供有效替代选择,而是这样的替代选择由来自纽约或别处的大银行提供,那些大银行在费城地区招揽业务。但是没有区外银行分支机构开展业务的数量证据,也可能这样的数据是得不到的。无论怎样,似乎正是当地银行的定位只是关注小客户,所以来自区外的竞争仅对于较大的贷款户与存款人具有重要性。如果情况如此,那么四县区保持了有效的地域市场,在此市场内,评估拟议兼并对方便小客户的贷款便利的反竞争效应,按国会明显的关切……保护小企业来说,小客户是极好的"商务领域"。从实际情况看,小商人只要求在当地银行满足其信贷需求。可以肯定,就位于周边附近的小商人来说,认为四县区是有关"国家地区"仍然有些生硬。但是,在试图勾画出相关地域市场时,这样的模糊似乎是固有的。尤其要说到的是,在四县区外,被上诉人的业务是逐渐式微的。——大法官原注。

抬脚就到的近邻银行网点;中等客户,看起来是这样,与银行打交道的地域范围介于大户与小户之间的中间地区。因此也就很明显,有些银行服务比另一些银行服务看起来更具地方性质。但是在银行经营上,相关地域市场具有反映每个独立客户经济规模的一种功能,这仅意味着必须找到一种妥协:稍微公平的中间性划分,避免站不住脚的极端划分市场,即要么很广以致兼并对竞争的影响似乎不重要,因为在界定市场时只考虑一些最大的银行客户,要么很窄以致被上诉人被划入几个不同的市场,因为只考虑最小的客户群。我们认为,费城四县大都市区,州法在许可费城银行开设区内分行时明显认可它为一个有意义的银行社区。并且,似乎大致可以勾画出这个区域,在该区域内,那些既不很大也不很小的客户发现打理自己银行事务是务实的,该区域是更适当的"国家地区",在此区域内比任何更大或更小或不同区域评估当前兼并更合适。……

在裁定了相关市场之后,我们来到在第 7 款下的最终问题:此兼并的影响是否在相关市场"可能实质减少竞争"。很清楚,在多数情况下,这不是那种容许有一个手头精确答案的问题。它要求不仅评估该兼并对竞争的立即冲击,也要求预测它对未来竞争状况的影响。这就是所谓的据说当时修正第 7 款的意图,就是证实反竞争的起初趋势。只有它是基于透彻了解相关市场的结构,这样的一个预测才是可靠的;然而,相关经济数据既复杂又难以找到。并且,除非商人能自信地评估兼并的法律后果,不然,合理的商业计划就会受到阻碍。我们必须警惕通过允许太广泛的经济调查破坏国会意图的危险。我们还要警惕在任何情况下,虽然没有违反第 7 款体现的国会意图,但有可能简化不法行为测试,法院应当符合稳健务实的司法行政利益,做好测试不法行为工作。本案情况正是如此。

先前我们已经注意到,"国会对 1950 年第 7 款修正案深思的主旨是考虑到一种担心,在美国经济中正在掀起经济集中的大潮。"国会对这种集中趋势的强烈关切,在某些情况下,有必要免除市场结构、市场行为或可能产生的反竞争影响的复杂证明。特别地,我们认为,一项兼并产生了控制一个相关市场的过度百分比份额的一个公司,并导致那个市场的公司集中度的一个显著增加,它本质上可能大幅度减少竞争,在缺乏证据清楚表明此项兼并不可能有如此反竞争效应的情况下它必须被禁止。……

被上诉人的兼并将导致一家单一银行,控制费城四县大都市区至少30%的商业银行业务。没有试图详述这一最小市场份额,此份额仍被认为预示着过度集中,我们很清楚,那个30%构成了那种威胁。并且,鉴于当前两家最大银行在本区(第一宾夕法尼亚和PNB)总共控制了大约44%的商业银行业务,兼并后的两家最大银行(PNB-吉拉德和第一宾夕法尼亚)将控制59%。很清楚,我们认为这种大于33%的集中度增加一定会被认为是显著的……

本案记录没有反驳由这些百分比标明的反竞争倾向本质。我们看到被上诉人证人证据显示的承诺没什么价值:承诺客户不满意新生银行的服务可以随时转到费城地区的40家其他银行。在任何情况下都没有露骨的垄断,不满的客户都有替代性选择;甚至在牢固的寡头市场,也可能有小公司经营。修订第7款的基本目的是在客户替代性选择因为兼并而消失之前,阻止集中倾向,即垄断"趋势",并且,如果法律撒手不管,直到10家、20家或30家甚或更多费城银行被兼并吸收,那么,那个目的可能是处于病态的服务中……

因此,我们也驳回了这一观点,商业银行业务,因为它服从高度政府监管,或者因为它交易无形的贷款和服务,而不是有形商品的生产或销售,某种程度上免于过度集中的反竞争影响。银行之间的竞争存在于各个层面——价格、各种贷款安排、位置便利、物理环境吸引力、投资建议、服务收费、客户容量、广告、各种特殊服务和额外服务——可谓竞争激烈。……但是没有理由认为,银行业自由发挥竞争比其他服务业危害更少。相反,十之八九危害更大。例如,银行竞争满足商户贷款需求。特别是小商户,从实际问题看,满足其贷款需求限于当地。如果当地银行数量减少,填充小商户贷款人需求空白的竞争活力可能减少。同时,他在获得贷款上伴随着更大的困难就是可能置其于面对更大企业的不利地位,他要与这些更大企业竞争。照这样下去,银行业集中会加速普遍性集中。

最高法院驳回了两家银行兼并的肯定理由,包括他们说有一家足够大的银行与纽约市的大银行竞争,费城从中受益的观点。

提问和评论

1. 美国诉费城国民银行案部分地反映了反托拉斯政策的一种方法,这项政策从 20 世纪初期到 1970 年代产生了相当大的影响。这种"传统"或"结构"方法谋求"在客户的替代选择经由兼并而消失之前,禁止集中的趋势,垄断的倾向。"该方法在美国诉冯氏食品公司案①达到了高峰,最高法院禁止一项公司间兼并,此项兼并的合并市场份额达 7.5%。

"芝加哥学派"自由市场的反托拉斯分析辩称,此传统方法界定市场太窄;它低估了竞争的弹性,包括潜在高利润吸引新进入企业,高价格促使购买者寻找更便宜的替代品;夸大市场集中的危险;一定程度上没有认识到兼并与收购能够通过促进竞争、创新和效率,裨益社会;不合理地谋求利用反托拉斯法追求非经济目标,比如促进公平或保护小企业。芝加哥学派的方法在里根政府期间得到相当认可,并且自那时起,法院裁定和司法部-联邦贸易委员会兼并指南都倾向于从宽界定市场,并且与 1980 年代之前相比,他们认可更高水平的集中。

2. 大法官布伦南的银行业市场模式现在还有效吗?商业银行是"金融机构中唯一"有权利接受活期存款的吗?有些商业银行产品和服务"如此独特以至于它们完全免受其他金融机构产品或服务的有效竞争"吗?进入银行业依然"很不容易"吗?如果这些叙述背离今天的现实情况,那对反托拉斯政策应当意味着什么?

3. 美国诉费城国民银行案是在银行业严格地域限制的昔日年代裁定的。但是现在,银行及其母公司在州内外扩张相当自由。这些法律的变革伴随着一系列市场变化,像信用卡业务的成长,以及对方付费电话号、自动柜员机与网络银行的发展,不禁令人怀疑继续狭窄地界定地域市场的逻辑,

———————
① 《美国案例汇编》第 384 卷,第 270 页(1966)。

其狭窄程度就是限于兼并公司设有分支机构的市或县。但是,试图采用更广范围的市场界定,还必须仰仗最高法院襄助。

4. 美国诉费城国民银行案将产品市场界定为"术语'商业银行业务'所指的产品(各种贷款)与服务(比如支票账户和信托管理)集合"。现今,鉴于商业银行与其他金融机构之间那些差异受到侵蚀的情况,这种聚类分析方法还有多大意义?举例来说,我们应当考虑来自互助储蓄机构的竞争吗?

美国诉康涅狄格国民银行案[①]

鲍威尔,法官:

康涅狄格国民银行(CNB)和第一纽黑文国民银行(FNH),在康涅狄格州南部经营的商业银行,同意合并。政府起诉禁止此项合并。联邦地方法院界定此项合并的产品市场为包括储蓄银行与商业银行。它发现,这两类银行互相竞争存款,以及抵押贷款、个人贷款和商业贷款。并且,储蓄银行不久将获准提供个人支票账户服务。联邦地方法院界定地域市场为全州。因此,联邦地方法院断定,此项合并不会在相关市场上显著减少竞争。最高法院予以推翻,认定联邦地方法院界定的产品与地域市场太广。

我们不怀疑联邦地方法院的这一案审记录,康涅狄格州的储蓄银行与商业银行之间存在着"激烈竞争",在一定程度上它们提供完全相同或基本可互相替代的服务。但是,该联邦地方法院夸大了竞争交叠的程度。……尽管储蓄银行……与商业银行之间的平等有了大踏步进展,但是后者能够提供前者不能提供的很多服务,尤其是对商业客户方面。并且,该法院一再认定,它是由商业银行提供的独特服务集合,独特服务集合使得它们与第7节的目的不同……

从银行服务至少一类主要客户即商业企业这种优势来看,在康涅狄格州,商业银行提供的"产品与服务集合"是储蓄银行不能提供的相应部分。

---

① 《美国案例汇编》第418卷,第656页(1974)。

在两类银行对商业客户提供产品与服务上的差异说明,商业银行形成了一个独特的商务领域。远非假设的"有意义的竞争"商业贷款,储蓄银行持有的货币资产只有商业银行的 1/40。储蓄银行不能对公司客户提供支票账户,也不能提供信用卡计划、购买证券贷款、信托服务、投资服务、计算机与账户服务以及信用证⋯⋯

我们不是说,⋯⋯凡涉及商业银行兼并的案子,法院可以从不考虑储蓄银行与商业银行为经营相同的商务领域,而不管它们的服务和经济行为多么相似。在储蓄银行发展的某一阶段,出于《克莱顿法》目的区分储蓄银行与商业银行是不现实的。在康涅狄格州,当或如果储蓄银行变成银行服务商业企业市场的重要参与者时,那个阶段的临界点可能充分达到了。但是⋯⋯我们认定,这样的一点还没有达到⋯⋯

康涅狄格州不能算是相关地域市场,⋯⋯因为 CNB 和 FNH 不是这一基础上的直接竞争者。⋯⋯这两家银行并不全州性经营,它们的客户也不在那一基础上使用商业银行。这两家银行的分支机构仅限于康涅狄格州西南部的毗邻区块⋯⋯

政府不能或没有更多地依靠标准大都市统计区(SMSA's)用来界定这两家银行的地域市场。SMSA's⋯⋯并不是按银行业标准界定的,并且它们并不用作分析银行市场的一种工具。⋯⋯与可能仅用 SMSA's 说明相比,政府必须更精确说明本地化银行业市场,或者重要竞争力影响地区,围绕CNB 和 FNH 保持其分支机构地点的周围地区。⋯⋯ 210

本案发回重审,联邦地方法院必须从产品市场的界定中排除储蓄银行。在界定地域市场方面,它必须勾画出围绕每一银行机构网点的当地化银行市场,在此区内客户寻求商业银行服务。只有到了那时,联邦地方法院才合理评估了两家银行之间潜在或实际的竞争交叠的程度。

提问和评论

1. 为什么最高法院对美国诉费城国民银行案保持"地方化方法"那么热衷? 可能对可管理性的担心起了作用?

2. 最高法院正确地从地域市场剔除了潜在竞争区,而潜在竞争区是兼并银行还没有实际竞争的地方,是吗?

3. 互助储蓄银行现在可以提供支票账户,发放商业贷款和商业房地产贷款,以及从联邦储备贴现窗口借钱,有 FDIC 保险。互助储蓄银行监管变得非常像银行监管。难道我们现在不应该认为互助储蓄银行是像商业银行一样从事相同的商务领域吗?

4. 联邦银行业管理部门在处理银行有关的并购时要面对这些问题。联邦储备理事会通常考虑互助储蓄银行竞争,重算市场份额统计以将互助储蓄银行存款的 50% 包括在相关市场,实际给予互助储蓄银行作为一半权重的竞争者。但是有时美联储将互助储蓄银行作为完全的商业银行竞争者。

FDIC 在关于银行兼并交易的政策说明中,所持观点甚至比美联储还宽:

> FDIC 认为相关产品市场由那些特定银行服务组成,提供那些特定银行服务的是拟合并机构或其他类竞争者,包括,像该案可能是,其他存款机构、证券公司、财务公司等。例如,储蓄机构提供的可转让提款指令账户,在许多方面其功能相同于活期存款支票账户。类似地,汽车制造商的附属财务公司可能与汽车贷款银行直接竞争,抵押贷款银行可能与房地产贷款银行直接竞争。[①]

5. 如果我们考虑来自互助储蓄银行的竞争,那么来自货币市场基金的竞争怎样?

导语与注解:子市场方法

司法部对银行业反托拉斯分析所使用的方法与它在其他行业使用的方

---

① 《联邦公报》第 54 卷,第 39,043 页(1989)。54 Fed. Reg. 39,043(1989)。

法一样。因为这种方法将银行业分解为多个产品市场,所以它经常被叫做子市场或产品导向市场,以区分它与美国诉费城国民银行案中的集合方法。司法部特别重视交易账户和对中小企业的商业贷款。通过比集合方法更窄地界定产品市场,这个子市场方法增加了可能性,找出那些市场过于集中或有变得过于集中危险的某些东西。因而,这个子市场方法增加了反托拉斯审查的严密性。

麦卡锡在《银行兼并反托拉斯分析的产品市场界定改进》①一文中总结了子市场方法的观点:

> 司法部反垄断局为了使得兼并审核的目的有理论和实证证据支持,将传统的银行业产品与服务集合分解成几个组分子市场。产品市场界定的集合市场方法混淆了局部子市场的性质,它是局部提供者与商业银行竞争。因此,集合市场方法的使用者出现了一种可能,如果某些银行打算实施无战略性资产剥离的兼并,那么,兼并审核管理可能忽视特殊产品领域与特殊地域的重要集中,以及可能随之而来的重要反竞争效应。在当代环境下,集合近似可能掩盖银行主导产品市场的重要集中,这种掩盖是因为混合了这种重要集中的产品市场与相对非集中的产品市场,在非集中的产品市场中非存款的局部提供者是重要参与者。集合市场方法掩盖反竞争效应的潜在可能性被地域市场界定的效应加重了。因为集合市场方法要求聚集进一个单一产品市场,这样的市场经常受到来自各种地域的竞争,所以它也要求一个最能代表整体集合市场竞争的地域市场的近似,尽管某些区域某些产品的市场可能是高度集中的。

> 并且,实证证据支持反垄断局将中小企业贷款处理成一个独特产品市场。小企业贷款市场相比于其他银行产品与服务市场来说是特别"本地的"。一般来说,小企业营运资金几乎完全依赖本地商业银行,

---

① 《杜克法律评论》第46卷,第887—891页(1997)。

而且用到的金融机构一般也寥寥无几。小企业与本地金融机构之间的持续关系提供了获取大量低成本资金的通路。在小企业贷款市场,来自非银行和非存款机构的竞争是很弱的,特别是无担保小企业贷款,并且债务证券化对小企业来说是不可行的选择,因为那是为大企业的。因此,小企业贷款客户要求来自很有限的地域市场的产品,而且经常是一家机构,即便当他们转到更大地域机构获取其他产品和服务时,例如信用卡和设备融资时。最后,小企业贷款客户完全不要求商业银行的非商业性产品和服务。因此,小企业贷款对传统集合市场的其他产品与服务不具有交易互补性,应当作为一个独立市场来分析。

除了交易非互补性之外,小企业贷款市场也是一直为商业银行主导的一个市场。当一个本地市场变得集中度增大时,小企业贷款市场提价,并且,当一个本地市场由多银行持股公司的一些小银行或州外公司拥有的一些银行服务时,供应减少。因而小企业贷款市场对银行兼并的潜在反竞争效应是特别易受影响的,那些效应可能是隐藏在集合市场方法里。

什么是反托拉斯分析的经济理据重点在"商业银行提供的服务",而不在特定服务市场?毕竟,某些服务存在更多竞争,而其他服务不然。麦卡锡[1]概括了集合方法的理论情况:

> 集合市场存在的最好解释,以及兼并审核使用集合市场的最好理由是交易互补理论。如果消费者通常一起选择购买所说的那些产品,那么那些产品就是交易互补的。如果消费者通常一起选择购买不同产品,那么,只提供其中部分产品的厂商将不能与提供所有那些产品的厂商进行有效竞争。竞争将只发生在那些提供整组或"集合"产品的厂商之间。

---

[1] 《杜克法律评论》第 46 卷,第 874—875 页。

导语与注解:《银行兼并竞争分析筛选流程》

1996 年司法部和联邦金融监管部门下发了非正式的银行相关的并购补充指南。参见《银行兼并竞争分析筛选流程》①。这些指南产生了两种筛选方法,筛选 A 和筛选 B。银行业监管机构主要依赖筛选 A,评判美联储确定的预先界定市场的竞争。如果按筛选 A,该交易增加 HHI 不大于 200,并且形成兼并后 HHI 超过 1800,那么,银行监管部门"可能进一步审查该兼并的竞争效应。"然而,如果在这样一种情况下,并购当事方在并购后市场份额达到 35%,那么美联储"进一步审查此项交易"。如果此项交易超过了 1800/200 的阈值,那么本指南鼓励申请人提供补充信息。此类信息包括并购当事方彼此没有显著竞争的证据,快速经济变化反超已定地域市场划分并作出适当重新划分的证据,市场份额一定程度上不能充分反映市场竞争的证据,以及关于容易进入市场的证据,包括过去两年准入与新进者成长的证据。

司法部宣布,它将开始使用来自银行监管部门筛选 A 的数据,审查与银行相关的并购。如果一项拟议交易超过了筛选 A 的阈值 1800/200,那么,司法部鼓励申请人"考虑提交筛选 B 展示的计算。"筛选 B 界定地域市场不同于美联储,并只查在相关市场发放商业贷款的机构网点。

司法部警告,即便他们没有超过筛选 A 的阈值 1800/200,它也可能进一步审查有些拟议交易。这最可能是"当筛选 A 没有充分反映此项交易在所有相关市场的竞争效应,特别是对中小企业贷款情况。"例如,该部"更可能审查的交易是,申请人竞争所在的预界定市场显著大于小企业贷款竞争可能存在的地区。" 213

司法部也鼓励申请人提供包括竞争来源而不是包括在筛选 B 的证据。例如,一家互助储蓄机构可能显示出它积极从事对商业客户提供服务,特别

---

① OCC 咨询函第 95-4 号,1995 WL 444957。

是现金管理服务以及公司创办启动贷款或流动资金贷款。一家放宽成员限制并随时发放"成员业务贷款"的信用社可以算作该市场的一部分。申请人可能举出这样的证据,市场外的机构也来竞争商业客户,特别是发放公司创办启动贷款或流动资金贷款。最后,申请人也可以显示"非银行机构竞争商业客户的实际证据,特别是竞争发放公司创办启动贷款或流动资金贷款。"

1996 年指南显然寻求简化有时神秘的流程,以获得银行监管部门和司法部对银行相关的并购的批准。尽管指南明显不代表与反托拉斯分析一致,它们至少提供了一个支持申请所需的经济分析统一框架。

导语与注解:美联储与司法部反托拉斯政策的方法分歧

第一夏威夷股份有限公司①成为银行反托拉斯政策不同方法的一个研究案例。联邦储备理事会批准了一项收购,这是共同所有权排名第二和第四的夏威夷最大银行之间的收购。一家拥有该州所有商业银行存款的32%,另一家6%。按照美联储,夏威夷州由 5 个银行服务地域市场组成,每一个都是高度集中的。在集中度最高的市场,毛伊,其中一家银行拥有所有商业银行存款的38%,另一家银行6%。如果产品市场只包括商业银行,那么此项收购将增加赫芬达尔—赫希曼指数233 点,从3846 升到4079。但认识到互助储蓄机构的竞争作用,美联储将产品市场界定为包括互助储蓄机构存款的一半。然后再行计算,HHI 上升了183 点,从2948 点到3131点。美联储得出结论,此项收购将不显著减少该市场的竞争。它只需处理其他市场两个银行之间的直接竞争。

两位理事会成员不赞同这一批准,声称此项收购是在已经很集中的市场增加集中程度,这是不能接受的。其中一位异议者指出,夏威夷的银行对贷款收取利息比较高,而对存款支付利息比较低,因而比美国其他银行盘剥了更高的利润。另一位异议者强调,夏威夷通过对州际银行经营保持封闭,

---

① 《美联储公告》第 77 卷,第 52 页(1991)。

阻挡可能抑制市场势力行使的新进入者。

　　司法部反对此项收购,关注此项收购对中小企业的影响。它界定的关 214
键产品市场为对中小企业的商业贷款,界定的地域市场为夏威夷全州。它
辩称,此项收购增加 HHI 值 440 点,从 2485 到 2925。美联储指责司法部背
离集合方法,宣称对中小企业贷款的连续数据并非现成,断言存款代表了市
场份额的最可用的测量。然而,司法部没有起诉阻止此项收购。

提问和评论

　　1. 在第一夏威夷股份有限公司研究案例中,美联储与司法部谁是正
确的?

　　2. 一个产品导向的方法是如何处理的? 我们应当怎样界定银行业的
子市场? 如果我们将银行业分解成四五个或更多的独特商务领域,这不大
大增加了银行兼并案例的证据问题吗? 每个产品子市场我们都需要经济分
析和支持数据。这种复杂性的增加也影响地域市场,因为不同子市场可能
有不同地域特点。也要考虑救济方法问题:法院必须根据具体子市场的竞
争情况下令选择剥离一些不同业务?

　　3. 请思考《注解商业银行兼并的商务领域:一种产品导向的再界定》[1]
一文所提倡的方法。作者识别了四类"客户部分",每一个有它自己的产品
市场:(1)家庭住户部分,包括房地产贷款、其他担保贷款、无担保消费贷
款、交易账户、不可转让存款以及投资服务;(2)本地企业部分,涉及长期贷
款、短期贷款、交易账户以及长期投资;(3)区域企业部分,涉及同于前述的
基本企业服务,再加上闲散资金的短期投资服务;以及(4)全国企业部分,
涉及与本地企业部分一样的相同基本服务,可能例外的是,全国性公司可能
直接运作短期投资。

　　4. 请思考产品市场的"产品导向"方法如何影响地域市场界定。将银
行业服务划分成独特的产品子市场,然后需要对每一个产品子市场界定独

---

　　[1] 《哈佛法律评论》第 96 卷,第 907 页(1983)。

立的地域市场。例如,有人可能将小存款市场视为围绕银行网点的直接本地区域;将大额存单市场视为全国性市场;将各类其他产品和服务市场视为前两者之间的归类。对于已经很复杂的任务再添加这种额外的复杂性有意义吗?

5. 总的来说,产品导向方法导致了更严厉还是更宽松的反托拉斯强制执行?

第五章　安全与稳健

第一节　引言

保持安全与稳健代表了银行监管的核心关切和各监管部门压倒一切的目标。我们已经看到对投保 FDIC 银行财务健康的关切,这反映在限制银行能力的成文法(第三章),以及要求监管部门审查那些寻求组建或收购银行的人们的胜任能力和忠诚品格(第二章)。在以后几章我们会看到安全与稳健关切占住显要地位的成文法,涉及要求存款保险基于风险定价(第六章),监管拥有银行的公司(第八章),限制银行与附属公司的关联交易(第八章),要求监管部门定期检查银行(第九章),以及授权监管部门对非安全稳健实践及其负责人采取行政强制行动(第九章)。然而,除了保持银行健康之外,这些成文法的大多数的确还有一些主要目的:比如,限定银行从事银行业;限制与其他公司不公平竞争;以及阻止非法控制银行的犯罪。

本章我们的重点是,主要探讨旨在帮助保持投保 FDIC 银行安全与稳健的限制与要求。这些安全措施的核心是资本,即银行资产超过其负债的数量。要满足资本监管要求,一家银行必须要有规定的资本对资产最小比率。例如,每 100 美元总资产有权益 4 美元,等于要求银行每 100 美元总资产不能有多于 96 美元的负债。如果一家银行没有满足资本要求,那么,及时纠正行动法条款适用逐渐更加严厉的安全措施,目的是在银行问题引起 FDIC 损失之前解决这些问题:资本缺口越大,后果越严重。审慎性规则对一定类型的风险敞口规定了严厉约束,比如对一个借款人的贷款限制和内部人的交易限制。

216 提问和评论

什么是"安全与稳健"？"安全"到底与"稳健"有何不同？尽管是复数词组,"安全与稳健"只代表一个单一概念,核心是金融健康,但通常带有强调审慎管理实践的意思,审慎管理实践是保持金融健康所必需的。"安全"与"稳健"的配对,遵循了古英语联结同义词形成老套表达的惯常做法,比如"适合与适当"、"无义务与无牵连"、"和平与安宁"。

第二节　资本

我们开始考察适用于投保 FDIC 银行的监管资本要求。我们将思考:首先,资本的含义与重要性;第二,监管当局提出的资本要求;第三,资本要求过去 30 年来的发展变化,尤其是经过国际协议巴塞尔Ⅰ、Ⅱ、Ⅲ的进展;第四,相关金融概念,比如各种类型的权益;第五,资本的监管定义,此定义基于那些相关金融概念;第六,杠杆率限制,这是最古老、最简单的资本要求;第七,三个基于风险的资本要求;以及第八,资本保护缓冲手段,目的在于保持银行资本高于最小要求水平。依此循序渐进,我们就能理解要我们运用资本要求于假设银行资产负债表的诸多问题。

一、资本的含义及其重要性

为了监视银行财务健康,监管部门密切关注银行资本。"资本"是权益(也称作"净值")的监管说法。"权益"是一家公司的总资产(该公司所有)超过该公司总负债(该公司所欠)的部分。资产减负债等于权益。在其他方面相同情况下,一家银行资产超过负债越多,银行偿付存款与其他债务并避免破产的可能性就越大。

请思考四家银行的例子,它们有相同的资产组合,相同类型的负债,以及同样的诚实和资质管理能力。每家银行总资产均为 1 亿美元。四家银行

的差别仅在于权益和总负债的数量不同。以下图表说明四家银行的财务健康状况(百万美元):

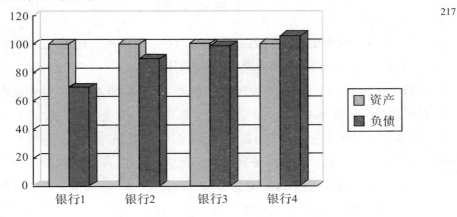

图 5 - 1　四家银行的资产与负债

表 5 - 1　　　　　　　　**四家银行的资产、负债与权益**

	银行 1	银行 2	银行 3	银行 4
资产	100 美元	100 美元	100 美元	100 美元
负债	70	90	98	105
权益	30	10	2	− 5

　　在没有存款保险或其他政府支持银行的社会里,你作为一个小心谨慎的储户,会宁愿到这四家银行的哪一家存款? 银行 1 相对于其资产有最多的权益,因而偿付其储户和其他债权人的前景最好。

　　银行资本监管建立在这一基本理念上:比起资本薄弱的银行,资本充实的银行很少可能不稳或倒闭。因此,资本要求有助于保护储户、其他债权人、FDIC 以及金融体系。

　　监管资本规则有些复杂。监管部门更偏爱某些类型的资本而不是其他类型的资本(例如,更偏爱普通股而不是优先股,更偏爱非累积优先股而不是累积优先股)。他们不许可某些类型的资产(例如,商誉)和某些形式的权益(例如,短期优先股)计入资本。然而,他们将次级债即一种负债作为一种形式的资本。但这些特殊的资本规则代表着作为总资产超过总负债数量的资本这一基本概念的相对适度的变化。

注解"资本"的涵义

"资本",当用于工商企业时,至少有四种不同寓意。首先,它可以指工厂、设备以及其他长期实物资产,企业可以用这类资产生产更多物品。宏观经济学家经常在这个意义上使用这一术语。第二,"资本"可以指企业拥有或使用的所有货币或其他财产。在这个意义上,一家企业的"资本"大约是(如果包括由该企业使用的租赁财产,甚至可能超过)该企业的总资产。第三,"资本"可以指符合公司法目的的企业法定资本:不得支付股息的权益部分(例如,每股面值乘以股份总数)。第四,"资本"可以指企业总资产超过总负债的部分,这部分也叫做"权益"或"净值"。

这些不同的定义可能产生很不一样的结果。请思考阿尔法银行的资产负债表(单位为百万美元):

表5-2 阿尔法银行的资产负债表

资产		负债	
证券	5	存款	88
现金	30	其他负债	1
贷款	64	总负债	89
建筑物与设备	1	优先股(面值)	2
		普通股(面值)	1
		留存收益	8
		普通股权益	9
		总权益	11
总资产	100	总负债与总权益	100

这家银行有多少资本?答案取决于适用哪一个定义。按第一定义(生产性实物资产)这家银行有100万美元资本,按第二定义(总资产)有1亿美元资本,按第三定义(法定资本)有300万美元资本,按第四定义(净值)有11百万美元资本。对于不同"资本"含义要警惕所有带下划线的数字。

我们将在第四种意义上使用"资本"一词。更具体说,因为计算资本出于银行业监管目的,我们使用"资本"指一家银行的净值。就大部分而言,此种计算遵循公认会计准则(GAAP)。但是,监管部门可能许可银行灵活的余地要比 GAAP 更少。例如,为努力使资本计算更加可靠,监管部门可能要求银行对某些资产的估值比 GAAP 可能许可的更低,而对某些负债的估值比 GAAP 可能要求的更高。因此,"监管资本"指为了监管目的而计算的资本,并且"监管会计准则"指监管部门规定的不同于 GAAP 的偏离内容。在 1980 年代期间,互助储蓄监管机构规定的监管会计准则,比 GAAP 更激进,膨大互助储蓄机构报告的净值,但现在的法律明确禁止此类手法。[①]

不过请注意,联邦成文法应用术语"资本"并不连贯一致,当在净值意义上提到资本时有时会用其他术语。例如,在《国民银行法》和《联邦储备法》的各条款里,提到"未动用资本和未动用盈余"[②],其中,"资本"指法定资本(面值);"盈余"意指未分配利润(传统上称为"收益盈余")加上实缴盈余;"未动用"意味着扣除任何损失。因此,如果一家银行有 1,000 万美元法定资本,没有未分配利润或实缴盈余,发生了 200 万美元损失,那么,该银行的"未动用资本"回落到 800 万美元。另请参见《联邦监管法规》第 12 卷第 3. 100 节(OCC 资本相关的国际一致法律术语)。

二、监管当局实行资本要求的权威

219

监管当局从两个关键成文法获得实行资本要求的权威:《1983 年国际贷款监督法》和《联邦存款保险法》的及时纠正行动条款。《1983 年国际贷款监督法》要求每一银行业管理部门"促使银行机构通过确立机构最低资本水平并使用管理部门认为适当的……其他方法,取得并保持充足的资本。"管理部门对不满足资本要求作为不安全和不稳健实践处理,有权对该银行及其董事和管理层采取诸如禁止令一类的强制行动。[③]

---

① 《美国法典》第 12 卷,第 1831n(a)(2)款。
② 举例参见同上,第 84 款、第 375b 款。
③ 同上,第 3907 款。

及时纠正行动条款要求联邦银行业管理部门规定两项资本要求,一项是"杠杆限制",另一项是"基于风险的资本要求",并许可他们做出更多规定。[①]

监管当局强调,一家银行可能合乎资本要求,但还没有足够资本。为何如此?资本要求一般代表最低适用标准。但是,如果一家银行面临额外的风险(例如,由于它的资产与负债组合的特殊性质),它可能需要额外的资本。没有这样的资本可能构成了一种不安全和不稳健实践。

三、历史:巴塞尔Ⅰ、Ⅱ、Ⅲ

基于风险的要求源于努力纠正杠杆限制的某些明显盲点,尤其是杠杆限制没有考虑到信用风险和表外项目。在1980年代期间,美国的银行监管部门寻求扭转银行资本水平数十年来的下降趋势,加紧实施资本限制。许多银行却以承担更多风险作为回应。例如,以高收益、高风险的商业房地产贷款取代低收益短期或中期国债。许多大型银行也以承担更多表外项目,比如或有负债,作为回应。

有两个例子说明,1980年代期间趋向于表外项目的发展。首先,如果银行提高杠杆比率面临监管压力,那么,它可能就变成了备用信用证形式的金融保函的最大发行者。如果银行发行备用信用证来担保市政债券本金及利息的偿付,那么此备用信用证就形成了或有负债:存在着这样的一种可能性,如果市政债券发行人违约,银行可能必须偿付债券持有人。但是,只要市政债券发行人按时支付债券持有人,并保持财务健康,因而那种可能性太远而不定,保付债券持有人的负债不见得进入银行资产负债表。因此,发行保函就增加了银行的杠杆比率:总资产增长,同时总负债保持不变;或者也许是,总负债收缩,总资产保持不变。但是,更高的杠杆比率并不必然反映更低的风险:保证可能最终导致了巨大损失。

第二,寻求增大杠杆比率的银行可能卖出了其部分贷款组合,但同意赔

---

① 同上,第1831o(c)(1)款。

偿购买人所买贷款某些部分的未来损失。通过减少银行总资产(没有减少银行的资本),出售贷款增加了银行的杠杆比率。通过允许银行认可卖掉贷款从而获得比贷款账面价值更多的收入,出售贷款增加了银行的资本并进一步改善了银行杠杆比率。尽管追索权让银行获得了比没有追索权的更高价格,但是追索权仅产生了或有负债,对于或有负债来说杠杆限制不要求资本。可是,或有负债的确产生了风险:银行剥离了资产但不是剥离与这些资产有关的所有风险。总的来说,倾向表外项目往往增加银行的杠杆比率而没有使得银行更加安全。

联邦银行业管理部门开始开发基于风险的资本标准,以帮助控制那种表外化倾向,并考虑信用风险的某些差异(例如,对商业房地产贷款比政府证券要求更多资本)。当美国的银行抱怨美国单边采用这样的标准将置美国银行于竞争不利地位时,管理部门接洽了主要国外同行,寻求建立具有共同标准的一套协议。经过巴塞尔银行监督委员会(该委员会在瑞士巴塞尔的国际清算银行办公室开会)的努力工作,1988 年来自 12 个主要发达国家的监管当局达成了关于资本计量与资本标准的国际一致协议,通常称作巴塞尔 I。该协议建立了一个基于风险的资本标准基本框架,而后美国和其他国家监管当局按照这一框架采用了基于风险的资本标准。尽管该协议要求美国仅对大型的国际活跃银行适用那些标准,但联邦银行业管理部门选择对投保 FDIC 银行适用那些标准。

巴塞尔 I 基于风险的资本标准获得了全世界的广泛接受,甚至在那些没有帮助设计这些资本标准的国家也是如此。但是,从一开始这些标准就有很大局限。标准只考虑了信用风险,此外也很粗糙。银行可以很容易玩弄这套体系(例如,以不要求额外资本的方式承担额外风险)并且它们也是这样做的。出于同样原因,银行不像信赖对冲和取得抵押或保证那样,对该标准给予很少信任或干脆不信任这样明显有力减少风险的技术。同时,国际大银行的经营变得日益复杂,那些银行发展出了成熟老到的风险管理方法体系,他们的风险管理体系远远超越了巴塞尔 I。

在 2004 年,巴塞尔委员会发布了一个新框架,被称为"巴塞尔 II"。巴塞尔Ⅱ努力汲取更广泛和更细致的银行风险观点。它重点是对信用评级设置权重，并分别对待市场风险和利率风险。在大银行情况下，它利用该银行内部风险管理模型。它不增加规定要求的资本水平；其实，通过减少高信用评级证券和借款人的风险权重，它有助于降低资本水平。监管当局还相信，通过更准确地计量风险，并根据风险更恰当地确定所要求的资本，巴塞尔Ⅱ使得银行更加安全。然而，这一期望受到了悲剧性的误解。监管当局颇为看重的信用评级证明不可靠，最臭名昭著的是美国次级贷款抵押支持证券的例子。大银行的内部模型也是如此。在2010年，巴塞尔委员会回应这次金融崩溃和巴塞尔Ⅱ失败，采用了一个新资本框架，称作巴塞尔Ⅲ。

221　　当本书付梓之际，联邦监管当局综合修订了美国资本要求，以贯彻巴塞尔Ⅲ并回应这次金融崩溃学到的教训。本章关于资本要求的讨论反映了监管当局2012年8月30日公布的规则。

四、财务概念

正如你已经透彻理解的那样，"债务"是你所欠：你有法定义务按期偿还的钱。这类术语通常包括"到期"日，在到期之日或之前你必须偿还这笔债务以及对未偿余额按一定"利率"计收的一笔利息。

"权益"是你对一项资产或一个公司的所有权利。如果你拥有像一座房子或一部汽车这样的一项资产，你的权益就是这项资产的价值减去由该资产担保的任何债务（也就是，该资产作为债务担保品）。如果你有一座500,000万美元的房子，有抵押贷款300,000万美元，那么，你对房子的权益是200,000万美元。一个公司的权益等于该公司满足所有债权人之后剩余的美元数量：总资产减总负债等于权益。因此，如果一家公司总资产100万美元、总负债400,000万美元，那么，它拥有600,000万美元的权益。

在描述各种债务与权益对一家公司资产的权利要求时，我们考虑在任何公司清算中的申请人权利。有担保的债权人将从担保品的价值中得到支付。所有剩余资产将按法律与合同规定的优先顺序满足权利要求的支付。银行法与《破产法》的优先顺序制度不同。但是，在两种制度之下，债权人都一定在股东得到任何支付之前获得足额支付。两种制度都执行的协议是一组债权人次级于另一组债权人的债权：也就是，同意只在另一组人得到足额支付之后才得到支付。次级债持有人同意只在其他（或"高级"）债权人的权利要求得到足额支付之后才得到支付。普通股东同意只在公司满足优先股股东的特殊权利之后才得到支付。

优先股在公司注册证（certificate of incorporation）里规定了一项或多项优先权：一般是清算优先权和股息优先权。清算优先权授予的权利是，在任何公司清算中，普通股东得到任何支付之前获得每股规定的支付（比如100美元）。股息优先权授予的权利是，在普通股东得到任何股息之前获得每股规定的股息（比如10美元）。股息优先权归入两种基本类型：累计与非累计股息优先权。当公司没有对优先股支付股息时区别就发生了。如果优先股是累积股息优先权，那么，公司不对普通股支付任何股息，直到对优先股积累的股息（叫做"欠款"）都予以支付。以每年10美元股息优先权为例。如果一家公司10年过去而没有支付优先股股息，那么，在公司对普通股支付任何股息之前，它必须支付优先股股息110美元（100美元是过去10年的股息，加上10美元当年的股息）。与之相对照，如果优先股是非累积股息优先权，那么，公司每年都是以之前空白开始。如果公司当年可以不对优先股支付10美元股息，那么它在这一年不对普通股支付任何股息。但是，如果这家公司10年过去而没有支付优先股股息，那么，只要公司对优先股支付10美元优先股股息，那么它就可以在第11年支付普通股一大笔股息（比如每股200美元）。未支付的优先股股息不予累积。

如果你持有可转换优先股，那么你可以按规定比率（比如每股优先股得到2股普通股）将它们转成普通股。这种选择权能够让你分享公司的成功果实。不是连续地得到一个固定的分红，而是你选择冒风险、选择普通股潜在的无限回报。请思考一个不被看好的公司"超人狗"的情况，它的股票已经从50美元跌到5美元。为其运营和生产线的现代化融资，"超人狗"发行了可转换优先股，每股100美元。每股每年有10美元股息，并有权利转换成10股普通股。可转换权有助于投资者减低对这种处于挣扎状态公司的权益投资风险。如果"超人狗"兴旺起来,股价涨到 40 美元,那么,可转换权充当一种优惠券,优先股持有人有权利每股优先股买入 10 股普通股(现在值 400 美元),而当初成本是 100 美元。

优先股可以带有到期日,在到期日,公司有义务赎回优先股:实际上,用一笔特定金额买回这些优先股。这种优先股一般叫做有限期优先股(limited-life preferred)。但是,它们经常是根据到期日剩余时间指短期、中期和长期优先股。永续优先股(perpetual preferred shares)没有到期日。持有人不能要求公司赎回优先股;她必须找到一个愿意购买人。公司可以保留赎回永久优先股或在到期日之前赎回限期优先股的权利。这一权利称作优先股赎回选择权,它使公司有权赎回这些股份,无论持有者喜欢与否。当公司从公开市场的愿意出售者手里买回股份时,它是"回购"自己的股份。公司可以选择赎回或回购股份,因为它有过剩现金或者可以更有利条件(例如,以更低股息比率发行优先股)筹集资本。

"普通股"代表了公司权益的典型形式。它们对股息和资产没有先占索偿权,但是却有无限上行增益,因为它们处在公司满足债权人和优先股持有人之后接受所剩权益。

公司以"股息"形式对股东分配利润,通常是支付现金。为了简化,我们将不理会股息构成公司自己股份的情形。股息可以来自当期利润或"未分配利润",未分配利润就是留在公司的过去的利润。

我们可以将股息、赎回和回购统称为"资本分配"。每一类交易都是从公司向现有股东转付现金,减少公司的权益,因为负债未变而资产减少。

最后,我们转向一个不一类的财务概念:"或有负债"。本词条(它本身不是负债)通常涉及的债务取决于某些未来不确定事件而存在,未来不确定事件至少部分在公司控制之外。例如,如果一家银行担保一项债务,把自己发放一笔贷款与期货绑定在一起,或涉入一项衍生合约,按此合约银行可能最终欠钱,那么这家银行就产生了一项或有负债。或有负债出现在公司的资产负债表的脚注,不出现在资产负债表里:"总负债"不包括或有负债。

223 为说明或有负债与实际负债之间的区别,举一个例子:一张备用信用证将保证货物买方在卖方自今日交货后的下一年支付卖方 100 万美元。只要买方一直有能力并愿意支付,签发备用信用证的银行就只是有一项或有负债,表示有可能未来发生一笔负债。但是,如果买方拒绝履行此项债务或有其他债项违约,那么,此保证就变成了实际负债:银行偿付的潜在可能性现在变成了现实的可能性。或有负债与其对应镜像或有资产(例如,民事诉讼案中赢得钱款多寡的不确定性)构成了"表外项目"。

五、资本的监管定义

监管当局将资本划分为三类:"普通股权益一级资本"(简称普通股本),"其他一级资本",以及"二级资本"。这一分类反映了监管当局对一定类型的权益,特别是普通股权益的偏好。监管当局会很高兴看到银行仅用普通股权益满足资本要求,但也愿意信任其他类资本。

在定义三类资本时,监管当局包括了若干限制和要求,目的是防止华尔街金融工程师和受监管银行要花招。在这些反规避规则中,有些适用于所有三类资本,其他规则只适用于特定类别资本。举例说明这些规则寻求预先阻止什么,以贝塔银行为例,它向十来个杰出机构投资者发行了非累积永续优先股。该行有合法权利不支付股息,并让这些优先股处于永不结清状态。但是,该行已经向投资者保证,如果可能的话,它将每年支付股息,并在 5 年内赎回这些优先股。并且,这些优先股前 5 年带有 6% 股息率,此后股息率 12%。银行与投资者同意通过不付股息并拒绝赎回来强使银行保持资本宽松(例如,在面临严重经济衰退情况下)。股息率的递增加强了对赎回的激励。这些优先股提供的权益既不永久也没有起初表现的坚定劲头。

若干禁止规定适用于所有三类资本。违反这些禁条的股份或其它金融工具(例如,次级债)不能作为合格的资本。银行不能直接或间接出资购买这一工具。银行及其附属机构不能担保这一工具。这一工具可以没有抵押品,也可以不"服从法律或经济上增强这一工具级别的任何其它安排"(也就是,在任何银行清偿中,提升它的优先性),这一工具也不能有任何"条款或特征激励赎回"这一工具。

a. 普通股本

普通股本代表了银行普通股东的所有权益。它是最纯粹的权益形式，是不求任何好运、无任何附加条件的权益，没有到期日，没有股息权利，在银行进行任何清偿时，它只有在所有其他求偿已经全额支付之后才得到支付。除了投票权之外（其他类股份通常没有），普通股本没有特别权利。而且，每一普通股一定具有与每一其他普通股一样的经济上行或下行增益：它一定得到相同股息，承担相同损失，并在银行发生任何清偿时有相同求偿。银行只有在有净收入或获得利润时才对普通股支付股息，并且只有在银行满足合同约定的或其他法定债务之后。银行只有在得到事先监管批准时才能回购普通股。发行普通股时，银行一定不能误导投资者期望银行将赎回或回购这些股份。普通股也不能有任何可能产生如此期望的条款或特征。

b. 其他一级资本

要作为合格其他一级资本，股份必须没有到期日，而且（除了非累积股息优先股之外）没有股息权利。银行只有在有净收入或获得利润时才可能对这些股份支付股息。这些股份必须按公认会计准则构成权益。它们不能有阻止银行筹集额外资本的任何特征（例如，累积股息优先股），也不能有锁定银行贷款质量的任何特征（例如，一种股息率）。在银行发生任何清偿时，这些股份只有在存款、一般求偿和次级债得到全额支付之后才能得到支付。银行只有得到事先批准才能回购股份。发行股份具有看涨期权时，银行不能误导投资者期望银行赎回这些股份。银行要赎回这些股份，至少自发行之日起5年之后，并且须得到事先监管批准。

这些标准，尽管用词一般，却非常适合永续非累积优先股。像普通股本一样，它们代表了对银行资本的永久承诺，银行决不需要赎回或向它们支付股息。它们的股息优先权只是逐年适用，因此几乎不妨碍新普通股的发售。有些更模糊的权益也算作其他一级资本，但它们对于我们要说的问题不常见。

普通股本与其他一级资本一起构成了一级资本。

c. 二级资本

二级资本包含其他可以算作资本的所有东西,包括累积优先股,中长期优先股和次级债。要作为合格二级资本,一种金融工具必须有至少 5 年的原始期限。该工具没有锁定银行贷款质量的特征。在银行发生任何清偿时,该工具仅在存款和一般求偿得到全额支付之后才能得到支付。银行需要事先得到监管批准才可以在到期之前回购或赎回该工具。发行具有看涨期权的一种工具时,银行不能误导投资者期望银行将行使这一期权。银行要行使这一期权,至少自该工具发行之日起 5 年之后。

此外,银行二级资本可以包括一般贷款损失准备,数量最高可达银行风险权重资产的 1.25% ,并高于指定贷款的任何预期损失。　225

普通股本,其他一级资本,以及二级资本共同构成总资本。

下表概括了三类监管资本的一些关键差别。

表 5 - 3 　　　　　　　　　三类监管资本的差别

标准	普通股本	其他一级资本	二级资本
GAAP 必要处理	权益	权益	无限制
到期期限	无到期期限	无到期期限	最少 5 年
赎回	不许可	只能 5 年之后;需监管当局事先批准	只能 5 年之后;如在到期之前,需事先批准
银行清偿优先权	排在所有求偿的最后	排在包括次级债在内的各债项之后	排在存款和一般求偿之后
股息	完全自行酌定,如不派息不予制裁	完全自行酌定,除普通股外派息不受制裁	无限制

六、杠杆限制

杠杆限制,官方叫做"一级资本最低杠杆率",要求投保 FDIC 银行保持至少 4% 的资本对总资产比率。恰如限制其名,它约束银行承担负债的能力。如果银行有 1 千万美元一级资本,该银行总资产不能超过 2.5 亿美元(2.5 亿美元的 4% =1 千万美元),并且银行总负债因而不能超过 2.4 亿美元(2.5 亿美元总资产减掉 1 千万美元资本)。

杠杆限制经常又叫做"杠杆率"。可是,"杠杆率"也说的是银行实际的资本对总资产比率,而不是要求的水平。为避免混淆作为要求的杠杆率与作为描述的杠杆率,我们使用成文法的术语"杠杆限制"指称资本要求,而使用"杠杆率"描述一家银行的实际的资本对总资产比率。

要计算杠杆率,就是用总资产除一级资本。(官方公式稍微更复杂,如果银行总资产包括某些无形资产或延税资产:在总资产除一级资本之前,首先要从总资产中扣减那些项目。但因为那些项目对大多数银行的资产负债表影响不大,为了简化,我们忽略不计。)

226 七、基于风险的资本要求

监管当局固定了三项基于风险的资本要求。每一要求都涉及银行资本除以风险权重资产,适用风险权重资产的相同定义。但是,三项要求适用不同的资本定义:第一项要求适用普通股本;第二项要求适用一级资本;以及第三项要求适用总资本。

为了初步感受基于风险的资本要求是如何起作用的,举一个伽马银行的例子。它有总资产 4 亿美元:1 亿美元美国国债,1 亿美元家庭住房抵押贷款,1 亿美元消费贷款,以及 1 亿美元商业贷款。杠杆限制对四项资产要求相同,要求银行有 1,600 万美元的一级资本(4 亿美元的 4%)。对比来说,基于风险的资本要求,对于不同资产要求不同。为简化要意图说明的问题,资本要求对消费贷款和商业贷款作为具有正常风险处理,住房抵押贷款作为具有正常风险的一半处理,美国国债零风险。我们用这些风险权重,以具体百分比数值乘以各项资产类项,具有正常风险的资产含权 100%(也就是资产全额,没有上调或下调)。我们对国债乘以 0%(没有风险),住房抵押贷款乘以 50%(正常风险的一半),消费贷款和商业贷款乘以 100%(正常风险)。就伽马银行的例子,我们得出以下结果(单位百万美元):

国债	100	×	0%	=	0
住房抵押贷款	100	×	50%	=	50
消费贷款	100	×	100%	=	100
商业贷款	100	×	100%	=	100
总计					250

凡是基于风险的资本要求低于6%，一家银行必须每百美元风险权重资产有6美元一级资本。因此，伽马银行有2.5亿美元风险权重资产，必须有1,500万美元一级资本（2.5亿美元的6%）。因为有比例很大的低风险资产投资，要求的资本数量低于我们本来预期的6%。如果银行资产全部由商业贷款和消费贷款组成，风险权重就是100%，那么它需要2,400万美元一级资本（4亿美元风险权重资产的6%）。但是，我们不应当认为100%类别是作为对问题资产的惩罚类别：它是对个人贷款、公司贷款以及其他私人借贷者的标准。其实，不归于其他类别的任何资产都含100%风险权重。

计算基于风险的资本比率，涉及九个处理步骤。第一次阅读这一材料时，你可能觉得直接从第一步骤跳到第四步骤很有帮助；但若是再读这一材料的话，你会发现，过去遮蔽的第二和第三步骤涉及对表外项目的处理。

227

资产风险权重分类

第一步，将每一类银行资产归入合适的风险权重类别：

0%用于基本没有信用风险的资产，包括现金，美国政府和某些外国政府债务，存放美国联邦储备银行或某些外国央行的资产余额，以及黄金。

20%用于美国州和地方政府债务，美国政府有条件担保的债务，以及对美国各银行的求偿。

50%用于由州和地方政府债务发行的收益公债，预售住宅建筑贷款，以及某些公寓大楼融资抵押贷款。

100%用于大多数其他贷款,包括收回止赎财产,银行自用办公楼和设备,以及对私人借款人贷款。

150%用于逾期90或以上的贷款和"高波动性"商业房地产贷款。

两类担保品可以降低贷款的风险权重。金融担保适用所有贷款,它包括存银行现金、黄金、基金股份、投资级债券,以及上市交易权益证券。一笔有金融担保的贷款有相同权重(例如,一般州债权重20%,收益债券权重50%),但一般不少于20%。在一笔贷款部分担保的情况下,此较低权重只适用担保部分。住房担保的贷款按某些规则降低权重,我们现在来谈这些规则。

有些规则适用各种资产类别,包括商业房地产贷款,预售住宅建筑贷款,以及住房抵押贷款。

建筑贷款,通常承受100%风险权重。这类贷款是对建筑而不是长期所有权融资。此种财产的购买人得到的是一笔独立贷款,用于融资购买。发放给住宅建造人的预售住宅建筑贷款,权重为50%,如果此笔贷款是对建造1—4口之家住宅融资,建造人履行有法律约束力的售房合同,此笔贷款不超过售价80%,并且买房人已经交了首付且排队申请购房贷款。

商业房地产贷款,也叫做商业抵押贷款,由商业财产担保:例如,工厂、办公楼、购物中心、饭店,甚至医院与养老院。这类贷款一般承受100%风险权重。但是,高波动性商业房地产贷款承受150%风险权重。"高波动性"(也就是投机性)标签适用于对商业房地产开发(区别于已有的商业房地产)融资的贷款。要避开这一标签并保持100%风险权重,借款人必须有此项商业房地产的规定最小权益:对未开发土地融资,规定最小权益为35%;对前期开发融资,规定最小权益为25%;对建筑施工融资,规定最小权益为20%。借款人也必须投入现金或有适销资产,其价值至少为此项房地产完工后应有价值的15%。

住房抵押贷款,为1—4口家庭住宅担保的贷款,要服从一套特别详细的专门规则,总共有6类权重。监管当局基于贷款成数、贷款期限和信用标准区分这类贷款。我们计算贷款成数是贷款余额(以及更高级贷款和留置权)除以房产价格。一笔 300,000 美元贷款,由价值 400,000 美元住房担保,贷款成数是 75%。在其他方面相同情况下,贷款成数越低,贷款就越安全。监管当局也区分了两类贷款:"类别 1"贷款满足基本质量标准,"类别 2"贷款不满足基本质量标准。由于本章充斥着其他"类别",我们将相应指称"合格"贷款和"不合格"贷款。一笔合格贷款,应具有此项房产的第一抵押权,并有相当保守的条件,期限不能超过 30 年,允许借款人延期付款,或允许不按比例地最终大额还款。贷款发放人必须核实借款人的收入,考虑借款人的所有金融债务,并断定借款人能够归还此笔贷款。此笔贷款不能逾期超过 90 天。一笔不合格贷款,不能满足那些标准的其中一条或多条:例如,因为此笔贷款对抵押房产的求偿权排第二位,或者贷款发放人没有核实借款人的收入。下表说明了具有规定贷款成数的合格贷款与不合格贷款的风险权重:

表 5 - 4　　　　　　　**合格贷款与不合格贷款的风险权重**

贷款成数	合格贷款的风险权重	不合格贷款的风险权重
≤60%	35%	100%
>60% 至 ≤80%	50%	100%
>80% 至 ≤90%	75%	150%
>90%	100%	200%

现在回到九大步骤上。

表外项目
面值 × 信用转换系数 = 等量信用金额

第二步,逐一取银行表外项目的每一类,然后,用面值乘以大约的"信用转换系数",得出"等量信用金额"。

这一步,是九大步骤中最抽象的一步,考虑表外项目以或有负债最典型。基于风险的资本体系一般锁定对资产负债表项目的规定资本。或有负债不是资产,但的确形成风险。因为要求银行持有针对它们的资本,我们将它们转换成与资产负债表资产相合并的一种形式:等量信用金额。我们对等量信用金额的计算是,或有负债的面值(例如,8,000万美元备用信用证担保8,000万美元的地方政府债)乘以一个信用转换系数。这些系数,取值范围从0%到100%,反映了一种粗略判断,就是特定种类的或有负债形成资产负债表负债的概率。通过将表外项目转成等量信用(资产)金额,基于风险的资本体系就对那些项目进入风险权重类别打好了基础。我们可以将等量信用金额设想为假定的资产负债表资产,与基于风险的资本体系的其他特征相结合,旨在对表外项目规定适当的资本。

　　这里有几个信用转换系数的例子:系数100%适用于"直接信用替代项",包括融资性担保类备用信用证,有追索权的售出资产,以及有法律约束力的对指定未来日期购买资产的承诺。系数50%适用于"与交易相关的或有事项"。这些或有事项包括基于业绩表现的备用信用证,比如那些支持劳工与材料合同以及分包商和供应商表现的备用信用证。不像融资性担保类备用信用证,这类信用证担保的是非金融债务的绩效(例如,要在一个公园举办摇滚音乐会的发起人,将清理公园并修理任何损坏之处)。系数50%一般也适用于授信额度的未使用部分,包括授予一年以上的房屋净值信贷额度。如果你有房屋净值信贷额度50,000美元,你已经使用了10,000美元,系数50%用于未使用的40,000美元(产生了20,000美元的等量信用金额)。当然,10,000美元贷款是资产负债表内的一项资产。系数20%适用于商业信用证以及对货物贸易融资的类似项目。系数0%适用于授信额度未使用部分,这部分额度银行有权随时取消。

　　这四个信用转换系数是互不相关的,并独立适用于各个风险权重类别。那些风险权重类别寻求反映信用风险。相比之下,信用转换系数寻求反映特定种类表外项目形成表内负债的可能性。

> 等量信用金额归入适当风险权重类别

第三步,将等量信用金额归入适当风险权重类别。例如,如果它担保一个私人借款人的贷款,那么备用信用证归入 100% 风险权重类别;如果备用信用证担保的是市政收益债券,那么它归入 50% 风险权重类别。

第三步如何不同于第二步? 边码第 230—231 页的表提供了各类例子。

> 对每一风险权重类别总计乘以相关百分数

第四步,对四种风险权重类别的每一类总计美元数值乘以那一类别的相关百分数。

> 四种风险权重类别总计 = 风险权重资产

第五步,加总各风险权重类别得出总计美元数值。这一总和数值构成了银行的"风险权重资产"。

> 确认资本

第六步,从银行资产负债表着手,确认银行的普通股本、一级资本和资本总额。(正如前面讨论,一级资本由普通股本和其他一级资本组成。资本总额由一级资本和二级资本组成。)

> 计算资本比率

第七步,用普通股本除风险权重资产,计算得出基于风险的普通股本资本比率。

第八步,用一级资本除风险权重资产,计算得出基于风险的一级资本比率。

第九步,用资本总额除风险权重资产,计算得出基于风险的总资本比率。

为了符合监管当局的资本要求,银行必须至少有 4% 的杠杆比率,基于风险的普通股本资本比率至少 4.5%,基于风险的一级资本比率至少 6%,基于风险的总资本比率至少 8%。

230

表5-5　表外项目适用于风险资本比率计算九步法的第二步和第三步　单位:百万美元(注明除外)

表外项目	面值	项目类型	第二步		第三步		导致风险权重资产增加(第四步)
			信用转换系数	等量信用金额	风险权重类别	结果	
某市发3亿美元普通公债;银行担保该市将按合同约定足偿付投资者	300	直接信用替代	100%	300	20%	3亿美元归入20%类别	60
某公司发2亿美元债;银行担保投资者将得到该公司偿付	200	直接信用替代	100%	200	100%	2亿美元归入100%类别	200
某市发1.8亿美元收益债券;银行担保投资者将得到到偿付	180	直接信用替代	100%	180	50%	1.8亿美元归入50%类别	90
某公司买4,500万美元设备;银行担保该公司将支付给销售商	45	直接信用替代	100%	45	100%	4,500万美元归入100%类别	45
银行卖给X公司4亿美元消费贷款;如果借款人违约银行将赔偿X公司	400	直接信用替代	100%	400	100%	4亿美元归入100%类别	400

续表

表外项目	面值	项目类型	第二步		第三步		导致资产风险权重增加（第四步）
			信用转换系数	等量信用金额	风险权重类别	结果	
银行担保住房建造商将完成建造	14	与交易有关	50%	7	100%	7百万美元归入20%类别	7
银行担保举办摇滚音乐会的某公司将会后清理并维修一切损坏	2	与交易有关	50%	1	100%	1百万美元归入100%类别	1
某公司从印度订购5百万美元的大理石；银行签发5百万美元商业信用证支付销售商	5	商业信用证	20%	1	100%	1百万美元归入50%类别	1
银行零售客户有未用信用卡额度1,000美元，此额度可随时取消	1,000	未用信用卡额度	0%	0	100%	—	—

231

提问和评论

1.《公认会计准则(GAAP)》传统上使用、现在一定程度上仍在使用"账面价值":按历史成本调整的出现在公司资产负债表的资产——就是公司购入该资产的价格减去折旧或摊销的调整值。GAAP 比较重视市值。但是,按 GAAP 对公司一项资产作出适当估价,不必提供任何保证,公司实际以那个价格出售了此项资产。相比之下,证券与交易委员会对证券经纪交易商的净资本规则,要求那些证券公司按每一营业日的市值标记它们的资产,并有效惩罚一家持有比如贷款资产却没能在易于确定的价格上快速卖出的公司。[①] 此种方法大大增加了一种可能性,因为禁止未曾预见到的市场冲击,经纪交易商可能按照公司资产负债表显示的账面价值这一大致价格卖掉资产。但是,在处理银行资产负债表时,我们面对很大的不确定性。银行一般持有比经纪交易商较少流动性的资产。其实,银行从事的业务就是持有较少流动性的资产,并且银行资产负债表一般显示的那些资产都是账面价值。要抵销银行资产账面价值的不确定性,银行监管当局要求更高的最低资本对资产比率,并且,这使得银行比按更可靠、平滑的市值会计功能体系所必须接受的监督受到更多的侵扰。

2. 流动性很差的一家银行可能有高资本比率吗?

3. 基于风险的资本标准有效阻止偏好风险的银行承担过多风险吗?

4. 莫迪利亚尼-米勒定理假定,在理想情况下(包括完全市场,所有市场参与者都充分知晓,以及没有税收引起的失真),企业发行所有证券的市场总价值(债务加上权益)取决于公司的盈利能力以及它的基础真实资产的风险,并且一定程度上公司无论以负债筹资还是以权益资本筹资都不受影响。难道该定理让人怀疑将累积优先股和次级债归入二级资本的智慧?为什么是或为什么不是?

5. 监管当局基于股票的原始期限即发行日至到期日的年数,将有限期

---

① 《美国联邦法规》第 17 卷,第 240.15c3 - 1 款。

优先股分为长期、中期和短期。短期优先股的原始期限少于 5 年。中期优先股的原始期限至少 5 年,但少于 20 年。长期优先股的原始期限至少 20 年。监管当局也规定,短期优先股不能作为资本。那么,随着时间的流逝,直到到期,中、长期优先股会发生什么情况? 纳入资本的数量,在它们到期前的最后 5 年的开始下降 20%。假设有家银行在开始的第一年发行 1 亿美元 20 年期限的优先股,并一直未予支付,直至在第 20 年末到期。该银行在第 1—15 年期间增加二级资本 1 亿美元,在第 16 年降为 8,000 万美元,在第 17 年降为 6,000 万美元,在第 18 年降为 4,000 万美元,在第 19 年降为 2,000 万美元,此后为零。次级债同样处理,按其期限到期情况递减二级资本数量。

6. 依据巴塞尔 I 和 II,银行计算二级资本只能达到所拥有的一级资本的数量程度。因此,有一级资本 9,000 万美元和二级资本 11,000 万美元的一家银行,其资本总额为 18,000 万美元,不是 20,000 万美元。并且,银行可以包括二级资本的某些项目(尤其是次级债和中期优先股),只能算到一级资本的 50%。巴塞尔 III 甚至体现出更强的不同类型资本的差异,但取得这种差异的方式不同:通过基于风险的普通股本资本比率(巴塞尔 I 和 II 没有这部分),以及通过更高的基于风险的一级资本比率。

234

八、资本要求应用于假定的银行资产负债表

德尔塔银行的资产负债表如下(百万美元):

表 5 - 6　　　　　　　　　德尔塔银行的资产负债表

现金①	35
美国政府证券	10
州普通公债	15
市政普通公债	10
贷款成数 61—80% 的合格住房抵押贷款	80

---

① 一家真实的银行几乎不会持有本例或后附问题中那么多的现金。然而,它可能在联邦储备银行有一大笔存款。此处你可以认为"现金"包括货币和联邦储备存款。

续表

消费贷款	140
商业贷款	110
总资产	400
存款	350
次级债	10
非累积优先股	15
权益	25
负债与权益合计	400

银行还有未付备用信用证担保 800 万美元市政收益债券,以及 1,000 万美元的私人公司财务债务。假定该银行的非累积永续优先股为合格的其他一级资本,并且它的次级债为合格的二级资本。该银行的资本比率是多少?

要计算这一杠杆率,我们先确定一级资本。资产负债表有两类权益,两者都是合格的一级资本:普通股本 2,500 万美元和 1,500 万美元非累积永续优先股,合计 4,000 万美元。然后,我们以总资产除一级资本:4,000 万美元一级资本 ÷ 4 亿美元 = 10% 杠杆率。

要计算基于风险的资本比率,我们按九步骤处理。第一步,我们将每类银行资产归入相应风险权重类别。0% 类别:3,500 万美元现金和 1,000 万美元美国政府证券,合计 4,500 万美元。20% 类别:1,500 万美元州普通公债和 1,000 万美元市政普通公债,合计 2,500 万美元。50% 类别:8,000 万美元为贷款成数 61—80% 的合格住房抵押贷款。100% 类别:14,000 万美元消费贷款和 11,000 万美元的商业贷款,合计 25,000 万美元。

第二步,我们取各表外项目,并用相应的信用转换系数与它们相乘,计算出等量信用金额。因为所有 1,800 万美元备用信用证涉及担保,因此信用转换系数 100%,二者相乘得出等量信用金额 1,800 万美元。

235　第三步,我们将第二步计算出的等量信用金额归入相应风险权重类别。收益债券,如果由银行所有,就归入 50% 风险权重类别。因此,备用信用证担保收益债券的 800 万美元等量信用金额归入 50% 类别。私人公司债务归入 100% 类别。因此,备用信用证担保私人公司债务 1,000 万美元等量信用金额归入 100% 类别。

表 5 - 7　　　　　德尔塔银行资产及或有负债的风险权重归类　　　单位:百万美元

风险权重(%)	资产	面值	归类合计
0	现金	35	
	美国政府证券	10	45
20	州普通公债	15	
	市政普通公债	10	25
50	住房抵押贷款	80	
	收益债券担保	8	88
100	消费贷款	140	
	商业贷款	110	
	私人债务担保	10	260

第四步,以相应百分比乘以四类风险权重的每一类的归类合计金额。0% 类别:4,500 万美元 ×0% =0。20% 类别:2,500 万美元 ×20% =500 万美元。50% 类别:8,800 万美元 ×50% =4,400 万美元。100% 类别:26,000 万美元 ×100% =26,000 万美元。

表 5 - 8　　　　　　　　　计算四类风险权重　　　　　　　单位:百万美元

风险权重(%)	归类合计	乘数	风险权重合计
0	45	×0	=0
20	25	×0.2	=5
50	88	×0.5	=44
100	260	×1.0	=260

第五步,加总四类风险权重类别:0% 类别,0 美元 +20% 类别,500 万美元 +50% 类别,4,400 万美元 +100% 类别,26,000 万美元,总计 30,900 万美元风险权重资产。

第六步,确定相关资本的数量。在计算杠杆比率时,我们发现,该银行有 4,000 万美元一级资本(2,500 万美元普通股本 +1,500 万美元其他一级资本)。银行还有 1,000 万美元次级债,得到资本合计是 5,000 万美元。

第七步,计算普通股本基于风险的资本比率,2,500 万美元普通股本除以 30,900 万美元风险权重资产,比率是 8.1%。

第八步,计算一级资本基于风险的资本比率,4,000 万美元一级资本除以 30,900 万美元风险权重资产,比率是 12.9%。

第九步,计算基于风险的总资本比率,5,000 万美元总资本除以 30,900 万美元风险权重资产,比率是 16.2%。

该银行符合所有四项资本要求。

236

问　题

除非另有说明,假定这些问题中的各银行没有表外项目,商业房地产不是"高波动性"类型,非累积永续优先股满足其他一级资本要求,中、长期优先股和次级债是合格二级资本,并且在到期之前有 5 年以上。

1. 艾普西隆银行资产负债表如下(百万美元):

表 5 - 9　　　　　　　　　　艾普西隆银行的资产负债表

现金	30
美国政府债券	20
州普通公债	15
贷款成数 61 - 80% 的合格住房抵押贷款	120
消费贷款	200
商业贷款	115
总资产	500
存款	430
其他债务	20
非累积永续优先股	10
普通股权益	40
负债与权益合计	500

这家银行的资本比率是多少？该银行符合所有四项资本要求吗？

2. 泽塔银行的资产负债表如下（百万美元）：

表 5-10 泽塔银行的资产负债表

现金	50
美国政府债券	30
市政普通公债	45
贷款成数 61-80% 的合格住房抵押贷款	150
贷款成数 81-90% 的合格住房抵押贷款	80
公司债券	100
信用卡贷款	160
商业房地产贷款	180
办公楼及设备	10
总资产	800
存款	745
次级债务	10
累积永续优先股	20
普通股权益	25
负债与权益合计	800

这家银行该银行的资本比率是多少？该银行符合所有四项资本要求吗？

3. 西塔银行的资产负债表如下（百万美元）：

表 5-11 西塔银行的资产负债表

现金	65
商业贷款	200
消费贷款	320
市政普通公债	80
贷款成数 81-90% 的合格住房抵押贷款	60
贷款成数 61-80% 的合格住房抵押贷款	250
美国政府债券	25

续表

总资产	1,000
存款	825
其他债务	70
蓝筹股	50
环保股	30
红筹股	25
负债与权益合计	1,000

三类流通股有如下权利:

表 5－12 **三类流通股的权利**

蓝筹股		
	股息	无特殊权利
	清偿	无特殊权利
	到期	无到期日
环保股		
	股息	在环保股流通期间,除非银行在某年和此前一年已向环保股支付 10 美元股息,否则银行不对蓝筹股支付股息
	清偿	如果银行清偿,在蓝筹股或红筹股得到任何东西之前,每一环保股得 100 美元
	到期	无到期日
红筹股		
	股息	除非银行在某年向红筹股支付 10 美元股息,否则银行在那年不对蓝筹股支付股息
	清偿	如果银行清偿,在蓝筹股得到任何东西之前,每一红筹股得 100 美元
	到期	自现在起三年零三个月;此股 7 年前发行

238 这家银行的资本比率是多少? 该银行符合所有四项资本要求吗?

4. 距镁泉市下风方向 10 英里处,一座新建危险废物焚烧炉将近完工。本州要求运营商提供 4,000 万美元的备用信用证向该州担保,运营商将遵守适用的健康与环境法。庵田银行将签发备用信用证。

（a）如果纳斯达克上市公司托克西冈经营这座焚烧炉，庵田银行将增加多少风险权重资产？

（b）如果由该市而不是托克西冈经营这座焚烧炉，那会怎么样？

（c）白炽焚烧有限公司运营这座焚烧炉会怎么样？镁泉市完全拥有白炽焚烧有限公司（简称 I.I.I.），其有限责任跟任何公司股东相同。

（d）白炽焚烧有限公司变成了运营商。数年后，I.I.I. 要发行1,000万美元债用以改造升级这座焚烧炉。庵田银行将签发备用信用证，担保此债的偿付。备用信用证将增加银行多少风险权重资产？

5. 卡巴银行的资产负债表如下（百万美元）：

表5-13　　　　　　　　卡巴银行的资产负债表

现金	300
美国政府债券	300
州普通公债	150
贷款成数61-80%的合格住房抵押贷款	800
贷款成数>90%的第二抵押权住房权益贷款	100
动产担保的个人贷款	600
无担保个人贷款	900
商业贷款	700
商业房地产贷款	800
拥有房地产	250
办公楼及设备	100
总资产	5,000
存款	4440
担保借款	200
次级债务	40
长期优先股	60
非累积永续优先股	80
普通股权益	180
负债与权益合计	5,000

该银行签发担保商业性公司的未偿商业信用证 6,000 万美元,担保商业公司融资债务的备用信用证 12,000 万美元,以及担保建筑公司绩效的备用信用证 8,000 万美元。该银行还有授信 4 亿美元的未用信用卡额度,银行有权无条件随时撤销此额度;另有贷款成数 81%—90% 的第二抵押权住房权益贷款未用授信额度 1 亿美元。这家银行的资本比率是多少?该银行符合所有四项资本要求吗?

九、资本留存缓冲

巴塞尔Ⅲ包括资本留存缓冲,目的是使银行在景气时期保持资本明显高于规定最低要求水平,以便更好地抵御衰退时期的压力。没有维持必要缓冲的银行至少丧失了某些自由,不然它可以进行资本分配,并自行决定高级职员奖金。缺口越大,限制就越严厉。在监管当局看来,银行应当不是拿出全部也应是大部分利润增加资本。

要满足缓冲要求,银行必须保持每一项资本比率比规定最低水平高出 2.5 个百分点。因此,银行的普通股本资本比率必须超过 7%(4.5% 规定最低资本比率 +2.5% 缓冲),一级资本比率必须超过 8.5%(6% 规定最低资本比率 +2.5% 缓冲),基于风险的总资本比率必须超过 10.5%(8% 规定最低资本比率 +2.5% 缓冲)。"缓冲"是实际比率超过规定最低资本比率的部分。因此,如果一家银行的普通股本资本比率 8.5%,那么它的普通股本缓冲是 4 个百分点。如果这一比率降到 5.5%,那么缓冲就降到只有 1 个百分点。如果普通股本资本比率降到少于或等于规定最低资本比率 4.5%,那么缓冲就完全没有了。

如果银行三个缓冲的最小值降到低于 2.5 个百分点,那么就适用对资本分配和自定奖金的限制。有缓冲缺口的银行只能从合格留存收益中发放这些支付:也就是,前四个季度的净收入减去同期任何资本分配。下表说明,在给定最小缓冲百分点取值范围的情况下,一家银行可以支派多少合格留存收益:

表 5 - 14　　　　　　　　　　不同缓冲对合格留存收益支出的影响

最小缓冲	最大支出（％）
>2.5	无限制
>1.875 至 ≤2.5	60
>1.25 至 ≤1.875	40
>0.625 至 ≤1.25	20
<0.625	0

　　因此,一家银行的最小缓冲若只有 2 个百分点,它可以支派的合格留存收益不多于 60% 。

问　　题

　　拉姆巴银行有总资产 100 亿美元,风险权重资产 75 亿美元,普通股本 4.5 亿美元,其他一级资本 2.5 亿美元,以及 1 亿美元的合格留存收益。如果该银行可以向股东有所支派合格留存收益的话,可以支派多少?

第三节　立即纠正措施

240

　　"立即纠正措施"指监管投保 FDIC 银行的基于资本的限制与要求制度。国会将这些规则作为《联邦存款保险法》的第 38 款予以颁布。[①] 该制度将银行按其资本划分为 5 类:资本雄厚,资本适足,资本不足,资本严重不足,资本危急。随着资本下降到规定水平以下,银行将受到日益严厉的限制与要求。

　　按照立即纠正措施法律条款,联邦金融监管部门定义了如下 5 类资本类别:

[①] 《美国法典》第 12 卷,第 1831o 款。

表 5 - 15　　　　　　　　　　　　　　银行 5 级资本类别

资本类别	资本尺度			
	杠杆率	普通股资本比率	一级资本比率	总资本比率
资本雄厚	≥ 5%	≥ 6.5%	≥ 8%	≥ 10%
资本适足	≥ 4%	≥ 4.5%	≥ 6%	≥ 8%
资本不足	< 4%	< 4.5%	< 6%	< 8%
资本显著不足	< 3%	< 3%	< 4%	< 6%
资本严重不足	< 2% *	—	—	—

* 有形权益,解释见下文。

　　"资本雄厚"的合格银行,杠杆率至少5%,基于风险的普通股资本比率至少6.5%,基于风险的一级资本比率至少8%,基于风险的总资本比率至少10%。"资本适足"的合格银行,杠杆率至少4%,基于风险的普通股资本比率至少4.5%,基于风险的一级资本比率至少6%,基于风险的总资本比率至少8%。如果银行杠杆率低于4%,基于风险的普通股资本比率低于4.5%,基于风险的一级资本比率低于6%,或基于风险的总资本比率低于8%,那么它"资本不足"。如果银行杠杆率低于3%,基于风险的普通股资本比率低于3%,基于风险的一级资本比率低于4%,或基于风险的总资本比率低于6%,那么它"资本显著不足"。如果银行有形权益对总资产比率低于2%,那么它"资本严重不足"。监管当局将"有形权益"定义为一级资本加上累积优先股。

　　下面的文章讨论立即纠正措施法律条款,阐明其政策基础,并解释它如何推进《联邦存款保险公司改进法》(简称 FDICIA)的目标,在投保 FDIC 银行的所有者、经理们(即管理者、董事们)以及监管当局的激励与联邦存款保险基金以及站在基金后面的纳税人的利益二者之间减少冲突。这样一来,文章回应了那些批评者,在他们眼里,FDICIA 只是对 1990 年代的互助机构崩溃和银行危机的一种报复性的过度反应。

卡内尔:《反常激励的部分矫正:1991 年联邦存款保险公司改进法》①

Ⅰ．引言

《联邦存款保险公司改进法》("FDICIA")是国会首次试图系统地改革联邦存款保险。

FDICIA 之前的联邦存款保险制度和存款机构监管法规鼓励被保险机构的所有者、经理们和监管当局的行为方式不利于存款保险基金的利益。这些反常激励导致了存款机构的过度承担风险和存款机构监管当局的宽容,最终有助于造成联邦储贷保险公司("FSLIC")和 FDIC 银行保险基金的无力偿还。

FDICIA 最重要的保险改革,比如基于资本的立即纠正措施,基于风险的存款保险费,以及最小成本处置原则,代表了反制那些反常激励的一种持续努力。由于得到了适当贯彻,这一改革应当使得机构的所有者、经理们和监管当局的激励与存款保险基金的利益更加紧密地一致起来。……

本文将简要描述机构的所有者、经理们和监管当局的激励是如何与保险基金的利益相冲突的;强调减少此类冲突的重要性;并说明 FDICIA 寻求减少此类冲突的各种方式。然后,本文将讨论立即纠正措施,对它加以概括,阐明它如何能够改进反常激励,并考察监管当局执行立即纠正措施所面临的关键问题。

Ⅱ．FDICIA 作为对反常激励的一种矫正

A. 反常激励

FSLIC 和银行保险基金的问题,不仅是因为坏运气、艰难时期或无赖太多,而且是因为 FDICIA 之前的联邦存款保险制度和监管存在缺陷。某些最具破坏力的缺陷涉及被保险存款机构的所有者、经理们和监管当局的反

---

① 《银行法年度评论》第 12 卷,第 317 页(1993)。

常激励。

正如爱德华·J·凯恩所言,"每一决策的发生都基于一种经济和非经济激励的背景,每一激励(像赶骡子的人使用胡萝卜和大棒)都驱使和牵动决策者趋向或背离备选行动方案"

所有者、经理们和监管当局的激励与存款保险基金利益相冲突(或简短说,是反常),这种反常诱导此人有意或无意地增加了基金不可弥补的风险负担(也就是,补偿存款保险的价值)。

242
1. 所有者和经理们

所有者和经理们的反常激励核心在道德风险。人们可以将道德风险简洁地定义为"保险改变被保险者行为的倾向",或更宽泛地说,当不承担全部后果或享有其行为的全部好处时最大化自己的利益而对他人造成损害。……

存款保险损害自律,不然储户可能抑制存款机构的风险承担:

> 正如上了汽车盗窃险的车主可能比他没上保险时更不在乎锁车,受存款保险保护的储户不在乎选择他的银行。结果,有保险的银行可能经营就不像本来那么保守,本来它吸引并留住客户的能力仅取决于该银行的财务实力和稳健经营。……

> 保险制度的危险是,一旦被存款保险覆盖,银行将倾向于承担更大的风险,以获得更高的利润。更高利润为银行所有者得到,同时,更大的风险由保险体系承担。

存款保险偏离了风险与回报之间的权衡。"没有存款保险,吸引存款者的成本将抑制风险承担。具有高于正常风险投资组合的银行将发现其资金成本增加,因为厌恶风险的储户选择保守的银行。"存款保险削弱了"趋于保守的这一压力,"让机构"持有更高风险投资组合而不增加资金成本。"(存款保险如何抑制储户自律的若干例子,参见第255—256页关于存款保险和银行资金成本的注解。)

在 FDICIA 之前,监管当局对待某些机构"太大不能倒"的政策,不仅削弱了受存款保险保护的储户的自律,而且削弱了无保险储户、其他贷款人甚至股东们的自律。该政策,目的是稳定金融体系,保护大型金融机构的所有储户,不关心法律对保险覆盖 100,000 美元的限额。这种实际保护减低了大公司储户对大型金融机构冒风险的监督。但是,这种保护扩大到了储户之外。监管当局不愿强迫大型金融机构立即进行资本调整,使"受益的股东和次级债持有人,在他们的资本贡献已被耗尽之后,让他们的求偿延期,继续服务,"也不愿使得那些受益的在职经理们在组织再造中失去工作……

不管一个机构是大还是小,存款保险的道德风险变得特别严重,因为机构衰竭了其经济资本——也就是,该机构资产的市值降到接近或低于其负债的市值。资本像一份保单的免赔额:免赔额越高,避免损失的激励越大。随着资本下降,一家机构避免损失的激励也随之下降。资本下降的机构具有冒风险的强烈激励:如果它成功了,它收获好处;如果它失败了,保险基金承担损失。通过冒很大风险,机构就很有甜头地利用了其保险的价值。

在 FDICIA 之前,联邦存款保险和监管制度已经损害了市场约束,没有提供关于风险承担自律的足够选择。高风险机构和注重安全机构支付相同的存款保险费,这意味着注重安全机构补贴了高风险机构。监管,这一制度的支柱,没有充分控制冒险行为。因此,存款保险鼓励机构冒更大风险,不然它们不可能如此冒险。

这种冒险行为的增加,通过引起机构破产或强加于保险基金的损失,损害了存款保险基金。但是,它也损害了注重安全、管理良好的机构,因为这些损失迫使付出更高的保险费,并且冒险行为增加了保险基金成本,也破坏了信用标准。

2. 监管当局

监管当局面临反常激励——宽容以及扩大联邦安全网的激励。就宽容而言,我的意思是没有采取及时和适当行动以减少不健康机构施加于存款保险基金的风险(比如,通过限制派息分红,限制过度冒险行为,或要求资本调整)。就扩大联邦安全网而言,我的意思是没有必要地使保险存款机构免于市场约束(无论是通过对待机构太大不能倒,还是当它经济上无力偿付时利用联邦储备贴现窗口贷款以保持它开业)。……

宽容的益处(以及严厉的成本)是短期的和可以辨认的。宽容的成本(以及严厉的益处)是长期的和更不明显的。严格风险管理会立即招致批评——甚或谴责引起监管当局要寻求解决的问题。宽容是不起眼的,但可以推迟不愉快的后果,因而可能很少招致批评。如此以来,尽管不利于存款保险基金利益,宽容还是合乎监管当局的自身利益。

集体行为问题加重了宽容激励。总体上看,针对高风险机构采取及时而有效的监管行动,注重安全的机构具有很强的利益。这样的行为可能会减低保险基金的损失(并因此减少了对保险费的需要),降低了保险基金成本,减轻了对贷款发放标准的压力。但是,这些好处都流到了所有存款机构,不管它们对促进产生这些好处的政策是否发挥了作用。考虑到 FDIC 保险覆盖了超过 10,000 个存款机构,没有任何一家单一机构会理性地相信,它自己没有促成这些政策对得到那些好处和没有得到那些好处会产生差别。更加重要的是,对于任何一家健全机构来说,成功促成一项普通严厉政策的成本可能矮化了这一政策的好处。因此,一个理智的、有自身利益的存款机构不愿意牺牲它自己的时间和金钱推动这种严厉政策。

对比之下,宽容的好处(以及严厉的成本)集中于受影响机构的所有者、经理们和客户。健壮机构数量上大大超过了虚弱机构。因此,比起健壮机构,虚弱机构可能更容易集体行动,而纳税更少。因此毫不奇怪,虚弱机构——不成比例地活跃在行业协会以及监管当局、立法机构和其他公共机构的直接游说——比起健全机构或纳税人能够更容易地推进宽容。……

244   **B. 激励的重要性**

为了控制反常激励产生的有害行为,人们可以监管这些行为或改变这种激励。监管行为具有极好的直接性。但是,如果基本激励无变化,那么这样的监管前景是否成功令人可疑——如果监管就是号召人们对付所感知的自身利益。在面对如此激励时,被监管的人们将想方设法规避不想要的监管。最迅捷有效的纠正有害行为的方式是减轻引起那种行为的激励。

当国会寻求改变监管当局行为时,改进反常激励特别重要,因为监管当局具有解释和执行任何立法的相当大的余地。……

但是当寻求改变存款机构的所有者和经理们的行为时,改进反常激励也很重要。任何人"其债务得到保证,可能其行为方式难以预见,有可能向保证人转移更多五花八门的风险,超出了保证人打算承保的数量。"并且,存款机构是复杂的,在快速变化的市场中经营。冒险的机会是如此之多,以至于没有任何监管机构和立法机构能够很现实地完全禁止他们——至少没有像狭义银行章程之类的如此激进的改革。极想逃避监管约束的所有者和经理们能够经常走在监管当局的前面一步,并甚至大大超前于任何立法回应。他们比政府官员更加了解自己的机构,从更强烈的自身利益行事,面临更少的官僚性约束。这一反照……突出了试图改变行为而没有改进基础性反常激励的困难。

C. FADICIA 的焦点在激励

FADICIA 的存款保险改革寻求将存款机构的所有者、经理们以及监管当局的激励与存款保险基金的利益一致。三个最重要的改革——基于资本的立即纠正措施、基于风险的保费,以及最小成本的解决原侧——强力聚焦于激励。但许多留下的改革(例如,要求每年考核,以及扩展理由置存款机构于监管状态或接管状态)也有助于直接或通过促进和加强立即纠正措施,或者最小成本的解决原侧来改进激励。……

III. 基于资本的立即纠正措施

A. 概述

FADICIA 建立了基于资本的立即纠正措施的体系,并编入《联邦存款保险法》的第 38 款,该法于 1992 年 12 月 19 日生效。根据资本,该体系将存款机构划分为 5 类:资本雄厚,资本适足,资本不足,资本显著不足,资本严重不足。

一家机构降到低于最小资本标准,面临逐步更加严厉的监管限制和要求。目标是纠正问题于萌芽状态,并且无论如何要在引起存款保险基金损失之前纠正这些问题。[①]

适合的联邦金融监管部门,即一家机构的主要联邦监管部门,负有监督该机构和监视其解决问题的主要责任。当资本下降时,FDIC 作为存款保险人也发挥日益重要的作用。

资本通过抵消存款保险的道德风险保护了存款保险基金,并作为防范非预期损失的缓冲……

第 38 款减少了存款机构的所有者、经理们以及监管当局的激励与存款保险基金的利益之间的冲突。为改良监管当局的激励,第 38 款特别要求监管当局采取及时、有效措施以防止保险基金损失,并认定监管当局对没有那么做应负责任。为改良所有者和经理们的激励,第 38 款减少了虚弱机构从健康机构和纳税人索取的补贴,因而减少了存款保险的道德风险。该法条款这样做,是通过加强对资本不足机构的监督;实行更严厉和更一贯的资本要求;逼迫资本不足机构解决他们的问题(例如,通过资本调整),即便所有者和经理们宁愿敷衍禁止资本不足机构的冒险行为;阻止股东和次级债持有人以存款保险基金为代价提出其求偿。通过授权制裁资本显著不足机构的经理们,第 38 款增加了经理们避免严重资本不足的动力。

---

① 立即纠正措施认识到,存款保险损失在相当程度上是可以避免的。正如保罗·M. 霍维茨所言,监管当局可以阻止存款保险损失,这远比人寿保险阻止死亡或车损保险阻止车祸容易:

大多数银行破产不是瞬间发生,而是随着时间的消逝产生损失。如果监管当局可以监视一家银行的状况并当其资本降到零或稍在零之前关闭它,FDIC 就不会遭受任何损失。……
关键问题……是如果被保险机构运营过程中具有资本正值,并且保险监管机构能监视被保险机构,那么保险监管机构遭受损失的风险就是低的。……FDIC 和 FSLIC 的记录表明,重大损失仅当这些条件不满足——也就是当被保险机构被许可无资本经营时或欺骗阻碍了对濒于破产的察觉。

保罗·M. 霍维茨,"基于风险的存款保险保费例证研究",住房金融评论,第 2 期,第 253、257 页(1983)。即便监视的实际问题导致有些存款保险损失不可避免,有效监管措施也能最小化这种损失。

B. 监管当局避免或最小化损失的职责

第 38 款给予监管当局有力授权,以避免或最小化存款保险基金的损失,并且促使认定如果监管当局没有执行此授权命令,那他们应负责对此作出说明。

1. 第 38 款的目的

第 38 款有一个单一的最重要目的:解决被保险存款机构对存款保险基金造成最小可能长期损失的问题(也就是,避免或最小化该基金损失)。该法条要求各监管部门贯彻这一目的,并认定每一联邦金融监管部门有责任解决被保险存款机构的问题,尤其它是主要联邦监管部门的责任。具有单一目的给出了清晰信息——不受竞争信号阻碍——并减低了合理宽容的潜在可能性。

2. 检查总监调查

如果一家被保险存款机构引起了保险基金的"实质的"损失,有关联邦金融部门的检查总监必须审查本部门对该机构的监督情况,并向本部门做出书面报告。该报告必须确定为什么发生保险基金的"实质的"损失,并提出防止将来此类损失的行动措施。……

该报告提出的要求应该鼓励各监管部门按存款保险基金的利益行事。评价各监管部门表现的称职而深刻的报告可能大大便利国会、审计总署、新闻记者和学者们的监督。通过日益可能由于不慎宽容而玷污他们职责声誉的做法,此类监督的前景有可能减轻各监管部门的宽容激励。……

C. 资本分类

第 38 款将被保险存款机构划入 5 个资本类别的一类或多类。资本分类将一家金融机构的资本与所要求的每一相关资本尺度的最低水平相关连。该法条建立了两个关联资本尺度:杠杆率,由资本除以总资产组成;基于风险的资本比率,由经风险调整的不同资产除资本组成。联邦各金融监管部门可以建立另外的相关资本尺度。对每一相关资本尺度来说,各监管当局必须说明规定最低水平——最小可接受水平。

一家机构是:

● 资本雄厚机构,如果它显著超过了每一相关资本尺度的规定最低水平;

● 资本适足机构,如果它满足每一相关资本尺度的规定最低水平;

● 资本不足机构,如果它没有满足任何相关资本尺度的规定最低水平;

● 资本显著不足机构,如果它显著低于任何相关资本尺度的规定最低水平;

● 资本严重不足机构,如果它没有满足杠杆率的关键资本水平——2%有形权益比总资产。

247　　这些资本类别有某种程度的重叠,见下图。①

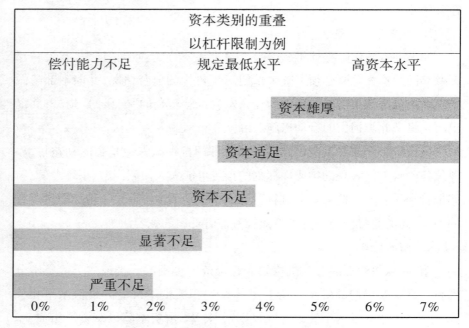

图 5-2　资本类别的重叠

---

① （原注69）所有机构或者资本适足或者资本不足。一家资本雄厚的机构也是资本适足的机构,因为它满足每一相关资本尺度的规定最低水平。一家资本显著不足的机构也是资本不足的机构,因为它没有满足至少一个相关资本尺度的规定最低水平。

D. 基于资本的监督

1. 资本雄厚机构

资本雄厚类别最初是布什政府的提案,以褒奖那些最健康机构,它们适用简化监管审查,也对任何附属公司授权简化审查。……

2. 所有机构

a. 限制资本分配和管理费

限制资本分配和管理费,适用于所有投保的存款机构,甚至资本雄厚机构。如果该机构进行资本分配之后可能资本不足,那么它一般不能进行任何资本分配,例如,股息派发或股份赎回。同样,如果该机构进行资本分配之后可能资本不足,那么它不能对任何个人或公司控制机构支付任何管理费。这些限制包括在第 38 款最小自由裁量权条款。

该限制加强了所有者和经理们保持机构资本充足和正直处理资本不足的激励。机构不再可以耗尽规定最小资本以满足所有者的求偿:那些求偿必须让位于保持或恢复资本,这是为保护保险基金所必需的。通过否定所有者对保险基金的没有来由的优先权,该限制减少了存款保险的道德风险。该限制也充当所有者的一个警钟,特别是对那些不是内部人的股东而言。经理们不再能够面对资本减值时靠维持股息安慰股东或展示乐观态度。通过消除经理们拖延资本亏损的余地,该限制鼓励所有者和经理们去处理更急迫和更有决定性的亏损问题。因此,该限制的功用不应当仅仅作为资本变得不足的制止物,而是应当作为恢复资本的催化剂。

缺乏监管自由裁量权增加了该限制的制止效应。该限制基本不认可例外,并且"资本分配"是广义定义的。因此,经理们如果重视有可能的资本亏损问题,就不希望哄骗监管当局,以许可一切照常运转。"消除股息支付经常是监管当局与银行管理之间最有争议、最耗时间的诸多较量之一。"但在第 38 条款下,"所有自由裁量权撤掉了。"因此,该限制相比第 38 条款中的大多数其他条项,很少依靠监管来实施。……

b. 传统监督工具

因为账面价值的资本是问题的滞后指标,所以,监管当局达到第 38 款

248

目的的最佳途径是,当机构还处在资本适足甚至还处在资本雄厚状态时就发现和纠正该机构存在的问题。第 38 款决不限制监管当局在采取如此措施时的广义自由裁量权。因此,监管当局能够——而且与第 38 款目的一致,应当在必要时利用那种自由裁量权,比如发出制止令或资本指令。监管当局在第 38 款下的责任加强了它们利用那种自由裁量权的激励。在第 38 款下制裁的前景有助于打消机构经理们的固执违逆。

3. 资本不足机构

如果一家机构变得资本不足,它必须提交一个可以接受的资本修复计划,对其资产增长进行合规性限制,并且对收购、设立分行以及开展新业务要得到事先监管批准。如果这些还不足以行之有效的话,可以采取进一步行动,委派监督官或接管人。

a. 资本修复计划规定

一家资本不足机构必须向合适的联邦金融监管部门提交一个可以接受的资本修复计划,……要详细说明采取哪些步骤能够变得资本适足,并且监管部门必须决定是否批准这一计划。该规定迫使机构经理们要面对机构存在的问题,提出补救行动蓝图。……

为禁止机构在资本复原上采取赌博态度,第 38 款禁止监管部门批准可能对机构信用、利率或其他风险增加敞口的计划。……它也要求此项计划要包括重建机构资本的逐年时间表。这一规定便于掌控机构负责地成功实施修复计划。……仅当控制该机构的每一公司担保该机构将履行此项计划时,第 38 款才许可监管部门批准修复计划。通过限制公司有限责任的一般规定,前述担保要求力图引导母公司立即决定是否对该机构进行资本调整、出售它,或者作为后援,支持其恢复康复。另外,所有者可以利用存款保险与有限责任的结合作为看跌期权:如果该机构康复,所有者可能独享收益;但是,如果它继续恶化,保险基金可能承担增大的损失风险。最重要的是,第 38 款实际上要求监管部门裁定此机构是否能够存活:只有确认修复计划基于真实假设并可能成功修复机构资本,监管部门才可以批准此项计划。

按第 38 款,批准计划是监管判断的最关键行动之一。没有得到批复计划,一家机构就不能增加其总资产;一般也不能进行收购,或新设分行,或开拓新业务领域;对于资本显著不足机构适用追加制裁。缺乏一个可以接受的计划,这本身就是保护或接管的理由。……

b. 资产增长限制

资本不足机构不能按季环比增加平均资产总额,除非:(1)它有一个被批准的资本修复计划;(2)资产增长与资本修复计划协调一致;以及(3)机构资本比率的递增速度能够使得此机构在合理时间内变得资本适足。只要迫使机构筹集了新资本,那么就可以要求机构以新资本支持资产增长,加强市场约束:此机构必须说服投资者它是可以活下来的,并且其增长计划也是明智的。结合资本修复计划的需要,该要求有助于确保资产增长巩固了机构,而非加重了它存在的问题。

c. 收购、分行化和新业务的事先批准要求

资本不足机构一般只有此机构正在执行被批准的资本修复计划,并且监管当局裁定拟议行动将推动该计划的实现,那么它才可以收购拥有股份的另一家公司,设立分行,或开展一项新业务。同资产增长限制一样,本规则有助于确保这些扩张巩固机构,而不是从问题缠身机构的更为紧迫和令人不快的业务窘境中分散管理以及其他资源。

d. 保护与接管

对于一家资本不足机构,监管当局可以委派一个保护人或接管人:(1)变成资本适足的前景不具有合理性;(2)没有提交一个及时和可接受的资本修复计划;或者(3)实质上没有执行一项计划。如果此机构不是可存活的(或要不然需要重组),那么在其特许权经营价值进一步受到侵蚀之前,监管当局可以付诸行动,不必等到资本变得严重不足。

4. 资本显著不足机构

250

资本显著不足机构面对一长串防护措施。有关联邦金融监管部门可以动用这些防护措施的任何部分,并且必须使用至少一条。这些防护措施分为两类:我分别以术语"假设的"防护措施和"自由裁量的"防护措施称之。两类措施共同加强了监管当局的权威和果断处置此类机构的激励,同样加强了所有人和经理们避免显著资本亏损的激励。并且,如果此类资本亏损发生,要通过自愿性资本调整解决资本亏损问题。

a. 假设的防护措施

我将用术语假设的防护措施指称强制规则与作出此规则例外的某些监管职权结合的防护措施。监管部门通常必须应用三项具体防护措施:首先,要求机构要么出售足够股票或次级债以进行资本调整,要么承受兼并或收购;第二,通过否定该机构为《联邦储备法》第 23A 款(第 405 页讨论)规定的豁免姊妹银行,限制该机构与关联存款机构交易;第三,禁止此机构支付利率高于地区主导存款利率。这些防护措施的每一条都是强制性的,除非该监管部门裁定此防护措施可能没有促进第 38 款的目的(也就是,可能没有避免或最小化保险基金的损失)。

三条假设性防护措施中,第一条是迄今最重要的。要求机构出售足够股票或次级债以进行资本调整,或承受兼并或收购(为了简化,统称“发行与兼并要求”),可能要么解决此机构的全部资本亏损,要么提供此机构前景的重要市场信息。要求机构出售证券便于市场测试此机构的可生存性。在股票情况下,此发行的投资者是否——提供了机构足够股本——相信能治愈此机构资本亏损,才有经济意义。一家具有连续经营价值正值的机构应当能够治愈资本亏损。甚至通过剧烈稀释现有股东权益也做不到这样,表明此机构已经经济上破产了。……

通过对一个机构进行市场判断测试,“发行与兼并要求”应当消除了大多数正常的宽容遮蔽。尽管如此,监管当局还需要坚定面对虚弱机构的抵抗,第 38 款将帮助他们坚定起来。他们必须要求“发行与兼并”,除非那样做不能以最小可能损失保险基金为目标帮助解决机构问题。监管当局做如此调查会有困难,正如大多数情况那样,筹集资本或与一家健康机构合并将减少一家麻烦机构对保险基金产生的风险。……

b. “自由裁量的”防护措施

除了提供三个假设的防护措施,第 38 款给予有关联邦金融监管部门自由裁量权,以对资本显著不足的机构运用若干其他防护措施。监管部门可

以:进一步限制与机构的附属公司交易;进一步限制机构资产增长,或要求 251
此机构减少其总资产;全面限制高风险业务;要求此机构:举行董事会,罢黜
任何董事或高级执行官,雇佣监管部门可以接受的新的高级执行官;禁止此
机构接受代理机构存款;要求任何母行控股公司在进行资本分配之前获得
联储理事会的批准;或者要求此机构或任何子公司或附属机构进行资产剥
离。监管部门也可以要求此机构采取更好实施第 38 款的目的的任何其他
措施。这一职权能够使得该监管部门对付其他防护措施不合适的异常
情况。

在很多情况下,自由裁量的防护措施重述了 FDICIA 之前联邦金融监
管部门的职权。但是将自由裁量防护措施纳入第 38 款表明国会的意图,监
管当局在实行第 38 款有需要时加以运用。纳入自由裁量防护措施也给予
监管当局重要的程序优势。根据第 38 款的具体条款,监管部门必须裁定此
类机构资本显著不足。有些防护措施要求对特定防护进行另外专门裁定,
例如,要限制一项业务,该监管部门必须找出此业务对此机构产生了过多风
险,但是并不要求进行其他裁定。监管部门无需证明一个不安全或不稳健
的实践,或违反一个法律、法规或书面协议,像寻求制止令时就可能那样。
尽管按第 38 款对于司法审核的范围还有某些不确定性,但与之前的法律相
比,机构抵抗和延迟监管部门采取行动的余地很少。

也许,最重要的新的自由裁量权是监管部门解雇董事或高级执行官的
职权。这一职权能够使得监管部门罢黜那些尽管无罪或无不良行为但并不
胜任工作的人。不像传统的免职处理,罢黜不是基于过错,不背负法律污
名,并且只是要求有一个罢黜之后的听证会,在听证会上被罢黜人承担举证
责任,证明他或她的连续受聘实质上加强了机构的恢复能力。

新罢黜权加强了经理们避免让机构变成资本显著不足的激励。如果机
构的确变成了资本不足,它也让经理们没有底气在机构恢复能力上赌博或
有其他违反保险基金利益的行为。激励效应对于共同基金机构经理们可能
最大,他们比证券机构经理们有更大工作保障和更实际的控制。无论如何,
当机构变得资本不足时,罢黜权仅适用于任职 180 天以上的个人。180 天

的免责期寻求鼓励新经理们识别嵌入式损失。……

5. 资本严重不足的机构

资本严重不足的机构面对严厉业务限制,目的是最小化保险基金的潜在损失,禁止对次级债偿付,并且委派保护人或接管人。

a. 禁止偿付次级债

自资本严重不足发生之后第 60 天开始,机构一般不支付次级债的本金或利息。这项禁止规定寻求增加次级债持有者自律,迫使其从属保险基金。根据定义,次级债持有者同意在接管状态时排在保险基金之后。因此,资本严重不足机构是假定的被接管候选者,并很可能经济上处于破产,不应当从名义上留给保护 FDIC 的微博资本中拿钱支付次级债持有人。……

b. 保护、接管或其他措施规定

资本严重不足本身就是委派保护人或接管人的理由。并且,在资本严重不足之后 90 天之内,适当的联邦金融监管部门必须要么委派机构保护人或接管人,要么采取这样的替代措施,比如在提出为什么该措施会更好地达到那一目的的文件之后,监管部门(与 FDIC 协力)的决策可能会更好地达到第 38 款的目的。若非重新开始,决定采取替代措施 90 天后到期,继而监管部门必须委派保护人或接管人。

如果机构后来破产了,这些文件规定便于监督监管部门针对保护或接管的决策。因此,从法律角度和监管部门自身利益来看,监管部门选择替代措施是冒险。……

6. 基于非资本标准的更严厉处理

账面资本是揭示问题的滞后指标。相应地,第 38 款许可联邦金融监管主管部门对待存款机构好像它是下一个较低资本类别,如果:(1)机构处于一种不安全或不稳健状态;或(2)最近考核时,机构得到了骆驼评级(也就是,当时由考核者使用而现在由骆驼体系代替的评级系统)四个非资本元素任何一个都是不满意评级——质量、管理、利润和流动性——然而它没有纠正其缺陷。……

E. 资本计量

在资本计量上,第 38 款最依赖监管当局(然而反常的是,在公众那里最不显眼):会计准则控制着对资产和负债的估值,以及检查过程。在检查过程中,监管当局按照那些准则和其他监督政策审查机构的综合情况。

1. 会计准则

资本在本质上是揭示问题的滞后指标,并且现有的历史成本会计准则突显了滞后。账面价值的资本(基于历史成本)趋向于保持相对平坦,即便经济资本(反映市值)骤降。根据 1986 年到 1990 年破产的 46 个大型商业银行的情况,平均来看,账面价值资本仅在倒闭前的第二年和第三年逐渐下降,尽管此机构整个那段时期经济上是资不抵债的。如果依靠过时的账面价值的数据,"立即纠正措施"将罕见立即之效。

账面价值资本,就其本身而言,对保护存款保险基金所起作用甚为寥寥。存款保险的道德风险随着机构的经济资本下降而发生,无论该机构是否比它收到的负债支付更多的资产。机构的经理们仍有动机承担过高的风险。同样,如果机构破产,保险基金的"实际敞口……是基于机构资产的可实现价值,与历史成本无关。"

为了立即纠正措施发挥最佳作用,在这些问题耗尽机构经济资本之前,监管当局必须能够识别和解决机构这些问题。只要使用市场评估资产和负债,导致经济资本更及时和更准确地计量,它就会大大便利立即纠正措施。它将特别有助于实行第 38 款的逐步方法,其中,当机构资本下降时,适用逐步更加严厉的防护措施……

2. 资产计价

像存款机构这样的高杠杆公司,资本对资产和负债的申报值错误高度敏感。即便机构报告充足资本,但它贷款损失拨备不足,可能已经经济上资不抵债了。立即纠正措施必须依靠审查人关于资产和负债价值的判断。这些有具体事实的判断不适合于法定控制,并且 FDICIA 并不试图为它们制定规则。

审查严格程度的变化可能很容易破坏立即纠正措施。审查标准的全面放松可能趋于高估资本并延迟纠正措施。无论这种松懈的原因是什么,它可能是隐伏的,书面政策完整无缺,但审查变得不适于质疑机构自己对资产和负债的估值。

F. 资本标准两年一审核

1. 审核规定

FDICIA 要求联邦金融监管部门对它们的资本标准两年一审核,"以与第 38 款一致,确定这些资本标准是否要求足够资本,便于采取立即纠正措施,防止或最小化存款保险基金损失。"[①]这一规定认识到,资本的功能部分地作为防范监管错误(例如,监控不足或纠正措施不够)的缓冲。因此,这一规定寻求构建资本标准与实际损失之间的建设性紧张关系。监管当局能够在问题引起保险基金损失之前发现和纠正问题越有效,那么需要增加的资本就越少。相反,基金损失越持久、越显著,对更多资本的需求就越大,或者对监管技术的要求就更高(例如,革新会计,更加彻底地检查,或者更有力地按第 38 款强制执行)。目标是在保险损失与增加资本成本之间,或者在保险损失与避免这类损失所必须的完善监督之间达成最佳平衡。

2. 应当提升要求的最低水平吗?

联邦金融监管部门实施第 38 款的规定保持了 FDICIA 之前要求的最小资本水平。考虑到 1990 年代初期的衰退,以及第 38 款对存款机构行为和存款保险损失的效应不确定,这一方法并不令人惊讶。但是,留下的问题依然是,要求的最小资本水平是否最终应当提升。

按历史标准并与许多无保险竞争者比较来看,目前银行资本处于低位。联储理事会评论说,"作为联邦安全网的一个结果,太多金融组织……已经沿着适度资本水平经营之路跋涉太远。"这可能是相当必要的,"一开始就有目的的走向资本要求,随着时间的流逝,如果安全网更为适度的话,那可能与市场要求更为一致。"……

---

① 《美国法典》第 12 卷,第 1828(P)款。

VI. 联邦存款保险没有根本性改革还能够发挥作用吗？……

FDICIA还将发挥作用吗？只要正确地贯彻实行，它会的。但以前法律也正确地实行了，储贷机构的溃败和1990年代初期的银行业危机似乎应当得以避免。尽管FDICIA寻求增加市场纪律和渠道管理的自由裁量权，它仍然严重依赖监管当局和控制管理。这正是它的两点脆弱之处，也就是反常的监管激励，以及监管的固有局限。很大程度上，对于在取消管制的市场上进行复杂竞争的机构，要控制它们的行为，监管是有局限性的。……

提问和评论

1. 在FDICIA之后的立法都一再对资本雄厚的银行给予厚待。1999年的《格雷姆-里奇-比利雷法》许可资本雄厚的银行设立附属的范围很广的各类金融公司，并承销和交易市政收益债券。《多德-弗兰克法》许可资本雄厚的银行跨州设立分行。分别于1992年、1994年、1996年和2000年颁布的立法都对资本雄厚或资本适足的银行授予各种形式的监管减免。

2. 有些批评者抨击立即纠正措施法条，认为它试图废除监管自由裁量权，并代之一套刚性的、严苛的规则。例如，《经济学家》杂志认为FDICIA的特征是"令人困惑和过于热心的立法者的手工品"，寻求"通过立法让风险离开银行业。"它特别批评该立法"'消除了监管部门'逐案……处理有麻烦的银行的自由裁量权"——自由裁量权长久以来形成了"美国银行监管的一大支柱。"一旦监管当局划分了5个资本类别，"FDICIA的机械规条……就接手"并"堵死了一家银行可能解决问题的机会，而这只要一点小小的监管宽容，这样也就完全不会对纳税人留下任何烂污。"[①]你同意这个评价吗？立即纠正措施法条有多少条项不许监管自由裁量权？一旦监管当局划定了5个资本类别，"机械规则就接手了"，真是如此吗？

3. 两年一审核的要求，寻求便于联邦金融监管部门提升规定要求的资本水平。但是这些监管部门已经受到国会和行业抱怨"监管负担"的先占

---

① 《美国银行：是活是死，悉听规则小宝书》，《经济学家》1992年2月15日，第97页。

影响,两年一审核完全是有名无实。他们在 2008 年危机之前,并非每年都提升要求的资本水平。

4. 你认为立即纠正措施法条对哪一个反常激励更加有效:是那些所有者和经理们还是那些监管部门?

5. 不服从的监管部门如何能够破坏立即纠正措施法条?

6. 立即纠正措施可能会怎样出错? 它可能会以什么样的意外结果收场?

7. 按初始的《国民银行法》,一家国民银行的股东面对着双重责任的潜在可能:如果该国民银行破产,该银行的接管人可能要求股东们对其股份的面值等值额负责。参见马赛与米勒《银行股东的双重责任》[①]。这样的双重责任背离了有限责任的正常规则,按此规则股东们可以损失的只是他们投资在公司的数量。立即纠正措施法条许可监管当局接受一家银行的资本修复计划,前提是控制该银行的所有公司担保该银行履行资本修复计划。该法条也限定这样的担保责任要占该银行总资产的 5%。[②] 人们视这种担保与 5% 限额的结合为老的双重责任制度的翻版。

注解存款保险和银行的资金成本

存款保险禁止通过(其中)降低利率的市场约束,这种利率是高风险银行为吸引和留住存款必须支付的。没有存款保险时,被感知有高风险的银行必须支付比被感知安全的银行更高的利率——利率高得足以弥补存款者对感知的额外风险引起的金额损失。这增加的资金成本取自高风险银行的收益,因而可以帮助约束这类银行的风险承担能力。可靠的存款保险通过减轻被保险储户对高风险银行的关切削弱了这一市场约束。如果存款保险公司能够并愿意保持其承诺,那么储户没有理由担心存在高风险银行的钱的安全。

---

① 《威克森林法律评论》第 27 卷,第 31 页(1992)。
② 《美国法典》第 12 卷,§ 1831o(e)(2)(C)(ⅱ),(E)(ⅰ)。

　　思考这个有数字的例子,说明存款保险如何削弱对高风险银行的市场约束。斯特林银行资本充足,管理能力很强,贷款和投资一贯保守,因而几乎不会破产。光彩银行资本薄弱,经理们能力不佳,贷款和投资方式高风险、高收益。癫皮狗银行资本薄弱,并且管理蠢笨无能。光彩银行和癫皮狗银行都可能破产。如果没有存款保险,每家银行为吸引和留住存款而必须支付的利率将反映银行被感知的风险程度。斯特林银行平均支付的利率为7%,而光彩银行支付10%,癫皮狗银行支付16%。存款保险减少了所有三家银行的资金成本,但光彩银行和癫皮狗银行的受益远大于斯特林银行:风险更大的银行,受益越大。

表 5 – 16　　　　　　　　　存款保险如何抑制市场约束

属性	斯特林银行	光彩银行	癫皮狗银行
贷款和投资风格	保守	高风险/有回报	不知所措
管理品质	极好	有问题	很差
杠杆率	12%	6%	4%
破产概率	很低	高	高
声誉	卓越	褒贬不一	糟糕
没有存款保险			
加权平均资金成本	7%	10%	16%
每百万美元存款利息支出	70,000 美元	100,000 美元	160,000 美元
有存款保险			
加权平均资金成本	5%	5.5%	6%
每百万美元存款利息支出	50,000 美元	55,000 美元	60,000 美元

　　存款保险使得光彩银行和癫皮狗银行节省了与其风险等量的高利率利息支出,高利率可能削弱它们的利润,因而激发更加谨慎经营的激励。癫皮狗银行可以得以保留继续开业,尽管资本稀薄,管理不善,以及声誉糟糕。光彩银行可以继续追随其高速战略,若高速战略取得成功则其股东收获好处,而一旦银行破产则 FDIC 承担损失。存款保险增加了坏银行的生存能力和盈利能力。

问 题

1. 伊萨卡银行有 5 亿美元总资产,4.75 亿美元负债,权益 2,500 万美元。这家银行可以支付 700 万美元股息吗?

2. 德尔斐银行 4 亿美元总资产,3 亿美元风险权重资产,3,000 万美元普通股,1,000 万美元其他一级资本,1,000 万美元二级资本。最近检查该银行时,检查员发现,该银行高级贷款官员们举行降神会作出结案决策,他们明目张胆地这样做已经几个月了。尽管金融监管主管部门已经将该银行的管理评级不满意,但却对该银行的资产质量、利润和流动性给予了最高评级。根据立即纠正措施法条,该部门可以对该银行采取任何措施吗?

3. 在天马金融公司收购罗德斯银行后,严重问题暴露出来,该银行有商业房地产贷款的大型组合。该银行的杠杆率落到 4.8%,基于风险的普通股资本比率 3.3%,基于风险的一级资本比率 6%,基于风险的总资本比率 8.5%。该银行提交了一份资本修复计划,按该计划它将降低商业房地产贷款,并转变成一家分时公务飞机融资商。

(a) 该计划表明,未来三年里该银行将变成一家分时公务飞机融资商,发放足够多的飞机贷款以增加该银行资产总额 50%,并适度盈利。拟在本领域立稳后,该银行将对新贷款收取更高利率,并用新增利润使资本变得适足。该计划不考虑外来资本注入。金融监管主管部门可以接受该计划吗?

(b) 监管部门要求天马金融公司保证罗德斯银行遵行资本修复计划,天马金融公司首席运营官反驳说,"不好意思,不是我们让银行陷入麻烦的,而且你们应当感到极为高兴,我们这儿正在帮它摆脱麻烦。"监管部门可以接受资本修复计划吗?

(c) 如果监管部门不接受该银行的资本修复计划,对该行适用什么限制呢?该银行可以在跟监管部门继续讨论的同时开始实施资本修复计划吗?监管部门可以针对该银行采取什么最严厉的措施?

4. 在过去的 25 年里,特洛伊银行在强势首席运营官赫克托领导下,从只有两个分行的郊区银行成长为一家区域性重要银行。但是一场严重经济衰退对该银行、该银行贷款人以及赫克托都造成了损失。金融监管主管部门要求该银行大幅增加贷款损失储备（这引起了该银行申报资本的大幅减少）。该银行，到目前为止一直申报资本适足，现在杠杆率为 3.5%，基于风险的普通股本资本比率 2.7%，基于风险的一级资本比率 4.7%，基于风险的总资本比率 6.4%。该银行立即向投资者披露了这一信息。

（a）一周后，阿贾克斯公司，一家兴旺的金融控股公司，发出主动报价收购特洛伊银行，将其兼并为一家子公司，易名阿贾克斯银行。阿贾克斯银行将资本充足，并且资产将是特洛伊银行的三倍。赫克托强硬反对这一报价，坚持说报价低估了特洛伊银行，特洛伊银行无论如何应当保持独立。监管部门能够迫使特洛伊银行接受该报价吗？如果监管部门可以迫使特洛伊银行接受该报价，那么它是如何做到的？

（b）在赫克托跟监管部门辩论特洛伊银行未来的同时，监管部门听说他非常好斗和粗暴无礼，以至于该银行的一些最好的高级职员都纷纷离去从事其他工作。监管部门针对赫克托可以采取任何措施吗？如果是，什么措施？谁对采取措施有举证责任？

5. 色雷斯银行是小渔港萨莫色雷斯的唯一银行。受到贷款损失的打击，该银行的资本在过去两年里急剧下降。近三个月之前，金融监管主管部门要求该银行增加贷款损失拨备。自那时以来，该银行有 1.2 亿美元总资产，9,000 万美元风险权重资产，1.18 亿美元负债，200 万美元普通股本。 ²⁵⁸FDIC 没有成功找到对收购色雷斯银行感兴趣的金融机构。

（a）阿纳斯塔西娅是新色雷斯居民，她作为投资银行家发了财，表示对收购和资本调整色雷斯银行有兴趣。（在这种情况下，）立即纠正措施法条要求采取什么措施？

（b）阿纳斯塔西娅一看该银行的贷款文件，与 FDIC 的谈判就破裂了。FDIC 不能找到其他潜在购买人。（在这种情况下，）立即纠正措施法条要求采取什么措施？

6. 再回到边码第 239 页关于拉姆达银行的问题。假定金融监管主管部门已经对该银行的资产质量、管理、利润和流动性给予了满意评级。按照立即纠正措施法条,监管部门对该银行可以采取什么措施?

第四节 审慎规则

我们现在转到的一类防卫措施有时叫做"审慎规则":尤其是对一个人的贷款限制,对其他银行的信用暴露,以及对银行内部人的贷款。本书别处讨论的其他"审慎规则"包括对单一发行人的债务证券的投资限制(参见边码第 132 页),以及与附属机构交易的限制(参见边码第 403－407 页)。每一这类防卫措施都强迫银行暴露风险。大多数都涉及判断(例如安全与稳健)和过程导向的标准。但是,这些防卫措施也极大依赖数量标准,尤其是控制银行资本的限制。这样做,防卫措施具有明确性和可预见性,取代了某些任意武断行为。

一、对一个借款人的贷款

最古老的审慎限制是对一个借款人的贷款限制,也叫做贷款限额或单一借款人限额。对国民银行的贷款限额出现在《美国法典》第 12 卷第 84 条。这一限额一般也管束投保 FDIC 的互助储蓄机构。[①] 州法对州立银行适用类似的限制,尽管不是那么严格。

为什么银行对一个借款人的贷款要有限制? 按照 OCC,第 84 条寻求"通过防止对一个人或财务不独立的若干关系人过度贷款,保护国民银行的安全和稳健,并且促进贷款多元化,并公平地获得银行服务。"[②]这一限额减少了任何一个借款人破产击垮银行的风险。在这个意义上,这一限额阻止银行将所有鸡蛋放进一个篮子。在历史上,这一限额还有第二个目的:公平分配稀缺的贷款——也就是,阻止任何一个借款人占用不成比例的银行

---

① 《美国法典》第 12 卷,§1464(u)。
② 《美国联邦法规》第 12 卷,§32.1(b)。

便利份额。这样的限额配给可能使得一些做法有道理:信贷市场保持本地
化以及分行化限制,保持了银行规模小,并且抑制竞争。但是,随着大银行
的成长,以及更广、更有效的信贷市场的发展,第二个目的已经变成了一种
时代错误:贷款限额现在也几乎没有促进"公平地获得银行服务"(因为
OCC 封存第二个目的)。

第 84 条将一个借款人的贷款限额与银行的资本联系在一起。(为求
简短,我们此处用"贷款"和"资本"而并不用成文法术语"贷款和信用延
伸"和"未动用资本和未动用公积")。贷款包括担保以及其他合约性承诺
垫款。资本包括一级资本加二级资本,但一家银行的二级资本最多只能达
到一级资本的数量。因此,有一级资本 2 亿美元和二级资本 3 亿美元的一
家银行,其总资本是 4 亿美元,因为它只将二级资本算作一级资本的 2 亿
美元。

第 84 条(a)规定了两条基本规则。首先,一家国民银行对一个借款人
的贷款一般不能超过银行资本的 15% 。这些贷款可以是有担保的也可以
是无担保的。第二,该银行可以对该贷款人追加贷款,追加部分最高可达银
行资本的 10% ,如果追加部分是"完全担保的,担保品是易于出售的,市
值……至少等于未结清的资金数额。"这一担保品要求仅适用于对那个借
款人的全部贷款超过银行资本 15% 的部分,因此,如果有资本 1 亿美元的
一家银行要对一个借款人发放 2,400 万美元贷款,该银行必须获得至少
900 万美元的易于出售的担保品,因为 900 万美元是超过银行资本 15% 的
贷款部分。

OCC 定义"易于出售的担保品"为"基于拍卖实际交易行情或类似每日
现成的报价询价市场确定的合理及时的公允价格、在正常市场条件下适于
出售的金融工具及黄金。"[1]金融工具包括在证券交易所交易的证券、商业
票据、可转让存单和基金份额,但不包括抵押契据。

为了使得贷款限额规定不易受到侵蚀,OCC 有法定权力"裁定何时推

---

[1] 《美国联邦法规》第 12 卷,§32.2(n)。

定贷给一个人的一笔贷款",因为贷款限额目的,应当"归于另一个人。"①
OCC 有一条规则将贷款归于假定借款人之外的某个人,区分两类很广的情况。第一类情况涉及"直接受益":该借款人转移贷款资金(或用这些资金购买的资产)给另外某人,"不是以善意公平交易方式使用该资金购买财产、物品或服务。"②

　　第二类情况是,该银行的不同借款人之间存在的共同业务。共同业务存在于四种情况的任一种情况下。首先,如果这两个借款人依靠同一预期还款来源,并且没有一个借款人有另一个借款人的收入来源,足够两人归还这笔贷款,并满足该借款人的其他债务。第二,如果一个借款人控制,被控制,或与另外那个人共同控制,并且两个借款人之间存在实质财务独立(也就是,一个借款人从与另一个借款人的交易中得到至少一半总收入或总支出)。第三,两个借款人为取得相同业务正在借入,并拥有那个业务的一半以上的投票股份。第四,如果 OCC 裁定,基于那个特定交易的事实和情况,存在一项共同业务。③ 在"公司城例外"下,OCC 并不将一个雇主"因为工资付给一个雇员……而作为一个还款来源",除非事实也表明了共同控制和实质财务独立(来自第二类情况)。

　　有些交易归入贷款限额,比基本的 15% 和 10% 规则更加宽大——或是全部免除贷款限额。更高的限额适用于这样的交易:(1)发放贷款由票据(例如,提货单)担保,票据是可转让的,或担保所有权是易于交易的、不易腐坏的主食或牲畜;以及(2)折扣(例如,以某种折扣面值买入)分期付款文件(例如,融资汽车、家庭用品、办公设备或学费),担保人是将该文件卖给银行的人。④ 另外,银行可以续约——并支付追加钱款——对一个项目提供融资的有法律约束力的承诺,如果该承诺本来在该银行的贷款限额之内(即便贷款限额自那时已经减少)。并且,支付追加钱款将能让该借款人完

---

① 《美国法典》第 12 卷,§ 84(d)(2)。
② 《美国联邦法规》第 12 卷,§ 32.5(a)(1),(b)。
③ 同上,§ 32.5(a)(2),(c)。
④ 同上,§ 32.3(b)(1)-(4)。

成该项目,是安全和稳健的,并保护银行的资金状况。[1]

贷款限额不适用对联邦政府部门或机构发放贷款;如果贷款构成了那个政府单位的一般债务,那么贷款限额不适用对州或州内政区(例如县、市或特区)发放贷款;贷款限额不适用由政府债务担保的贷款;不适用州或州内政区担保的贷款;不适用银行隔离存款账户担保的贷款;不适用 OCC 批准的对其他金融机构的紧急贷款。贷款限额也不适用签发银行承兑汇票——保证其他公司的交换票据;不适用收购银行承兑汇票;不适用票据所有人背书的折扣可转让商业票据。[2]

贷款限额也不适用任何下列交易:(1)利用处于正常收款过程中的未收资金;(2)展期或重构贷款——没有新发生垫款——经过努力使得该贷款符合贷款限额;(3)垫付追加款项以支付"税收、保险、水电煤气费用、安保,以及保护用于担保贷款的不动产价值所必须的维护和运行费用,"但仅限于银行发放垫款保护自己担保品的利益;以及(4)对银行自己资产的销售融资,包括止赎获得的财产,如果该融资使银行比拥有该资产更有利。[3]

银团贷款能使银行满足客户超过银行贷款限额的贷款需要。在承诺发放该贷款之前,主理银行向其他金融机构出售该贷款的"参与贷款"。因而,参与者按比例分担提供贷款资金,承担信用风险,并得到本金和利息的偿付。因此,购买了 17% 参与贷款的一家银行,要提供 17% 贷款资金,得到 17% 的任何支付(管理费净值),承担 17% 的任何损失。主理银行的贷款限额不计入卖出贷款部分,按比例分担信用风险的参与者没有追索权。

不合格贷款是发放时符合银行贷款限额要求,但因为下列 5 个理由不再符合:(1)银行的资本下降;(2)独立借款人继后合并或形成一家共同企业;(3)该银行与另一个借款人(例如,与一家资本不足银行持有参与同一笔贷款);(4)贷款限额或资本规则有变化;或(5)担保品价值已经下跌。如果因为担保品价值下跌形成此笔非符合贷款,那么该银行通常必须在 30 天

---

[1]　《美国联邦法规》第 12 卷,§ 32.3(b)(5)。

[2]　同上,§ 32.3(c)。

[3]　同上,§ 32.2(k)(2)(ⅲ)。

内纠正此笔非符合贷款。如果因为其他原因形成此笔非符合贷款,该银行只须作出"合理努力"纠正此笔非符合贷款。①

由国民银行发放的所有贷款,不仅必须遵循适用的审慎规则,而且"与银行安全稳健惯例一致。"②符合贷款限额决不免除对贷款的安全稳健监督。

另一条审慎规则也限制了一家国民银行对一个借款人的贷款数量,那会怎么样? 两种规则都适用吗? 如果不,哪一条占先呢? OCC 已经澄清了贷款限额与三个其他审慎规则的关系③。首先,贷款限额不适用银行对其附属机构的授信——《联邦储备法》第 23A 款覆盖的交易(参见边码第 404页)④。第二,贷款限额不适用银行对执行高级职员、董事和主要股东们的授信——也是《美国法典》第 12 卷第 375a‐375b 款覆盖的交易(参见边码第 266—268 页)。第三,第 24 节(第七)款的投资限制——尤其是一家银行对任何一个债券发行人的投资不能超过银行资本 10% 的规则(参见边码第 132 页)——规定的追加额度与贷款限额无关。因此,按第 24 节(第七)款,一家银行"对一个借款人可以发放贷款……最多达到贷款限额许可的最大值,并且也可以持有同一债务人的合格证券的许可最大值。"⑤

提问和评论

1. 你认为贷款限额如何有效地确保一家银行的投资组合多元化? 贷款限额似乎很好地防止了个人信用风险引起的违约。但这足以确保一种分散化贷款组合吗? 如果一家银行对 100 家虽互不相关,但都专门种植大豆或比利时莴苣的公司发放贷款,那贷款限额能够防止信用风险的集中吗? 若都为石油钻机供应配件呢? 若都制造自行车头盔、呼啦圈或玩具食蚁

---

① 《美国联邦法规》第 12 卷, §32.6。
② 同上, §32.1(c)(4)。
③ 同上, §32.1(c)(1)‐(3)。
④ 同上, §371c。
⑤ 同上, §32.1(c)(2)。

兽呢?

2. 欧盟一般对一家银行对任何一个客户或一组关联客户的贷款风险敞口施加25%的资本限制。贷款风险敞口超过银行资本10%一般算作"大型风险敞口",并且该银行的累计"大型风险敞口"不能超过资本的800%。

3. 贷款限额强加了效率成本吗?为什么不让银行自己决定对特定借款人贷款数量的多少呢?除了有可能想帮朋友忙,银行经理们不得不发放过多单一贷款的动机是什么?

4. 贷款限额如何影响银行业的结构?注意有些盈利的贷款市场,比如建筑贷款或公司并购贷款,都要求很大数量的贷款。

5. 联邦金融监管部门可能发布制止令,要求银行董事们"退赔或提供补偿、赔偿,或保证不受损失,如若……违反或做法涉及贸然不顾法律或任何适用法规,或监管部门的……事先命令。"①第九章讨论制止令。

6. 在鼓励国民银行转为州立银行执照时,州银行监管部门经常强调州的贷款限额要比《美国法典》第84款更加灵活。由于FDIC保险适用国民银行与州立银行同样的规定,对贷款限额的监管竞争可能适合公共利益吗?

7. 第84(d)(1)款授权OCC提出规则"管理和贯彻本条款目的,包括规则……界定或详尽界定本条款使用的术语,并对特定贷款分类或类别制定不同于本条款规定的限额或要求。"OCC规则对资本雄厚的国民银行给予额外的贷款限额灵活性,这类国民银行具有令人满意的检查评级,其总部驻在州对贷款限额更自由宽松。在对小商户和小农场发放贷款以及对1-4口之家住房发放第一抵押贷款时,一家合格国民银行可以贷给一个额外数量,最多可达少于该银行资本的10%,或就所占资本百分比来说,州的贷款限额超过资本的15%。②于是,如果总部所在州有20%的限额,那么该国民银行可以贷放20%。如果该州有30%限额,一家国民银行可以贷放25%。在完成下面的问题时,为了简化,假定这种例外是不适用的。

---

① 《美国法典》第12卷,§1818(b)(6)(A)(ⅱ)。
② 《美国联邦法规》第12卷,§32.7(a)。

8. 为了监管资本标准的目的,一家银行可以将一般贷款损失拨备包括在二级资本里,最多只能达到该银行风险权重资产(边码第 225 页)的 1.25%。但为了贷款限额的目的,OCC 也让银行将二级资本算作一般贷款损失拨备的任何部分。

问 题

在这些问题里,所有银行都有全国执照。

1. 三棱银行有 1 亿美元总资产,700 万美元一级资本,200 万美元二级资本。

(a)该银行没有对食草动物公司授信。它可以对食草动物公司发放多少无担保贷款?

(b)若有额外贷款的话,如果食草动物公司给予银行下列担保品作为担保物权,该银行可以给食草动物公司发放多少贷款:

(1)美国房地产,当前市值 120 万美元。

(2)银条,当前市值 500,000 美元。

(3)叫做金洛斯之星的罕见宝石,估价 900,000 美元。

(4)宾利天蓝敞篷车,行驶不足 5,000 英里,车况极佳。过去的一个月里,与该车几乎完全同样的两辆宾利汽车已经在易趣网成功拍卖:一辆 350,000 美元,另一辆 360,000 美元。

(5)闪耀软件公司普通股,是最近在纳斯达克股票交易所交易的最不稳定的股票,当前市值 700,000 美元。

(6)卡萨芒斯公司股份,一个家族管理企业,有 17 位股东,经营着看上去很成功的卡萨芒斯餐馆。详细核查公司账本表明,公司股份至少 150 万美元。

(c)该银行贷给食草动物公司 200 万美元,收到的担保物权是闪耀软件公司股份,时值 700,000 美元。请问这笔贷款符合该银行的贷款限额吗?如果有贷款限额,同时设若闪耀软件公司股票价格从 7 美元跌倒 5 美元,那么该银行必须做什么?

2. 埃伯资源有限公司,是一家矿业公司,有单一类别的未清偿股份。索林、巴林、邦伯、多里、菲利和格洛因作为个人签署合约,从公司的当前所有人购买埃伯公司股份 1/10。为了对此项购买融资,阿肯斯通银行对索林、巴林、邦伯、多里、菲利和格洛因分别贷款 1,000,000 美元。每个借款人给予阿肯斯通银行的担保物权就是埃伯公司股份。没有一个借款人对其他借款人的债务负有责任。该银行有 2.2 亿美元一级资本和 1 亿美元二级资本。该银行能发放此项购买贷款吗? 如果有一位借款人提供了担保品 300 万美元的金条、另一位借款人提供了担保品 400 万美元的银条,该银行能够贷给多少?

3. 琵姬小姐是一位世界著名的歌剧女高音和潮人。她通过歌声、雅致生活和非营利基金将文化、美丽和优雅生活带给大众。其基金叫做琵姬生活会馆,会馆成立了奥肯中心有限公司(OCI),以建设和经营奥肯中心,这是结合了一座音乐厅和购物城的房地产开发项目。OCI 购选了用于建设奥肯中心的土地,继而向三角银行申请一笔贷款,为这个项目融资。尽管 OCI 除了这块土地之外没有多少其他资产,但是该银行断定这个项目将会成功。该银行向 OCI 放贷 3,000 万美元,此项房地产作为第一抵押担保物权。三角银行总资产 20 亿美元,一级资本 1.75 亿美元,二级资本 3,000 万美元。

(a)奥肯中心开工了,建设成本也随之爬升,明显超过了预算。OCI 寻求从三角银行追加 500 万美元贷款,此项房地产作为第二抵押予以担保。该银行能发放这笔贷款吗?

(b)三个初创商户已经在奥肯中心的购物城租了地方,他们要申请独立担保的贷款,以融资装修各自租用的商位(例如,灯光,其他固定设施,内墙和地毯)。这三家贷款总计 100 万美元。三角银行能发放这笔贷款吗?

(c)奥肯中心开张之后,一场严重衰退激冷了经济。因为购物城和音乐厅业务陡降,以及购物城租户停业,OCI 遭受损失。OCI 发现,它既不能偿还贷款,也不能支付购物城税收、整个物业的保险费以及奥肯中心屋顶急需的防漏施工的追加费用。该银行能够为所需要的税收、保险和防漏诸项费用垫款吗?

（d）随着衰退加深，OCI 的现金流缩减到关键点，OCI 不能按合同约定的逐月还款额还贷，但可以较低的速度维持还贷。该银行断定，如果对它止赎，可能既找不到奥肯中心的买家，也找不到能够像 OCI 一样好的管理此项房地产的下家。该银行现在有 8,000 万美元一级资本，3,000 万美元二级资本。OCI 尚欠贷款 2,970 万美元。三角银行可以重组贷款以减少 OCI 每月还款额吗？

（e）随着衰退的持续，奥肯中心购物城失去了主要租户，OCI 停止了偿还贷款，三角银行要求奥肯中心止赎。弗兰·费舍尔，一个传奇般敏锐的当地房地产投资人，提出要买下整个奥肯中心作为自己的公司，费舍尔公司。如果三角银行贷款 850 万美元无追索权贷款，并以奥肯中心作为第一抵押，那么费舍尔以 900 万美元购买奥肯中心。三角银行现在有 2,500 万美元一级资本，3,000 万美元二级资本。请问此笔贷款符合贷款限额的规定吗？

4. 金色大帆船有限公司从福田银行借了 600 万美元以开办一家海盗主题餐馆。一年后，金色大帆船有限公司已经按时分次还款，还欠该银行550 万美元。金色大帆船有限公司总裁弗林特跟福田银行的贷款主管摩根会面，要求该银行向金色大帆船有限公司追加贷款 100 万美元，"用于支付员工工资和运粮船。"摩根解释说，贷款限额不准银行发放这样的贷款。"于是用我身上了！"弗林特吼道。"出于什么目的，船长，恕我冒昧？"摩根问道。"我为自己的目的，摩根！目的是方便和有用。是啊，几乎不可或缺，"弗林特耳语一番。"但不是给餐馆资金？"摩根坚持问。"要是说谎我不得好死！"弗林特回嘴道。摩根在证明了弗林特的良好信用评级之后，批准了 100 万美元贷款。弗林特立即往金色大帆船有限公司的支票账户存入了 200,000 美元进款。该银行有 4 亿美元总资产，4,000 万美元一级资本，没有二级资本。那 100 万美元贷款符合贷款限额的规定吗？

二、银行同业负债

长久以来，OCC 将贷款限额解释为限制国民银行对其他存款机构的信用风险敞口，包括存入联邦储备银行作为准备金的同业贷款资金——叫做售出"联邦基金"的交易。在这样的一种交易中,需要现金的一家银行(例如,发放贷款或满足其准备金要求)从同在一家联邦储备银行的另一家有超额准备金的银行"买入"准备金。卖家银行将钱款从其准备金账户转入买家银行准备金账户。在卖出期间(通常一个或两个工作日)结束时,买家银行归还贷款,将钱款转回卖家银行的账户。在 1963 年,OCC 越过联邦理事会的反对,解释说贷款限额不适用这样的交易。这个方法预示着更广泛的豁免同业资金融通交易的贷款限额,消除了成文法对国民银行将很多鸡蛋放在同一个篮子里的限制,只要那个篮子是另一家银行。

1984 年受到报应,很多公司和大型金融机构的一场挤兑威胁到了大陆伊利诺伊国民银行的倒闭。许多其他银行在大陆伊利诺伊国民银行有存款,并且监管当局担心让大陆伊利诺伊国民银行倒闭可能也会引起那些银行的倒闭。"数百家小银行可能已经受到特别沉重的打击,"FDIC 主席威廉·M. 艾萨克在国会小组委员会作证时说道。"大约 2,300 家小银行、将近有 60 亿美元存在大陆伊利诺伊国民银行,面临风险;其中,66 家小银行的存款多于它们的资本,风险极大,另有 133 家小银行的存款占其资本的50—100%。"监管当局也担心大陆伊利诺伊国民银行的倒闭可能连带其他若干大型银行倾覆倒闭。

根据艾萨克,"要是其他银行倒闭了,多米诺骨效应的成本可能是无法计量的。"货币监理官 C. 托德·康诺弗宣称"我们非常可能看到,如果不是一场国际性金融危机,也是一场全国性金融危机,其范围之大难以想象。"因此,FDIC 不顾存款保险覆盖限额 100,000 美元的规定,全额保护了大陆伊利诺伊国民银行的所有债权人。后来的分析表明,所有或几乎所有代理银行在大陆伊利诺伊国民银行倒闭事件中幸免于难,并对监管当局认为此次倒闭可能突发大范围金融危机的论据表示严重怀疑。

关于 FDICIA,国会通过一系列改革,寻求限制对待某些大型银行"大而不能倒"的做法。通过要求最小成本解决倒闭银行(参见边码第 501—502页),FDICIA 一般阻止 FDIC 以积欠解决成本的方式保护无保险储户。通过确认金融机构彼此权利要求的清算轧差,FDICIA 减少了大型银行倒闭造成严重不稳定的潜在可能性。通过立即纠正措施，以及通过限制联邦储备贴现窗口对深陷麻烦机构的贷款，FDICIA 阻止了对病态机构的监管拖延，并加大对它们的市场约束。①

FDICIA 也寻求使得金融体系更加富有复原弹性——并避免太大不能倒的处理压力——办法是授权对银行同业的风险敞口限制。为了"限制大型金融机构倒闭……可能对 FDIC 保险的存款机构造成的风险，"国会要求联储理事会"提出标准，能够有效限制一家被保险存款机构对任何另一家存款机构的暴露敞口造成的风险。"②"风险敞口"意思是"债项不能得到及时或足额偿付的潜在可能性，"并且包括"信用风险和流动性风险，还包括操作风险，这些风险均关系到当天和隔日的交易。"③

每一家 FDIC 保险的存款机构，在管理它对其他存款机构的风险敞口上，按联邦储备理事会的实施规则有两项职责。首先，该机构必须有"书面指导政策和程序"，以防止它对任何美国存款机构或外国银行（用该规则术语说，是任何"代理行"）的风险敞口变得超过规定的代理行条件。该机构必须按时审核对其有很大风险敞口的代理行的财务状况。如果代理行的财务状况和风险敞口的到期"产生重大风险，支付将不能足额或及时进行，银行的政策和程序应当限制该银行对这家代理行的风险敞口，既可以通过设立内部限制也可以通过其他方式。"该机构必须监控与代理行的交易，或与代理行对交易进行结构设计，以确保该机构对代理行的风险敞口"通常不超过"该机构的内部限额。④

第二，一家被保险存款机构对一家代理行的隔日信用风险敞口（例如，在一个营业日结束时结算账户的风险敞口）不能超过该机构资本的 25%，除非可以证明那家代理行至少是资本适足的。⑤

---

① 《美国法典》第 12 卷，§§347b,1813(c)(4),1831o,4401—4405。
② 同上，§371b—2。
③ 《美国联邦法规》第 12 卷，§206.2(d)。
④ 同上，§206.3。
⑤ 同上，§206.4(a)(1)。

三、内部人贷款

内部人贷款代表了自我交易的一种经典情况,其中,管理一家银行的人们帮助他们自己,或彼此帮助从该银行贷款。这样的贷款带有不谨慎偏爱的潜在可能性——这种危险在一个人或控制小组主导的小银行里尤其突出。为了限定这种危险,当一家银行对其执行官们、董事们和主要股东们(内部人)给予贷款时,适用专门的限制和要求。这些规则,在《联邦储备法》里有详细阐述,约束所有 FDIC 保险的银行。① 最重要的规则出现在《美国法典》第 2 卷第 375b 款,并由联邦储备理事会的 O 条规具体实施②。

在这些规则中,有三个关键定义的术语是"发放贷款","执行官"和"主要股东"("董事"不怎么需要解释)。发放贷款包括"发放或重订贷款,授予信用额度,开始任何类似交易其结果都是有人负债……向银行付款或此款等价物。"③执行官意思是,某人"参与或有权参与(不是董事)主要银行……职能决策。"④但它不包括"那些……有正式头衔……采取一定自由裁量权措施的人们",这是他们履行职责,包括发放贷款的自由裁量权,但他们不参与决定银行主要政策,并且必须遵循银行高级管理层制定的"政策标准"。因此,举例来说,一个分行经理就不是这样的一位执行官(除非另外参与或有权参与主要银行职能决策)⑤。主要股东意思是,某人拥有、控制或有银行任何级别证券 10% 以上的证券投票权——但不包括控股该银行的任何公司。⑥ 相应地,我们在《联邦储备法》第 23A 款和第 23B 款,而不在第 375a 款和第 375b 款,分析银行对母公司(以及母公司的其他子公司)的贷款。

---

① 《美国法典》第 12 卷,§375a—375b(成员银行),1468(b)(互助机构),1828(j)(2)(州立非成员银行)。

② 《美国联邦法规》第 12 卷,第 215 部分。

③ 《美国法典》第 12 卷,§375b(9)(D)。

④ 同上,第 12 卷,§375b(9)(C)。

⑤ 《美国联邦法规》第 12 卷,§215.2(e)(1),n.1。

⑥ 参见《美国法典》第 12 卷,§375b(9)(F)。

在概述部分,该法律对内部人贷款提出了 5 条基本规则。它(1)禁止优惠条件;(2)要求董事会对超过一定限度的贷款发放预先批准;(3)限制任何一个内部人的贷款总额;(4)限制全部内部人的累计贷款总额;以及(5)限制执行官和董事们的透支。还有 5 条补充规则,加固或防止侵蚀基本规则。这些补充规则是:(6)对内部人自己的风险创业的贷款视同对内部人的贷款;(7)属于内部人的一家银行的附属机构视同本银行的内部人;(8)禁止明明知道贷款发放不当还接受;(9)禁止对代理行的内部人优惠贷款;(10)进一步限制对执行官们发放贷款。

我们现在更具体地考察这些限制和要求。首先,一家银行可以对其内部人发放贷款的条件是(1)"基于实质上的相同条款,包括利率和担保品,如同当时银行可比交易的普遍利率和担保品",可比交易的对象人群不是内部人或雇员;(2)如果发放贷款"不涉及高于正常偿还风险或存在其他不利特性";以及(3)如果银行遵循"信贷担责程序",如同适用可比交易人群不是内部人或雇员的程序一样严格。但是,银行可以给予内部人优惠发放贷款的福利,"按照一项福利或薪酬计划……计划广泛惠及……该银行雇员",并且,不是越过其他银行雇员的照顾内部人(例如,低于市场利率的免年费信用卡)。①

第二,一家银行对任何一个内部人的贷款发放额可以超过少于500,000美元或银行资本的 5% ,但只有经过董事会全体成员的多数票批准,并且内部人本人不得参加董事会的审议和投票。②

第三,如果一个内部人超过国民银行对一个借款人的贷款限额,即便有银行董事会的批准,银行也不能对该内部人发放贷款。出于这一目的,国民银行贷款限额(一般是银行资本的 15% ,如果有易于市场变现担保品的全额担保可追加部分为资本的 10% 。)适用于州立银行,在这点上就好像州立银行也是国民银行;他们不能使自己享有更高的州贷款限额。③

---

① 《美国法典》第 12 卷,§375b(2)。
② 同上,§375b(3);《美国联邦法规》第 12 卷,§215.4(b)。
③ 同上,§375b(4)。

第四,一家银行对所有内部人的累计贷款发放一般不能超过银行资本的100%。但是,如果一家银行存款少于1亿美元,而且资本适足,并有满意的考核评级,银行董事会可以将该累计限额增加到资本的200%,如果该董事会确定该行需要更高限额以吸引董事们并避免限制小社区建设贷款的可用性。①

第五,一家银行不能支付它的一位执行官或董事的透支,除非依照一个书面的、事先授予的透支信用额度,或从另一个账户转账偿还。②

第六,几乎没有例外的是,该法律对由内部人或内部人控制或受益的政治委员会支配的任何风险企业的贷款发放,视同对内部人的贷款发放。③这种与内部人相联系的实体叫做内部人的"相关利益方"。④

第七,该法律一般对一家银行的非存款附属机构视同该行的内部人。⑤但是,一个附属机构的执行官们和董事们一般不算该行的内部人,如果(1)该附属机构不控制该银行,并且所占资产仅构成控股公司合计资产的不到10%;(2)该行董事会正式排除了那些人参与该行主要职能决策;以及(3)他们不参与行使这些职能。⑥ 举例:皮公司控制皮银行、皮抵押贷款公司以及皮证券公司。因此,皮银行必须将皮公司、皮抵押贷款公司以及皮证券公司的执行官们和董事们视同该行的内部人。排除皮抵押贷款公司以及皮证券公司的执行官们和董事们参与该行主要职能决策,该行就避免了必须将那些人视同该行的内部人(假定附属机构资产构成皮公司资产不到10%)。但是,该银行同样对待皮公司的执行官们和董事们:因为皮公司控制皮银行,该银行必须对这些人视同银行的内部人,不管他们是否可以或的确参与了该银行的事务。

第八,一个内部人明明知道一项贷款发放违反了第375b款,就不能接

---

① 《美国法典》第12卷,§375b(5);《美国联邦法规》第12卷,§215.4(d)。
② 同上,§375b(6)。
③ 同上,§375b(1)-(5),(7)。
④ 同上,§375b(9)(G)。
⑤ 同上,§375b(8)。
⑥ 《美国联邦法规》第12卷,§215.2(d)(2)-(3),(e)(2)-(3)。

受这项贷款。① 因此,当一家银行不恰当地对一个内部人发放贷款时,监管当局可能惩处该内部人以及发放贷款的银行。

第九,代理行不能对彼此的内部人发放优惠贷款。②

第十,《美国法典》第12卷第375a款进一步规定了银行对本行执行官们的贷款发放。特别是通过如下方面做出了规定:(1)提出了更加严格的贷款限额;(2)要求该银行对该执行官保留要求立即归还所有发放贷款的的权利,如果该执行官从所有银行(甚至不相关银行)的借款总额超过了该银行可能借给该执行官的数量。③

贯彻第375b款的联邦储备规则将转账给内部人或用于内部人的"有形经济益处"的钱款,视同对内部人发放贷款。④ 这项规则,按照OCC的贷款限额规则(参见边码第259页),类似于"直接利益"的概念。美联储将非优惠贷款作为例外,其中,该钱款"用于合法交易,以从内部人取得财产、物品和服务。"因此,如果你从雷迪阿汽车公司买了一辆车,属于融资购买,使用坦金特银行的正常贷款,那么,此处第375b款不适用,即便雷迪阿汽车公司的所有人是坦金特银行的董事会成员。

提问和评论

1. 鉴于不审慎偏爱的风险,为什么竟然许可内部人贷款? 另一方面,如果许可内部人贷款的稳健公共政策的正当理由存在,为什么阻止银行以比其他客户更有利的条款发放这类贷款? 难道一家银行根据对内部人的可靠性和信用历史的无可匹敌的了解给予优惠条件不是更正当吗?

2. 就普通商务公司而言,规制银行内部人贷款的规则比规制自我交易的州法具有更加刚性的限定作用。例如,对一个银行内部人发放大额贷款,必须要有银行全体董事会的多数票批准,内部人弃权回避董事会审议和投

---

① 《美国法典》第12卷,§375b(7)。

② 同上,§1972(2)。

③ 《美国联邦法规》第12卷,§215.5(更多限制的贷款限额),§215.9(披露要求)。

④ 同上,§215.3(f)。

票,并且,国民银行贷款限额限制在一家银行发放给一个内部人及其相关利益方的贷款总额。《特拉华普通公司法》第144(a)(1)款没有设定任何数量限额,许可由董事会专门委员会批准,不排除内部人参与审议和投票。另一方面,《2002年萨班斯-奥克斯利法案》一般禁止具有公开交易证券的非银行公司对他们的执行官们和董事们发放贷款。哪一种方法是适用于银行的?

3. 内部人贷款占贷款总额的16%——与大比例的不良贷款不成比例——1991年华盛顿特区和弗吉尼亚麦迪逊国民银行倒闭了。国会作出回应,颁布限制银行对内部人的累计贷款(上面讨论的第四条规则)。

4. 对代理行内部人的优惠贷款限制(上述第九条规则)引起的争论涉及伯特·兰斯,卡特总统曾提名他为预算主任。作为乔治亚州的一位银行家,兰斯以优惠条件接受了若干银行的个人贷款,这几家银行都是兰斯所在的银行的代理行,彼此保持免息代理行存款的关系。

5.《美国法典》第12卷第375a款对执行官们施加的附加限制和要求 269 的正当理由是什么?为什么不单纯依靠其他防护措施,尤其是第375b款中的那些措施(例如,国民银行贷款限额,内部人相关利益方的累计额,董事会预先批准的规定,以及禁止优惠贷款)?特别是,为什么促成废止执行官从本行贷款,仅因为执行官从其他银行比她可能从自己银行借款更多,甚至是全部从不相关银行借入?为什么公共政策关切这样从不相关银行的贷款?我们不应当鼓励银行执行官们从别处贷款吗?但如果我们的确关切我们自己竟然从别处获得贷款,为什么只盯上银行贷款而忽视从互助储蓄、金融公司和其他放贷者的贷款?不管怎样,为什么忽视对执行官控制的公司发放贷款(第375a(5)款对执行官们持有大多数股份的合伙人发放贷款,但不对那些执行官们的其他"相关利益方"发放贷款)?总之,第375a款总体上取得了多于滋扰之外的任何东西吗?

四、其他内部人交易

尽管第375b款禁止对内部人优惠贷款,但是它没有禁止优惠条件的资产买卖。为了弥补这个缺陷，《多德-弗兰克法》颁布了一个新的审慎规则。[①] 一家 FDIC 保险的银行可以从内部人购买资产——或者对内部人卖出资产——只是"按市场条件"。如果该交易超过银行资本的 10%，它需要得到董事会的事先批准。第 1828(z) 款适用于与第 375b 款相同类型的内部人：执行官们、董事们和主要股东们。

问　题

假定 FDIC 保险了下面问题中的所有银行。

1. 八边形公司拥有六边形银行和二次曲线资本公司的所有投票权股份。六边形银行是 FDIC 保险的州成员银行，有 4 亿美元总资产，3.6 亿美元总负债，4,000 万美元资本。州法设立了贷款限额是资本的 20%。雷是六边形银行的首席执行官，现在是该银行行长。多特是二次曲线资本公司的董事。

鉴于崔格擅长于做贷款经理，该银行董事会采用一项附则，授予崔格核准有特定限额和贷款质量标准的贷款。根据这项附则，崔格计划核准下面三项交易。这些交易符合适用的法律吗？你有什么建议提供给崔格？

（a）发放给雷的一笔 15 年、150 万美元抵押贷款，融资购买俯瞰活火山布兰德山的一处度假别墅。雷已经安排购买别墅 160 万美元，并有三位可靠评估师报告说它至少值那么多。雷有 1,000 万美元其他资产，500 万美元其他负债（包括 100 万美元从六边形银行的贷款，由雷的主要住所作为第一抵押担保），每年有 500,000 美元收入，有堪为模范的信用记录。该贷款年利率 5%，此利率是该银行对 15 年住房抵押贷款、收入丰厚且信用记录良好的借款人征收的正常利率。

（b）授予多特一项 200 万美元的授信额度，以扩大她的艺术进口业务。多特还没有计划按照授信额度提款，但如果她的业务需要现金的话将会使用授信额度。

---

① 《美国法典》第 12 卷，§ 1828(z)。

（c）分形时装公司有一笔 400 万美元贷款,维多利亚是分形时装公司的 CEO,拥有 75% 的公司投票权股份,雷拥有其余 25% 股份,这是雷和维多利亚离婚时,他从财产清算中得到的财产。维多利亚讨厌雷,既不跟他说话也不接听他电话。

2. 戴安娜是四边形银行的首席执行官,该银行有 1 亿美元一级资本,3,500 万美元二级资本。她妈住在一座部分归她所有的古屋里。邻近一座古屋,传统上叫做紫金厅,现在待售。过去 30 年来,紫金厅住着一个无政府主义者公社(当地叫做沙蚤),但现在这些无政府主义者搬进了一座养老院,需要钱。一个当地房地产开发商想把紫金厅转变成一座美丽的旅馆,并出价 575,000 美元购买它,这也是它的评估价。戴安娜有理由相信,紫金厅转变成一座美丽的旅馆将拉低附近住房价格。戴安娜说服她的朋友伊芙 600,000 美元购买它。伊芙支付了现金首付 50,000 美元,银行向伊芙贷款 550,000 美元,紫金厅作为第一抵押担保。这笔贷款合乎适用的法律吗?

3. 克林斯是一位才华横溢的建筑师和富有风格的激进分子,也是阿巴贡银行的长期董事。当该银行董事会决定建造一座新的总部大楼时,每个人从一开始就同意对建筑师的选择:克林斯。现在,建筑完工了,他和首席执行官漫步经过首席执行官办公室,"这是一座了不起的建筑,它配得上非凡的艺术,"CEO 宣布说。"只是这风格如此有创意……不是任何艺术品凑合就行了。"克林斯回答说,"我有你正想要的东西,有味道而且醒目。我的藏品中有些画和雕刻品,我送过来。"它们的确令人注目。送来的藏品包括:"驯鹿雀跃"、"回到卡姆洛珀利斯"以及"莫乔的复仇"。"这种艺术至少与这座建筑一样激进,"CEO 告诉你说,"还有啊,它花费我们酷币 100 万美元。但是,大学博物馆主任说它值得花掉的每一分钱。并且,我们确实有 10 亿美元资本。"购买这些艺术品符合我们本章学习过的这些法律吗?该银行保留作为建筑师的克林斯符合这些法律吗?

第六章　存款保险

第一节　引言

　　联邦存款保险大概是界定美国银行业监管的政策问题。很少政府项目享受如此广泛的支持。银行业问题很少在政治上如此地敏感。很少银行法条款具有如此的重要地位。

　　存款保险转变成为政府的巨大潜在风险——不然私营部门就要承担的风险。通过抑制银行的市场约束，存款保险产生了过度冒险的激励。通过减少银行的借入成本，能够使得银行以不然不会有的更高的杠杆率经营，存款保险可以给予银行相对于按照市场条件解决自己资金的竞争者的一种优势。通过授予银行普通企业得不到的利益，存款保险提供了银行服从限制与要求的理由，而这些限制与要求是不施加于其他企业的。

　　已如我们在第一章（参见边码第 50—51 页）所见，银行特别易于发生挤兑。银行是高杠杆运营的，所持资产比负债的流动性差。银行用随时要求兑付的存款对缺乏流动性、难于计价的贷款提供资金。依靠部分准备金制度，银行管理自己的资产，以便他们有足够现金满足客户预期的提款，同时保持他们持有的资产投资盈利。在正常情况下，一个储户对现金的提取要求独立于其他储户的提取要求，这使得储户的合计提取数量是相当可预测的。但是这种可预测性在挤兑时荡然无存。储户在其他情况下本来留在银行的钱会立即取走。出现最不稳定的情况时，储户挤兑越早，他的存款就越安全：如果他排在取款队伍的前面，那么会得到全额支付；如果他排在取款队伍的末尾，那他可能会遭受大额损失。一场挤兑变成了一个银行破产的自我实现的预言。

储户面临着博弈论所说的"囚徒困境"的一个集体行动问题。思考沙格拉特和戈巴格的情况,他俩一起犯下了重罪。没有其他人见证他们的犯罪。而且警察也缺乏充足旁证,他们需要至少一个嫌疑人的合作。警察将两个嫌疑犯羁押,防止他们互相交流,并鼓励他们各自坦白交代。如果哪一个都不承认,两人将获自由。如果有一个承认,他将获得 1 年徒刑,而另一个将获得 20 年徒刑。如果两人都承认,两人将均获 12 年徒刑。俩嫌犯若保持沉默则有很强的集体利益。但谁也不相信另一个会那么做。因此,俩嫌犯大概都承认了,互相揭发,各领刑 12 年。最终结局比他们互相不说差很多。

在没有可信存款保险的世界里,如果储户担心他们的银行倒闭,那么他们面临类似的问题。储户作为一组集体,如果他们只提取现在需要的钱,那就是最好的表现,并给银行留时间整理业务——如果银行生存能力有问题,就以可能最高价格及时卖掉资产。但是储户不能彼此信任而不去挤兑。储户作为个人,保护自己的最好办法就是一听到银行财务虚弱的谣言就去提款。因为每个储户都有相同的算计,全都会立即奔赴取款,结果肯定那家银行倒闭。然而,真实世界里,无论资本多么雄厚,没有一家银行能够立即偿清所有存款。

大多数经济学家都同意,只有联邦政府有财务力量确保存款保险可信和有效。几乎所有州发起的保险基金都惨遭破产。私人保险证明甚至更不可靠。联邦存款保险证明极为稳定。1933 年美国银行体系崩塌之后颁布实施的联邦存款保险制度,安抚了银行业市场,恢复了对银行体系的信心,并使得挤兑异常罕见。然而,最终也暴露了它自己的严重问题。1980 年代互助储蓄的崩溃导致了联邦储贷保险公司的破产,留给纳税人 1,250 亿美元的账单。1980 年代和 1990 年代初期的银行倒闭耗尽了 FDIC 银行保险基金的储备,甚至 FDIC 问题银行清单包括 1,000 多家银行,资产总计 6,000 亿美元。国会作出回应,同意授予 FDIC 财政部信贷额度 300 亿美元和广泛资产支持的借入权力。2008 年,国会批准了巨额的担保项目,目的是阻止金融恐慌和银行倒闭浪潮。但是,通过紧密它与政府的联系来承托存款保险,既有风险也有它自身的其他成本,这种负面的东西最终将抵消它的益处。

无论政府发起的存款保险有什么问题,它还是在大多数发达国家扎下了根。并且,即便政府将存款保险作为非稳健政策加以拒绝,它可能仍然面临保护存款者不可抵挡的政治压力。当千千万万公民损失了存款,救赎的压力可能变成压倒性的。很少有政治家能够承受如此压力,而且很少有人做到。

注解存款保险的正当理由

1992 年在明尼阿波利斯的联邦储备银行,米尔顿·弗里德曼与一位经济学家有如下交流:

采访者:在您早期的作品中,您辩称存款保险是一个值得的发展。而此时此地,在明尼阿波利斯的联邦储备银行,我们所采取的立场是,存款保险现在实质上是 100% 具有反常的效果,因而应当改革,引入更多市场约束。您在存款保险问题上持什么立场?

弗里德曼:情况发生了变化,并且我相信两种观点都是正确的。安娜·施瓦茨和我在我们的《美国货币历史》(1963)中讨论了 1930 年代金融崩溃之后的形势。我们批评了美联储没有去做它本来应当准备做的东西。它放纵货币体系的崩溃;因为流动性问题它放任数千家极其稳健的银行倒闭,尽管 1913 年在它设立时目的就是防止那种形势。于是我们认为,……因为美联储失误,并且没有迹象表明它在履行职能上不打算继续失误,所以需要某种另外的东西履行这种原本被建立的职能,因此联邦存款保险公司将服务于那一职能。非常有趣的是,联邦存款保险公司服务于那一职能大约 40 年了。从 1934 年至 1970 年代初期,只有很少的银行倒闭,并且基本上没有因为流动性问题发生银行挤兑。因此,联邦存款保险公司的确服务于一种有用的职能 40 年了。

在我看来,破坏存款保险有效性的是 1970 年代的通货膨胀,对此,美联储必须背负主要责任。通货膨胀具有破坏金融机构净值的效应。特别是储贷机构,借短贷长。储贷机构拥有抵押贷款以及类似的未清偿贷款,采用相对低的固定利率。当 1970 年代累积的通货膨胀不可避免地导致上升到它们必须支付的利率时,结果就消除了那些企业主的净值。一旦企业净值摧毁了,存款保险的确就有很反常的影响。为了存款保险发挥作用,出于银行业安全考虑,必须要有某种私人的激励。这种激励由金融机构所有人的净值提供。对于那些企业所有人从事高风险活动来说,消除这种净值和存款保险产生一种双赢立场。

第二节　联邦存款保险制度的基本要点

FDIC 管理商业银行和互助储蓄机构的存款保险。国家信用社管理局管理信用社的存款保险。两类机构基本应用相同的承保限额。在本节,我们将考察 FDIC 保险的基本要点:承保限额,基于风险的保费,以及存款的定义。

一、保险金额

每人每家银行每类合法所有权中,存款保险金额 250,000 美元。[①] 因此,举例来说,如果你在同一家银行的三种不同所有权类别的每一类有 250,000 美元存款,你得到 750,000 美元保险金额。FDIC 的规则认可 8 个所有权类别。[②]

首先,单一账户,由一个人拥有的存款构成。本类包括仅有你的名字或作为一人业主持有的账户;由代理人、监护人或保护人开立的账户;遗嘱执行人或房产管理人(打消念头!)持有的账户;不归入其他 7 类所有权类别

---

① 《美国法典》第 12 卷,§ 1821(a)(1)(B)(ⅰ),(C),(E)。
② 《美国联邦法规》第 12 卷,pt. 330。

的账户。

第二,合格退休账户(例如,个人退休账户)。

第三,联合账户——由两个或两个以上个人拥有的账户(例如,由你和你的配偶,或由你和三个钓鱼的伙伴),他们中的每个人都签留了签名片,每人都有从该账户取款的同等权利。

第四,可撤销信托账户。在这类账户下,信托人可以撤销信托关系,并收回资产。

第五,不可撤销信托账户。在这类账户下,信托人为了受益人的利益,以信托形式做出最终的、有约束力的资产转移。

第六,员工福利计划账户。它包括年金存款、分红,或其他员工福利计划。FDIC 为每位福利计划参与人提供保险最高达 250,000 美元。

第七,公司、合伙企业、非公司社团,包括非营利公司或社团账户。

第八,政府账户。古怪的保险金额规则也适用于政府存款。例如,单独的美元限额适用于每一官方保管人。因此,如果该城市书记员和警长每人在银行有一个官方账户,那么他们每个账户的最高保额是 250,000 美元。

你不能通过拥有同一家银行同一个合法类别多个账户增加你的保险金额。但 250,000 美元限额仅逐个银行应用,因此如果你有四家不同银行同一个合法类别的账户,你可以最多得到 1,000,000 美元的保险金额——即便四家不同银行是附属机构。

当一家银行倒闭,FDIC 通过两种方式之一立即支付被保险的存款。通常为储户在另一家 FDIC 保险银行开立账户,储户从这家银行可以取钱。假设你在布林克银行有 10,000 美元存款,该银行在星期五下午倒闭,FDIC 为你在格拉尼特银行设立了 10,000 美元账户,你可以从这家银行于星期一上午取款。不常用的一种方式是,FDIC 通过邮寄支票支付被保险人。

联邦存款保险以在美国的存款机构为标准。联邦政府要求联邦存款保险为联邦注册的银行、储蓄机构和信用社承保。各州要求它为自己的州立银行和储蓄机构承保。大多数州要求它为州信用社承保。

注解保险金额和通货膨胀

《1933 年银行法》限于每个储户每一家银行每一合法所有权类别提供
2,500 美元存款保险,从 1934 年开始。国会后来提高了美元限额,1934 年
提到 5,000 美元,1950 年 10,000 美元,1966 年 15,000 美元,1969 年 20,000
美元,1974 年 40,000 美元,1980 年 100,000 美元,2008 年 250,000 美元。
(《多德-弗兰克法》对无息账户提供了无限金额,储户从这种账户可以对第
三人进行支付,但那种承保金额在 2012 年末用完了。)

下图说明了美元限额是如何随着各年名义金额和购买力的变化而变
化。阴影部分表明名义美元的保险金额,1934 年开始 5,000 美元,并在
2008 年提高到 250,000 美元。黑钻线表明通货膨胀调整的金额价值。此
处以 2010 年美元为测算基准(CPI－U),调整后保险金额 1934 年 81,000 美
元,1950 年 90,000 美元,1974 年 177,000 美元,1980 年 265,000 美元。此
后,通货膨胀侵蚀了保险金额,1990 年仅 167,000 美元,2007 年 105,000 美
元,2007 年接近于 1974 年之前的历史数值范围。但这并不持久。

275

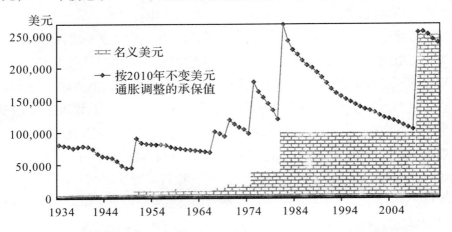

图 6-1 保险金额名义值与按 2010 年不变美元通胀调整值

每 5 年,FDIC 和 NCUA 必须联合决定是否因为通货膨胀增加存款保险
金额。如果他们决定增加,那么他们必须将增加的保险金额围绕在最接近

10,000 美元。[①]

二、保险费

　　根据法律,FDIC 必须基于一家银行可能对保险基金引起的风险确定一家银行的保险费(或以官方的说法是"评估"):银行引起基金损失的概率和任何这种损失的可能数量。[②] 在 FDIC 基于风险的保费规则之下,[③]我们计算一家银行的保费是银行的评估基数乘以适当的评估费率。评估基数由资产总额减去一级资本。因此,巴索尔特银行有 10 亿美元总资产和 7,000 万美元一级资本,则评估基数是 93,000 万美元(10 亿美元总资产减去 7,000万美元一级资本)。假定该银行的风险状况一定,如果评估费率是每 100美元评估基数 10 美分,则该银行必须支付的每年保费 930,000 美元(93,000 万美元的 0.10%)。

　　FDIC 有三套评估费率体系:第一套费率体系,对应那些少于 100 亿美元总资产的银行;第二套费率体系,对应 100—500 亿美元总资产的银行;第三套费率体系,对应多于 500 亿美元总资产的银行。我们将主要关注第一套费率体系,它适用于最大多数银行。该体系将银行分成三类资本分组和三类监管分组。三类资本分组(资本雄厚、资本适足和资本不足)使用跟立即纠正措施对应的相同资本标准。"资本不足"包括显著和严重资本不足,跟立即纠正措施的划分一样;但"资本适足"不包括资本雄厚类别。三类监管分组类似于银行检查员按骆驼评级体系制定的评级。骆驼评级体系里的骆驼是 6 个首字母缩写,包括银行状况的 6 个关键方面:资本充足率、资产质量、管理、利润、流动性和市场风险敏感性。检查员将每个方面分为 1—5级,1 为最高级、5 为最低级。检查员们也把银行归为一个"复合"(也就是总体)骆驼评级,再分为 1—5 级。A 组对应骆驼复合评级 1 级或 2 级;B 组对应骆驼复合评级 3 级;以及 C 组对应骆驼复合评级 4 级或 5 级。

276

---

①　《美国法典》第 12 卷,§1821(a)(1)(F)。
②　同上,§1817(b)(1)(A),(C)。
③　《美国联邦法规》第 12 卷,第 327 部分。

下表说明评估基数每 100 美元"初始基础评估费率"（也就是，在各种折扣、附加费和其他调整项之前的费率），根据银行资本和监管分组确定：

表 6-1 初始基础评估费率

资本分组	监管分组		
	A	B	C
资本雄厚	5-9 美分	14 美分	23 美分
资本适足	14 美分	14 美分	23 美分
资本不足	23 美分	23 美分	23 美分

FDIC 对最健康的银行（监管分组 A 组中的资本雄厚银行）利用诸如贷款损失、预期贷款和银行营收能力等因素进一步予以区分。

对于资产总额大于 100 亿美元的银行，FDIC 基于很多因素确定费率。它寻求确定一家银行对贷款组合和其他投资承受损失的能力有多好，在不利市场条件下该银行维持充足流动性的能力有多好，如果该银行倒闭，那么它可能引起 FDIC 多大损失。

银行只要利用了经纪转存款就面临更高的评估费率。经纪转存款是直接或通过第三方获得的高息存款。银行只要用一年期或更长的无担保非存款负债（例如，债券或次级债）为自己融资，就会得到更低的评估费率，因为此类债券的持有人不会挤兑。并且因为此类债券比存款的求偿优先级更低，所以它对保险基金提供了额外保护。

历史上，保险基金对每 100 美元被保险存款维持 1.25 美元的储备金。在 2008—2009 年期间，保险基金耗尽了它的储备金，但是 FDIC 的目标是最终建立起每 100 美元被保险存款达到 2 美元的储备金。

提问和评论

1. 长期以来，FDIC 仅对银行的美国存款收取保费。银行对海外分行的存款不付保费。同样，有担保的借款（例如，从另一家金融机构的借款，有高质量、高流动性资产担保）不受保费影响。有担保的借款，尽管不是存款,的确对 FDIC 增加了风险:通过对债权人承诺最好的资产,银行一旦倒闭 FDIC 就难以得到那些资产。如果重新界定作为总资产减一级资本的评估基数, 那么,FDIC 收取保费的总基数拓宽了 2/5。现在,该基数包含了大银行不成比例发生的一系列负债,包括有担保的借款、外国存款和次级债——于是大银行要支付很大份额的 FDIC 保费。思考巴索尔特银行和里奥莱特银行的例子(百万美元):

277   **表 6 - 2**   **巴索尔特银行和里奥莱特银行的资产负债表**

项目	巴索尔特银行	里奥莱特银行
总资产	1,000	100,000
总负债	900	92,000
美国存款	850	70,000
外国存款	0	9,000
担保借入	20	10,000
次级债	0	2,000
其他负债	30	1,000
总权益	100	8,000
一级资本	70	7,000
二级资本 *	30	1,000

* 不包括次级债。

里奥莱特银行的规模是巴索尔特银行的 100 倍,而且也不那么高度依赖美国存款。这两家银行有相同的一级资本、二级资本和总资本水平。里奥莱特银行的评估基数按老规则(美国存款)是 700 亿美元,现在是 930 亿美元。巴索尔特银行的评估基数按老规则(美国存款)是 8.5 亿美元,现在是 9.3 亿美元。变化是里奥莱特银行的基数增加了 33%,而巴索尔特银行的基数增加了 9%,因此里奥莱特银行要支付更大份额的 FDIC 保费。

2. 从一份保单的角度看,拓宽评估基数的益处是什么?

3. 与 FDIC 的对应部分相比,国家信用社保险基金具有非常不同的结构。每一被保险的信用社将其存款的 1% 作为保险基金的存款,在信用社倒闭时用于保护被保险的储户。国家信用社管理局将资金投资于国库券,这些国库券的利息通常足够覆盖基金的保险损失和其他支出,并保持了每 100 美元被保险存款有 1.3 美元准备金的总体水平。

4. 存款就是奇宝矿藏。你不必把钱存在家门口附近的银行,而是可以存在全国的某家银行,并能够得到联邦存款保险的全部好处。保险促进了全国存款竞争。在 1980 年代,"存款经纪人"通过引导大量资金进入高速发展机构激发了竞争,但要注意一个客户在每一机构的存款保留在100,000美元的保险限额以内。为回应互助储蓄的瓦解,国会限制存款经纪业务。资本不足银行一般不能接受通过经纪人获得的存款。资本适足但不雄厚的银行需要 FDIC 批准才能接受经纪转存款或(即便没有经纪)支付明显高于正常市场区域银行主导利率的存款。[①]

三、"存款"的定义

对于联邦存款保险目的而言,什么算作"存款"? 这个术语包括存款证,以及在支票、储蓄、可转让提款指令和货币市场存款账户的余额。它也包括银行本票、汇票和商业信用证。它不包括(因为 FDIC 提醒储户)"投资于股票、债券、共同基金、人寿保险保单、年金或市政证券的资金,甚至从被保险银行买入的这些投资品也不在内。"

还有什么构成了 FDIC 保险的"存款"? 下面的例子,最高法院思考了备用信用证是否为合格的 FDIC 保险的"存款"。

FDIC 诉费城齿轮公司案[②]

(奥赖恩制造公司从费城齿轮公司赊购了货物,佩恩广场银行签发了一张145,200美元的备用信用证担保。如果费城齿轮公司没有收到奥赖恩

---

① 《美国法典》第 12 卷,§1831f。

② 《美国案例汇编》第 476 卷,第 426 页(1986)。

制造公司的立即付款,它可以使用该备用信用证从佩恩广场银行得到付款。在取得该备用信用证后,奥赖恩制造公司对佩恩广场银行开出了一张145,200美元的无担保期票。该期票为无条件面值支付,尽管奥赖恩制造公司和佩恩广场银行知道,只有在该银行按备用信用证支付了费城齿轮公司,奥赖恩制造公司才不欠期票的钱款。费城齿轮公司很不幸,奥赖恩制造公司和佩恩广场银行都破产了,并且FDIC拒绝将该备用信用证作为被保险的存款对待。)

大法官奥康纳……

《美国法典》第12主题,第1813(1)(1)条款规定:

术语"存款"指:

> (1)未支付的钱款余额,或一家银行收到或持有的钱款等价物。银行在正常业务过程中,对一个商业……账户有条件或无条件给予或有义务给予信用,或由一张信用证或旅行支票……证明,银行负有主要义务:假如,没有限制术语"钱或其等价物"的概括性,当贷记账户或签发交易支票或汇票或本票时,任何这样的账户或工具必须被认为,证明接受了钱的等价物,此人得到任何这样的信用或工具负有主要责任或第二责任……

费城齿轮公司辩称,按《美国法典》第12主题第1813(1)(1)条款,由一张或有期票支持的备用信用证构成了一笔"存款",因为那张信用证是银行负有主要责任的信用证,并由银行以期票形式的"钱或其等价物"的收据所证明,基于这张期票,获得那张信用证的人负有主要或第二责任。此处FDIC并不争论该银行对信用证负有主要责任,也不辩驳这一事实,即奥赖恩签署的支持期票,至少在某种意义上,是一张"期票"。相反地,FDIC辩称,对第1813(1)(1)条款的一贯解释不包括仅由一张或有期票支持的备用信用证,因为这样的一张期票不代表任何硬资产,因而不构成"钱或其等价物"。因为宣称的"存款"仅由或有负债组成,FDIC断言,一张或有期票支持的备用信用证并不形成国会意图让 FDIC 保险的一笔"存款"。在这种理论之下,在此处的期票可以在票面上被标上期票,并在州法之下可以是期票的同时,却因为《美国法典》第 12 主题第 1813(1)(1)条款展示的联邦法律的目的,说它不是一张期票。

用于成文法的术语"信用证"和"期票"有一个联邦定义,并且多年来 FDIC 在其管理的复杂成文法方案框架内已经发展和解释了这些定义。FDIC 关于一张或有期票支持的备用信用证是否构成了一笔"存款"的解释,是与国会通过提供联邦存款保险保护个人的辛苦钱的愿望是一致的。自从 FDIC 创立以来,国会没有表示不满意 FDIC 对"存款"的解释;其实,国会 1960 年代采用 FDIC 的监管定义作为成文法用语。当全部衡量所有这些因素时,我们只能断定,术语"存款"不包括一张或有期票支持的备用信用证。……

在创立联邦存款保险上,国会寻求保护企业和个人委托给银行的资产和"辛苦钱"。国会要确保某人将有形资产存入银行后总是能够把那些资产再取回来。……

不能通过发放存款保险进一步承保一张或有期票支持的备用信用证推进这个目的。一张或有期票不涉及这样交出、由银行保管的资产或辛苦钱。费城齿轮公司……绝对没有向银行交出任何东西。那张信用证代表了费城齿轮公司的好处,但是该银行取决于奥赖恩满足那张信用证的义务,并不向费城齿轮公司提出要求,更重要的是奥赖恩也没有无条件地向银行交出任何资产。该银行也没有在交换期票时贷记奥赖恩的任何账户,并没有根据其接受的期票将它处理为自己的新增资产。该银行无法从奥赖恩的期票收款,除非费城齿轮公司出示了基于信用证的未支付发票和汇票。费城齿轮公司不出示这张未支付发票,该期票就是完全的或有承诺,并且,当佩恩广场银行进入破产管理程序时,除了能利用佩恩广场银行减少费城齿轮公司风险之外,无论是奥赖恩还是费城齿轮公司都没有丢失什么,费城齿轮公司处于未付状态是因为对奥赖恩的发货。……

尽管 FDIC 对相关成文法的解释还没有降到具体规定,不过我们断定,

FDIC 的一张或有期票支持的备用信用证不形成一笔"存款"的实践和信念,……在本案情况下有权"给予高度重视一个行政部门对受委托管理的一项法规的解释"……

费城齿轮公司本质上寻求让 FDIC 对发放给奥赖恩的备用贷款作出保证,不是寻求费城齿轮公司或奥赖恩代表费城齿轮公司委托给该银行的资产。正常情况下,使用标准的"商业"信用证,应在佩恩广场银行签发信用证之前,奥赖恩应无条件交付佩恩广场银行资金,因此如果佩恩广场银行不能兑现其债务,那么奥赖恩可能会有损失,而存款保险给付这样的一张或有期票支持的备用信用证。但是此处,尽管有一张或有期票支持的备用信用证,但当佩恩广场银行进入破产管理程序时它却没有拥有奥赖恩或费城齿轮公司的任何资产。既然没有任何冒险,因此也没有失去可保险的存款。我们相信,无论有关州对"信用证"或"期票"的定义如何,国会不会使用这些词组,……意图用存款保险保护仅由一张或有期票支持的一张备用信用证。因此我们认定,按照《美国法典》第12主题第1813(1)(1)条款,这种安排不导致一笔"存款"……

大法官马歇尔,还有大法官布莱克门和大法官伦奎斯特加入,他们持反对意见。

大量常识支持最高法院的这种意见。本案中的备用信用证很不同于储蓄和支票账户,它们是当人们说到受保险的存款时最容易想到的。然而,要达成这种常识的结果,最高法院必须恰当解读并不出现在那里的成文法。……国会正确地假定,由期票支持的信用证构成了联邦存款计划目的的"存款",并且最高法院试图区分不同类型的信用证,这促使它忽略该成文法和某些商法的固定原则。……

不能怀疑的是,本案的备用信用证满足"存款"的文字定义。……它是"一种信用证,……银行对签发它负有主要责任。……签发信用证用于交换……期票,对这个期票奥赖恩负有主要或次要责任。"可是,最高法院认定,本案中的期票,无论是否是《美国统一商法典》和俄克拉荷马州法律上的期票,都不是为了《联邦存款保险法》目的的期票。我们应假设,如果没有令人信服的相反证据,那么国会意图从普通商法来源得到术语"期票"的意思。我相信,本案没有任何这样的证据。

尽管最高法院声称考察了国会说到"期票"时的含义,但事实上最高法院的意见没有基于奥赖恩票据的任何具体属性。相反,最高法院判定,当一个人将一张可转让票据委托给一家银行时,在某些条件满足之前,只要该银行承诺不转让议付这张票据或作为收款凭据,这张票据就不是为了第1813(1)(1)条款目的的"钱或其等价物"。这是国会可能被强烈建议要包括在该法内的但书,但是该法没有这一但书条款。因此,我反对。

提问和评论

1. 总行在俄克拉荷马市商业中心的佩恩广场银行产生了数十亿美元的不良贷款,这些主要是野猫石油和天然气钻探公司、投机性房地产开发商以及其他高速发展商的贷款。它将参与的很多那些贷款卖给了久负盛名的货币中心银行,比如像大陆伊利诺伊银行和大通曼哈顿银行。但是,佩恩广场银行赢得了比其不良贷款更多的名声。其主要股东以前的职业已经停了,因为在一家养老院欺诈中他是涉嫌的角色。他买下了佩恩广场银行给自己一个崭新的开始。该银行负责石油和天然气贷款的主要官员——因大学兄弟会绰号而出名的"猴脑"——擅长海吃、恶作剧、吵嚷着讨价还价,并蔑视传统银行业务。当一位更有经验的贷款官员反对一笔300,000美元贷款没有任何必备资料文件、发放没有任何意义时,他反驳说,"你的老一套银行经营方式已经是过去的事了。"批评他的人指责他用靴子大喝啤酒;辩护他的人说他用鞋子喝香槟。佩恩广场银行贷款的损失危害了好几家大银行,并最终击垮了大陆伊利诺伊银行。

2. 反对意见关于法定语言的说法不完全正确吗?第1813(1)(1)条款将"存款"定义为"银行的未付余款或银行收到或持有的钱之等价物,……在日常业务过程中,……由……信用证所证明,……银行对信用证……负有主要责任。"难道佩恩广场银行没有签发它负有主要责任的信用证吗?大多数人坚持认为,奥赖恩没有给予该银行"钱款或其等价物。"但是为什么没有? 该成文法规定,信用证证明收到了钱款等价物,"当……签发了用以交换……一张期票,据此任何获得这样信用的人……负有主要或次要责任。"难道奥赖恩没有给予佩恩广场银行这样一张期票吗? 为什么该成文法的平实语言不能够解决这个案子?

3. 大多数意见强调,立法历史表明,国会意图是保护企业和个人委托银行的"辛苦钱"。于是得出结论,对备用信用证担保来说不促进那个目的,因为这些工具不算是托付给银行的辛苦钱。这是一致的吗? 假设一家银行发放给你一笔没有担保的个人贷款 50,000 美元,并贷记这笔资金在你的账户里。难道这笔资金代表了你的"辛苦钱"吗? 相反地,难道奥赖恩的期票不代表奥赖恩的"辛苦钱"吗? 毕竟,如果奥赖恩对费城齿轮公司的债务违约,我们会期望佩恩广场银行承担对奥赖恩期票的责任,并寻求从奥赖恩的资产收回钱款余额。可以假定,奥赖恩也是努力经营得来的那些资产。

4. 总的来说,谁的观点论据更好:是那些大多数? 还是持有反对意见的几位大法官?

第三节　改革联邦存款保险制度

联邦存款保险制度拥有广大公众的支持,并且大多数经济学家赞同需要某种政府的存款保险。但是,需要哪一种? 我们应当如何构造存款保险制度以保护纳税人,最小化道德风险,并促进一种安全、有效的银行业制度?

一、类比私营保险

我们可以更好地理解联邦存款保险制度的弱点——这是它受批评的论据——通过比较它与私人市场提供的保险,比如意外保险(例如,汽车事故的责任承保,或职业过失的责任承保)和财产保险(例如,火灾、洪水和地震的损害承保)。

让我们从道德风险开始,这是金融政策里最关键的经济学概念之一。 282保险改变了被保险人的激励。如果你有针对一项特定风险的全额保险,一旦那个风险变成现实,你不必担心经济损失。到现在为止,一直都还不错:社会受益于有这样一个市场,厌恶风险的人以一定代价将风险转移给那些愿意承担风险的人。但是,转移风险改变了你的激励:如果你不再担心受到损害,你就不再有激励采取预防措施。有的人如果他们能够得到确定的间接好处(例如,为呆伯特秃头老板工作的人,如果他们有无限期病假,或扭伤脚趾头就可以避开办公室一周),可能故意招致损害。我们很多人凭直觉知道,驾驶一辆有综合碰撞保险的租车具有道德风险。我们也容易预见停车罚单保险的激励。

私营保险市场已经开发形成了减少道德风险的各种机制。这些机制包括共负保险、免责条款和基于风险的保费。共负保险指承担部分保险风险(例如,通过保单限额和免赔额)。举例来说,保险金额几乎总有一项保单限额:保单承保的最大损失。它也会有免赔额:在挽回基于保单的损失之前被保险人必须承担的损失(例如,车损事故中先扣减 500 美元)。共负保险也涉及让被保险人承担规定的损失百分比。共负保险给予被保险人避免损失的激励。

通过对恶意、非法和故意行为的免责条款,保险可以进一步减少道德风险。如果你意外地射伤了自己的脚,那么你基于你的伤残保险单可能收到保险赔偿金,但是如果你是故意那么做,那你就得不到保险赔偿金。通过对故意自伤的免责,该保单就减少了你可能选择有赔偿康复而不为秃头老板工作的风险。

基于风险的保费也可以减少道德风险。有汽车事故历史的司机们,作为一个群体,比没有过汽车事故的人们更可能在未来发生事故。相应地,保险公司对那些汽车事故历史的司机们征收更高的保费。这种差别化定价给予所有司机们小心驾驶的激励。

这些私营市场机制并不能消除道德风险：保险继续影响被保险人的激励和行为。但市场并不追求完美，而是寻求总成本最小化。这些机制将道德风险减少至关键点的边际成本相当好，关键点在于收紧机制主要具有向被保险人转移风险的效应。

联邦存款保险具有一种不同的图景。在正式结构里，它保护储户而不是银行。它改变银行经理们的激励不是直接的，而是通过改变储户的激励。但要改变他们的也正是它所做的。没有存款保险，厌恶风险的储户可能被吸引到具有很高声誉的审慎、正直和有财务实力的银行。储户也会关注他们银行财务虚弱的新闻（或谣言）。储户约束——尽管有缺点、尽管有些乱——可能给予经理们一种安全经营银行和保持储户信心的强烈激励。存款保险损害了这种约束，因为它减少了被保险储户对其存款安全的关切。高风险银行有更少理由担心挤兑，并且很少需要支付与其风险程度相当的利率（参见边码第 255—256 页）。其实，银行可能通过比没有保险时承担更大更多风险来充分利用存款保险的价值。因此，存款保险产生的道德风险恰如私营保险的道德风险一样。

然而，联邦存款保险缺乏私营保险减少道德风险的大多数机制。它既没有免赔额也没有其他共负保险：存款得到 100% 的保护，最高达 250,000 美元的保险额度。它几乎没有什么免责条款：某投资人于 1980 年代在一家陷入破产边缘的互助储蓄机构存款，他知道该互助储蓄机构濒于破产，收到的保险金额与任何另外一家相同。被保险储户几乎没有激励监视他们银行的财务健康，大多数储户甚至缺乏关于监视激励的朦胧概念。相比之下，投资者在购买公司债券之前通常会查看公司信用评级，因为他们知道，如果该公司破产他们将遭受损失。

既然已经削弱了市场约束，政府只好严重依赖监管来控制银行的风险承担能力。不管对错，决策者们将大多数银行监管描绘成保持银行安全的一种手段。并且，像资本标准、立即纠正措施、自我交易限制、检查、监督和执法等防护措施的确有助于约束风险承担能力。然而，我们应当警惕单独依赖监管来控制反常激励（参见边码第 243—244 页）。市场参与者能够找到规避监管的方法。银行监管当局本身也面临着延缓关闭虚弱银行以及过于扩展联邦安全网的反常激励。因此,我们有很好理由去考虑补充监管约束,这种补充监管约束对于控制道德风险应具有激励导向机制。我们将从存款保险定价开始考察,然后考察关于鼓励银行股东、储户和非存款债权人的市场约束的提案建议。

二、改进基于风险的定价

完善定价的存款保险会促进公平与效率。每一家银行都负担它自己承担风险的成本:不再是安全银行补贴高风险银行;不再是保险定价过低而扭曲了银行经理们的激励。但是,银行风险是复杂的和难以计量的。难以预测的是 33 岁美国妇女的预期寿命,或者马萨诸塞州交通事故的频率。完美的定价要求完美的预见能力。

FDIC 的定价体系并非致力于完善,而是大致公平和易于管理。它依靠充分确立的银行业绩计量方法,比如资本比率,其他财务比率,以及考核评级。但费率表趋向于使风险曲线变平:与风险陡峭上升相比,保费上升更为和缓。

为什么不更加严厉地处理虚弱银行? FDIC 可能至少提出三个貌似合理的论据。第一,费率表比以前提供了更多的风险区分。在决定定价是否对相对风险(不论是在安全银行之间还是在安全银行与高风险银行之间)更加积极进取之前,FDIC 理所当然地想看到费率表如何运转。当然,这是一个转换点:FDIC 随着时间将获得足够经验以做出那个决定。FDIC 将继而面对关于不断增加的安全银行之间的区分和不断增加的高风险银行的保费这种政治敏感问题。第二,计量风险与预测损失的诸多困难要求小心谨慎。第三,FDIC 不愿通过有效毁灭最弱银行的征收费率将它的费率表变成一种关闭规则。那些已经支付足够高额保费的银行给予它们解决自身问题或者找到一家收购方的激励。然而,为什么没有强化这一激励? 那不是要比让那些最弱银行招致破产更好吗?

提问和评论

1. 如果你不受约束地设计一种基于风险的保费体系,它看起来是什么样子? 它与 FDIC 的体系有何不同?

2. 一家存款保险公司可以基于风险的保费信用加强基于风险的保费,这种信用银行可以用来支付未来保费。如果保险基金有超额储备金,保险公司可以授予保费信贷,与银行最近的过去(比如,前 5 年)财务健康状况成比例。健康银行,仅对保险基金发生过小风险,可以比同样规模的虚弱银行获得更大的保费信贷。该保险公司对每家银行在有关时期的财务健康状况,包括银行的骆驼评级、资本比率、利润以及问题资产就有了丰富的数据资料。如果没有明确的法律授权,FDIC 可能不会采用这样的一种制度。这样一种制度可能会代表一种好政策吗?

3. 免除保险基金并且在一家银行破产后才让 FDIC 征收保险费如何? 事后保险费似乎看起来像是在马匹逃离后才关上马厩之门,但你能想到为什么他们可能会产生比有保险基金更健康的一套激励的理由吗? 资金充足的保险基金的存在可能会减少银行检查员的热情? 必须事后支付其他银行破产的保费可能鼓励银行监控自己的同行更加有效吗?

三、加强市场约束

经济学家经常支持对联邦保险的银行提出更多的市场约束,主要通过给予股东们、储户和非存款债权人监控银行的更强烈的激励。

a. 股东约束

一家银行如果倒闭,股东们可能会失掉他们的全部投资,而且股东们的权益越大,损失就越大。一家健康银行的股东们不要管理层挥霍他们的权益。但是,股东们可能从大量冒险中一定受益,这有两个原因,两者都涉及道德风险。第一,像所有公司股东一样,银行股东可能从杠杆与有限负债的结合中收获巨大收益。股东们,作为公司的所有人,在公司满足债权人之后得到留下的一切。他们具有有限的下跌风险,并可能有无限的上涨收益。

通过增加股东们的潜在收益和债权人遭受损失(参见边码第48页)的可能性,杠杆作用加强了这种非对称性。在其他方面相同情况下,杠杆率越大(况且银行是高杠杆率的),股东们可能从冒险中获得的收益就越大。第二,价格偏低的存款保险加强了冒险的激励:通过冒更大风险,一家银行可以更好地利用其保险价值。

所有这些都使得股东们不能可靠地监控银行的冒险行为。因此,《国民银行法》的制定者规定银行股东们承担双重债务责任:如果一家倒闭,其股东们可能不仅损失他们的投资,而且个人要对其所购股份面值的等值金额负有责任。2/3的国家或地区对它们的银行实施类似的制度,比如英格兰、苏格兰、加拿大和澳大利亚。这种双重债务责任既要求更大的银行资本也抑制股东们让银行经理们偏爱冒大险。《1933年银行法》废除了双重债务责任的要求(为什么?)。但是,立即纠正措施法条创立了类似双重债务责任的规定,这个规定是一家资本不足银行的资本修复计划需要控制该银行的每家银行予以保证——保证金额限定该银行资产的5%。该法规定股东有一个附加下调,就是通过预设要求资本显著不足银行发行足够股份以调整资本结构,即使那意味着稀释现有股东所有权益至近乎忽略不计。强制转换债务的提案建议(我们就要转到这一内容)可能大大增加下跌风险,办法是远在银行变成资本显著不足之前将债务转入普通权益。

b. 储户约束

长久以来,存款保险的自由市场批评者在储户约束方面存在弱点。存款占银行负债的大部分。无论存款保险在稳定和产生信心上的好处是什么,他们或许不需要100%承保多达250,000美元的一个金额。如果我们降低这个美元限额或者引入某种形式的共负保险,我们仍然可能获得他们的大部分。《1933年银行法》设想的计划是,FDIC的最终保险金额是,在10,000美元以内的存款给予100%保险,在10,000—50,000美元之间的存款保险75%,大于50,000美元的存款保险50%。国会在1935年于生效之前放弃了这个办法,并确定了100%保险的上限金额是5,000

美元存款。

　　甚至保守的共负保险可能有助于减轻互助储蓄的崩溃。当1980年保险上限从40,000美元增加100,000美元,如果国会规定对超过40,000美元的存款保险仅承保90%,那会怎样?如果你在一家破产的互助储蓄机构有100,000美元存款,你从保险那里会得到94,000美元,另有6,000美元对该互助储蓄机构的求偿权,或许最终收回总额是97,500美元:虽然不是很高兴,但却不是灾难性的那种情况。共负保险可能抑制经纪转存款,禁止资本恶化的互助储蓄机构的增长,加快它们这些机构的出售和关闭,并引出更加及时的国会措施。但另外的代价是什么?共负保险会立即引发挤兑甚或恐慌吗?并且,将没有金融经验的零售储户置于即使一个小风险或损失境地,这公平吗?

　　无论如何,共负保险似乎超越了政治苍白。如果社会安全福利是美国政治的"第三轨"高压线,那么存款保险就是美国银行业政治的第三轨。甚至在互助储蓄机构崩溃之后,也没几个政治家有多大兴趣干预它。并且,投票人可能很容易误解一项共负保险的提议。没有政治家想来一场脱口秀,紧张不安地大扯"参议员卡内奇如何没收你存款的10%。"

提问和评论

　　1. 如果储户面对大于40,000美元存款有10%的共负保险,你认为他们有多大可能挤兑银行?

　　2. 哪些类型的银行可能最强烈反对共负保险?为什么?

　　3. 一家银行的执行官们可以充当过度冒险行为的约束因素。尽管执行官们可能拥有本行的股份,但他们的主要利益通常由与工作有关的福利组成,包括工资、津贴和奖金。如果银行破产了,他们会丧失这些福利并沾污其声誉。为什么不依靠经理们的自身利益防止银行破产?

c. 非存款债权人约束

　　我们至少注意到三类非存款债权人会约束银行的冒险行为:次级债持有人,可转换债持有人,以及互换与衍生品的交易对手。

次级债持有人：一家银行的次级债持有人具有极大的激励监控该银行的冒险行为。不同于股东们，他们不能从过度冒险行为中得到任何好处：他们至多得到合同规定的本金和利息。不像储户，他们不会上演挤兑。最与众不同的是，他们比其他债务人具有更低阶位的偿还优先顺序。一家银行倒闭时，该银行的接管人按照以下顺序偿还无担保求偿权：（1）接管人的管理费用；（2）存款，无论有无保险；（3）一般债务（例如，债券）；（4）次级债；（5）对 FDIC 的交叉保证负债，这类发生极其少有；（6）银行股东的所有权益。次级债持有人，既然同意排在偿付排队的近末端，那么，在其他债权人得到满额偿付之前得不到任何偿付。

因此，次级债好比煤矿的一只金丝雀。地下的矿工们可能遇到一氧化碳和其他无味、无色的有毒气体，在他们拥有现代侦测设备之前，矿工们带着笼中的金丝雀，因为金丝雀可能比矿工们更快地死于有毒气体，后者可能以金丝雀的死亡作为逃向出口的一个警告。类似地，如果一家银行拥有公众持有的次级债，银行财务健康状况的变化影响其次级债市场价格要比影响其债券价格或储户行为更加引人注目。次级债的当期收益率反映了投资者对该行风险情况的觉察力。我们通过用每年利息支付额除以市场价格来计算当期收益率。每年 60 美元利息支付额、市场价格 1,000 美元的债券，当期收益率为 6%（60 美元 ÷ 1,000 美元 ＝ 6%）。如果价格下跌到 600 美元，收益率必然上升到 10%（60 美元 ÷ 600 美元 ＝ 10%）。收益总是与价格呈相反方向变化。

当一家银行公开持有未清偿次级债时，金融分析师（且不说主要债券持有人）有激励更加密切地监控该银行的财务健康情况。当期收益率为该银行的经理们、无保险储户和监管当局提供了一种市场信号，这种信号基本不受存款保险影响。这种信号可以有助于检查监管疏忽和拖延：如果当期收益率突然上升，并且监管当局保持自满，那么一旦该银行蹒跚不稳或倒闭，他们就得承受额外责难的风险。并且，发行次级债鼓励该银行为了希望获得一种比较低的利率而更好披露其财务状况。

下表说明银行财务状况的变化可以如何影响该行次级债的当期

收益率:

表 6-3　　　　　　　　　事件如何影响次级债收益

事件	相关性	价格	收益(%)	计算
银行发行债券	—	1,000 美元	10.0	100 美元/1000 美元
市场利率下降	100 美元/年→更理想	1,100	9.1	100/1100
银行盈利创纪录	违约风险减少	1,150	8.7	100/1,150
市场利率上升	100 美元/年→更不理想	1,070	9.3	100/1,070
贷款逾期率上升	违约风险增加	900	11.1	100/900
房地产价格下跌	违约风险增加	800	12.5	100/800
大量贷款损失	违约风险增加	700	14.3	100/700
杠杆比率<5%	违约风险增加	500	20.0	100/500
杠杆比率<4%	违约风险增加	300	33.3	100/300
银行新换 CEO	违约风险减少	400	25.0	100/400
银行筹集权益股本	违约风险减少	700	14.3	100/700
银行变成盈利	违约风险减少	800	12.5	100/800
杠杆比率>7%	违约风险减少	900	11.1	100/900
杠杆比率>9%	违约风险减少	1,000	10.0	100/1,000

很多大银行发行次级债。有些经济学家提议,要求所有大银行发行次级债,以加强对这些银行的市场约束,以使大银行面对"大而不能倒"的市场敏感觉察力。但是次级债,由于它的求偿排序比较低,并且是固定回报,代表银行成本最高的资金来源。因此,银行一直抵制强制发行次级债,并且监管当局也还没有那么做。

可转换债:可转换债券可能提供了对大型银行增加市场约束的一种替代手段。经济学家们已经提议了构造此类证券的多种方式。我们将考察马
克·弗兰纳里教授概括的方法,他在《超越巴塞尔的资本充足率:银行、证

券和保险》(哈尔·S. 斯科特编著,2005 年)一书中有概述。监管当局会要求最大的一些银行发行无担保债,如果银行资本降到规定水平以下,那么,此债将自动转换成普通股。这不要求将转换作为监管措施,它将以普通股的当时市价发生。股价越低,对现有股东的稀释作用就越大。这种转换将补充资本,因此保护了储户、其他债权人、FDIC 和金融体系。对转换的展望将影响这些转换债的市值。它也将给予现有股东们一种激励,监控和约束银行的冒险行为。

弗兰纳里建议,让转换由市场触发而不是由权益的账面价值计量引发。举例来说,监管当局规定,如果银行普通股的总市值降低到总资产的 3% 或风险权重资产的 4%,那么转换发生。要有足够的债用于转换,以便银行符合所有监管资本标准,并以适度的安全边际超过触发水平。

互换与衍生品的交易对手:《联邦存款保险法》对像银行在互换与衍生品合约的交易对手一样成熟的债权人给予特权地位。(《破产法》对大多数非银行公司的债权人相同对待)。不像一家倒闭银行的非存款债权人,这些对手方可以终止他们的合约,维护立即偿还权利,没收抵押品,并且通常是完全避免损失。这种特殊处理降低了最能够监控大银行冒险的公司对大型银行的市场约束(这类合约的主要用户)。结束这种特殊处理可能加强银行保持强健、谨慎和良好管理的激励。

提问和评论

1. 这三种选择提供了有意义的市场约束吗?你觉得哪一个最为理想合意?哪一个最不合意?

2. 你认为哪一种选择具有最大的政治可行性?

四、狭义银行

增加的市场约束通过抑制道德风险有助于保护 FDIC 和纳税人。"狭义银行"提议采取了更加激进的方法:重构银行,以最小化保险基金的风险。在其严格形式上,狭义银行方法许可 FDIC 保险的银行投资仅限于短期、高品质、易于出售的资产(货币市场基金许可的那类资产)。该银行也将持有存款,并提供支付服务;其他银行业务将在非保险的附属机构进行。有保险的银行将因此变得极不可能倒闭。

在更为灵活的形式上,狭义银行方法将让银行继续进行非常广泛的业务,但给予作为保险公司的 FDIC 对该银行资产的第一留置权。为确保留置权充分保护 FDIC,该银行必须持有易于出售的资产(包括资产支持证券,以及公司股票和债券),数额至少等于该银行的受保险存款。该银行每日标记这些资产的市值。即便该银行倒闭了,FDIC 可能不引发损失。银行监管变得更加简单、更少打扰,自由的银行经营更有效率。另一方面,狭义银行方法可能引发银行及其客户以及社会的冒险行动。银行可能变得不怎么愿意发放和持有非流行性贷款,使得某些类别的企业和个人借款者获取贷款不那么容易。持有易于出售资产的要求使银行不能更好地承担对经济提供流动性的核心功能。并且,如果监管当局证明不愿意让大型狭义银行的非保险储户遭受损失,那么狭义银行方法可能无法取得道德风险和对纳税人风险的减少。

提问和评论

1. 狭义银行的想法有些历史,可以回顾看到大萧条时期经济学家亨利·西蒙的建议,"百分之百准备金的银行":用安全、流动性资产充分保护存款的银行。西蒙辩称,如此银行应当免于挤兑,因为储户知道他们的存款是安全的。

2. 狭义银行既可以独立经营,也可以公司集团形式拥有"广义银行"。广义银行发放商业贷款和其他贷款,利用除活期存款之外的其他负债形式为自己融资。

3. 尽管狭义银行的想法似乎有些想象,难道这样的企业不是已经存在而且数量还很庞大吗?思考一下货币市场基金:它提供交易账户,并只能投资安全、短期、高流动性的证券。尽管该类基金提供活期权益账户而不是活期债务账户,很明显投资者认为二者没有重大区别。

4. 银行业没有利用货币市场基金模式发展起来,而货币市场基金模式对致命的挤兑不那么敏感,为什么? 从前,货币市场工具没有足够的可用数量以支持庞大的存款基数。但是现在,货币市场已经变成了世界最大金融市场之一了。那么,为什么不要求用货币市场证券担保它们的交易账户,并且,反过来说,将银行从许多安全与稳健规则中解脱出来,那些规则也让银行法的学生和他们的教授们睡不安稳?

第七章 消费者保护与基本金融服务

我们已经看到,安全与稳健和流动性监管怎样寻求保护储户不受银行过度冒险引起的损失。现在我们转向旨在保护消费者免受银行侵害的众多规则。

第一节 高利贷

在银行法领域,最老并且多年来基本上是唯一的消费者保护规则是禁止高利贷。传统上理解,高利贷除了取利没有别的。高利贷规则不再禁止取利,但仍以各种形式调整着放贷者可以收取的最高利率。

一、州规则

尽管限制联邦干涉,关于这方面我们很快就予以考察,高利贷的基本法律继续留在州法层面。在这一领域,没有统一的法律。不同的州实施不同的利率上限。有些州免除了借款人比如法人公司的分类;其他州则没有免除法人公司分类;还有些州免除法人公司分类,除非公司形式正被用于避开高利贷的上限。有些州规定了一套"法定"的利率和另一套书面合同约定的利率。类似利率的费用和收费——比如积点费和承诺费——可能或不能列入某一特定州的高利贷范围内。有些州对房地产抵押贷款或消费者信贷交易采取了专门规定;其他州则没有这些规定。因此,在一位银行客户(或任何其他关于此事的客户)开始的交易看上去像是或实质上就是一笔不同寻常的高利率贷款之前,就是要警告学生或实务工作者关于高利贷的州规则必须详细咨询,此外也就无能为力了。

提问和评论

1. 借款者和贷款者,都位于 X 州,而订定的贷款合同要受 Y 州的法律管辖。按照 X 州法律,贷款合同利率是高利贷,但按 Y 州的法律是许可的。那么,这笔贷款是高利贷吗? 你需要更多事实来回答这个问题吗? 参见国家担保公司诉内陆财产保险公司案①。在州法律原则冲突情况下,当事双方可以按管辖法律签订合同,只要所选法律在内容上与本合同具有合理的关系。

2. 一位商人给予客户们如何支付购货的选择。客户们可以选择立即支付现金的价格,或者选择使用赊销的信用方式但日后要支付更高的价格。现金立即付款购买价格与分期付款购买价格的差别,意味着利率要服从州高利贷的法律吗? 大多数州不包括商人的这类赊销信用情况("时间价格区分"),它们免于高利贷的禁条。例如可以参见斯利格诉 R. H. 梅西公司案②。但有的州对这类商人赊销信用情况不免于高利贷禁条,参见州诉 JC 彭尼百货公司案。③

3. 你对时间价格区分规则的传统正当理由,也就是赊销比现金销售的更高价格不是"贷款"或"通融",有什么看法? 有些法院建议,其理据是高利贷法律仅适用于货币贷款,不适用于货物贷款。这样的说法更好一些吗?

4. 你能利用高利贷法律的消费者保护根据对时间价格区分规则构建一个正当理由吗?

5. 时间价格区分规则对银行面对其他放贷者的竞争状况的影响是什么? 为什么这一原则在各州中有如此高度的政治稳定性和得到如此广泛的接受? 商人们已经赊销货物免于高利贷限制至少 150 年之久,这有重大意义吗?

---

① 《联邦补充案例》第 286 卷,第 173、187 页(《阿肯色州案例》1968);确认于《联邦案例汇编第二辑》第 416 卷,第 457 页(第 8 巡回法庭,1969)。

② 《大西洋案例汇编第二辑》第 283 卷,第 904 页(《新泽西案例汇编》,1971)。

③ 《西北案例汇编第二辑》第 179 卷,第 641 页(《威斯康星案例汇编》,1970)。

6. 州高利贷法律的解释应该部分地取决于借款人是否应该是高利贷法律旨在保护的"紧迫的债务人",对吗？参见斯托达德诉斯托达德案①。

7. 经济学家倾向于怀疑高利贷法律的功效或合意性。他们认为,高利贷限制减少了对那些可能最需要它的那些人的信贷供给,那些人的财务状况使得他们的信用风险存在一定问题。因为存在违约风险,那些人想获得贷款只有通过支付更高的利率,以补偿放贷者。但是,如果这个利率太高,就与高利贷法律有冲突。对这类借款人合法贷款的供给将被切断,他们或者不得不穷于应付,或者去找放高利贷者或其他不正规来源。并且,因为放高利贷者非法运营,他们甚至要求更高的利率,这种利率要比银行无高利贷限制的利率更高,因为非法放款人必须补偿的不仅是借款人违约风险,而且也是他们将被逮捕和惩处的风险。因此,高利贷作为保护消费者措施的经济论据是不明确的。关于这个问题的争论,请比较《评高利贷立法——它对经济的影响和改革建议》②与华莱士《高利贷的用处:低利率上限再考察》③。

8. 在 1970 年代末,高名义利率对州高利贷法规制度施加了很大压力。在某些情况下,信贷干涸,因为市场利率超过了高利贷的上限。国会立法介入,有些情况下覆盖州高利贷上限,由此许可州立银行和国民银行征收以往受到禁止的利率。这些条款中的最重要部分包含在《1980 年存款机构放松管制和货币控制法》,该法先占于所有对第一抵押贷款规定的高利贷上限(三年内受到州的压制),并按《美国法典》第 12 卷第 85 款(也受到州的压制),允许所有联邦保险的存款机构征收对国民银行许可的利率。

二、对国民银行的高利贷限制

对国民银行的高利贷限制包含在《美国法典》第 12 卷第 85 款。第 85 款许可国民银行征收三种更高的利率:(1)国民银行所在州的法律许可的

① 《联邦案例汇编第二辑》第 641 卷,第 812 页(第 9 巡回法庭,1981)。
② 《范德比尔特法律评论》第 33 卷,第 199 页(1980)。
③ 《波士顿大学法律评论》第 56 卷,第 451 页(1976)。

利率,除了对州注册银行设定不同利率的州之外,这一利率也许可国民银行;(2)在银行所在地区的联邦储备银行有效的 90 天商业票据,高于折扣利率 1% ;或(3)7% ,如果利率没有被州法固定。

在这些条款中,最受争议的一条是允许国民银行与州注册机构同等。在此领域的问题在有些方面类似于在《麦克法登法》(参见边码第 175—180 页)下的国民银行分行化问题,该法也求助州对州立银行的监管以确定适用于国民银行的监管。然而,高利贷不同于分行化的情况,分行化的管辖原则(至少直到近期)是国民银行与州立银行之间"竞争平等",而在高利贷监管情况下,始终非常清楚的是,国民银行享有州注册机构所没有的特殊优惠。

蒂法尼诉密苏里国民银行案[①]

一家国民银行按 9% 利率发放了贷款;该州法律对州注册银行的利率限制为 8% ,但许可其他放贷者征收最高利率 10% 。

《国民银行法》的第 30 款,据此条款提起本诉讼,内容如下:

> 按本法组织的每个协会,可以对任何贷款取走、收到、保存和征收……利息,利息利率以银行所在的州法所许可的利率,不能更高;法律另有规定的州除外,在那里,不同的利率限于按州法组织的银行,如此受限制的利率在任何这样的州按其州法组织的每一协会应当被许可。并且,如果没有利率被州法所固定,那么该银行可以取走、收到、保存和征收不高于 7% 的利率。

斯特朗,法官:

原告的立场是,这个国会法的一般条款,即全国银行协会可以他们所在州的法律许可的利率征收和接收利息,不适用于这些被告的情况,并且他们

294

---

① 《美国案例汇编》第 85 卷,第 409 页(1874)。

仅限于对该州发钞银行许可的利率,也就是8%。我们认为,这一立场不能得到维护。这个国会法是一个授权法,不是一个限制法,例外情况是迄今为止该法固定的最高利率,这在任何情况下州发钞银行都不许可征收更高利率。第30款有三个条项,每一条项都是授权性的。如果州法没有界定利率,那么许可征收7%。如果州法对一般放贷者设了固定利率,那么各银行被许可征收所设的利率,但不能更高,例外情况是如果州发钞银行被许可储备更多,同样的优惠对全国银行协会是允许的。我们认为,这是对国会法的公平解释,与其文字和精神完全一致。它提到对国民银行的准许和对州立银行的限制,但它没有表明,对州立银行限制的利率应当是对国民银行许可的最高利率。毫无疑问的是,如果密苏里州的发钞银行被允许以高于10%的利率要求利息,国民银行也可以照做。并且,这就是它们在该法做出的例外范围之内的理由,也就是,比法律许可的一般利率"不能更高"这一限制性词组的应用例外。但是,如果它的意图是它们决不应当收取比州发钞银行更高的利率,即便一般规则是许可更高利率,而如果该意图是限制而非授权,那么表达这样一个意图的明显模式是添加词组"而且不能更高",像本条款的前款所添加的那样。没有那些词组或等同的词组,是有重要意义的。与该法以及关于国民银行所有立法的基本精神相结合,这是有效的控制手段。不容置疑,从国会规定全国银行协会组织的目的来看,国会的意图是给予它们在所在各州一个牢固基础。国会期望它们将与州立银行进行竞争,并有意给予它们在如此竞争中至少同样的利益。为了达到这一目的,授权它们订立相同的利率档次,无论那些利率可能如何,都被许可与州立机构类似。这样的考虑对于保护它们免于可能存在的不利的州立法是绝对必要的。很明显,如果州法允许其发钞银行的利率高于许可对自然人的普通利率,那么全国银行协会不会与它们竞争,除非许可相同。另一方面,如果这类协会限于州法许可的利率,而州法许可的利率是对根据州法批准的银行的利率,那么这种不友好立法可能使得它们在该州无法存在下去。利率可能被规定得太低,以至于银行经营无法维持,除非有一定亏损。避免这种意外情况的唯一方式,我们认为,就是国会采用的方式。它对全国银行协会许可的利率,也是州对一般自然人许可的利率,并且,如果州发钞银行被准许收取更高的利率,它也许可更高的利率。这一解释与国会的目的一致,并付诸实行。它也与国会所有立法的精神一致。国民银行已经是国家的最爱。创建国民银行的目的,部分是为了向全国提供货币,而另一部分原因是创造美国政府的一个贷款市场。因此,它不可能打算让国民银行遭受各州不友好立法的危险,或与州立银行进行毁灭性的竞争。相反,为保证国民银行代替州立银行已经做了大量工作。后者实质已经在税收上失去了存在。对它们发钞的征税如此之大,表明的目的是强迫所有这样的发行从流通中退出去。我们认为,给予我们正在考察的国会法第 30 款的解释与这一政策一致。它给予国民银行超过其州竞争者的有利条件,许可国民银行征收与州立银行一样的利率,并且如果州法许可对自然人征收更高的利率,国民银行也征收更高的利率。

本案的结果是,被告对贷款征收 9% 的利率并不违反国会法,因此被告对原告不负任何责任。

提问和评论

1. 蒂法尼案建立的原则甚至在今天仍然有效,国民银行享有在州高利贷法律之下的"最受青睐的放贷人"地位:即便州注册银行被限于更低的利率,国民银行可以利用州法许可放贷人的最高利率。

2. 伴随这个案例的成文法补充内容,参见现在的第 85 款文本。

3. 你认为,国会为什么对一种情形做出特别规定,这种情形就是,各种高利贷限制适用于州注册银行,不适用于在该州的其他放贷人?

4. 基于国民银行法关于州与国民银行的竞争地位,最高法院识别出什么政策?

5. 重新思考第一章陈述的历史,关于发生本判决时的美国银行业结构有什么东西可能影响最高法院的分析吗?

6. 假定某州设定了普通高利贷上限利率为 10%,商业银行高利贷上限利率为 8%,消费金融公司高利贷上限利率为 12%,那么国民银行的高利贷上限利率是多少?

7. 批准第 85 款时美国还处在银行业相对本地化的时代。然而今天,银行可以很容易地通过使用邮件或其他媒介在全国范围申办贷款。这项业务带来的问题是,第 85 款如何适用于在 A 州的一家国民银行对其他州客户发放的贷款。如果 A 州比 B 州许可更高的利率,那么位于 B 州的借款人,在第 85 款下受哪一州的利率控制呢? 思考下面的例子:

296

明尼阿波利斯马凯特国民银行诉第一奥马哈服务公司案①

大法官布伦南:

要判决的问题是,《国民银行法》②是否准许一家基于某州的国民银行对州外信用卡客户的未付余额征收其州籍地区许可的利率,而该利率高于该银行非本地居民客户所在州许可的利率。

奥马哈第一国民银行(简称奥马哈银行)是注册地址在内布拉斯加州奥马哈的一家国民银行协会。奥马哈银行是美洲银行卡计划的银行卡发行成员。这一计划能够让银行卡持有人参与商家购买货物与服务,并能从全美国和世界的参与银行获得现金预付。奥马哈银行已经开展了全面寻求明尼苏达州附近的居民、商人和银行加入美洲银行卡项目,征集明尼苏达州商人和银行的活动由被诉人第一奥马哈服务公司(简称奥马哈服务公司)推行,它是奥马哈银行的全资子公司。

明尼苏达居民对美洲银行卡未清余额有义务支付奥马哈银行利息。内布拉斯加州法律允许奥马哈银行对银行卡账户的未付余额收取利息,利率为 999.99 美元以内每年 18% ,1,000 美元以上每年 12%。为补偿减少的利息,明尼苏达州法律许可银行对使用的每张银行信用卡收取 15 美元年费的优惠待遇。

本案一开始,诉愿人明尼阿波利斯马凯特国民银行(简称马凯特)本身

---

① 《美国案例汇编》第 439 卷,第 299 页(1978)。
② 《美国法典》第 12 卷第 85 款,修正案修订法条第 5197 款。

也是加入美洲银行卡计划的一家国民银行协会,在明尼苏达州亨内平县联邦地方法院提起诉讼,要求禁止奥马哈银行和奥马哈服务公司在明尼苏达州为奥马哈银行推广美洲银行卡项目,直到该项目尊重明尼苏达州法律时为止。马凯特声称它的客户流失到奥马哈银行,因为不像这家内布拉斯加银行,马凯特受迫于按明尼苏达州法律许可的低利率,对使用它发行的每张信用卡收取 10 美元年费。……

奥马哈银行是一家国民银行;它是一个"联邦政府的工具,为公共目的设立,因此需要服从美国最高当局。"参见戴维斯诉埃尔米拉储蓄银行案①。因此,奥马哈银行在其美洲银行卡项目上可以征收的利率是受联邦法律管辖。参见农场主与技师国民银行诉迪尔林案②。第 85 款对各州表示怀疑:

> 任何协会可以对任何贷款或贴现或基于任何券证、交换票据或其他债务凭证取走、收到、保存和征收利息,利息利率以银行所在的州、领域或地区的法律所许可的利率……而且不能更高,法律另有规定的州除外,在那里,不同的利率限于按州法组织的银行,如此受限制的利率在任何这样的州按《国民银行法》组织或存在的协会应当被许可。(补充了重点。)

于是,第 85 款清楚地规定了一家国民银行可以银行"地处"州的法律许可的利率"对任何贷款"征收利息。因此,我们面前的问题缩小在,奥马哈银行及其美洲银行卡项目是否是"地处"在内布拉斯加州,并据此理由有资格对其尼苏达州客户按内布拉斯加州法律许可的利率征收。③

毫无问题,奥马哈银行本身,除了它的美洲银行卡项目,是地处内布拉

297

---

① 《美国案例汇编》第 161 卷,第 275,283 页(1896)。

② 《美国案例汇编》第 91 卷,第 29,34 页(1875)。

③ 我们在本案没有机会解析第 85 条款词组"在任何这样的州组织或存在的协会……"的意思。既然本案没有要求或证据说,明尼苏达州银行比"一般放贷人"的利率是"许可保留更高",我们就不必裁定词组"组织或存在"对术语"地处"的关系。

斯加州。诉愿人也同样承认。《国民银行法》要求一家国民银行在其企业营业执照里说明"其贴现和存款业务的经营地点,表明州、领域或地区,以及具体县和市、镇或村。"①奥马哈银行的注册地址是在内布拉斯加州道格拉斯县奥马哈。该银行在明尼苏达州没有开设分行,很明显也不受联邦法律管辖。②

然而,明尼苏达州认为,如果考虑奥马哈银行的美洲银行卡项目,那么这一结论必须改变:"在一家国民银行系统性地对明尼苏达州居民推介信用卡以用于与明尼苏达州商家交易的情况下,该银行为了银行卡项目的目的必然被认为是'地处'明尼苏达州。"

我们不同意。第85款原来作为1864年《国民银行法》的第30款颁布的。国会围绕颁布第30款展开争论,其假设是,一家国民银行是"地处"为了在其企业营业执照里提到名字的州的部分的目的。奥马哈银行不能仅仅因为对外州发放信用而被剥夺这一地点。明尼苏达州居民一直是自由到访内布拉斯加州的,并能得到该州的贷款,这并不表示明尼苏达州高利贷法律将适用这样的交易。尽管便利的现代邮件允许明尼苏达州居民持有奥马哈银行的美洲银行卡,不用到访内布拉斯加州而得到贷款,然而他们使用信用卡的信用类似于由在内布拉斯加的奥马哈银行发放,通过该银行承兑明尼苏达州参与的商家和银行的销售票据而已。对信用卡持有人的未付余额的财务费用由内布拉斯加州奥马哈的该银行评估,并且对未付余额的所有支付都汇到在内布拉斯加州奥马哈的该银行。并且,该银行是由在该城市的本银行进行信用评估后在内布拉斯加州奥马哈签发其美洲银行卡。

奥马哈银行的美洲银行卡用于"与明尼苏达州商家的交易"的事实也不能确定该银行的地点是为了第85款的目的。该银行的美洲银行卡能够使其持有人"从参与商家购买货物与服务,并能从全美国和世界的参与银行获得现金预付。"因此,明尼苏达州居民可以使用奥马哈银行的美洲银行

---

① 《美国法典》第12卷,第22款。

② 同上,§36(c)。

卡购买纽约州的货物与服务,或者从密歇根州邮寄货物。如果该银行的地点取决于每一信用卡交易的行踪下落,那么术语"地处"的意思必定是如此绵延,以至于陷入现代州际金融复杂体系的混乱状态之中。一家国民银行可能无法确定它与外州居民的联系是否为了符合第85款的目的而足以改变地点。我们不选择通过提出如此富有弹性的"地处"术语引起这些困难。因此,奥马哈银行让明尼苏达州居民、商家和银行加入其美洲银行卡项目的不争事实,不足以"定位"该银行在明尼苏达州,符合《美国法典》第12主题第85款的目的⋯⋯

298

既然奥马哈银行及其美洲银行卡项目"地处"内布拉斯加州,第85款的清楚语言规定了该银行"对任何贷款"征收由内布拉斯加州许可的利率。可是,诉愿人辩称,对该成文法的这一解读违反了《国民银行法》的基本立法意图。诉愿人的论据说道,在1864年国会颁布《国民银行法》的时代,它的意图是"在征收利息上保证州立银行与国民银行之间的竞争平等。"这个政策通过限制国民银行征收其所在州许可的利率可能最有成效。既然国会1864年说明包括银行在内的金融体系是"地方性机构",它没有"考虑一家国民银行在其创立之州以外的地区鼓动客户加入其贷款协议。"因此,诠释第85款以适用像那些如本案涉及的州际贷款不仅超越许可地扩大了国会本来意图,而且通过打乱现在既有的州立银行与国民银行之间的竞争平等,侵蚀了该法的基本政策基础。

我们不能接受诉愿人的论据。无论"竞争平等"的政策在《国民银行法》的其他条款里受到怎样的辨识,第30款及其派生的第85款在一个多世纪里都被诠释为给予"国民银行超越其州竞争者的有利条件。"参见蒂法尼诉密苏里国民银行案。[①]"国民银行,"在蒂法尼案这样说道,"已经是国家的最爱。"可是,州立银行与国民银行之间竞争平等的政策在此案的核心之处并非真实。相反地,我们面临着不平等,这种不平等在一家国民银行在涉及与外州居民而适用其州籍利率时就出现了。这些不平等影响着国民银行

---

① 《沃尔案例汇编》第18卷,第409,413页(1874)。

以及外州的州立银行。实际上,在本案,马凯特是一家国民银行,声称受到另一家国民银行征收的不平等利率的伤害。当一州的利率"输出"进入另一州时,由此出现的不平等是否违反了国会在颁布第 30 款时的意图,部分取决于国会在 1864 年是否意识到州际银行体系的存在,在这一体系里这样的不平等仿佛是一个不可分割的组成部分。

对 1864 年《国民银行法》、它的立法历史以及它的历史背景的严密考察清楚地表明,与诉愿人的意见相反,国会意图是促进……一个"全国银行业体系。"……

诉愿人的最后论据是利率的"输出",例如出现在本案的情况,将极大损害各州有效执行高利贷法律的能力。然而,这种损害在《国民银行法》的结构里始终是不言而喻的隐含内容,因为一州公民可以自由造访邻州接受他州利率贷款。事实上,这种损害可能被轻易地加强了,因为通过邮递和使用现代信用卡使得州际贷款很方便。但是,保护州高利贷法律是一个立法政策问题,并且,任何要改变第 85 款以推进那种结果的申辩最好向智慧的国会而不是负责裁决的本院表达。

提问和评论

1. 假定主要情况的事实相同,不同的是,马凯特国民银行通过位于奥马哈的贷款办事处向内布拉斯加州居民推广其美洲银行卡项目。贷款办事处招揽新客户,但银行卡的批准和账单服务出自明尼阿波利斯。那么,马凯特国民银行可以对内布拉斯加州客户按内布拉斯加州法律许可的利率征收吗?参见费舍尔诉芝加哥第一国民银行案[1],国民银行可以征收更高的利率;费舍尔诉奥马哈第一国民银行案[2],基本同上,也是国民银行可以征收更高的利率。

2. 你认为最高法院的论据如何?最高法院的论据是"如果该银行的地

---

① 《联邦案例汇编第二辑》第 538 卷,第 1284,1291 页(第 7 巡回法庭,1976)。

② 《联邦案例汇编第二辑》第 548 卷,第 255,258 页(第 8 巡回法庭,1977)。

点取决于每一信用卡交易的行踪下落,那么术语"地处"的意思必定是如此绵延以至于陷入现代州际金融复杂体系的混乱状态之中。一家国民银行可能无法确定它与外州居民的联系是否为了符合第 85 款的目的而足以改变地点。"难道一家国民银行不是根据客户的账单地址确定适用的利率吗?

3. 马凯特国民银行诉第一奥马哈服务公司案对一州实施其高利贷法律的能力有什么影响?

4. 如果一家国民银行违反第 85 款,受什么惩罚? 第 12 主题第 86 条款规定"取走、收到、保存和征收高于第 85 款许可的利率,明知故犯的,应对涉及收取高利率的券证、票据或其他债务凭证或同意据此支付的全部利息予以没收。在已经支付了高利率的情况下,支付高利率的个人……可以双倍收回……由此支付的利息金额。"

斯迈利诉花旗银行(南达科他)案①

斯卡利亚,法官:

第 85 款规定,一家国民银行可以对其贷款客户征收"利息,利率以该银行所在……州的法律所许可。"在明尼阿波利斯马凯特国民银行诉第一奥马哈服务公司案②,我们认定,这一条款授权国民银行对州外信用卡客户收取一种许可州籍银行的利率,即便那个利率高于持卡人居住州允许的利率。本案的问题是第 85 款是否也授权一家国民银行收取滞纳金,这在银行的家乡州是合法的,但在持卡人居住州是禁止的——换句话说,法律术语"利息"是否包含滞纳金。

诉愿人,是一位加利福尼亚州居民,持有两张信用卡——一张"普通卡"和一张"金卡"——由被告签发,被告是位于南达科他州苏福尔斯的一家国民银行。普通卡协议规定,如果诉愿人没有在到期日 25 天内支付每月最小还款额,被告对她收取每月 15 美元滞纳金。按金卡协议,如果每月最

---

① 《美国案例汇编》第 517 卷,第 735 页(1996)。
② 《美国案例汇编》第 439 卷,第 299 页(1978)。

小还款额没有在到期日 15 天内收到,被告将征收滞纳金 6 美元;如果最小还款额没有在下一月的每月最小还款额到期日收到,对金卡另外加收 15 美元或未偿付余额的 0.65%,按数额较大者收取。诉愿人的两张卡都被征收了滞纳金。

这些滞纳金按南达科他州法律是许可的。可是,诉愿人认为,对加利福尼亚居民实施这样"违背良心的"滞纳金收取违反了加利福尼亚州法律,并于 1992 年代表本人以及其他加利福尼亚持有被告信用卡的人们提起集体诉讼,主张各种成文法和普通法的求偿。被告提出对诉状的判断,辩称诉愿人的求偿应先占服从第 85 款。……

实际难以声称,关于此处争论的关键点,在《国民银行法》中"利息"这个字是违背良心的。对于监管部门负责管理的成文法中有关模糊术语的意思,我们的惯例是尊重监管部门的合理判断。关于该银行法的意思,我们的惯例是尊重货币监理官的判断。我们说,"货币监理官负责银行法的实施,他对这些法律意思的审议结论在一定程度上保证尊重规则的使用。"

1995 年 3 月 3 日,加利福尼亚州高等法院驳回了诉愿人诉状,货币监理官发出布告,征求对拟议法规的公众意见,该拟议法规涉及我们面前的主题。并且,在 1996 年 2 月 9 日,也就是在加利福尼亚州高等法院判决之后,货币监理官采用了下面的条款:

> 《国民银行法》第 85 款使用的术语"利息"包括任何支付,用于补偿债权人或潜在债权人发放的贷款,贷款规定了可用授信额度,或借款人违约或违反发放贷款的条件。其中,它包括与发放或可用信用有关的下列收费:数字定期利率、滞纳金、金额不足费、超限费、年费、现金垫付费以及会员费。一般不包括保证发放贷款归还的评估费、保险费和佣金,经纪费、文件制作或公证费,或为获得信用报告发生的费用。

诉愿人提出为什么普通尊重的规则不适用这一规条的几条理由。首先,诉愿人指出这一事实,这一规条在第 85 款颁布之后 100 多年才发布的,似乎本诉讼的结果是和相似的一个诉讼一样,在诉讼中监理官作为法官的顾问站在银行一边。时间延迟 100 年毫无二致。可以肯定,监管部门的诠释长期有效,出现在我们面前具有一定合理可信性,因为错误长期存在是罕见的。但是,该成文法的有效性条件既非古代也非当代。我们按雪佛龙案原则尊重各个监管部门,并非因为这样一个推定,他们制定了所说的条款,或出席了听证会,或对主要发起人发表了演讲;相反是因为这样一个假设,当国会在一部成文法留下模糊之处后,它本来打算由一个监管部门贯彻实施,知道那个模糊之处会得到解决,最重要的是由这个监管部门解决,并且希望该监管部门(不是法院)拥有那种模糊许可的某种程度的自由裁量权。且不说这一规条受到包括本诉在内的诉讼的促进。当然,我们拒绝服从"监管部门诉讼立场完全没有法规、规则或管理惯例支持"。……如果不适合自己的权威性,这样立场的审慎是可疑的。但是,此处在我们面前有一项正式的法规,由监理官本人签发,并按照旨在确保慎重的《行政程序法》的公告和评论程序予以采用。……恰恰是诉讼揭露了所需要的法规是不恰当的。

第二,诉愿人辩称,监理官的规条不值得我们尊重,因为"没有在合理基础上将叫做利息的各种收费……与叫做'非利息'的各种收费加以区分。"……我们不同意。作为一项可分解的事件,如该法规所表示的那样,对我们来说完全有可能在二者中间划开界线,(1)"用于补偿债权人或潜在债权人发放的、规定了可用授信额度的贷款,或借款人违约或违反发放贷款条件的付款,"以及(2)所有其他付款。……

在任何情况下,我们都不想在这里出现任何可以被准确描述为官方机构立场变化的东西。……

除了提出为什么《美国联邦法规》第 12 卷第 7.4001(a)款尤其不值得尊重的理由之外,诉愿人还辩称,监理官关于第 85 款的诠释也不值得尊重,因为第 85 款是先占于州法的一个条款。她认为,西波隆诉利格特集团公司案①

---

① 《美国案例汇编》第 505 卷,第 504、518 页(1992)。

宣布的"针对先占权……假定"实际上推翻了雪佛龙原则,并要求法院对第85款作出自己的诠释,那将避免(在可能的程度上)对州法的先占权。这一论据混淆了一项成文法条实质(作为反对先占权)意义的问题与一项成文法条是否先占的问题。我们可以设想(不是判决)后一个问题必须常常由法院重新裁决。那不是此处争议的问题。毫无疑问,第85款先占于州法。在明尼阿波利斯马凯特国民银行诉第一奥马哈服务公司案①,我们驳回了诉愿人的那一论据,即从家乡州"输出"利率将"极大损害各州有效执行高利贷法律的能力",因为据观察"这种损害……在《国民银行法》的结构里始终是不言而喻的隐含内容。……保护州高利贷法律是一个立法政策问题,并且,任何要改变第85款以推进那种结果的申辩,最好向智慧的国会而不是负责裁决的本院表达。"此处争议的问题仅仅是一个条款的意思,那不(像在西波隆案的条款)涉及先占权问题,因此对诉愿人提出的这些思考不予解释。

既然我们已经得出监理官的诠释值得尊重的结论,那么我们面前的问题不是它是否代表该成文法的最好解释,而是它是否代表了一种合理解释。很明显,答案是肯定的。

302　　诉愿人辩称,被告收取的滞纳金不构成"利息",因为滞纳金"没有根据所欠的支付款或延迟的时间段而变化。"……我们不认为这样的一个限制必须在理解该成文法条款时加进去。《国民银行法》时代的大多数法律词典里没有对"利息"这样一种限制放进去。……我们自己于1873年申明的"利息"定义同样没有标明它是限于表示为一个时间函数或欠款金额函数的收费:"利息是法律许可或由当事人确定,因为使用或转让钱,或作为赔偿其滞留的报偿。"……

诉愿人对坚称收费是基于时间和利率的要求提出了另一来源:她特别提到,第85款所授权的是以该银行州籍法律"许可的利率"收取利息。在她看来,这要求利息收取应当表示为时间和欠款金额的函数。在该法

————————

① 《美国案例汇编》第439卷,第299页(1978)。

里找出这样的要求会让人大吃一惊,只因为它要是如此而毫无意义。当然,任何固定收费可以很容易地转换成一种百分比收费——这确实是19世纪裁决认定的基础,就是固定收费违反了州高利贷法律设立的最高"利率"。……并且,没有明显理由说为什么家乡州批准的百分比应当许可而家乡州批准的固定收费不合法。无论怎样,《国民银行法》时代的常见用法防止得出这样的结论,监理官拒绝对"利率"一词给予诉愿人要求的狭义是不合理的。

最后,诉愿人辩称,滞纳金不能是"利息",因为它们是"罚金"。但是在第85款,术语"利息"与"罚金"并非截然相反,而且没有理由不能包括为了那个目的施加的利息收取。……

因为该法规值得尊重,并因为监理官对第85款的诠释不是不合理的诠释,加利福尼亚州高等法院的判决必须得到确认。

提问和评论

1. 请思考第二章关于双重银行制度的内容。你认为斯迈利案对州监管州注册银行的滞纳金和其他收费具有什么影响?在斯迈利案判决后,为了促进州内信用卡发行者与州外信用卡发行者之间的竞争,一些州放松了对州内信用卡发行者的限制。

2. 注意像马凯特案和斯迈利案这样的案例,对执行信用卡项目,似乎给予国民银行相对于商家的显著有利条件,因为所在州提供利率和收费的有利监管,银行可以利用第85款的先占权效应,并获得比一个商家提供其客户的贷款更好的条款。商家们可能会怎样回应?大型商家可能利用开办特殊目的"信用卡银行"的权力,在国民银行特许执照之下经营信用卡银行,而信用卡银行可以位于有利管辖区,并可以管理该商家的信用卡系统。不像普通商业银行,这样的信用卡银行可以由非金融机构拥有。[①]

---

① 参见《美国法典》第12卷,§1841(c)(2)(f)。

三、对州执照银行的高利贷限制

一项不同的成文法条阐明了对州执照银行的一项高利贷规则。联邦保险的银行(因为基本上所有银行都是联邦保险的银行,本规则实际适用所有州执照银行)。《美国法典》第 12 卷第 1831d 款规定"为了防止歧视州执照的被保险存款机构……的利率,如果本亚款规定的适用利率超过了这类州银行在本亚款不存在时许可收取的利率,……那么,尽管为了本条款目的此处先占州宪法或成文法,这类州银行……可以,以不高于超过联邦 90 天贴现率 1% 的利率收取利息……或以……该银行所在的……州法律许可的利率,两种利率取更高者。"

本法条处理像下面的情况。在马凯特案例情况下,一家位于 A 州的国民银行可以输出按 A 州法律规定的利率,适用对它在 B 州发放的贷款,即便是对于位于 B 州的一家银行来说该笔贷款在那里可能是非法的。但是,在不存在第 1831d 款的情况下,一家位于 A 州的州执照银行不能对它在 B 州发放的贷款输出 A 州的高利贷上限利率。为了改正这种不平等,国会规定,州执照银行可以像联邦银行一样征收相同利率。

这提出了第 1831d 款引来的问题:它将州执照银行放在与国民银行完全相同的地位,或者二者的差别仍然保留？这个问题是一个先占权问题。对国民银行来说,第 85 款完全先占州高利贷法规:"不……存在像州法针对国民银行的高利贷索赔这种事。"参见有益国民银行诉安德森案①。于是,这一联邦成文法条本身加上货币监理官对该法条的合理诠释取代了不一致的州法。一个类似的先占权适用于州执照银行,在这个意义上,如果州执照银行服从第 1831d 款,那么它能免于按州法的高利贷责任吗？

两个成文法条之间语言上的相似性可能表示答案是肯定的。然而,在

---

① 《美国案例汇编》第 539 卷,第 1 页(2003)。

托马斯诉美国银行全国协会案中[①]，法院的结论却不然。争论的索赔问题是州执照银行签发的抵押贷款包含违反一项密苏里州高利贷法律的条款。这些抵押贷款的利率依从了密苏里州法律，但是与这些抵押贷款有关的某些收费据称不符合密苏里州法律。被告方是有完全先占权的：因为第 85 款完全先占州高利贷法规针对国民银行的主张，第 1831d 款同样对待针对州执照的被保险银行的主张，只要它符合该联邦成文法条。

依靠对这一成文法用语的严密分析，法院驳回了被告方。第 1832d 款的适用，按其规定，仅"当本亚款规定的适用利率超过了该州立银行在本亚款阙如时……许可征收的利率。"基于该案事实，该联邦成文法条规定的适用利率没有超过该州立银行在本亚款阙如时许可征收的利率，因为征收的这一利率是州法许可的；此诉讼不是关于利率的而是关于某些其他收费，那可能被认为是按州法属于高利贷盘剥性的。既然第 1831d 款不适用声称的侵权行为，法院认定它不先占于州法。

提问和评论

304

1. 这是切合实际的吗？鉴于立法目的——取得对类似境况的州立银行与国民银行之间竞争平等的一种衡量——该成文法比较好地被诠释为适用贷款的所有条件，而不仅仅是利率？

2. 托马斯案的认定似乎至少与另一个案例不一致。参见发现银行诉瓦登案[②]。

3. 一家联邦保险的、州执照银行发放了一笔贷款，贷款利率按州高利贷法对银行是禁止的，但对某些其他放贷者是许可的。这笔贷款有效吗？参见万德韦斯特诉本森第一州立银行案[③]（有保险的州执照银行享有最有利的放贷者地位）。

[①]　《联邦案例汇编第三辑》第 575 卷，第 794 页（第 8 巡回法庭，2009）。

[②]　《联邦案例汇编第三辑》第 489 卷，第 594 页（第 4 巡回法庭，2007）。基于其他理由变更案名翻案，《美国案例汇编》第 556 卷，第 49 页（2009）。

[③]　《西北案例汇编第二辑》第 425 卷，第 803 页（明尼苏达，1988）。

第二节　平等信贷机会

我们现在考察旨在防止提供信贷歧视的规则问题。该领域的主要联邦成文法是《平等信贷机会法》(简称 ECOA)①。该法的目的是确保诚信借款人因为与其偿还能力无关的一些不公平因素而被否决贷款。

一、个人受到的保护与责任

"对于一笔信贷交易的任何方面,"如果基于种族、肤色、宗教、民族起源、性别、婚姻状况或年龄歧视申请人;也禁止这样的歧视,如果它的发生是因为某人接受福利救济或针对某人按该法行使权利而进行报复,那么 ECOA 使其不合法。

ECOA 对"债权人"强加责任。但谁是债权人? 我们大多数人对他人时不时垫付钱款——只不过限于我们的朋友、家人,或者碰巧把钱包落在家里的公司同事。难道那种行为就要我们按 ECOA 负责,如果我们碰巧拒绝了一个诚信借款人的借钱请求,而此借款人碰巧就是归入受保护的一类人,是吗?

为预防该法延伸太宽的问题,该法律及其贯彻法规将"债权人"规定为,在日常业务过程中经常参与贷款决策的个人。普通人不负有责任。

提问和评论

1. 桑切斯是合法居住在美国的墨西哥公民,向银行申请贷款但被拒绝,理由是他"不是美国公民。"该银行违反了 ECOA 吗? 参见班达利诉第一国民银行案②(对外国人的歧视在 ECOA 下是许可的)。

---

① 《美国法典》第 15 卷,§ 1691 - 1691f。
② 《联邦案例汇编第二辑》第 808 卷,第 1082,1100—1101 页(第 5 巡回法庭)。《美国案例汇编》第 492 卷,第 901 页(1989)。

2. 史密斯和琼斯是一对同性夫妇,向银行申请一笔抵押贷款。该银行否决了申请,仅因为银行不希望与同性恋男女客户打交道。这一行为是有损道德的,并可能违反了其他适用法律,但按 ECOA 它是非法的吗?

3. 律师威尔逊从事婚姻诉讼与一般诉讼的混合业务。威尔逊婚姻诉讼客户的95%是男性,而一般诉讼客户中大约一半是男士一半是女士。威尔逊的策略是要求前面全做婚姻诉讼案件,而一般诉讼客户安排在月底。这违反了 ECOA 吗?

二、效果标准

由于要对在发放贷款中有歧视行为的人规定责任,该法可能被解读为,要求在对嫌疑行为分类基础上,提出否决贷款的不公平意图的一些证据。然而,证明故意违规行为可能是困难的,人们一般不会标榜他们正在从事歧视活动——特别是如果他们知道那么做会陷入麻烦。因此,他们可能掩饰歧视行为,在策略上他们表面看起来是中立的。此外,人们有时可能犯下一些无意识的歧视行为:他们对自己说他们不是歧视,但他们的行为表明并非如此。

因为这些理由,要求提供歧视性意图的证据将危及重创 ECOA。另一方面,使用这一规则也有一些问题,问题就是仅仅因为放贷者否决了某人贷款就强加责任,而此人碰巧归入可疑分类里。ECOA 不是人们取得需求贷款的一个许可证——在不破坏贷款机构的贷款标准和损害贷款机构的财务状况的前提下它也不可能是。

解决这个两难问题的办法是允许原告在没有意图证据情况下,基于统计证据确定责任,统计证据说明被告对受保护类别的人群行使了有规律或惯例性的否决贷款——这是一种"效果"标准。联邦储备委员会(在该法条转交消费者金融保护局之前它管辖 ECOA)采纳了这一标准。因此,ECOA 可以禁止债权人有实际歧视的做法,即便债权人没有歧视的意图,以及歧视做法表面上是中立的。

然而,一种纯粹的效果标准有可能强加过度的责任,因为它可能囊括一切贷款否决,这在与受保护类别的人群有关联的同时,可能基于非歧视理由仍然是合理的。因此,真正的信贷标准可能按效果标准是许可的,即便他们对受保护类别人群导致不成比例地信贷否决。另一方面,如果存在达到合法营业目的的方法,有效防止借款人违约,同时减少差别性影响,那么这些方法应当优先用于那些产生差别性影响的人群。

实际上,应用效果标准经常依靠分析借款人"信用评分"程序。许多放贷者保持或购买可能包括多种变量的贷款表现统计数据,包括借款人在ECOA 保护组的成员资格以及其他信息。通过分析这些信息,放款人能够基于客观和统计方法评估每个变量如何影响借款人违约的可能性。统计分析结果可以转入信用评分程序,据此银行官员能够通过将这些信息输入计算机确定,该笔贷款申请人是否符合放款人的贷款标准,或者为了补偿放款人承担违约风险而征收多少利息。

B 条款对信用评分程序采用一种混合方法。有些潜在的相关信息可能不被用于信用评分系统。例如,申请人是否承担或抚养孩子可能完全没有予以考虑。另一方面,比如种族、肤色、宗教、民族或性别可能也没有考虑,该条款允许放款人使用年龄作为信用评分的一个元素,尽管年龄是一个受保护的类别因素。但只有当信用评分系统是"经验上得到证明并且统计健全,"才可以考虑年龄因素。尽管这样,一位长者申请人的年龄也不可以定为负值。[①]

提问和评论

1. 假定年长的人群比年轻的人群有更好的偿还债务记录。银行可以认为申请人年长因素有利于支持发放贷款吗?

2. 设想一家放贷机构基于大量金融数据开发了一套统计可靠的信用评分系统,并且统计学揭示说信仰某种宗教的人比信仰其他宗教者具有明显更好(或更差)的违约记录。一位申请者的信仰可以被认为是贷款决策

①　《美国联邦法规》第 12 卷, § 1002.6(b)(2)。

的一个因素吗？为什么不可以？

三、家庭状况

　　极少人居为隐士。贷款申请人的生活像大多数人一样，包括孩子、配偶、其他重要人、前配偶，或福利以及财务状况与申请人生活有一定亲密联系的其他家庭成员。作为一个实际问题，这些个人联系可能对申请人的偿还能力有影响。在评估贷款申请人时，放贷机构要在多大程度上考虑这些个人关系？

　　ECOA 剥夺根据"婚姻状况"的歧视权利①。但这是什么意思？对于债权人将申请人有孩子上学的费用要支付而且没人帮助这种事实视为负面，这算歧视吗？

　　债权人可以坚持接受贷款的条件是申请要有配偶签字并对贷款共同负责吗？如果申请人靠自己单独贷款不合格的话，那么答案是肯定的；如果申请人靠自己单独贷款合格，那么答案就是否定的。

　　如果申请人正接受赡养费或儿童抚养费，并靠这些支付款项形成偿还贷款的资金，这样如何？债权人必须对这些金额给予完全信赖，即便存在前配偶将来违约或获得司法更改义务的风险，是吗？该法规要求债权人将这些款项金额视为收入，但仅"限于这些款项可能是持续发放的。"

307

提问和评论

　　1. 对于禁止基于婚姻状况否决贷款的理由是什么？你认为婚姻状况是或可能是借款人倾向于违约的可信预言吗？如果是这样的话，那么应当允许债权人考虑它吗？

　　2. 如果债权人认为前配偶可能违约，那么允许债权人不能完全信赖赡养费和儿童抚养费，这与禁止基于婚姻的歧视是一致的吗？

　　3. 如果一对同性夫妇已经按照州法签订了民事结合的合同，并颁授了

---

　　① 《美国法典》第 15 卷，§ 1691（a）。

所有经济利益但没有授予合法婚姻身份。债权人可以认为它对一笔贷款申请是一个"加分项"吗？

四、特殊目的计划

要是债权人或某其他当事人对特定阶层的人群设立了促进贷款供给的计划会怎样？例如假定，一家放贷机构希望对军事人员发放贷款。只要对涉及的受保护阶层没有差别性影响，这会是允许的，因为军人身份不是一个受保护的类群。但如果该计划的确涉及了一个受保护状态的因素——例如，促进贷款申请的一项计划是对单身父母，或老年人，或新毕业大学生，或未婚妈妈，这会怎样？这样的一些计划看起来表面上像他们是歧视性的，甚至没有任何统计表明的关于贷款正当理由的掩饰。然而，可以说这些计划适合了 ECOA 的精神，从这方面看，这些计划的意图是对那些市场服务历史性不足的人群发放更容易获得的贷款。

ECOA，正如在规条 B 所实行的，对这样的计划规定了限制性豁免。[①]如果计划发起人是一家营利性实体，必须确定和管理该计划为对一类人群发放贷款，这类人按信用组织的一贯标准，可能得不到贷款或以很不利的条件得到贷款。如果计划发起人是一家非营利性实体，监管法规就更为宽容。

提问和评论

1. 发放贷款限于一类受保护人群（例如退休人员），同时否决对其他人（例如学生）贷款，这与 ECOA 的目的一致吗？与该法规语言一致吗？

2. 设想一家公司制定了一项计划，向年轻的未婚女士赊销厨房设备。它声称，18 至 21 岁之间的年轻女士传统上被排除在贷款市场之外。假定这个说法是有效的。那请问这项计划违反 ECOA 吗？参见美国诉美国未来系统公司案[②]。

---

① 《美国法典》第 15 卷，§1691(c)。
② 《联邦案例汇编第二辑》第 743 卷，第 169 页（第 3 巡回法庭，1984）。

3. 一家银行拒绝对律师发放贷款,理由是他们喜欢争讼和爱找麻烦,这可以吗? 它应当被允许那么做吗?

五、地域歧视

"地域歧视"指一项拒绝在特定地理区域(是一个隐喻,意指债权人围绕不喜欢的地域划了一条"红线")发放贷款的政策。本质上,这种歧视政策不违反 ECOA,因为地理方位不是一个受保护群体。但是,地域歧视的索赔隐含比这更多:此种指控是债权人拒绝对有大量少数民族人口的社区发放贷款,于是其表面上的地域中立规则掩饰了基于种族的歧视。

理论上,涉嫌地域歧视(在怀疑意义上)的债权人可能被认为违反了 ECOA,因为该政策的效果是选择性地对受保护人群拒绝贷款。但是要证明一项地域歧视案例可能很困难,因为债权人传统上已经行使了实质的自由裁量权,以确定他们将要服务的地理市场,并且可能难于确定,公正的贷款质量或商业关注不是作为遵守典范的理由。下面的文摘描述了一个著名而且也很有争议的政府努力践行 ECOA 的斗争实例。

美国诉切维蔡斯联邦储蓄银行案①

同意令

本同意令基于当事人同意,着手解决美国政府的指控要求,即切维蔡斯联邦储蓄银行和 B. F. 索尔抵押贷款公司……违反《公平住房法》和《平等信贷机会法》,在华盛顿特区大都市区基于种族歧视开展住房抵押融资和其他类型贷款交易。美国政府辩称,该银行和抵押贷款公司在决定营销其产品的决策上考虑了各居民区的种族组成,并且避开在非洲裔美国人居住区经营业务。美国政府进一步指控,受质疑做法和政策基于社区种族身份考虑,有意否决、并实际否决了对非洲裔美国人社区居民获得抵押融资和其他类型的贷款交易的平等机会。这些受质疑政策和做法通常叫做地域歧

---

① 特区地区法院,1994。

视。……

　　按照本同意令,该银行和抵押贷款公司已经承诺了一个补偿计划。按该计划,他们将采取所有合理行动,在非裔美国社区获得抵押贷款的市场份额,这一市场份额与该银行和抵押贷款公司在白人居民社区的市场份额有可比性。该银行和抵押贷款公司取得这一目标的计划包括,近期在华盛顿特区大都市区的非裔美国人社区开设三个抵押贷款办公室,它们将通过自动柜员机(ATM)提供某些银行服务。……一旦接到互助储蓄监督局的监管批准,该银行将在华盛顿特区的阿纳卡斯蒂亚区开设一家分行,并且该银行期望在本同意令期间,在华盛顿特区和马里兰州乔治王子县的非裔美国居民社区开设其他分行。

　　在为期 5 年的同意令期间,该银行和抵押贷款公司将在华盛顿特区大都市区非洲裔美国人社区投资 11,000,000.00 美元,以解决美国政府对所称地域歧视引起损害的指控要求,并推进他们更好服务于这一社区的承诺。这一投资将结合两方面进行,即补贴直接对向华盛顿特区大都市区非洲裔美国人社区的贷款计划,以及在这些社区开设新的分行和办公室。特别是,经过 5 年的时间,该银行和抵押贷款公司将对特殊家庭的抵押贷款提供 7,000,000.00 美元贷款补贴,这取决于在为期 5 年的本同意令期间所开设的分行/抵押贷款办公室的数量。

　　切维蔡斯联邦储蓄银行和该抵押贷款公司坚决否认美国政府对他们违反联邦法律的任何行动或怠慢履行联邦法律的指控,在他们这方面,……没有动机引发违反联邦法律的任何形式的歧视意图或种族偏见。该银行和抵押贷款公司已经同意本同意令宣布的各个事项,解决美国政府针对他们的指控要求,并且他们相信,前面描述所肯定的贷款行动和实践能够使他们改进对非洲裔美国人社区的服务。

提问和评论

　　1. 美国政府针对切维蔡斯的案子,很明显是由《华盛顿邮报》的一篇报道触发的,该报道谴责华盛顿特区一带的贷款机构,特别是切维蔡斯,在贷款发放上系统性地歧视非洲裔美国人。

2. 请注意，没有指控切维蔡斯故意歧视任何个人。美国政府的这整个案例在理论上的前提是，切维蔡斯因为避开非洲裔美国人社区、有利于欧洲裔美国人社区而违反了 ECOA。

3. 司法部关于该解决方案的新闻稿说："拓宽结束贷款歧视途径，司法部今天了结了一个空前未有的案子，该案针对华盛顿特区一带的银行拒绝向非洲裔为主的社区提供便利服务。该案例，针对切维蔡斯联邦储蓄银行及其全资子公司 B. F. 索尔抵押贷款公司，是第一个贷款歧视诉讼，完全聚焦于一家银行拒绝在少数族裔社区提供市场服务。'由于族裔构成而避开整个社区，是正如因为他们是非洲裔美国人而拒绝一个申请人一样错误，'司法部长杰尼特·热诺说。'有些社区银行拒绝黑人是因为他们的种族，但其他社区甚至可能没有黑人可求助的银行。'"

4. 司法部使用 ECOA 打击声称的地域歧视，引起了银行家们和其他批评者的愤怒嚎叫。它甚至引起了克林顿政府内部一个不和谐的异常表现，因为互助储蓄监督局代理局长公开声称，司法部的理论是错误的。

5. 切维蔡斯的高级职员们否认他们曾经从事基于种族的歧视，并声称他们了结这桩案子仅仅因为来自政府的巨大压力。在记者采访时，他们宣称，事实上该银行在特区发放的抵押和住房改善贷款 79% 流向了据称是它避开地区的申请人，它在大部分为非洲裔的乔治王子县具有很好的贷款记录，在 1986 年以前法律禁止它在特区开设分行，在 1990 年代它曾两次试图在特区非洲裔为主的社区开设一处分行，结果却都被监管当局拒绝了，并且按照民意调查结果，乔治王子县非洲裔都是同等可能地向朋友推荐切维蔡斯，像任何其他机构一样。

6. 你会怎样裁决切维蔡斯案争论的问题？

第三节 诚实借贷法

一、法律框架

贷款交易似乎很复杂,特别是对于那些没有财务经验的借款人。利息是如何计算的? 什么是复利? 贷款利率是固定的还是可调的? 如果是可调的,如何、何时作出调整? 贷款可以提前还款吗? 如果可以提前还款,那么存在什么惩罚或成本? 如果借款人一两个月没有偿还利息会怎样? 放贷人可以收回担保品或设立止赎程序吗? 这种贷款协议的复杂性和缺乏透明性对贷款人带来了风险,因为放贷人可以利用他们的广博知识,以及对于合同语言的控制,强加苛刻条款或隐性收费。

保护消费者防范盘剥风险的一种可能途径是,要求放贷人披露关于交易基本条款的信息。这样做一定程度上借款人能够容易理解,并且甚至在寻找新的贷款或再融资贷款时用于货比三家。如果借款人对他们所同意的东西具有更好的理解,至少在理论上,他们将对自己承诺不明智贷款更加小心。而对放贷人来说,因为知道压迫性或不公平条款将按要求披露,在理论上,他们会更少可能将对借款人强加那些条款放在第一位。因此,信息披露理念,像联邦证券法一样,有希望抵制权力失衡,并将不公平或巧取豪夺行为驱离市场。

311 寻求贯彻这一信息披露理念的最重要联邦成文法是《诚实贷款法》(TILA)①。Z 条例贯彻执行《诚实贷款法》,这一套规定现在指定由消费金融保护局负责执行。TILA 的信息披露理念在该法的目的说明里是很明显的:"确保信贷条款的信息披露富有意义,以便于消费者能够更加容易地比较各种适合他们的贷款条件,避免使用情况不明的贷款,并保护消费者防范

---

① 《美国法典》第 15 卷,第 1601 款,并参照以下条款。

不准确和不公平的信用卡账单和信用卡惯例行为。"①

TILA 仅适用于"债权人"，在本语境里这只包括一定的当事方，"他们对消费者有规律地发放贷款，合同约定的贷款偿还分期 4 期以上，或者要求或可能要求支付财务费用。"②"消费贷款"意指对自然人提供或发放的贷款，作为交易主体的钱款、财产或服务主要是用于"个人、家庭或家用目的。"③

为了促进信贷条款信息披露富有意义的目标，TILA 对两个概念规定了统一的定义："财务费用"和"年利率"。这些定义服务于三个主要目的。首先，因为它们是统一的，它们许可消费者对竞争的贷款提供者提出的贷款条款进行比较。第二，出于同样原因，它们可以便利消费者教育，因为随着时间的流逝，人们学习到这些条款的定义。第三，因为这些定义是相当综合的，他们要支付的各种收费及成本在消费贷款合同里一次性地分别列出，减少了消费者被令人惊讶的不公平隐含费用及收费盘剥的危险。

TILA 区分了开放式信贷和封闭式信贷。开放式信贷交易是这样的贷款，其中债权人"合理地考虑重复交易"④。信用卡余额就是一个例子。信用卡消费者购买了卡里的各项目。在计费周期结束时，他或她，如果他们希望，可以留下一些未付待结余额。如果这样，未支付余额将结转下一个账期，借款人的未支付余额被征收一个（通常很高）的利率。

信用卡和其他开放式信贷的披露必须按照该法和法规规定的时间表进行。债权人必须提供披露："（1）当债权人将某人拉成持卡人时；（2）在按计划出现第一次交易之前；（3）信用卡有效期内的每月；以及（4）当事方重订协议时。"

要求的披露必须包含详细信息——财务费用、年利率、年费与交易手续费、滞纳金、空头支票费，以及现金垫款费，等等，取决于披露的性质。如果

---

① 《美国法典》第 15 卷，第 1601（a）款。
② 同上，第 1602（f）款。
③ 同上，第 1601（f）款。
④ 同上，§ 1602（i）。

账户涉及一个浮动利率,债权人必须披露这一事实,并描述该利率是如何确定的。如果初始利率低于一般利率,这一事实必须披露,并同时披露在先期利率到期后适用的利率。债权人也必须符合关于披露形式的一定规则。举例来说,财务费用和年利率必须以比其他方式"更醒目的"一种方式宣布,并且要求某些信息要以表格形式备置。

312　　　　封闭式信贷是对消费者一次性买入的垫款性贷款。它不同于开放式信贷,不涉及一个消费者可以周期性提取或归还的循环贷款额度。因为封闭式信贷不是循环贷款额度,要求的披露在频度和形式两方面都有别于与之相比的开放式信贷。按照 TILA,属于封闭式信贷的关键披露信息是债权人的身份,分项说明融资金额,如若贷款以许可最小利率归还的全部财务费用,年利率,还款时间表,总售价,适用的提前还款罚金,如果有的话,滞纳金,以及其他方面。

　　许多其他要求也适用。因此,当代理一个金融机构客户时,建议执业者详细查询该法及法规。

二、什么是"财务费用"?

家庭信贷服务公司诉普芬尼希案[①]

　　托马斯,法官:

　　……我们准予调取卷宗以裁定联邦储备委员会的 Z 条例是否不合理地诠释了《美国法典》第 15 卷第 1605 款。Z 条例从"财务费用"定义中特别剔除对超过贷款限额施加的收费(超限费)。我们断定它没有不合理诠释,因此,我们撤销第 6 巡回上诉法院的判决。

　　被告莎伦·普芬尼,持有由诉愿人家庭信贷服务公司最初签发的信用卡,但在其中,诉愿人美国美信银行通过收购家庭信贷服务公司的信用卡组合,现在持有权益。尽管信用卡协议条款设定被告的贷款限额为 2,000 美

---

　　① 《美国案例汇编》第 541 卷,第 232 页(2004)。

元,但被告能够超限额提取,在余额超过 2,000 美元的每一月份,她都要被收取 29 美元的"超限费"。

TILA 规定中尤其包括,提供"开放式消费信贷计划"(该条款包括信用卡账户)的债权人必须对消费者做出有实质内容与形式的信息披露①,并且债权人由于没有遵守 TILA 条款,要对消费者遭受的损害提供民事补偿②。当一个债权人和一个消费者开始一项开放式消费信贷计划时,对于有到期未付余额的每一计费周期,要求债权人对消费者提供一份结算单。结算单必须包括在结算期末的账户未付余额,③以及"本期账户增加的财务费用金额,如果有的话分项说明金额,给予适用的利率和金额,负担的最小或固定费用。"④一项"财务费用"是这样一笔金额,"由被发放贷款的个人直接或间接支付,由债权人直接或间接施加的作为发放贷款的一项附加收费。"⑤联邦储备委员会阐释了这一定义,它剔除"对于超过贷款限额的……收费。"因此,尽管被告在超过她的 2,000 美元信贷限额时,她的账单披露了超限费,与 Z 条例一致,这一金额不被包括作为"财务费用"的一部分。

1999 年 8 月 24 日,被告代表据称全国性所有被诉愿人收费的或被评估为超限额的消费者,在俄亥俄南区美国联邦地方法院提出了申诉。被告在申诉中声称,诉愿人许可她以及其他推定的同类成员超出自己的信贷额度,由此向他们收取超限费。被告辩称,诉愿人违反了 TILA,没有将超限费归类为"财务费用",并由此"歪曲了贷款的真实成本",对被告以及其他推定的同类成员都是如此。按照《联邦民事程序规则》12(b)(6)诉愿人提议驳回申诉,理由是 Z 条例专门从"财务费用"的定义中剔除了超限费。……

国会已经明确授权联邦储备委员会制定监管条例,包含"这种分类、区

313

---

①　§ 1637(a)。

②　§ 1640。

③　§ 1637(b)(8)。

④　§ 1637(b)(4)。

⑤　§ 1605(a)。

分或其他规定",以联邦储备委员会的判断,它"是有效实现 TILA 目的,防止规避或由此的逃避,或为了方便遵守,所必须或者是适当的。"①因此,本法院此前就认识到"联邦储备委员会在'激活 TILA'方面发挥了关键作用"……

在裁定 Z 条例对 TILA 的诠释内容是否对法院有约束力上,我们面对仅有两个问题。首先,我们要问是否"国会已经直接说到过争议的确切问题。"如果说到过,法院以及该部门,"必须实行明确表达的国会意图。"可是,无论何时国会"明确留下需要该行政部门填补的缺口,"该行政部门的条例要"给予重点把握,除非它是武断的,变化无常的,或与该成文法明显冲突"……

被告在其诉状中辩称,在她余额超过初始限额的每一月都被强行收取了超限费。然而,超限费的收取不是购买行为引起被告超过 2,000 美元限额的信贷扩展的一种直接结果,而是作为这一事实,即当官方计算被告每月收费时,对她的收费是超过了她 2,000 美元限额的一种结果。无论债权人特定的计费惯例如何,因为超限费只有在消费者超过了其贷款限额才被征收,要完全合理的描述超限费,不是因为获得消费者对贷款限额的信贷扩展收取费用,而是因为违反贷款协议的一种罚金……

当然,无论如何描述这一费用,超限费与信贷扩展之间至少存在某种联系。但是,本法院认识到词组"关联到或连带着"隐含着先行词与其对象之间的某种必然联系,尽管它"没有超越理性辩论地评价所需联系的性质或程度。"换句话说,词组"关联到"没有澄清是否要求一种实质而不是远程的联系。因此,不像上诉法院,我们不能断定术语"财务费用"明确包括了超限费。这个术语突兀而模糊……

对术语"财务费用"的最好解释可能剔除超限费。但第 1605(a)款最为模糊,因为此款及其周围条款都没有提供一个清楚的回答。尽管我们承认第 1605(a)款中关于"财务费用"的定义对有些收费没有明确说明,但它明

---

① §1604(a)。

确了在定义中要包含或剔除的收费,而超限费不是这样的收费。……

因为第 1605 款是模糊的,联邦储备委员会贯彻 1605 款的条规"是对法院有束缚力的,除非程序上有缺陷,本质上武断或变化无常,或与该成文法明显冲突。"……Z 条例从"财务费用"的定义中剔除超限费决不与第 1605 款明显冲突。Z 条例界定术语"财务费用"为"消费贷款的成本。"①……

联邦储备委员会批准该条例并强调"关于贷款决策的信息披露,与在起始贷款选择后发生相关情况的信息披露完全不同,"因为"关于未支付债务以及没有有效遵守责任的条款变更的监管条例并不特别加强 TILA 的主要目标。"联邦储备委员会决定强调与消费者起始贷款决策最相关的信息披露,反映出的一个理解是"有意义的信息披露不是指更多的信息披露,"而是"平衡表述想法各异的完整信息披露……并且,有必要避免……信息过多。"尽管 Z 条例术语"财务费用"剔除的收费(例如,申请费、滞纳金和超限费)可能与消费者贷款决策有关,但联邦储备委员会合理地断定,这些收费——只有当消费者对贷款协议违约,这些收费才会自动再现或被强制征收——对确定真实贷款成本关系不大。因为超限费,只有当消费者违反其贷款协议条款才被征收,可以合理地说成是对贷款协议违约的罚金,所以联邦储备委员会从术语"财务费用"里剔除它们的决定肯定是合理的。……

国会已经授权联邦储备委员会做出"这种分类、区分或其他规定,并对这样的调整和任何类型交易的剔除做出规定,以联邦储备委员会的判断,它是有效实现 TILA 目的,防止规避或由此的逃避,或为了方便遵守,所必须或者是适当的。"②此处,联邦储备委员会通过阐明一个清楚、易于适用(并易于实施)的规则实现了所有这些目标,规则突出了联邦储备委员会决定的对消费者贷款决策最相关的收费。因此,撤销上诉法院的判决。

---

① 《美国联邦法规》第 12 卷, § 226.4(2004)。

② § 1604(a)。

提问和评论

节选案例中争论的问题是对于超过贷款限额的一种固定收费是否构成了如成文法定义的一项"财务费用"。联邦储备委员会的条例剔除了这样的费用,其理论根据是,固定收费是对于违反账户条款的罚金,不是对信贷扩展的收费。这是联邦最高法院认为合理的裁决。这一诠释打开了该成文法的一个漏洞吗?如果一家信用卡发行公司提供的信用卡具有优惠利率但是授信额度很低会怎样?发行公司日常允许客户超过授信额度,但是对于每月超限账户收取一笔"超限"费。这就是使上诉法院烦恼的情景。最高法院认为联邦储备委员会从"财务费用"定义中剔除这样约定的行为是合理的,你同意吗?

三、信用卡账户的变化

巴勒诉美国大通银行案[①]

奥斯坎莱恩,巡回法官:

我们必须裁决一家信用卡公司是否违反了《诚实借贷法》,因为它没有披露允许它提高一位持卡人年利率的潜在风险因素。……

沃尔特和谢里尔·巴勒持有大通银行的一个信用卡账户。2004年末,他们收到并接受了信用卡会员协议(简称"协议"),协议管束他们在相关时间内的彼此关系。2005年2月,大通银行寄给巴勒他们一份更改条款通知(简称"通知"),据说通知修改了协议条款,尤其是大幅提高了年利率(简称"APR")。它也允许巴勒他们签注日期拒绝修改,但他们没有那么做,并继续使用信用卡。两个月后,新的、更高的APR开始生效。

按照协议,巴勒他们享受优惠的APR,8.99%。在其中标题为"财务费用"一节里,该协议提供了计算优惠和非优惠APR以及浮动利率的数学公

---

① 《联邦案例汇编第三辑》第566卷,第883页(第9巡回法庭,2009)。

式。倘若违约,该协议表明大通银行会对余额提高利率,达到一个规定的违约利率。协议规定了如下违约事件:没有在到期日至少偿还最小还款额;信用卡余额超过该账户的信用额度;没能在必要时支付另一个债权人;未支付由客户银行向大通银行支付的返款;或者,大通银行关闭账户,而客户没有在大通银行指定时间归还未付余额。

还有一节,标题是"变更协议",全节规定了大通银行"可以通过添加、删除或修改任何条款……随时更改协议。添加、删除或修改条款的权利包括融资条件,比如 APRs 和收费。"下一节,标题是"资信情况",说明大通银行"可以根据从征信机构或其他机构获得信息定期审查你的信用历史。"在"财务费用"一节之后,这几节分别有五六页的内容。

2005 年 2 月,巴勒他们收到该银行一个通知(简称"通知"),通知披露大通银行不久将提高 APR 到 24.24%,决定"部分或全部基于从客户信用机构报告得到的信息。"

2005 年 4 月左右,巴勒他们注意到,他们的 APR 已经"火箭般地"从 8.99% 升高到 24.24%,后者是一个接近非优惠利率或违约利率。可是,没有发生一件协议说明的违约事件。巴勒他们联系大通银行想找出为什么他们的 APR 提高了,大通银行回应的来信引用了所做的判断是基于从客户信用报告得到的信息。大通银行写到:"循环账户的未付信用贷款……太高",并且存在"太多近期开始的分期付款/循环账户。"巴勒他们对大通银行判断所依据的事实并无争议。

在巴勒他们无力付清余额之前,他们已经按新利率向信用卡账户支付了三个月的利息。……巴勒他们代表自己以及受到类似伤害和有类似情况的大通银行信用卡客户提起集体诉讼。诉状声称的一个案由是根据《诚实借贷法》和 Z 条例。巴勒他们声称是现在所称的"不利行为重定价"做法的受害者,"不利行为重定价"明显意味着"基于客户信用报告的信息,将优惠利率提高……至从本质来看非优惠的利率。"尽管巴勒他们没有声称这一做法本身是非法的,但他们的确声称大通银行没有向他们或假定的同类成员充分披露信息是非法的。……

316

第226.6款列出了在新贷款协议下要求债权人首次披露信息。该表包括"计算财务费用可能用到的每一周期性利率……以及相应的年利率。"[1]联邦储备委员会在员工评论里解释了这一监管条规,规定"如果起始利率可以基于一个或多个特定事件的发生而提高,……那么债权人必须披露起始利率和可能适用的加罚利率",以及"对导致加罚利率事件的一个解释。"[2]即便这一利率在首次披露时就被确定了,债权人仍然必须披露导致利率提高的事件。作为一个特定事件的例子,评论列示"一笔滞纳金或者超过信贷额度的借贷。"……按照巴勒他们,大通银行按其不利行为重定价计划考虑的风险因素是"可能导致利率提高的特定事件,"因而大通银行必须披露那些特定事件。

大通银行反驳称,风险因素是太一般化的东西,不能归入"特定事件"的内容范围。它指出第11条评论提供的事例:滞纳金以及超过信用额度的信贷提取。相比之下,大通银行声称,诉状指控大通银行提高APR的理由是更像主观判断,随着信用历史的展现评估持卡人风险:循环账户的未付信用贷款"太高";"太多近期开始的分期付款/循环账户";贷款金融交易的负债"太高";或者已开账户的平均时间"太短"。大通银行辩称,它需要根据这样的风险因素,灵活调整提供信贷的条件,但它不可能披露它可能考虑的每一个因素,因为列表可能是无限度的,并且要随着市场条件的变化而经常变化。

我们意识到……《诚实借贷法》和Z条例都没有要求债权人的预见力。评论特别考虑了一般的保留条款,并且Z条例确认,后续事件无论特定与否,都可能使债权人的初始信息披露不准确,并要求更新信息披露。但是这并不解决问题。问题的核心是,巴勒他们的诉状声称不是要大通银行调整APRs基于未知的将来事件,这些事件迫使它重新定价它提供的贷款。相反,巴勒他们特别指控大通银行在签订协议时就有一个先前存在的计划,由

---

① 《美国联邦法规》第12卷,§226.6(a)(2)。

② 同上,Pt. 226 Supp. I, par. 6(a)(2), cmt. 11。

此,它就计划提高他们的 APR,只待某些风险因素出现在他们的信用记录里。

但即便大通银行的确维持了如此计划,第 11 条评论的语言不会要求它 披露。我们同意大通银行必须能够按照它对给定持卡人贷款的风险程度调整贷款价格。其实,持卡人的风险,就是他或她未来不能还清贷款余额的可能性,是贷款价格的一个基本因素。在此意义上,"不利行为重定价"只不过是一种描述一家信用卡公司对其产品定价的正常方式。不仅使得持卡人冒险的事实随时间而出现,而且对大通银行很重要的是,风险状况会随着市场状况波动而变化。举例来说,只不过几年前,比起债权人今天对待持卡人以及其他负债累累的贷款接受人,那时的债权人远没有这么谨慎小心。随着信用卡公司流动性的下降,它可能会突然性地决定抑制持卡人,只不过是前一年它还乐滋滋地给他车钥匙呢。实际上,这些决策确实反映了判断,即债权人不只是考虑设定了特定的触发事件,债权人还预先知道"可能导致提高 APR"。

然而,第 11 条评论没有提出大通银行必须满足的要求。Z 条例也要求债权人披露"计算财务费用可能用到的"任何 APR,并且披露这些内容时要"清晰而醒目。"问题不是大通银行必须披露与它强加 APR 相关的每一个因素,或者它保留更改协议的权利;《诚实借贷法》和 Z 条例都没有要求这样的信息披露。……相反,问题是大通银行要必须做出的信息披露是为了清晰而且醒目地披露 Z 条例所要求的东西:也就是,"可能用到的"任何 APR。

清晰而醒目的信息披露……就是明智的持卡人不仅会注意到而且也能明白的信息披露。没有一种特定的格式是神奇的,但是,在本案中,这样的文件必须制作得对明智持卡人来说它是清楚的,大通银行按协议被允许提高 APR,不仅是因为在"融资条件"专款规定的违规事件,而且简直就是因为任何理由。

尽管"我们断定显著性是一个法律问题",但是此处我们不需要颁布一个显著性规范。遵守出现在协议第 1—11 页的变更条款规定就足够了,而那个协议是在披露 APR 之后紧接着满满 5 页的内容。它既没有提到也没有联系"融资条件"专款规定。此款作为合同许可的 APRs 一部分,深深埋没在这份精致印刷品里,以至于明智持卡人意识不到它,除了"财务费用"专款列出的提高 APR 的理由,大通银行也能因为其他理由提高 APR。

因此,巴勒他们提出索赔,因为大通银行没有显示出,作为一个法律问题,协议清晰而显著地披露大通银行被许可适用的 APRs。……

撤销并发回重审。

格雷伯,巡回法官,部分同意和部分反对:

……大多数意见断定,大通银行保留变更协议条款的权利,单独来看,构成了它可能用到的每一种年利率(简称"APR")的充分信息披露,因为它披露了大通银行有权利随时、无限制变更协议条款。换句话说,大通银行出于任何理由都可以提高巴勒他们的 APR,无论多么匪夷所思或出乎意料,无需通知他们它打算那么做。举例来说,按大多数意见,大通银行已经充分披露了它预先存在的计划,如果巴勒他们将自己的头发染红,就提高他们的 APR 到 50%。大多数意见会允许那种结果,仅仅因为大通银行的协议中包含了一条不受限制的更改条款。

大通银行几乎没有或完全没有意愿,限制它自己变更客户 APR 的能力,或者让其客户知悉其计划。由于在一定程度上没有读懂 Z 条例要求信用卡公司对客户给予有意义的信息,大多数人实际上让狐狸看守鸡窝,并且漠视了 TILA 的目的。……

提问和评论

1. 节选案例涉及的一般问题是对信用卡账户的变更问题。如果条件变更,客户不想使用或持有那张信用卡,他或她很简单的做法是销卡或者把它收起来。但是发卡人处境不同。如果情况变化,使得初始信用卡条款不合发卡人需要,那么它必须继续无限期地执行这一约定吗?很明显,像持卡人一样,发卡人必须有更改约定条款的灵活性。但是,发卡人如何能够更改约定条款而又与 TILA 保持一致呢?

Z 条例意识到,发卡人可能保留单方面更改初始约定的权利。事实上,所有发卡人确实保留这一权利,仅仅因为它不那么做是愚蠢的。如果你手头有卡的话,请查看你持有的信用卡约定,你会发现一条保留条款。于是问题就变成了,除了发卡人保留更改约定条款权利的事实之外,它还必须披露什么内容,以及必须如何制作那个信息披露。

2. 在节选案例中,关于银行信息披露的内容,相对于其形式来说,存在问题吗? Z 条例要求发卡人"必须提供可能导致提高利率的特定事件的解释。"被告的首次信息披露没有识别出该行提高利率所依赖的具体理由——很差的信用评级以及超信贷限额。大多数意见说,这些一般风险因素不必详细规定,但是为什么不? 发卡人要说明当它决定是否提高利率时它将考虑客户信用评级和总体信贷余额等,这有困难吗? 银行有顾虑的是,如果客户看到它将基于对客户财务状况的酌情判断而提高利率,那么他们不太可能优先选择该银行开卡,是这样吗? 但是,这种货比三家不正是 TILA 预设要取得的效果吗?

3. 一个有异议的说法是,如果发卡人可以省略披露它用于提高利率的因素,它可以出于一些武断的理由那么做,例如,它不喜欢持卡人的头发颜色。你对这一说法有何看法?

4. 尽管大多数意见认定信息披露内容是足够的,但它仍然断定,诉状依据 TILA 提出索赔,并给予一个明显的暗示,即所提索赔足以确立责任归属。具体说,发卡人做错了什么? 问题在于,协议规定了两个提高 APR 的依据,一个是在财务费用部分,在该部分里它披露在客户违约情况下它将提高利率;另一个是在关于更改约定的部分里,在该部分里它披露它保留出于任何理由更改 APR 的权利。是这样吗?

5. Z 条例曾规定,如果在客户开户时对其披露发卡人的做法,那么,如若持卡人拖欠债务或违约,信用卡发卡人将不预先通知而提高周期性利率。参见美国大通银行诉麦科伊案①,该案支持此规定。然而现在,对于这类提

319

---

① 《最高法院案例汇编》第 131 卷,第 871 页(2011)。

高利率,国会要求提前 45 天通知。① 这是一个理想的改变吗?

第四节　信用报告

　　银行以及其他放贷机构如何知道一个要求贷款的申请人是否是一种良性风险情况? 他们通过要求申请人填表并回答问题进行尽职调查。在大额交易情况下,比如住房抵押贷款,要求的披露可能是苛刻的,特别是在经历了 2008—2009 年的市场动荡之后,那时放贷者严格掌握贷款标准,而且程序严苛,以避免前几年由于卑劣经营而发生的灾难。但是,除了他们自己进行尽职调查之外,债权人还使用另一个至关重要的信息来源:信用报告。实际上,美国每人都有信用报告,它由消费者征信机构(CRAs)准备并维护。在这个市场中,有三家公司占主导地位:意可发、环联和益佰利。

　　CRAs 提供的信息是保持国民经济有效信贷流动的基础。但是,它们的业务活动也会付出代价。有一个明显的首要关注问题是:无论喜欢与否,你正受到一些完全陌生人的监控,他们可能比你的最亲密朋友更了解你的财务情况以及你的一些小过失。合法获得你的信用报告,每人都有权每年免费得到一份副本。你可能对 CRAs 拥有的关于你的财务信息数量感到惊讶甚至沮丧。

　　这一信息的来源是什么? CRAs 获得的数据,来自放贷公司以及报告你账户和支付历史(滞纳金留在你的信用报告长达 7 年之久,因此要当心!)的其他人。向 CRAs 本身的查询情况也被报告——这样做所立足的理论是,如果许多人查询你的信用情况,有可能是因为你正设法增加太多自己的信用情况。可是,自我查询(你查询自己的报告)以及未经你同意的第三方所做的查询(例如,一家信用卡公司想提供你一张非申请卡)对你的信用评分不计负值。CRAs 也从收数公司获得信息,还从关于破产、止赎、诉讼、

---

　　① 《美国法典》第 15 卷,§ 1637(i)。

工资扣押、留置和判决的公共记录里获得信息。被认为太长久、已失效的信息可能不包括在内（破产多于 10 年；其他诉讼多于 7 年）。

CRAs 并非只是编写关于你的信用记录：他们也对它进行分析。每家 320 主要公司都经营着一套评价你信用记录以及其他信息的系统，以计算信用评分。有时这一评分也被叫做"FICO"分数，以费尔—艾萨克公司命名，该公司提供的模型由主要 CRAs 使用。信用评分在信用报告中是最重要的信息资料。一般来说，信用评分高于 700 被认为是良；高于 750 是优；得分低于 650 是差。任何特定信用评分都不必然保证一笔贷款是将会被批准还是被拒绝，放贷公司对于如何使用和解释他们收到的信息拥有自由裁量权。

你的信用报告颇具威力：它可能决定你能否获得批准得到一张信用卡，一笔汽车贷款，一笔住房按揭贷款，一份保单，或者一个住房租赁。它也影响利率，以及如果你获准贷款后放贷公司将会要求的其他条款。简而言之，CRAs 就像圣诞老人：你睡着的时候他们看着你，他们知道你什么时候是清醒的，他们知道你的表现好坏。所以，看在上帝份上，你最好表现好！

尽管这些公司很能干，但是他们维护的信息并不总是很准确。不准确性有几种形式。有时仅仅是文档错误，举例来说，别人的信用卡偶然归到了你头上。有时不准确的不利信用信息是由与你有争执的商家提供的。有时，也许是最坏的情形，罪犯积攒了一些收费单，偷了你的身份，然后将这些收费单放到你门上，如果你不支付，就对你不利。

CRAs 的业务活动在联邦层面上受《公平信用报告法》（FCRA）规管，此法后经修正。[①] 我们将考察在 FCRA 之下三方的义务与责任：CRAs，供给者和使用者。

一、消费者征信机构

CRAs 被要求向消费者本人披露信用报告，包括消费者最近的信用评分以及影响评分因素的其他信息。正如已经提到，消费者有权每年得到一

---

① 《美国法典》第 15 卷，第 1681 款，并参照以下条款。

份免费报告。如果你要自己的信用报告,可以登录网站 AnnulCredit-Report. com。

如果消费者对信用报告的一个条项有争议会怎样?如果消费者通知提供信用报告的 CRA,说报告(在她看来)有错误,那么 CRA 被要求进行合理调查。当调查完成时,CRA 必须向该消费者提供一份书面的调查结果,连同一份免费的根据调查结果而有变化的信用报告。如果消费者有请求,CRA 必须对此前 6 个月内得到该消费者信用报告的任何人寄送这一改正结果。如果一位消费者与提供报告的公司有争议条项,并对 CRA 通知了这一事实,那么 CRA 必须在信用报告中标明该条项受到争议。①

什么能停止一家 CRA 向一个完全陌生人或者一个敌人发送你的信用报告? FCRA 规定消费者信用报告发布对象限于潜在债权人,潜在雇主,保险公司,发照机关比如律师协会,潜在债务购买人,某些政府机构,以及其他对该信息有合法业务需要者。②

提问和评论

1. 除了提供信用报告,CRAs 对于他们收到的信息还有什么商业性应用? 作为相对于他们传统的信用报告服务的副业,CRAs 被许可出售含有潜在消费者名字和地址的名单。这些名单可以包括消费者的名字和地址以及其他信息,但不可以识别出消费者与任何特定实体的关系,比如,名单不能披露某位消费者有一张花旗银行的信用卡。这种拟议交易必须包含提供保险或信用卡的公司,并且该消费者必须不是已选择被剔除名单的人。③

2. CRAs 因为对广告商出售消费者文件档案的信息而被起诉,有时导致大量的货币性和解。参见关于环联公司隐私权诉讼④,该案描述了涉及环联有限公司 75,000,000 美元的一项集体诉讼和解。

---

① 《美国法典》第 15 卷, § 1681c(f)。
② 同上, § 1681b。
③ 同上, § 1681b(c)(1)(B)。
④ 《联邦案例汇编第三辑》第 664 卷,第 1081 页(第 7 巡回法庭,2011)。

3. 在红利抵押贷款公司诉意可发公司案[①]中,一家抵押贷款公司诉意可发公司,向其他一些抵押贷款公司收费性发送已经表示有兴趣从原告获取抵押贷款人员的身份信息——意可发公司仅仅因为原告寻求这些消费者的信用报告才获悉的信息,并按法律要求披露了这些消费者对抵押贷款的兴趣。原告反对意可发公司的行为,因为它导致了其他一些抵押贷款公司对这些消费者招揽生意。诉状指控它违反州法律。第二巡回法院基于先占权理由驳回了这项诉讼:申诉失败,因为 FCRA 的一项规定,它排除州强加任何"要求或禁止……对客户报告的……筛选。"[②]

二、供给者

信用信息的提供者有义务向 CRAs 提供准确信息。[③] 关于它提供给消费者征信机构的有关消费者信息的准确性和诚实性,每一提供者必须建立并执行合理的书面政策与程序。

如果一个消费者发现在她的信用报告里,存在她相信不准确的信息,她可以直接投诉提供者。如果她对提供者持有争议,提供者必须进行合理调查并向该消费者报告结果。[④] 如果调查标明信用报告不准确,提供者必须纠正提供 CRA 的材料内容。

针对向一家 CRA 提供虚假信息,一个消费者可以按州法起诉提供者吗? 有几个人尝试了这条路子,控告一些民事侵权行为,诸如毁谤名誉,侵犯隐私权,疏忽行为,或者蓄意精神伤害。这方面的很多努力都在联邦先占权浅滩上搁浅。参见举例,麦克佛森诉 JP 摩根大通银行案[⑤];珀塞尔诉美国银行案[⑥]。

---

① 《联邦案例汇编第三辑》第 583 卷,第 103 页(第 2 巡回法庭,2009)。
② 《美国法典》第 15 卷,§1681t(b)(1)(A)。
③ 同上,§1681s-2(a)。
④ 《美国联邦法规》第 15 卷,§1022.43。
⑤ 《联邦案例汇编第三辑》第 65 卷,第 45 页(第 2 巡回法庭,2011)。
⑥ 《联邦案例汇编第三辑》第 659 卷,第 622 页(第 7 巡回法庭,2011)。

三、使用者

假设某人要求一份信用报告,继而采取了不利报告主题的行动(例如,拒绝了一笔贷款申请)。如果这一不利行动"全部或部分基于"信用报告,采取不利行动的人士必须通报该消费者,并且也必须提供,除了其他事项以外,一份报告副本以及该消费者有权质疑此报告的声明。①

美国安可保险公司诉伯尔案②

苏特,大法官。

盖可公司是一家保险公司,将信用评分纳入申请人的保单费率设定。如果低信用评分导致该申请人比在其他情况下收取更高的费率,那么该公司提供了一个不利行为通知。然而,如果该申请人收到其信用记录未被考虑的相同费率,那么该公司不发送通知。原告支付了高于盖可公司对首选客户支付的费率,但是他没有收到通知,因为该公司断定如果其信用记录未被考虑的话他可能收到相同费率。原告提起一项集体诉讼辩称,每当一个"不利行为"发生,如果其消费者的信用报告含有更有利的信息,消费者应该收到一个更低的费率。

在一个合并处理的案子里,安可公司,另一家保险公司,部分基于申请人的信用记录,对原告提供了高于其首选客户的费率,但没有提供一份不利行为报告。安可公司辩称,术语"不利行为"要求处理一种变化,但是因为本公司以前没有跟该客户打过交道,所以还没有任何变化发生。

《公平信用报告法》要求通知任何这样的客户,他遭受"不利行为,……全部或部分基于消费者信用报告含有的任何信息。"③"故意不"提供通知的任何人对客户负有民事责任。④ 这些合并处理案例的问题是,"故意不"是

---

① 《美国法典》第 15 卷,§§1681b(b)(3);1681m(a)。
② 《美国案例汇编》第 551 卷,第 47 页(2007)。
③ 《美国法典》第 15 卷,§1681m(a)。
④ 同上,§1681n(a)。

否包含鲁莽地违反了所承诺的通知义务。因此,如果问题是这样的话,那么,诉愿人安可公司和盖可公司是否犯了鲁莽行为。我们认定,鲁莽行为是有涉及的,盖可公司没有违反该成文法,而安可公司不是鲁莽行事,而是违反了该成文法。……

盖可公司和安可公司辩称,在第1681n(a)款下"故意不遵守"FCRA的责任只是明知违犯该法时才有的责任,而不是对法律义务的鲁莽忽视就有的责任。但我们认为他们是错误的。我们之前说过,"故意"是一个"有多种含义的词,对它的解释取决于它出现的语境,"而且在故意是民事责任的一个法定条件的语境里,我们一般认为它是包括不仅知道侵犯了一种标准,而且也包括鲁莽侵犯行为。这一解释反映了普通法习惯。我们将法律中的"毫不顾忌"行为当作"故意"违反。因此,按标准民事习惯用法建议,将第1681n(a)款中的词组"故意不遵守"解读为触及了鲁莽违反FCRA。而且,这样的解释基于两个假设,即国会知道我们领会了成文法并期望我们表现出正常水平,以及按一般规则,在成文法里的普通法术语与普通法含义相同,不是另有所指。……

在说到声称公司行为鲁莽之前,我们先说前面的问题,即两家公司是否完全违反了不利行为通知的规定要求。在这两个案子里,答辩人-原告的诉讼请求的前提是新保单征收的起始费率,那不是"不利"行为,除非引用或征收的第一次保费是"现有的或申请的任何保险的……任何收费的任何增加。"①

在安可公司案中,联邦地方法院认定,一份新保单的起始费率是不可能"增加"的,因为没有之前的任何交易。词组"保险……的任何收费的增加"易于被理解成意指对待被保险人的变化,那是假定有可比的以前收费。既然联邦地方法院理解"增加"以说明变化如同可比的尺度或数量一样多,可以推断该成文法的"增加"决不触及起始费率的报价,因为没有任何变化。

在解释"增加"触及起始费率上,政府部门支持上诉法院。政府部门说

---

① 《美国法典》第15卷,§1681a(k)(1)(B)(i)。

该术语的正常用法不是像联邦地方法院认为的那么窄：从这一点来衡量差异，可以很容易地理解不用参照以前的个别交易。政府部门给出了加油站老板的例子，他对他不喜欢的顾客收取了高于布告的油价；可以说老板加价和司机支付加价油钱是有道理的，即使该司机以前从来没有在该加油站停车加油。因此，政府部门暗示，解读"增加"要求一项选择，选择的解读应当是广义的理解，以与国会心目中的意思一致。

我们认为，政府的理解更好地切合了该法目的说明中制定的雄心目标，该法使用广义术语描述不公平与不准确信用报告的不利影响以及消费者征信机构的责任。[①]（不准确报告"直接伤害了银行体系的效率"；不公平报告方法削弱了"持续发挥银行体系职能的基础"的公众信心；需要"确保"征信机构公平、公正地"行使其庄严的责任"，并尊重隐私）。国会看到的系统性问题与系统性需要的描述决非表明，因不妥信用评级对消费者施加不利的补偿应当对第一次受害者予以拒绝。……

尽管提供新保险的起始费率可能是一项"不利行为"，答辩人-原告还有另一个障碍要清除。第1681m（a）款要求的通知，仅当不利行为是"全部或部分基于"一份信用报告。盖可公司辩称，为了让不利行为"基于"信用报告，审议信用报告必须是加价费率的一个必要条件。政府和答辩人-原告在这点上没有明确立场。

324　　某种程度上在这个问题上存在意见分歧，我们接受盖可公司的理解。在一般谈话中，词组"基于"表明一种若非则无的因果关系，因而是一种必要逻辑条件。因此，按这种对第1681m（a）款的最自然的理解，加价费率不是"全部或部分基于"信用报告，除非信用报告是加价的一个必要条件。……

如果该成文法有任何主张是明晰的，那就是不是所有"不利行为"要求通知，只有那些"基于……"信用报告中信息的"不利行为"才要求通知。既然对于一家企业只在咨询了信用报告后就作出不利行为的情况，该成文法

---

① 参见《美国法典》第15卷，§1681a。

没有明确要求通知,那么有条件地要求行为"基于……"一份信用报告表明,报告义务产生于理解信用报告的某些实际后果,不仅是无论怎样都可能发生的某些随后不利行为的出现。如果信用报告对费率没有可辨认的影响,那么消费者没有实际理由即刻担忧它(除非他有能力改变介于他自己与最好结果之间的每个其他事实);如果该公司从没见过该信用报告,公司和消费者都只是各归其所。如果考察没有任何区别的报告就被认为触发了报告要求,那么可能难于发现利用"基于……"限制的任何实际要点。因此,更有意义的怀疑是,国会的意思是要求通知和消费者提出质疑,仅在于如果质疑成功则消费者会得到利益。

　　总的来说,要求加价的差异可能被理解成不参照先前交易(许可首次申请者起诉),而考虑信用报告一定是这种差异的一个必要条件。在确定像这些案例中的通知义务的最后一步是辨认基准,用于确定第一次费率是否是不利加价。并且,在处理这一问题上,作为厘定实用性差异的一个必要条件,务实理解"基于……"会带来有帮助的建议。

　　政府和答辩人-原告辩称,基线应当是申请者迄今收到的最好信用评分的费率。而盖可公司辩驳说,基线是如果该公司不考虑信用评分时申请者会得到的费率(盖可公司在埃多案中使用的"中性评分"费率)。我们认为,盖可公司持有更好的立场,主要因为它的"增加"基线对理解刚刚讨论的原因更舒适而已。按第1681m(a)款要求的通知,仅当信用评分对提供起始费率的影响比起无论如何都会颁布的其他相关事实来,无法避免置消费者于更坏境况。如果国会在它采用"基于……"原因标准时是如此关切实际后果,那么可以推测在同等实际情况中它说到"增加"必然由起测基线界定。因此,国会可能关注有完美信用的消费者是否可能得到更好费率的理论问题,但更可能关注实际问题,即当公司考虑消费者的信用评分时,消费者的费率是否实际上深受其害。……

　　因为假定最优费率(政府的优惠基线)仅归于少数消费者,采纳政府观点可能要求保险公司发送大量不利行为通知;举例来说,每个尚在建立上等信用报告的年轻申请人将会得到通知,告诉说基于他的信用报告增加对他

325 的收费。我们认为,如此规模发送报告的后果将破坏通知规定背后的政策,因为如此普通的通知会呈现出形式化的特征,而形式化的东西往往被忽略。它将规避法律规定的新保险通常带有一份不利行为通知,并且,不去惹恼申请人与其信用报告准确性有关的利益,而老生常谈的通知意味着只不过是无关紧要的玩意儿,并被当作垃圾邮件处理掉。假定国会的意思是不利行为通知应得到一定关注,我们认为关闭漏洞的代价可能太高。

关于超量通知的主题,我们对有实际意义的另一点加一句话。尽管对新保险提供的起始费率是这样的一项"增加",如若它超过了中性费率,就要求发送通知,那么,如果引用费率经过一个交易过程后保持不变,国会打算使用相同基线,那每一续约日都要重复发送通知吗?

我们不相信会那样做。一旦一位消费者已经知道他的信用报告导致保险公司收取了更高费用,如果他的费率没有变化,那他没有必要在每一续约日都被再告知一遍。关于这点,任何其他解释都可能对"增加"这个字延伸出超出它应有的更多意思。一旦加油站老板收取该消费者高于市价的费用,说该消费者每次来加油都收取相同加价价格就会令人很奇怪。一旦买方和卖方开始一个交易过程,习惯用语的确要求对"增加"作出有意义的改变。因此,在消费者与保险公司之间首次交易之后,"增加"的基线是前次费率或收费,不是开始使用的"中性"基线。

在盖可公司案中,对埃多提供的起始费率是他的信用评分没被考虑时他会得到的费率,并且盖可公司按第1681m(a)款不欠他不利行为通知。

安可公司没有给伯尔和马西任何通知,因为它认为第1681m(a)款不适用首次申请,一个错误是如果伯尔和马西收到"全部或部分基于"他们信用报告的更高费率,那么此公司违反了该成文法。如果他们收到"全部或部分基于"他们信用报告的更高费率,安可公司对他们负有显示鲁莽行为的责任,或更坏责任。然而,我们可能忘记了第一个争议问题,即尽管记录没有可靠表明如果他们的信用报告未被考虑时会得到什么费率,但足够清楚的是,如果安可公司确实违反了该成文法,那么该公司就不是鲁莽失职的问题了。

"该演员的行为是鲁莽漠视另一演员的安全,如果他做一个动作或不做一个动作对其他人要做的动作而言是他的职责,他应当知道或有理由知道一个理智人应认识到的事实,不仅他的行为产生了物理性伤害另一人的不合理风险,而且这样的风险显著大于他行为疏忽而必然导致的风险。"①在普通法上,正是这种客观评定的高风险伤害是鲁莽的本质。

没有任何迹象表明国会另有所想,我们没有任何理由从普通法衍生理解并适用该成文法。因此,一家服从 FCRA 的公司没有行为鲁莽漠视之举,除非其行为不仅在合理解读该成文法条款下是一种违反行为,而且显示该公司冒险违反了该法,这种风险显著大于仅是与理解为粗心相联系的风险。

此处,没有必要标出疏忽/鲁莽的界线。对于安可公司理解该成文法,尽管是错误的,但并非客观上不合理。已如我们所说,第 1681a(k)(1)(B)(i)款没有关于测度"增加"起点的任何明示。根据"增加"预先假定先前交易的理由,安可公司采纳的界定排除对新保险提供起始费率,所以不向伯尔和马西发送不利行为通知。尽管我们不同意安可公司的分析,但我们认识到它的理解有成文法文本基础,并有足够令人信服的正当理由说服联邦地方法院采纳它的分析以及有利于安可公司的规则。

不存在这种情况,服从该法的企业受益于上诉法院或联邦贸易委员会(FTC)的指导,FTC 可能警告该企业远离它抱持的看法。在这些案例之前,没有上诉法院对这个问题说过什么,并且没有来自 FTC 的权威指导。FTC 在任何情况下仅有执行责任,对所说条款没有规则制定的实质性权威。鉴于缺乏这种指导以及晦涩难懂的成文法文本,安可公司的理解并非客观上不合理,因此远不足以引起违反该成文法条而必然负有鲁莽责任的"非正当高风险"。

上诉法院正确地认定,鲁莽漠视 FCRA 的一条要求,这按第 1681n(a)条款含义称得上故意违反。但是,对那家法院要求根据事实展开那些案子是没有必要的。盖可公司没有对埃多发送不利行为通知的决定没有违反第

326

---

① 《民事侵权行为重编》第 2 卷,第 500 款,第 587 页(1963—1964)。

1681m(a)款,而安可公司误解该成文法不是鲁莽。因此,逆转上诉法院对两个案子的判决,并被要求按本意见推进诉讼。

提问和评论

1. 何时一个基于信用报告的行为对消费者"不利"? 在申请保险的情况下,该成文法定义的"不利"是说"拒绝或取消现有或申请的任何保险在范围或数量上与保险承保有关的任何一项收费的增加或者减少,或者其他不利或不利变化。"[①]"不利行为"仅适用于一种现有关系的变化,或者它也可能包括相比消费者在其他情况受到的待遇而言有更差的待遇? 最高法院支持安可公司的哪一个解释?

2. 如果一位第一次消费者正常地收到了通知,说她受到基于信用报告的不利行为,并不管如何选择购买了保险,这会怎样? 现在打算续约。如果保费像以前保持不变,保险公司还必须重新通知这位消费者吗? 关于这种情况安可公司是怎么说的?

3. 何时一个不利行为"全部或部分基于"信用报告? 如果信用报告更好,那么公司对消费者的行为就更有利,就这种意义而言,信用报告一定是行为的若非则无的原因,是吗? 或者,将信用报告考虑计入公司考虑何时决定做什么的信息混合中,这样足够吗? 关于这个问题,你同意最高法院的观点吗? 在信用报告是行为的若非则无的原因与信用报告完全不是原因之间,存在中间立场吗?

4. 什么是最高法院裁定一个行为对消费者是"不利"的基准? 很清楚,当一家公司从惯常做法中排除出来,并对一项服务收取高于对普通消费者的收费,那么这一行为可以被说成是不利的。公司对最理想的那些客户保留更有利的费率,但是,如果公司没有给予一个客户更有利的费率,会怎样?

---

① 《美国法典》第15卷,§1681a(k)(1)。

四、救济方法

违反 FCRA 有什么救济方法？对于不提供消费者基于信用报告的不利行为的要求通知，不存在私权利行为。[①] 该法的其他条款可由民事损害赔偿诉讼强制执行。[②] 但是可得赔偿是有限的：在故意违反情况下，消费者可以收回"实际损害赔偿"100—1,000 美元之间，还有如果法院判决的惩罚性赔偿，以及合理的律师费。[③] 在过失违法情况下，原告可以收回"实际损害赔偿"再加合理的律师费。[④]

对于私人原告，问题是有时难于显示金钱伤害。按传统民事侵权行为原则，原告可能需要显示，被告的错误行为引起了陈述不准确，并包含在他或她的信用报告里，或者引起 CRA 计算不准确的信用评分，并且，反过来，这些一个或多个错误导致消费者的金钱损失。这些显示经常很难做到，尤其是如果消费者有举证责任。

针对这一难题，有些法院许可原告追偿信用报告不准确引起的情感伤害或痛苦。参见汤普森诉圣安东尼奥零售商人协会案[⑤]（依法院意见所定）（屈辱和精神痛苦）；米尔斯通诉奥汉隆报告有限公司案[⑥]（"失眠、紧张、沮丧和精神痛苦"）。这是对该成文法的恰当理解吗？

第五节　房地产交易

住房金融代表一个特殊关注领域，有几方面理由。消费者通常对购买一所房子的程序生疏，而且没有什么能力评估他们被要求支付费用的合理

---

① 《美国法典》第 15 卷，§1681m（h）。
② 同上，§1681n，o。
③ 同上，§1681n（a）。
④ 同上，§1681o（a）。
⑤ 《联邦案例汇编第二辑》第 682 卷，第 509 页（第 5 巡回法庭，1982）。
⑥ 《联邦案例汇编第二辑》第 528 卷，第 829 页（第 8 巡回法庭，1976）。

性,这些费用与住房抵押贷款相联系。购买住房是许多普通消费者都将经历的最复杂的交易。并且,购买一所房子经常很有压力,甚至人们伴有很多担忧,并非纯粹是财务方面。购买一所房子而不是再融资一所现有住房的人们尤其可能遇到分心的事情,那会使得他们的注意力离开其与放贷公司的条款安排。再者,相对于消费者的财务状况而言,涉及的钱款金额经常很大。

消费者或其中一部分人,开始接触住房金融时尤其易受伤害吗? 在没有专门法规情况下,抵押贷款将服从一般合同规则,通常假定合同当事人都是最好的内行,知道什么好什么不好。普通合同原则会强迫消费者执行抵押贷款交易,只须服从的资质要求不过是合同中不得行径可耻、蒙昧良心,不许违反某些基本公共政策,银行与消费者互动必须显示诚信并公平交易。这些对保护抵押贷款消费者是足够的,还是需要更多措施?

住房购买人是否可以指望照顾自己利益的问题激发了学术圈一场热烈辩论。思考下面的节选,作者是一位学者,专长领域是"行为"法和经济学:

巴-吉尔:《次级抵押贷款合同的法律、经济学和心理学》[①]

普通次级抵押贷款合同有两个可疑特征。第一个特征是成本递延。……传统优质抵押贷款要求 20% 首期付款,这意味着贷款成数不超过 80%。在 2006 年次贷市场,超过 40% 的贷款其贷款成数高于 90%。……在标准优质贷款(固定利率抵押贷款,FRM)下,借款人每月支付相同金额的美元——是一种固定还款计划。在传统惯例(可调利率抵押贷款,ARM)下,每月支付的计算是一个固定百分点加上一个波动指数,支付的美元金额逐月不同,没有任何系统性轨迹。另一方面,大多数次级贷款呈现为递增还款计划:他们对通常为 2 年的引导期设定了一个低利率,而在贷款的剩余期设定一个更高的利率。其他次级贷款呈现为更加陡峭的还款计划。单一利率贷款和付款选择权类型的可调利率抵押贷款允许在引导期内摊还金额为

---

① 《康奈尔法律评论》第 94 卷,第 1073 页(2009)。

零或负值;在引导期结束后,加速提升每月还款金额。还款升级合同的直接影响是"月供惊魂",这出现在重订利率导致显著的、直达 100% 增幅的月供还款金额。

次贷合同的第二个可疑特征是它们的复杂程度。在传统 FRM 设置单一、恒定的利率的同时,典型次级抵押贷款包括多重利率,其中一些利率都是由平凡公式隐式定义的,这些平凡公式都只不过是从一期利率调整到下一期利率。典型次级抵押贷款也极具特征性的一点是大量收费,有些收费适用在贷款期间的不同时段,有些收费有赖于各种外生性变化或者取决于借款人的行为。与次级贷款有关的五花八门的收费归入两类:(1)启动费,包括信用调查费、评估费、洪水认证费、税务认证费、第三方代管账户分析费、承保分析费、文件编制费,以及用于发送电子邮件、传真和专递邮件的分笔收费;以及(2)后期费,包括滞纳金、止赎费、提前还款罚金,以及解决争端费或仲裁费。这些收费加总高达数千美元,或者达到贷款金额的 20%。提前偿还期权,在次贷市场上特别重要,它使得这些合同的估值进一步复杂化。隐含的违约期权也是如此。最后,因为借款人必须在许多有差别的、复杂的产品中作出选择,而每一产品都有一套多维度的价格和特征,比起已经高度复杂的单一产品,借款人决策的复杂性呈现指数般地增大。

用什么解释这些合同的设计特征? 我开始探索可能的理性选择解释。考虑成本递延的特征。通常解释成本递延合同基于负担能力论点。许多次贷借款人,在他们取出贷款时,流动性就受到了限制:他们付得起的只是一个很小的首付款和一个很小的每月还款额。当然,圈套是一个很小的首付款和一个很小的每月还款额,这隐含着将来在起始利率调整到引导期之后的水平以后,每月还款额更高。因此,负担能力论点的理性取决于借款人的能力,他要么将来支付高还款额,要么避免它。由此负担能力论点就劈分为两个分论点:"支付"论和"回避"论。前者是借款人将预感到有能力支付更高还款额,如果她预料到在引导期结束时她的收入显著增加。有些次贷借款人理性地预期了如此的收入显著增加,很多其他人并没有理性的预期。

接下来说"回避"论:借款人将有能力避免支付更高还款额,如果她预料到在引导期结束时她要提前偿还抵押贷款。提前还款期权取决于这座房子能够被卖出去的预期能力,取决于以有吸引力的期限再融资贷款的预期便利,也取决于以有吸引力的价格卖掉这座房子的预见能力。诱人的融资和出售期权将是可用的,如果(1)借款人的信用评分得到改善提高;(2)市场利率下降;或者(3)房子价格升值。有些借款人理性地预见到,这些正面预见实现能够使得他们再融资递延成本的抵押贷款,并避免长期的高成本。对很多其他借款人来说,这些预期是过于乐观了。

　　一个可替代的理性选择解释将递延成本抵押贷款描绘成一项投资工具,旨在促进对房地产价格的投机。如果房价升高,投机者将卖出房子(或再融资),并收获低价买进和高价卖出之间的差价,永远不用支付递延成本抵押贷款的长期高成本。如果房价下跌,投机者将对抵押贷款违约,同样也避免了支付递延成本抵押贷款的长期高成本。当然,违约并非是一桩无成本的生意,但只要价格升得足够高,上行收益将抵消下行风险。有些次贷借款人肯定是投机者。可是,很多其他借款人不是投机者。

　　我现在转向第二个辨识出的设计特征:复杂性和多维性。首先考虑多维度、间接定义的利率。一笔 ARM 的指数驱动调整,进一步被最大调整上限复杂化,这种调整可以被解释为有效配置放贷人与借款人之间浮动利率风险的一种手段。然而,当利率风险由放贷人与借款人分担时,这一解释就更具威力。在次贷扩张期间,当证券化盛行时,这一风险原本可以,并且有时的确是,传递给多元化的投资者。接下来考虑次贷抵押贷款合同常见收费的激增问题。对单独的服务收取分项费用,允许借款人按其个人偏好挑选所提供的各种服务。但是这一效率故事仅适用于选择性服务;它不适合大量的非选择性的,而又分项定价的服务。比如,信用调查和文件资料准备。另一种解释认为费用激增反映了有效的基于风险定价。举例来说,过失对放贷公司强加了一项成本。滞纳金和止赎费配置这一成本给了有过失的借款人。如果没有这样的收费,无过失借款人将承担有过失借款人强加的大部分成本,因为放贷公司将提高利率以补偿预料发生的费用。再次看到,这一解释对有些收费似乎合理,但不是对其他收费也合理。

理性选择理论部分解释了某些情境中观察到的合同设计。然而,他们没有提供一个完整的叙述:一个理性选择模式没有充分解释普遍性的成本递延和超高水平的复杂性。为了弥补这一解释上的缺陷,我提出一个关于次级抵押贷款合同的行为-经济学理论。我认为,这些合同的设计可以被解释为一个理性市场对借款人不完美理性的反映。近视的借款人过分关注贷款合同的短期维度方面,并对长期维度方面关注不够。他们高估了自己的未来收入,预期有不现实的诱人的再融资期权。或者,他们高估了对房地产市场赌注的预期价值,或许因为他们非理性地预期,去年 10% 的价格提升下一年将会复制再现。如果近视且乐观的借款人盯住短期并低估长期,那么放贷公司将提供成本递延合同,短期低价,长期高价。

一个类似的论点解释了次贷抵押贷款合同的复杂性。不完美理性借款人将不能有效合计多种价格与非价格的维度,并从它们辨识抵押贷款的真正总成本。不可避免地,这些借款人将关注很少几个显著的维度。如果借款人不能处理复杂、多维度的合同,以及由此忽视不怎么显著的价格维度,于是放贷公司将提供复杂、多维度的合同,将贷款成本的大部分转移到那些不显眼的维度方面。

在只关注部分次贷图景即次级贷款合同设计的同时,这篇文章提出了导致次贷危机动力的另一种说法。一种普遍说法聚焦于不道德的放贷公司,将高风险贷款推向无偿还能力的借款人。另一种普遍说法聚焦于不负责任的借款人,获取他们还不起的贷款。两种说法都只是抓住了次贷繁荣期间所发生的部分情况,但两种说法都不完整。在很多情况下,借款人是鲁莽的,也是相当不理智的。而在很多情况下,放贷公司并非恶魔,他们只不过是回应借款人不理智驱动的融资需求。……

所提行为-经济学理论奉献了关于次贷市场动力和这些动力如何形成次级贷款合同设计的一个更为复杂的论述。这些合同设计的特征具有重大福利影响,尤其是在理解为市场回应借款人的不完美理性时。首先,过度复杂阻止有效的货比三家式的比较购物,因而阻碍次级贷款市场的竞争。其次,成本递延特征是与日益增多的过失与止赎相联系,过失与止赎施加大量成本,不仅是对借款人,而且也对周围社区、放贷公司、贷款购买人以及经济生活。第三,过度复杂成本递延合同具有不良分配后果,不成比例地加重财务弱势群体——经常是少数借款人的负担。最后,关注贷款成本中那些不显著或被低估价格的维度,人为地膨胀了抵押贷款融资的需求,而且间接地鼓起了住宅房地产的需求。因此,所提行为-经济学理论建立了合同设计为一方面、次贷扩张与房地产繁荣为另一方面的二者之间的一种因果联系。相应地,跟随着这种扩张的次贷垮塌,至少部分地也可以归于这种被识别的合同设计特征。

重要的是,这种被识别的合同设计特征以及与之相联系的福利成本,并非次贷市场低活力竞争的结果。事实上,加强竞争可能使得这种设计特征甚至更加普遍。如果借款人关注短期而忽视长期,那么竞争将迫使放贷公司提供成本递延合同。并且,如果面对复杂、多维度合同的借款人忽视不显著价格维度,那么竞争将迫使放贷公司提供复杂、多维度合同,并将大部分贷款成本转移到不显著价格维度。因此,确保次贷抵押贷款市场的强劲竞争并不解决问题……

提问和评论

1. 保护消费者法规的标准经济学论点是消费者服务提供者的市场竞争将产生最理想的合同条款。巴-吉尔教授认为这不是必然产生的情况,而且事实上服务提供者的市场竞争可能产生对消费者和对社会不好的条款。你如何看?

2. 巴-吉尔教授承认次贷抵押贷款市场的特征可能是合理的,而按传统经济学的说法解释是有益于消费者的。在巴-吉尔教授的解释与传统经济学说法的解释之间,如何决定?

3. 关于消费者困惑和脆弱性的问题,一个可能的方法是加强信息披露。但是信息过多可能是一个问题:太多信息披露比完全没有信息披露可能是好不了多少。鉴于消费者作为人类,具有有限的认知能力,对于强化信息披露会有什么好处,是不言自明的吗?

4. 人们可以将行为经济学分析推进一步,而且可以说消费者不能被相信按他们自己最大利益行事,即便他们具备完整信息,因此,法律应当坦诚地搞家长制,禁止消费者做不明智决策,这可以吗? 经济理性支持如此论点吗?

5. 在分析次贷抵押贷款方面,使用的知识框架是经济学的吗? 基于道德、公平或平等考虑也可以做好这一工作,或可能更好?

6. 法律已经以若干方式回应了巴-吉尔教授文章中识别出的几个关注点。我们将讨论如下问题:(1)《诚实借贷法》;(2)《房地产结算程序法》;(3)掠夺性放贷;(4)止赎的实践与滥用。TILA 和 RESPA 要求加强信息披露,因此可以基于消费者自律进行解释。关于掠夺性放贷和止赎实践的规则同样要求信息披露,但也可能反映了实质性判断,即就是完全信息并不总是足以保护消费者防范错误、盘剥或滥用。

一、《诚实借贷法》

我们已经讨论过 TILA,因为它涉及到消费者贷款交易。这个成文法也包含管制抵押贷款融资的条款。Z 条例要求某些信息披露,以及禁止债权人不考虑消费者偿还能力的高价抵押贷款。对于消费者偿还由住宅担保的任何消费贷款交易的能力,《多德-弗兰克法》的第 1411 和 1412 款一般要求债权人做出合理、诚信的测定。

二、《房地产结算程序法》

1974 年《房地产结算程序法》(RESPA)①,规定了消费者房地产交易的程序。该法的目的是禁止曾经弥漫住房销售交易的滥用隐性收费。

RESPA 覆盖由 1—4 口之家住房财产作为担保品的担保贷款。它要求在贷款申请时,抵押贷款经纪人或潜在的放贷公司必须向借款人提供宣传册,其中包含信息应涉及房地产结算服务;诚实估算结算花费,这些花费要

---

① 《美国法典》第 12 卷,第 2601 款及以下条款。

列表说明购买人结算时支付的各项收费；以及抵押贷款服务披露文件，说明放贷公司是否打算提供贷款或者转给另一家放贷公司。要求在闭合交易之前进行某些信息披露，包括一种标准格式的结算清单，标明与结算有关的所有规定收费，并包括一张比对图表，以帮助借款人对披露的诚信估算收费与实际收费进行比较。

贷款服务公司（贷款发放后与借款人打交道的公司）被要求投递年度托管账户清单，清单汇总列出本年度托管账户的所有存款和还款，注明该借款人账户的任何短缺和盈余，并告诉借款人关于贷款服务公司对这些账户的处理。消费者金融保护局的 X 条例对抵押贷款服务公司规定了多项义务：他们必须改正抵押贷款借款人提请其注意的错误；提供这些借款人要求的信息；以及对这些与力荐保险（当房主自己的财产保险失效或者该银行认为房主的保险不足情况下由一家银行或抵押贷款服务商对住房安排的保险单）有关的借款人提供保护。服务商也有义务建立合理政策和程序以达到某些确定目标；告知拖欠还款的借款人关于抵押贷款损失的缓解办法；建立政策和程序，对拖欠还款的借款人提供服务商人员持续接触；以及评估借款人申请的可行损失缓解办法。

RESPA 禁止回扣、预收劳务费，以及与受管辖交易清算有关的收费劈分。设想一家银行要求房产购买人购买产权保险。很自然，在这种情况下购买人倾向于依赖其律师或房地产经纪人的建议，所提建议就是保险提供人要用的建议。在这种情况下，产权保险公司可能对引导业务路径的律师支付某种形式的佣金———一种回扣。可以说，这种安排违反 RESPA 的一个条款，它规定"任何人不得按照口头或者其他形式的任何协议或协定，给予和接受任何费用、回扣或者有价物，凡涉及有关联邦抵押贷款的有关或部分房地产结算服务业务的任何人都应当参照执行。"[①]

反过来，假设一家银行因抵押贷款的记账收取消费者费用，但实际是支付给做此项工作的结算机构，私留了部分收费呢？此处，银行向消费者开具

---

① 《美国法典》第 12 卷，§ 2607（a）。

了它并没有履行服务的账单。这可以说是一个预收服务费的例子，违反了《美国法典》第 12 卷第 2607(b)款，它规定"任何人不应给予和接受任何收费的任何部分、劈分或百分点提成，这些收费的扣收或收取是因涉及有关联邦抵押贷款交易而提供房地产结算服务但不是实际提供服务。"

　　法院对于在只有一方当事人涉及预收劳务费的情况下如何阐释第 2607(b)款出现了分化。有的法院认为，该法似乎与红包和房地产结算服务提供人之间的秘密安排有关，解释该条款要求收费劈分；单方服务提供者的劳务费加价是不足以适用的。其他法院以及监管当局断定，单方服务提供者的劳务费加价是足够适用的。这一争议在 2012 年到了最高法院，产生了下面的意见：

弗里曼诉速贷有限公司案①

斯卡利亚，法官：

RESPA 第 2607(a)款规定：

　　"任何人不应给予和接受任何收费、回扣或百分点提成，这些收费的扣收或收取是因涉及有关联邦抵押贷款交易而提供房地产结算服务但不是实际提供服务。"

相邻条款，分款(b)，增加如下：

　　"任何人不应给予和接受任何收费的任何部分、劈分或百分点提成，这些收费的扣收或收取是因涉及有关联邦抵押贷款交易而提供房地产结算服务但不是实际提供服务。"

这些实质性条款是可强制执行的，尤其通过针对"任何个人或多人违

---

① 《最高法院案例汇编》第 132 卷，第 2034 页(2012)。

反第2607款的禁止或限制"、对消费者结算服务带来伤害的多项诉讼,设定的赔付等于原告为所说结算服务支付收费的三倍。[①]

本案诉愿人是三对已婚夫妇,从被告速贷有限公司获得抵押贷款。2008年,他们在路易斯安那州法院分别发起诉讼,提出指控,就与此处有关内容看,被告违反了第2607(b)款,没有提供服务而向他们收费。特别是,弗里曼夫妇和贝内特夫妇指控向他们分别收取了贷款贴现费980美元和1,100美元,但被告没有给他们降低利率的回馈。斯密斯夫妇主要指控575美元的贷款"处理费"和5,100多美元的"贷款发放"费。

本案的问题涉及如我们已说到的第2607(b)款的范围,它规定"任何人不应给予和接受任何收费的任何部分、劈分或百分点提成,这些收费的产生或接受是因涉及……提供房地产结算服务但不是实际提供服务。"当事人之间的争议归结为本条款是否禁止单一结算服务提供商收取劳务费——我们可以称之为未拆分劳务费,或者它是否仅覆盖这样的交易,其中,提供商分享一部分结算费,结算费的其余部分归一个或多个只分享收费却不干事的其他人等。

诉愿人以先前解释为准的论点找到了支持,2001年住房与都市发展部(HUD)发布了政策说明,直到最近国会还授权HUD"制定这样的规则和法规"并"进行这样的解释",因为它"对达到RESPA的目的是必要的。"[②]《多德-弗兰克法》将在RESPA下HUD保护消费者的职能转归消费者金融保护局。CFPB发出通知声明,它将执行HUD关于RESPA的法规,并且该局没有进一步行动,将依然适用HUD先前所发关于RESPA的正式政策说明。

HUD的政策说明说到,第2607(b)款"禁止任何人给予或接受任何劳务费,也就是这种对房地产结算服务的收费或付款不同于对提供货物、设施或服务的收费或付款。"它"特别解释第2607(b)款,不限于至少两人劈分或分享劳务费的情形。"更广泛说,该政策说明将第2607(b)款解释为授权

---

① 《美国法典》第12卷,§2607(d)(2)。

② 同上,§2617(a)。

监管消费者因结算服务而支付的收费。它说到,"结算服务提供商不得加收另一个提供商的服务费,如果它没有提供另外的结算服务;这样的付费必须是有实际的、必要的和独特的服务。"并且,如果它收取了完全不劳而获的费用,除了面临责任外,提供商也可能"按第2607(b)款负责赔偿,如果它收取的费用超过了所提供货物、便利或服务的合理价值,"理论上,超过合理价值构成了"没有实际履行服务"而收费的一"部分"。①

　　然而,最后提到的一点与HUD解释的该法显然不一致。1974年国会颁布RESPA时,它包含一条命令,在5年内HUD就该领域进一步立法的必要性向国会作出报告。要求报告包含的话题之一是"关于与联邦有关抵押贷款交易相关的房地产结算服务收费的联邦法规是否必要和需要提出推荐建议。"因此,如果是这样的话,关于有何改革的推荐建议应被采纳。关于价格法规迫切性推荐建议的命令将没有意义,如果国会已经解决了这一争议问题——如果第2607(b)款含有授权HUD禁止收取很高的不合理结算服务费,那么也就是说,执行了价格管制。

　　不怀疑认识一样,诉愿人没有充分采纳HUD对第2607(b)款的解释。无所谓上诉法院甚至发现第2607(b)款并不限于劈分费用情况、认定该法没有触及不合理高收费,因为诉愿人承认该法没有覆盖高额收费,不过,他们接受HUD对第2607(b)款的解释,只要它认定提供商违反了该法,截留收费,反过来又完全没有提供任何服务。简而言之,诉愿人辩称,被告涉嫌通过向他们各家索取预收劳务费,"接受"了结算服务收费(也就是收费的100%)的一"部分、劈分或百分比提成","而没有实际履行服务。"

　　当事人就HUD于2001年政策说明提出的观点是否应遵循本院在雪佛龙案宣布的框架进行了激烈争论。我们不必解决这个争论——或者如果雪佛龙尊重另有适用,那么是否通过政策声明明显超越价格控制消除争论而解决。因为我们断定,甚至更有限的立场也受政策说明的支持,并受诉愿人敦促"超出了该法可能含有的意思"。在我们看来,第2607(b)款明确覆盖

---

① 《美国法典》第12卷,§2617(b)。

的只是结算服务提供商与一个或多个他人劈分了收费,它不能被理解为触及了单一提供商保留了预收劳务费。

通过规定任何人不应"给予"或"接受"一"部分、劈分或百分比提成"已被"扣收或接受"的收费,"而没有实际履行服务,"第 2607(b)款清楚地描述了两个独特交换。第一,"收费"是结算服务提供商对消费者"扣收"或者"收取"。于是,提供商"给予",而另一人"接受"收费的一"部分、劈分或百分比提成"。国会使用不同的动词组合、不同的时态以分辨消费者-提供商之间的交易(被"扣收或收取"的"收费")与收费-分享交易("给予"或"接受""部分、劈分或百分比提成")。正如诉愿人所称,如果两个交易归化为一个交易,国会的分辨就毫无意义。……

诉愿人也求助于法定目的,辩称禁止收取未拆分预收劳务费很契合RESPA 说明的目标,"确保消费者……受到保护,免于某些滥用行为引起不必要的结算高收费。"①这句话没有传达这样的意思,RESPA 宣称的目的是通过其条款仅限于"某些滥用行为"——这使得该法比大多数通过无限目标定位扩展有限文本解释甚至是更差的候选。RESPA 的特定语言最终服务于使人领会一个更广泛的重要观点:"没有任何立法不惜一切代价地追求其目的,"而且"每一成文法的目的不仅要取得一定结果,而且要通过特定方式取得它们。"对于扩展第 2607(b)款禁条而超出明确限定的范围即结算服务付费的劈分,略知法令目的提供不了保证。

诉愿人还说到一个不可取的观点,认为第 2607(b)款不应赋予自然含义,因为那样做导致声称的荒唐结果,即许可提供商收费并持有全部 1,000美元预收劳务费,同时如果提供商与他人分享哪怕 10 美元收费中的一分钱也强加责任。那种结果并不让我们感觉特别异常。国会已经很好地断定,现有的各种补偿,比如州法的欺诈案,足够处理完全虚构收费的问题,而此处的立法行动被要求处理回扣和收费劈分的问题。

不管怎样,诉愿人对该法的理解导致自身理解的"荒唐":因为第

---

① 《美国法典》第 12 卷,§ 2601(a)。

2607(b)款明显不能被理解为禁止不合理高收费,所以服务提供商通过提供仅 1 美元价值的服务以交换 1,000 美元的收费可以避免责任。认可第 2607(b)款的覆盖范围限于费用劈分交易,至少有利于对那个特定问题作出连贯性回应,而不是对不合理收费的广义问题作出不连贯回应。

为了确立违反第 2607(b)款,原告必须证明结算服务收费分归两个或多个人。因为诉愿人对被告与任何他人劈分受质疑的收费无争议,所以同意作出有利被告的即决判决是正确的。因此,我们肯定上诉法院的判决。

提问和评论

1. 你同意最高法院关于该法语言很清楚、不保证尊重监管部门解释的说法吗?

2. 最高法院批评 HUD 要对房地产结算程序强加一种价格管制。鉴于消费者保护自己免于压迫性策略的局限性,你会赞成授权这种联邦监管主管部门(现在的 CFPB)立法吗?

3. 就消费者而言,由两家公司征收的过度收费和由单一服务提供商征收的过度收费之间,存在任何真实差别吗?

4. 最高法院提出,国会可能不是选择去监管单一提供商收取预收劳务费,因为州法可以保护消费者免于这种滥用行为。你认为在这种情况下州法可以信赖吗?

三、掠夺性放贷

过去 20 年来,银行监管当局和游说团体聚焦于"掠夺性"贷款的话题。掠夺性贷款被认为是对借款人有伤害或不合适的。一般地,它们是放贷公司明明知道借款人将有还款麻烦还发放的贷款。这类贷款含有高收费、气球式还款,负摊还计划(本金金额随时间变大的贷款)。此类贷款可能受到监管审查,审查遵循各种消费者保护成文法,比如《公平住房法》、《住房所有权及权益保护法》、《诚实借贷法》、《联邦贸易委员会法》,以及《房地产结算程序法》。

法律管制掠夺性放贷的支持者们援引了对收入和财务知识均有限的人群营销、构造和服务住房抵押贷款的一系列胡作非为。他们引用了很多例子，其中有贷款掮客或贷款发放者激烈兜售目标社区；将少数族裔借款人引导给高成本放贷公司；收受"利率溢价费"——基本上是高利率贷款的佣金；无法承受还款的结构化贷款；造假贷款申请表；添加不实共同签署人；对精神无行为能力房主发放贷款；在贷款文件上伪造签名；引诱借款人偿清低成本抵押贷款、接受高成本贷款；将无担保债券转入抵押贷款；发放贷款超过抵押 100% 的物业价值；以及在关闭贷款结算时改变贷款条件。据称，抵押贷款本身就含有苛刻条款，比如，高年利率，高点或虚高成交价，气球式还款，负摊还，虚增鉴定成本，虚高登记费，伪造中介费，分类计价（对复制服务收费），必须信贷保险或房主保险，以及强制性仲裁条款。在关闭贷款后，抵押贷款放贷公司被指控炒卖（经常在高压销售之后重复再融资），延迟还款时收取日息，涉嫌滥用收费规范，收取过高的提前还款罚金，涉嫌滥用止赎，没有对借款人的信用报告报告正常还款，没有提供准确贷款余额和已偿还金额。[①] 当然，抵押贷款放贷公司和原始贷款人都反对这些说法。

抵押贷款融资的掠夺性放贷一定程度上受联邦法管制，遵循法律法规有 1994 年的《住房所有权及权益保护法》（HOEPA），以及 Z 条例，该条例（尤其）贯彻 HOEPA 法。HOEPA 调整由消费者主要住房担保的消费贷款交易，其中（1）年百分比利率高于可比期限国库券收益率 10 个百分点以上；或者（2）消费者在关闭贷款结算时或者关闭之前支付的总计百分点和收费超过贷款的 8% 或 400 美元。[②]

像在 Z 条例执行的那样，在依法要求的其他信息披露之外，HOEPA 对覆盖的贷款要求披露：

- 如果一笔贷款满足上述测试，那么必须在贷款敲定之前至少 3 个工作日，借款人收到某些信息披露。

---

① 参见 2001 年 7 月 27 日贝伦鲍姆《掠夺性放贷：在参议院银行、住房与城市事务委员会的证言》。

② 《美国法典》第 15 卷，§ 1602（aa）。

- 放贷公司必须提供书面通知,说明该笔贷款不需要被完成。
- 放贷公司必须披露年利率 APR,定期还款金额(包括如果法律许可气球式还款的地区要披露气球式还款,下面讨论),以及贷款金额(加上借款数额包括信用保险费,并必须说明事实)。

以下特点是在高利率、高费率贷款中被禁止的:

- 所有气球式还款——定期还款金额没有完全付清本金余额,并在最后要求偿还高于两倍定期还款额的金额——期限少于 5 年的贷款。
- 负摊还,它包含较小的月还款额,不够完全还清贷款,并引起负债总额的增加。
- 违约利率高于违约前的利率。
- 利息回扣(违约发生后),根据比精算更不利的方法计算。
- 还款安排,多于两期定期还款的合并还款必须从贷款付款中先行扣还。
- 大多数提前还款罚金,包括根据比精算方法更不利的方法计算的未实现利息退款。
- 按需还款条款(允许银行随意加速还款)。

债权人也不得:

- 发放贷款基于担保品价值而不考虑借款人还款能力。
- 在发放贷款的 12 月之内,将一笔 HOEPA 贷款再融资到另一笔 HOEPA 贷款,除非新贷款符合借款人的最佳利益。
- 将封闭式、高成本贷款错误地记录成开放式贷款。

货币监理署已经制定了管制国民银行消费贷款的反掠夺式放贷的法规。《美国联邦法规》第 12 卷第 34.3(b)款规定:

　　国民银行不得发放受本分款管制的消费贷款,此类贷款主要基于银行实现对借款人担保品的止赎或出清价值,不考虑借款人按照贷款条件的偿还贷款能力。银行可以使用任何合理方法确定借款人还款能力,包括比如借款人当前和预期收入,当前和预期现金流,净值,其他相关财务资源,当前债务,就业状况,信用记录,或其他相关因素。

许多州也颁布了法律法规,旨在阻止掠夺式放贷。HOEPA 对这些法律法规没有先占权[①],并且除了按联邦法律救济之外,这些州法也可以提供救济。

提问和评论

1. 思考区别掠夺性贷款的特征。除了存在明显的欺诈外,单独看那些特征中任何一个,有什么东西是不容许或不道德的?

2. 涉及高收费、高利率的掠夺性贷款的特征是什么? 一种产品的销售者——包括一种金融产品的销售者——有权收取市场可承受的费用吗?

3. 一个政府监管部门如何能够确定一项特定收费或利率实际是不合理偏高的,尤其是如果一个放贷公司有权对其投资取得合理回报,包括对次贷借款人对其承诺还款违约的风险补偿?

4. 为什么银行有兴趣发放借款人不能偿还的抵押贷款?

5. 我们能依赖竞争和自利的正常力量阻止滥用掠夺性做法?

6. 存款机构可能争辩,反对掠夺性贷款运动是社区再投资(下面描述)压力的反面。后者强烈鼓励他们对弱势人群(例如,中低收入的借款人)贷款。一旦他们那么做了,他们就受到有"掠夺性"的批评。你认为这是一个公道的情况说明吗?

7. 承认确保对弱势人群提供充足可用贷款的重要性,是防范掠夺性贷款、实现这一目标的良好途径吗? 如果放贷公司相信发放掠夺性贷款容易遭受潜在法律风险,尤其是如果这类贷款不规则且难于定义,为什么它要服务这一市场?

---

① 《美国法典》第 15 卷,§ 1610(b)。

四、止赎的实践与滥用

止赎是取消赎回担保物权利的法律程序。历史上,赎回担保物的权利是房主的权利,作为所有权的持有人,清偿到期的金额并恢复房地产所有权,即使在由于没有偿还抵押贷款而被拒绝恢复所有权之后。赎回担保物的权利代表了购买房地产后尚有拖欠的任何人的产权瑕疵。为了消除这个问题,很早以前法律就给予放贷公司提起诉讼"止赎"——即消灭——赎回担保物的权利。在赎回担保物的权利被止赎后,该房地产可以安全地售出以满足债务,因为购买人没有房主的名头并出清了任何产权(尽管州法可能规定甚至止赎后还有合法的赎回期)。

传统的止赎行动是采取法律诉讼的形式,并且有的止赎现在仍然以那种形式产生。然而,州法官感觉有负担,这是有明显理由的,因为必须主持这样的案子,即便房主没有到庭、诉讼采取简易形式的违约判决。为了减少压力,许多州采用了"非法律"的止赎程序,它许可放贷公司,通过广告拟议的出售以及给予房主专门通知,进行不涉及法院的止赎。

在接踵而至的 2007 年美国住房泡沫破裂、金融危机并引起随后的失业,数百万住房抵押贷款发生违约。受止赎危机打击最严重的地区就是那些经历最狂热发展的地区:内华达州的拉斯维加斯,佛罗里达州的李与棕榈滩县,加利福尼亚州的默塞德县是其中受影响最大的地区。违约激增跟随着止赎激增,银行试图收回贷款的部分价值,并努力摆脱冲击世界金融市场的金融危机海啸。

止赎激增产生了诉讼与法律改革。下面的几页讨论一些争议问题。

a. 普通法补偿

假定一家银行在房主没有贷款违约时错误地执行了一项止赎行动,并引起了被买走的房子成为了合法出售。或者假设尽管房主违约,提起止赎诉讼的银行实际并不是抵押贷款的所有人。或者,该银行尽管是违约抵押贷款所有人,但是技术上没有遵守提起和起诉止赎诉讼的规定。在这些以及其他情况下,房主可以得到该银行的补偿。

340

有几个州认可错误止赎的民事侵权行为,适用抵押人在止赎发生时可以确认的情形,即没有违反条件或存在不履行已批准的止赎。要在这种观点下确定责任,抵押人必须证明她在止赎发生时没有违约,或者她提出偿清债务全部金额并被断然拒绝了。并且,原告可能有必要确定她实际上被从住房中驱逐出来;仍住在房子里的人们可能发现他们自己没有救济措施。

普通法关于产权诽谤的侵权行为也是通用的。这类侵权行为适用于当一方当事人错误地毁坏了所有人的土地所有权,引起损害赔偿。比如假定,一家银行致使档案馆记录了一项声明,某一特定房地产已经按止赎出售形式卖出,而实际上根本没有发生过这样的出售。这项声明将使得房主的所有权成为不可出售的所有权:没有任何慎重的买主,也没有任何产权保险公司在发现档案记载这项声明后还进行这一买进交易。如果一家银行或其他当事人涉嫌这样的恶作剧,这种产权诽谤行为要提供补偿。

341 房主也可以根据发起止赎的当事人没有遵守州法管制止赎案的某些规定抵御止赎,寻求损害赔偿,或恢复被止赎房地产的所有权。法院有时乐于接受这类争论,尤其是在"非法律"止赎的情况下,按照授权的成文法,放贷公司可以执行而不用得到法院命令。参见比如,杰克逊诉联邦国民银行抵押贷款协会有限公司案①,拒绝同意即决判决,质疑基于据称技术上违反法律的非法律止赎。

提问和评论

1. 这些州法补偿的效果如何? 使用这些补偿的局限性表明,它们只是作为拖延策略而非救生艇。对于法律要发挥的作用来说,前者是合法的吗?

2. 有些金融机构可能宣称以先占权抵御基于错误止赎实践的州法索赔,理由是有一支配性的联邦法或法规占有该领域或明确推翻州法院的补救措施。参见比如,《美国联邦法规》第 12 卷第 560.2 款(先占州法,对联邦存款机构关于处理、发放、服务、销售、购买、投资或参与抵押贷款提出要

---

① 2012 年《西部法律出版社数据库》第 1030016 号案例(俄勒冈地区法院 2012)。

求）。

3. 按这些见解中的其中一种来评估一种行为,法院应当考虑不同房主产权情况吗?——例如,采取更仁慈态度对努力工作偿还债务的人们,但发现他们自己无法管理;以更不利的态度对故意购买他们负担不起的更昂贵房子的人们,或没有证明通过诚实努力以偿付其债务责任的人们。容易分清这两者吗?

b. MERS 诉讼

MERS 系统是“抵押贷款电子登记系统”的简称,它是一个由银行和其他贷款机构拥有的组织。它的建立便利了抵押贷款交易,尤其是有关的结构化融资交易,比如抵押贷款支持证券。下面的案子描述了有关背景。

塞万提斯诉全国房屋贷款公司案[①]

本诉讼以及全国各地的许多其他诉讼的焦点是 MERS 系统。……MERS 是一个私营的电子数据库,由 MERSCORP 公司经营,它跟踪住房贷款“受益权”的转移,以及贷款服务的任何变化。在借款人取出住房贷款后,原贷款人可能卖掉该贷款的全部或部分受益权,并改变贷款服务商。该受益权的所有人有权偿还这一贷款。为了简化,我们将提到的“受益权的所有人”称为“贷款人”。贷款服务商收集借款人的还款,将还款发送贷款人,并处理贷款的行政管理事务。参与抵押贷款行业——发放贷款、买入或投资贷款受益权或服务贷款的许多公司,都是 MERS 的成员,并支付费用以支持这套跟踪系统。

当借款人取出住房贷款时,借款人执行了两个有利于贷款人的文件:(1)偿还该贷款的承诺函,以及(2)信托抵押或抵押证明,在违约时它将作为担保品担保贷款,转移房地产法定所有权。州法要求贷款人在房地产所在县记载这一文件。任何随后的出售或转让契约也都必须记录在该县档

342

---

① 《联邦案例汇编第三辑》第 656 卷,第 1034 页(2011)。

案里。

这个记账程序对于抵押贷款行业来说变得有些累赘,尤其是随着贷款交易的增加。日益普遍的做法是,原贷款人将个人贷款受益权打包并将它们作为抵押贷款支持证券卖给投资者,而抵押贷款支持证券本身也被交易。MERS作为代表原贷款人和任何随后贷款人的契约名义记录持有人,旨在避免记录契约多次转移的这种需要。

在发放贷款时,MERS被设计为信托契约的代名人,代表贷款人和贷款人的"继承人和受让人",并作为契约的"受益人"持有转移证券利益的法定所有权。如果贷款人对另一个MERS成员出售或转让贷款受益权,这种变化仅被记录在MERS数据系统里,不记载在县里的档案,因为MERS代表新的贷款人连续持有契约。如果贷款受益权被出售给非MERS成员,契约从MERS转移给新的贷款人则被记录在县里的档案里,MERS不再跟踪记录这笔贷款。

导语与注解:抵押贷款的信托契约与承诺函

MERS系统解决了一个问题,即记录抵押贷款每次转售的交易成本问题,但也产生了另一个问题。因为MERS涉及到劈分抵押贷款的信托契约与承诺函之间的所有权,产生的问题是,谁提起和起诉止赎诉讼。困难是在法律上抵押贷款与记录是彼此紧密结合的。在MERS系统里,普通法结合在一起的东西,律师试图分离开来。在下面的案例中,法院拒绝同意这种分离。

贝利斯特里诉奥克文贷款服务有限责任公司案[①]

BNC抵押贷款公司对克劳塞发放了一笔抵押贷款,克劳塞对银行执行了一张应付票据,以及提名MERS为BNC代名受益人的一张信托契约(本质上就是一张抵押贷款证明),这是按MERS系统的标准做法。MERS对奥

———————————

① 《西南案例汇编第三辑》第284卷,第619页(密苏里附录,2009)。

克文转让了这份信托契约,连同全部有关票据。克劳塞没有付税,而贝利斯特里购买了这一欠税拍卖的房地产,并获得一份所有权文件。贝利斯特里提起诉讼,要求确定该房地产的所有权,指名奥克文为被告。奥克文回应说,贝利斯特没有该房地产的所有权,因为他没有提供一个必须的法定公告。

为了寻求法院救济,奥克文至少必须拥有该房地产的一种"利益"。在信托契约的转让上,奥克文被列为承授人,作为德意志银行全国信托公司的服务商,也作为登记持有人 CDC 抵押贷款资本的托管人,托管 2002 – HE1 抵押贷款通过证书,序列号为 2002 – HE1(德意志银行)。我们必须转到抵押贷款法律,以理解奥克文的利益。

一般地,一笔抵押贷款包含一份承诺函和一份担保文件,担保文件通常是一张抵押证明或一份信托契约,通过给予贷款人止赎该房地产的能力来担保对承诺函的支付。典型情况下,同一人持有承诺函和信托契约。如果承诺函和信托契约是分开的,承诺函从实际来看是没有保证的。分离信托契约和承诺函的实际结果是使得承诺函持有人无法止赎,除非信托契约持有人是承诺函持有人的代理。没有代理关系,仅持有承诺函的人缺乏违约时止赎的能力。仅持有信托契约的人绝不会经历违约,因为只有承诺函持有人才有权支付标的债项。如若承诺函持有人没有同时持有信托契约,那么该抵押贷款变成无效。

当它转让信托契约时,MERS 试图转给奥克文信托契约,"连同任何及全部票据以及由此说明或提到的义务,由此分别担保的债项,以及所有到期应付款项和将到期款项的总和。"记录反映出 BNC 是承诺函的持有人。记录或诉状里没有证据说 MERS 持有承诺函,或者 BNC 给予授权 MERS 转移承诺函。MERS 无法转移承诺函;因此,信托契约转让意味着转移承诺函的语言是无效的。MERS 从没有持有承诺函,因此,信托契约对奥克文的转让分离了承诺函,没有法律效力。

因为奥克文既没有持有承诺函,也没有持有信托契约,所以奥克文缺乏法律认可的利益,并且从初审法院寻求救济不适格。初审法院没有同意奥克文请求救济的管辖权,并且同意对贝利斯特里有利的即决判决也没有错误。

<h2 style="text-align:center">提问和评论</h2>

1. 本案呈现出有些不同寻常的特点,这是由欠税拍卖的购买人提起的产权归属诉讼。并且,该银行的代表奥克文似乎处在一个有相当压迫性的立场,也就是说,欠税拍卖的购买人由于技术性缺陷而失去了该房地产的所有权利。可以说,法院正在从这种威胁中寻求保卫购买人以及该州欠税拍卖程序的一种方式。然而,本案的基础理论,即抵押贷款的信托契约不能分离承诺函,对 MERS 系统的运营提出了一个重大挑战。

按本案的理论,谁被授权执行 MERS 抵押贷款的信托契约? 承诺函持有人不能那么做。法院说它分离了抵押贷款的信托契约,它只有一个无担保的求偿权。MERS 或其受托人,作为信托契约的持有人怎样? 那也不行,因为仅仅持有分离了承诺函的信托契约完全无此权利。像第 22 条军规一样进退维谷的局面啊!

2. 由 MERS 或其托管人提起的止赎诉讼还有另一个问题。MERS 只不过是一个名义上的当事人。尽管官方指定作为抵押贷款信托契约的持有人,MERS 没有任何真实的经济利益。正如法院在塞万提斯诉全国房屋贷款公司案中所说的问题,"MERS 不涉及发放贷款,对支付的贷款没有任何权利,也不对贷款提供服务。MERS 依靠其成员,让成员自己的某位员工变成一位 MERS 官员,代表 MERS 行使文件签字职权。结果,以 MERS 自己名字采取的大多数行动是由买卖贷款受益权的那些公司员工实施的。"但是,如果 MERS 仅仅是名义上的当事人,那么它的所有权利益可能被抨击为一种假冒。如果 MERS 没有这些票据的实际利益,那么它可能也因此被禁止实施抵押贷款。

3. 尽管有这些问题,对 MERS 来说不等于失败。法院在塞万提斯诉全国房屋贷款公司案中建议,如果 BNC 指定 MERS 为其代理商,MERS 就能够执行那个抵押贷款的抵押权。如果银行在开始止赎程序之前先指定

MERS 为其代理商,似乎就行得通。还有,为什么指定信托契约持有人作为承诺函持票人的代理商就解决了信托契约与承诺函分离的问题呢？这些票据仍然是分离的,即便信托契约持有人也充当了承诺函持票人的代理商。

4. 另外,一个可能的解决方案是以持票人而不是承押人的名义提起止赎。这一观点在有些案子中得到支持。因为止赎以放贷公司而不是以 MERS 名义实行,放贷公司将对贷款的偿还仍然享有权利,并且将在原告贷款违约后是发起止赎的适当当事人。可是,审理贝利斯特里诉奥克文贷款服务有限责任公司案的法院拒绝这一方法,其理由是,没有抵押贷款的信托契约,承诺函持票人就没有要执行的任何房地产利益。

5. 还有其他一些案子也拒绝这个见解,即如果没有持票人的合法介入,MERS 的结构不能使 MERS 行使抵押权。在住宅融资有限公司诉瑟曼案①中,密歇根州高等法院逆转了一家中级上诉法院的判决,认定 MERS 是一个"欠债利益的所有人",并因此根据密歇根州非司法止赎成文法,容许提起针对违约债务人的止赎诉讼。

c. HAMP 契约修订

家庭负担得起的住房抵押贷款计划(HAMP)是按《2008 年紧急经济稳定法》创立的,它提供了一种机制,通过它放贷公司与陷入困境的房主可以重新商定抵押贷款。该计划的目标是找到一种方式,以便放贷公司不必启动止赎程序,而房主不必丧失住房。

该计划运行如下。财政部与数十家住房抵押贷款服务公司商定了服务商参与协议(SPA)。在房主对抵押贷款还款拖欠时,参与服务商可以提供一份贷款合同修改报价。如果当事方同意修订条款,就进入"试用期计划(TPP)",这是一个说明拟修订条款的统一工具。如果一切都按计划进行,也就是,如果房主及时跟上 TPP 说明的还款计划,那么放贷公司提供一个修订原抵押贷款条款的修订协议。

---

① 《西北案例汇编第二辑》第 805 卷,第 183 页(密歇根,2011)。

鉴于比原始贷款更不利的利率或其他条款,为什么放贷公司同意调整贷款? 首先,因为不管怎样放贷公司通过修改贷款而不是止赎可能境况更好;第二,因为该计划对于每一笔永久修订,给予1,000美元以及其他好处。

不幸的是,并不总是一切都按计划进行。放贷公司和借款人可能不同意修订计划。即便他们同意修订,借款人可能跟不上修订后的还款计划而逾期。按HAMP修订合同的很多尝试都失败了,留给放贷公司的是不得不止赎贷款的同样处境,而借款人的财务情况甚至比以前更坏。

当一家银行经过HAMP处理失败后寻求止赎贷款时,借款人提出了很多法律上的反对意见。他们主张,银行有调整贷款的义务,或者至少有义务协商诚实地修改合同。他们断言,银行通知他们停止进行抵押贷款支付,为的是引发HAMP过程,然后继续实施止赎程序而不是商议修改合同。他们断言,通过同意TPP,银行暗含同意在该计划期间不启动止赎诉讼,即便借款人继续错过还款。他们还断言,银行按交易常规,同意放弃包含在TPP的偿还计划——例如,通过要求补充文件,接受部分偿还,或导致房主相信银行会手下留情的其他伎俩。他们声称银行不适当地拒绝他们永久修订,即使他们遵守了TPP的所有重要要求。

这些论点依赖于三大法律理论:

1. 房主争辩,HAMP本身产生了一个私权诉讼。因为没有这样的权利出现在成文法或法规层面,房主必然争辩,法院应当暗示这样一个权利基于多种因素,比如HAMP的重要性,国会批准该计划时心中的目标,对于私人执行作为补充过度扩张的监管资源的需求,以及该地区监管的整体结构。一种相关理论争辩,考虑到急迫的政府利益在于应对住房抵押贷款止赎危机,权利与责任在HAMP下应受联邦普通法管辖,并且联邦普通法应当提供救济权利。这些主张没有明显成功;大多数法院断定,基于该成文法缺乏私权诉讼的明确表达,没有人有此打算。

2. 第二条攻击线依赖这一事实,即SPA在形式上是服务商与政府之间的一个合同,政府的主要受益人是陷入困境的抵押贷款人。因此,按州或联邦普通法,这些当事方应当有第三方受益人的权利。这个论点取得更多的成功,但一般说来也没有在法院受到热烈欢迎。

3. 第三大理论寻求在州法之下交易过程的基本责任以及服务商与政府之间 HAMP 协议的语言。这一理论的初始障碍是该论点即 HAMP 计划先占于州索赔的救济,受到被告大力推进。被告争辩,HAMP 计划是如此综合以至于占据了监管领域,或者州法的适用将与该联邦计划相冲突或使这一联邦计划受挫。被告还争辩,在州法之下提供追偿权代表了一种"迂回战术",围绕的事实是在该计划下没有授予私权诉讼。这些先占权论点一般是失败的,因此打开了这一领域,法院考虑那些参与抵押贷款服务商按 HAMP 计划作为的潜在州法责任。州法的救济索赔是基于民事侵权行为、合同以及州消费者保护法。

a. 民事侵权行为理论包括虚报,欺诈性隐瞒,过失性虚假陈述,以及随意雇佣和监督等方面的索赔。这些索赔经常因为一些实质性理由被拒绝。举例来说,当要求的唯一损害赔偿具有罚金性质时,经济损失规则禁止追偿侵权引起的合同索赔。因为 HAMP 索赔是罚金性质的,按经济损失规则它们可能是被禁止的,在一定程度上,他们寻求的损害赔偿超出了可用的合同法原则。基于隐瞒的论点往往是失败的,原因是要求被告必须有信托责任或其他信托关系以及对原告的信心;法院往往视放贷公司与借款人之间的关系为正常交易而不是信托关系。索赔依据的指控是被告人错误地拒绝对 HAMP 修改讨价还价,但这种索赔通常因为被告没有这样的义务而被拒绝。

其他侵权索赔更为成功。例如欺诈索赔可能成功,至少幸存于驳回动议阶段,如果原告特别断言被告作出原告信赖的具体虚假陈述。原告断言被告通过启动 HAMP 程序,由此说明它将执行止赎,这或许还不足够。但是,如果被告劝告原告对抵押贷款违约以触发 HAMP 程序并继而拒绝对修订合同讨价还价,法院可能发现这种申诉说明是一个责任案件。参见例如,北美 JP 摩根大通银行诉霍瓦特案。[①]

b. 合同与承诺函禁止翻供索赔有时也幸存于驳回动议。这些索赔声

---

① 2012 年《西部法律出版社数据库》第 995397 号案例(俄亥俄南区法院,2012)。

称被告违反修改合同中的某些明确或隐含的承诺。被告反驳说,这些索赔的有效性基于这些合同欠缺考虑(理由是服务商只是对房主提供一个更好交易报价,并不要求交换任何东西),或者它们太模糊不可执行(服务商提供执行永久修订,但提供很少关于条款修订内容的信息)。这些关于合同的辩护一般都是失败的:人们发现所考虑的事实是房主承担某些法律义务(比如提供文件和真实信息);并且,HAMP 修订的基本条款没有见过如此不确定以至于妨碍强制执行。

根据可取的理据,合同索赔可能幸存于驳回动议,只要存在一个足够的违反指控。房主指控 TPP 或永久修订暗示许可房主对修订的还款计划逾期,这是不够的;法院注意到合同语言"时间很重要",包括在那个案子中被告可以立即启动止赎程序。另一方面,如果银行作出承担具体承诺或避开承担一项特定行动,继而违背那一承诺,法院可能断定索赔是可行的。

c. 根据州消费保护法,比如禁止欺骗性商业行为的一些法律,索赔也可以获胜,尽管这些法律的特定要求必须细心查询。

4. 有一些重要案例涉及的指控是,被告通过同意一项 TPP,只要房主遵守该暂时计划的实质条款,许诺执行永久修订。这些案子的产生是因为,在 HAMP 计划的繁忙早期,很多服务商与房主生效了 TPP,而房主后来发生信用风险,这是放贷机构认为不可接受的。不是执行永久修订合同,服务商有时可能继续推进并启动止赎程序,即便借款人已经遵守了 TPP。

这样的行为在威戈德诉富国银行案①中受到指控,这是一个关于 HAMP 修订合同的重要案例。该银行与陷入困境借款人执行一项 TPP 协议,借款人声称:"如果我遵守这个贷款试用期,而且我的陈述……在所有实质方面继续是真实的,那么放贷公司将提供给我一个永久贷款修订协议。"尽管借款人按 TPP 及时地进行了所有支付,该银行还是拒绝执行永久贷款修订协议,并解释它"不能取得你修订的支付金额,这本来是每个投资者在抵押贷款指导原则里你能负担的。"上诉法院认定,基于这些事实,借

---

① 《联邦案例汇编第三辑》第 673 卷,第 547 页(第 7 巡回法庭,2012)。

款人已经对违反合同,允诺禁止反言,欺诈性虚假陈述,违反《伊利诺伊州消费者欺诈与欺骗性商业行为法》要求索赔。

5. 就人们在所涉法域可被辨识的程度而言,什么政策或公平因素支持这一地区的判决模式? 或许法院敏感于住房危机的严重性以及觉察到国会HAMP 计划需要快速执行。考虑到该计划形成时的紧急形势,给予放贷公司在协商和执行 HAMP 协议过程中某些余地。如果银行已经受压于市场动荡的巨大成本,不得不在 HAMP 债务上付出数十亿美元,那么法院也担心对经济尤其是房地产市场的影响。另一方面,法院自然对处于困境的房主感到同情,而且尤其是似乎被他们的银行恶劣对待的房主们。这些政策考虑拉入相反方向——因此这些案子在全国各地的法院以不同方式被裁决。

d. 机器人签名

348

受压倒性违约高潮的冲击,放贷公司或许不明智,采取措施加快止赎处理。一种特别惹麻烦的做法是止赎程序的“机器人签名”宣誓书。一般地,要取得止赎,银行必须提供宣誓书(签署的宣誓声明),宣誓书出自有个人知识的人,说明满足止赎要求。当违约汹涌而至时,有些银行采取大量制作宣誓书的做法,这类宣誓书的签名是对情况完全不了解的无个人知识的人。

滥用机器人签名以及其他恶劣行径的披露,导致了州和联邦官员的大规模调查,威胁对美国一些最大银行提起毁灭性诉讼。2012 年 2 月,联邦和州官员宣布了一项 250 亿美元的和解,和解在联邦政府及 49 个州的司法部长(俄克拉荷马州单独提供)与 5 家抵押贷款服务公司之间进行,5 家抵押贷款服务公司是美国银行,JP 摩根大通银行,富国银行,花旗集团以及联合金融公司。下面的节选概括说明了这次和解:

《全国抵押贷款和解协议》[①]

州检察长与五家主要银行抵押贷款服务商之间的和解协议将导致大约

---

① 北卡罗来纳州司法部消费者保护处助理检察长菲利普・A. 莱曼。

250 亿美元的货币性制裁与救济。这次和解是除了 1998 年大师烟草和解案之外由检察长获得的最大金融性追偿。通过增强贷款修订合同，该协议将能让数十万受困房主留住在家。它也将对不公平止赎做法的受害者予以统筹支付，并对住房咨询以及州级止赎预防计划提供支持。……

本协议并不打算解决与抵押贷款证券化有关的问题或投资者的担忧。本次和解并不释放证券化索赔，因此私人当事人和政府公务员可以自由地追求自己的主张。本次和解也不对犯罪行为提供任何豁免或释放。……

本协议要求五家银行配置总额 170 亿美元，援助那些有意愿和有能力留住自己住房的借款人，同时他们对抵押贷款作出合理偿付。对于贷款违约或有贷款违约风险的借款人，170 亿美元中至少 60% 必须拨付用于减少他们住房贷款的本金。

许多房主，尤其是在像佛罗里达、亚利桑那、内华达和加利福尼亚诸州，他们具有住房负资产，没有任何再融资或出售其住房或构建住房的实际能力。削减本金也将减少偿付，并给予房主保住住房的一个公平机会。

349　　　除了削减本金之外，这些银行必须配置大约 52 亿美元资金，用于其他形式的房主援助。这些选择包括短售，即当抵押贷款余额超过房地产价值时许可房子被买或出售。另一个计划是失业偿付延期，即对于待业房主将延期还款。其他资助选择包括对面临止赎房主的搬迁援助，宽免欠缺余额，资助房产不整理修复。……

为了援助无贷款拖欠、但由于负资产不能通过再融资降低利率的房主，银行必须提供总额至少 30 亿美元的再融资计划。银行将被要求通知适用这些计划的有资格房主。要有资格，借款人必须对抵押贷款保持还款，贷款成数超过 100%，并且目前利率超过 5.25%。……和解的主要组成部分是抵押贷款服务惯例的综合改革。新标准将阻止抵押贷款服务商从事机器人签名以及其他不正当止赎做法，要求银行对借款人在进行止赎之前提供期权选择。银行也增加止损过程的透明度，对回应借款人规定时限，并且限制不公平的"双轨"行为，所谓"双轨"行为，就是尽管借款人参与减低损失流程但仍然被启动止赎。

具体的新服务标准包括：

- 止赎宣誓书信息必须是个人审核，并基于有法律效力的证据。
- 贷款持有人及其止赎的法律立场必须形成文件，并向借款人披露。
- 必须向借款人发送一个止赎前通知，包括提供止损期权选择概要，账户明细，支持放贷公司止赎权利的事实描述，关于借款人可能要求的持有该笔贷款投资人的贷款证和识别码的一份副本通知。
- 彻底评估借款人在引荐止赎前所有适用的止损选择，并且银行在决定贷款止赎前必须按照止损申请行事；也就是，"双轨"将被限制。
- 否决止损救济必须自动受到审查，并有为借款人上诉的权利。
- 银行必须按实施程序确保账户和各项违约收费的准确性，包括定期审计，详细的每月对账单，并增强借款人的计费争议权利。
- 要求银行采用程序监督止赎公司、受托人以及其他代理机构。
- 银行将有具体止损义务，包括客户延伸服务和交流，回应止损申请的时间期限，以及借款人保持知晓贷款修改状态的电子门户网站。
- 要求银行指定专人作为一个持续的单一联系点，以援助寻求止损协助的借款人。
- 军事人员，如果为《军人民事救济法》（SCRA）所覆盖，将加强保护。
- 银行必须保持训练有素的员工处理止损救济的要求。
- 关于自营贷款合同修订的申请与资格信息必须公开，方便使用。
- 要求服务商不设障碍，加快进行。以及
- 限制强行收取违约金、滞纳金、第三方收费，以及强制保险。

与每家银行的和解协议将被写进《和解判决》，并将提交一名联邦法官批准。银行服务标准和金融义务的合规最终可能通过法律程序执行。对于违犯《和解判决书》的情况可能经评估后予以民事处罚。

银行按和解协议履行义务的情况将受一位独立的监督官监督。监督官将雇佣一些专业人员审核这些银行的合规情况，他将向各位检察长发送定期报告,包括任何潜在违反情况的通告。银行将以商定的指标衡量结果的方式报告其合规情况。合规指标中包括检测止赎的适当文件,止损报价以及贷款修订申请的适当评估。还将检测确保借款人账户信息的准确性,任何收费项目得到适当评估而且无超收情况。如果银行对违反事项没有补偿,那它们将受到法院的民事处罚,罚金可高达 500 万美元。……

　　大约 15 亿美元和解费将被配置给补偿 2008 年 1 月 1 日之后被止赎的借款人。这些借款人将获知关于他们提出索赔的权利。凡被提供不当止损或存在违背意愿的其他不当止赎的借款人,将有资格获得统一赔付,统一赔付金额取决于回应情况,大约每个借款人 2,000 美元。收到赔付的借款人不必释放任何索赔,并将自由寻求法院的其他救济。借款人也可能有资格要求联邦银行监管当局执行一个单独的赔偿处理。……

　　剩余和解资金,大约 25 亿美元,将付给参与的各州。这部分资金将由检察长分配给止赎救济和住房计划,包括房市咨询、法律协助、预防止赎热线电话、止赎调解,以及社区衰败修复。一部分资金也可能被指定作为对银行机器人签名恶劣行径的民事罚金。……

提问和评论

　　1. 这个和解协议有一个奇怪的特点,它没有要解决的案子——当事人只是订立了一份解除书。在什么程度上这件事是一个法律案件的和解,而在什么程度上它是一种政治交易?这跟确定对一些大型抵押贷款服务商征收一种特别税、而特别税的好处归于受困的房主相比如何不同?

　　2. 如果目标是补偿那些因为"机器人签名"的宣誓书而遭受止赎的人群,那么在什么程度上本次和解达成了那个目标?

　　3. 如果这是一个集团诉讼案,那么一个沮丧的原告可能反对和解,理由是它对集团群体不公平、不充足、不合理。此处可能是什么样的反对意见?

第六节　收债

　　任何持续不偿还债务的人都可能遇到一个收债人。收债人是专门从事恰如其名所包含的收债事务。通常他们在一位商人失去耐心之后接手。收债人私下可能是些令人愉悦的人,但是在他们的专业活动上又是些不怎么受待见的人。没人喜欢被人追着还钱,而且收债人知道,他们越是弄得自己不高兴,债主就越有可能还清全部债务——只要让烦恼消失就好。

　　收债是消费金融的重要组成部分。没有它,人们就不太容易还债。信贷可能会消失,而信贷成本会增加。然而如果许可超越适当的界限,收债人可能侵犯隐私,威胁安全,并引起不必要的痛苦与烦恼。问题是收债人应当允许走多远他们才好完成公认有用而必需的职能。

　　收债行业受《公平债务催收法》(FDCPA)[①]规管。该法对违犯消费者交易一定行为规范的“收债人”规定了民事责任。收债人是包括任何这样的人,他“正常收取……欠或应付或坚称被欠或应付他人的债务。”[②]该法禁止收债人对债项的特征、数量或法律状态作出虚假陈述;在消费者可能不方便的非正常时间或地点与消费者沟通;或使用下流或亵渎的语言或暴力或威胁。

　　按《联邦贸易委员会法》,违犯 FDCPA 被认为是不公平或欺骗的行为或做法,并且可能被联邦监管主管部门(现在是消费金融保护局)提起诉讼。FDCPA 也可以执行私人民事诉讼。

　　任何不遵守 FDCPA 任一条款的收债人,负有偿付实际损害、成本以及合理律师费的责任。[③] 法院也可以判定“附加损害赔偿”,处以法定上限为

---

① 《美国法典》第 15 卷,§ 1692 及以下条款。
② 同上,§ 1692a(5),(6)。
③ 同上,§ 1692k(a)。

个人诉讼 1,000 美元,或集体诉讼"500,000 美元以下,或收债人净值的 1%。"①在判定附加损害赔偿方面,法院必须考虑"收债人违规的频度和持续性","如此违规的性质"以及"如此违规的故意程度"。②

杰曼诉卡莱尔、麦克内利、里尼、克雷默和乌尔里克 LPA③

索托马约尔,法官:

……本案被告是一家法律事务所,卡莱尔、麦克内利、里尼、克雷默和乌尔里克 L.P.A. 以及法律事务所的一位律师,阿德里安娜·S. 福斯特(集体统称卡莱尔)。2006 年 4 月,卡莱尔在俄亥俄州法院代表一个客户,全国住房贷款有限公司,提出控告。卡莱尔要求一项抵押贷款止赎,抵押的房地产为全国住房贷款有限公司持有,所有人为诉愿人卡伦·L. 杰曼。控告诉求包括一个"通知",后来提供给杰曼,说明该笔抵押贷款债务会被认为是有效的,除非杰曼提出书面争议。杰曼的律师送交了对债务持有争议的信函,而卡莱尔要求全国住房贷款有限公司确认。当全国住房贷款有限公司承认杰曼事实上已经全款付清了债务时,卡莱尔撤销了止赎诉讼。

于是,杰曼提起自己的诉讼,要求集体诉讼证明以及按 FDCPA 进行损害赔偿。她辩称,卡莱尔违犯了《美国法典》第 15 卷第 1692g 款,理由是卡莱尔声称该笔债务会被认为有效除非杰曼提出书面争议。在弄清了该问题的职权划分的同时,该联邦地方法院认定,卡莱尔由于要求杰曼对债务提出书面争议违犯了第 1692g 款。法院最终同意对卡莱尔作出即决判决,然而断定第 1692k(2)款对此种情况免于责任,因为违犯不是故意的,而是由于善意的错误,尽管存在坚持合理变更程序以避免任何这样的错误。……第 1692k(c)款规定,"如果收债人表明由于优势证据证明此种违犯不是故意的而是由于善意的错误,尽管坚持合理变更程序以避免任何这样的错误,那么,收债人在按 FDCPA 提起的诉讼中不得认定负有责任。"……

---

① 同上,§1692k(a)(2)。
② 《美国法典》第 15 卷,§1692 k(b)。
③ 《美国案例汇编》第 559 卷,第 573 页(2010)。

各当事方不同意收债人因误解 FDCPA 法律规定的一项"违犯"是否按第 1692k(c) 款可能是"非故意"。杰曼辩称，鉴于一般规则认为法律错误或法律无知是辩解，在收债人故意犯下导致违犯的行为（此处为，发送包含"书面"语言的一份通知）时，该法所规定的误解不能认为违犯是"非故意"。与之相比，卡莱尔与反对者辩称，该法条文不排除第 1692k(c) 款覆盖的属于"善意错误"类型的法律错误，并称该法并不是指非故意"行为"而是故意"违犯"。他们辩称，后一个术语表明国会的意图是仅当一方当事人知道其行为是非法的才追究责任。因此，卡莱尔敦促我们阅读第 1692k(c) 款，其中包含"所有类型的失误"，包括法律错误。

我们拒绝采纳卡莱尔提议的广义解读第 1692k(c) 款。长久以来，我们认识到"普通格言众人皆知，法律无知并不原谅任何人，不管是民事的还是刑事的。"……

我们发掘了对结论的更多支持。结论是，第 1692k(c) 款中的善意错误并不包括对 FDCPA 的错误解释。从规定的要求看，收债人坚持"合理变更程序以避免任何这样的错误。"查阅字典，"程序"被定义为"一系列步骤遵循常规有序明确的方式。"从这个角度看，这个法定短语是更自然地理解为适用具有机械的或其他这样"常规有序"步骤以避免错误。例如，那种有内部控制的债权人可能采取措施确保其雇员不与消费者在错误的白天时间沟通，[①]或对债务数额作出虚假陈述。[②] ……

即便第 1692k(c) 款的文本，如果孤立地阅读，也留有怀疑的余地，但 FDCPA 的语境和历史提供了进一步的强化解释，那一条款并不保护由于误解该法要求而导致的违犯。该法条规定，"该节没有条款适用有无诚信遵循 FTC 任何咨询意见的任何行为。"在我们看来，上诉法院的理解与国会明显考虑 FTC 解决该法模糊之处的作用不一致。如果第 1692k(c) 款被解读为对诚信依靠私人咨询建议提供豁免，收债人可能罕有需要咨询

①　§1692c(a)(1)。

②　§1692e(2)。

FTC。……

　　卡莱尔、律师所同事以及持异议者提出一个担心,我们的解读对收债律师具有不可行的实际后果。卡莱尔声称,FDCPA 的私人执行条款培育了一个专业化原告的"作坊行业",他们因为收债人轻微违反该法而提起诉讼。如果收债律师可能被认定个人对合理误解该法规定而承担责任,卡莱尔、律师所同事以及持异议者预见洪水般的诉讼,原告及其律师们起诉债权人律师,要求损害赔偿及律师费。在反对者看来,如此责任威胁到律师个人财务利益与她代表客户积极辩护的道德义务冲突:一方面,一个律师不确定 FDCPA 的要求必须做出二者选一的抉择,另一方面,暴露自己的责任,解决针对其客户利益或建议客户清算利益的法律模糊——甚至处于存在支持客户立场的实质法律权威情况下。……

　　某种程度上,FDCPA 对律师代表客户辩护施加某些制约,这在我们的法律里几乎独一无二。……并且,律师避免责任的利益并不总是与其客户利益相悖。有些法院认定,客户对律师违反 FDCPA 承担责任。……

　　总之,我们不能预见,我们今天的裁决会将棘手的负担置于收债行业的律师执业上。一定程度上,收债律师对 FDCPA 规定的错误解释面临责任,卡莱尔、律师所同事以及持异议者没有表示,"结果将很荒唐,以至于不能保证",不管上面讨论的文本权威多么重要。没有这样的表示说,该法触碰分配法律误解风险的不良平衡的论点适合对国会说。……因此,我们认定,第 1692k(c) 款的善意错误的辩护不适用于由于收债人误解该法规定而导致对 FDCPA 的违反。……

354　　大法官布雷耶,同意。

　　正如被告指出,对律师正常从事收债包括通过诉讼收债来说,最高法院对《公平债务催收法》的解释可能产生了一个两难问题。如果在他们依靠该法的诚信解释、后来被法院驳回时他们面临个人责任,那些律师能够以客户最大利益行事吗? 或者,个人最大利益威胁会导致他们弱化为客户尽职吗?

然而,正如大多数人指出,该法提供了摆脱两难困境之路,尽管并非是一剂灵丹妙药。律师可以请教 FTC 顾问意见。于是,一旦他收到了那个意见并依此而行,那个两难问题就消失了:如果他没有遵循 FTC 意见,也没有诚信行事,那么可以公平地认为负有责任;如果他遵循了 FTC 意见,那么该法免予他负这样的责任。……

大法官斯卡利,部分同意,并同意该判决。

大法官肯尼迪,连同大法官阿利托,不同意。……

最高法院采纳了……一个有问题的解释,并驳回了对该法明确术语的率直但相当合理的解释。它的这一裁决调校了有些人的司法制度,他们利用诉讼为自己谋求好处,而牺牲严格遵循和坚持专业与道德准则的律师。

当法律用于惩罚诚信错误时,当采用合理防卫措施而仍不足以避免责任时,当发现与诉讼成本用于强制解决即使没有的过错或伤害时,当集团诉讼将技术性法律违规转变成原告或其律师的外快时,最高法院,由于没有采用一个合理解释以反击这些过分行为,冒险损害自身的制度责任以确保一个可行的和公正的诉讼制度。最高法院今天背书支持的 FDCPA 解释,将加固而不是消除我们法律制度的某些令人苦恼的方面。相信最高法院并非想要这个结果,我提交这个表示敬意的异议。

提问和评论

1. 对事实的误解可以免责,这个一般规则的理据是什么?

2. 如果一个收债人怀疑她的法律义务情况属实,她可以向 FTC(现在的消费者金融保护局)要求建议,并可在任何随后的法律质疑方面信赖那个建议,这会怎么样? 这表明国会不打算宽恕法律错误吗? 它不同于或者不应当同于,几乎没有人会问 FTC 这样的建议,而当动问时 FTC 回应慢而零星,是吗?

3. 关于是否需要法律错误抗辩(defense of mistake of law)以拯救律师

收债人免予道德两难,多数人与持异议者并不一致:如果存在一个可能但不确定的法律解释,如果遵循,将裨益其客户,律师也会克制试水深浅的诱惑,因为如果她胆敢试水,会害怕被认定担责。法律错误抗辩将豁免积极辩护。这是一个真诚的关爱吗? 除了 FDCPA 语境情况之外,律师还面临类似的道德困境。举例来说,当决定代表客户承担进取诉讼策略时,这在《联邦民事程序法》第 11 条之下是否存在受到制裁的风险?

4. 潜在的政策问题是什么? 多数人担心债主可能遭受非法收债策略的折磨,而且没有救助,因为收债人受到法律错误抗辩保护。持异议者似乎更关心收债人受到原告律师狼群战术的骚扰。谁有更好的论点?

5. FDCPA 仅适用处于"违约"的账户。这个事件什么时候发生? 假设在放款公司将此债项进行账务核销(也就是,宣布此债项为收益损失)之前,该债权人将一笔逾期债项提交收债人。这是"违约"债项吗? FTC 在它转入 CFPB 之前管辖 FDCPA,它采取的立场是在没有合同界定或确凿的适用法律情况下,一个债权人合理、书面的指南可用于确定什么时候账户违约,其根据是总体情况测试(Totality-of-the circumstances test)。

6. FDCPA 不适用于一位"债权人的官员或雇员,以债权人的名义为这样的债权人收债。"换句话说,收自己债务的债权人不受该法管辖。这是个例外。如果有一个人尽管技术上受雇于一个收债机构,但又临时调派到债权人那里,以债权人名义、在债权人办公室,并在其监督下收债,那么这个例外适用这样一个人吗? FTC 采取的立场是,这些人可能是债权人的"事实雇员",因此受法定豁免(statutory exemption)保护。如果该雇员在债权人的监督下工作,但在收债机构办公,这会情况相同吗?

第七节　搭售

搭售涉及一种特定产品或服务,消费者要得到这一产品或服务,唯有的条件是消费者也获得某种其他产品或服务。在反托拉斯术语里,"搭售品"

是消费者想要的产品,"被搭售品"是强迫消费者得到的某种其他产品。复印机制造商可能涉嫌搭售,它只对向该制造商购买复印机的那些消费者销售备件。该制造商可能对备件(搭售品)搭售服务合同、墨粉和纸张(被搭售品)。具有搭售品市场势力的销售商可能使用搭售取得对被搭售品的市场优势。

反托拉斯法一般禁止搭售,如果销售商具有搭售品的市场势力,并可能伤害"非少量的"被搭售品部分市场的竞争。《克莱顿法》禁止搭售,如果"结果……可能是在任何一个商业领域里大量减少竞争或倾向于产生垄断。"①搭售也可能违犯《谢尔曼法》②。要证明搭售,消费者必须表明:(1)存在独立的搭售品和被搭售品,比如备件和服务合同;(2)销售者实际强迫消费者接受被搭售品;(3)销售者有"搭售品市场的足够经济力量强迫购买人接受被搭售品";(4)存在"被搭售品市场的反竞争效应";以及(5)被搭售品市场涉及"非少量的"州际贸易数量。参见延奇诉美国德士古公司案。③

长期以来,对许可银行或其附属公司进入其他业务的批评已经呼吁关注银行搭售风险。1970 年,国会响应这样的关注,规定了《美国法典》第 12 卷第 1972(1)款,它一般禁止这样的搭售:

> 银行不得以任何方式扩大贷款、租赁或出售任何种类的财产,或提供任何服务,维护或改变任何上述考虑,基于如下条件或要求:
>
> (A)消费者将从这家银行得到某种额外的信贷、财产或服务,而不是一种贷款、贴现、存款或信托服务;
>
> (B)消费者将从这家银行的一个银行控股公司,或者这家银行控股公司的任何附属机构得到某种额外的信贷、财产或服务;
>
> (C)消费者预约这家银行某种额外的信贷、财产或服务,而不是关

357

①　《美国法典》第 15 卷,第 14 款。
②　同上,第 1 款。
③　《联邦案例汇编第二辑》第 630 卷,第 46,56—57 页(第 2 巡回法庭,1980)。

于或通常与预约有关的一种贷款、贴现、存款或信托服务的银行；

（D）消费者预约这家银行的一个银行控股公司，或者这家银行控股公司的任何附属机构的某种额外的信贷、财产或服务；

（E）消费者不得从这家银行，或这家银行的一个银行控股公司，或者这家银行控股公司的任何附属机构的竞争者那里得到某些其他信贷、财产或服务，而不是这家银行应当合理规定信贷交易条件或要求以确保信贷稳健。

该法并不要求消费者从延奇诉美国德士古公司案测试的第 5 部分证明第 3 部分。

第 1972（1）款的禁条存在法规上的例外。这些例外保护免受在第 1972（1）款下有责任的行为，但在反托拉斯法下不予豁免。因此，如果例外覆盖的行为违反了反托拉斯法，原则上它仍将导致按这些反托拉斯法承担责任。

《美国法典》第 12 卷第 1972（1）款本身，对某些银行搭售设置了例外。小款（A）让一家银行使用该银行的"一种贷款、贴现、存款或信托服务"。小款（C）让一家银行要求客户预约该银行的信贷、财产或服务，是一类"关于或通常与预约有关的一种贷款、贴现、存款或信托服务"（例如，补偿性存款）。小款（E）让一家银行通过强制借款人合理克制其他来源借款来"确保信贷稳健"。

一项联邦储备规定扩大了法定例外，因为它让银行按小款（A）和（C）捆绑分支机构利益与它们捆绑自己利益达到同样程度。① 这项规定也创建了一个"综合余额折扣的安全港"，通过许可银行：

改变考虑对基于银行指定的某些产品要客户保持综合最小余额的任何产品或产品包，如果：

（i）银行提供存款产品，并且所有这样的存款产品是符合规定的产

① 《美国联邦法规》第 12 卷，§ 225.7（b）（1）。

品；以及

（ii）存款余额至少算作同样多的非存款产品最小余额。①。

这个叫做安全港的免责规定给予银行更多余地，以根据不同种类业务的综合数量奖励客户。

下面几个案例讨论第 1972（1）款和一般反托拉斯法条文语境中的搭售。

戴维斯诉韦斯特韦尔第一国民银行案②

鲍尔，首席法官。

原告-上诉人罗伯特，弗吉尼亚和威廉·戴维斯，因为联邦地方法院同意即决判决而提起上诉，被告-被上诉人是韦斯特韦尔第一国民银行和丹维尔第一国民银行，戴维斯他们的债权要求是两家银行违犯了《银行控股公司法》（"BHCA"）1970 年修正案的一项反托拉斯法条文。我们确认。

相关事实很简单。戴维斯他们与两家银行保持关系从 1977 年至 1985 年，在此期间，戴维斯他们数次借了不少钱，反过来，也对银行执行了很多可支付票据。1984 年末或 1985 年初，戴维斯他们意识到，他们需要另外 200,000 美元以保持他们的企业能够维持下去。可是，两家银行拒绝戴维斯他们追加贷款资金，除非戴维斯他们同意变卖企业并付清对两家银行的现有债务。1985 年 6 月 28 日，戴维斯他们与两家银行签订了一份贷款协议，该协议的第 12 段要求戴维斯他们截至 1985 年 9 月 1 日之前签订出售他们企业的合同。当到了截止日期戴维斯他们没能卖掉企业时，两家银行坚持认为戴维斯他们停止了经营并启动清算。1986 年 2 月，戴维斯他们卖掉了企业。

戴维斯他们于 1986 年 12 月提起诉讼，指控他们与两家银行 1985 年 6

---

① 同上，§225.7（b）（2）。
② 《联邦案例汇编第二辑》第 868 卷，第 206 页（第 7 巡回法庭,1989）。

月所签协议的第 12 段违反了 1970 年 BHCA 修正案的一项反托拉斯法条文①,因为它要求戴维斯他们预约两家银行的一项服务,这项服务一般与相关或约定的贷款没有关系,就是他们企业的清算。1988 年 2 月 18 日,联邦地方法院同意两家银行关于戴维斯他们搭售求偿的即决判决动议,认定第 12 段要求戴维斯他们变卖企业不是一个反竞争的做法,并且清算要求是传统银行业惯例,旨在保护两家银行对戴维斯他们的投资。

　　1970 年通过并编入法典的反搭售成文法条②规定了某些有条件的交易,其效果将会增加银行的经济权力并减少竞争。其意图是"只是为了'禁止反竞争的做法,这些做法要求银行的客户接受或约定某些其他服务或产品,或抑制与其他方的交易,以便得到客户想要的银行产品或服务。'"它"不是打算干涉恰当的传统银行业惯例行为。"它也不是打算禁止银行保护他们投资的尝试。……

　　因此,为了达到抑制银行经济权力的目的,第 1972 款规定搭售[小款(1)(A)和(B)],互惠[小款(1)(C)和(D)],以及排他性交易[小款(1)(E)]安排,传统上都是反托拉斯法的目标,因为它们具有潜在的反竞争效果。搭售是"这样一种安排,一方销售一种产品(即"搭售品"),但唯一的条件是购买人也购买一种不同的……产品(即"被搭售品"),或者至少同意他将不从其他供应商购买那种产品。"当搭售能够使得一个经济权力很强的搭售品销售者强迫那种产品的消费者购买他们不想要的或者宁愿在别处买的一种另外产品时,这种搭售就弱化了竞争。互惠安排可能采取不止一种形式。它可能是没有伤害的做法,销售者与一个消费者彼此之间有买有卖;它也可能是强迫性的。举例来说,一家经济权力很强的银行可能同意对一家钢笔制造商贷款,只要该制造商同意以折扣价将笔卖给本银行及其附属机构。反托拉斯法关心的搭售和互惠协议是,这类协议能够使具有一个市场的足够实力的一方,避开另一个市场的规范市场价格、质量与服务标

---

① 《美国法典》第 12 卷,§1972(1)(C)。
② 同上,§§1971—1978。

准,并因此弱化竞争。

因此,第 1972 款的目的和效果"是适用《谢尔曼法》的一般原则,尤其禁止商业银行领域的反竞争协议,不要求原告证实银行的经济权力以及搭售协议的具体反竞争效果。"因为第 1972 款使得搭售协议涉及银行非法。

> 没有任何显示对竞争的具体不利影响,或者对贸易的抑制,并且也没有任何显示某种程度的银行主导或控制搭售品或服务。并且,尽管个别的搭售协议可能仅涉及相当小的金额,第 1972 款的禁条也是适用的,不论涉及的商业金额大小。

《参议院报告》第 91—1084 号,……1970 年(参议员布鲁克的补充意见。)

虽然如此,即使按对银行业搭售这个本身"放宽的"方法①,原告在第 1972 款下寻求救济一定仍然会投诉那种反竞争的做法。条件是……第 1972 款不禁止银行"策划特定方法保护自己免于违规",以及能够在各种情况下不能"具有阻止银行给予信贷扩张的不利影响,以及由此加速止赎或破产。"任何这样对没有反竞争不良效应而旨在保护银行投资的银行业做法的谴责都直接与第 1972 款的立法目的相冲突,并会与该法关注的传统反垄断法目标的协议巧合在一起。

很不幸,戴维斯他们不是起诉一种反竞争的互惠协议。他们控告两家银行违犯的条款是第 1972(1)(C)款,即涉及互惠协议的条款。诉因是同意戴维斯他们贷款的唯一条件是戴维斯他们对两家银行约定一个企业的清算"服务"。戴维斯他们没有指控被告银行试图阻止戴维斯与其他银行交易。他们也不可能要求以优于市场的条件确保企业清算服务。实际上,我

---

① 反托拉斯法区分两种情况(1)归入或"本身"禁止的做法。比如竞争者之间的固定价格协议;以及(2)只在不合理情况下禁止的做法。比如,给予一家分销商特定地区的专营权。第 1972 (1)款采用一种"本身"方法,按这个方法,原告不需要展示搭售是不合理的。并且,这个方法是"放宽的",原告不需要显示对竞争的具体不利影响。

们认定,很难描述两家银行要求戴维斯他们变卖企业以得到他们寻求的贷款,具有按照第 1972(1)(C)款来说的"额外服务"特征。戴维斯他们似乎想避免把贷款条件叫做贷款条件;如果是这样的话,那他们不是真的控告一种互惠协议。即便他们控告这样一种协议,它也不是反竞争的,因而不是第 1972 款的关注,而颁布此款是为了防止银行利用其经济权力弱化竞争。……

简言之,我们断定,联邦地方法院同意对两家银行关于戴维斯他们按第 1972 款的债权要求作出即决判决。因为戴维斯他们指控的做法决不是反竞争的,所以它不在 1970 年 BHCA 修正案的范围之内。

中州化肥公司诉芝加哥交易所银行案①

伊斯特布鲁克,巡回法官:

中州化肥公司在中部州伊利诺伊销售化肥。它需要钱购买物料、支付工资以及运营业务,直至从客户收回来货款。中州与芝加哥交易所银行协议安排了循环贷款,后者承诺向中州发放相当于其库存与应收款 70% 的贷款,最高 200 万美元。中州承诺通知自己的客户将所有货款汇入一个邮箱,邮箱由芝加哥交易所银行控制(即"银行存款箱")。芝加哥交易所银行收回支票并将这些支票存进一个账户,只有它可以从这个账户取款(即"封锁账户")。待票据清算后,芝加哥交易所银行将这些钱偿还这笔贷款的到期金额,剩余部分芝加哥交易所银行存进中州的营业账户。当中州通知有新的可售库存时,芝加哥交易所银行也要在中州营业账户存入垫款。因此,中州收到的钱有两部分,一部分是垫款,一部分是超出偿还银行贷款后的剩余款。芝加哥交易所银行与中州的协议是一种变异的保理业务,银行称其为"资产支持融资"。不像传统保理业务,这一协议不是将客户的违约风险转到放贷公司。中州对任何贷款的全部金额负责。芝加哥交易所银行还是采取了保证措施,保证人拉斯利、玛克辛和基梅

---

① 《联邦案例汇编第二辑》第 877 卷,第 1333 页(第 7 巡回法庭,1989)。

尔都是中州的单一股东。

　　1985 年 12 月,中州化肥公司给予芝加哥交易所银行一份财务报表显示,它在前一年度亏损 200,000 美元至 300,000 美元之间。由于担心其借款人的稳健性,芝加哥交易所银行限制运输途中化肥的数量,为了新垫款的目的这算作库存。到了 1986 年 5 月,中州化肥公司出现违约。芝加哥交易所银行与中州化肥公司的一些客户交谈后发现,中州化肥公司曾提示的价值 135,000 美元的应收账款并不存在。不久,芝加哥交易所银行停止对中州化肥公司发放垫款,并联系中州化肥公司的所有客户,要求他们向银行存款箱汇出货款。在这个过程中它发现,客户直接向中州化肥公司支付了一百万美元,绕过了银行存款箱,这增加了银行的风险。由于找不到新的融资,中州化肥公司崩溃了,现在按《破产法》第七章进行清算。

　　中州化肥公司提起这一诉讼,基梅尔为联合原告。他们的主要不满发生在州法律下。……进入联邦法院,原告需要一个联邦权利要求。他们提出两条:《诈骗影响和腐败组织法》和《银行控股公司法》(BHCA)反搭售条文[①]。原告将银行存款箱说成是"被搭绑"在垫款上的一项银行服务,这违犯了 BHCA。……

　　联邦地方法院同意芝加哥交易所银行关于对该联邦债权要求做出即决判决的动议,依法驳回了那些债权要求。……银行存款箱与该笔贷款连结不是搭售,依法官所见,而仅是一家慎重的银行要求控制其风险;中州自由提取营业账户的钱款,并在其日常业务中使用另一家银行。

　　若干银行反搭售法都禁止贷款与其他服务捆绑。……中州相信,银行存款箱和封锁账户是不许与贷款搭售的银行服务。第 1972(1)(A)款直接剔除在外,因为银行存款箱与封锁账户是"存款……账户,"但对按第 1972(1)(C)和(E)款提出的诉求同意即决判决不那么容易。这些条款许可银行要求客户使用"通常与约定贷款相联系的"服务[②],以及那些"合理规定

---

①　《美国法典》第 12 卷,§1972 和 1975。

②　第 1972(1)(C)。

的……以确保贷款稳健"的服务①,它们听起来都像真实的问题。中州提出一份宣誓书(下面更多谈到),使这些方面有争议,并说它有权得到一个审判。对此,芝加哥交易所银行回应,银行存款箱在资产支持融资中是常见的,并在银行存款箱服务其用途后,中州能够从营业账户提款,并可在任何它高兴去的银行办理日常银行业务(它实际上在另一家银行有一个账户),否定贷款搭售其他银行服务的论点。

搭售和互惠这类做法在反托拉斯法里是为人熟知的。《克莱顿法》第3款②明确说搭售包含银行业法规缺失的一条限制:在《克莱顿法》下,只有效果"可能是明显弱化竞争或倾向于产生任何商业领域的垄断,"搭售才是非法的。然而,银行业法规的这一缺失并没有阻止法院的看法,不探讨竞争条件几乎是不可能界定"搭售"的。几乎任何东西都可能被叫做搭售。或许贷款是"搭售"要求偿还;或许拒绝贷出不足 100 万美元可能被叫做是尔后500,000 美元贷款的搭售。必须要有基准。正如最高法院在杰斐逊教区第二区医院诉海德案③所说,如果存在许多其他销售者,并且这些其他销售者提供非捆绑产品,那么一个销售者坚持对其货物与服务打包不能造成伤害,甚至不能有效地被叫做搭售。我们怀疑芝加哥交易所银行有市场权势(尤其不在中州伊利诺伊);我们怀疑存在一种"银行存款箱"和"封锁账户"的需求与资产支持贷款的需求相分离(谁去购买一种独立的"封锁账户"产品?)。因此,就银行搭售法章遵循反托拉斯法的程度而言——相当程度上如此,尽管不是全部——中州可谓任务艰巨。

然而很不幸,本案记录与之前的戴维斯诉第一国民银行案相像,它澄清了银行搭售法与反托拉斯法的叠合之处。地区法官没有问芝加哥交易所银行的做法是否在反托拉斯法意义上使用该术语是"反竞争的";相反,该法院认定,中州没有证明实质事实的真正问题,即"银行存款箱"和"封锁账户"是否是惯例性服务,是否合理使用以"确保贷款的稳健。"芝加哥

---

① 第 1972(1)(E)。
② 《美国法典》第 15 卷,§14。
③ 《美国案例汇编》第 466 卷,第 2,11—12 页(1984)。

交易所银行提交宣誓书坦承,当在波动不定的农业市场与小企业做生意时,这样的要求既常见又必要。中州提供相反的宣誓书。法院认定,中州的宣誓书没有价值,因为所提仅仅是非理性底线的结论,并确认对被告的即决判决。

提问和评论

1. 我们真的需要像《美国法典》第 12 卷第 1972(1)款那样专门禁止银行搭售的法章吗? 为什么不依赖《克莱顿法》中关于搭售的禁条? 银行业有什么东西使得银行客户比其他行业的客户更加脆弱? 考虑到美国庞大数量的银行,某一银行有市场权势吗? 如果银行缺乏市场权势,那么银行搭售会造成任何可观的伤害吗? 客户转到另一家银行会带来什么成本?

2. 在伊斯门·柯达公司诉影像技术服务公司案①中,最高法院讨论了"转换成本"——客户从一家货物或服务供应商转换到另一家招致的成本——的可能意义。柯达公司,一家复印机制造商,拒绝对独立的复印机服务商或使用这样的服务商的柯达客户销售备件。柯达辩称,因为复印机市场是竞争性的,柯达不可能在备件市场拥有市场权势:对备件收取高于市场的价格会打压柯达复印机的销售。最高法院驳回了这个论点:

> 有一个……因素破坏了柯达关于服务市场的超竞争价格导致设备销售的毁灭性损失的宣称,就是目前业主转换到一个不同产品的成本。如果转换成本很高,已经购买了该设备并被"锁住"的消费者,在变换设备品牌之前,将忍受一定水平的服务价格加价。在这种情景下,如果转换成本相对高于服务价格加价,并且锁住的客户数量相对大于新购买者的数量,那么,一个追逐利润的销售者可能保持售后服务市场的超

362

---

① 《美国案例汇编》第 504 卷,第 451 页(1992)。

市场价格①。

只要客户的目前银行比其他银行了解客户更多一些,客户就面临更高借款成本形式的或更苛刻贷款条件的更高成本? 如果是这样的话,这意味着客户——甚至在银行服务的竞争市场上——在改换银行之前将忍受某种可观的价格加价?

问　　题

1. 布拉沃公司,对戈尔迪安银行欠债严重,正在损失资金并有债务违约的危险。为了获得重组时间,布拉沃公司要求该银行即其最大债权人追加贷款。该银行发放追加贷款的条件是(1)西拉成为布拉沃公司的首席执行官,以及(2)奥斯卡,布拉沃公司的控股股东给予银行担保,担保物权为非关联公司魁北克饭店有限公司。这些条件符合《美国法典》第 12 卷第 1972(1)款吗?

2. 朱丽叶大楼和罗密欧大楼毗邻而立,两楼都是百年前建筑,年久失修。两年前,双环节银行通过止赎收购了罗密欧大楼。坦戈公司签订合同从目前所有人购买了朱丽叶大楼,并向双环节银行申请贷款,用于购楼和大楼翻新。双环节银行发放贷款的唯一条件是坦戈公司也从该银行一并购买罗密欧大楼。这个条件符合第 1972(1)款吗?

3. 查利的雇主,厄科有限公司,支付员工工资的支票从高手银行支取。查利从高手银行兑取支票现金。因为查利在高手银行没有支票或储蓄账户,银行对他每次支票取现收取一美元费用。这一收费符合第 1972(1)款吗?

4. 维克托,拥有一家汽车经销商号的一半股份,要从马林斯派克斯银行借款一百万美元买下另一半股份,并将全部股份作为银行的担保物权。贷款协议要求经销商卖给该银行至少 2/3 的该经销商承作的汽车贷款。这个协议符合第 1972(1)款吗?

---

① 《美国案例汇编》第 504 卷,第 476 页。

第八节　隐私

当前令人担忧和争议的一个话题是客户信息的保密问题，或者说是"金融隐私"问题。大部分这种信息涉及贷款客户，尽管它也可能涉及其他与银行打交道的人，比如储户，或与银行附属机构或子公司打交道的人。本节我们考察金融隐私问题，其中涉及的但文内容很多超出了借贷关系本身。

金融隐私问题涉及一些很有影响力并彼此冲突的政策。一方面，存在很强的银行隐私传统，尤其在欧洲（欧洲的高税收能解释这一点吗？）。另一方面，尤其在"9·11"恐怖攻击之后，很明显，有权使用金融信息对于法律执行目的来说可能非常重要，包括反恐战争，以及反毒品与反洗钱斗争。本领域的成文法章反映了这些竞争政策时常变化的影响。

国会在本领域的第一部主要法是1978年的《金融隐私法》①，它限制政府机构获得个人财务记录的权力。银行客户有权知道政府要求的信息，并许可使用专门程序抗争政府获取其个人记录的要求。如果银行客户表面看来显示政府要求不恰当，政府必须说明要求的正当理由，证明它有客观理由令人相信，记录披露有助于该部门管辖范围内的合法执法调查。

《格雷姆-里奇-比利雷法》包含金融隐私的重要保护。第501款规定，作为一项国会政策，"每家金融机构都具有一项确定而连续的义务，尊重客户隐私，并保护这些客户非公开个人信息的安全与私密。"为了推进这一政策，联邦金融监管当局，州保险部门，以及联邦贸易委员会被要求"对金融机构建立适当标准，使受到他们管辖的有关行政、技术和物理标准（1）确保客户记录和信息的安全与私密；（2）保护这些记录的安全或完整，防范任何预期的威胁或灾难；以及（3）防范未经授权侵入或使用这些记录和信息，它

363

---

① 《美国法典》第12卷，§§3401—3422。

可能对任何客户造成实质损害或不便。"①

《格雷姆-里奇-比利雷法》涉及隐私领域的几个专门问题。第一,它一般禁止金融机构对第三方披露消费者非公开个人信息,除非若干条件得到满足。术语"金融机构"覆盖范围很广的商户,包括所有的存款机构以及金融控股公司。"消费者"包括从金融机构获得"主要用于个人、家人或家庭目的"(企业不在内)的金融产品的个人。"非公开个人信息"是个人身份识别的金融信息。要证明合格,此种信息必须是由金融机构取得,并不得公开。

金融机构必须提供其消费者客户一份通知,说明该金融机构关于公开这些信息的政策与做法,以及该金融机构保护这些信息的政策与做法。当消费者客户与该金融机构的关系开始时(例如,客户开立账户)必须做出这样的披露说明,并且以后至少每年都要披露说明。无论如何,在该金融机构对非关联第三方公开消费者客户的非公开信息之前,它必须发出说明通知。必须给予消费者一个机会指示不应被公开的非公开个人信息。而且,它必须指导客户如何可以行使这个"退出"选项。

364

金融机构为自己的目的保留使用非公开个人信息的权利,并可与关联机构分享这些信息,关联机构的含义是指一家公司,它控制该金融机构、被该金融机构控制或被共同控制。对非关联第三方,一般禁止该金融机构公开消费者客户的信息,除非给予必备通知且客户没有选择退出。可是,对于这一披露禁条存在几条例外,一家金融机构可以与第三方服务提供商分享信息,第三方服务提供商使用这些信息以对该金融机构提供市场服务,并承诺保密。(这个条款的目的可能是什么?思考大小商户是否将从中受益。)然而,当所说信息涉及信用卡、存款或其他账户的账号、密码或类似项目,该法对非关联第三方出于营销目的的披露施加限制。

《格雷姆-里奇-比利雷法》第502(e)款包含一长串其他情况,在这些情况下,一家金融机构可以分享其消费者客户的非公开个人信息而无须遵守

---

① 《美国法典》第15卷,§6801。

通知与退出规定(指该法的实际语言条文,这些条文包含各种条件与限制)。① 其中很重要的例外是披露:

- 对消费者请求的一项交易的生效是必要的;
- 消费者请求或指示的;
- 为了保护客户记录的私密,防止欺诈,或者解决与客户的争议;
- 为了诸如评级机构人员,律师,会计师,或审计师;
- 为了法律执行机构;
- 为了消费者信用报告机构;
- 为了有关拟议企业的出售,如果披露仅关注交易标的单位的客户;或者
- 为了遵守联邦、州或地方法规。

《格雷姆-里奇-比利雷法》在隐私领域的另一个目标是阻止使用欺骗技术得到客户信息。国会尤其关注"信息经纪人"的业务,据称他们为了将信息出售给感兴趣方,使用任何不择手段的方式搜到金融机构客户的事实。第521(a)款禁止任何人通过涉嫌某些界定的做法,"得到或试图得到,或引起或试图引起将任何人、金融机构客户的信息披露给另一个人"。界定的做法包括对一家金融机构的一位官员、员工或代理作出虚假、虚构或欺诈性说明或陈述;或对一家金融机构的一位官员、员工或代理提供任何文件,明明知道那个文件是伪造、仿冒、丢失的,或被偷的,或欺诈性得到,或含有虚假、虚构或欺诈性说明或陈述。该法也规定,要求某人得到一家金融机构的客户信息属于违法,明明知道那人将以前文禁止的任何方式得到或试图得到该金融机构的信息。②

《美国爱国者法》也牵涉到金融隐私问题。2001 年 9 月 11 日之后,旋即之间,该法获得国会通过并于 2001 年 10 月签署生效,以帮助联邦官员收集情报,向恐怖主义开战。《美国爱国者法》反映了这一观点,粉碎与消除

365

---

① 《美国法典》第 15 卷,§6802(e)。

② 同上,§6821(a)。

恐怖主义者进入美国和全球金融体系对反恐战争是至关重要的。《爱国者法》也包含一些措施,预防、侦查和起诉国际恐怖主义洗钱与融资。《爱国者法》第三标题是 2001 年《国际反洗钱与反恐怖主义者融资法》。第三标题规定加强监督某些高风险辖区、机构,以及账户/交易类型。影响金融机构的一些条文一般作为《银行保密法》的修订内容。

此外,在涉及银行方面,《爱国者法》规定大量现金走私是一种犯罪,并要求登记黑市地下金融网络;禁止美国金融机构对外国"空壳"银行提供金融服务;使关于造假的一些法律适应现代需要;要求向法律执行部门"实时"报告可疑金融活动;要求金融机构核实新账户持有人的身份;以及要求客户开立账户时向金融机构提供真实信息。

提问和评论

1. 你认为为什么在 1990 年代末会有对隐私兴趣的突然高涨?什么更广泛的社会关注、恐惧或看法可能会有危险?

2. 如果一个完全陌生人找出客户的非公开个人信息,只要陌生人使用信息并非对此人不利,为什么他或她应当关心?

3. 我们不是习惯于关于我们的信息被用于各类用途吗?消费者征信机构 CRAs 保存我们是否及时付账的信息,并在我们申请贷款时与金融机构分享这些信息。当我们购物或捐款时,营利性机构与非营利性机构同样保存我们的名字,并经常把众多名字卖给他人,导致大量未经同意的"垃圾邮件"出现在我们的门口。在商店、电梯、办公楼以及甚至在城市大街上,摄像头监视着我们。还有政府,在某些方面,是各类刺探中的最大探子,要求我们对 IRS 披露我们的收入,要求我们对人口调查局提供个人信息,并监视我们以确认我们没有犯罪。鉴于这一切,为什么对金融信息敏感?

4. 姑且认为,金融机构认定在保护客户信息方面存在一种公共利益,难道我们不得不平衡合法保护的好处与成本?有些规定似乎对金融机构有相当沉重的负担,不是吗?(考虑一家银行必须从事的一项工作,就是确认退出客户信息不对非关联第三方披露。)好处超过成本吗?

5. 对于不保护消费者隐私有好处吗？当广泛了解了人们的财务信息 366
时，贷款供应商就可以做出更好的判断，谁是、谁不是一个具有良好信用风
险的人。对具有良好信用风险的人来说，消费贷款可能变得更加便宜，并更
容易得到。如果金融企业对人们的财务状况掌握更多信息，消费者破产可
能减少。具有不良财务记录的人们会发现难于取得贷款，可能在一开始就
往往行事更加负责。这些论点作为一项公共政策问题——或者心胸狭窄而
已（或两者兼具），令人信服吗？

6. 既然许可金融企业与附属机构、子公司和分支机构内部分享信息，
《格雷姆-里奇-比利雷法》在隐私保护上存在漏洞吗？考虑一个很大的实
体，比如花旗集团，如果它可以内部分享信息，实际保留多少隐私？

7. 按照同样的道理，该法偏袒大型金融机构和金融控股公司胜过小
型、更地方化的机构吗？这样好吗？你认为它对未来金融服务业的发展有
影响吗？

8. 如果不是最敏感也肯定是最敏感方面之一，即一家金融机构持有的
消费者记录是医疗记录，由一家保险公司得到（例如，记录显示，保单持有
人已经感染了性病、曾经堕胎，或者因感情问题咨询过心理医生）。然而这
些都不是受《格雷姆-里奇-比利雷法》保护的信息类别。如何合理说明（或
解释）这些保护上的缺项？

9. 在多大程度上，《爱国者法》有助于反恐斗争？"9·11"恐怖分子涉
嫌的金融交易不是全部也是大部分都是小额的、日常的，并且合法。甚至在
按《爱国者法》所要求的强化检查情况下他们也会神不知鬼不觉地通过检
查。《爱国者法》真正有效的部分不是遏阻了恐怖分子，而是扩大了联邦反
洗钱规则的适用范围。

第九节　放款人责任

"放款人责任"指一系列法律原则，在这些原则之下，放款人可能因为

对其借款人的不当行为而变成负债。

放款人责任的一个来源是按每州法律确认的诚信合同责任。《合同法第二次重述》概括这一责任如下："每一合同对各方当事人规定了合同履行与执法上的一种诚信和公平交易的责任。"①类似地，每一"合同或责任"在《美国统一商法典》下"规定了合同履行与执法上的一种义务。"②UCC 定义"诚信"为"忠于事实并遵守公平交易的合理商业标准。"③尽管各方可能同意改变大多数 UCC 条文的效力，但他们不能放弃合理、勤勉并诚信执行的义务。④ 然而，他们可以规定标准，用于衡量"这些义务的履行"，只要标准"不是明显不合理的。"

下面的案例涉及两个 UCC 条文以及一条加速偿还条款。如果借款人违反了规定的义务，这样的一个条款许可放款人要求立即偿还该笔贷款的全部余额。

布朗诉艾沃姆科投资公司案⑤

弗格森，地区法官：

赫里福德从艾沃姆科借了 6,500 美元融资购买一架飞机。他同意艾沃姆科以该飞机作为抵押物权，并同意艾沃姆科可以加速该笔贷款偿还，如果他"出售、租赁、转让、抵押，或其他妨碍"飞机的行为，而没有艾沃姆科的书面同意，或者如果艾沃姆科"出于任何理由……认为自己无保证。"第二年，赫里福德与三人（原告）签署了租赁与期权协议，按协议三人将帮助赫里福德支付该笔贷款的分期付款，并按小时收费使用该飞机，并且一旦赫里福德还清贷款，他们每人用 1 美元购买该飞机 1/4 所有权。赫里福德在飞机保险保单里添加了原告，艾沃姆科也收到了保单副本。两年后，原告通知艾沃

---

① 《合同法第二次重述》，§1—205（1979）。
② 《美国统一商法典》§1—203（2005）。
③ 同上，§1—201（20）。
④ 参见同上，§1—302（a）—（b）。
⑤ 《联邦案例汇编第二辑》第 603 卷，第 1367 页（第 9 巡回法庭，1979）。

367

姆科,他们已经行使了期权,购买了飞机的权益。他们用一张支票清偿了赫里福德尚欠的 4,859.93 美元。艾沃姆科拒绝接受这张支票,购买了飞机的附加险,通知赫里福德它要加速贷款偿还,并要求 5,078.97 美元(代表贷款余额和保险费)。当原告坚持他们出价 4,859.93 美元时,艾沃姆科使用万能钥匙收回了飞机,将飞机开到另一州,并以 7,000 美元卖掉了飞机。原告起诉艾沃姆科侵占飞机。

当……原告联系艾沃姆科并提出他们相信完全付清债务的报价时,艾沃姆科拒绝与他们商谈,而且对他们完全付清债务的打算……不作进一步追问。尽管原告 4,859.93 美元的报价可能不满足有效投标的法律规定,但艾沃姆科完全忽视报价并急于加速偿付,收回飞机并以 7,000 美元卖掉飞机,它应当……提示调查加速偿还的公平性。

UCC 和衡平法都规定这一责任。……加速偿还条款旨在保护债权人免于债务人危及或损害债权人担保品的行为。不能冒犯性地使用它们,例如为了债权人的商业利益。加速偿还贷款是一个衡平法的问题,并且法院,包括得克萨斯州的法院(此处适用该州法律),历史上已经在一个案子的特定事实上仔细评估了加速偿还贷款的公平性。衡平法法院"将严密审视一个合同非常努力而严格的执行。"……

长久以来,得克萨斯州的法院就要求加速偿还贷款,从事实来看是合理的。当债务人的违约是由于债务人事故或错误,或者由于债权人的欺诈或不公平行为时,他们的法院不会许可执行加速偿还条款。当事实说明使用该条款不公平或有压迫性时,他们法院也不会许可加速偿还。

UCC 的条文对它管辖的交易之中的加速偿还情况规定了类似要求。UCC 规定与老的衡平法合理性测试是融洽的。UCC 第 1—203 条款(现在第 1—304 条款)对商法典范围之内的每一合同或责任的履行或执行规定了信义义务。第 1—208 条款(现在第 309 条款)对随意加速贷款的期权进一步界定和适用了信义义务,并要求加速贷款方"真诚相信偿还或履行的前景受到伤害。"

得克萨斯州已经接受了 UCC,并在《得克萨斯州商法典》第 1.208 款里说到：

　　第 1.208 款　关于随意加速贷款期权

　　该条款规定，一方或其权益后继者可以加速偿还或履行贷款，或"随意"要求担保品或追加担保品，或者，"当他认为自己利益不安全"，或在类似意义上应理解为他有权那么做，仅当他真诚相信偿还或履行的前景受到伤害。查实诚信缺失的负担在行使权力的一方。

　　因为债权人认为自己不安全的加速贷款清楚地归入第 1.208 款的特定语言里。……

　　更加困难的问题……是该条法是否适用"违约"加速条款以及"不安全"加速条款。

　　当债权人选择加速贷款是因为债务人违反了担保协议的一项特定条款，而不是因为感到不安全时，第 1.208 款还适用吗？此处，艾沃姆科与赫里福德的协议包含两类条款。不过艾沃姆科声称加速贷款的基本原因是违反担保协议的经同意方可出租的条款，而不是"认为自己不安全"这一特定语言的原因。

　　关于第 1.208 款对这一情况的适用问题还没有回答。若干法院都面临担保协议，像此处的这个，准予两种情况都加速贷款，即当违反一项特定条款时和当债权人认为自己不安全时。在这些情况下，没有很多讨论，法院都应用 UCC 和衡平法原则。……本院相信，第 1.208 款的确适用。……

　　按其语言，第 1.208 款适用于当利害当事人可以"随意"加速偿还时或"当他认为自己不安全时"或"在类似意义上"时。此处协议规定，艾沃姆科可以按其期权加速贷款偿还，当债务人未经同意出租时或当艾沃姆科认为自己不安全或当各种其他意外事件出现时。协议没有规定发生这些事件之一就立即、自动加速贷款，而是进一步将加速贷款与艾沃姆科的期权连结在一起。第 1.208 款将 UCC 的诚信概念应用到这样的加速贷款上，并规定债权人有权行使期权"仅当他真诚相信偿还或履行的前景受到伤害。"

然而,当债务人未经同意出租时加速贷款的期权不同于债权人的不安全感觉。出租是在债务人的控制范围内;不安全感觉受突发想法和心情变化的影响。正如《UCC 立法说明》关于第 1.208 款的述评,起草人最担心债权人不受控制意愿的滥用。因此,有些人质辩第 1.208 款规定的仅是"不安全"条款的加速贷款。尽管这类条款可能是第 1.208 款的主要焦点,但本院不相信它是唯一的焦点。滥用也可能与"预期租赁"的加速贷款有关。基于租赁而加速贷款的"期权",像基于不安全感觉的期权一样,也可能被艾沃姆科用作获取商业好处的一把利剑而不是作为防范担保物受损害的一个盾牌。第 1.208 款,源于并结合了衡平法原则,界定加速贷款的"诚信"以提供免予滥用的保护……

提问和评论

1. 为什么债权人要加速债务偿还的权利,而不必表明有些相信偿还或履行前景已经受损?

2. 此处,如果借款人未经贷方同意而租赁或妨碍飞机,借款人同意贷方可能会加速贷款偿还。为什么不会按借款人的同意?

3. 丹尼尔·菲舍尔教授对要求贷方行事诚信的道理提供了如下分析:

> 对贷方规定信义义务的道理关系到不可能起草一个合同覆盖每一可能的偶发事件。如果商谈和执行合同没有任何成本,各当事方可能会商定一个协议,排除贷方投机行为的企图。然而,因为商谈和执行协议的成本,各当事方不能阻挡合同执行的机会行为。于是,诚信责任充当一个隐含的合同条款,以取得各当事方自己不能给予的有关成本。
>
> 尽管这一信义义务的解释有些打动人,但它并非没有困难。问题是区别投机行为与非投机行为,如果区别不是不可能,那可能也是非常复杂。贷方决不会承认,其行为是为了得到好处,不在最初协议上讨价还价。相反,贷方声称将根据它对债务人及其违约可能性的评估,拒绝继续融资。并且,不仅区分这两种解释将是困难的,而且鉴于贷方在第

一位,试图区分它们将损害合同保护。……

　　因此,存在一种取舍。贷方的自由裁量权越是绝对,对借款人的约束就越强,但对贷方投机行为的激励就越强。相反,为控制贷方投机行为的诚信解释越广,对借款人的约束就越弱,并更少可能使借款人运用这种约束获得更有利的贷款条件。

参见菲舍尔《贷方责任的经济学》①。

4. 在何种程度上,你认为布朗诉艾沃姆科案的结果反映了法院的看法,即艾沃姆科存在投机行为? 事实足够清楚地得出一个肯定的结论吗?

370

5. 在加速贷款和收回飞机之前,艾沃姆科是否应该做点什么? 在对抵押品采取行动之前,债权人必须寻求与借款人达成某种妥协吗?

6. 贷款人与违约借款人谈判可能招致什么危险? 在阿拉斯加州立银行诉费尔克公司案②中,银行与借款人谈判重组贷款合同。当谈判证明失败时,银行按最初合同的许可,扣押了借款人的商店。法院认定,银行通过谈判期间的行为,已经暗示同意扣押商店之前预先通知。在法院看来,借款人在银行采取行动时没有违约,即便它已经违约,银行也已经免除了违约。

7. 对于不诚实违反贷款合同的一家银行,法院可能判定什么损害赔偿? 违反合同的损害赔偿一般仅涉及金钱损失。但有些法院认定,不诚实违反贷款合同可能引起民事侵权责任,并能使原告得到精神损害赔偿和签订合同时未能预见的某些经济损失的损害赔偿,以及惩罚性损害赔偿。

8. 不诚实违反合同的侵权行为一般发生在保险方面。法院认为保险公司与被保险人之间存在一种特殊关系。一起灾难性损失或潜在毁灭性的诉讼可能使被保险人容易受到保险公司的压迫。在确认侵权行为时,法院寻求保护被保险人免于这样的压迫。当一家银行要求一个违约借款人偿还时,类似的考虑也适用吗?

---

① 《耶鲁法律期刊》第 99 卷,第 131,141—142 页(1989)。
② 《太平洋沿岸地区案例汇编第二辑》第 674 卷,第 288 页(阿拉斯加,1983)。

9. 安维尔银行同意对施密特购买商业房地产融资。尽管贷款承诺没有规定利率,但银行官员表示"合理限度"是利率不超过 10%。就在按计划关闭贷款之前,当时施密特也没有什么现实机会获得替代性的融资,银行告诉他按照从紧的贷款条件,银行对这笔贷款将征收 12% 利率。施密特有什么追索权吗? 如果有的话,根据什么理论?

康纳诉大西部储贷协会案①

特雷纳,首席大法官。

原告房主起诉大西部储贷协会。初审法院,认定原告没有证实他们的情况,作出有利于大西部储贷协会的诉讼驳回判决。原告对这一判决提起上诉。

原告……在一个叫做韦瑟菲尔德的住宅成片开发区购买了一处独栋住宅,住宅成片开发区位于……文图拉县。此后,他们的房子由于地基不能承受龟裂土质的涨缩,设计不当引起开裂,房子遭到严重损坏。……

有充分证据显示,被告科内约谷地开发公司,建造并销售住房,建造失职,没有考虑此地土壤状况的普遍情况。特别是,它在龟裂土质地基上铺板,没有采取土壤工程师推荐的相应预防措施。两年后,当暴雨季节龟裂土膨胀时,地基开裂,开裂移动产生了进一步损坏。……

371

除了要求科内约损害赔偿之外,原告要求认定大西部储贷协会负有责任,一个因由是它参与了成片开发,这把它变成了参与科内约谷地开发公司的一个合资企业或合营企业,这使它起到代偿责任的作用;或者另一个因由是它违反了对原告的一个独立注意义务。……因为上诉来自一个诉讼驳回判决,必须对原告有价值的合法证据给予审查,必须确认从证据中得出的每一合理推断,而且必须蔑视冲突证据。……

一个合资企业存在时,具有"当事方之间的一个协议,他们是一个权益

---

① 《加利福尼亚案例汇编第二辑》第 69 卷,第 285 页;《太平洋沿岸地区案例汇编第二辑》第 447 卷,第 609 页;《加利福尼亚案例汇编》第 73 卷,第 369 页(1968)。

共同体,也就是有共同利益,从事共同业务的经营,并理解为分享利润与损失,而且有联合控制的权利。"尽管证据证实,大西部储贷协会和科内约谷地开发公司结合了他们的财产、技能与知识以付诸成片开发,各自分担对开发的控制,每家都期待得到由此而来的利润,以及在开发中彼此合作,但是没有证据说明是一个权益共同体或共同利益的经营。大西部储贷协会的参与是作为土地的买卖商和资金的贷款人,而科内约谷地开发公司的参与是作为住房的建造者和销售商。尽管每家的利润取决于开发的整体成功,但没有哪一家要分享另一家实现的利润或遭受的损失。尽管每家作为销售方、放款人或借款人都收到大量的还款,但没有哪一家对另一家收到的还款也有权益。在这些情况下,不存在任何的合资企业。……

尽管大西部储贷协会不是作为合资企业对科内约谷地开发公司的疏忽失职负有代偿责任,但剩下的问题是它自己的疏忽责任。大西部储贷协会自愿从事与科内约谷地开发公司开发韦瑟菲尔德成片住宅相关的业务,以及开发与这片住宅相关的市场,在这一市场里,潜在购买人会被引到大西部储贷协会办理融资贷款。通过经营这些关系,大西部储贷协会比仅满足于对房地产担保贷款更加有利。它是一个住房建设企业的积极参与者,有权行使对该企业的广泛控制。它可能对该企业发放融资贷款,这使得它承接的业务超过一般货币贷款人的范围。它不仅从建筑贷款获利,而且也获得发放这些贷款的大量收费,有20%的资本收益用于"仓储"土地(也就是,购买土地并持有,直到科内约谷地开发公司可以使用。)并在个人购房者寻求在别处长期融资情况下保护利润免于损失。

既然建筑贷款的担保价值以及此后的长期融资贷款均取决于建设可靠的住房,大西部储贷协会很清楚,在对其股东的注意义务之下,要行使对该企业的控制权,以防止建设有缺陷住房。根据管辖驳回诉讼的标准判断,它疏忽性地没有履行这一责任。它知道或应当知道,该开发商经验不足,资本不足,并在危险的资本弱化基础上运营。因此,它知道或应当知道,试图在建筑施工上走捷径的损害是合理可预见的一种风险。它知道或应当知道膨胀性土壤的问题,可是它没有要求土壤测试,检查地基处理计划,建议改变

预先设计图和规格,或者建议在施工期间改变地基。它没有试图发现总体
结构缺陷,这本来通过合理审查是可以发现的缺陷,而且它本应当要求科内
约谷地开发公司去弥补的缺陷。它唯一的防护就是依赖几个没有任何经验
的建筑检查员,去执行建筑规范规定,而他们对建筑规范规定一窍不通。剩
下的关键问题是大西部储贷协会是否也对在韦瑟菲尔德住宅成片开发区的
购房人负有责任,而且因此也对他们存在疏忽行为。

　　大西部储贷协会除了作为贷款人并不与任何原告存在合同关系,这个
事实并不免除它在造成伤害原告的不合理风险上的责任。"合约相互关系
是不必确认存在行使普通注意而不伤害另一人的责任,但是这样的责任可
能出现于自愿承担的关系,如果公共政策强行规定了这样的责任存在。"确
定这样的责任存在的基本验证方法在比亚坎贾诉欧文案①中有清楚的说
明,具体如下:

　　　　在一个具体案子里,裁定被告是否对不在合同关系之内的一个第
　　三方人承担法律责任,是一个政策问题,而且涉及平衡各种因素,其中
　　的一些因素是(1)交易意图影响原告的程度,(2)对伤害他的可预见
　　性,(3)原告遭受损害的确定程度,(4)被告行为与遭受损害之间的密
　　切关系,(5)附加于被告行为的道德指责,以及(6)预防未来伤害的
　　政策。

　　按照上述验证方法,大西部储贷协会对住房购买人履行合理注意义务
以保护他们免于对由主要设计缺陷引起的损害明显负有责任。

　　(1)很明显,大西部储贷协会的交易打算影响原告。

　　大西部储贷协会与……科内约谷地开发公司的交易的成功,完全取决
于当事方诱导原告在韦瑟菲尔德开发区购买住房,并使用大西部储贷协会
提供的资金融资购买方的购买能力。大西部储贷协会同意对科内约谷地开

---

　　①　《加利福尼亚案例汇编》,1958 年。

发公司提供资金建造住房,反过来得到5%的建筑贷款费,而6.6%利率是基于条件有足够数量的个人首先承诺购买住房。大西部储贷协会同意为科内约谷地开发公司仓储土地是认识到,土地将被用于居住细分。大西部储贷协会也订明建筑贷款的垫款将由科内约谷地开发公司用于履行回购期权,由此给予大西部储贷协会30,000美元资本收益的机会。最后,大西部储贷协会采取措施让科内约谷地开发公司引导住房购买人前来贷款,在此环节从科内约谷地开发公司收取1%的贷款费。

(2)大西部储贷协会本来能够合理预见伤害原告的风险。

大西部储贷协会知道或应当知道,既非戈德伯格也非布朗曾开发过类似规模的成片住宅。大西部储贷协会知道或应当知道,科内约谷地开发公司在危险的资本弱化基础上运营,造成了一个易于预见的风险,就是可能驱使它在施工中走捷径。由于科内约谷地开发公司接踵而至的额外压力,而这些压力源于作为借款人承受来自大西部储贷协会的沉重负担,所以这种风险仍进一步扩大。

(3)原告遭受伤害是确定无疑的。

律师规定,每个原告房主,如果打来电话,那么就证明他们各自的住房处在不同程度的损毁状态,"其特点我们本案一直在关注。"通过实例提示的足够证据表明,存在住房的毁坏,因此对原告造成了损害。按照审前命令条款,每个原告的损害程度将在裁定大西部储贷协会的法律责任后进一步审理。

(4)原告遭受的损害与大西部储贷协会的行为密切相关。

大西部储贷协会不仅对韦瑟菲尔德住宅区的开发提供融资,而且控制了今后的进程。在履行控制过程中,如果它履行了合理注意义务,它会发现科内约谷地开发公司购买的预先设计图需要修正,并应当扣发融资贷款直到设计图得到修正。

(5)大量道德指责附于大西部储贷协会。

大西部储贷协会建筑贷款的担保价值以及预期的对原告长期贷款担保均取决于建设可靠的住房。当它没有履行合理注意义务以排除它融资和控制施工的住房的主要设计缺陷时,大西部储贷协会没有履行对其股东的义务。它也没有履行对购买人的义务,更有甚者,因为它很清楚一般购房人缺乏经验或者缺乏辨识这种结构缺陷的资金。并且,住房不仅是一般购房人的主要投资而且也是他唯一的栖身之所。因此,保护他免于可以证明超出他弥补能力的结构缺陷问题具有加倍的重要性。

(6)民事侵权法律的警告政策要求对大西部储贷协会在本案的行为施加法律责任。当适用一个成熟行业时,倾向于阻止不当行为的规则尤其适当。

通过上述验证,大西部储贷协会有履行合理注意的义务,以防止建设有严重缺陷的住房,并销售给购房人。大西部储贷协会调用的反补偿约因……是所说的强加贷款人责任将增加住房成本,驱离边际建筑商,并在大量需求时减少住房总量。这些说辞是推测的主张。无论如何,助长建设有严重缺陷的住房不存在持久的社会效用。如果可靠的建设是惯例,那么,确认部分成片住房开发区贷款人对购房人的责任不会实质增加住房成本或驱离小建筑商。如果现有的制裁不够,在有效金融控制成片住房开发区建造时,施加责任将确保负责的建设惯例。此外,无论何种情况,如果没有任何可用的矫正性赔偿,那么,家庭储蓄投资在有严重缺陷的住房,这种损失将是破坏性的经济打击。

然而,被告主张,他们的责任问题是一个政策问题,因而只能由立法机构在整理相关经济与社会数据之后解决。可是,尽管成片住房开发区融资增长迅速,但没有任何把握说立法机构将着手解决这样一个任务。在缺乏实际的或预期的立法政策情况下,法院将在这个立法政策之前自由决议本案。……

莫斯克,大法官(持异议)。

证据是压倒性的,而且大多数人承认,因为资金放贷人和成片住房开发区两者之间没有机构、没有合资企业、没有联合企业,很清楚只存在一种贷款人-借款人关系。不过,此处大多数人认定,资金放贷人对第三方有代偿责任,原因是对借款人疏忽。这个结果是(a)成文法或先例不支持;(b)与公认的侵权法原则不一致;(c)可能产生不良社会后果……

在自由市场上,一个企业家承担大量但适当的风险以求得可观的收益。对企业家贷款的人起到一种"完全不同的"作用。他根据合同取得对于其投资的一个固定回报或价金。无论企业家利润多大,他无权插足分享企业家利润。……似乎非常清楚,不仅合法而且合乎逻辑的是,如果贷款人没有机会分享超出他所供资金的固定回报的那些利润或收益,也就是,如果他没有可能获得企业家的报答,且没有可能履行对企业家业务的控制,那么,基本的公平是要求他不应该领受企业家的风险。……

大西部储贷协会宣称控制施工,这是神话而已。这仅仅包括它有权拒绝为该项目提供贷款。在这方面,所有贷款人可能都被认定控制他们融资的项目。……简言之,既非贷款人身份也非贷款条件能对建造商的最终过失行为有任何影响……

伯克,法官(持异议):

……

由于公司官员或员工对公司或其股东的注意义务而产生的过失行为,毫无根据地要求公司(因而对其股东,股东必须背负损失)对其他人(此处是原告)承担施加的责任。这样一种方法的谬误是容易被取代大西部储贷协会的个体金融商所察觉。在这种情况下,能说是个体金融商没有履行保护自己的谨慎与注意义务导致对其他人的一个注意义务吗? 我认为不是。……

提问和评论

1. 康纳诉大西部储贷协会案,是一个很重要的早期判例,它认定贷款人对第三方负有责任,取决于控制:一个贷款人有法律责任风险是因为超出了一个纯粹贷款人的角色,并对借款人的活动行使显著控制。

2. 尽管它具有开创性意义,但康纳诉大西部储贷协会案对贷款人施工缺陷责任具有微不足道的实际影响。加利福尼亚州迅速限制了贷款人责任,即贷款融资"改善了房地产或私人财产对他人的销售或租赁。"这样的一个贷款人因为"任何财产……瑕疵偶然引起的损失或损害"而面临对第三方的责任,仅当(1)损失或损害由于一种"该贷款人的行为"超出了一个贷款人货币业务的范围,或者(2)该贷款人"一直虚假陈述"房地产。① 其他地区的法院已经拒绝或区别对待康纳诉大西部储贷协会案。

375

3. 什么使大西部储贷协会对购房者承担责任?对一笔房地产开发贷款打包作为一个仓储安排规避了关于使用未开发地产作为贷款担保品的监管限制?已经知道或接到通知说科内约谷地开发公司缺乏必要资本和经验?没有查看地基设计图?计划对购房人贷款收取费用和利息?让检查人员定期现场访查以证实科内约谷地开发公司跟进了计划,并按每次贷款拨付要求完成了施工?

4. 如果大西部储贷协会之前已经融资建了一座大型办公楼,并被成熟的商业房地产投资人买走,而且出现了同样的地基开裂,康纳还会或者应该得到相同结果吗?

5. 首席大法官特雷诺拒绝大西部储贷协会"推测"的观点,即对施工贷款人强加责任会增加住房成本、驱离边际建造商以及减少住房供应。你对这一论点有何看法?

6. 特雷诺推测,"如果可靠的建设是惯例,那么,确认部分成片住房开发区贷款人对购房人的责任不会实质增加住房成本或驱离小建筑商。"你同意吗?特雷诺断言,强加一种责任,"在有效金融控制成片住房开发区建造时,将确保负责任的建设惯例。"你觉得这个断言如何?如果贷款人通过减少对房地产商的监督和控制来回应,那么,有瑕疵住房可能会更加常见?

7. 即使银行对开发商行使某些控制,那如何将这种控制与作为贷款人角色分开?银行在这项开发上的投资意味着权益(对资产与收入的剩余求偿权,像大法官莫斯克在异议里讨论的)而不是债务?

① 《加利福尼亚州民法典》第3434款。

8. 狄克逊银行向开发商梅森发放了 1,000 万美元建筑施工贷款。如果一位银行官员定期巡查工地以确保梅森跟进计划并完成预计工作,那么银行就使自己负有责任了?如果银行经理们没有亲自检查,那他们不是违犯了委托注意义务吗?如果检查员忽视了一个危险情况,引起了一个过路人死亡,那会怎么样?

卡姆与内特第二制鞋公司诉怀廷第一银行案①

伊斯特布鲁克,巡回法官:

卡姆与内特第二制鞋公司,在芝加哥经营四个鞋店。自从 1984 年以来就陷入破产境地,作为拥有资产所有权的债务人持续运营。怀廷第一银行是卡姆与内特的债权人之一,不服法庭确认其重组计划的命令提起上诉。这一命令不仅将银行有担保的债权减至无担保状态,而且仍然许可这笔债务的负责人卡莫劳·贝尔和纳撒尼尔·帕克持有他们的权益,尽管这个商户不能全额偿其还债权人。破产法官在认定银行行为表现"不公平"之后,次级银行债权,并许可贝尔和帕克持有权益,理由是,他们新贷款的保证人担保贷款作为重组的一部分具有"新价值"。

银行自 1981 年对债务人发放贷款。1983 年末,债务人经历了严重的现金流问题,请求追加贷款,银行同意提供贷款,如果贷款作出担保的话。那对债务人很难……欠税 440,000 美元;任何新贷款都在破产清算时排在纳税义务之后。经银行同意,债务人按《破产法》第 11 章寻求救济,而破产法官签发命令,给予银行垫款相对于其他未担保债权人的清算先占权。银行同意 300,000 美元的授信额度。合同规定,取消 5 天通知并补加良好措施,"由此没有任何规定构成银行放弃随时终止融资的权利。"

债务人在 1984 年提取了授信额度之内的 75,000 美元,1985 年还清 10,000 美元,但此后再没有进一步还款。1988 年,破产法官认定银行不公平地终止了授信额度。法官撤销了银行的清算先占权,并降级银行相对于

---

① 《联邦案例汇编第二辑》第 908 卷,第 1351 页(第 7 巡回法庭,1990)。

其他债权人的债权要求。

《破产法》第 510 款让破产法官次级债权,但不对行使这一权力规定标准。缺乏成文法律标准应服从法院,以普通法方式解决。衡平法的次级通常是回应公司内部人将他们的权益转换成预期破产的有担保债务。法院要求内部人回到清算顺序的最后位置。……银行既不是一个内部人也不是一个寻求收取罚金的人,而且它没有无正当理由的延迟。银行按合同贡献新价值,并且它并不要求法官托尔斯承诺除了作为诱饵的清算先占权之外的更多东西。

与债务人交往疏远的债权人债权降级的案子是少之又少。这样一个案子表明,降级取决于综合考虑不平等行为、不公平的债权人优势以及对其他人的伤害。债务人陈议,那种行为可能对于这一目的而言是"不公平的"和"不平等的",尽管债权人遵守所有的合同规定,但我们不愿意接受这样一条法庭命令,它要求参与商业交易不仅保持他们的合同,而且所做"更多"——恰如一个破产法官数年后评价这种情况的自由裁量权多更多。合同载明当事方彼此之间的责任,并且每一方都有行使它包含的权限。有时银行约束自己发放贷款(承诺函和信用证有这种效果),有时保留终断进一步垫款的权利。法院不可能将既成事实的一种合同形式转成其他形式,而又不提高贷款成本或损害其可用性。除非协议是根据其条款执行,否则有着私人谈判和协议带来的所有优点的合同制度就被破坏了。

商业生活中的"不平等行为"指恃强违约,比如,同意出演一部电影的明星,尔后花掉了 2,000 万美元之后,在化妆室生气,直到重新签订合同。已经商定合同的商号有权严格按照字面执行合同,即便其交易伙伴很不舒服,也不能因为缺乏"诚信"而受处罚。尽管法院经常提到信义义务存在于每一合同关系中,但这不是引诱法院裁定一方是否应该行使明确保留在文件里的特权。"诚信"是一个隐含承诺的紧凑表达,不采取机会主义优势的一种方式,不是在起草时就设想好,也不是由当事人明确作了分解。当合同沉默无言时,诚信原则——比如 UCC 的事实上的诚实标准以及交易的合理预期(然而,这条原则仅适用于"商人",不适用于银行)——填补空白。它们并不阻碍适用实际出现在合同里的条款。

我们不怀疑格言不以词害意的力量。朴素语言的文字实现可能破坏冒险的本质。很少人度过童年而没有读过关于阿拉伯魔怪的寓言故事,其"主人"的愿望经过魔怪邪恶的文字阐释总是导致灾难。还知道,字面的强制执行意味着某种错误匹配当事人的期望与结果,这不意味着一般"善意"责任的履行,或司法监督一方当事人是否有"正当理由"行事。一个合同的当事人不是彼此的信托关系,他们没有义务对待客户像他们对待家庭成员一样考虑周到。任何试图添加一个叠加的"正当理由"——像破产法官有效做到的那样——对合同特权的行使而言会减少商业确定性,并带来昂贵的诉讼。UCC"事实上的诚实"规定并非是要求破产法官认为的合同履行……

银行没有在债务人特别脆弱时打破承诺,而是使用了这种昂贵和延迟的获得合法执行合同作为一个更好的交易杠杆。债务人与银行签订了一个合同,明确许可银行停止发放进一步垫款。300,000 美元是最大贷款限额,不是一个保证。银行在对债务人贷放了 75,000 美元之后行使了其合同特权,它做出了清楚的终断,而不是要求改进条款。它有权利以满足自己的任何理由这样做。……这与按意愿管辖一个雇佣合同的原理是相同的:雇主可以除了法律禁止以外的任何一个理由解雇其雇员,并且它不需要说明"正当理由"。

尽管银行的决定让债务人仓促拼凑其他贷款来源,但银行没有造成债务人资金需求,并且满足其客户渴望不是合同规定的义务。该银行有权垫付自己的权益,但它不需要把债务人的利益、以及债务人对其他债权人的利益放在第一位。一定程度上,第 6 巡回法院认定,一家银行必须贷给多于合同要求的资金,或者长于合同要求时间的终断垫款通知,我们尊敬地表示不同意。首先,怀廷银行不是一个施舍机构,它不必赔了夫人又折兵花冤枉钱,即便其他人得到了那块肥饵。

债务人强调,而且破产法官也认定,该银行发放追加垫款会很安全。或许是如此,但合同没有规定银行因为它肯定偿还而有义务发放所有垫款。

事后评估贷款人的担保不是否定商定的清算排位的根据,风险必须由贷款人事前评估,而不是由法官事后评估。如果一笔贷款在那段时间是安全的,贷款人将投放资金;它们通过发放一定要归还的贷款而服务自己的利益。此外,破产法官关于银行发放追加垫款会很安全的认定是问题很大的。市场的裁定将证实银行的正确。如果更多贷款会使债务人焕发生机,那么其他银行也会愿意供给资金。可是没有任何其他银行,甚至连 SBA 也不会对债务人追加垫款。

　　破产法官与地区法官概括的特点是 1983 年 12 月银行不公正的决定不予发放追加垫款,除非卡姆与内特提起请求破产(或获得 SBA 担保)。按照两家法院的说法,这迫使该商户进入破产;既然走到这种地步,银行有义务予以帮助。这在两个层次上是不充分的——首先因为提起请求破产,经常是帮助而不是损害商户(自动中止拒豺狼和税官于门外);第二,因为将提供一笔追加贷款与请求破产相捆绑不是"迫使"一家商户请求破产。银行可能在贷款之前坚持要求担保;破产随之而来是由于一道按第 364 款的法庭命令,这是证明商户受迫请求破产的一种手段。如果卡姆与内特鞋店不喜欢这种期权,它有权进行货比三家式的挑选。基于更多担保的有条件追加贷款,不是对银行增加更多义务,让银行"贷款帮一把"(超过合同承诺),而是设定高利率或采取应收款担保,以及对付更低偿还可能性的其他方式。

　　尽管债务人主张,而破产法官也认定,银行终止垫款使债务人从其他来源获得信贷的努力受挫,并因此推动它走下坡路,如果银行遵守诺言,那么这本不会动用法律的。这事实上也是可疑的。银行为什么要作茧自缚——无视破产法官设想的确保偿还,同时又留下 164,000 美元未付余额,而一旦债务人倒闭这笔钱会无望收回? 无论怎样,债务人按第 364 款本来可以请求进一步的法庭命令,使得潜在贷款人担保并确保贷款流入;它没有。它本来可以要求法官托尔斯澄清其融资顺序,以便其他债权人知道银行的先占权限于 75,000 美元。一个直接推论是,即便很高的先占权也不会引诱其他机构出钱——正如很高的先占权也没有让银行感觉足够安全。

378

　　债务人已经辨认的银行方面的唯一违约是一个技术性的违约:合同要求 5 个日历日的电话与书面通知,而银行仅给予书面通知。一个银行官员证实他给予了电话通知,但破产法院的相反认定是没有明显的错误。这种冒犯是微不足道的。由电话要求通知的条款旨在确保借款人有 5 个真实的日数去找到一个新的贷款人,邮件延迟并没有减少可用的日数。因此,银行有义务发放贷款直到债务人收到实际通知之后的 5 天,也就是,在通知信函到达之后的 5 天。银行寄出通知信函是 1984 年 2 月 29 日,终止垫款是 3 月 7 日。如果通知信函是在途用时 2 天,那么债务人在通知与截止日之间仍有 5 天。如果债务人得到通知不足 5 天,那么由于不足日数造成的损失应当获得判偿。可以很有把握地假定,损害赔偿大大小于有先占权的余额 65,000 美元与该笔贷款归入其他未担保贷款后该银行得到的金额之差。按第 510(c)款,衡平法降级不是放大损害赔偿的一种手段,这种损害赔偿可用于无关紧要的违反合同的行为。……

379

提问和评论

　　1. 卡莫劳与纳撒尼尔第二制鞋公司诉怀廷第一银行案涉及第 11 章破产"重组"(不同于第 7 章破产清算)。按第 11 章,法院可以批准一项"重组计划",重整债务人的负债与权益:例如,通过减少债务,延期还款计划,债务转成股本。卡莫劳与纳撒尼尔鞋店是"债务人持有资产",意思是它保留对自己资产的控制:法院没有对这些资产指定受托人。在破产诉讼中,有担保的债权(也就是,有完善的担保物权支持的债权要求)从担保品的价值获得偿付。然而,无担保的债权按规定顺序获得偿付:九类先占受偿债权(例如,破产管理费,以及必须要求的工资、配偶抚养费、子女抚养费和税金),然后是一般债权,次级债权,以及权益要求权。一般地,上一级债权必须得到完全支付之后,下一级债权才能获得支付。

　　2. 次级债权,是卡莫劳与纳撒尼尔第二制鞋公司诉怀廷第一银行案中有争议的制裁,通过降低债权人债权的先占受偿权处罚债权人,因而将该债权退到偿债排队的后面。具有开创性意义的次级债权案例是佩珀诉利顿案①。佩珀针对利顿支配的采矿公司提出特许权要求。为了使佩珀的要求无效,利顿让公司承认关于他本人对公司债权要求的判决(也就是,规定一个不利判决)。因为利顿在佩珀之前得到了一个针对公司的判决,利顿的债权要求一般排在佩珀的前面。但法院认定,利顿利用自己对公司的控制做出有利于自己债权要求的行为是不公平的,因此法院降级了利顿对佩珀的债权要求。

3.《破产法》通过给予法院自由裁量权认可次级债权原则或衡平居次原则,"按照衡平居次原则,出于分配目的,次级一个许可债权的全部或部分使之逊于另一个许可债权的全部或部分。"②该法典让法律发展到个案具体分析的判决。

4. 我们能够将布朗诉艾沃姆科案与法官伊斯特布鲁克关于贷款人信义义务的观点协调一致吗?

5. 霸道银行对门迪坎特公司发放了一笔贷款。贷款合同给予该银行联合控制所有门迪坎特公司账户的权利;在门迪坎特公司董事会安置该银行的指定人;让一位银行雇员参与门迪坎特公司的日常管理决策,并有权否决任何决定;设置门迪坎特公司官员与董事的工资;裁定该银行与门迪坎特公司之间的任何争议问题;以及要求破产清算门迪坎特公司的所有资产。如果门第肯特公司申请破产,这些有利于银行自己的权力足够有正当理由根据衡平居次原则降级银行对于其他债权人的债权吗? 比较"关于默瑟卡车公司税收豁免"③。

6. 斯特普怀斯银行对卡斯特公司发放一笔担保贷款。当卡斯特公司贷款违约时,卡斯特公司给予银行担保物权追加抵押。如果卡斯特公司破产,银行面临什么风险?《破产法》一般授权破产受托人"推翻"(也就是,使无效)符合下面五种标准的债权人财产的转移:债权人所做转移(1)符合或为了债权人的利益(2)因为现有债务(3)同时债务人濒于破产以及(4)在

---

① 《美国案例汇编》第 308 卷,第 295 页(1939)。

② 《美国法典》第 11 卷, §510(c)(1)。

③ 《美国破产案例汇编》第 16 卷,第 176 页(美国破产法院,得州地区分院,1981 年)。

债务人破产请求之前的 90 天之内(5)以及在破产清算债务人资产中,债权人得到多于应该得到的财产。① 如果债务人对一位内部人进行了这种转移,并发生在破产申请之前的 1 年之内,那么受托人可以推翻。在公司破产案件中,一个"内部人"包括一个"控制债务人的人。"②

问 题

梅尔罗斯公司制造办公室家具。在过去 10 年间,它已经失去了市场份额,而且在过去 3 年里都是亏损。现在,它对供货商立即付款有困难。

温莎国民银行有 2.5 亿美元资本和 20 亿美元总资产。该行对梅尔罗斯公司有 2,000 万美元未偿还贷款,梅尔罗斯公司是长期客户,由其建筑物和设备担保。梅尔罗斯公司向银行申请 200 万美元的追加授信额度,以未出售的库存家具担保。银行同意授予追加授信额度,但须梅尔罗斯公司同意书面提供(1)银行要求梅尔罗斯公司在收到通知 10 天之内偿还全部该行贷款;(2)梅尔罗斯公司将让水晶管理咨询公司研究梅尔罗斯公司的经营并提出削减成本和增加销售的建议,对此梅尔罗斯公司要支付水晶咨询 25,000 美元。作为麦肯锡商务咨询公司的合伙人,水晶管理咨询公司专门帮助有问题公司解决他们的问题,现在退出了麦肯锡商务咨询公司,服务于该银行的董事会。

梅尔罗斯公司发现水晶管理咨询公司的报告很有说服力并采纳了其建议。梅尔罗斯公司的财务业绩显示了改善的迹象。而后全国经济减速引起梅尔罗斯公司销量大幅度下降。甚至动用了全部 200 万美元的追加授信额度,梅尔罗斯公司仍对及时支付账款有困难。银行取消了梅尔罗斯公司的授信额度,并要求梅尔罗斯公司在 14 天内偿还对该银行的全部欠款。

在没能找到替代融资的情况下,梅尔罗斯公司向温莎银行董事会提出了三点提议。第一,梅尔罗斯公司给予银行西格彭农场的所有权,这是一个

---

① 《美国法典》第 11 卷,§547(b)(4)。

② 同上,§101(31)(B)(iii)。

未开发的成片住宅区的上乘地块,最近估价 100 万美元,并且银行可以将这块土地作价 100 万美元作为对 2,000 万美元贷款的还款。第二,银行可以重构梅尔罗斯公司的剩余欠款,以便梅尔罗斯公司在未来 10 年内还清。第三,银行可以从梅尔罗斯公司购买 300 万美元的梅尔罗斯公司可转换债。银行的三位董事,包括水晶管理咨询公司,赞成接受这一提议;三位董事反对这一提议。瓦尔多,一位当地商人,投下了决定性的一票。数年前,梅尔罗斯公司不公平地解雇了瓦尔多的父亲。"让梅尔罗斯公司颤抖吧,"瓦尔多低声说,他对提议投了反对票。银行继续要求梅尔罗斯公司还清全部欠款。梅尔罗斯公司申请破产法院保护,并起诉银行,控告银行行为不合理和奸诈。

(a)梅尔罗斯公司起诉银行的主要前景如何?

(b)如果银行董事会接受了梅尔罗斯公司的出价,那么有适用的法律许可它那么做吗? 特别是,银行可以取得西格彭农场以部分了结 2,000 万美元贷款吗? 购买可转换债呢?

第十节 社区再投资与开发

国会也以其他方式立法鼓励特定社区的贷款可用性,尤其是低收入地区。若干联邦成文法旨在劝阻和制止银行地域歧视,不管他们那么做是作为一项政策问题还是作为一个实践问题。

其中最重要的成文法是《社区再投资法》(CRA)①。CRA 要求"联邦金融监管主管部门,"检查他们管辖的金融机构,"评估金融机构满足其全部社区贷款需要的记录,包括低收入及中等收入的社区,与该机构的安全与稳健经营一致",并"凭着这些记录考虑监管部门评估这类机构的存款便利申

---

① 《美国法典》第 12 卷, § § 2901—2906。

请。"①申请的存款便利包括新执照,存款保险,兼并或收购另一家银行,开设分支机构,或者分支机构迁址,或者州籍办公室迁址。因此,一家银行无论是要做任何重大业务变更或以任何重要方式扩大经营,都必须考虑自己的社区投资政策。

近年来,由于州际分行化的巨大增长,CRA 有了更重要的意义。因为银行兼并必须在 CRA 之下批准,如果银行组织试图扩大州际经营,那么这些机构要经过社区再投资的详细审查。社区团体已经擅长抗议银行申请兼并,他们相信银行在当地社区投资太少。即便这些抗议没有改变一次兼并——他们通常的确是没有——他们集中了对申请者的公众抨击,并可能延迟兼并交易。如果银行计划兼并或扩展的话,那么他们经常发现加强自己社区再投资政策是有利的。当然,这可能是 CRA 的制定者们在起草该成文法时心中所想。

一个联邦银行监管部门如何决定一个金融机构是否积攒了服务低、中等收入居民需求的足够记录? 1995 年批准的法规阐述了一套复杂的分配评级方法。最适用于银行的基本规则应用在贷款、投资和服务测试上。下面的材料释义了这部法规。②

贷款测试,评估一家银行帮助满足评估区贷款需求的记录。具体通过贷款业务评估,主要考虑一家银行的住房抵押贷款、小企业贷款、小农场贷款和社区开发贷款。如果消费贷款构成了一家银行业务的绝大多数贷款,那么监管部门评估这家银行在下面类别中的一类或多类消费贷款:汽车贷款,信用卡贷款,房屋净值贷款,其他担保贷款,以及其他无担保贷款。监管部门也考虑贷款的发放和购买,以及银行提供的任何其他贷款数据,包括贷款余额、承诺和信用证的数据。银行可以要求监管部门考虑该银行参与的银团承做或购买的贷款,或者该行有投资的第三方承做或购买的贷款,但条件是此贷款满足社区开发贷款的定义。在某些情况下,银行附属机构的贷

---

① 《美国法典》第 12 卷, § 2903。
② 《美国联邦法规》第 12 卷,第 25 页。

款也予以考虑。

在评估贷款绩效方面,监管部门考虑(1)银行在评估区的住房抵押贷款、小企业贷款、小农场贷款和消费贷款的数量和金额;(2)银行住房抵押贷款、小企业贷款、小农场贷款和消费贷款的地理分布;(3)借款人的特征,比如收入或商户规模;(4)收入水平;(5)银行社区开发贷款,包括社区开发贷款的数量和金额,及其复杂性与创新性;以及(6)银行利用创新或灵活贷款做法帮助解决低、中等收入个人或地理区的贷款需求。

投资测试,评估一家银行帮助满足评估区贷款需求的记录。具体通过合格投资评估,合格投资有益于评估区,或包含银行评估区的更广的全州性或大区性地区。在贷款或服务测试下考虑的业务可能在投资测试下不予考虑。便于银行选择,监管部门将考虑银行附属机构所做的合格投资,如果这项合格投资不是任何其他银行也声称的投资。一家位于主要是少数族裔社区的银行分支机构对少数族裔存款机构或妇女存款机构捐助、给予优惠条件销售或基于免费提供,被认为是合格投资。在评估一家银行的投资绩效方面,监管部门考虑合格投资的资金金额,合格投资的复杂性或创新性;合格投资不是由私人投资者惯常所提供的投资的程度。

服务测试,评估一家银行帮助满足评估区贷款需求的记录。分析两方面,银行提供零售银行服务体系的便利和有效性,以及银行社区开发服务的广度和创新性。社区开发服务必须有益于银行的评估区,或包括评估区在内的更广的全州性或大区性地区。银行附属机构提供的社区开发服务可以予以考虑,如果这项社区开发服务不是任何其他银行也声称提供的服务。

在评估银行提供零售银行服务体系的便利和有效性方面,监管部门考虑银行在不同收入地区的分支机构的目前分布;银行开设和关闭分支机构的记录;提供银行服务的替代性体系的便利性和有效性,如在低、中等收入地区和服务低、中等收入个人的 ATM、电话银行或计算机网上银行,以及贷款生产办公室;以及在不同收入地区提供服务的范围和量身定制地满足这些地区需求的程度。监管部门通过考虑银行提供这些服务的程度,以及提供这些服务的创新性与回应性,来评估社区开发服务。

一项特定社区开发测试,适用于批发和有限目的的银行。这个测试旨在考虑这个事实,这种专门化的机构不从事发放消费贷款或小企业贷款业务,因此可能发现难于符合一般适用于存款机构的规则。

还有另一套专门适用于小银行的绩效标准。监管部门考虑小银行的存贷比率;评估区的贷款及其他与贷款有关的业务的百分数;对不同收入水平、不同规模企业与农场的借款人的贷款以及从事其他与贷款有关的业务的记录;贷款的地理分布;关于帮助满足评估区贷款需求绩效的书面投诉的回应记录。

除了使用贷款、投资、和服务测试这种基本方法之外,监管部门许可存款机构选择创议自己的战略,以满足它的 CRA 义务。做出这一选择的银行所拟定的战略规划,有与社会大众商榷,并提交监管部门批准。规划必须说明可测的目标,以帮助满足规划覆盖的每一评估区的贷款需求,尤其是低、中等收入地理区和低、中等收入个人的需求,具体通过贷款、投资以及其他服务,而贷款通常是最重要的业务。银行提交的战略规划要界定"满足"CRA 绩效的自己的标准,甚至可以定义"突出"的绩效标准。一家银行如果不能满足自己的行动规划目标,可以选择根据贷款、投资和服务测试被加以评估。

在评估拟定的战略规划方面,监管部门考虑贷款或与贷款有关的业务的程度与广度。这包括贷款在不同地区的分布;对不同规模企业与农场的贷款和不同收入水平个人的贷款;社区开发贷款的程度;使用创新或灵活贷款措施满足贷款需求;银行合格投资的金额,以及创新性、复杂性与回应情况;银行提供零售银行服务体系的近便性和有效性;以及银行社区开发服务的程度与创新性。

监管部门根据银行贷款、投资和服务测试,社区开发测试,小银行绩效标准,或者经批准的战略规划的绩效,确定总体的 CRA 评级。在贷款、投资和服务测试的情况下,监管部门确定每一类别的四个评级之一:"杰出","满意","需要改进"和"严重违规"。法规对如何将这些评级结合到单一的 CRA 评级规定了指导原则;一般地,贷款相对于其他两个类别先占。你认为这是为什么？

正如人们可能预期的那样，歧视或其他非法贷款行为的证据对一家银行 CRA 绩效的评估具有不利影响。为了确定对银行评级的影响，监管部门考虑这种证据的性质与程度，银行有到位的防止歧视或其他非法贷款行为的政策和程序，银行已经采取的或已经承诺采取的任何纠正措施，尤其是根据自评以及其他相关信息采取的自愿纠正措施。

有明显利益关切的一个问题是，一个相关"社区"如何被界定为出于该法的目的。在这个问题上，"评估区"的概念是很重要的。存款机构自己界定其评估区，接受监管部门审查。（为什么给予存款机构这一权力，这似乎是显而易见的潜在操纵？）对大多数存款机构（除了有限目的或批发银行）而言，评估区一般必须包括一个或多个都市统计区（MSAs），或者一个或多个相邻行政区，比如若干县，若干城市或镇。它也必须包括这些地区，其中，有银行总部，分支机构和存取款 ATMs；以及周围地区，在这些地区，银行发放或购买相当大部分的贷款。为了防止存款机构的选区性欺骗策略，该法规规定，一个评估区只能包含"完整的地理区"，不得反映出非法歧视，不得武断地排除低、中等收入地区，也不得大范围超出一个 MSA 或一个州的界线，除非该评估区位于一个涉及多州的 MSA。

存款机构被要求保持 CRA 信息文件公开，并使其便于任何人求之即得。如果你想做一次有趣的试验，请去你所在当地银行（或就此事可以是任何银行），并要求阅览这个文件（也可以在银行大堂查找 CRA 通告）。你可能会发现，副行长颇为疑惑地看着你，他们眼角里流露出某种担忧！

提问和评论

1. 克林顿总统于 1993 年就职后不久，就指示银行监管部门着手对 CRA 及其管理情况进行详细审查。他要求加强对 CRA 的执法，同时减少不必要的文书作业和其他负担。前面概述的该法规代表了监管部门的回应，在正式采用之前，经过了一个很长的规章制定程序，期间，监管部门举行了数不清的公开听证会，并收到了超过 13,900 件意见函。

2. 这些规则显示出准确和科学性。但是它们真的是多么准确吗？尽管这些测试明显准确，但它们与传统的、自由裁量的、凭印象的使用监管判断这种有特点的银行审查方式有任何不同吗？还能有其他什么方式吗？

3. 无论怎样，CRA 背后的道理是什么？一般认为，在资本主义制度下，银行将把资金投到有最高回报的地方。如果银行从当地社区可以取得高回报，那为什么他们不顾自身利益不依靠那里投资呢？另一方面，如果银行在当地投资不能取得高于在别处投资的回报，那坚持让该银行进行不经济投资的正当理由是什么？

4. 什么银行模式和银行业务无疑受 CRA 管辖？此处，银行被当作准公共实体，受命将贷款返还当地社区，即便在这些社区投资不是银行最盈利的资金运用途径，是吗？CRA 反映了在提供银行服务上的地方主义美德的态度吗？在今天跨州分行化经营环境下，这种态度是时代错误还是它们仍有现实活力和用途？

梅西与米勒:《〈社区再投资法〉:一种经济学分析》[①]

我们赞成这个立法的基本目标。内城贫民社区的衰败以及随之而来的无数其他问题……可能是我们国家今天面临的最基本的国内问题。……复兴衰败社区是一个……美国公众生活的挑战。然而，我们断定，……目前形式的 CRA 害大于利。CRA……是基于在颁布该成文法时有问题的一种贷款市场模式，但那个模式与当前现实情况几乎不相干，并且还基于贷款市场应当是地方性的这种标准理由，尽管对这个命题缺乏连贯一致的论证。CRA 损害了已经过度紧张的银行业的安全与稳健:它促进了非多元化地理配置上的资产集中，鼓励银行进行不盈利和高风险的投资和产品线决策，并惩罚银行通过整合服务或关闭或搬迁机构网点寻求降低成本。此外，该成文法对银行兼并征收重税并阻延交易，不然可能增进国民银行体系的效率和清偿能力。

---

① 《弗吉尼亚法律评论》第 79 卷,第 291 页(1993)。

CRA 使银行业承受在其他类似情况下不会对贷款人强加的成本和负担,因此使存款机构在与非银行竞争者竞争中处于不利地位。在存款机构行业内,CRA 歧视那些不很适合于社区投资贷款的从事批发业务的银行和其他专营化机构。CRA 对银行机构尤其是小机构施加显著的合规成本。它引起关于公共关系和文件编制的社会非生产性开支,这对当地社区没有任何益处。CRA 要求含糊并自相矛盾,执法常常显得武断。

CRA 已经转向,目的不是打算提供服务。因为设计很差……,CRA 已经变成政治压力活动集团手中的一种潜在政治工具。有些政治集团利用该法规夸大自己的政治重要性,并为自己及其领导人获取特别支持,其途径是为宠爱项目谋得资金,或者是为自己的经营直接聚敛物资或财务支持。此外,也有可能是,一个 CRA 挑战性威胁是有时被令人不齿、更加自私自利的政治领导人所利用。……

悲剧的是,CRA 很差劲地推进它原本的目的。它惩罚那些实际服务于低、中等收入社区的金融机构,同时奖励那些没有提供同类服务的金融机构。由于对这些机构征税,它驱使资本离开贫困社区,这些机构不会傻到在这样的社区做业务。它在对低、中等收入社区提供金融服务上不鼓励创新,它甚至危及服务当地社区需求的现有金融机构的市场地位。

满足这个设计很差的成文法的表面目标,并非好像没有替代选择。当地组织可以在基层做工作,筹集资本,并为当地组织熟知以及其资信状况可以监控的社区成员发放贷款。这样的一个资本形成过程可以由健康的利润激励所驱动,而不是由尽可能多的榨取银行业财富的目标所驱动。通过进一步放宽管制金融服务业,可以对低、中等收入消费者提供诸如低收入个人支票账户的金融服务。而且,如果 CRA 的目标是或者已经成为补贴贫困或不利处境公民的目标,那么我们相信,这个目标可能由直接补贴计划而不是由将存款机构作为某种形式的公用事业服务更充分,而公用事业被确定为服务普遍社会需求。

尽管我们对 CRA 的评价大部分是负面性的,我们承认,像大多数管制项目一样,它也有利弊得失。CRA 的确引导存款机构对当地社区返还了更多贷款,尽管我们不清楚为什么这被认为是稳健银行业之必需。CRA 鼓励存款机构发掘不然他们可能忽视的市场机会,因而它可能提供专业化市场的边际效益。CRA 重新定向的部分资金的确找到了出路,最终以更容易获得信贷的形式进入最有需要的穷人手里,改善了住房等等。可是,我们相信,这些益处相对于其成本而言是微小的。

如果我们对 CRA 的评论是正确的,那为什么它如此受欢迎呢？我们认为,答案是对那些离散的、组织良好的政治利益集团有益。主要受益人是社区活动家,他们在当地许多管辖领域都享有很大权力,而且他们也在国会有影响力。小企业和慈善机构也从该法受益。联邦银行业监管部门受益于CRA,因为它加强了他们的监管管辖权,也因为它提供监管部门可以劝诱配合他们合作计划的强大威胁力。政治家们喜欢 CRA,因为它许可他们安抚特殊利益集团,通过这种合法工具使得银行和联邦政府避开这种抚慰性成本显示在资产负债表里。尽管存在该法强加于银行业,低、中等收入社区居民以及美国纳税人的成本,但这种政治联盟很强大,足以隔绝该法使其免于受到严重攻击。

巴尔:《有效贷款:〈社区再投资法〉及其批评》①

批评针对 CRA,提出五个主要论点:首先,他们争论 CRA 毫无理论根据,因为市场失灵和歧视不是信贷市场的重大问题,而且,如果市场失灵和歧视是信贷市场的重大问题,那么,CRA 对这些问题也是无能为力。第二,CRA 对低收入社区提供很少帮助,但成本很高,因为它迫使银行发放不盈利、高风险的贷款,因而合规成本也高。第三,CRA 使用了一个法律标准而不是一个法律规则,这是无法律依据的,因而导致了它比较高的成本。第四,CRA 的适用范围伤害了银行和互助储蓄机构,以及它本打算要服务的低收入社区。最后,其他替代选择能够更好地克服市场失灵和歧视,也能帮助低收入和少数族裔家庭。

---

① 《纽约大学法律评论》第 80 卷,第 513 页(2005)。

本文系统地分析了这些针对 CRA 的前期批评,并为该法奠定一个坚实的理论和实证基础。……我认为,许多前期法律学者错误地小看了关于 CRA 的这些市场问题。当然,在最基本的层面上,任何市场都是不完美的。真正问题是一个相对性问题——CRA 是否优于其他选择,包括简单化地许可市场失灵持续存在,或者依靠市场力量克服市场失灵问题。鉴于社会公益扩大到资本渠道,本文探讨为什么这样的市场缺陷在低收入社区可能相对更加突出,以及更适合作为政府干预的目标。然后本文争论,那些批评没有充分探究 CRA 如何可以帮助克服市场失灵和歧视问题。如此说来,那些批评已经陷入了迷途,没有探究 CRA 在理论上能够帮助并在实际上已经帮助克服这些问题。

本文使用了一些新近的实证分析,这些分析怀疑关于 CRA 利弊的许多批评观点。部分地,在早期批评中,他们错误地预言 CRA 的高成本和低收益,主要根据传闻证据,以及他们根深蒂固的相信不存在重要的市场失灵。另一部分是,1995 年改革了银行监管部门颁布的 CRA,改革以积极方式回应了早期的批评。最近证据表明,过去十年来,CRA 已经创造了远比早先法律学者们预言的更大福利。在 1990 年代,对低、中等收入和少数族裔家庭的贷款大幅度增加。通过计量方法研究表明,CRA 对低、中等收入和少数族裔社区增加贷款具有独立影响。早期的一些论文认为 CRA 成本非常高,但本文认为,这样的成本相当低,并且 1995 年改革可能导致了降低成本。事实是,CRA 贷款已经对社区提供了真实的公益,并且没有证明不盈利或过于高风险,这对在 CRA 之下的市场失灵与歧视理论提供了间接支持。也就是说,如果市场失灵与歧视并非显著存在,那么,要么 CRA 无关紧要,要么一部有效的 CRA 将结束迫使银行和互助储蓄机构发放高成本、高风险贷款。相反,实证与 CRA 理论上正当的论点更加一致。

另外,本文认为,在 CRA 下产生的某些成本——例如,在 CRA 标准下缺乏明线规则引起的成本——也代表了公益,以前视而不见或不予理会,其形式是增加了公民参与以及当地情境的"规则制定"。在这方面,我认为,当这样的标准被组织起来鼓励公民和被监管实体自己介入监管阐释的法律程序时,"规则对标准"文献没有给予足够注意法律标准的"表达性利益",及其潜在改进社会福利、增强监管过程的问责制与合法性。此外,规则的支持者们一直聚焦于涉及标准的事后交易成本,没有适当重视标准所提供的灵活性的实质好处。特别是,当受监管的行为依规模、市场情况、受监管实体的组织结构与业务战略而变化显著时,标准胜于规则。这些好处部分地解释了为什么 CRA 当前方法显著胜过基于规则的设置数量目标或创建免则规定的提议。总之,我认为,CRA 具有合理基础,就 CRA 得益可能超过成本的意义来说,也可以被认为是具有社会效益。

CRA 的反对者也批评 CRA 的地理与机构的适用范围。关于地理适用范围,他们认为,在银行没有理由应在吸收存款的附近地区贷款情况下,CRA 过于重视银行分支机构周围的社区。关于机构适用范围,他们认为CRA 不公平或无效率地加重了银行与互助储蓄机构的负担,同时使得其他市场参与者不在 CRA 的适用范围之内。我认为,尽管这些观点有一定力量,总的来说,CRA 地理适用范围比批评者指责的更广、更有灵活性,而考虑到政府对这些机构及其专业化市场作用的补贴,CRA 机构适用范围聚焦于银行和互助储蓄机构是合理的。

有些批评者认为,应当消除 CRA,因为已经或可以采取其他监管措施以克服市场失灵,并改善对低、中等收入地区或少数族裔借款人的资本进入渠道。提出这些其他选择经常以急促草率的方式而不是系统化探究的方式。相比之下,我认为,基于密切考察,在与其他类型贷款市场法规,包括止赎、公平贷款法、产品法规和补贴等方面法规进行比较时,CRA 在减少市场失灵与歧视方面似乎合理有效。我还认为,批评者提议的税赋与转移制度面临不足,这种不足使得它们作为 CRA 的替代选择是很有问题的。我不认为 CRA 优于所有这些方法,而是所有这些方法都受到限制,这些限制使得这种考虑似乎合理,那就是涉及利用 CRA 克服市场失灵和歧视的权衡选择是合理的方法,而消除 CRA 可能是不明智的建议。

总之,CRA 是回应市场失灵和歧视的一项合理政策,并且我们应当坚持它。

提问和评论

1. 梅西和米勒的观点认为,CRA 甚至有负于它自己的目的,因为它可能驱使存款机构离开最需要银行服务的地区,对此你有何看法？这种观点依相关"社区"的规模而定？应当对 CRA 做出修正,免除地方主义思想,支持部分存款机构对低、中等收入借款人发放贷款的一般义务？

2. 如果一家存款机构没有包括在 CRA 界定的社区合理接壤的低收入区之内,它可能面对其他成文法比如《平等信贷机会法》的潜在风险敞口吗？思考前面节选的关于切维蔡斯案的《同意令》。《同意令》的部分内容描述了切维蔡斯诉讼中关于它的 CRA 区:

> 在界定一个 CRA 划定区时,该银行和抵押贷款公司对哥伦比亚特区的划分发生了变化。1986 年,切维蔡斯尽管在哥伦比亚特区没有任何分支机构,并且在白人居民区之外没有怎么发放贷款,但它的划定区包含哥伦比亚特区。1989 年,该机构从它的划定社区里全部剔除了哥伦比亚特区,尽管如此,到那时它在哥伦比亚特区的西北远郊白人区还有一家分行。当那一决定受到监管部门批评时,该机构又在 1992 年将特区西北角白人区添加到它的划定区。在美国开始调查时,切维蔡斯仍按这个仅包括特区西北角白人集中居住区的划定区经营。

政府针对切维蔡斯的诉讼,部分地是基于它自我定义的 CRA 区的一个观念引起的,它那个自定区故意避开非洲裔为主社区而代之以欧洲裔为主区域,你这样认为吗？

3. 为什么 CRA 仅适用于存款机构(信用社除外)？不是所有各类机构——消费金融公司、百货公司、信用卡公司、年金基金、寿险公司、汽车贷款公司等等都发放贷款吗？CRA 造成了一个不平等游戏场,在那里只有存款机构被要求努力服务当地社区,不是吗？对于这一特殊义务有任何正当理由吗？

4. 彼得·斯怀尔教授对 CRA 倡导一个"安全港"方法,按此方法,当他们提出的申请按 CRA 受到审查时,满足特定标准的银行自动得到优惠对待。参见斯怀尔《安全港以及改进〈社区再投资法〉的一个建议》。[①] 这个安全港的代价是银行承诺社区开发的实质投资以及其他合格的投资。这对于降低监管负担、同时可能分担当地社区成本节约会是一个好的方式吗?

5. 米歇尔·克劳斯纳教授认为,应当有一个市场用于 CRA 可交易义务。参见克劳斯纳《市场失灵与社区再投资:〈社区再投资法〉的一个市场导向选择》。[②] 所有银行都被指定在低、中等收入社区贷款的一项义务。然而,银行被允许同另一银行以现金交易它的 CRA 义务。克劳斯纳认为,CRA 可交易义务将改进效率,并减轻 CRA 的某些有特点的问题,比如明显要求存款机构发放地理非多样化贷款,也减轻对这类机构的责任,比如批发银行不具有从事零售业务的设施条件。你有什么看法?

注解社区开发贷款

除了满足 CRA 要求之外,银行可能根据自己的意愿或者回应其他经济激励发放社区开发贷款。对国民银行从事社区开发项目的授权可见于《美国法典》(第 11 版)第 12 卷第 24 款,这部分内容于 1992 年添加到法律。这一成文法授权国民银行进行的投资,"主要旨在促进公共福利,包括低、中等收入社区或家庭(比如通过住房服务或工作)的福利。国民银行协会可以直接进行这样的投资,或从主要进行这样投资的实体购买权益。"该法包含针对过度社区开发活动的若干预防措施。一家国民银行不能进行使其负有无限责任的投资(大概意思是,这意味着它不能变成社区开发项目的合伙人或合资经营人)。合计社区开发投资一般不能超过资本及盈余的 5%。

银行的慈善活动如何? 这些活动是为《美国法典》(第 8 版)第 12 卷第 24 款所许可的,该条款准予国民银行"对社区基金或对有益于公共福利的

---

① 《弗吉尼亚法律评论》第 79 卷,第 349 页(1993)。
② 《宾夕法尼亚大学法律评论》第 143 卷,第 1561 页(1995)。

慈善性金融工具捐献资金,对这样的资金数额董事会可能认为是得当的,并符合协会的利益,设若它所处州的州法没有明确禁止州立银行机构对这样的基金或工具捐献。"

　　然而,银行家的公益精神不可能大规模地产生社区开发贷款。因此,有些决策者已经建议设立所谓的社区开发银行。这类机构将从政府或其他来源接收资金,并专门在当地社区、尤其是贫困的中心城区内发放贷款。社区开发银行的一种模式是南岸银行,这是一家位于芝加哥不景气的内城区的一家私营商业银行。这家机构经营盈利,同时在美国一些最贫困的都市地区发放按揭贷款和其他贷款。总统候选人比尔·克林顿在 1980 年代造访南岸银行,并利用该机构作为模型,在竞选活动中承诺在全国建立 100 家社区开发银行——这一诺言一开始被认为不现实而搁置一边,但在后来的克林顿政府取得了有限的成果。南岸银行不是那么幸运,尽管给予其创始人许多奖励和赞誉,但在 2010 年它由于贷款业绩很差而倒闭。

　　1994 年,国会颁布了《里格尔社区开发与监管改进法》,它旨在"通过投资与援助社区开发金融机构促进经济振兴与社区开发。……"[1]该法创建了可以支持社区开发金融机构的一只基金,它被界定为非政府实体,主要使命是促进社区开发,服务低收入地区或目标人口,结合权益投资或贷款提供开发服务,并坚持对它的目标地区或人口的居民负责。社区开发金融机构(它们可以是、也可以不是存款机构)可以向基金申请补助金或技术援助。

第十一节　责任分配

　　到目前为止,本章已经考察了范围很宽、旨在保护金融服务消费者的一些计划、法律和政策。至今我们主要还没有讨论谁强制执行这些规定。我们首先考虑联邦主义问题——强制执行是否应当只在联邦层级,只在州层

391

---

　　[1]　《美国法典》第 12 卷,§4701(b)。

级,或者两者的结合。然后,我们考察政府部门与私方之间的强制执行责任的分配。

一、先占权

正如在第二章已经说过的,国家政府和各州政府都有职权,在没有抗衡原则的情况下,都监管消费金融服务。然而,在两者发生矛盾情况下,联邦政府胜。按《美国宪法》的至高条款,美国的法律是"全国之最高法律",各州不可以胜过它们。这些原则适用于银行业法律的全部领域。但是,当它涉及到消费金融服务时,这些原则就变得尤其具有争议。原因是州政府要获取消费者保护的特殊利益。

a. 国民银行提供的消费金融服务

请回忆第二章,银行业的先占权法律部分地取决于颁发特许执照当局的性质。很自然地假定,联邦政府在联邦特许执照机构上的利益大于在州执照机构上的利益,因此州法发挥的作用更小。补充联邦政府的天然自我利益是对监管地盘的激励:联邦银行监管部门乐意为联邦金融机构设置规则。既然监管部门和国会都可以先占于州法,①那么货币监理署经常利用机会那么做也就不令人惊讶了,特别是涉及消费金融的问题。举例来说,《美国联邦法规》第 12 卷第 34.4(b)款宣称,"阻挠、损害或限制国民银行充分行使其联邦授予的房地产贷款权力能力的州法"不适用于国民银行,并提出取代州权威的一个问题清单。国民银行职权先占州银行职权的其他规则见于《美国联邦法规》第 12 卷第 7.4007 款(存取款业务),第 7.4008款(非房地产贷款业务),以及第 7.4009 款(其他联邦授权的业务)。

什么能阻止货币监理署先占有关国民银行的所有州消费金融法律?2010 年的《多德-弗兰克法》的两个条文解决了这个问题。《美国法典》第12 卷第 25b(b)款规定,先占于州消费金融法律只有

---

① 参见"富达联邦储贷协会诉德拉奎斯塔案",《美国案例汇编》第 458 卷,第 141 页(1982)。

（A）与州消费金融法对州执照银行的效果相比，该法对国民银行的适用有歧视效果；（B）按照巴尼特银行的先占权的法律标准，州消费金融法阻止或显著干预了国民银行自己权力的行使；……或者（C）在联邦法下州消费金融法其他被先占的情况。

第25b（b）款还宣告雪佛龙尊重在这种情况下是不适用的。货币监理署先占州消费金融法律的决定必须得到行政记录的实质证据支持。并且，在审查先占权决定中，要求法院考虑"监管部门约因的彻底的证据，监管部门推理的有效性，该部门所做其他有效裁决的连贯性，以及法院发现的对其决定有说服力和相关性的其他因素。"

b. 其他机构提供的消费金融服务

其他消费金融服务，例如，州立银行和互助储蓄机构提供的服务，以为如何？货币监理署对这些机构没有职权，因此不能先占他们的业务。一般地，这些机构由州立银行和州立互助储蓄监管部门管理，除非存在一条特殊成文法规则取代了州法。

本章讨论的有些联邦消费者保护规则的确包含先占权条款，这些条款限制或者使那些与联邦成文法体系不一致或紧张的州法无效。另一方面，有些联邦消费者保护规则没有先占权条款，而有些联邦消费者保护规则明确保留了州监管职权。在某些情况下，联邦法既不先占也不保留监管职权，而是宣告裁定某一州法是否被先占的标准。有一个例子是《公平债务催收法》（FDCPA），它规定：

本条不废止、改变、影响或豁免服从本条规定的任何人不遵守关于收债惯例的任何州法，与本条文不一致的那些法律除外，而且仅限于不一致之处。……如果这样的法提供给任何消费者的保护大于由本条文提供的保护，州法并非与本条文不一致。①。

---

① 《美国法典》第15卷，§1692n。

在某些情况下,州被许可接管责任,但仅当它能把工作做好:如果联邦政府裁定在这个州法下这类债的收债做法实质类似于 FDCPA 施加的规定,并且"存在足够的强制执行规定",那么 FDCPA 免除在该州实施收债规定。[①]

建议执业者核对具体规则、法规,以及对可能的每一有关法域的联邦先占权裁定范围的司法裁决。

二、公权对私权的程序

除了裁定适用法是否为州法或联邦法以外,也存在如何执行这些规则的问题。消费者金融服务的执行程序组织地很复杂,并不总是呈现为一目了然或可预见的模式。人们可能怀疑,政治有时发挥的作用,与决定本领域的规则的原则一样多。主要程序是政府执法和私人法律诉讼。

a. 公权执法

州和联邦官方强制执行消费者金融服务的规则。在联邦层面上,责任一度很广,并且有点不规则地分布在整个联邦政府,涉及货币监理署、联邦储备委员会、联邦存款保险机构、住房与都市发展部、财政部、司法部、证券与交易委员会、联邦住房管理局、联邦贸易委员会以及其他部门。在有些人看来,这种职权分布伴随着责任分散,没有一个部门"拥有"保护金融服务消费者的任务。按照某些批评者,保护消费者的重要责任往往变成了埋没在各部门更紧迫、第一线的责任里。甚至更糟糕的是,按有些人的说法,这些机构被他们负责监管的公司"俘获"了,因而在消费者保护领域往往动手不疼不痒、宽恕放行。

《多德-弗兰克法》改变了所有这一切。该法创立了一个新的联邦部门即消费者金融保护局(CFPB),赋予该部门管理和执行几乎所有有关消费者金融保护的联邦规则。其中,CFPB 肩负的责任是进行决策、监督并强制执

---

① 《美国法典》第 15 卷,§1692o。

行联邦消费者金融保护法;执行禁止消费者金融歧视的法律;限制不公平、欺诈或滥用行为或做法;处理消费者投诉;促进金融教育以及研究消费者行为。

CFPB 的另一个重要功能是检查金融机构以证实遵守了消费者保护规范。这些检查的工作量远大于执法工作;这也是一种手段,通过这种手段 CFPB 可以寻求向银行家们灌输更赞赏保护消费者利益的需要,以及作为银行与消费者金融保护部门之间非正式沟通的一种载体。

有些银行和银行家惊恐地看待 CFPB。他们担忧这个保护局会利用它的权力(它确实是令人敬畏)威逼和欺负一个已经泄气的行业,还担心这个部门塞满了只考虑监管、不考虑成本的一帮人,作为一条确保通往救赎的途径。政治斗争继续,即便在保护局创立之后。商业利益阻止了总统奥巴马首选的该局领导人,哈佛法学院教授伊丽莎白·沃伦;对她的继任者理查德·科德雷,国会的共和党人推迟行动。在国会休会期间,总统最终任命了科德雷,奥巴马称根据宪法休会任命权,他有权那么做。

也许 CFPB 在初期将采取的行动,让有些银行家觉得浪费、令人压抑或出于政治激励。但是,如果其他监管举措的历史是指南,CFPB 与金融服务业最终将建立一种可行的关系,这种关系如果不是像货币监理署拥抱国民银行那样温暖舒心,至少也是学院式的和有建设性的。实际上,银行可能终有一天会欣赏 CFPB 监管提供他们应对批评的这样一个护盖,这些批评既来自拥护的消费者也来自他们在国会和州政府的盟友。但是,那只是一种预测,敬请等待结果。

CFPB 是最重要但不是唯一涉及消费者保护问题的监管部门。州立银行和互助储蓄机构的监督部门也在本领域行使职权。我们已经看到,有几个州已经颁布了针对掠夺性贷款的规则,由包括州立银行监管部门在内的官方强制执行,他们在有些方面比联邦同类监管走得更远。

州总检察长也是很重要的,这些官员在机器人签名和解中发挥的主导作用前面已有讨论,他们积极监控管辖领域的法律合规情况。《多德-弗兰克法》授权这些官员执行 CFPB 发出的规则,并针对按州法许可或特许的实体执行《多德-弗兰克法》提起民事诉讼。尽管在州总检察长与 CFPB 之间的地盘竞争倾向可以预料,但在新体制初期的几个月里他们设法合作。在 2011 年 4 月,CFPB 与全国总检察长协会发出一个联合声明,誓言开展联合培训计划,分享情报信息,参与定期磋商,开展联合或协作调查与执法行动,

b. 私权诉讼

除了公权强制执行之外,消费金融规则也可以由私权诉讼执行。有些成文法明确承认私人诉权;有些明确否定私人诉权;还有一些没有提及是否存在私人诉权,留给法院或政府部门决定私权执行是否必要或适当。一般地,本领域的法院抵制隐含新的诉讼权利——或许在理论上,国会懂得如何产生一种私人诉权,因此,如果它没有清楚地那么做,或许它不打算那么做。

消费金融法的一个特殊问题是违规引起的损害一般很小,甚至不好数量化。如果一家银行没有按 TILA 规定将适用利率印在字面上,如果没有按 RESPA 要求给予她披露信息,或者如果一个 CRA 没有以及时的方式纠正一份信用报告,那么,这位消费者受到了多少伤害?金额小和查实损害证据的困难造成了传统诉讼的严重障碍。信用卡账户多收了 10 美元费用的一位消费者,甚至不会期望补偿受理费,支付代理诉讼律师的诉讼费更少。但如果诉讼不划算,那么,这种情况几乎就不会提起诉讼。因此,承诺私权执行可能证明不现实。

法律以几种方式处理这个问题:

1. 在有些情况下,该法大幅增长了损害赔偿,超过消费者在法庭可以证明的实际金钱损害赔偿。举例来说,FDCPA 许可法院判偿个人原告,除了实际损害赔偿,"法院可以许可这样的追加损害赔偿,但不超过 1,000 美元。"[1]类似地,在被告涉嫌故意违反情况下,FCRA 许可法院判偿不少于 100 美元或不多于 1,000 美元。[2] 在其他情况下,法院判偿"软性"因素的损害赔偿,比如精神伤害或惩罚性损害赔偿。例如,参见《美国法典》第 15 卷

---

① 《美国法典》第 15 卷,§ 1692i(a)。
② 同上,§ 1681n(a)(1)(A)。

第 1681n(a)款,按 FCRA 规定的惩罚性损害赔偿。

2. 大多数消费者保护法许可法院对胜诉原告判偿律师费。这些"费用转移"条文是通常"美国规则"的一个例外,美国规则是诉讼当事人各自支付自己的律师费。这些成文法的关键是他们是"单向"的费用转移:胜诉的原告由被告支付她的律师费,但胜诉的被告不能得到律师费。以此方式,一起消费者集体诉讼的原告(而且更现实的是,她的律师)有希望在胜诉情况下收回费用,但是如果没有胜诉,也不必忧虑可能的毁灭性负债。经常出现的情况是,诉讼和解时会怎么样?作为和解协议的一部分,被告通常同意支付原告的合理费用。

3. 大多数消费者保护法可以通过集体诉讼强制执行,而集体诉讼可以结合许多不同消费者的索赔。如果索赔是集体结合的,那么集体代表律师获得和解的杠杆收费,就是可以按照集体收回金额的百分比收费,而不是按照律师的小时数和小时费率收费。

在使用集体救济方式处理小额个人损害赔偿问题的同时,它也产生了一个不同的问题。案子太小、以至于诉讼经济上不合算,这种情况不再是难题了;现在的问题是,案子太大,被告面临违法的灾难性责任,而这个违法似乎不是严重到导致过错方破产。举例来说,如果一个原告可以获得 1,000 美元的法定损害赔偿,那么,一个 100 万人组成的集体原告——并且消费者集体诉讼可能比这个金额还要大——可能要求法定损害赔偿 10 亿美元,尽管没有任何一个人遭受实际伤害。被告声称这个结果不正当。他们也争辩,即便他们实际上没做错什么,一个芝麻小事导致的极大责任风险迫使他们和解(并支付原告的律师费)。

该法针对这些关切提出了若干回应:

a. FDCPA 对集体诉讼追讨包含一个上限:具名原告可以收回全额法定损害赔偿,但对于集体原告的其余人等限于总额 500,000 美元或债主净值的 1%①。注意,本条文产生了一种激励,就是债主以小净值经营。在实践

---

① 《美国法典》第 15 卷,§1692i(a)。

上,FDCPA 集体诉讼和解通常判偿具名原告 1,000 美元,其他集体成员金额更小,还有原告律师的佣金和花费。

    b. 法院可能考虑实际损害与法定损害赔偿之间的差额作为反对集体诉讼证明的一个辩护因素。利索托诉妈妈米亚岛公司案[1],是按《公平准确信用交易法》(FCRA 的一部分)提起的一个集体诉讼。该法要求商家缩短信用卡和借记卡电子打印的客户收据上的号码。没有指控任何实际伤害。尽管被告仅有 40,000 美元资产,但法定损害赔偿在 460 万美元至 4,600 万美元之间。这个差额打败了集团诉讼证明,因为对于解决争议来说,一个集团诉讼不是"优越"于其他程序。一个相反的观点,参见哈里斯诉百思买公司案[2],"法院不能根据法定损害赔偿可能相当大这种可能性否认集团诉讼证明。"

    c. 被告也可以基于他们否认正当法律程序的理由抵制过高的法定损害赔偿裁定额。参见默里诉 GMAC 抵押贷款公司案[3];哈里斯诉墨西哥特色食品案[4]。

    d. 然而,对集体诉讼核证威胁的最有效的回应是利用消费合同的强制仲裁和集体诉讼豁免权条款。消费者与金融机构的关系绝大多数是合同性质。这些合同条件是由金融机构控制的;当你希望在 JP 摩根大通银行建立一个支票账户时几乎无法讨价还价。如果合同包含争议提交约束性仲裁和放弃集体救济权利条款,消费者可能只有遵守别无现实选择。

    从公共政策角度看,仲裁条款和集体诉讼豁免权是一个好主意吗?银行争论说,这些条款是本质上有利于消费者的。据称,仲裁比诉讼更便宜也更准确。仲裁人可能是本领域专家;而且消费者帮助选择仲裁人。银行经常包括一些似乎有利于消费者的条款:银行将支付仲裁费;仲裁必须在方便消费者的地点进行;仲裁人必须从中立的专家组中选出;如果消费者赢得仲

---

[1] 《联邦监管地区案例》第 255 卷,第 693 页(S. D. Fla. 2009)。
[2] 《联邦监管地区案例》第 254 卷,第 82 页(N. D. Ill. 2008)。
[3] 《联邦案例汇编第三辑》第 434 卷,第 948 页(第 7 巡回法庭,2006)。
[4] 《联邦案例汇编第三辑》第 564 卷,第 1301 页(第 11 巡回法庭,2009)。

裁,他或她可以得到律师费偿还;等等。强制仲裁就没有集体待遇,从银行来看,似乎是一个"双赢"策略:消费者和银行都受益,当他们的争议由一个无偏见的专家处理时,既快又省钱。

消费者辩护人看事情不同。他们控告,插入仲裁条款和集体诉讼豁免权条款不是为了消费者的利益而是起草它的机构的利益,这产生了一个切实可行的消费者补偿的幻觉,同时否认了实质内容。集体诉讼,在消费者辩护人看来,是执行消费者权利的有效手段;这就是银行害怕集体诉讼的原因。尽管集体诉讼很诱人,但个体仲裁不适用,因为很少消费者使用集体诉讼程序。

因此,消费合同中的仲裁协议和集体诉讼豁免权条款在银行与消费者辩护人之间已经是酝酿已久的争执的爆发点。在下面的案例中,银行赢得了一次关键性胜利。

美国电话电报公司诉康塞普松案[①]

斯卡利亚,法官:

《联邦仲裁法》(FAA)第 2 款使得仲裁协议"有效、不可撤消和可强制执行,除了根据存在于法律或依衡平法可撤消的任何合同以外。"[②]我们考虑,FAA 是否禁止各州以执行某些仲裁协议使用集体仲裁程序为条件。

2002 年 2 月,文森特和莉莎·康塞普松与美国电话电报公司(AT&T)签订了一个移动电话出售和服务协议。合同规定当事人之间的所有争议由仲裁解决,但规定提出索赔是以当事人的"个人能力,并不作为原告或受支持集体成员或代表提出任何集体诉讼。"协议准予 AT&T 作出单方面修订协议,它在几种情况下对仲裁条文作出了修改。本案争议的版本反映了 2006 年所做的修订,当事人同意修订是有控制的。

经修订的协议规定,客户可以通过填写 AT&T 网站常备的有一页内容

397

---

① 《最高法院案例汇编》第 131 卷,第 1740 页(2011)。

② 《美国法典》第 9 卷,第 2 款。

的"争议通知"表单启动争端解决程序。然后,AT&T 可能提议和解索赔;如果不成,或者如果没在 30 天之内得到解决,客户可以通过填写一份单独的"仲裁要求"提请仲裁,仲裁要求也备置在 AT&T 网站上。在当事方着手仲裁的情况下,协议规定,AT&T 必须支付重要索赔的所有法律费用;仲裁必须在客户计费的县举行;对于等于或低于 1,000 美元的求偿,客户可以选择是否当面、通过电话或仅依据意见陈述进行仲裁;任何一方均可在小额诉讼法庭提出索赔以代替仲裁;以及仲裁员可以判偿任何形式的个别救济,包括禁止令和可能的惩罚性损害赔偿。此外,协议否认 AT&T 任何寻求偿付其律师费的资格,并且,在客户得到的仲裁裁定额大于 AT&T 最近书面和解报价的情况下,要求 AT&T 支付 7,500 美元的最低追讨金额,以及索赔人律师费的两倍金额。

康塞普松他们购买了 AT&T 服务,它的广告说服务包括提供免费手机;他们得到免费手机,但他们被征收了 30.22 美元的消费税,税额基于手机零售价格。2006 年 3 月,康塞普松他们在美国联邦地方法院的加利福尼亚南区法院提起对 AT&T 的投诉。此后,该投诉与一项推定的集体诉讼被合并在一起,其中指控,AT&T 涉嫌虚假广告,并通过征收消费税涉嫌欺诈,因为它广告上说手机免费。

FAA 于 1925 年颁布,以回应对仲裁协议的广泛的司法敌意。第 2 款,"该法的主要实质性条文,"相关部分规定如下:

> "任何海事交易或证明一项交易的一个合同的书面条文,涉及的商务要通过仲裁争议了结,据此产生这样的合同或交易……应当是有效、不可撤销和可强制执行的,除了根据存在于法律或依衡平法可撤销的任何合同以外。"[①]

我们认为本条文反映了两方面,一项"支持仲裁的自由联邦政策"以及

---

① 《美国法典》第 9 卷,第 2 款。

"基本原则是仲裁是一个合同问题"。根据这些原则,法院必须将仲裁协议与其他合同平等对待,并且必须根据协议条款强制执行协议。

然而,第二款的最后片语"根据存在于法律或依衡平法可撤消的任何合同",宣布许可仲裁协议不能强制执行。这个保留条款许可仲裁协议由于"一般适用合同的辩护理由,例如欺诈、胁迫或显失公平"而无效,但不能由于仅适用仲裁的辩护理由,或者由仲裁协议有争议的事实衍生的仲裁意思而许可仲裁协议无效。本案的问题是,第二款是否先占于加利福尼亚州的规则即将大多数消费合同的集体仲裁豁免权归类为显失公平。我们把这个规则叫做"发现银行规则",根据"发现银行诉高等法院案"①命名。

根据加利福尼亚州法律,法院可以拒绝强制执行任何发现"在签订时就显失公平"的合同,或者可能"任何显失公平语句的限制适用"的合同。一个显失公平的发现,要求"'一个程序的'或一个'实体的'因素,前者重点是由于不平等议价能力的'胁迫'或'诧异',后者重点是'过分严厉'或'单方面'的结果。"

在发现银行案子里,加利福尼亚州最高法院将这个框架应用于仲裁协议的集体诉讼豁免权,并认定如下:

> "当发现设置豁免权黏附在一个消费合同里,其中,合同方之间的争端预见涉及小额损害赔偿,并且据称具有优越议价能力的一方实施一个方案,从个人小额资金上故意欺骗大量消费者,继而……豁免权实际上变成了免除该方'自己欺诈或有意损害另一个人或另一项财产的责任。'在这些情况下,这样的豁免权按加利福尼亚州法律是显失公平的,因而不应当执行。"

加利福尼亚州的法院经常应用这个规则,来发现仲裁协议显失公平的情况。

---

① 《加利福尼亚案例第四辑》第36卷,第148页,136 P. 3d 1100(2005)。

康塞普松他们辩称,鉴于"发现银行规则"起源于加利福尼亚州的显失公平原则和加利福尼亚州的反对辩解政策,这个规则是按 FAA 第 2 款"存在于法律或依衡平法可撤消的任何合同"的根据。此外,他们还辩称,即便我们将"发现银行规则"理解为禁止集体诉讼豁免权而不仅仅是一种显失公平的适用,该规则仍适用于所有解决争端的合同,因为加利福尼亚州也禁止集体诉讼豁免权。

当州法彻底禁止对一种特定类型的索赔仲裁时,分析很简单:冲突规则被 FAA 取代了。当通常认为一种原则普遍适用时,调查变得更加复杂,比如胁迫,或与此处有关的显失公平,据称已经被时尚地用于反对仲裁。……

加利福尼亚州的"发现银行规则"……干扰仲裁。尽管该规则不要求集体仲裁,但它许可对一个消费合同的任何部分事后对它提出要求。该规则限于附合合同,但消费合同只是附合合同的时代已经过去很久远了。该规则还规定损害赔偿是可预见的小额,而且消费者声称有一个方案来欺骗消费者。然而,前一个规定是不起作用的和易于变化的,而后者没有任何限制效果,所有这些都不过是一种指称。在"发现银行规则"下消费者始终自由地在双边基础上提交和解决争端,而且有些很可能会那么做;但当律师同样可以为集体诉讼程序代理并获得很高的律师费时,几乎不存在对他们代理个人仲裁的激励。况且,由于面对不可避免的集体仲裁,各公司没有多少动力继续基于个体地解决潜在的重复索赔。……

集体仲裁包含缺席方,需要额外的和不同的程序,并涉及更大的利害关系。保密变得更加困难。况且,尽管理论上可以选择某种擅长有关集团诉讼证明问题的一个仲裁员,但仲裁员们一般不熟悉通常占主导地位的程序方面的核证,比如缺席方的保护。结论是,集体仲裁,一定程度上它是由"发现银行规则"制作的而非两厢情愿的,它与 FAA 不符。

首先,从双边到集体仲裁的转换牺牲了仲裁的主要优点——它的非正式、变通性,并且使得程序更慢长、更昂贵,还更可能陷入程序的泥淖而不是最终判决的困境。"在双边仲裁上,当事人为了实现解决私人纠纷的好处放弃程序的严谨和上诉法院的审查:更低成本、更高效率和更加快速,而且可以选择专家裁判人解决特定争端。"但在仲裁人可以决定集体仲裁程序的好处之前,他首先必须决定,例如,这个集体本身是否可以被核证,具名当事人是否有足够代表性和典型性,以及应当如何掌理集体证据开示。……

第二,集体仲裁要求程序正式、严谨。……如果程序太不正式,缺席的集体成员可能不受仲裁约束。对于集体诉讼的约束诉讼缺席人的金钱判决,集体代表必须在任何时候充分代表缺席集体成员,而缺席成员必须得到通知,有机会陈述意见,并有权选择退出集体。至少这个处理的金额可以假定是仲裁结果约束的缺席当事人所要求的。……

第三,集体仲裁极大地增加了被告的风险。当然,非正式程序的确有代价:缺失多层审核更可能使得错误不能得到校正。被告愿意接受仲裁这些错误的代价,因为它们的影响限于个体争端的尺度,大概并不会超过免于法院审理而带来的节省。但在据称欠了成千上万的潜在索赔人的损害赔偿是一次性总计和裁定时,一次错误的风险经常是无法接受的。尽管面临毁灭性损失的几率很小,但被告将迫于压力和解未必准确的索赔。……

持异议者声称,集体诉讼对于检控小额索赔是必要的,不然那小额索赔有可能滑出法律体系。但各州不能规定与 FAA 不符的一种程序,即便它是一些不相关的理由所需要的。此外,此处的索赔最可能得不到解决。正如前面提到的,如果他们得到仲裁的赔偿额大于 AT&T 最近的和解出价,仲裁协议规定 AT&T 将支付索赔人最少 7,500 美元和两倍的律师费。联邦地方法院认定,这个方案足以提供激励个体检控不能立即和解的有效债权要求。而第九巡回法院接纳,提出索赔的受害客户会"基本保证"得到全额赔付。实际上,联邦地方法院断定,康塞普松他们按照与 AT&T 的仲裁协议处理要比参与集体诉讼情况更好,集体诉讼"可能花数月,如果不是数年的话,而且它只不过可以产生一个机会来提交索赔追收几块钱的一小部分。"

因为它"成为完成和执行国会全面的宗旨和目标的一个障碍,"FAA 先决于加利福尼亚州的"发现银行规则"。逆转第九巡回法院的判决,并且要求本案继续进行法律程序,以与本意见一致。

400   **提问和评论**

1. 被告在其消费合同里包含明显亲原告的规则——比如有条规则,如果原告最终得到高于公司最后报价的损失赔偿裁定额,公司将支付最少7,500美元外加两倍的消费者律师费,你认为这是为什么? 如果被告不那么慷慨的话,这个案子的结局会一样吗?

2. 节选的意见对消费者集体诉讼显示了敌意吗? 如果是那样的话,这个看法的根据是什么?

3.《联邦仲裁法》许可法院根据这样的"作为存在于法律或依衡平法可撤销的任何合同的理由"拒绝强制执行仲裁协议。其中存在于法律的撤销合同的理由是显失公平的认定。在"发现银行案"中,加利福尼亚州最高法院宣告,仲裁协议排除集体诉讼是显失公平的。为什么这不符合 FAA?

4. 如果银行坦率承认它的真实目的是避免集体处理消费者索赔,无论这种处理是通过仲裁抑或诉讼,那么此案还会以同样方式判决吗?

5. 最高法院说集体仲裁极大地增加了被告的法律费用。是吗? 如果1,000 个原告结合在一个仲裁程序里,这会比答辩 1,000 个独立的仲裁程序更便宜吗?

6. 艾森伯格、米勒和舍温在关于公开公司合同的仲裁条款的一项研究中发现,在合同中插入强制仲裁条款的同样公司,消费者往往避免与老道的订约方签订大额合同。参见艾森伯格、米勒和舍温:《仲裁的"夏天的士兵":消费与非消费合同的仲裁条款的一个实证研究》[1]。为什么有差别?

7. 康塞普松案产生了对一些法官的抵制,这些法官似乎不喜欢必须强制执行砍掉消费者补偿的仲裁协议。迄今为止,最高法院已经制止了这一举动。参见,例如,马米特保健中心诉布朗案[2];CCRT 公司诉格林伍德案[3]。在本书付梓之际,还有一个关注的案子在法院未决。关于美国运通商户的

---

[1] 《密歇根大学法律改革期刊》第 41 卷,第 871 页(2008)。
[2] 《最高法院案例汇编》第 132 卷,第 1201 页(2012)。(引用法官判词)
[3] 同上,第 665 页(2012)。

诉讼①。美国运通旅行服务有限公司诉意大利颜色餐厅案②。

8. 如果仲裁员能够将合同解释成许可集体救济,那么康塞普松案的某些影响可能会减轻。在斯托尔特-尼尔森诉动物饲料国际公司案③中,法院阻止了这个方法,它的裁断是,在当事方订明的合同里没有谈到争议问题的情况下,仲裁协议不许可集体仲裁。在本书付梓之际,法院正在考虑,在缺失这样一方当事人而订明的情况下,广义的合同语言是否可以被解释为许可集体补偿。参见萨特诉牛津健康计划公司案④。

9. 最高法院关于强制执行仲裁条款的认定的冲击,可能会受到行政行为的影响。金融服务监管局(FSRA)已经禁止针对证券经纪交易商的集体索赔仲裁。2012 年 4 月,消费者金融保护局通过请求评论它是否应当监管这一领域也介入了这场纷争。

---

① 《联邦案例汇编第三辑》第 667 卷,第 204 页(第 2 巡回法庭,2012),调审令已批准但案件名称变更。

② 《最高法院案例汇编》第 133 卷,第 594 页(2012)。

③ 《最高法院案例汇编》第 130 卷,第 1758 页(2010)。

④ 《联邦案例汇编第三辑》第 675 卷,第 215 页(第 3 巡回法庭,2012),调审令已批准;《最高法院案例汇编》第 133 卷,第 786 页(2012)。

第八章　关联关系

第一节　引言

什么公司可以拥有一家银行,或被一家银行拥有? 这个有些迷惑性的简单问题将引导我们探讨更有挑战性的领域:我们本章要探讨规制介于银行与其他公司之间的关联关系的法律。

按照最常用的定义,如果一实体与一家银行的关系是"控制,或被控制,或被共同控制"的关系,那么这个实体是这家银行的关联公司。[①] 于是,一家银行的关联公司包括控制这家银行(控股公司)的每一个公司,被这家公司控制的每一个其他公司(该银行的控股公司的附属公司),以及被该银行控制的每一家公司(该银行的子公司)。

举例说明这些基本关系,考虑下面的企业家族(参见图8-1)。大西洋银行股份公司,控制大西洋银行和大西洋证券公司。依次地,大西洋银行控制大西洋抵押贷款公司。我们暂时先把什么构成"控制"这个问题放在一边。如果我们根据相对大西洋银行的关系描述另一个家族成员,我们称大西洋银行股份公司为控股公司,大西洋抵押贷款公司为子公司,大西洋证券公司为控股公司的附属公司。在更多情况下,所有三家公司都是这家银行的关联公司。当然,我们也可以从其他参照点描述这四家公司之间的关系:例如,大西洋银行,大西洋抵押贷款公司,大西洋证券公司都是大西洋银行股份公司的子公司;大西洋银行是大西洋证券公司的控股公司的附属公司。

现在,企业家族扩展了(参见图8-2):大西洋银行股份公司收购控制

---

① 参见《美国法典》第12卷,第1841(k)款。也请参照《美国法典》第12卷,第1843(w)款。

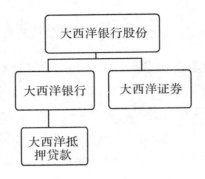

图 8-1　关联公司之间的关系

了海湾银行;大洋金融公司首先收购控制了大西洋银行股份公司,并继而收购控制了太平洋保险公司。太平洋保险公司已经控制了太平洋风险投资公司。这些新添加的每一个公司现在都是大西洋银行的关联公司。通过收购控股大西洋银行股份公司,大洋金融公司本身变成了一家银行控股公司。于是,大西洋银行(像它的新的关联公司海湾银行一样)现在有了两家控股公司:大洋金融公司和大西洋银行股份公司。海湾银行,太平洋保险公司和太平洋风险投资公司都是大西洋银行的控股公司的附属公司,它们每一家都与大西洋银行一起被共同控制。

402

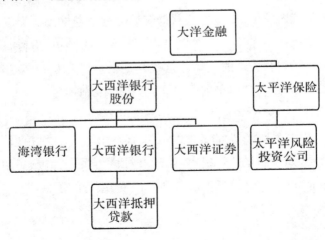

图 8-2　企业家族的扩展

导语与注解:银行与其关联公司的关系

为了设计一个框架,说明银行与其他公司之间的关联关系,决策者面临一系列问题:银行与其他公司之间必须满足什么标准才是关联关系? 关联公司可以开展什么业务? 在什么程度上我们对许可关联公司的业务予以限制,我们应当在控股公司、控股公司附属机构和子公司之间有区分吗? 我们应当寻求保持银行与其关联公司的经营隔离吗? 如果是这样的话,到什么程度、用什么方式? 我们限制银行与其关联公司之间彼此交易吗? 与彼此的客户交易?

美国决策者们在回答这些问题时不是在一张白纸上随心所欲。对大型金融机构民粹主义的不信任和集中的经济权势塑造了美国金融历史,已如我们在第一章所见。在把控那种不信任的过程中,焦虑自己市场地位的公司(例如,小银行、券商、以及保险公司害怕来自大银行的竞争)都利用政府监管去约束他们所称的"不公平竞争",以及其他可以简单地说是竞争的东西。民粹主义的不信任和竞争者的自私自利塑造了规制银行与其他公司之间隶属关系的法律。因此,更近以来,又有了其他方面的关注:关注保持银行的安全与稳健,保护 FDIC,保护金融体系免于系统性风险,鼓励银行满足它们所在全部社区的信贷需求,并帮助美国金融机构更有效地进行全球市场竞争。本章我们将考察六个关键问题,涉及管辖 FDIC 保险的存款机构与其他公司之间关联关系的法律。这些其他公司不管是否是控股公司,控股公司附属机构,或存款机构的子公司。首先,限制银行与这些"关联公司的交易"。第二,《1956 年银行控股公司法》的基础:关键定义,业务限制,监管审批要求,以及其他形式的控股公司规管。第三,"金融控股公司"——银行控股公司,如果满足一定资本、管理和社区再投资标准,可以从事极其广泛的金融业务。第四,储贷控股公司。第五,银行的子公司。

第二节　限制银行与关联公司的交易

《联邦储备法》第23A款和第23B款规制FDIC保险的银行与任何关联公司之间的交易,不管那家公司是该银行的控股母公司、该银行的控股公司的附属公司,或者该银行的子公司。[①]

一、引言

三个基本政策决定形成了规制银行与关联公司交易的法律:(1)许可银行与其他公司关联,(2)许可银行与这些公司交易,但同时(3)寻求保持银行与各类关联公司之间有意义的经营隔离。第二和第三个目标必然处于紧张状态。与关联公司交易使得银行形成风险敞口,并产生了银行花代价帮助关联公司的机会。包括有FDIC保险的一家银行的一家联合企业,如果那么做联合企业就会最大化企业价值,那么联合企业的经理们就有动力去那么做,包括积极利用该银行存款保险带来的任何价值。决策者们,尽管对许可银行与其他公司关联有怀疑,但也表达了另一种关注:银行会歧视它的关联公司的竞争者。

1976年田纳西州查塔努加的汉密尔顿国民银行破产提供了一个实际教训,与关联公司交易多么可能伤害甚至毁掉一家银行。汉密尔顿国民银行从其控股母公司所有的一家抵押贷款公司购买了低质量抵押贷款。抵押贷款的损失耗尽了银行资本,并使该银行倒闭。国会1982年作出回应,收紧了《联邦储备法》第23A款。

《联邦储备法》第23A款和第23B款代表了协调两个目标的一种努力,既许可银行与其关联公司交易,同时又保护银行、并保持银行与关联公司之间的经营隔离。尽管第23A款和第23B款以自己的方式仅涉及"成员银

---

① 《美国法典》第12卷,§§371c,371c-1。

行",但其他成文法将这两个条款适用到所有 FDIC 保险的存款机构。①

二、第 23A 款

第 23A 款技术细节翔实,但基本结构简单:它对银行与其关联公司的某些种类的交易规定了数量与质量限制,这类交易叫做"受管辖交易"。因此,关键概念是"受管辖交易"、"关联公司"以及数量与质量限制。

一家银行从事"受管辖交易",当它:(1)对关联公司或为了关联公司的利益发放贷款;(2)投资关联公司发行的证券;(3)从一家关联公司购买资产;(4)接受一家关联公司发行的证券,作为发放贷款的质担保品,贷款对象包括与该银行没有任何关系的某人;(5)为了一家关联公司的利益签发担保函,包括备用信用证;(6)对一家关联公司贷款担保,或者从一家关联公司获得借款担保;或者(7)与一家关联公司参与衍生品交易。在第六和第七类交易情况下,该银行从事"受管辖交易"只能达到该银行对该关联公司的风险敞口的程度。②

对"关联公司"使用了联邦银行业法律中最宽口径的定义。一家银行的关联公司包括:(1)控制该银行的任何公司,或者被一家控制该银行的公司所控制的公司;(2)该银行的任何子公司银行;(3)任何控制该银行或控制该银行的一家公司的某人控制的任何公司,或为了此某人利益的公司;(4)任何公司,其董事会多数构成了该银行董事会的多数;(5)银行充当投资顾问的任何投资基金;或者(6)任何公司,联邦储备委员会断定它与该银行有关系,对该银行不利,那"可能"影响该公司与该银行的"受管辖交易"。③ 这个"关联公司"的定义触及了个人共同所有权(此处列出的第三类)。它也包括非常权威的美联储将潜在问题关系归入关联关系(第六类)。

第 23A 款有四个主要规则——两个数量规则,两个质量规则。

---

① 《美国法典》第 12 卷,§ 1468(a)(互助储蓄),§ 1828(j)(1)(州立非成员银行)。

② 同上,§ 371c(b)(7)。

③ 同上,§ 371c(b)(1)。

第一,一家银行与任何一个关联公司的受管辖交易总计不超过该银行总资本的 10%。

第二,一家银行与所有关联公司的受管辖交易组合不超过该银行总资本的 20%。因此,举例来说,如果一家银行所有七个关联公司和 10 亿美元总资本,那么该银行与任何一个关联公司的受管辖交易总计不能超过一亿美元,而它与有七个关联公司受管辖交易组合不能超过两亿美元。

第三,扩展贷款、信用证和保函必须有合格担保品全额担保。担保品的价值必须是受管辖交易金额的 100—130%,百分比取决于担保品的种类:美国政府证券和银行承兑汇票为 100%;州和市政证券为 110%;不在 100%、110% 和 130% 之内的债务性工具为 120%;以及股票、租赁或其他不动产或动产为 130%。① 举例来说,为 5,000 万美元银行贷款担保,关联公司的担保品可以是 5,000 万美元的国库券,5,500 万美元的科罗拉多州公债,6,000 万美元的通用电气公司债,或者 6,500 万美元的飞机租赁或微软股票。一笔抵押贷款的不动产担保属于 130% 类别。一家关联公司的证券和劣质资产,对于银行对一家关联公司发放贷款或贷款保证,是不可接受的担保品。② 无论如何,担保品规定不适用于从一家关联公司购买资产,投资一家关联公司发行的证券,以及接受由一家关联公司发行的证券作为向一家非关联公司发放贷款的担保品。

第四,一家银行不能从一家关联公司购买"劣质资产"——除非在一种 405 有限情况下:如果这家银行,按照独立信用评估,在关联公司取得该资产之前承诺自己购买这一资产。③ 一项资产是劣质的,如果(1)在最近检查该关联公司时,银行检查员将该资产分类为不良资产;(2)该关联公司由于怀疑债务人的贷款质量不能将应计利息作为收入处理;(3)这项资产的本金或利息偿还已经逾期 30 天以上;或(4)因为债务人财务状况已经恶化,债务

---

① 《美国法典》第 12 卷,§371c(c)(1)。
② 同上,§371c(c)(3)—(4)。
③ 同上,§371c(a)(3)。

人对该资产的条款重新谈判。① 劣质资产禁条有助于阻止银行作为其关联公司不良贷款或其他不良投资的垃圾场,也阻止银行少为这种金融垃圾支付高价。

第23A款的基本规则有各种例外。第一也是最重要的例外是"姊妹银行例外",FDIC保险控制的存款机构一般免于第23A款的大多数规定。这个例外源于限制州分行化法律。以得克萨斯州为例,那里直到1986年它的州宪法还禁止银行分行化经营。如果达拉斯的一家银行想在沃思堡发展,它不能在那里开设分行。相反,该银行必须先形成一家控股公司(如果它还没有一个控股公司),然后让控股公司在沃思堡设立一家独立的银行。于是,在任何不允许分行化经营的州,一家银行控股公司可以拥有很多银行作为它的分行。然而,这些关联"银行"往往很像一家单一银行的各个分行一样经营——如果州许可分行化的话它们就会是分行。"姊妹银行例外"认可这个现实,就是很多这样的关联"银行"的经营很像一家单一银行的各分行。这个例外代表了一个决定,让这样的银行作为单一经济实体经营。然而,尽管这个例外变得如此完善,它甚至在自由分行化法律时代持续存在,部分原因是其他法律的变化最大程度地减少了滥用的可能性。特别是,如果一家姊妹银行倒闭并引起FDIC损失,FDIC有权从其他幸存的任何姊妹银行得到赔偿,即便这些银行自己从无得益于姊妹银行例外规定(参见边码第508页)。

姊妹银行规则对FDIC保险存款机构之间的交易有例外规定,如果这些受共同控制的存款机构至少被控股80%,则免于第23A款的百分比资本限制与担保品规定,但不免除禁止购买劣质资产。这个必需的共同控制存在于两个存款机构之间,如果同一公司拥有两个存款机构至少80%的投票权股份,或者一家机构拥有另一家机构至少80%的投票权股份。② 根据立即纠正措施法条,监管当局可以、而且通常是必须使姊妹银行例外规定不用

---

① 《美国法典》第12卷,§371c(b)(10)。

② 同上,§371c(d)(1)。

于任何资本严重不足的银行。①

第 23A 款的其他例外适用于下列交易②：

- 美国政府债券或隔离专用存款账户担保的交易。如果一家银行对一家关联公司贷款 50,000 美元，美国国债担保 36,000 美元，那剩余的 14,000 美元构成"受管辖交易"，并按 10%—20% 限额计入限制（当然，这家银行必须对 14,000 美元获得合格担保品）。
- 购买资产（例如，公开交易证券）有易于识别的、公开可用的市场价格报价，以市价购买。
- 从关联公司购买无追索权的贷款，服从劣质资产禁止规定。
- 回购本银行发放的贷款，并按追索权或回购协议出售给一家关联公司。
- 给予直接贷记项目（例如，支票），交由正常业务过程回收。
- 以代理银行业务的正常业务方式在一家关联银行存款。
- 投资于银行服务公司，而银行服务公司仅从事这样的业务，比如持有银行办公楼产权，保管箱业务，以及对控股公司及其银行提供服务。

第 23A 款对银行的"子公司"给予特别对待。此处，我们必须区分一般叫做"运营分公司"的传统子公司与金融子公司（参见下面的图 8－3）。"运营分公司"仅从事一家国民银行可以直接开展的业务，比如发放和服务抵押贷款。而"金融子公司"从事国民银行不能直接开展的一种或多种业务，比如承销公司证券。第 23A 款一般不将运营分公司作为关联公司，而是作为母行的构成部分。因此，第 23A 款的四个基本规则不适用于银行与运营分公司的交易，但的确适用于银行与金融子公司的交易。

---

① 《美国法典》第 12 卷，§1831o(f)(2)(B)(i),(3)。
② 同上，§371c(d)(2)—(7)。

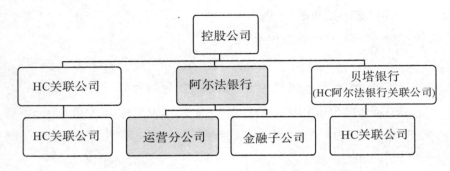

第 23A 款适用于阿尔法银行与图中显白的所有实体的交易,不适用于该银行与其运营分公司的交易。

图 8-3　运营分公司与金融子公司

三、第 23B 款

第 23B 款有四个主要规则——这套组合规则旨在防止对第 23A 款没有覆盖的方面出现滥用情况。

第一,也是最重要的规则。一家银行与一家关联公司的交易涉及第三人,或者涉及若干关联公司的某些交易涉及多个第三人,必须保持距离型公道(或者,如果你愿意,基于市场条件)。特别是,该银行必须"以这样的条件或在这些情况下,包括贷款标准实质相同或至少对此银行……像当时可比交易的主流标准一样有利,与或参与其他非关联公司"交易。如果没有这样的可比交易,那么该银行与该关联公司的交易必须基于也适用于对非关联公司方的条件。① 这个保持距离的交易规定扩展到:(1)第 23A 款定义的任何"受管辖交易";(2)一家银行对一家关联公司出售的证券或其他资产,包括按回购协议的出售;(3)一家银行对一家关联公司的付款或提供的服务;(4)任何交易,其中,一家关联公司"充当代理或经纪,或因为它对该银行或任何其他人的服务而收取费用"(也就是,如果任何人付款);(5)一家银行与一个第三方之间的任何交易或系列交易,如果一家关联公司在该第三方有财务利益或参与了该项交易。这些类别覆盖一家银行与一家关联

---

① 《美国法典》第 12 卷,§371c-1(a)(1)。

公司之间的大多数业务交易。

第二，一家银行不得作为受托人，从一家关联公司购买证券或其他资产，除非有以下许可(1)在产生信托关系的工具约束下，(2)受法院指令，或者(3)管辖信托关系的法律。[①]

第三，一家银行不得作为委托人或受托人购买这样的证券，同时一家关联公司作为这些证券的主承销商（也就是，在公开发行中起主导作用）。这个规则旨在防止该银行通过信托账户或为自己的投资组合买入这些证券，为市场需求清淡的这些证券力撑价格。唯一例外是，如果在这些债券对公众首次公开销售之前，该银行的大多数董事批准了这项购买。[②]

第四，该银行及其关联公司均不得刊登广告，或签订任何协议，"声明或暗示该银行将以任何方式对其关联公司的债务承担责任。"[③]

四、对第 23A 款和第 23B 款的看法

下表回顾了第 23A 款和第 23B 款的一些关键规定如何适用于不同类型的交易：

表 8 - 1　　　　　　　　第 23A 款和第 23B 款适用的交易

条款	交易	10% &20% 限制	规定担保品	保持距离型公道
第 23A 款	银行在其中的交易：			
	对关联公司发放贷款	是	是	是
	对关联公司保证	是	是	是
	购买关联公司资产	是	否	是
	取关联公司证券作担保品	是	否	是
	投资关联公司证券	是	否	是

---

① 同上，§371c-1(b)(1)(A)。
② 同上，§371c-1(b)(1)(B),(2)。
③ 同上，§371c-1(c)。

续表

条款	交易	10%&20%限制	规定担保品	保持距离型公道
第23B款	银行在其中的交易:			
	对关联公司卖资产	否	否	是
	对关联公司付款	否	否	是
	对关联公司提供服务	否	否	是
	银行与任何人的交易,如果关联公司:			
	充当代理或经纪	否	否	是
	收取费用	否	否	是
	参与交易	否	否	是
	有任何方的财务利益	否	否	是

你理解了第23A款和第23B款的限制和规定吗？思考下面的节选,它选自一篇有影响但有争议的法律评论文章。

菲谢尔、罗森菲尔德和斯蒂尔曼:《银行监管与银行控股公司》[1]

如果一个银行控股公司的一家非银行子公司正在亏损,必须作出决定是否支持这个子公司,期望它时来运转,或者放弃它。这种算计,对很多企业都是一再需要考虑的,并不由于一家银行子公司的存在而受影响。不存在这种激励,银行通过发放低于市场利率的贷款"补贴"其有财务困扰的子公司。确认这一点很重要,银行的利润并不由监管限制在任何特定层次上——银行并不受收益率监管。因此,没有任何激励让银行将利润转到一个不受监管的附属机构。[2] 举例说明银行缺乏激励交叉补贴一家子公司。

如果这个"有麻烦的"子公司可以公道地从一家独立银行以假设年利

---

① 《弗吉尼亚法律评论》第73卷,第301,326—327页(1987)。

② 很明显,如果子公司之间以市场利率(也就是,一个独立第三方对亏损子公司征收相同利率)发放贷款,就没有交叉补贴或利益冲突出现。实际上,这样的贷款可以说明效率,在这种情况下,公道交易的交易成本低于内部转移。

率15%获得债务融资,这个贷款成本反映了对附于该笔贷款的风险的独立和真实的评估。一家相关银行没有激励以低于15%的利率放贷,该银行可能对可识别风险的第三方以15%的利率发放贷款。15%与征收"有麻烦的"子公司的低利率(假定10%)的差额,是转移低于市场利率贷款的机会成本。放弃利率(本例是5%)代表了该银行可以实现的收入来源,结果却成了对子公司的低于市场利率贷款的成本。对该控股公司来说,这笔贷款的总成本是子公司支付的成本(10%),再加该银行的收入损失(5%),它等于市场借款成本(15%)。简而言之,尽管一家亏损子公司似乎贷款支付的利率低于市场利率,但相关银行遭到了相应的收入损失。从总体看,这家公司不能通过征收一个不经济的转移价格而减少借入成本。因此,担心交叉补贴是没有根据的,因为通过对亏损子公司的低于市场的贷款转移不能得到任何东西。

机会成本的概念同样说明了这样的谬误,银行期望增加收益,以低于市场利率发放贷款给证券购买人,使其从一家有关承销商购买证券,或者银行自己以高于市价价格购买证券。这些决策只是将损失从承销商转到了该银行,但对减少银行自己的损失规模不会有任何作为。因此,该银行没有任何激励去介入这些做法。

提问和评论

1. 你对菲谢尔、罗森菲尔德和斯蒂尔曼的观点有何看法?一家银行与其关联公司之间的交易真是像从一个口袋里拿钱并放到另一个口袋里吗?就算真是如此,那么联邦存款保险如何改变这一局面?

2. 以下情形解释了第23A款的什么例外情况?(1)由美国政府债券或隔离专用存款账户担保的贷款银行的贷款;(2)给予直接贷项(例如,支票),交由正常业务过程回收;(3)以易于识别的市场价格购买具有这种价格的资产;以及(4)投资于一家银行服务公司。对这些例外有统一的主题或几种理由起作用吗?

3. 如何解释对姊妹银行豁免的宽容?这是假设监管当局监控银行足

够严格,因此与附属银行的交易比与非银行附属机构的交易构成的风险较低?(附属银行从一家银行向另一家银行转移可疑资产以规避监管检查又将如何?)这种豁免是假设两个银行都获取存款保险,它们的母控股公司没有激励让一家银行补贴另一家银行?难道这种豁免涉及一项政策决定,让控股公司通过运营自己的分公司银行作为一家单一银行企业的组成部分来取得经济规模?

4. 第23A款不限制一家银行以市价购买有易于识别的、公开可用的市场价格报价的资产。银行可以利用这一例外从事等于担保贷款的回购交易("回购协议")。(银行从关联公司今天买入证券,并同意于次日或下一周以稍稍更高的价格再卖给这家关联公司;购买的价格当作贷款,而差价补偿该银行的资金使用。)这种交易避免了第23A款的数量限制和担保品要求。这是该成文法的一个漏洞吗?如果是的话,应当堵上它吗?

5. 你认为监管部门如何容易地发现并惩处违反第23A款和第23B款的情形?注意银行如何利用代理和中介机构规避第23A款。一家银行可能对一家达成谅解的非附属公司贷款,条件是这个借款人对该银行的各附属公司提供一个额度贷款。监管部门如果发现这种情况,会将这种交易按"受管辖交易"处理。但发现可能证明不易。你能想出办法使得第23A款和第23B款更容易执行吗?这样的改革代表了理想的公共政策吗?

410 五、资本影响

关联交易和内部贷款减少银行的资本吗?怀疑者可能说,不是马上。但只要贷款和其他交易依然稳健,他们就永不会减少银行资本的美元数额(尽管,像其他贷款一样,他们将减少银行基于风险的资本比率)。请思考狮子公司的例子,它拥有雄鹰银行、骏马公司和大蛇公司的全部投票权股份。仙黛尔、珍妮、莫莉和纽特都是雄鹰银行的董事。该银行有 10 亿美元总资产,7 亿美元风险权重资产,9 亿美元总负债,无表外项目,1 亿美元普通股,且无其他资本。该行杠杆比率 10%(1 亿美元一级资本 ÷ 10 亿美元总资产),而普通股股本、一级资本和全部资本的基于风险资本比率均为

14.3%（1 亿美元÷7 亿美元风险权重资产）。银行资产构成：现金 1 亿美元，美国国债 2 亿美元，以及贷款 7 亿美元。所有贷款都是 100% 风险权重类别。我们的故事开始时，该银行没有"受管辖交易"或未偿内部贷款。尔后，该行对骏马公司和大蛇公司各贷款 1,000 万美元；贷给仙黛尔、珍妮、莫莉和纽特各 1,000 万美元。它现在有未结清"受管辖交易"2,000 万美元，以及内部贷款 4,000 万美元，这两项都是 100% 风险权重类别。在银行资产负债表的资产边，现金减少至 4,000 万美元，美国国债 2 亿美元未变，而贷款增至 7.6 亿美元。该行有 6,000 万美元贷款取代了 6,000 万美元现金。总资产、总负债、表外项目和资本保持不变；杠杆比率也保持不变。但6,000 万美元新增贷款的确减少了该行的基于风险的总资本比率至 13.2%（1 亿美元÷7.6 亿美元风险权重资产）。下表汇总了相关数据：

表 8 - 2	雄鹰银行相关数据前后变化		单位：百万美元
项目	以前	之后	变动
总资产	1,000	1,000	无变化
现金	100	40	-60
国债	200	200	200
贷款（100% 风险权重）	700	760	+60
风险权重资产	700	760	+
总负债	900	900	无变化
普通股本	100	100	无变化
杠杆比率	10%	10%	无变化
普通股本 RBCR	14.3%	13.2%	-1.1%
一级资本 RBCR	14.3%	13.2%	-1.1%
总资本 RBCR	14.3%	13.2%	-1.1%

问　题

假定在这些问题中，银行都有 FDIC 保险，并且除了此处提到的以外都没有未结清的"受管辖交易"。

1. 尖端金融公司拥有尖端银行和尖端保险代理公司。尖端保险代理公司要买一座新办公楼,价值450,000 美元,已经向尖端银行申请350,000美元第一抵押权贷款以帮助融资购买。该银行有 3 亿美元总资产,300 万美元一级资本,没有未结清的"受管辖交易"。请问该行可以发放这笔贷款吗?

2. 特雷勒家族的成员拥有双宽工业公司(DWI)和双宽银行。DWI 制造和销售房车。特雷勒打算让刚得到执照的双宽银贷款行专门对销售房车融资——尤其是 DWI 制造的房车。

(a)该行业务计划预想,该行一半资产将由购买 DWI 房车的融资贷款组成。该行可以继续推进这项业务计划吗?

(b)如果该业务计划预想,该行不是对来自 DWI 的房车购买贷款,而是随时准备给 DWI 房车的有信誉的购买者发放贷款,如何? 如果一个潜在购买人需要贷款,DWI 将给购买人该银行的名字、联系信息和贷款申请表。银行将自己决定是否发放贷款。

3. 阿泰米斯公司有两家子公司:阿泰米斯银行和阿泰米斯抵押贷款公司。该银行有 10 亿美元总资产,9,000 万美元一级资本,1,000 万美元二级资本,而且没有未结清的"受管辖交易"。抵押贷款公司暂时缺乏资金,想从该行借入尽可能多的半年期资金。它向该银行提供 1,000 万美元的优质担保品作为贷款抵押。根据这一担保品,该银行可对抵押贷款公司最多贷多少?

4. 斯巴达金融公司拥有阿尔法银行和三个非银行公司:贝塔公司、伽马公司和德尔塔公司。阿尔法银行有 40 亿美元总资产,3.3 亿美元一级资本,7,000 万美元二级资本,并有下列各项"受管辖交易":(A)对贝塔公司一笔 3,500 万美元的贷款,担保物为华盛顿州奥林匹亚市发行的普通公债;(B)伽马公司签发的 1,000 万美元备用信用证;(C)德尔塔公司发行 2,500万美元的债券投资;(D)对德尔塔公司一笔 1,500 万美元的贷款,担保物为美国国债 1,200 万美元和一家电器公司即埃普西隆联合公司的优先股 400万美元;以及(E)对阿卡迪亚米尔斯公司贷款 1,000 万美元,担保物为斯巴达金融公司的股票1,500万美元。埃普西隆联合公司和阿卡迪亚米尔斯公司都不是斯巴达金融公司或其任何一家子公司的关联公司。请问这些交易符合第23A款规定吗?

5. 契可夫公司控制了三家银行,拥有奥尔佳银行90%的投票权股份,玛莎银行80%的投票权股份,艾琳娜银行70%的投票权股份。三家银行各有10亿美元总资产,8,000万美元一级资本,2,000万美元二级资本,而且没有未结清的"受管辖交易"。

(a)奥尔佳银行可以对玛莎银行发放1,200万美元贷款吗?

(b)玛莎银行签发备用信用证,担保奥尔佳银行对一家无关联的第三方出售2亿美元贷款。

(c)奥尔佳银行可以对艾琳娜银行发放1,200万美元贷款吗?

(d)艾琳娜银行可以接受1,850万美元的奥尔佳银行债券,作为对切布狄金博士1,400万美元贷款的担保吗?切布狄金博士跟艾琳娜银行和奥尔佳银行都没有任何关联关系。

(e)在一个倦怠的星期六下午,奥尔佳银行的首席运营官奥尔佳、玛莎银行的首席运营官玛莎、艾琳娜银行的首席运营官艾琳娜一起喝茶。玛莎说她厌倦收回她前情人维尔希宁上校在玛莎银行的5,000美元贷款,他两年前对还款(以及他们的婚约)违约。奥尔佳为奥尔佳银行出价5%或250美元购买这笔贷款;而艾琳娜自信地大声说,维尔希宁上校值6%,并为艾琳娜银行出价300美元购买这笔贷款。艾琳娜银行可以购买这笔贷款吗?奥尔佳银行可以吗?

(f)如果奥尔佳银行有10亿美元总资产,2,500万美元一级资本以及2,000万美元二级资本,那么,奥尔佳银行可以对玛莎银行发放600万美元贷款吗?

6. 本格尔银行股份公司拥有:老虎银行;一家登记注册的经纪-交易商,老虎证券公司;从事商人银行业务的老虎资本公司;以及租赁设备的老虎租赁公司。老虎银行有100亿美元总资产,8亿美元一级资本,2亿美元二级资本,而且没有未结清的"受管辖交易"。

（a）老虎租赁公司向老虎银行申请借入 1 亿美元,提供银行出租的担保物权具有市值 1.3 亿美元。该银行可以低于该行优惠利率两个百分点发放这笔贷款吗?

（b）本格尔银行股份公司,在决定将企业家族的租赁业务整合到老虎租赁公司之后,指示老虎银行以账面价值将它现有的租赁业务卖给老虎租赁公司。该银行可以继续进行这项出售吗?

（c）本格尔银行股份公司和老虎银行签订合同,按此合同,该银行将对该控股公司及其非银行子公司提供每月 2,000 美元的各类金融服务。该银行可以继续进行这个合同吗?

（d）Airhead. com 公司聘请老虎证券公司承销 Airhead. com 公司股份的首次公开发行。一切进行顺利,直到发行前一小时,来自其他互联网公司的令人失望的利润引起了互联网股票价格暴跌。作为挽救这项发行业务努力的一部分,老虎证券公司要求老虎银行自己或其信托客户购买发行股票的 1/10。该银行可以那么做吗?

7. 拉丽莎国民银行在耶尔森市有五家分行,该市受困于失业、贫困和犯罪。该银行拥有凤凰公司的所有股份,凤凰公司的业务包含发放贷款和权益投资,旨在促进耶尔森市一些最萧条社区的福利。德克,叶塞尼亚居民,管理一家叫做严厉保管人的"物业保安"公司。在六个月前,凤凰公司对德克贷款 100,000 美元以启动家庭装修业务。他对这笔贷款没有任何偿还。凤凰公司总裁克洛艾,就这笔贷款昨天给德克打电话。"少管闲事,"他吼道,"尤其你今天晚上回家的时候,你可能会摔断你的脖子。"得知这次谈话,拉丽莎银行管理人员告诉克洛艾,"将那笔贷款的账面价值减记到消息灵通的第三方可能买它的价位。我们将以这个价格从你那里买下它。"拉丽莎银行可以这个价格买这笔贷款吗?

8. 阿特拉斯金融集团拥有阿特拉斯银行、阿特拉斯保险公司和阿特拉斯证券公司。阿特拉斯银行的关联公司可以在它们自己的广告中使用如下口号或陈述吗?

（a）"阿特拉斯金融集团:团结起来,共度幸福和苦难,支持你自信。"

（b）"当你的账户有'阿特拉斯'字样时，你要知道它背后有 1,000 亿美元的强大的阿特拉斯金融集团。"

（c）"阿特拉斯银行。阿特拉斯保险公司。阿特拉斯证券公司。团结起来，坚如磐石。我们信守我们的承诺——我们会保护你的安全。"

（d）阿特拉斯银行、阿特拉斯保险公司和阿特拉斯证券公司的首席执行官齐声说："你永远可以依靠阿特拉斯。我们保证！"

第三节　银行控股公司基本原理

《1956 年银行控股公司法》（BHC Act）规管银行控股公司业务。它规定，在公司获取控制银行之前，要取得联邦储备委员会的批准。它限制银行控股公司可以从事的业务活动的类型。它要求这些公司向联邦储备委员会报告新业务。作为银行控股公司的监管部门，联邦储备委员会监督检查这些公司，实施综合资本要求，并采取执法行动。

一、定义

BHC Act 将银行控股公司定义为公司对银行有控制权（或者对控制银行的公司有控制权）。[①] 因此，三个关键概念——"公司"、"控制"和"银行"——决定了该法的范围。现在开始讨论这些概念。

a. "公司"

BHC Act 将公司广义地定义为"任何有限公司、合伙企业、商业信托、社团，或类似组织，或任何其他信托机构，除非按其条款它必须在 25 年之内……终止。"[②]因此，"公司"实质上包括所有企业实体。它不包括个体户、限定家庭信托、"有资格家庭合伙"，以及联邦政府或州政府拥有的公司。

---

① 《美国法典》第 12 卷，§1841（a）（1）。

② 同上，§1841（b）。

但是,如果具有共同债券的个体户在一家银行里有控股权益,会如何? 这样的一种小组构成了一个"合伙企业"或"社团"——因而对于该法来说也是公司? 关于这一点,没有什么法律的存在。一般地,拥有一家银行控股权益的家庭小组已经发现,美联储是肯通融的,只要事实没有表明有家庭成员主导控制这个家庭小组。在确定是否存在一个合伙企业时,我们可以寻求 1997 年的《统一合伙法》指导,它将合伙企业定义为"合伙企业指的是两个或两个以上的个人为牟利而组成的商事联合体。"该法一般假定,从商事联合体得到利润分成的任何人是商事联合体的一个合伙人。

414
b. "控制"

在三种基本情况下,一家公司控制一家银行:第一,如果该公司"拥有,控制,或有投票权的"该银行任何层级投票证券的 25% 或以上(这种情况我们称为"合法控制")。第二,如果该公司"以任何方式控制银行董事会一个多数的选举。"第三,如果联邦储备委员会"在通知并选择时机听证之后,决定这样的公司……直接或间接地行使了对(该银行)管理或政策的控制影响。"①

一家公司可以有合法控制而无(很少行使)实际控制。实际上,若干公司都可以对同一银行有合法控制而无任何实际控制。以下例子说明了合法控制的潜在广度——以及没有实际控制它可能如何存在:桑葚银行有 444 股流通股,其中,A 类股票 400 股,B 类股票 40 股,以及 C 类股票 4 股。所有股份同等参与分红。但这些股份具有不相等的投票权,其中,A 类股票每一股份有 1 份投票权,B 类股票每一股份有 10 份投票权,而 C 类股票每一股份有 1000 份投票权。对适用于 B 类股票和 C 类股票的投票权有适度限制:B 类股票不能对董事会成员薪酬投票,而 C 类股票不能对免职董事会成员投票。公司一、公司二、公司三以及公司四各有 100 股 A 类股票。公司五、公司六、公司七以及公司八各有 10 股 B 类股票。曼佐拥有 3 股 C 类股票,和他没有任何关系的前妻卡苏米拥有剩下的 C 类股票。在这个诚然人

---

① 《美国法典》第 12 卷, § 1841(a)(2)。

为设置的情景下,8 家公司的每家都构成了一家银行控股公司,因为每家都拥有桑葚银行投票股票的 25%——尽管每家公司仅对全部 4,800 股的 100 股(2%)有投票权。具有讽刺意味的是,曼佐作为一个个人,尽管拥有 3,000 股(62%)投票权使他完全控制了这家银行,却逃脱了银行控股公司相关的监管法规。

联邦储备委员会全面审视什么构成对银行的一种控制性影响。它声称关注,如果跟其他一些因素相结合,那么拥有即使 10% 银行投票权股票就可以认为是有控制性影响。这些因素包括,即便超过 10% 的金额是非投票权股份,但拥有的银行总权益多于 1/3;让这样一位代表主持董事会或一个董事会的委员会;或者拥有限制银行诸多自由的合约权利,银行不能自由雇佣、解雇执行官及决定其薪酬,开始新业务,实施并购,或购买或出售主要资产。[①]

提问和评论

1. 犹太法典《塔木德》里说,“围绕《摩西五经》建栅栏”——也就是,用帮助防止违反该法的规则环绕更大的法律。在关于银行控股公司控制的世俗语境里,我们可以认为核心关注点是掌握或支配意义上的“控制”。这种控制存在于公司可以选择银行董事会,但也存在其他情况下的控制。为了防止规避并覆盖一些很宽的关联关系,BHC Act 将“控制”限定在包括持有 25% 任何类别的投票权股份——不是一个过半多数,不是一个简单多数,不是总投票权力的 25%,而是任何类别的投票权股份的 25%。免得那个围栏证明太低,“控制”也包括对银行管理或政策行使的“控制性影响”。美联储还关注规避,认为如果结合了上述提到的几个因素,即便 10% 股份可能也构成一种控制性影响。美联储“控制性影响”的观点岂不是一个栅栏围绕着一个栅栏又围绕着一个栅栏? 建栅栏应当止于何处?

2. 该法包含一个可撤销的假设,即如果公司没有拥有、控制,或有投票

415

---

① 《美国联邦法规》第 12 卷,§225.144。

权多于5%任何类别的银行投票权股票,这家公司对银行没有任何控制权。① 这个假设仅用来强调"控制性影响"的宽广视角。毕竟,没人会认真地相信5%的银行股票能够赋予这样一种影响。

3. 如果美联储指控一家公司不适当地获得对一家银行的控制权,它必须给予公司一个听证会。但明智的投资者不会拿金钱、时间和名誉冒险,与眼前的监管部门争斗一个争议问题,因为监管部门总是肯定居于支配地位。因此,公司遵循美联储政策说明的指南,如果有疑问,会寻求美联储人士的肯定。

c. "银行"

BHC Act 定义银行为(1)任何 FDIC 保险的银行,以及(2)任何机构,它既从事发放商业贷款业务,也接受"储户可以支票或类似方式提取的存款,以用于支付第三方或其他人。"②该法包含一系列例外。"银行"不包括:(1)有 FDIC 保险的一家外国银行分行;(2)互助储蓄机构;(3)一家公司,在美国所做业务只是"作为其在美国之外业务的关联业务";(4)信托公司,它接受存款仅作为信托,并不提供交易账户;(5)信用社;(6)信用卡银行;(7)一种有限目的国际金融机构,这种机构叫做《埃奇法》公司或协议公司;以及(8)一种限定的工业贷款公司。

信用卡银行只可以从事信用卡业务,只有一个存取款办公室,而且接受的存款少于100,000美元、仅作为信用额度的担保品(一般用于有不良信用记录的信用卡持卡人);它不提供交易账户或发放商业贷款。③ 任何公司都可以控制这样的一家银行,而且许多金融和非金融公司都这么做。维萨和万事达卡只接受存款机构作为成员。因此,有银行许可证就可以给予信用卡发行人进入这些组织的支付服务和全球品牌认同。这样的一个许可证也可以让信用卡发行人免于州高利贷法律的限制。

工业贷款公司(也叫做工业银行,或 ILCs)是莫里斯计划银行的产物,

---

① 《美国联邦法规》第 12 卷, § 1841(a)(3)。
② 《美国法典》第 12 卷, § 1841(c)。
③ 同上, § 1841(c)(2)(F)。

它是一种特殊类型的互助储蓄机构,创立于1910年,对有限财力人群提供消费贷款。20年之后,ILCs繁荣一时,但由于银行和普通储蓄机构进入市场而消退光辉。然而,有些ILCs仍保持下来,若干年后,获得更广泛的权力和FDIC保险。通过在BHC Act历史关键时刻的到位的政治支持,有八个 416 州的ILCs可以避免银行控股公司监管。ILC只是需要避免接受活期存款。它仍能够提供可转让提款指令(NOW)账户以及许多其他银行服务,但不变成符合BHC Act目的的一家"银行"。① 任何企业都可以拥有一家ILC,而且许多企业拥有一家ILC,包括美国运通公司、宝马汽车、通用电气、哈雷戴维森、诺德斯特姆公司、学生贷款行销协会以及塔吉特百货。沃尔玛试图通过一家ILC进入银行业招致了强烈反对。它也导致了中止对非金融公司拥有的ILCs存款保险。由《多德-弗兰克法》强制规定的这一中止将于2013年期满。

二、准许业务

BHC Act限制银行控股公司可以直接进行或通过非银行子公司进行的业务。② 它一般限制银行控股公司(1)"经营或……管理和控制按本法批准的银行和其他子公司,或……对子公司提供服务或为子公司履行服务,"以及(2)联邦储备委员会在颁布《格雷姆-里奇-比利雷法》之前,已经决定作为"对银行经营密切相关因而作为适当附带"的业务。③ 一家企业在变成一家银行控股公司之后两年内剥离自己不被许可的业务。美联储可以延长剥离期限最多另加三年。④

第1843(c)(8)款——按照它在BHC Act里的编号,通常叫做第4(c)(8)款——许可银行控股公司从事这样的业务,即美联储已经决定作为"对银行经营或管理或控制银行非常密切因而作为适当附带"的业务。

---

① 参见《美国联邦法规》第12卷,§1841(c)(2)(H)。
② 《美国法典》第12卷,§1843。
③ 同上,§1843(a)(2),(c)(8)。
④ 同上,§1843(a)(2)。

长期以来,这一条文作为银行控股公司的最重要的源头。该条文对不是金融控股公司的银行控股公司依然保留。特区巡回法院在"全国快递协会诉美联储理事会案"阐明了"对银行经营密切相关"的标准。① 在该法院看来,立法历史没有澄清国会是否"很大程度上将它留给美联储理事会决定什么种类、什么程度的关系足够密切"——或者相反,已经要求美联储去认定"某些……银行经营与声称的有关业务之间的更具体联系。"但该法院的确"对美联储理事会裁决特定业务给予相当尊重",因此将"只要求美联储理事会以符合立法意图的合理方式去做它'密切相关'的决定。"为此目的,美联储必须清楚表述银行经营与宣称的相关业务之间的联系,并"决定……这种联系是密切的。"这种联系足够密切,如果银行一般(1)"已经实际提供了建议的服务,"(2)"提供的操作性或功能性服务非常类似于建议的服务,因而配置银行特别提供建议的服务,"或者(3)"提供的服务是非常整体性地关系到建议的服务,因而要求以特殊形式对它们作出规定。"

417　　美联储法规认定的密切关系到银行业的一系列业务出现在《联邦储备法规 Y 条款》,它贯彻实施 BHC Act。② 这些业务分成 14 类:

第一,发放、收购、经纪和服务贷款以及其他信贷扩展。

第二,通常与发放、收购、经纪和服务贷款以及其他信贷扩展相关联的任何业务——包括评估动产和不动产,保证支票,充当收账代理和征信机构,对银行可以生成和拥有的资产进行管理,以及提供房地产过户结算服务。

第三,租赁动产和不动产,但在租赁期间不经营或服务于租赁的财产。

第四,运营非银行存款机构(例如,互助储蓄机构)。

第五,充当信托公司。

第六,提供投资与理财建议,包括对投资公司提供投资顾问服务。

第七,充当证券经纪;私募证券;为自营账户在第二市场买卖证券(作

① 《联邦案例汇编第二辑》第 516 卷,第 1229 页(特区巡回法庭,1975)。
② 《美国联邦法规》第 12 卷,§225.28(b)。

为一种"无风险自营交易"),以抵消客户同期卖出或买入;充当执行和结算交易所交易的期货合约和期权合同的期货佣金商。

第八,承销和交易政府债券,以及州成员银行可以承销和交易的债券;以及外汇交易、远期合同、期权、期货,以及贵金属(包括黄金、白银、铂金、钯金和铜)。

第九,管理咨询,员工福利咨询,以及职业咨询。

第十,对支票、票据和金融机构间交换文据(但不是货币或无记名式可转让票据)提供快递服务;印制和出售支票和有关票据。

第十一,在很窄的有限情况下(例如,在一个5,000人以下的镇,那里的控股公司或其子公司有贷款办公室),充当保险代理。

第十二,社区开发。

第十三,签发和出售现金支票、储蓄债券,以及旅行支票。

第十四,处理银行、经济和金融数据。

美联储还通过命令许可认定了一些另外的业务,包括:对基金提供行政服务;拥有证券交易所的股票;验证数字签名;提供就业记录用于贷款决策;兑现支票与汇款;充当公证人。[①]

第4(c)(8)款于1999年11月11日颁布,就在《格雷姆-里奇-比利雷法》变成法律的前一天。美联储不能认定与银行业密切有关的其他业务了。[②] 但BHC Act的其他条文授权银行控股公司拥有一家公司的股份,这家公司:拥有和经营银行建筑物;对控股公司的各银行提供服务;开展保管业务;由偿还债务得到、暂时拥有的股票;拥有国民银行可以投资的很有限的股票;拥有"任何公司的股票",只要不超过任何类别投票权股票的5%; 拥有投资公司的股份,只要投资公司不拥有多于5%的任何公司的投票权股票;在美国所做业务只是作为其国际或国外业务的附带业务;或从事出口贸易。[③] 银行控股公司通过获得金融控股公司的资格可以获得更广泛的

418

---

① 《美国联邦法规》第12卷,§225.86(a)(2)。

② 《美国法典》第12卷,§1843(c)(8)。

③ 同上,§1843(c)。

权力。

三、审批要求

不经联邦储备委员会事先批准,任何公司不得变成一家银行控股公司。为了取得对一家银行的控制,取得多于 5% 的一家银行投票权股票,取得一家银行绝大部分资产,或与另一家银行控股公司合并,一家现有的银行控股公司也需要这样的审批。[①]

一般地,一家银行控股公司在开始非银行业务之前,或取得一家非银行公司的股份之前,按照第 1843(c)款"密切相关银行业"标准,必须给予联邦储备委员会至少 60 天的通知。然后,控股公司可以进行这项业务或股份收购,除非美联储按时签发了不予批准的审批命令。[②]

缩短通知规则适用于两类银行控股公司。第一,有资格作为金融控股公司的公司,在着手这项业务或收购股份之后,只需要给予美联储 30 天之内的通知。

第二,其他银行控股公司,如果它们满足一定资本和管理标准,可以遵循精简的通知规则。这样的控股公司,在着手这项业务或收购股份之后,按照"密切相关银行业标准"只需要 10 天之内的通知,而在着手其他非银行业务或股份收购之前至少 12 天。适用这些精简的通知规则,如果(1)控股公司管理优良而且资本雄厚;(2)该公司主要受保险的存款机构资本雄厚而且惯例得当;(3)该公司控股的有保险的存款机构没有资本不足,或者在管理上没有很差的考核评级;(4)该公司 FDIC 保险的银行至少 80% 的风险权重资产是资本雄厚的银行,并且至少 90% 是管理优良的银行;(5)在过去两年里,没有针对该公司或其存款机构采取过或等待审理的正式的行政执法行动;(6)美联储没有特别要求该公司对这项业务或收购股份提交通知;以及(7)任何收购不得超过该公司合并一级资本的 15%,或者增加该公司

---

① 《美国法典》第 12 卷,§ 1842(a)(8。
② 同上,§ 1843(j)(1)。

合并风险权重资产的 10%。① 要有资格作为管理优良,控股公司或银行必须有满意的综合考核评级,以及满意的管理评级。②

问 题

1. 杰克和吉尔是老朋友,决定购买王冠银行,这是一家 FDIC 保险的商业银行,具有单一类别的流通股。该银行的目前所有人萨莉愿意以杰克和吉尔认为有吸引力的条件卖掉所有股份。

(a)杰克和吉尔同意每人出一半购买价格,因而每人将得到一半股份。他们可以进行这项收购吗?

(b)如果杰克和吉尔不是直接收购这些股份,而是建立高峰公司,然后让高峰公司收购该银行所有股份,这样如何? 杰克和吉尔将每人拥有高峰公司一半股份。杰克和吉尔可以进行这项收购吗?

(c)如果杰克和吉尔每人拥有顶点公司一半股份,顶点公司拥有高峰公司所有股份,而高峰公司拥有该银行的所有股份,这样如何? 因而,这个企业家族将有图 8 - 4 的结构。杰克和吉尔可以进行这项收购吗?

(d)除了高峰公司仅购买该银行 25% 的股份,其他方面与(c)相同。于是,杰克和吉尔将各自拥有顶点公司的一半股份,顶点公司拥有高峰公司所有股份,而高峰公司拥有该银行 25% 的股份。杰克和吉尔可以进行这项收购吗? 会介意萨莉将该银行的其余 75% 股份卖给马克斯——一个意志坚强而专横的人,他将让杰克、吉尔、顶点公司、高峰公司对该银行毫无影响?

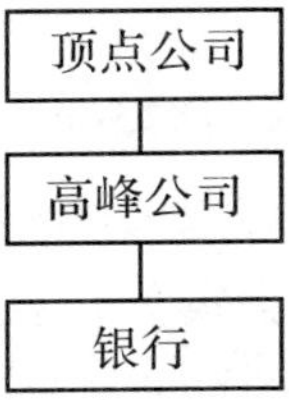

图 8 - 4 三级企业家族

(e)如果高峰公司收购该银行 18% 的股份,没有其他持股人拥有多于 4% 的股份,而且吉尔在该银行的三成员董事会里有一席位,这会如何? 高峰公司可以进行这项收购吗?

---

① 《美国法典》第 12 卷,§1843(j)(3)—(5)。
② 《美国联邦法规》第 12 卷,§225.2(a)(1)。

2. 汉塞尔和格雷特尔各拥有金杰公司 50% 的股份,金杰公司发放抵押贷款,评估不动产,并开发房地产。金杰公司也拥有一家证券经纪公司。金杰公司可以收购一家银行吗?

四、其他方面的监管

银行控股公司必须符合联邦储备委员会规定的合并资本要求。这些要求与那些 FDIC 担保银行的要求类似。它们适用于控股公司及其子公司,就像它们是单一的实体。国会要求美联储对合并资产大于 500 亿美元的银行控股公司适用更严厉的资本规则。

美联储可以要求银行控股公司对其子公司充当"金融力量的源泉"。例如,对问题银行注入资本。①

美联储可以考核银行控股公司及其子公司,对它们采取行政执法行动,并要求它们提交报告。这些权力与银行监管部门对银行的权威类似(下一章转向这个问题)。

五、控股公司银行及其子公司的职权

第 1843(a)款的业务限制管辖银行控股公司及其非银行子公司。但它们不适用银行控股公司控股的银行。参见"美国独立保险代理商诉美联储理事会案"②。银行业务受它们的执照和联邦法比如第 1831a 款管制(限制有保险的州立银行可以作为自营而进行的业务)。第 1843(a)款也限制银行的非银行子公司的业务。参见"花旗集团诉美联储理事会案"③。请思考一家州非成员银行即加纳银行的情况。该银行的颁发执照州,授权银行直接或通过子公司充当房地产经纪。BHC Act 禁止银行控股公司进行这项业务。但该银行及其子公司可以继续进行这项业务:第 1843(a)款不适用于它们,而且第 1831a 款不限制代理业务。

---

① 《美国法典》第 12 卷,§1831o-1。
② 《联邦案例汇编第二辑》第 890 卷,第 1275 页(第二巡回法庭,1989)。
③ 《联邦案例汇编第二辑》第 936 卷,第 66 页(第二巡回法庭,1991)。

第四节 金融控股公司

《格雷姆-里奇-比利雷法》产生了一个新的一类银行控股公司，"金融控股公司"，它可以从事更广范围的业务。有资格作为金融控股公司的银行控股公司可以（直接或通过子公司）从事"金融"业务和"附带"业务或"补充性"金融业务。我们首先来考察合格作为金融控股公司的财务、管理和社区再投资标准，然后探讨准许金融控股公司的"金融"业务、"附带"业务和"补充"业务的范围。

一、资格

要有资格作为金融控股公司，一家银行控股公司必须满足三个标准。[1] 首先，该控股公司及其各子公司性质的 FDIC 保险存款机构必须资本雄厚和管理稳健。管理稳健要求至少有满意的综合考核评级和满意的管理评级。[2] 第二，按《社区再投资法》，每个这类机构必须至少有满意的考核评级。如果一个存款机构在过去 12 个月有了一个不满意的 CRA 评级，那么该控股公司就不能通过提交一个有满意的 CRA 记录的可接受计划而成为一家合格的金融控股公司。[3] 这个程序给予该控股公司时间以纠正 CRA 问题，但这些问题不是它造成的，而且几乎没有时间予以纠正。第三，该控股公司必须向联邦储备委员会提交一份声明，宣告它选择变为一家金融控股公司。[4] 这个声明就等于是一个简单选择：该控股公司不必提交申请或得到事先批准（与之相对比，当一家控股公司收购另外的银行时适用的程序）。

---

[1] 《美国法典》第 12 卷，§§1843(l)(1)—(2)，2903(c)(1)。

[2] 《美国联邦法规》第 12 卷，§225.2(s)(1)。

[3] 《美国法典》第 12 卷，§2903(c)(2)。

[4] 同上，§§1843(l)(1)。

　　资格标准通过剔除低效率公司,并对取得和保持良好绩效提供激励,寻求促进安全、稳健和社区再投资。要求一家控股公司的存款机构保持资本雄厚,减少存款保险的道德风险,并帮助保护纳税人免于银行倒闭的代价。要求有满意的管理考核评级,应当原则上帮助减少破坏那些机构财务状况的无能、轻率或违法的可能性。按照谚语"医生,先治好你自己吧",即体现该谚语精神的资本和管理标准要求一个问题存款机构,在管理上应在接手新关联机构的挑战和潜在混乱之前,先解决该存款机构自身的问题。要求有满意的社区再投资记录回应了两个关切:首先,多元化金融服务企业可能忽视当地社区;以及第二,抗议程序——社区团体通过它强制执行CRA——当金融服务企业以不要求提交申请、因而不提供抗议机会的方式扩展时,可能失去其效率。

　　如果其存款机构出现资本雄厚和管理稳健或有满意的 CRA 记录的中止情况,那么金融控股公司将面临制裁。联邦储备委员会必须给予公司缺陷问题通知,而公司必须同意纠正缺陷问题。只要缺陷问题存在,美联储"可以对控股公司及其关联公司的行为或业务施加"以美联储认为与 BHC Act"目的一致和适合情况的这样的限制"。如果控股公司自收到美联储通知 180 天之内没有纠正缺陷问题,美联储可能(但不是必须)要求控股公司剥离自己的任何有保险的存款机构,或终止按第 4(c)(8)款不准许的业务。① 美联储不要求剥离或终止的开放式自由裁量权有助于软化这种效应,即让控股公司存续取决于各监管部门对管理和社区再投资的判断。如果控股公司或其银行不再符合相关标准,那么自由裁量权也能避免因为太容易要求剥离或终止而造成的经济浪费。(由此类推,首先,自由裁量权也对避免这种缺陷问题弱化激励。)不管怎样,按第 1843(k)款,如果金融控股公司的任何存款机构有不满意的 CRA 评级,金融控股公司就不能着手一项新业务。②

---

①　《美国法典》第 12 卷,§ 1843(m)。

②　同上,§ 1843(k)(1)。

二、准许业务

如果银行控股公司有资格作为"金融控股公司",那么,它可以从事——或它收购的公司可以从事——这样的业务:(1)"本质上是金融";(2)"这些业务的附带业务";或(3)"对一项金融业务的补充",并且不发生"危及存款机构或一般金融体系的安全与稳健的实质风险。"①"沃尔克规则"作为《多德-弗兰克法》的一部分,一般禁止金融控股公司和其他任何一家 FDIC 保险存款机构的关联公司从事自营交易,以及拥有一只对冲基金或私募基金。

除了购买资产大于 100 亿美元的一家企业或收购一家互助储蓄机构之外,金融控股公司不必事先给予收购通知或业务通知;它只需事后 30 天内通知美联储。②

导语与注解:金融业务、附带业务和补充业务

422

BHC Act 定义了九类业务,列于第 1843(k)(4)款,作为"金融"业务:

第一,贷款,汇款(例如,支付,或从一人到另一人,或从一个账户到另一账户的其他货币移动),汇兑(也就是,本币兑换成外币,或由外币兑换成本币),为别人的钱投资,转让证券,或保护资金或证券。

第二,承销,经纪,或销售保险,保证,或赔偿。

第三,提供金融,投资,或经济建议,包括充当投资公司(例如管理一只基金的投资组合)的投资顾问。

第四,证券化贷款或一家银行可能直接持有的其他资产。

第五,证券的承销,交易,或做市(服从沃尔克规则)。

第六,从事联邦储备委员会根据法规或在《多德-弗兰克法》之前的命令,裁定在第 4(c)(8)款下密切相关银行业的任何业务。

---

① 《美国法典》第 12 卷,§1843(l)(2)。
② 同上,§1843(k)(6)。

第七,银行控股公司在美国从事那些可能在美国之外从事的任何业务,美联储根据法规或在《格雷姆-里奇-比利雷法》之前的解释,已经裁定的通常与国外银行业或金融运作相关联的任何业务,例如,管理咨询,以及经营与金融服务相关的一家旅行社。

第八,购得任何(金融或非金融)公司的股票,如果(a)购得的股票是"作为善意的承销或商人银行或投资银行业务的一部分,包括从事以增值为目的并最终转卖或处置的投资业务";(b)由一家"证券子公司",一家保险公司子公司投资顾问商,或者这种实体的子公司——而不是由一家存款机构或一家存款机构的分行持有的股票;(c)证券承销,商人银行,投资银行,或保险公司投资业务的股票,"被持有一段时间,能够因此在合理基础上符合财务可行性的出售或处置";以及(d)控股公司"没有日常管理或经营"该公司,它在该公司已经投资,"只是必须或要求获得转卖或处置的合理投资回报"。

第九,通过一家保险公司投资任何实体,以保险公司的业务"正常过程","符合管辖这类投资的相关州法",并且没有管理和经营这家实体,只是必须得到合理投资回报。

国会也确定了另外一些潜在的"金融"业务,但这些业务要受到特别处理,因为担心它们可能太宽泛。它不是将这些业务定义为"金融"业务(像它对前九类业务的定义),国会要求美联储通过法规或命令规定这些业务是金融业务还是附带金融业务的范围。[①] 这些业务是:

第十,"贷款,汇兑,汇款,为别人的钱投资,或保护金融资产而不是资金或证券。"

第十一,"提供转移货币或其他资产的一种设置或工具。"

第十二,"为第三方账户安排,影响,或便利金融交易。"

将附加的业务归类为"金融"业务还是金融业务的"附带"业务,标准是非常宽容和模糊的。联邦储备委员会必须"考虑"四个因素。第一,《格雷

---

① 《美国法典》第12卷,§1843(k)(5)。

姆-里奇-比利雷法》和 BHC Act 的目的。但这些法律自身没有包含任何正式宣称的目的,这让美联储自认为适当地从立法历史里选取。第二,"在金融控股公司竞争市场里的变化或合理的预期变化。"只要这些变化是"合理预期的",美联储可以基于这些尚未开始的变化而行动。它可能设想将"金融控股公司竞争市场"视为比金融服务市场更为宽广。第三,"提供金融服务的技术上的变化或合理的预期变化。"第四,业务是否"必要的或适当的"能够使金融控股公司(a)"与任何公司有效竞争,寻求在美国提供金融服务";(b)"通过使用技术手段有效提供本质是金融的信息与服务";以及(c)"提供客户任何可用的或出现的技术手段用于金融服务或用于数据文件图像。"①这些因素和"必须考虑"的测试体现了总体倾向于决定附加业务是金融的。(此外,缺失任何事先批准要求实际上代表了对有关金融控股公司及其律师的首次裁定。)

当美联储许可金融控股公司从事一项非金融业务,而且它认为这项非金融业务是"补充金融业务的",类似的宽容标准是适用的。"补充"是一个非常模糊的标准,没有对许可业务规定约束。也没有规定业务不出现"对存款机构或一般金融体系的安全与稳健的实质性风险"——这样的标准,几乎所有合法的业务活动都可能获得批准。②

提问和评论

1. 许可银行与范围很广的其他公司关联,对消费者有好处吗?

2. 如果你正在从头设计一项法规,许可金融控股公司从事"金融"业务、"附带"业务和"补充"业务,你会在三者何处划线? 如果你倾向于保守立场,你可能保留那些大多数人认可是金融的"金融"业务,比如在第 1843(k)(4)(A)-(F)款列出的那些业务。然后你可能让"附带"业务包含金融业务与非金融业务之间的边缘部分(例如,商人银行和保险公司在非金融

---

① 《美国法典》第 12 卷,§1843(k)(3)。

② 同上,§1843(k)(1)(B)。

公司的投资），而且让"补充"业务充当安全阀。现在来比较这种方法与《格
雷姆−里奇−比利雷法》的实际做法，已如第 1843(k) 款反映。详细列出的
"金融"业务已经包含了边缘地带的大部分（例如，商人银行和保险公司在
非金融公司的投资），而且有可能包含一些远离边缘的业务。为什么这样？
关于有资格作为金融业务和附带业务，立法起草人有意识地寻求广阔的眼
界。但有些证券公司、保险公司，以及其他公司——不愿将它们未来的经营
灵活性押注在美联储的自由裁量权上——通过扩大特别定义为金融的业务
列表，寻求更大的确定性。相比于美联储用宽容标准可能添加的归类为
"金融"或"附带"的业务，这个扩大的列表现在提供了一个更广泛的基础。

3. 你能给出一些例子，说明业务"附带"或"补充"于金融业务？现在
由一家金融服务公司的一个关联公司开展的某种业务，至少不能作为合格
的补充业务，你能识别吗？

4. 按第 1843(k)(1)(B) 款，美联储不能许可作为任何"补充"业务"发
生危及存款机构或一般金融体系的安全与稳健的实质风险。"但什么合法
业务不能通过这些标准？经营赌场？大概不行，除非关联银行拿自己的资
产打赌。经营有毒废品垃圾？假定法院不顾及关联银行法律主体分离的任
何显著风险，经营有毒废品垃圾会对那些特殊银行产生必有的风险——因
此不能通过第 1843(k)(1)(B) 款的两个选择标准的第一条标准。但那项
业务——或任何其他合法的业务活动——由于"发生危及……一般金融体
系的安全与稳健的实质风险"，也不能通过第二条标准吗？实际上这条标
准似乎要求产生很大的风险。这样的一种风险产生于经营毒气管道，产生
计算机致命病毒，训练高级黑客损坏竞争对手金融机构的计算机。然而，这
些活动都是非法的。这些极端例子超出了法定标准的容许底线，也超出了
美联储许可"补充"业务的宽容的自由裁量权。

5. 按照美联储，《格雷姆−里奇−比利雷法》的立法历史"表明补充业务
是与金融业务密切相关的业务，或者与金融业务一起进行的业务，或者是从
一种金融业务分流出来的业务。"然而，为什么任何这样的业务也无资格作
为"附带"的金融业务，因此避免需要认定它们为"补充"业务呢？

6. 按照第 1843(k)(2)款,美联储必须协商财政部是否许可金融控股公司的一项业务被认定为"金融"业务或"附带"业务(而不是补充业务),而财政部可能否决这样的一个认定。当财政部考虑是否许可银行子公司的一项业务被认定为"金融"业务或"附带"业务时,适用镜像规则。① 为什么这些程序如此繁复? 财政部提议让美联储和财政部对控股公司和子公司作出这样的联合认定。但美联储声称与财政部联合认定会损害美联储的独立性。为了作出回应,众议院银行委员会采纳批准了美联储必须协商财政部、财政部有否决权的镜像规则。

注解商人银行业务和"金融"业务的范围

425

商人银行业务,也叫做私募股权投资,涉及购买和持有公开市场不存在的法人股。在这个规则下,一家金融控股公司可以拥有和控制非金融公司。可是,第 1843(k)(4)(H)款将这类业务归类为"金融"业务,设若金融控股公司符合四个规则——几乎不施加明显约束的规则。首先,或许最重要的是,金融控股公司必须"作为诚实承销或商人或投资银行业务的一部分"而获得股票。不过,该法规定这样的业务包括"投资业务从事的目的是增值,而最终是转售或处置该投资。"在资本主义经济下,大多数证券投资正是这个目的:为挣钱而持有证券,直到他判断到了要卖出的时候。第二,股票的持有者必须是一家"关联证券公司"(例如,登记为经纪商或交易商),一家保险公司的关联投资顾问公司,或者这类实体的一个关联公司——而不是一家存款机构或一家存款机构的子公司。该关联证券公司或投资顾问公司不必自己持有股票;只要这样的一个实体形成了金融控股公司的公司家族的一部分,股票可以归属在任何实体,但存款机构及其子公司除外。第三,股票必须"被持有一段时间,能够因此在合理基础上符合所涉业务财务可行性的出售或处置,"所涉及的业务就是证券承销,商人银行业务,投资银行业务,或保险公司投资。金融控股公司可能字面上满足法律语言的说法

---

① 《美国法典》第 12 卷,§24a(b)(1)(B)。

是,持有股票而在价格恰好适于出售时卖掉。再次强调,如果不是大多数也是许多股票市场投资者的真切目标:在恰当时间卖出股票——不早不晚。第四,金融控股公司必须"不是日常管理或经营"(简化之,管理)该公司,它在该公司已经投资,"只是必须或要求获得转卖或处置的合理投资回报"。此处,例外情况很宽,很有可能吞没该规则:当"必须或要求"获得合理投资回报时,金融控股公司可以日常管理这样的公司。这在字面上规定了日常管理(甚至微观管理)只是在免费情况下。总之,这四个法定规则,远不是划定一种独特的金融业务,而是产生了一种伪装性限制,没有规定很实在的约束。

贯彻美联储和财政部制定的这些规则,的确规定了一些约束。这些规则规定了五个主要限制或要求,经常将免责安全港与旨在有效禁止日常管理的限制结合在一起。第一,如果直接持有投资则一般不超过 10 年,而如果通过私募权益基金持有投资则不超过 15 年。第二,金融控股公司不能使官员、董事或雇员与它投资的公司(投资组合公司)连锁——除非投资组合公司(a)有它自己的官员和雇员负责日常管理该公司,并且(b)该控股公司日常不管理投资组合公司。但如果这两个条件得到满足,该控股公司甚至可以任命投资组合公司的整个董事会。第三,一家控股公司的官员、董事或雇员一般不能(除了作为董事)监督投资组合公司的官员、董事或雇员,或参与那个公司的日常经营或普通管理决策。但"在干涉……有必要或要求时,比如避免或解决明显的操作损失或与投资组合公司的高级管理有关的损失,为获得金融控股公司投资……依据转卖或其他处置该投资情况的合理回报",控股公司可以日常管理投资组合公司。第四,控股公司不能合同上限制投资组合公司的日常经营决策,但可以在合同上规定控股公司批准业务常规之外的行动措施。这些非日常性措施具体包括发行或赎回证券;免职或撤换执行官、独立会计师、审计师,或投资银行家;修改公司议事程序和公司章程;进行重大收购;出售重要子公司;或显著改变公司"业务计划或会计方法或政策。"第五,为便利监督控股公司参与管理投资组合公司,控股公司必须对这样的参与情况形成文件,并对此给出理由。①

第 1843(k)(4)(H)款的商人银行条文强调了授予控股公司的权力的广泛。该成文法许可重要的非金融关联关系——并继而称其为"金融"。这种"金融"的伸展类似中世纪欧洲的野蛮人部落的大规模洗礼:驱使10,000异教徒东哥特人过河可能把他们弄湿,但此外便没有可辨别的变化。

三、沃尔克法则

《格雷姆-里奇-比利雷法》授予控股公司很宽的权力——我们刚考察的成文法昭显了这些权力。但编入《美国法典》第 1851 款的沃尔克法则限制这些权利的某些部分。它一般禁止任何"银行业实体"从事自营交易,并禁止发起对冲基金或私募基金或持有它们的权益。"银行业实体"指任何FDIC 保险的存款机构,控制这类机构的任何公司(包括金融控股公司),以及这样一家实体的任何关联公司或子公司。"自营交易"是指为自己的短期交易账户买卖证券、衍生品、期货或期权。关于对冲基金和私募股权基金的解释,参见边码第 743,755 页。第 1851 款作出各种例外规定。银行业实体可以从事缓释风险的套期保值业务——这些业务旨在减少特定风险。它可以买卖金融工具,这些金融工具与承销或做市有关。如果它对基金提供受托人或投资咨询服务,那么它可以组织一只对冲基金或私募股权基金,仅向现有客户提供基金利益,只对基金提供创办资本,只保留少量投资,并且不与基金拥有同一名字。

问　题

427

1. 欧德曼萨克斯集团是一家精英投资银行公司,是包括在美国证券交易委员会登记的经纪-交易商,也是全国最大保龄球道的所有者。欧德曼数年前购买了保龄球道,恰好预料到,随着婴儿潮一代上了年纪,保龄球会变得更加流行。欧德曼最后打算卖掉保龄球道,时间上是在投资有最大化回

---

① 《美国联邦法规》第 12 卷,§ 225.171。

报的任何时候。欧德曼可以购买一家银行并变成银行控股公司吗？可以变成金融控股公司吗？为什么？

2. 节俭银行股份公司,是一家银行控股公司,控股两家银行:胖银行和瘦银行。自1970年节俭银行股份公司就拥有了胖银行,10个月之前收购了瘦银行。胖银行有50亿美元总资产,35亿美元风险权重资产,3.5亿美元普通股,5,000万美元其他一级资本。最近考核时,胖银行得到了满意的管理与社区再投资评级。瘦银行有10亿美元总资产,7.5亿美元风险权重资产,3.6亿美元普通股,2,200万美元其他一级资本,1,000万美元二级资本。最近考核时,瘦银行得到了满意的管理评级,以及"需要改进"的社区再投资评级。节俭银行股份公司可以变成一家金融控股公司吗？

3. 快速集团是一家金融控股公司,想收购利兹汽车,它专门生产和租赁运钞车。许可收购的最好论点是什么？

4. 黑羊银行股份公司是一家银行控股公司,控股巴阿银行和巴阿资本。按照《银行控股公司法》第4(c)(8)款,巴阿资本数年来已经从事承销和买卖全系列证券,包括政府、市政和公司证券。美联储已经禁止巴阿资本获得多于25%的涉及证券(例如公司)的业务收入,这些证券业务是国民银行不能直接承销和买卖的业务。现在,黑羊银行股份公司希望解除这种限制——不适用金融控股公司的限制。巴阿银行是资本充足的。黑羊银行股份公司能够解除这种限制吗？如果是这样的话,如何解除这种限制？

5. 优惠券快捷公司代表零售商处理制造商的优惠券。零售商将收到的优惠券交给优惠券快捷公司。优惠券快捷公司分类整理这些优惠券,提交相关制造商,收到优惠券付款,然后返还零售商。优惠券快捷公司很少为金融产品或服务处理优惠券。一家银行控股公司可以控股优惠券快捷公司吗？

6. 利维坦控股公司是一家银行控股公司,要收购迈达斯资本公司。迈达斯对很多公司进行长期资本投资,它目前主要控股的公司包括若干健康俱乐部,若干赌场,若干电子游戏厅,一家礼仪学校,一家虚拟当铺,以及一本旅行杂志。迈达斯拥有这些公司的有投资权股票的占比在10%至90%。"迈达斯享有坚强而自信的投资者的应得美誉,"按一个主流金融杂志的说法。"一个小公司的首席执行官代表迈达斯投资的很多企业讲话,他说迈达斯应当将'你赚钱或者我们让你赚钱'作为它的座右铭。"利维坦可以收购迈达斯吗?

7. 利维坦还要收购狂躁软件公司,它面向个人、金融与非金融公司开发和销售软件。狂躁软件公司有特点的计划是帮助消费者平衡自己的支票本并控制自己的财务;帮助小公司预测相关经济趋势;帮助飞机出行的人们比较票价并网上购票;以及帮助旅行社管理数据。为了在网上说明和促销自己的产品,狂躁软件公司提供一项在线消费者财务规划服务(叫做查斯坦),以及一项在线旅行社服务(叫做嗨斯坦)。利维坦可以收购狂躁软件公司吗?

第五节 储贷机构控股公司

《储贷机构控股公司法》是 BHC Act 的随和的小后生:与严厉而刻板的长辈同似一家,但具有自己的历史和个性。储贷机构控股公司(储蓄机构控股公司)指一家公司——不是在美联储登记的银行控股公司——控股一家储蓄协会,或对控股一家储蓄协会的一家公司控股。① 反之,储蓄协会指联邦储蓄协会,联邦储蓄银行,或者州立储贷协会。如果 FDIC 没有将它作为一家州立银行监管,那么它也包括州执照的"合作银行"。即便作为登记的一家银行控股公司控制一家储蓄机构,那它只能是一家银行控股公司;它不能也是一家储蓄机构控股公司,从而不需要与另一家控股公司监管部门打交道。

《储贷机构控股公司法》定义了"公司"和"控制",与 BHC Act 的相应部分大致相似。但与银行控股公司相比,储贷机构控股公司面对着不同的一套业务限制。此处,该法区分了"多元"和"单元"储蓄机构控股公司。一

---

① 《美国法典》第 12 卷,§1467a(a)。

家"多元"储蓄机构控股公司控制着不止一家储蓄机构;"单元"储蓄机构控股公司只控制着一家储蓄机构,不算那些已经或将要破产而被收购的储蓄机构。① 《储贷机构控股公司法》严格限制多元储蓄机构控股公司的业务。这样的一家公司可以拥有和经营储蓄机构的建筑物;对储蓄机构履行管理服务;管理或清偿储蓄机构的资产;充当保险代理,或充当信托契约下的受托人(抵押贷款的一类),或充当第三方托管;从事美联储根据法规认定的业务,这些业务是 BHC Act 第 4(c)(8)款准许银行控股公司的业务;以及从事截至 1987 年对储蓄机构控股公司依据规定授予的其他业务。② 但是,如果单元储蓄机构控股公司的储蓄机构满足"合格的储蓄放贷机构的测试(QTL 测试)",那么对单元储蓄机构控股公司没有业务限制。③ 在 QTL 测试下,储蓄机构必须至少保持自己的投资组合 65% 投入合格的投资。这类投资包括住房抵押贷款,住房权益贷款,抵押支持证券,教育贷款,信用卡贷款,以及对小企业贷款。④ 如果单元储蓄机构控股公司控股的一家储蓄机构持续地通不过 QTL 测试,那么,该控股公司要服从 BHC Act 的业务限制。

美国联邦储备委员会管理《储贷机构控股公司法》。以此身份,美联储有权处理储蓄机构控股公司引起严重风险,危及子公司储蓄协会安全、稳健或稳定的的任何业务。题美联储可以"规定这样的限制,因为理事会……决定必须解决这样的风险,"也就是通过:(1)限制储蓄机构付给母公司的股息分红;(2)紧缩对储蓄机构与关联公司之间交易的限制;以及(3)限制使储蓄机构承担关联公司负债从而可能产生严重风险的任何储蓄协会业务。⑤

《格雷姆-里奇-比利雷法》拒绝在 1999 年豁免日之后,对收购储蓄机构的非金融公司按单元储蓄机构控股公司对待。被豁免的(grandfathered)单元储蓄机构控股公司可以(如果其储蓄机构满足 QTL 测试)着手任何业

---

① 参见《美国法典》第 12 卷,§1467a(a)(1)(E),(c)(3)。
② 同上,§1467a(c)(1)—(2)。
③ 同上,§1467a(c)(3)。
④ 同上,§1467a(m)。
⑤ 同上,§1467a(p)(1)。

务,或收购任何金融或非金融公司。但这项特权不延及在豁免日之后变成储蓄机构控股公司的那些公司,包括收购了被豁免的储蓄机构控股公司的那些公司也不享有这个特权。这样的一个收购者只可从事准许金融控股公司或多元储蓄机构控股公司的业务。[①] 请思考下面的例子(参见图 8 - 5):瀑布工业公司控制沙斯特储蓄机构,沙斯特储蓄机构满足

图 8 - 5　非金融机构
与储蓄机构

QTL 测试。瀑布工业公司在 1999 年之前收购沙斯特储蓄机构,因而有从事任何业务和收购任何公司的豁免权利。但是,如果全球运输公司在 1999 年之后收购了瀑布工业公司,全球运输公司本身将没有任何豁免权利。全球运输公司只可以直接或通过子公司从事准许金融控股公司或多元储蓄机构控股公司的业务。尽管瀑布工业公司会保持自己的豁免权利,但对全球运输公司并无帮助:全球运输公司既不能从事非金融业务(直接或通过瀑布工业公司)也不能控制沙斯特储蓄机构。只要全球运输公司控制瀑布工业公司,瀑布工业公司的非金融业务和收购只会给全球运输公司造成麻烦。美联储可能漠视交易形式,并认定实质交易导致一家新公司取得控制沙斯特储蓄机构。[②]

第六节　银行子公司

在考察了控股公司的关联关系模式之后,现在转向另一种关联关系的基本形式:子公司关联关系模式。在这种关联关系模式里,银行控制一个或多个从事非银行业务的公司。(其他发达国家的银行经常用这种模式:当与其他公司关联时,银行本身一般居于公司金字塔的顶端,其他公司作为银

---

① 《美国法典》第 12 卷,§ 1467a(c)(9)。

② 同上,§ 1467a(c)(9)(E)。

行的子公司。)我们再回到对"运营分公司"和"金融子公司"的区分上,早前关于第 23A 款、第 23B 款的讨论已经考察过这个问题:运营分公司仅从事国民银行可以直接进行的业务,而金融子公司从事国民银行不能直接进行的一种或多种业务(例如,承销公司证券)。①

如果州立银行资本充足,而且 FDIC 认定该业务对存款基金不形成显著风险,那么州立银行运营分公司可以从事准许国民银行子公司的自营业务。②

国民银行的"金融子公司"可以从事任何金融业务,但保险承销、发放年金以及商人银行业务除外。该银行必须保持资本雄厚和管理稳健,并有满意的 CRA 记录。它必须从自己的监管资本中扣除在子公司的每一美元的银行权益投资。它与子公司的交易必须符合第 23A 款和第 23B 款。它在所有子公司的累计资产总额不超过 500 亿美元,或者该银行合并资产总额的 45%。③ 这些保护措施也适用于州成员银行。按 1831w 款,更弱的限制和要求适用 FDIC 保险的州立非成员银行。

当 FDIC 保险的储蓄机构的一家子公司从事不准许国民银行的自营业务时,该储蓄机构对子公司的所有"投资和信贷扩展"从该储蓄机构资本中扣除。④ 如果持续拥有对储蓄机构"安全、稳健或稳定""构成一种严重风险",或是"与稳健银行经营原则不一致",FDIC 可以要求剥离子公司。⑤ 州立储蓄机构子公司可以从事不准许联邦储蓄协会子公司的业务,仅当州立储蓄机构资本充足,并且 FDIC 认定,该子公司的业务和该储蓄机构在子公司的投资对存款保险基金造成"非重要风险"。⑥

---

① 一般参见《美国法典》第 12 卷,§24a。
② 参见同上,§1831a(d)(1)。
③ 同上,§24a。
④ 同上,§1464(t)(5)。
⑤ 同上,§1828(m)(3)。
⑥ 同上,§1831e(c)(2)。

第九章　检查考核与强制执行

　　在前几章里,我们考察了范围很广的管辖银行及其关联公司的规则,这些规则旨在保持银行健康并支持其他公共政策。本章我们考察另一个银行监管的关键支柱:监管部门检查与监控银行,并执行适用法律的程序。我们首先考察监管制度,监管部门通过监管制度寻求评估风险,识别潜在问题,发现不稳健或违法的做法,并鼓励采取纠正措施。然后我们考察监管部门可以用来强迫遵守并惩处轻率或不当行为责任者的各种强制执行权力。

第一节　　监测

一、背景

　　在美国,银行是受到最严密审查的行业。银行必须披露关于资产、负债、权益、收入和现金流的大量数据。它们必须报告自己在社区的投资记录;内部政策、计划和账务模型;遵守法律规定的合规策略——以及很多其他内容。它们必须对负责检测可疑行为的检查官开放他们运营的最私密细节。

　　不只如此,这种监管审查还有锋利牙齿。从事可疑行为的银行面临密切关注和日益严格的监管。如果这些行为是不稳健或违法的,该银行的监管部门可能对该银行或对银行管理层或对两者签发禁止令。监管部门可能对持续违反行为经评估给予严厉民事处罚。它可以要求该银行的管理层、董事会以及员工赔偿对银行的损害,可以开除(即解雇)银行——他们可能度过其整个职业生涯之所——的内部人——并永远禁止他们再为联邦保险的存款机构工作。

并不令人惊讶,银行检查官喜爱美国民间传说中的可怕声誉。欧·亨利在自己的短篇小说《圣罗萨里奥的朋友们》,描述了一位银行检查官"如此冷酷和迅捷,如此不讲人情和毫不妥协……以至于他一出现仿佛就有一桩指控——一个绝不犯错也不会放过错误的人。"赏玩电影的行家们会想起电影《美丽人生》的故事情节,一次银行检查促使吉米·斯图尔特从桥上一跃而下。斯图尔特扮演的角色人物拥有并管理一家储蓄银行。他派自己倒霉的叔叔比利在这家当地银行做大笔现金存款。正当卡特先生——这个缺乏幽默感、戴厚框眼镜的银行检查官出现在现场时,比利叔叔丢了那笔钱。虽然我们十分同情斯图尔特,然而我们也能看到,为什么对银行检查官来说,当时的情况具有不胜任、裙带关系和欺诈的味道。尽管斯图尔特的守护天使让斯图尔特幸免于难,但在眼神冷峻的银行检查官发现他们文件违规时,不是所有银行家都如此幸运。我们将在下面的几页里遇见一些不幸的银行家。

二、监督制度

监管部门使用两种主要方法评估银行财务状况和遵守法律情况:非现场监测和现场检查。

非现场监测涉及收集和分析银行自己提供的信息。银行必须按季度提交经营情况报告,叫做"财务季报",包含详细的财务数据资料。监管部门通过计算机分析这些数据,如果分析表明有潜在问题,那么,要对银行予以特别审查。

监管部门在银行办公室进行现场检查。现场检查便于取得超出银行自己报告之外的信息。检查官可以深入研究文件以评估特定贷款的质量,或查找欺诈或内部滥用的证据。通过询问银行高级职员,检查官可以更好地理解银行的运营,也能够更好地判定管理能力。

检查是劳动密集型工作。在 1999 年期间,一次 FDIC 检查,对于资产总额介于 1 亿美元至 2.5 亿美元之间的银行平均需要 623 个检查小时,而对于资产总额介于 5 亿美元至 10 亿美元之间的银行平均需要 986 个检查小时。检查大型银行可能需要许多检查人员工作数月。

按《联邦存款保险法》，每家 FDIC 保险银行的主要联邦监管部门一般必须每年"进行一次全面现场检查。"①对于资产总额少于 2.5 亿美元的健康银行，检查可以间隔 18 个月。对于州立银行，州监管部门的检查可以取代联邦检查（例如，关于检查大型州成员银行，在偶数年份由联邦储备委员会检查，在奇数年份由州银行监管部门检查）。对于问题银行或其他被识别出（例如，从财务报表和先前检查）作为有问题情形的银行，监管部门可以也的确进行更频繁的检查。

除了安全与稳健检查之外，监管部门的现场检查可以采取专项检查、派驻检查、巡视检查以及视察检查等形式。监管部门专项检查重点是信托部门，电子数据处理，以及消费者保护法律与社区再投资法遵守情况。监管部门对大型银行派驻检查，这些银行足够大，保证一年到头现场检查，检查人员一般在银行有办公室。巡视检查没有宗教意义（尽管他们可能促使有些银行家祈祷），他们只是进行小规模的、有限目的的检查。长期以来，美联储将自己对银行控股公司的现场巡视叫做视察检查——这个用法的出现是为了避开法律规定美联储负责控股公司检查的用法。

检查银行的责任遵循《美国法典》第 12 卷第 1813（q）款（为特定类型的被监管实体界定"联邦银行监管主管部门"）划出的管辖权界限。每一联邦银行业监管部门作为主要联邦监管部门检查那些实体。OCC 检查国民银行和联邦互助储蓄机构。联邦储备委员会检查控股公司、州立银行和某些特殊国际金融公司（《埃奇法》公司和协议公司）。FDIC 检查州立非成员银行和州互助储蓄机构。国家信用社管理局检查信用社。州立银行、互助储蓄机构和信用社监管部门检查他们特许的机构；他们可以单独检查，或者与联邦银行监管主管部门协同检查。

监管部门也可以有某些职权检查主要由其他联邦银行业监管部门监管的实体。如果 FDIC 董事会认定对于确保银行状况"符合保险目的"有必要

---

① 《美国法典》第 12 卷，§ 1820（d）。

进行检查,那么 FDIC 可以检查任何 FDIC 保险的机构。① 联邦储备委员会可以检查国民银行,国民银行都是联邦储备体系成员。② 在实践中,礼让规则限于主要由其他联邦监管部门监管的实体的检查,FDIC 一般只检查有问题的银行,美联储仅作为控股公司监管部门或贴现窗口贷款人检查国民银行。

每个联邦银行业监管部门,当作为主要联邦监管部门检查银行时,如果有必要揭示该银行与一个关联公司的关系,或某交易与一个关联公司的关系,那么可以检查该银行的这个关联公司。③ 但监管部门可以检查一个"功能上被监管的"关联公司——例如,一个保险公司,或一个证券经纪商、交易商、投资顾问,或投资公司——只要监管部门有合理理由相信,该关联公司对一个有关联的被保险的银行引起了重大风险,或者正在违反该监管部门有"特别管辖权"强制执行的法律。④

各监管部门之间没有协作或合作,监管结构的复杂性和巴尔干化现象可能导致重叠或重复的检查,这将浪费监管部门资源,造成混乱,以及不必要地增加银行负担。这种监管结构也能让安全和稳健问题未加检查而通过,对此好像没人负责。为了避免这两种错误——以及便利监管部门之间更大协作和一致——国会已经设立了联邦金融机构检查委员会(FFIEC)。⑤ 这个委员会由 OCC、美联储、FDIC 和 NCUA 组成。通过 FFIEC 的工作,各监管部门已经建立了一套详尽的共同技术标准以及联合培训课程。国会也要求银行业监管部门联合工作,消除重复信息需求,并在各监管部门之间以及与州银行监督部门一起开展协作检查。⑥

州监督部门通过 FFIEC 州联络委员会参与 FFIEC。联邦和州监管部门共同分享检查报告。联邦各监管部门最为依赖具有可敬检查队伍的那些州

---

① 《美国法典》第 12 卷, §1820(b)3。
② 同上, §248(a)(1)。
③ 同上, §§338,481,1820(b)(4)(A)。
④ 参见同上, §§1831v,1844(c)(2)。
⑤ 同上, §§3301—3308。
⑥ 同上, §1820(d)(6),4804。

的检查。州银行监督委员会和全国州信用联盟监督协会两家都有认证方案,以证实州监管部门满足履职和职业化的定义标准。

FFIEC 法令要求成员部门"建立金融机构检查的统一原则、标准和报表格式。"①监管部门相应设计了评级系统。我们转向讨论这个评级系统。为了概括这一段,我们采用《FDIC 风险管理检查政策手册》第1.1 款(2012)中的"基本检查概念与指南"。

为了评估银行的财务稳健性,检查员使用《统一金融机构评级体系》,通常叫做"骆驼评级体系"。首字母缩略词"CAMELS"反映了这个体系的六个关键组成部分(也就是,检查员评估银行的六个方面):资本充足性、资产质量、管理水平、盈利状况、流动性,以及市场风险敏感度。检查员对每个组成部分按 1 至 5 定级,1 代表可能最高得分,而 5 代表可能最低得分(表9-1)。在这样做的过程中,检查员对"这个组成部分及其与其他组成部分的相互关系"作出定性判断——全部按照银行管理能力"识别、测量、监测和控制"银行面对的风险。因此,第三个组成部分即管理质量,影响其他五个组成部分的评级。

表 9-1 骆驼组成部分评级

评分	含义
1	强健
2	满意
3	较不满意
4	有缺陷
5	严重缺陷

对各个组成部分评级之后,检查员赋予该银行一个综合骆驼评级,综合骆驼评级也是分为 1 至 5 级(表 9-2)。

---

① 《美国法典》第 12 卷,§3305(a)。

表 9-2　　　　　　　骆驼综合评级

评分	含义
1	整体稳健
2	基本稳健
3	引起关注
4	不安全与不稳健
5	极不安全与极不稳健

435　　　　为取得综合评级,检查员考虑六个组成部分的评级,以及"显著支持银行整体状况和稳健性的任何其他因素的评级。"综合评级反映的不仅是各个组成部分的平均情况,而且是该银行"管理、运营和稳健"情况的一种"定性评价"。管理质量再次显得特别重要。边码第 437 页的表格(表 9-3)总结了综合评级标准。

骆驼评级体系,无论是部分还是整体,都考虑银行的规模大小、复杂程度、业务类型和风险状况。因此,检查人员对大型国际活跃银行比小型社区银行要求更成熟的管理体系。检查人员密切关注银行运营的一个薄弱方面如何可以要求抵消其他强势方面。以复古银行为例,它像 1960 年代的互助机构一样,对长期、固定投资融资严重依赖短期存款。日益提升的利率使得复古银行资产的市值因为没有相应地降低银行负债的市值而下跌——因此引起该银行的净值陡降。这种过大的利率风险敞口涉及不可接受的大量"市场风险敏感性,"这是骆驼评级的第六个组成部分。这种风险敞口也反映了复古银行管理不力,并对银行的收益、流动性和资本充足性造成了风险。爬升的利率会迫使银行对存款和其他借入资金支付更高的利息(减少收入),卖出资产或找到新的融资来源(改善潜在流动性问题),或两者并行。

我们现在转向六个组成部分的评级标准。

资本充足性:在评估银行资本充足性方面,检查人员评估(1)银行与其面临的风险相称的资本水平以及(2)"识别、测量、监测和控制"这些风险的管理能力。因此,银行可能需要增加资本以抵消其风险管理的薄弱环节。检查人员考虑银行的贷款损失准备金,获取资本,以及发展规划与前景。即便一家银行符合所有资本标准,它也不一定得到一个满意的资本充足性评级;规定资本水平代表最低要求,不是稳健银行经营的标准。因此,一家银行有 10% 的杠杆率和 20% 基于风险的资本比率,相对于它面临的风险而言,仍然具有资本不足的问题。

资产质量:正面而言,"资产质量"意味着一家银行资产(包括贷款、证券、其他投资,以及止赎得到的财产)以及表外交易的稳健——所有这些都按照"识别、测量、监测和控制信用风险"的管理能力予以考察。负面而言,"资产质量"指就有关管理中存在的任何不足来看,与这些资产与交易有关的现有和潜在的信用风险。检查人员衡量影响银行资产"价值或变现能力"的任何风险,包括借款人违约风险、证券发行人违约风险,以及其他违约风险。他们仔细审查银行的贷款与投资标准,内部控制,以及风险识别与贷款管理的实际做法。他们也考察银行持有资产的多元化程度,或信用风险的集中程度。

管理水平:"管理水平"评级反映了银行董事会和高级职员层的能力,"在他们各自的角色方面,识别、测量、监测和控制"银行业务风险,并确保银行按照适用法律"安全、稳健和有效运营。"董事会应当"提供关于可接受的风险敞口水平的清晰指导,并确保建立适当的政策、程序和实际做法。" [436] 同时,银行高级职员层担负的责任是"将董事会的目标、任务和风险限额转化成审慎的运作标准。"良好的管理需要"董事会和高级职员层的积极监督;胜任的员工队伍;充分考虑机构规模和成熟的政策、程序和控制;保持适当的审计计划和内控环境;有效的风险监测和管理信息系统。"

盈利状况:在银行盈利状况评级方面,检查人员重点关注这些收益的规模、趋势和可持续性,以及"预算系统、预测过程以及其他管理信息系统的……适当性。"检查人员密切注意可能损害未来收益的情况:例如,过高的利率风险;信用风险过高或管理不善;"其他风险敞口……管理不善";费用控制不力;"过分依赖超常收益、一次性事件,或税收优惠影响";以及"执行不当或不明智的商业战略。"

流动性：在银行流动性评级方面，检查人员审查银行的资金管理实践，并将银行的现金需求与其以出售资产或外部借入的及时方式筹集资金能力加以比较。该银行应当：保持"充足流动性以支付它自己的财务债务……并履行其社会合法银行业务需要，"做好应对市场压力的准备，并避免"过度依赖"高成本或不稳定资金来源（例如，经纪转存款）。

市场风险敏感度："市场风险敏感度"表示"利率、汇率、商品价格或股票价格的变化程度"可能减少银行的盈利或净资产市值。银行的盈利和净值弹性越大，银行的评级就越高。对大多数银行而言，市场风险主要是利率风险。其他类型的市场风险可能产生于外汇交易；商品或公司股票担保贷款；对农场主、牧场主或其他商品生产商或出口商贷款。检查人员考虑"识别、测量、监测和控制市场风险的管理能力"，以及该银行的"资本与盈余相比于市场风险暴露的实力。"

437   下表总结了综合评级的标准（表9-3）：

表9-3

骆驼综合评级标准

综合评级	总体健康程度	通常无组成部分差于	弱项	弹性	遵守法律	绩效与风险管理*	预后	监管回应
1	总体稳健	2	仅轻微弱点;管理层†通常可以处理	可以承受明显经济压力	实质遵守	最强		无需担心
2	基本稳健	3	仅中度弱点;管理层可以处理	可以承受商业波动	实质遵守	满意	不会倒闭	无实质担心;非正式和有限回应
3	引起关注	4	各项弱点中,重度;管理层纠正滞后	商业波动时脆弱	可能实质违反	风险管理可能不足	不会倒闭	格外注意;可能的执法行动
4	不安全与不稳健		问题严重;管理层不能解决	不能承受商业波动	可能实质违反	业绩欠佳;风险管理不足	若问题不予解决,明显可能倒闭	密切注意;正式的执法行动
5	极不安全与极不稳健		问题严重到管理层不能控制;需要立即即外部协助			业绩糟糕;风险管理不足	很可能倒闭	同上;需考虑收购,托管,接管

† "管理层"包括董事和各位执行官。

* 相对于银行的规模、复杂程度和风险状况。

438

提问和评论

1. 为了帮助发现违规,监管部门长期以来就倾向于不事先通知地进行检查。由于银行变得更加复杂,令人吃惊的检查已让位于合作计划。监管部门告诉银行检查开始的时间以及银行应当准备的信息内容。

2. 在检查之后,检查负责人提出暂时性结论,包括推荐骆驼评级,对银行高级管理人员的推荐评级(而且,如果这个结论特别重大,那么也包括对董事会的推荐评级)。管理层将很好地采取接受、合作的态度回应任何批评。这种方法可能鼓励检查人员在最终报告里软化批评。相反,如果是一种固执的或爱争议的回应可能激起检查人员尖锐而扩大的批评。管理层在起始阶段具有影响报告的最佳机会。检查负责人向该监管部门的自己上级人士提交最终检查报告。该报告包括骆驼评级、扩展文档和分析。各上级人士审阅报告,并决定是否确认检查评级。他们可能向银行最高级管理层追问任何不利的发现。如果管理层不能提供满意的解释或者承诺改正问题,那么该银行将面临更强的监测。此外,如果银行得到一个骆驼综合评级3级或更差,那么监管部门将可能采取一项或多项强制执行措施。这些措施下一节讨论。

3. 银行对不利检查报告有所纠正而不是低声下气地乞求监管部门宽大? 国会要求每一银行监管部门对于该部门监督的银行要有"可用于审查重要监督决定……的一个独立的跨局处上诉处理程序,"包括关于检查评级、贷款损失准备以及贷款质量这些对银行有重大意义的决定。监管部门必须提供防范检查员报复的防护措施。每家监管部门也必须要有一个"申诉专员",他必须"担当该监管部门与受任何问题影响的任何个人之间的联络员,这样的当事人可能与该监管部门有交往,这种交往是由于该监管部门的监管活动引起的",以及"确保防护措施存在,足以鼓励投诉人前来投诉并为投诉人保密。"[①]

---

① 《美国法典》第 12 卷,§4806。

4. 要是银行业监管部门试图根据检查员报告发出强制执行令,银行也有权利挑战检查员的结论和分析。由于负责审查的法院不愿以自己的判断取代现场专家检查员的判断,所以这种挑战通常以失败告终。"阳光州立银行诉 FDIC 案"[①]提供了银行敢于挑战检查报告的教训。FDIC 根据许多贷款归类为损失、可疑或次级的检查报告,试图罢免银行执行官和董事们。尽管行政法法官(ALJ)拒绝了检查员的大多数分类,但是 FDIC 对大多数被拒绝的分类予以复原。上诉法院予以确认:

> 银行检查员的专长是唯一的。……检查小组花费了 3000 小时,详细分析了该银行的资产。检查小组负责人……已经参加过超过 500 家银行的检查,超过 150 次担任检查小组负责人。其他五位成员已经集体参加过超过 1650 次检查。……在对一笔具体贷款得出偿还可能性的结论上,检查员对事实运用了自己的专长、训练和经验,并作出了推论和判断。要恰当预测一笔特定贷款的偿还可能性,一个人需要这种专长。除非显示武断、反复无常或超出了合理范围,ALJ、董事会和法院必须对这些专家给予充分尊重。

法院应当对 ALJ 的认定给予更大尊重吗? 这个结果破坏了 ALJ 的作用吗? 如果 FDIC 肯定 ALJ 并拒绝银行检查员的分类,那么法院应该采取什么方法呢?

5. 银行业监管部门强调检查不是审计。罗伊·肖特兰教授概述了两者的区别:

> 审计由注册会计师进行,具有单一或基本独立的目的:为了投资者和可能依赖财务报表的其他人的利益,对实体的财务报表和已确立的标准例如公认会计准则的合规程度,收集证据以证明和表达一种意

[①]　《联邦案例汇编第二辑》第 783 卷,第 1583—1584 页(第 11 巡回法庭,1986 年)。

见。……

检查有不同的目标和重点。检查并不是孤立的,而是银行监管相对独特任务、调查事实的一个主要手臂。检查有三个主要目标:1)评估一家银行的稳健性和遵守法律情况;2)许可负责监管这家银行的部门评估该银行的管理……;以及3)识别和跟踪需要采取纠正措施的领域,加强该银行管理、改善绩效并确保遵守法律。

肖特兰:《重新审视〈信息自由法〉的豁免8:它对银行审查报告和相关材料给予过度"全面服务"豁免吗?》①

6. 检查员预测银行倒闭的准确性如何?经验研究几乎没有,也许因为政府之外的经济学家很少看到检查报告。三位政府经济学家的一项研究得出的结论是,检查报告仅含有一类来自财务季报的非公开的重要统计数据:检查员的贷款分类。财务季报数据和这些贷款分类(用来测量银行贷款组合的信用风险)结合起来,在预测银行倒闭上要比单独使用财务季报数据略微更准确一些——尤其检查是在银行倒闭之前不久进行时。这项研究也考察了检查评级的预测价值。在进行检查的一年之内银行倒闭时,检查评级如同单独使用财务季报数据模型一样有大致相同的预测价值。但在进行检查的一年以上银行倒闭时,证明该模型比检查评级明显更加准确。参见博文齐、马里诺和麦克法登:"商业银行倒闭预测模型",《亚特兰大联邦储备银行经济评论》,1983年11月,第14页。关于应当多久检查银行,你得出什么推论?关于骆驼评级对于预测银行倒闭的实用性,你得出什么推论?

7. FDIC1997年的一份报告承认有如下的限制:

首先,评级不是必定捕捉随后倒闭银行的严重状况。……第二,因为骆驼评级只是基于内部经营情况,它们只是测量银行的当前财务状况,并不考虑区域性或地方性经济发展,虽然这可能引起未来的问题,

440

---

① 《美利坚大学行政法杂志》第9卷,第43,49—50页(1995)。

但那并不反映在银行的当前财务状况里。第三,设计的骆驼评级并不是前瞻性的,并不追踪可能若干年后引发损失的长期风险因素。因此,它们提供的银行状况的图景是当期性的而不是展望性的。举例来说,在1980—1994年期间,许多银行从事高风险经营活动,这在过去曾与倒闭相联系,像过度资产增长,商业房地产贷款以及全部贷款与资产总额的比率过高,或者严重依赖不稳定存款负债,然而如果银行业绩令人满意,那么在当期的检查评级过程中,这些风险因素一般是捕捉不到的或者不可衡量的。

1FDIC:《80年代历史:着眼未来的教训》,第437—438页(1997)。

8. 法律禁止银行报复员工向联邦监管机构或司法部告发可能的违法情况,或者"严重的管理失误,严重浪费资金,滥用职权,或对公共健康或安全有实质和特殊危险"的违反情形。① 监管机构可以与总检察长联合奖励揭露欺诈或其他滥用行为的员工。②

9. 多年来,银行监管的目的历经演化:在联邦存款保险之前,监管发挥的关键作用是防止挤兑。认识跟现实一样重要:如果公众相信银行是受到严格监管的,那么他们就不怎么可能一听到可恶的问题谣言就失去对银行的信心。对于将监管塑造成为严厉果断和冷酷高效的形象——因而加强了银行检查员的严峻声誉,银行家们和监管当局两方面都有好处。联邦存款保险减弱了银行监管的这种理据,因为受到保险的储户没有理由挤兑。然而存款保险也给予监管一种新的理据:保护保险基金的安全。现在,在某种意义上银行监管部门充当存款保险基金的特工。但是,银行监管部门的利益与存款保险基金的利益可能冲突时怎么办? 这种利益冲突可能影响了州监管当局或除了FDIC自己之外的联邦银行业监管机构的利益怎么办?

10. 银行检查有什么功能不同于评估银行并识别潜在弱点吗? 外部审

---

① 《美国法典》第12卷,§1831j(a)(1)。

② 同上,§1831k。

查的前景可能会怎样影响银行家们的决策？银行家与检查员在检查期间发展的关系,可能有什么重要影响?

问　　题

在如下问题中,每家银行都有 FDIC 保险。

1. 在检查了铱金银行之后,检查员得出结论,该银行在短时间内难于将资产转成现金,或从外部来源快速获得现金。该结论最可能影响银行骆驼评级的哪一个组成部分?

2. 马克是铬金银行大都会分行的经理,而斯威尔是该分行经理助理。在该行执行官和董事会一无所知的情况下,过去 10 年来,马克和斯威尔帮助毒品贩子进行大额现金洗钱。但执法官最终发现了这一洗钱行为,并逮捕了马克和斯威尔,两人被银行立即开除。这次被发现洗钱,最可能影响该银行骆驼评级的哪一个组成部分?

3. 钯金银行资产负债表如下(百万美元):

表 9 - 4　　　　　　　　　　　　**钯金银行**

资产		负债及权益	
现金	4		
30 年美国政府债券	51	负债	
10 年得州普通公债	10	存款	91
1—4 口之家住房第一抵押贷款贷款	20	其他负债	4
其他贷款	12	权益	
建筑物及设备	3	普通股	5
总资产	100	极不安全与极不稳健	100

该银行的杠杆比率为 5%,基于风险的总资本比率为 18.5%。你是被指定检查该银行的检查负责人。你查看了这张资产负债表后,对这家银行形成了暂时的初步印象。你希望该银行骆驼评级的哪一个组成部分评级最高? 哪一个最低?

4. 锆石银行资产负债表如下(百万美元):

表 9－5 锆石银行

资产		负债及权益	
现金	20	负债	
证券	80	存款	
1—4 口之家住房担保的第	100	活期存款	300
一抵押贷款		NOW 账户	150
1—4 口之家住房担保的第	180	储蓄存款	100
二抵押贷款		存单 < 3 年	150
		存单 ≥ 3 年	150
公寓大楼担保贷款	200	总存款	850
商业房地产担保贷款	200	其他负债	40
商业贷款	150	总负债	890
银行建筑物	20	权益	
所有其他资产	50	普通股	110
总资产	1,000	负债及权益总计	1,000

你是被指定检查该银行的检查负责人。该银行的杠杆比率为 11%;基于风险的总资本比率 12%;其贷款组合的违约率低;还有信贷标准高的声誉。你认为当地经济强劲而稳定。该行有 8.5 亿美元总存款,其中包含 3 亿美元活期存款、1.5 亿美元 NOW 账户、1 亿美元储蓄存款、1.5 亿美元 3 年内到期存单和 1.5 亿美元 3 年以上到期存单。FDIC 保险覆盖这些存款中的 6 亿美元。你查看了这张资产负债表后,对这家银行形成了暂时的初步印象。你希望该银行骆驼评级的哪一个组成部分评级最低?

注解关于检查报告的保密

银行的很多信息是公众可以查阅的。银行业监管机构发布来自银行财务季报的大部分数据资料。有专业化公司编辑、分析并出版这些资料。公众持有证券的银行必须按照证券法律提交定期报告。评级机构评估大型银行的信贷质量。银行自己可以自愿披露本行经营状况和经营业绩的其他信息。

但是,检查报告和检查人员的工作底稿是保密的。根据《信息自由法》,政府不需要披露这些报告资料。① 在民事诉讼中他们享有受约制特权:法院罕有强迫披露,只在(1)给予监管机构提出异议的机会;(2)认定披露需要(例如,在诉讼当事人之间主持公道)超过保密需要(例如,可能为冷却检查员未来的坦诚评论)的重要性;以及(3)在签发保护令后才可以有限接触和使用该信息。②

提问和评论

1. 检查报告应当公开吗? 赞成公开的论点是什么? 一家银行的无保险债权人——比如,该行商业票据的购买人,其债券及其他证券的持有人,以及无保险的储户——将会密切关注该行清偿能力和经营情况的信息,他们会不吗? 向他们提供这样的信息将服务一个有效的公共目的? 你能想到反对政府披露关于银行经营状况信息的论据吗? 披露检查报告可能如何影响储户、借款人、银行检查人以及检查处理程序本身?

2. 你怎样衡量披露检查报告或检查员基础底稿的成本和好处? 你对只披露骆驼评级会得出什么不同的结论吗?

3. 联邦银行业监管机构必须出版最终行政强制令(例如,禁止令、免职令,以及罚金令),包括"违反这种条件可能被强制执行的任何书面协议或其他书面声明,"以及这类命令的任何修改或终止。③ 你认为国会通过要求披露寻求达成什么? 注意这一要求不适用非正式行动(例如,在检查报告里的批评)。当监管机构考虑采取执法行动时,这种遗漏如何影响监管机构与银行或银行官员的相对议价能力?

---

① 《美国法典》第5卷,§552(b)(8)。
② 肖特兰:前面提及的《美利坚大学行政法杂志》第9卷,第43,49—50页(1995)。
③ 《美国法典》第12卷,§1818(u)(1)。

注解银行控股公司的报告与检查

443

联邦储备委员会可以要求一家银行控股公司提交报告,说明其"财务状况,监测体系和控制财务及操作风险,"以及与子公司银行的交易。[1] 国会已经指令美联储避免要求的报告与控股公司及其子公司为其他目的准备的报告相重复。相反,美联储必须"尽最大可能"接受对其他监管机构、规定公开披露(例如,按照证券法)以及外部审计财务报告制作的报告。美联储对控股公司的保险子公司、经纪-交易子公司和其他职能上受监管的子公司提供报告的规则要求更加严格,这些子公司不能提交已经用于其他目的的报告。

美联储可以检查银行控股公司及其子公司,以评估它们的"经营和财务状况,"识别任何"控股公司体系内部的财务和经营风险",这些风险可能危及控股公司或其存款机构的安全与稳健,并评价控股公司的监测与控制这些风险的系统。美联储也能检查控股公司及其子公司,以"监测遵守"BHC 法、美联储具有强制执行"管辖权"的其它法律,以及存款机构与其关联公司之间的"管束交易与关系"的法律。[2] 美联储必须"尽最大可能"依靠其他监管机构的检查。

美联储评估银行控股公司使用的一套评级体系叫做 RFI/C(D)——相当于银行骆驼评级体系。五个要素的每一个得到一个计分。下表确定了五个元素及其意义:

表 9-6 银行控股公司评级体系

字母	代表	意义
R	风险管理	BHC 的董事和高级主管识别、测量、监测和控制风险的能力
F	财务状况	组织整体的财务实力,尤其是相对于它面对的风险

---

[1] 《美国法典》第 12 卷,§1844(c)(1)。
[2] 同上,§1844(c)(2)。

续表

字母	代表	意义
I	影响	BHC 及其非银行子公司有可能对 BHC 的子公司银行具有明显不利的影响
C	组合	对 BHC 的总体评价
D	存款机构	首要监管机构对子公司银行的总体评价

444   **注解消费者金融保护局**

　　长期以来,国会依靠联邦银行业监管机构评估银行遵守联邦消费者保护法律,并对违反行为采取强制行动。对绝大多数银行而言,这种责任配置保持不变。消费者金融保护局对管辖金融交易的消费金融保护法制定了贯彻规则,这些规则适用于所有银行。但该局仅对总资产 100 亿美元或以上的银行及其关联公司有检查和强制执行职权。对所有其他银行,联邦银行业监管主管机构有专属的检查和强制执行职权。然而,该局可以让其检查人员参与由银行业监管机构进行的消费者法规合规性检查的抽样调查。

　　在对大型银行及其关联公司行使职权过程中,该局进行定期合规检查,目标审查,以及横向审查。"目标审查"涉及单一实体并聚焦于特定情况,比如大量同类的消费者投诉,或该局已经注意的特别关切问题。"横向审查"是对多家实体细查特定产品或做法。

第二节　强制执行

　　我们现在从联邦银行业监管机构的信息收集程序转向各种强制执行工具。监管机构运用这些工具可以纠正和惩罚不稳健或违法做法,并寻求修复问题银行。在区分强制执行与信息收集方面,我们承认两种功能可能交叠。出于对可疑做法不满,银行检查人员——即便只是正式准备一份检查报告——都涉及某种强制执行。因此,在检查涉及信息收集的同时,它也代表了从非正式到正式再到受争议的整个强制执行机制的第一步(经常也是唯一的一步)。

除了立即纠正措施和资本指令以外,最重要的正式强制执行程序是:(1)有条件批准;(2)书面协议;(3)禁止令;(4)人员停职、免职和禁业;(5)民事罚金;(6)停止或终止联邦存款保险;(7)民事起诉;(8)刑事检控;以及(9)监管或接管。我们将在第10章涉及银行倒闭时考察监管或接管。本章讨论其他强制执行程序。

机构关联方覆盖三类人。① 首先,它包括 FDIC 保险存款机构的"任何董事、执行官、雇员,或控股股东(除了银行控股公司)",这类银行的任何经纪,以及收购控股这样一家银行的任何人。有效法章使这些人受制于强制措施,无须进一步说明他们参与了该银行的事务。

第二,该术语包括"任何股东(除了银行控股公司之外)、顾问、合资方,以及由联邦银行监管主管机构确定的任何其他人……他们对银行事务参与了实施"(强调符号后加)。

第三,该术语也包括"任何独立合同人(包括任何律师、评估师或会计师)。"在定义范围内,这些独立合同人一定是故意或过失地参与(a)违反任何法律或法规,(b)违反信义义务,或(c)不安全或不稳健做法。此外,不当行为一定也引起一种对银行的"显著不利影响"或对银行造成"超过最低限度的经济损失"。这些规定反映了同业公会的成功游说,这些同业公会代表了"三个作为"独立合同人的责任:律师、评估师或会计师。不同于前两类人,独立合同人受制于强制措施,仅当他们"故意或过失地"行为。轻微过失是不够的,(最可能)不到鲁莽的重大过失也是不够的。因此,银行的外部律师并不只是因为给予银行错误建议而变成一种机构关联方。(但在事后看来,错误建议和鲁莽看起来相像。)此外,不当行为都会造成(或威胁到)银行显著不利影响——或超过"最低限度"的银行经济损失。但是,鉴

①《美国法典》第12卷,§1813(u)。

445

于监管机构可能容易指称独立合同人的行为引起超过最低限度的经济损失,损失阈值要求可能筛选不出很多强制措施。

在监管机构启动强制措施之前,机构关联方不能通过从银行辞职来阻止强制措施。监管机构可以在机构关联方离去六年之内的任何时间启动强制措施。

一、有条件批准

如果一家银行向联邦监管机构申请批准兼并、开展新业务、开设新的分行,等等,那么联邦监管机构可能根据申请人的合规情况有限制或有要求地予以有条件批准。因此,例如联邦监管机构可能许可一家银行从事一种不常见、潜在风险很高的业务,只有当该银行同意满足增加资本要求、雇佣有专业特长的员工或限制它开展该业务的方式时才予以批准。

这种"有条件批准"(或法定说法"书面规定的条件")可以作为一个强有力的执法工具。银行在很多方面需要监管机构批准,包括这样的常规步骤,像开设新分行和开展很多其他银行已经从事的新业务。监管机构一般按常规会同意这类批准,经常授权其区域办公室决定。但是,一家银行的做法惹烦了其监管机构,甚至在常规情况下也不能指望自己的申请得到批准。监管机构可能而且的确会利用自己的批准权力惩罚叛逆行径。他们会找出理由完全否决申请。更为常见的是,他们可能有条件地同意申请。如果该银行以后违反了这样的一个条件,监管机构可能通过签发禁止令、处以罚金以及免职责任人对违反条件的情形予以惩罚。[①]

提问和评论

1. 当银行业监管机构寻求强行有条件批准一项申请时,银行通常有多少讨价还价筹码? 在《为公正讨价还价:对联邦储备委员会使用与限制条

---

① 《美国法典》第 12 卷,§ 1818(b),(e),(i)(2)。

件的考察》①一文中,艾尔弗雷德·阿曼教授注意到:"急于成交的当事人感觉到它没有多少谈判的余地。在这些情况下,联邦储备委员会具有优越的、实际强迫的谈判权力。"你赞同吗?

2. 监管机构应当可以自由施加哪些种类的条件限制? 银行业监管机构可能有效地强迫申请人接受该监管机构直接实施无法定授权的限制条件,你觉得这很麻烦吗? 如果是这样的话,那么你将如何使监管机构走向法庭? 法院应当如何审理这类案子? 你会向监管机构提出关于解决监管机构关切的替代办法的什么建议吗?

3. 法院可以审查银行业监管机构实施的限制条件,并且偶尔因为超出监管机构职权而让这些限制条件无效。参见"证券业协会诉联邦储备理事会案"②(撤销对银行控股公司证券子公司市场份额的限制)。

二、书面协议

联邦银行业监管机构关注一家银行时,可以要求磋商一份"书面协议"。从监管机构立场看,这种书面协议相对于更不正式的强制执行机制(例如表示不满)具有两个优点。

第一,书面协议引起银行高级职员的关注。银行业监管机构可以坚持要求银行高级职员出席会议,讨论监管机构认为需要采取的措施。监管机构的区域性或华盛顿办公室的高级官员也可能出席。此外,协议记录——因而强调了严重性——该银行的缺点以及它对纠正这些缺点的认可。一份认真起草的书面协议也清楚地界定了该银行的责任,而银行检查人员的非正式讨论可能还留有模糊之处。

第二,书面协议为禁止令、罚金和免职提供了独立的理由。③强制执行的制定法明确授权监管机构根据这种违反情况签发禁止令或处以罚金,即便这种违反情况既不违法也不影响银行的安全与稳健。因此,如果这些受

---

① 《爱荷华法律评论》第 34 卷,第 837,872 页(1989)。
② 《联邦案例汇编第二辑》第 839 卷,第 47,67—68 页(第 2 巡回法庭,1988)。
③ 《美国法典》第 12 卷,§1818(b),(e),(i)(2)。

反对的做法持续存在,那么书面协议节省了监管机构提供实质指控的时间
和费用。然而,监管机构不能获得书面协议的直接司法执行;他必须先签发
447 禁止令,然后要求一个强制令,强制执行所发禁止令或违反禁止令的罚金。
因此,如果监管机构对书面协议将会确实解决问题表示怀疑,那么它可以节
省时间,决定启动禁止令的司法程序,而不试图争取靠书面协议解决问题。

书面协议对于涉及的私人当事人也有优点。磋商一份书面协议远比一
个禁止令辩护程序节省。因为书面协议是在两愿下成立的,银行或机构关
联方可以要求让书面协议措辞上有助于节减合规成本,减少声誉损害。

提问和评论

1. 尽管一个书面协议看起来像监管机构与银行或机构关联方之间的
一个合同,但它不需要考虑——也没有讨价还价——出于像私人合同一般
需要的那种诱因。参见"格鲁斯国民银行诉货币监理署案"。[①]

2. 书面协议像有条件批准一样,可能包括监管机构不能通过正式强制
执行程序的实施限制与要求。如果监管机构强制执行这些条款,那么可能
会发生什么危险?

3. 违反监管承诺造成宪法问题吗?这是可能的。"美国诉文星公司
案"[②]认定,政府对于收购濒临破产的互助储蓄机构有义务按合同本身给予
特定的会计处理,而实施新资本标准违反了这个合同,因为新资本标准的生
效废弃了承诺的会计处理。

三、禁止令

如果联邦银行业监管机构认定非正式的强制执行机制不够,那么它很
可能实行正式的强制执行的司法程序。最重要的正式强制执行机制是禁
止令。

---

① 《联邦案例汇编第二辑》第 573 卷,第 889,896 页(第 5 巡回法庭,1978)。
② 《美国案例汇编》第 518 卷,第 839 页(1996)。

a. 理由

对于这样的一个命令存在两个理由。监管机构必须向一个被保险的银行或机构关联方出示的理由是：(1)已经从事、正在从事或打算从事一种不安全或不稳健的做法；或者(2)已经违反、正在违反或就要违反一项制定法条，一项法规，一个由监管机构书面规定或与监管机构签订的书面协议约定的条件。① 第一条理由出现了更难解释的争议问题：什么使得一项做法"不安全或不稳健"？国会没有颁布关于那个术语的一般定义。法院和监管机构已经从 1966 年立法授权监管机构签发禁止令的立法历史找到了权威定义。使用"不安全或不稳健"那个术语没有试图定义它，国会依托联邦住房贷款银行委员会主席约翰·E. 霍恩的如下说明：

> "不安全或不稳健"概念是一种普遍用语，它涉及金融机构经营的整个领域。出于这个原因，实际不可能试图在一个单一的、包罗万象的或严格的定义里罗列这个术语包括的广泛业务。表述这样一个定义很可能需要排除不列在定义的那些做法，尽管在一定事实或情况下，或按无良经营者为避免触及法律而开发的一项计划，那些做法对一个机构可能伤害很大。这样的事实对形成一个全面的定义增加了困难，就是特定业务在某种情况下未必不安全或不稳健，但当考虑所有相关事实时可能就是不安全或不稳健的。因此，比如集中持有高风险贷款，对于一个持有充分准备的机构来说可能是一个可接受的做法，但对处于边际状态运转、无利润运营的一个机构来说这可能非常不安全或不稳健。
>
> 像法律上广泛使用的许多其他普通用语一样，比如"欺诈"，"疏忽"，"可能原因"，"善意"，术语"不安全或不稳健做法"有一个核心意思，它可能也必须适用于经常变化的实际情况。一般说来，一种"不安全或不稳健做法"包括有悖于一般可接受的审慎经营标准的任何作为或不作为，并有不良的可能后果，这种后果如果持续下去，那可能对一

---

① 《美国法典》第 12 卷，§1818(b)。

家机构及其股东,或者……保险基金造成异常风险、损失或损害。

第五巡回法庭已经将这个说明叫做"参众两院采用的不安全或不稳健做法的权威定义。"参见"海湾联邦储贷协会诉联邦住房贷款银行委员会案"。① 这个定义正确地阐明了那个法定术语吗?

b. 程序

禁止令的司法程序有三个阶段:控告通知;听证会;决定是否签发禁止令以及禁止令应当包含的内容。

如果监管机构有正当理由相信,若理由存在,那么监管机构签发并送达"控告通知书"。通知书必须说明构成理由的事实,并安排听证会的时间和地点。

听证会在一位行政法官面前举行,行政法官是一位职业听证会法官。一位或多位监管机构工作成员介绍案情,要求签发禁止令。被诉人(也就是行政司法程序的被告)有机会反驳此案。在听证会之后,ALJ 向监管机构提交书面事实认定和法律结论。

之后,在没有参加听证会、介绍控告被诉人案情的工作成员协助下,监管机构作出自己的决定。如果监管机构断定,听证会所做记录确认了控告通知中说明的一条或多条理由,那么监管机构可能签发并送达禁止令。②

被诉人通过向主管上诉法院提出请求,可以要求司法审查。按照《行政程序法》,法院可能驳回监管机构的法律行动,如果(1)那是武断的、反复无常的,滥用自由裁量权,或其他与法律不一致的情况;(2)侵犯了宪法权利;(3)超出了该监管机构的法定管辖权;(4)采取法律行动没有遵循法律规定的程序;或者(5)在监管机构的听证会记录里缺乏实质证据支持。③

c. 禁止令的内容

当然,禁止令可以要求被诉人停止和终止有问题的不当行为。但它能做的远不止此。它可以要求被诉人"采取积极行动以纠正或弥补"由被诉

---

① 《联邦案例汇编第二辑》第 651 卷,第 259,264 页(第 5 巡回法庭,1981)。
② 《美国法典》第 12 卷,§1818(b),(h)。
③ 《美国法典》第 5 卷,§706。

人非法或不稳健做法引起的"任何状况"。因此,禁止令可以要求一家银行限制增长与业务,处置涉及的任何贷款或其他资产,废除合同,雇佣高级职员或员工须监管机构合意,以及采取其他适当措施。它也可以要求机构关联方修复对银行所做的损害。如果被诉人的不当行为使被诉人不当得利——或涉及鲁莽漠视成文法条、法规,或早前的监管机构命令——这种命令也可以要求被诉人"退赔或提供补偿、赔偿或担保损失。"①

总之,禁止令可以覆盖范围很广的一系列惯例,包括实际上凡是关系到安全与稳健的银行业务的各个方面。举例来说,禁止令可能要求银行冲销可疑资产,采纳监管机构可以接受的书面贷款政策,并筹集新的资本。然而,这些要求应当是旨在合理地纠正引发禁止令的不良行为。

提问和评论

1. 一位银行董事,由于同一草率行为,既可能面临一道禁止令,又可能对违反银行注意信义义务(fiduciary duty of care)负责。安全与稳健如何与注意信义义务联系起来?按照海迪·曼达尼斯·斯库纳教授,两个概念都根源于过失侵权理论(negligence theory),然而不同的司法尊重规则意味着,在实践上,安全与稳健实施更严厉的标准。在违反信义义务的民事诉讼中,"商业判断规则要求法院尊重董事们的商业决策,"而在审查禁止令时,"法院必须尊重银行业监管机构的决定。"斯库纳:《信义义务的苛刻表兄弟:银行董事对不安全或不稳健经营做法的责任》②。斯库纳教授依靠普遍适用的商业判断规则,对行政强制执行司法程序中指称的不稳健(但不是非法)问题,提出了解决这种不一致矛盾的方法。为了强制执行一个更严厉的标准,监管当局应当首先发布"适当的和明确的法规"标准。这是一个理想和可行的方法吗?

2. 如果一家银行违反了联邦平等雇佣机会规则,因而按照《1964 年民

① 《美国法典》第 12 卷,§ 1818(b),(6)—(7)。

② 《乔治华盛顿法律评论》第 63 卷,第 175 页(1995)。

450 事权利法》第 7 条，要对拖欠薪水负责，这会怎么样？银行业监管主管机构可以使用禁止令获得这种受害者赔偿吗？

3. 禁止令的要求退赔与民事判决的要求退赔可能有相同效力。民事被告享有的保障超过禁止令司法程序中的保障吗？

4. 禁止令可以"对任何机构关联方……业务或职能施加限制"——而且，正如我们已经看到，还要求该机构雇佣人员须监管机构合意。① 于是，举例来说，如果一位银行高级职员通过发放不明智的商业贷款引起银行巨额损失，那么监管机构可能禁止该高级职员再涉及发放任何商业贷款，并要求该银行雇佣监管机构合意的、有经验的商业贷款发放人。然而，这样的一个命令等同于解雇这位高级职员。监管机构使用禁止令能避开免职保障（the safeguards on removals）（下面讨论）吗？

5. 立即纠正措施法规授权、而且在有些情况下强制执行一种限制和要求，这种限制和要求经常凭借禁止令的司法程序，是联邦银行业监管机构对资本不足的银行长期适用的。于是，举例来说，成文法限制资本不足银行的资产增长，要求它对某些种类的扩展取得事先批准，并提交监管机构合意的资本修复计划。如果该银行资本严重不足，监管机构可能限制其业务或资产增长，或要求它雇佣新的管理层人员，筹集新增资本，或实施兼并，或"采取其他任何措施，以便监管机构的决定可以更好地贯彻该"成文法的"目的"。FDIC 作为存款保险公司对资本严重不足的银行甚至拥有更广泛的职权。② 因此，在银行资本不足情况下，立即纠正措施法规对禁止令司法程序提供了一种简化的替代选择。

关于塞德曼③

哈钦森，巡回法官：

塞德曼，一位房地产投资商，克雷斯蒙联邦储蓄董事会主席。他也是一

---

① 《美国法典》第 12 卷，§ 1818(b)(6)(E)，(7)。

② 同上，§ 1831o(e)，(f)，(i)。

③ 《联邦案例汇编第三辑》第 37 卷，第 911 页（1994）。

家商业公寓开发公司即富尔顿大街联合公司（FSA）的一位普通合伙人。在决定自己主要为克雷斯蒙工作后，塞德曼告诉克雷斯蒙联邦储蓄董事会，他正在寻求从 FSA 和其他外部商业投资退出。他卖掉了在 FSA 的股份，并担保 FSA 对联合泽西银行（UJB）欠债的偿还。塞德曼计划让克雷斯蒙对一位房地产投资商莱文融资购买 FSA 的一套办公室公寓。但储蓄机构管理局（OTS）负责克雷斯蒙的检查员告诉塞德曼，OTS 认为他为合伙企业担保债务，具有合伙企业的金钱利益。因此，塞德曼要求免除他对 UJB 的担保。贝利，克雷斯蒙的执行副总裁，负责"承销商业贷款，管理商业贷款投资组合，生产新贷款业务，以及监督克雷斯蒙的贷款员。如果贷款不直接涉及克雷斯蒙董事们的利益，贝利有权批准低于 500,000 美元的贷款，但无权批准超过 500,000 美元的贷款，也无权批准涉及克雷斯蒙高级职员或董事利益的贷款。超过 500,000 美元的贷款要由一个'高级贷款委员会'审批，该委员会由贝利、塞德曼和克雷斯蒙总裁组成。……高级职员或董事有直接利害关系的商业贷款在克雷斯蒙是禁止的。"贝利批准对莱文的贷款，并在 UJB 免除塞德曼的担保之前，签发了有约束力的贷款承诺。

　　OTS 负责人认定，贝利的做法已经是一个不安全和不稳健的行为，因为"（a）没有对高级贷款委员会披露塞德曼在富尔顿大街联合公司的利害关系……，（b）批准莱文的贷款没有将这笔贷款提交高级贷款委员会审查……，以及（c）尽管贝利知道塞德曼在富尔顿大街联合公司的利害关系，还批准莱文的贷款。"因此，该负责人对贝利签发了禁止令。该负责人还认定，塞德曼阻碍 OTS 调查的做法也是一个不安全和不稳健的行为，因为"（3）在调查期间销毁材料信息；（4）在笔录口供中给予误导性证言；以及（5）指导一名重要证人隐瞒证据。"因为这些和其他指称的不端行为，该负责人签发命令，解除他的职务，并禁止他从事银行业。贝利和塞德曼要求对这些命令进行司法审查。

　　因为成文法本身没有界定不安全和不稳健做法，法院从立法历史中寻求了帮助（并偏重边码第 448 页援引的界定）。因此，法院一般将"不安全和不稳健做法"词组解释为一个灵活性概念，它使行政监管机构在银行业监管中能够适应不断变化的商业问题和实践。

在具体行为中,可能构成不安全和不稳健的做法是"支付过多红利,忽视借款人的偿还能力,疏忽费用控制,过度广告营销,以及流动性不足。"……

我们认为,在关系到机构健康的不安全和不稳健银行做法中,可以从这些案例和立法历史中推断至少有一个共同要素。轻率行为必然引起银行业机构财务稳定的异常风险。这就是判例法和立法史显示的标准,这也是我们应在判定不安全和不稳健做法是否已经发生的适用标准。

……OTS 控告贝利的具体轻率行为中只有一个行为有潜在可能引起克雷斯蒙损失——贝利过早地签发了承诺函。

在贝利签发承诺函时,他让克雷斯蒙对莱文贷款负责。尽管事实是塞德曼没有使自己脱离 FSA 合伙关系或解脱为 UJB 担保,他还是这样做了。在莱文接受了承诺时,克雷斯蒙仍然无资格发放这笔贷款。因此,尽管潜在非法,但克雷斯蒙要对这笔贷款负责。我们认为,这一行为是轻率行为。尽管各当事方证实他们的理解是,在塞德曼没有完全退出前,这笔贷款是不会完成发放的,但是贝利使得克雷斯蒙对本来不该发放的贷款负有义务。使得一个机构对可能是非法的交易承担义务是不符合"审慎经营的公认标准。"在莱文接受了承诺函之后,克雷斯蒙要么必须发放这笔贷款,要么不管塞德曼立场如何,违反承诺协议发放贷款或将这笔贷款投资给另一家机构。尽管已经真相大白,克雷斯蒙能够投资这笔贷款而无附带条件或损失,但我们认同,在贝利签发了承诺函时,风险就存在了。使一家机构在涉及的波动利率之间选择,涉嫌非法交易或违反有约束力的协议是不审慎的。

然而,不审慎行为是独立的,不足以构成一种不安全和不稳健做法。禁止令旨在阻止如果一再重复可能带来潜在严重损失的行为。尽管甚至签发这样单一的承诺函就让克雷斯蒙暴露在发生某种潜在损失风险中,但是那种潜在风险并没有开始进展到像在"西北国民银行案"①中涉及的那种异常

---

① 第 8 巡回法庭,1990 年。

风险,在那种情况下,该银行由于没有全面充分监测自己的贷款并保持充足拨备和资本而暴露在财务不稳定的严重威胁中。……可能最终导致"轻微经济损失"的偶然而微小的伤害不足以引起那种危险,以致启动禁止令司法程序。尽管要求贷款官员使自己符合规定并不特别费事,那就是在承诺函签发之前机构可以合法发放贷款,但我们不能断定,贝利批准的承诺函引起了异常风险,克雷斯蒙的财务稳定受到威胁。

我们认定,贝利批准莱文贷款,以及他代表克雷斯蒙签发承诺函违反了自己的政策,尽管不审慎,但不引起克雷斯蒙财务稳定的异常风险,因而不是第 1818(b)款意思之内的不安全或不稳健做法。因此,我们同意贝利请求审查,并取消监管负责人关于贝利部分的命令内容。……

最后,我们必须考虑塞德曼在 OTS 调查期间的行为是否成为免职和禁业银行业的支持理由。监管负责人认定塞德曼在笔录口供中撒谎……,销毁材料信息,以及鼓励里斯克在关于里斯克起草对 UJB 承诺函事件上做伪证。免职和禁业令依据按第 1818(e)(1)(B)(iii)款的认定,塞德曼通过自己的不端行为已经"得到财务收益或其他好处"。法院认为,没有实质证据支持这个判定结果。在法院看来,塞德曼没有从试图阻碍调查中得到好处。里斯克拒绝做假证。OTS 已经有塞德曼销毁材料的副本。塞德曼笔录口供的证言没有阻挠 OTS 调查(并且无论如何都不是假证,因为 OTS 没有直接询问后来指控他规避的问题)。因此,法院推翻这个命令。

我们同意监管负责人关于阻碍 OTS 调查是不安全和不稳健做法的意见,因为这个术语在银行业就是这样使用的。第 1818(e)(1)(A)款详细规定了免职的理由,可以满足的证据是表明像塞德曼这样的有关人员,其行为归入第 1818(e)(1)(A)(ii)款关于不安全和不稳健做法的规定,因为它"是与公认的审慎经营标准相冲突",以及"如果持续下去,其行为的可能后果将对监管机构管理的保险基金……造成异常风险或损失或损害。"我们相信,试图阻挠 OTS 调查是这样一种行为。OTS 对保持互助储蓄的财务完整性肩负法律责任。为了满足这种责任要求,OTS 有调查权力。在一方当事人试图引诱别人对监管机构隐瞒材料信息的情况下,监管机构不能完成

453　自己的法定职能。这样的行为,如果持续下去,损害了法定职能的核心。塞德曼试图阻挠调查,如果持续下去,将引起对 OTS 有损害的异常风险。因此,我们认定,试图阻挠 OTS 调查构成了一种"不安全和不稳健做法,"因而满足第 1818(e)(1)(A)款的行为规定。

　　……塞德曼试图阻挠 OTS 对他与 FSA 和 UJB 交易的调查,尤其是他指使证人隐瞒潜在的材料事实,的确构成了不安全或不稳健做法,而且也支持禁止令和罚金。法院还押塞德曼的案子,以便监管负责人能够考虑是否签发这样一个命令并处罚金。

　　斯特普尔顿,法官,持异议者:

　　……我会否决两人的审查请求。……很幸运,塞德曼和贝利在这件事上的行为所产生的风险没有对他们自己的储蓄协会或对联邦存款保险基金造成实际损失。然而,这个偶发事件没有强使我们推翻放在我们面前的命令。

　　对我来说,成文法的文本很明显,国会旨在让法院尊重监管机构关于构成"不安全或不稳健做法"的决定。……塞德曼极力阻挠监管机构的调查,不可否认地构成了一种"不安全或不稳健做法。"

　　从以上引用的立法史似乎很清楚地表明,相关"风险"不是此处涉及的具体行为的偶然事件,而是如果类似行为"持续"地作为业务经营方式,那么就会引起这种风险。……

　　利益冲突很重要,因为有可能利益冲突保持破坏机构的决策过程。此处,在塞德曼具有冲突利益、而塞德曼和贝利的判断令人怀疑地受到了那种冲突利益的影响时,塞德曼和贝利作出决策让银行对莱文作出承诺。这是关键事实,它使贝利的行为成为监管负责人眼中的"不安全和不稳健做法。"很明显,塞德曼和贝利没有计划在该笔融资签发之前,将莱文的贷款申请向高级贷款委员会或任何其他人提交审查。不论好坏,如果事件泄露,如塞德曼和贝利在 1991 年春季预期的那样,他们可能、该银行可能已经根据塞德曼和贝利行使的判断发出大量贷款,而届时塞德曼的个人财富与

FSA 的财富依然捆在一起。

恰恰因为以塞德曼和贝利批准莱文融资的方式批准贷款的持续做法对该银行的财务稳定会引起一种异常风险,所以克雷斯蒙的贷款政策禁止以那种方式审批贷款。我不愿意指责监管负责人得出相同结论,即在克雷斯蒙建立自己的规则时其管理层就得出的结论。

提问和评论

1. 监管机构应当必须证明,一种做法引起异常风险以至于威胁到该银行的财务稳定?

2. 此处,谁有更好的论据,大多数还是持异议者?

注解临时禁止令

454

一个有争议的禁止令的司法程序可能持续数月。监管机构必须举行一次听证会,听证会初步确定在送达控告通知书之后 30 至 60 天举行。[①] 一方或多方当事人可能说服 ALJ 将听证会推迟到更后的日期举行。在举行听证会之后,ALJ 需要时间审查记录,并准备事实调查结果、法律结论和法律行动建议。再者,监管机构本身也需要时间审查 ALJ 提交的材料并作出自己的决定。然后,监管机构签发的禁止令在监管机构送达被告人 30 天后生效。[②]

鉴于取得正式禁止令的延迟情况,为了避免对一家被保险机构造成无法弥补损害的直接威胁,监管机构可以做什么? 监管机构可以签发临时禁止令,在许多方面类似于民事诉讼上签发一张临时限制令或预先禁令。要签发这样一个命令,监管机构必须满足两个要求。首先,它必须送达一个要求正式禁止令的控告通知书。第二,监管机构必须决定在通知书中详细说明的不端行为可能——在完成正式禁止令的司法程序之前——使银行无力

---

① 《美国法典》第 12 卷,§1818(b)(1)。

② 同上,§1818(b)(2)。

偿付债务,严重消耗银行资产或收益,弱化银行经营状况,或其他损害银行储户利益的行为。[1] 然后,监管机构可以单方面签发一个临时禁止令,事先不举行任何听证会。临时禁止令送达即生效;除非在 10 天之内到联邦地方法院上诉,否则继续有效;并且除非由这样一个法院撤销,否则继续有效,直至正式禁止令的司法程序结束。

四、停职、免职和禁业

有些联邦银行业监管机构最重要的权力,涉及到对银行就职的高级职员的支配性控制。在一家银行成立时,监管机构可以排除某人,只要此人留在管理团队就扣发许可证或拒绝给予存款保险。在某些情况下,他们可以阻止一家现有银行委任某人为董事或执行官。他们也可以对一位在任执行官、董事或职员免职——并禁止此人参与任何联邦存款保险机构的事务。这样的一种禁业,除非有更改变化,否则是持续终生的。

a. 危害预测

为什么授权银行业监管机构对银行人事的全面控制? 这种权力明显反映了一种假设,银行的安全与稳健高度仰赖于银行高级职员的人格和品质。鉴于管理失当和内部人滥用对银行倒闭的作用,这个假定看起来非常正当合理。

然而至少某些雇佣权力——尤其是那些可以行使、而没有显示与以往银行不当行为有关的权力——含蓄地反映了另一种假设:监管机构,因为具有合理的准确性,所以可以评估一个特定个人是否具有银行高级管理职位必不可少的人格品质。人们不能只是通过观其人而评述别人的道德人品,要辨别道德人品只有知道他们是如何行事的。实际上,银行业监管机构必须预测人的未来可能行为。

什么样的指标或证据往往与这种难以觉察的道德人格的品质有关? 如果有不端行为的记录,尤其是欺诈或不忠的记录,那么我们可以推断他或

---

[1] 《美国法典》第 12 卷,§ 1818(c)。

她,比如说要比那些没有瑕疵记录的人,将来更可能涉及这样的不端行为。此外,人们也可经常通过谨慎询问同事或同辈衡量一个人的名誉。同样,如果一个人名誉不佳,则表明作为银行官员,其未来行为发生问题的风险增加。实际上,在银行界先前行为不端和名誉不佳,构成了监管机构考查决定是否许可某人在银行获得负责职位的两个主要因素。

然而,这些因素预测未来行为还是不够完善。银行业监管机构在评价某人不端行为的习性方面将不可避免地犯错误。注意这种犯错归于两类。首先,监管机构可能许可某人在银行工作,而此人可能随后从事欺诈、非法或不稳健实践。第二,监管机构可能禁止某人在银行工作,而此人可能实际上证明能干而诚实。在这两种情况下,犯错的原因有两条:因为监管机构没有进行充分调查,而充分调查本来会揭示(或否定)先前行为不端或名誉不佳的证据;或者因为根据先前行为不端或名誉不佳的证据准确预测出此人未来从事伤害行径的习性。

这两种错误都会有重大损失。1980年代的互助储蓄丑闻戏剧性地呈现了让错的人进来、或留下错的人成本之大。但保留(或踢出)错误的人,尽管不怎么显眼,也引起真正的经济损失。从银行业逐出的中年银行官员可能很少有现实的就业前景。更广泛地说,从银行管理层排除合格人员对银行体系可能是有代价的,尽管不引人注目,因为那些接替他们的人可能能力更差。

理论上,应该可以调整监管体系以控制两类错误的比例。对银行家更强健和实质性的保护可以减少逐出忠诚而合格人士的可能性,但增加了许可不忠诚、不合格人士进入银行管理层的可能性。保障措施越强大,逐出本应当留住的人员数量更少、错误更少。同样,保障措施应当设定在两类错误总成本最小的水平上。但是,确保这个水平必然涉及臆测和判断。

调查体系也可以调整,以影响正确结果与错误结果的比率。监管机构调查一个项目越彻底,它就越可能可靠地确定人品和胜任能力。这不是说,甚至最严苛的调查将所有人都认定为坏人或者许可所有人都有适于服务的好人品。即便有最彻底的调查,错误也会发生。此外,调查本身有成本。理想的情况(在其它条件都相同的情况下)可能是,监管机构履职调查达到一种关键点,在此点,额外调查的价值等于此项调查的成本。然而,这个关键点的所在再次成为臆断和推测。实际上,监管机构的调查热情倾向于反映预算和政治,这经常远胜于错误成本和经济分析。

b. 免职的必要条件

为了使本讨论落到实处,我们先来发问这个现实问题:对联邦银行业监管机构寻求予以停职、免职或禁止加入银行事务的人,有什么样的程序保障适用于他? 这个问题具有制定法和宪法两个维度。

对一个机构关联方予以免职或禁业,监管机构必须确立三个实质性要点。为了简化(并仿效"金诉储蓄机构管理局案",关于此案详见下文),我们将这些要点称为"不当行为"、"影响"和"罪过"。首先,监管机构必须表明,被诉人犯了三类不当行为的一种:(a)违反某一成文法、法规、终局禁止令、书面规定条件或书面协议;(b)从事或参与一种不安全或不稳健做法;或者(c)违反一种信义义务。第二,监管机构必须表明,被诉人的错误行为具有必要的影响,也就是,它导致(a)对银行的实际或可能的经济损失或其他损害,(b)对银行储户利益的实际或可能的损害,或者(c)被诉人得到财务利益或其他好处。第三,监管机构必须表明,被诉人的错误行为显示某种罪过:也就是它(a)涉及个人的不诚实或者(b)表现出故意或继续无视银行的不安全和不稳健。①

"免职"和"禁业"实质上交叠。监管机构"免职"即免掉被诉人的职位——也就是执行官职位或董事职位。监管机构"禁业"即禁止一个当事人参与被保险银行的事务。禁业可能不仅包含高级职员和董事,而且也包含参与进行银行事务的任何人,甚至没有任何正式头衔的人员。它也可能扩展到归于机构关联方定义内的独立合同人。(后面讨论的"停职"代表免职或禁业的一种临时形式。)

免职或禁业的程序类似于禁止令。监管机构送达被诉人关于监管

---

① 《美国法典》第12卷,§1818(e)(1)。

机构打算免掉或禁业被诉人的一份通知书。被诉人有权利参加行政法官出席的听证会,行政法官要向监管机构提交事实调查结果和法律结论,尔后监管机构作出自己的决定。被诉人可以按《行政程序法》寻求司法审查。①

c. 全行业禁入

对一家 FDIC 保险银行的被告人免职、禁业或停职的命令,其具有的后果远超出那家银行。只要这个命令保持有效,被告人就不能在任何 FDIC 保险银行里担任任何职务,也不能以其他任何方式参与进行"任何"FDIC 保险银行的事务,以及联邦保险的信用社,某些其他联邦监管的金融机构,或者任何联邦存款机构的监管机构。例外情况要求两家机构的书面同意,一家是采取这项命令行动的监管机构,另一家是对被告人寻求去工作或其他贵干的实体有管辖权的监管机构。② 关于《金融机构改革、恢复和执行法》(FIRREA)的会议报告要求这些监管机构"严密审查任何请求",并且只有在被告人"完全修复"、毫无疑问,这种批准是正当合理的情况下,才会批准这种例外请求。

哪种罪过肯定免职或禁业? 请思考以下案例,在此案中,OTS 对一家破产的互助储蓄机构的 CEO 签发了一个禁业令。

金诉储蓄机构管理局案③

利维,巡回法官:

一位前银行官员请求审查由行政监管机构签发的一个命令,它永远禁止他在美国银行业工作。我们同意这个请求,并撤销这个命令。……

德尔塔储蓄银行(德尔塔)是一家少数族裔拥有的、州颁发执照的储贷机构,以满足加利福尼亚南部地区亚裔移民(也就是,主要为韩国裔和越南裔家庭)的需要。

---

① 《美国法典》第 12 卷, §1818(e),(f),(h)。

② 同上, §1818(e)(7)。

③ 《联邦案例汇编第三辑》第 40 卷,第 1050 页(第 9 巡回法庭,1994)。

　　在 1989 年 9 月之前,德尔塔是不盈利的,而且资本不足。在那个月,一组当地商人在给予 260 万美元资本注入之后,接管控制了德尔塔。投资者之一,金英日(简称金)成为了该银行行长和首席执行官。德尔塔在新所有人和经理层接管后几乎马上兴旺起来。但在 1991 年 11 月 8 日,OTS 发出了针对金的控告通知书(通知书),指称违反法律,不安全和不稳健做法,并违反信义义务;暂停金的职务;以及安排监管德尔塔。后来 OTS 安排接管德尔塔。

　　金对通知书有争议。在举行了 6 天的听证会之后,行政法官(ALJ)认定德尔塔从事了不安全和不稳健做法,包括批准了四笔有问题的贷款,以及对一位董事的支票退票免收费用。但 ALJ 没有提出对金的禁业建议,或对他规定其他制裁。OTS 的代理负责人(AD)审查了这一决定,依了 OTS 工作人员提出的例外处理。在 1993 年 4 月,AD 采纳了 ALJ 的事实认定,但签发了禁止金参与任何联邦保险存款机构的事务。金质疑这个命令武断而且反复无常。法院按《行政程序法》(APA),依据《美国法典》第 12 卷第 1818(e)(7)款,审查了这个命令。

　　APA 没有给予本法庭“以自己的判断取代该监管机构的判断”的权力,而只是“考虑这一决定是否基于相关因素的考虑,以及是否存在明显的判断错误。”仅当该决定是“武断而且反复无常”时我们可以逆转这一决定。……在该决定里,监管机构依靠的是国会没有意图让它考虑的一些因素,完全没有考虑问题的重要方面,对自己决定提出的解释与监管机构面前的事实相抵触,或者是很不合理以至于可能被认为是与监管机构专家的看法或结果不同。

　　金辩称,AD 决定对他执行行业禁业令……依据的那些事实是武断且反复无常的,因为没做任何违法的事情,他没有从任何被控告行为中得到利益(实际上,他明显失去了他的全部投资 650,000 美元),并且金某行事信赖法律顾问的建议以及 1990 年加入德尔塔并任首席运营官的一位前 OTS 官员的指导……

　　在 OTS 可以对一个银行家合法实施一个永久禁业令之前,第

1818(e)(1)款要求它证明三件事:(1)在第1818(e)(1)(A)款下的"不当行为";(2)在第1818(e)(1)(B)款下的"影响";以及(3)在第1818(e)(1)(C)款下的"罪过"。因为我们认定,实质证据支持OTS出示了这一测试中的不当行为和影响部分,我们面前的唯一问题是,OTS是否也证明了罪过;也就是,金的行为上升(或许更准确说,下降)到了"故意或持续忽视"德尔塔金融安全的级别……

我们与我们的姊妹巡回法庭一致断定,在OTS对一个永远禁止在美国银行业工作的银行家可以实施最终制裁的禁业令之前,OTS必须出示远远超出过失的某种程度的罪过,也就是,必须有一个恶意的显示。

尽管OTS激烈地使用了"恶名昭彰的"这样一个颇具色彩的词来描述金的行为,但提供的材料仅表明金是批准几笔问题贷款的若干执行官和董事之一——他没有从其中任一笔贷款中捞取个人好处——而几笔问题贷款出自数以百计的良好贷款,并且在金负责德尔塔时,发生的问题是几个相对微小和技术性的违反某些银行业法规。尽管事实可能是OTS安排接管德尔塔是相当正当合理的,而且签发一个临时禁业令以阻止金在1991年11月8日之后继续管理德尔塔的事务可能也是恰当的,但是金的行为绝不涉及达到第1818(e)(1)(C)款规定的罪过的级别,并且实施永久禁业令这样一种严厉措施肯定是不合理的……

提问和评论

1. 为什么一个经理的持久过失不应当构成"持续蔑视"银行的安全与稳健?难道金没有按免职法条解读的"持续蔑视"的影响?更广泛地说,因为这个成文法许可免职的理由既可以是"个人不诚实"也可以是"故意或持续蔑视",法院怎么可以说这样的蔑视"一定具有同样程度的个人不诚实"?那不是有效取消了罪过标准的"蔑视"部分?

2. 根据本案事实,你会支持这一命令吗?为什么支持或不支持?

459　　　　　　　　　　　**FDIC 诉迈耶案**①

托马斯,法官:

　　……

　　1982 年 4 月 13 日,加利福尼亚州储贷专员查封了忠诚储贷协会(简称忠诚协会),这是一家加利福尼亚州执照的储蓄机构,并按州法,委派联邦储贷保险公司(FSLIC)作为忠诚协会的官方接管人。同一天,联邦住房贷款银行委员会按联邦法,委派 FSLIC 作为忠诚协会的官方接管人。以官方接管人的资格,FSLIC 有广泛职权"采取这种必要措施,以将忠诚协会恢复稳健的有偿付能力的状况。"……按照终止破产储蓄机构高级职员人员的一般政策,FSLIC 通过自己的特派代表罗伯特·L. 帕塔洛,禁业性解雇了被诉人忠诚协会高级职员约翰·H. 迈耶。

　　大约一年后,迈耶对若干被告提起诉讼,包括 FSLIC 和帕塔洛。……在审判时,迈耶对 FSLIC 和帕塔洛的唯一诉求是,即决执行剥夺他的财产权(他按加利福尼亚州法律继续受雇的权利)没有法律正当程序,违反美国宪法第五修正案。在提出这个诉求时,迈耶依据美国 1971 年"比文斯诉六名不知名联邦缉毒特工案",此案含有一条诉讼理由,对据称违反了美国宪法第四修正案的联邦特工提出损害赔偿。陪审团宣布了 FSLIC 赔付 130,000 美元的裁决,但认定对帕塔洛有利的合格豁免理由。

　　诉愿人联邦存款保险公司(FDIC),FSLIC 的法定承继人,向第九巡回上诉法庭上诉,该法庭确认。……该法庭断定,FSLIC 管辖的成文法中的"诉和被诉"条款免去了主权豁免,因而该监管机构不能免受起诉。该法庭依法确认了陪审团的结论,即迈耶在没有通知书和听证会的情况下被即决执行,他被剥夺了正当司法程序。我们准予调卷,以考虑针对 FSLIC 的损害赔偿裁定额的有效性。

　　最高法院认定这一"诉与被诉"条款宽免了主权豁免,也认定《联邦侵

---

① 《美国案例汇编》第 510 卷,第 471 页(1994)。

权损害赔偿法》没有废除这一宽免。最高法院断定,宽免不足以产生一个要求损害赔偿的诉讼理由;相反,迈耶必须说明他依据的这个实体法规定了这样的救济。

迈耶将自己的正当法律程序声请基于我们在比文斯案的裁定,此案认定,由据称违反第四修正案的联邦特工伤害的个人可以提起诉讼,对联邦特工提出损害赔偿。在我们最近的一些裁定里,我们已经"谨慎地回应了将比文斯案救济方法扩展到新语境的提议。"……在本案中,迈耶的要求显著扩展了比文斯案:他要求我们扩展比文斯案类型诉讼的被告类别,可以提起比文斯案类型诉讼的被告不仅包括联邦特工,而且也包括联邦机构。

我们知道,除了下级法院的第九巡回法庭之外,没有任何上诉法庭的裁定已经直接针对联邦机构默示了比文斯案类型的诉讼理由。迈耶认可他的立场缺乏权威支持,但辩称,比文斯案的"逻辑"应当支持这种补救方法。我们不同意。在比文斯案中,诉愿人起诉了联邦缉毒局特工,据称他们侵犯了他的权利,不是联邦缉毒局本身侵犯了他的权利。此处,迈耶恰恰提出主张,比文斯案的"逻辑"支持——针对终止他的 FSLIC 雇员帕塔洛,提出一个比文斯案类型的损害赔偿要求。

迈耶"逻辑"论据的另一个问题是这一事实,我们在比文斯案中默示了针对联邦官员的诉讼理由,部分原因是,一个针对政府的直接诉讼是不可行的。……本质上,迈耶要求我们基于假定没有这一诉讼的裁定默示一个损害赔偿诉讼。

迈耶的真正申诉是,帕塔洛像许多比文斯案被告一样,寻求合格豁免权的保护。但比文斯案明确设想,公务员豁免水准将被抬升。更重要的是,迈耶提议的"解决方案"——基本上围绕合格豁免权——意味着比文斯案救济方法的名存实亡,而不是它的扩展。必须记住,比文斯案的目的是威慑官员。……如果我们默示直接针对联邦机构的损害赔偿诉讼,由此许可权利主张人绕过合格豁免权,那被损害的当事人就没有理由针对官员个人提起损害赔偿诉讼。在迈耶的社会体制下,比文斯案救济方法的威慑效应将会丧失。

最后,针对联邦机构的损害赔偿救济方法,即便这样一种救济方法与比文斯案救济方法一致,肯定也是不恰当的。不像在比文斯案,此处,在创造一种损害赔偿救济方法上存在"律师迟疑的一些特殊因素。"如果我们认同直接针对联邦机构的损害赔偿诉讼,那么我们可能为联邦政府造成潜在的庞大财政负担。迈耶反驳这种推论,并辩称,联邦政府已经拨付大量资源用于赔偿其雇员在受到比文斯案式诉讼时的损失。迈耶的论据暗含的建议是,政府用于赔偿的资金可以转换到覆盖联邦机构的直接责任。这可能是真的,也可能不是真的,但是,涉及"联邦财政政策"的决定不是我们要做的裁定。……我们把它留给国会,让它考虑这种政府责任重大扩展的纠缠。

比文斯案对联邦政府机构的扩展不受比文斯案本身逻辑的支持。因此我们认定,迈耶没有比文斯案的诉讼理由,不能对 FSLIC 提出损害赔偿要求。因此,逆转下级法院的判决。

提问和评论

1. 迈耶为什么最终败诉? 难道他没有第五修正案保护的宪法权利吗?

2. 从技术性角度看,迈耶为什么不能胜过政府? 他起诉帕塔洛及其所属联邦机构的诉讼的瑕疵是什么?

3. 最高法院是在说,即便 FSLIC 及其代表剥夺了迈耶的宪法权利,不发通知书和不举行听证会就解雇他,迈耶绝对不能对此有所行动,是吗? 什么样的政府会剥夺其公民的宪法权利,并对由此引起的损失不给予他们追索权?

4. 持有迈耶立场的人们没有任何救助,这是真的吗? 最高法院的提议是什么? 这些措施可能足够吗?

461　　5.《联邦存款保险法》含有一个诉与被诉条款,几乎等同于本节选中的案子说到的诉与被诉条款。① (授予 FDIC"在州或联邦,任何法庭或衡平法庭,诉与被诉,控告与辩护的……权力"。)因此,本裁定尽管涉及已不存在

---

① 参见《美国法典》第 12 卷, § 1819 (a) (Fourth)。

的 FSLIC,但似乎完全适用于活跃在世的 FDIC。这个先例多么重要不清楚,然而,自从最高法院在迈耶案中认定,比文斯案例没有规定针对联邦政府及其机构的任何救济方法,其重要性由此可见。

6. 代替免职,联邦银行业监管机构也可以适用立即纠正措施法规,开除资本严重不足银行的高级职员和董事。继而,被开除的人可能得到一个听证会机会,在听证会上他承担举证责任,证明如果他继续受雇,那么将实质性加强该银行的能力,变成资本充足的银行。[①] 与关于免职的成文法相比,立即纠正措施法规收窄相关争议问题,规定一个解雇之后而不是解雇之前的听证会,并将举证负担转到内部人。但这样一种解雇,并不构成一个免职;这让这个被逐出的内部人自由地在其他联邦保险的存款机构工作(甚或在同一家银行——例如,该监管机构可能想得到地许可被逐出的某人作为首席执行官,而保持的身份是作为董事或员工)。

注解关于控制雇用决定

"金诉储蓄机构管理局案"涉及针对某人的禁业令,此人参与有保险银行的事务。银行打算雇用的某人怎么样? 监管机构可以干预以拒绝接纳这样一个人吗? 对于至少已经存在两年、在过去两年里经历控制权变更,或资本不足或"处于其他麻烦状态"的银行,《美国法典》第 12 卷第 1831i 款授予联邦银行业监管机构这种权力。这样的一家银行在增添某人到董事会或雇用某人为高级执行官之前,必须给予其监管机构 30 天通知书。监管机构可能不批准任何这样一个人,他的"能力、经验、人品或诚实……表明,许可该……机构雇用此人或与此人相关联,可能不是最好地符合储户的利益……或者……公众利益。"

提问和评论

1. 给出法律语言,在没有那种规定的免职或禁业法律程序情况下,什

---

① 《美国法典》第 12 卷,§ 1831o(f)(2)(ii),(n)。

么可以阻止银行业监管机构排斥他们不信任（或不喜欢）的人？监管机构在断定雇用某人可能不符合公众最大利益方面有多么困难？

2. 什么程序性保障措施适用于按第1831i款开除的某人？不像联邦银行法中的大多数强制执行条款，第1831i款没有规定听证会或司法审查。然而，该成文法也没有明示排除司法审查。如果你代表按第1831i款被禁业的某人，为了寻求司法审查你会做什么？

3. 第1831i款是宪法性的？"第五修正案的正当程序条款"保护免于无法律正当程序地剥夺生命、自由或财产。雇用关系涉及一种"财产"利益，这种"财产"利益如果没有最低程序保护的一个控告通知书、某种形式的一次听证会以及一项司法审查权，政府不得拿走，不是吗？还有，在一个经选择的雇主企业里开展自己职业的权利不能被认为是受第五修正案保护的一项"自由"权利吗？

注解停职

如果某人持续地参与一家被保险银行的事务威胁到该银行即将发生伤害，那会怎么样？联邦银行业监管机构可以利用"停职"——免职或禁业的一种过渡形式。停职与免职，如同临时禁止令与正式禁止令，它们之间具有同样的关系。而且，停职程序大致类似于临时禁止令的程序。按照《美国法典》第12卷第1818（e）（3）款，要对一个机构关联方停职，监管机构一般必须满足两个要求。首先，它必须送达一个通知书，说明它打算对这个机构关联方免职或禁业。第二，监管机构必须决定停职对保护该银行或银行储户的利益是必需的。然后，监管机构可以无需事先听证会，单方面签发一个停职令。此停职令送达即生效；除非在10天之内向联邦地方法院上诉，否则此停职令变成为终局停职令；而且除非由这样一家法院予以撤销，否则终局停职令继续有效，直到免职或禁业法律程序结束。

一个相关条文即《美国法典》第12卷第1818（g）款，授权监管机构对指控犯联邦重罪的人停职。联邦重罪涉及"不诚实或违反信托"，如果此人"继续服务或参与……可能对该存款机构储户利益造成威胁，或威胁损害该存款机构的公众信心。"某人被如此停职,有权利在 30 天之内有听证会,在听证会上他或她可以提出书面证词和口头陈诉(而且,监管机构斟酌提出口头证词)。监管机构必须在举行听证会之后 60 天之内给出其决定。

第 1818(g)款的程序满足宪法要求吗?"FDIC 诉马伦案"①认定第 1818(g)款的程序满足宪法要求。最高法院承认,被叫停的银行官员无可争辩地拥有受第五修正案保护的、继续为银行工作的财产利益,而停职剥夺了他这种利益。唯一的争论问题是第 1818(g)款的程序保护是否规定了正当程序。最高法院认定,鉴于攸关重要政府利益和凭空停职的可能性小,法律要求立即举行听证会并使作出的决定符合宪法章程。最高法院提示但没有裁定,宪法没有要求提供一个提出口头证词的机会。

提问和评论

考虑到马伦案的观点,你认为第 1818(e)(3)款的临时停职权力会幸免于司法审查吗? 监管机构在保持停职有效的同时一定追求免职或禁业,并且必须在送达控告通知书之后 60 天之内给予被告听证会。被告可以寻求停职令的司法停留(judicial stay),并可以获得对监管机构最终决定的司法审查。这些程序足够吗? 如果不够的话,问题在于程序还是在于适用的实质标准——被告的负担是证明监管机构错误地断定停职对于保护银行或其储户是必要的?

五、民事罚金

监管法律措施的另一个武器是令银行家更为畏惧的法律手段:民事罚金(有时由缩略词"CMP"代称)。民事罚金既不同于刑事罚金也不同于民事诉讼的赔偿金。与刑事罚金不同,民事罚金可以是行政性处罚,但没有适用于刑事案的大多数程序性保护措施。然而作为民事罚金,它不必与造成的伤害数额有任何特定关系。与赔偿金不同,原则上它甚至不限于实际损

---

① 《美国案例汇编》第 486 卷,第 230 页 (1988)。

害数额。

联邦银行业监管机构可以对银行和机构关联方的非常广泛的一系列不当行为实施民事罚金。惩罚结构涉及三"级",包括从最轻犯规到最重犯规。①

第一级惩罚:监管机构可以对轻微侵犯实施第一级惩罚。轻微侵犯也就是指对一个成文法或法规,禁止令、停职、免职或禁业令,立即纠正措施令,书面规定条件或书面协议的任何侵犯。监管机构只需要证明一种侵犯;它不需要证明被告行为有任何特定意图,或这种侵犯有任何特定影响。在这种侵犯持续期间,每天罚金可以达到5,000美元。尽管监管机构对一种不安全和不稳健做法不能实施第一级惩罚,但这种做法与其他因素综合起来考虑可以支持第二和第三级惩罚。

第二级惩罚:最高每天25,000美元,适用更为严重的不当行为。要实施这种惩罚,首先,监管机构必须证明三种"行为不端"中的一种:(a)犯下的一种侵犯支持第一级惩罚(也就是,侵犯一个成文法、法规、命令、条件或书面协议);(b)鲁莽从事一种不安全和不稳健做法;或者(c)违反受托人责任。其次,监管机构必须证明被诉人涉及特定的模式或效果——也就是,它(a)形成一个行为不端的模式的一部分;(b)引起或可能引起银行超过最低限度损失;或(c)导致被诉人金钱收益或其他好处。

第三级惩罚:适用于非常严重的行为不端,而且可以达到每天100万美元。首先,监管机构必须证明被诉人明知故犯了三种行为不端之一:(a)有一种侵犯支持第一级惩罚;(b)一种不安全和不稳健做法;或者(c)违反受托人责任。其次,监管机构必须证明被诉人明知引起或鲁莽引起两种实质性效果的一种:(a)银行的一种实质性损失;或(b)被诉人有一种实质性金钱收益或其他好处。总之,被诉人既有明知故犯的行为不端,也有明知引起或鲁莽引起的实质性效果。

464　　实施民事罚金,监管机构要向被诉人送达一份书面评估通知书。被诉

---

① 《美国法典》第12卷,§1818(i)(2)。

人有一次听证会的权利,而且可以获得按照《行政程序法》对监管机构的决定进行司法审查。民事罚金归入美国财政部一般基金。如果被诉人不支付罚金,监管机构可以通过在联邦地方法院民事诉讼收回,而法院无权质疑"罚金的有效性和适宜性"。

民事罚金成文法颁布在 FIRREA(基本上是目前的样子),它起源于银行业监管机构的一项提议。但是,第三级惩罚每天 100 万美元的最高罚金反映了第一届布什政府的一种精明的政治判断。认识到动用纳税人数十亿资金保护倒闭储蓄机构的储户会激起公愤——尤其考虑到某些"储蓄机构头目"臭名昭著的滥用——布什政府试图发送一个清晰、易懂的信号,存款机构内部人的未来劣行将面临严厉制裁。

提问和评论

1. 监管机构应当如何确定一种罚金数额? 监管机构在确定罚金数额方面拥有巨大的自由裁量权,显然只有每一天最大数额作为限制。民事罚金成文法不要求监管机构考虑被诉人的财力资源和诚信,侵犯的严重性,先前的任何侵犯历史,以及"其他这样正义所要求的事项。"[①]参议院银行委员会关于 FIRREA 的报告要求监管机构"减轻惩罚以及任何加重因素。"

2. 参议院报告还要求监管机构遵循 1980 年 FFIEC 关于民事罚金政策说明中包含的指南。政策说明包括(尤其)考虑以下因素:(1)被诉人是否犯有侵犯,或侵犯模式,故意漠视法律,或对银行有后果;(2)侵犯的频度和持续时间;(3)被诉人是否在意识到侵犯后立即停止并纠正,或相反地继续侵犯;(4)在执行早期问题解决方案方面任何与监管机构不合作的情况;(5)隐瞒或自愿披露侵犯;(6)对银行的任何实际损失或伤害(或有这种损失或伤害的威胁),包括对公众银行信心的伤害;以及(7)经济或其他好处,或者被诉人从这种侵犯中得到经济或其他好处的优惠待遇。[②]

---

① 《美国法典》第 12 卷,§1818(i)(2)(G)。

② 《联邦公报》第 45 卷,第 59,423 页(1980)。

3. 该成文法和政策说明恰当约束了银行监管机构实施罚金的自由裁量权？或者一旦监管机构确认了一项侵犯，被诉人基本任由监管机构摆布？

4. OCC 向你的当事人朱莉娅送达了一个民事罚金评估通知书。朱莉娅相信 OCC 对她进行报复，并使你确信 OCC 某位官员实际对她处理过于严厉。你能在民事罚金程序之前向联邦法院提起诉讼吗？第 1818 款没有包含在履行行政赔偿之前予以司法审查的条文。实际上，该成文法规定"任何法院没有管辖权"对一项强制措施进行干涉。但法院精心设计了一些有限的例外情形，"在这些情形里，监管机构已经超出了一个清楚和明确的法定命令或禁止，或由'权威的司法认定'清楚作出的命令或禁止"……——也就是采取'公然非法'行动——在对非法活动的受害者不存在适当替代性司法赔偿的情况下。"参见"阿伯克龙比诉 OCC 案"。① 为了在可能成功的诉讼中合法阻止监管机构执行强制行动程序，你对你的当事人有什么建议？

5. 按照《美国法典》第 12 卷第 1818(k) 款，FDIC 一般禁止银行补偿机构关联方民事罚金或相关法律费用。②

6. 假设你的当事人朱莉娅履行了她的行政赔偿，继而在美国上诉法院要求审查一项民事罚金。一般来说，在这样一个诉讼程序中，成功的可能性多大？

7. 假设在 OCC 估算了朱莉娅一大笔民事罚金之后，美国政府律师基于同一行为对她提起指控。朱莉娅可以声请宪法重复起诉条款禁止这一检控吗？最高法院已经裁定这个不行。参见"美国诉赫德森案"。③ 最高法院强调，国会本来意图是民事罚金是民事而不是刑事，并认定"我们几乎不需要怎么证明，很少有证据表明，这些制裁是'在形式和效果上如此苛刻致使他们犯罪，尽管国会的意愿相反。'"

---

① 《联邦案例汇编第二辑》第 833 卷，第 672,675 页（第 7 巡回法庭，1987）。
② 《美国联邦法规》第 12 卷，第 359 页。
③ 《美国案例汇编》第 522 卷，第 93 页（1997）。

六、终止或中止存款保险

终局行政执法机制涉及终止或中止银行的存款保险。这是银行业监管执法的秘密武器，它威力强大但很少用。FDIC 可以基于三个理由终止一家银行的保险：首先，如果该银行继续不安全或不稳健的经营；其次，如果该银行或其高级职员已经或正在以不安全或不稳健的做法开展银行业务；或第三，如果该银行或其高级职员层已经违反任何法律、法规、命令，FDIC 书面规定的条件，或与 FDIC 磋商的书面协议。FDIC 必须给予主管该银行的联邦监管机构以及任何州监管机构一个指控的提前通知，以便他们寻求解决问题。如果问题持续存在，那么 FDIC 送达该银行一个指控通知，让行政法官举行一个听证会，并做出自己的决定，同时该银行有权要求对任何终止令进行司法审查。[①]

如果一个终止令突然结束了所有存款保险，它肯定会引起对该银行挤兑。为了减少挤兑的可能性，现有存款至少在命令生效后六个月之内继续保有保险。但保险不适用任何新存款，包括提取之后的再存款部分。因此，它仅适用于自终止生效日起的最小余额——对一般支票账户几乎不提供保护。

简言之，尽管终止存款保险不得引起典型的挤兑，但是这听起来还是一家银行的丧钟。实际上，如果引发大量、快速地提取存款，那么这不仅会击垮银行，而且使 FDIC 对该银行剩余被保险存款的兑现成本增加。因为银行的持续经营价值部分地在于银行存款账户的价值。渴望得到新增客户的其他银行，将为承接陷入困境银行的存款而有实际支付。因此，举例来说，FDIC 可能需要向收购者只承担支付赔偿每美元的 98 美分。因此，终止保险可能难以证明是以成本最低的方法解决银行的问题。举例来说，FDIC 通过维护银行的持续经营价值，为指定的接管人担保，然后卖掉该银行或其资产，这样它可能会做得更好。（我们将在下一章考察接管和解决策略。）因

① 《美国法典》第 12 卷，§1818(a)(2)。

此,尽管终止保险权利加强了 FDIC 处理桀骜不驯的银行及其监管机构的手段,但 FDIC 很少行使这项权力。

如果 FDIC 启动了一个终止程序,而问题银行没有任何有形资本,那么"中止"存款保险就是一个临时的补救办法。一旦中止令生效,保险适用于现有存款,但一般不适用于新增存款。①

注解 FDIC 的备用执法权

如果被保险银行的联邦监管主管机构拒绝采取 FDIC 建议的执法行动,FDIC 能做什么? 作为存款保险人,FDIC 承担这种不作为引起的任何风险。FDIC 可以寻求终止或中止银行的存款保险。但是 FDIC 也有一项更直接的补救方法:自己采取执法行动。行使这样一项备用执法权,涉及两步程序。首先,FDIC 必须书面建议另一家监管机构(也就是 OCC 或美联储)采取具体的执法行动。FDIC 一般必须给予另一家监管机构 60 天时间以采取行动,或者提供一个解决 FDIC 关切问题的可接受计划。然而,FDIC 理事会在"紧急情况"下可能缩短或免除那个 60 天时间。第二,如果问题持续得不到解决,FDIC 理事会必须决定(1)该银行处在一种不安全或不稳健状况;(2)该银行或机构关联方正致力于不安全或不稳健做法,而建议的执法行动将予以阻止;或(3)所涉行为对存款保险基金造成风险,或可能损害银行储户的利益。最后,FDIC 本身可以采取建议的执法行动。②

强制执行问题

1. 夜影镇位于白令海边,面临艰难时世——镇里的木材厂关张,渔业衰退,银行即将倒闭。因此,当伊凡·里姆斯基来到夜影镇、买下夜影银行(一家州立非成员银行)并恢复银行财务健康时,他成为了当地的一个英雄。在短短的三年里,该银行的杠杆比率从 3% 上升到 10%,同时该银行的

---

① 《美国法典》第 12 卷,§1818(a)(8)。
② 同上,§1818(t)。

总资产从 2,500,000 美元上升到 1 亿美元。在本问题的(a)—(f)部分,根据《美国法典》第 12 卷第 1818 款,确定 FDIC 是否"可以"采取任何行动,FDIC"应当"采取什么行动?

(a)伊凡尤其令人印象深刻的是,在没有核查他们信用历史或要求财务信息的情况下,给夜影镇的重要人物发放大量贷款。FDIC 对此不以为然。FDIC 可以和应该做什么?

(b)当一位 FDIC 检查员向伊凡发问关于他贷款的做法时,伊凡回答说,"文件?财务分析?反正你要做的只是粉饰门面而已。不,我寻找一个眼睛明亮的人,一个坚定握手的人和有性格的人。我心里了解性格,我根据性格放贷。"FDIC 可以和应该做什么?

(c)在没有征询银行董事会意见的情况下,伊凡让银行购买了一艘价值 200,000 美元的公海快艇。伊凡将快艇停泊在他家附近,并且不让他人使用,他每周独自驾驶快艇外出一次。FDIC 可以和应该做什么?

(d)FDIC 发现的信息表明,伊凡·里姆斯基实际是伊凡·格里姆斯基,一个前克格勃特工,与一个犯罪组织有联系。五年前,格里姆斯基抢劫了巴哈马的一家银行,然后驾驶快艇消失。FDIC 可以和应该做什么?

(e)在伊凡消失一个月之后,FDIC 从乌兹别克斯坦收到了一张明信片:

> 亲爱的白痴:
>
> 别想对我采取执法行动。我不会让你们得逞。我辞掉了夜影银行的所有职务,并把我的银行股份捐献给了夜影镇公共图书馆。
>
> 再见
>
> 伊凡

FDIC 可以和应该做什么?

(f)20 年之后,美国佐治亚州调查局发现了同一个伊凡·格里姆斯基,担任奥克弗诺基联邦信用社董事。美国政府律师是否可以采取什么行动?

2. 斯普拉格公司控股了道利银行,这是一家州立非成员银行。杰西是该银行行长和首席执行官。他还喜欢响尾蛇。在一次对该银行和斯普拉格公司的常规检查时,杰西告诉一位美联储检查员,他计划下周带他的至爱莫哈韦响尾蛇来工作。"是那种北美洲最致命的蛇吗?"这位检查员问。"我的朋友莫焦不会,"杰西回答说,"他温柔得像只小羊羔。"美联储可以发一个禁止令,禁止杰西带任何毒蛇到银行办公区吗?

3. 斯特兰奇韦斯银行是一家联邦储蓄银行,上年盈利 1.9 亿美元;银行董事会和高级管理层预期盈利 2 亿美元。为了掩盖不足,高级管理层操纵银行会计,夸大盈利 1,000 万美元。泽德,该银行独立审计师,警告了这种操纵,但受到丢掉该银行工作的威胁,不情愿地批准了该银行的财务报告。OCC 在听说了这种不当会计行为后,要对那些涉及人员采取严厉行动。这家监管机构可以阻止泽德为 FDIC 保险银行再做任何会计工作吗?

4. 滑铁卢银行是一家州立成员银行,其总部濒临锡卡莫尔河。该行的大部分贷款文件保存在地下室,地下室的楼层地面高出正常河面 12 英尺。长久以来,该行占有强势的商业贷款投资组合主要是对本地小公司贷款,不良贷款相当少(例如,还款逾期超过 90 天的贷款,或者借款人最终是否偿还全部本金和利息存在疑问的贷款)。尽管在过去几年里当地经济发展缓慢,但该银行连续报告很少不良贷款。在借款人偿还贷款逾期时,该行商业贷款首席官奥凯照常发放追加贷款以对偿还贷款融资。"毕竟,"奥凯说,"我们需要保护我行的声誉。"当银行员工准备节日派对时,河水涨到记录水位,灌进该行地下室,并使得 1/5 的贷款记录浸湿,而且字迹基本模糊不清。按照第 1818 款,联邦储备委员会是否可以采取什么行动?

5. 在过去 20 年里,卢克作为懒洋洋国民银行的首席执行官。该行有 1 亿美元总资产,9,000 万美元总负债,1,000 万美元普通股本。在过去五年里,该资产回报率平均 0.15%(比较全国平均 1.2%),在全国同类银行中几乎是垫底。OCC 相信,一位有才干、充满活力的首席执行官可能会提升该行盈利水平。

（a）根据适用法律，OCC 是否可以采取什么行动？

（b）如果该行有 1 亿美元总资产，9,750 万美元总负债，250 万美元普通股本，那么你的回答会有什么不同？

6. 在多年令人羡慕的繁荣之后，乌斯银行及其所有人和首席执行官乔布先生面临麻烦。该行第二大分行在地震中垮塌，砸死三位员工和五位顾客。恐怖分子袭击银行的野餐活动，绑架了主要贷款官，下落不明，生死不详。乔布患上了一种毁容病，在后台办公室工作，远离公众视线。乔布从前的两个好朋友，比尔和伊莱，正在散布关于乔布及其银行即将毁灭的谣言。按照第 1818 款，有关联邦银行业监管机构是否可以采取什么行动？

7. 洛娜是一位经验丰富、受人尊敬的银行家，担任蒙特罗斯国民银行首席执行官，也是该行董事会主席。该行有 6 亿美元总资产，6,000 万美元普通股本，并只有单一类别股份。该行总部位于斯特灵县法院的大街对过。卡里担任该县理事会主席，人们普遍称他"卡里老板"或只叫"老板"，他管理本县有铁腕手段。卡里任职该行董事会主席 20 年，但三年前辞职，并且不是本行在任高级职员、董事或员工。他继续持有该行 8% 的股份。可是，该行的董事们和执行官们都尊敬卡里的精明和政治影响力，并定期与他商讨重要决策；他出席大多数董事会会议。"见到老板总是很高兴，"在卡里大步跨进她的办公室对悬而未决的争议给予他的意见时，洛娜经常这样说。卡里拥有鲶鱼帝国公司 30% 投票权股份，该公司在池塘养殖鲶鱼。该公司去年开始营业，预期大约下年开始盈利。洛娜让该行对鲶鱼帝国公司发放六年期、无担保贷款 1,000 万美元，利率高于本行最优惠利率 3 个百分点。鲶鱼帝国公司赢得高质量鲶鱼生产商的美誉。但是另一方面，农场养殖鲶鱼全球供过于求，这使得鲶鱼帝国公司蹒跚不稳：随着价格跳水，公司单是支付其账单都有困难。

（a）OCC 可以对洛娜免职吗？

（b）如果 OCC 本来可以对洛娜免职但没那么做，那么，任何其他联邦监管机构可以对她免职吗？

七、民事诉讼

除了联邦银行业监管机构各种正式与非正式的行政强制执行之外,被保险的银行及其董事们、高级职员们还面临着私人当事人和 FDIC 民事诉讼的可能性。这种诉讼算是强制执行的一种形式,即便他们经常涉及不同的原告和一套不同的实体规则——这些规则混合体里包括州普通法、联邦证券法,以及有时甚至"民事 RICO"(刑事反诈骗成文法的民法类似物)。这些其他规则的目的一定程度上与联邦银行业法律的目的交叠,或强化联邦银行业法律的目的——在诉讼情况下显而易见的一点是,指控银行的董事、高级职员和独立合同人违反他们的信义义务,使得银行遭受财务损失。

在银行仍然开业的同时,原告律师代表股东提起这种信义义务诉讼。一起诉讼可能涉及以公司名义提起针对董事的一起派生诉讼,指控董事违反注意与忠诚责任。它也可能涉及一起针对银行或银行董事或高级职员的集体诉讼,指控证券欺诈。

尽管这种诉讼的数量——尤其当贷款损失时,迫使大幅下修利润报告——两个因素已经禁止私人针对银行的诉讼。首先,法院基本上抵制许可私人原告因为银行侵犯监管成文法而起诉银行。因为这些成文法形成了由政府监管机构管辖的综合执法机制的一部分,法院普遍认定,没有国会意图让私人当事人通过民事诉讼强制执行这些成文法。

第二,原告律师必须衡量银行未来倒闭和让诉讼一文不值的风险。当被保险的银行倒闭时,FDIC——作为银行的接管人——承继银行的资产,包括它的合法要求,而且通常接收现有的派生诉讼。FDIC 不会接受股东针对董事和高级职员侵犯证券法的直接诉讼(尽管,如果 FDIC 也对这些被告起诉,法院可以延期个人诉讼,等待 FDIC 索赔的处理)。但是,即便私人诉讼最终胜诉,他们可能几无价值,除非有保险覆盖:前董事和高级职员到那时是不怕判决的;并且(出于下一章要讨论的理由),针对倒闭银行本身的任何诉讼,对倒闭银行的剩余资产将只有低优先受偿权。

鉴于私人诉讼的这些不利因素,大多数重要民事诉讼通常由 FDIC 作为倒闭银行接管人提起。如同我们将在下一章讨论的,FDIC 作为接管人一般将倒闭银行的合法要求出售给作为存款保险人的自身。然后,FDIC 作为存款保险人追偿这些合法要求。FDIC 可能对该银行的前董事和高级职员或外部专业人士(比如,律师、会计师和评估师),指控违反信义义务,违反合同,欺诈,或诸如此类。

470

a. 规定责任的政策考虑

被保险银行针对董事和高级职员和外部专业人士有什么权利? 什么样的公共政策应当指导规定责任(the imposition of liability)?

人们很可能寻求对这类人在他们履职服务银行时抱持极其严厉标准。毕竟,这些人在保护那些实际不能保护自己的储户方面发挥关键作用——或另一种选择,在保护联邦存款保险身后的纳税人方面发挥关键作用。

但是,在准备如此规定责任之前,考虑这样一种方法会怎样影响人们任职银行董事、高级职员、律师、评估师或会计师的激励效应。如果一个失误会带来毁灭性责任,那谁想以这种身份任职呢? (而且那些在职人士会证明极其胆小——像一个汽车司机沿着空荡的高速以每小时 15 英里的速度爬行?)银行或其服务提供者需要什么保险政策来保护自己免于责任? 以及这种保险会花费多少?

在某一时点,对董事、高级职员以及第三方规定责任的成本将超过这么做的好处。大多数了解情况的人们至少在理论上认同,规定责任的阈值可能设置太低,而衡量损害赔偿可能设置太高。但实际上,这些水准应当设在何处,这引起了更困难的问题。

b. 董事和高级职员的责任

银行的董事和高级职员们,像其他公司的同类人士一样,对他们的机构负有注意与忠诚的信义义务。因此,举例来说,注意义务要求董事们履行自己的职责:(1)依善意(也就是,忠诚、无任何利益冲突以及不承诺或纵容违法);(2)具有一个一般谨慎的人在同样职位在相似情况下行使职责的注意;以及(3)在方式上董事们理智地相信符合公司的最大利益。但是,考虑到过度责任会如何阻止经济理想的商业活动,法院以一种高度尊重公司董事和高级职员的方式适用注意义务——体现在对商业判断规则的尊重。这个商业判断规则假定,在做商业决策上,公司经理们依照注意义务行事。它要求质疑这样一种决策的原告承担反驳这种假定的举证负担。这个规则承认,合理决策仍然可能具有不利的结果。

因为注意义务要求银行经理们行使合理注意确保银行遵守适用的法律,所以股东们实际上可以使用派生诉讼以强制执行某些银行法规则:例如,对内部人的贷款限制,对一个借款人的贷款限制,以及对某些种类的高风险投资限制。实际上,违反一个成文法或法规,原则上,银行董事或高级人员就要对此承担责任,无需证明被告违反了普通法的注意义务。但是,困难的问题出现在决定哪一部成文法或法规可以引起这种责任。如果所说法律没有明确给予银行一种私人诉讼权利,争议变成法院是否应当认可暗示权利。广泛而言,这个问题取决于国会是否(或州立法机构)愿意创造一种私人诉讼权利。参见"美银美林公司诉柯伦案"。① 试图按综合银行监管计划建立私人诉讼权利通常失败的论点是,既然国会特别给予联邦银行监管机构这样范围很广的强制执行权利,它一定没有意图给予私人方类似权利。

尽管适用于有偿付能力的银行董事和高级职员的这些法律,一般轮廓上而言,各个管辖权之间相当一致,但各个管辖权之间的差异的确存在,而且产生法律选择的争议问题。州立银行容易选择法律:按公司法的"内部事务"原则,适用州执照法律,至少在不存在联邦先占权的情况下。但如果银行是联邦特许的会怎么样?州法律或联邦法律都管辖吗?而如果是联邦法律管辖,那人们在哪里找到它?

无论怎样,一个原告必须证明什么过失标准才能确认一位董事或高级人员的责任?此外,银行董事的信义义务与其他企业董事的信义义务是相同还是不同?

《美国法典》第 12 卷第 1821(k)款肇始了现代分析:

---

① 《美国案例汇编》第 456 卷,第 353,377—378 页(1982)。

被保险存款机构的董事和高级职员,可能在代表 FDIC、受 FDIC 请求或指导的任何民事诉讼中,对金钱的损害赔偿负有个人责任。……负有个人责任的原因是严重过失,包括任何类似行为,或表明极大蔑视注意义务,……包括故意侵权行为,这些术语按适用的州法定义和确定。本段内容不损害或影响在其他法律下的 FDIC 任何权利。

按它这个条款,该成文法使得倒闭银行的董事和高级职员在 FDIC 提起的诉讼中因为严重过失(或更坏)而领受责任。但该成文法留下一些重要问题未解。举例来说,在银行破产之后,毫不含糊地适用 FDIC 提起诉讼,但它如何影响针对有清偿能力银行的董事和高级职员的诉讼? 如果其他适用法律对轻微的一般过失、没有表明严重过失规定责任,会怎样? 该成文法先占这个法,结果一般过失标准不再适用,或这个标准继续适用?

阿瑟顿诉 FDIC 案[①]

布雷耶,大法官:

重组信托公司(RTC)起诉城市联邦储蓄银行的几位高级职员和董事,声称他们侵犯了注意法律标准,他们对这个联邦特许的、联邦保险的机构负有这种责任。本案此处重点裁定他们的行为是否失当。它要求法院应当在何处找到衡量被告行为法律正当性的标准——州法、联邦普通法,或者说到"严重过失"的一个专门联邦成文法?

我们断定,州法设定了行为标准,只是州立标准(比如一般过失)比联邦成文法的标准更加严厉。不过,联邦成文法设定"严重过失"的最低限度,这适用作为对更宽松的州立标准的替代标准。……

1989 年,一家联邦储蓄协会即城市联邦储蓄银行(简称城市联邦),进入接管状态。RTC 作为接管人,以该银行的名义对高级职员和董事提起本诉讼。……诉状称,被告作为(或不作为)的方式,导致城市联邦发放了各

472

---

① 《美国案例汇编》第 519 卷,第 213 页(1997)。

种不良开发贷款、建筑施工贷款以及商业并购贷款。它声称,这些作为(或不作为)是不合法的,因为这些作为(或不作为)等于严重过失、一般过失以及违反信义义务。被告动议驳回。……他们辩称,《美国法典》第 12 卷第 1821(k)款,通过授权对严重过失或更严重的恶劣行为诉讼,……意图禁止对较轻的恶劣行为,比如仅引起一般过失级别的行为,予以诉讼。……

我们开始暂时先把设定"严重过失"的联邦成文法放一边,并发问如果不存在这种成文法,联邦普通法是否会规定适用的法律标准。我们断定它不会。最高法院最近讨论所谓真正意义上的"联邦普通法",也就是,一项裁决规则,不是简单地相当于联邦成文法的解释,或一个正确解释的行政规则,而是等于司法"创造"了一项特别的联邦裁决规则。最高法院说,"在案例中,一项特别联邦规则的司法创造将是合法化的,这些案例……是……'屈指可数和有限制的。'"参见"奥梅尔维尼与迈尔斯诉 FDIC 案"。① (后面的节选与律师、会计师和评估师的责任有关。)

没有人怀疑国会为裁决规则立法的权力,这些规则裁决像我们面前这样的案子。……(但国会没有颁布这类关于联邦储蓄协会的公司治理标准。)因此,我们必须裁定,州法的注意标准对这类银行的适用是否会与联邦政策或利益冲突,并因此严重威胁联邦政策或利益。

我们认定,这不会。在争辩一项联邦普通法规则中,FDIC(它从 RTC 接管的这个案子)强调需要统一,联邦特许的意义,内部事务原则规定的州公司规制规则的统一,以及储蓄监督局的强制执行权力。我们认定这些论据没有一个有说服力。

首先,FDIC 显示不需要统一。国民银行并没有它。实际上,OCC 对选择哪一种公司法规制它们给予相当的自由:他们总部所在州的法律,《特拉华州普通公司法》,或《美国标准公司法》。此外,尽管联邦规则会增加联邦储蓄协会之间的统一,但它也将增加联邦与州储蓄协会之间的不一致。

---

① 《美国案例汇编》第 512 卷,第 79 页(1994)。

第二，仅仅因为联邦储蓄协会拥有联邦特许权，并不意味着法院应当使用联邦普通法注意标准。许多州法适用联邦特许的存款机构，但没有危及那些机构贯彻国会创建它们的宗旨。

第三，内部事务原则并不对统一的联邦规则提供支持。按照这一原则，州执照法律规管一家企业的公司治理。然而，这一原则只是寻求避免让多个州法适用于同一个公司；它并不涉及以联邦法取代州法。我们也不会基于 OTS 执法决定的一个联邦普通法规则，阐明一个普通注意而不是严重过失的责任标准。OTS 没有权力规定一项责任标准，而且其强制执行决定只是简单诠释了一个老法官制定的联邦普通法规则。

总之，我们可以认定，与联邦利益没有任何重大冲突，也没有威胁到联邦利益。……不存在这样的联邦普通法，它会创造一个适用于本案的一般注意标准……

我们现在转到一个更进一步的问题：联邦成文法（也就是，联邦"严重过失"成文法）取代州法的注意标准吗？……在我们看来，成文法的"严重过失"标准只是规定了一个最低限度——确信高级职员和董事至少满足一项严重过失标准。它不阻碍适用某些州法规定的更严厉标准。

一方面，成文法语言包含一个保留条款，从字面上理解，保留适用更严厉州法标准。……另一方面，国会针对濒临倒闭储蓄协会、有大量联邦支付的被保险银行储户以及最近州法变革的背景情况颁布了成文法，旨在限制先前存在的高级人员和董事的过失责任。州法变革对于联邦政府从有过失的高级职员和董事身上收回花在救援濒临倒闭银行及其储户的联邦基金更加困难。因此，总体背景支持将这个成文法解读为，通过创建一个注意标准的最低限度，努力保持联邦政府收回基金的能力。……

提问和评论

1. 关于设定银行董事和高级职员的责任标准，一种有效状态是达到一种平衡：（1）在银行储户利益和其他银行债权人利益之间；（2）在银行董事、高级职员利益与（一定程度上）股东利益之间。使得原告认定公司董事及

473

高级职员责任更难,明显使董事和高级职员受益。对储户、其他贷款人以及股东的影响需要一些解释。在自由市场上——没有存款保险或其他政府干预——银行的储户和其他债权人得不到任何东西,而且银行增加冒险带来很大损失——造成的任何损失可能既伤害债权人也伤害股东,但增加的任何利润将只是流向股东。不管银行利润多大,债权人将大部分收回自己的本金及利息。相比之下,股东一般得到增加冒险的好处——而且也让董事和高级职员从这种自由冒险的规则中获益。

2. 联邦存款保险已经更改了董事和高级职员责任的政治性神秘变化?在存款保险之前,提倡责任的规则往往以本地董事和高级职员和股东为代价,而使当地储户和其他债权人受益;在这些潜在冲突的本地利益之间存在一个大致的平衡。但通过保护大多数存款,存款保险制度在很大程度上消除了本地储户股权保持内部人负有的责任。通过使 FDIC 成为倒闭银行的最大债权人,存款保险转移到 FDIC——一个遥远而不可爱的联邦政府机构——最大的损失可能引起减少董事及高级职员的责任风险。存款保险可能使政治方程失衡。什么会阻止这种不平衡达到合乎逻辑结论的状态,并保持银行董事和高级职员比所有其他公司的董事和高级职员有更低的注意标准?

温斯坦:《存款机构的信义义务》①

温斯坦先生作为 OTS 首席律师作出如下评论:

历史上,银行或互助储蓄机构的第一个信托规则保护了储户的存款。不像权益投资人,储户既不寻求资本收益也不承担资本损失风险。当他们将自己的钱存进银行时,他们期望在他们出示一种提款凭据时,存进银行的钱还在。

因此,比起其他公司的高级职员和董事,存款机构的高级职员和董事在决定他们可能引起自己机构承担风险的数量和规模上具有更苛求的责任。

---

① 《银行业报告》(美国国家事务局出版有限公司)第 55 期,第 510 页(1990 年 9 月 13 日)。

存款机构明显的受托人义务是采取所有合理措施避免存款资金损失。……

由于保管储户资金的重要性,要求存款机构的高级职员和董事必须秉持"比市场标准更崇高的正直和忠诚标准。"相应地,存款机构的高级职员和董事必须承担更严厉的信义义务,其行为要符合该机构及其股东与储户的最大利益。

只有散漫或一厢情愿的思想家会声称,联邦存款保险的存在消除了银行家对储户的这种历史责任。……联邦保险存款机构的每一个受托人对联邦保险公司负有至少与对储户负有的同等信托责任——而且,这……是不发生资不抵债风险以及不发生机构存款资金损失的责任。

提问和评论

1. 你同意温斯坦先生关于银行董事和高级职员对 FDIC 具有"严厉的信义义务"的意见吗?按标准公司法,公司的董事和高级职员在公司濒临资不抵债——在此点债权人成为事实上的权益持有人——之前对债权人一般不负有信义义务。(随着股东还清债务,债权人承担企业的剩余风险)但温斯坦的理论不会远远超出这一点,使银行经理们一直具有对 FDIC 负有信义义务?如果银行经理们的这些决策最终使银行资不抵债,那么 FDIC 因而可能让银行经理们对远在资不抵债之前所做的高风险决策负责。联邦存款保险对这种现有法律的扩展合理吗?

2. 关于认定有偿付能力公司的经理们对债权人不负信义义务,法院强调债权人可以通过合同保护自己。一个关心潜在借款人过度承担风险的潜在债权人,可能引起一系列合同保障措施,比如获得抵押担保或让借款人同意遵循特定的降低风险做法,并对明确规定的增加风险的做法保持克制(以免债权人强迫立即偿还债务)。联邦政府,作为存款保险人和银行监管部门,有相同权力通过合同保护自己吗?监管机构采取强制行动以阻止不安全和不稳健做法的权力又怎样呢?

3. 对债权人针对有偿付能力的公司的经理们规定信义义务会让公司的董事们左右为难。债权人从旨在最小化破产风险和确保公司可以偿还债务的保守管理中受益。但这种谨慎会倾向于使股东只得到平常的利润。股东们得益于更大的冒险,因为他们具有有限的下行风险和潜在的无限上行收益。更具体说,有限的公司负债保护股东们免于损失多于他们在公司的投资价值,而股东们从增加的冒险中收获整个增益。如果公司经理们对债权人和股东都负有信义义务,那么他们如何能够解决这种冲突?

4. 在这篇演讲的后面有一个要点,温斯坦先生坚称,"政府具有无限的负权益风险,同时它没有普通股东享有的任何潜在收益。这种类型的权益应当引起受信行为的最高可能的标准。"你同意吗?"负权益风险"指多于公司有限负债的任何东西,以牺牲债权人利益为代价而保护股东吗?(此外,为什么政府的风险是"无限的"?)存款保险公司的立场根本不同于银行的无保险存款人——或非存款公司债权人的立场吗?如果是这样的话,如何不同?

c. 律师、会计师和评估师的责任

像起诉董事和高级职员的诉讼一样,针对银行律师、会计师和评估师的诉讼可以基于传统的侵权诉讼理由,尤其是职业过失。这样一种主张必须包括过失诉讼理由的通常要素:责任,违反责任,起因,以及损害赔偿。以下案例涉及要求按州侵权法处理的索赔与抗辩。

奥梅尔维尼与迈尔斯诉 FDIC 案①

斯卡利亚,法官:

本案的问题是,在联邦存款保险公司作为一家联邦保险银行的接管人提起的一起诉讼中,是联邦法还是更确切地说州法的裁决规则,对提供银行服务律师的侵权责任做出规定。……

美国多元化储蓄银行(ADSB 或 S&L)是一家加利福尼亚州执照并有联邦保险的储贷机构。萨尼和戴于 1983 年收购了 ADSB。萨尼持有 ADSB 股份的 96%,并担任该行主席和 CEO,戴持有 ADSB 股份的 4%,并

---

① 《美国案例汇编》第 512 卷,第 79 页(1994)。

担任该行行长。在他们领导下,ADSB 从事许多高风险房地产交易。……
萨尼和戴也一起欺诈性地高估 ADSB 的资产,涉嫌造假出售资产,以产生胀
大的"利润",以及普遍"造假账"以粉饰 S&L 日益萎缩(而且最终是负值)
的净值。

1985 年 9 月,诉愿人奥梅尔维尼与迈尔斯,一家位于洛杉矶的律师事
务所,代表 ADSB 加入两个房地产银团贷款。在那时,ADSB 正在受到州和
联邦的监管机构调查,但那一事实还没有公开。在完成了代表 S&L 的工作
后,诉愿人没有联系之前为 ADSB 工作的会计师事务所,也没有联系州和联
邦的监管机构,以调查关于 ADSB 的财务状况。1985 年 12 月 31 日,诉愿人
参与工作的两个房地产产品结束。1986 年 2 月 14 日,联邦监管机构认定
ADSB 资不抵债,并且由于侵犯法律和不稳健做法,它已经招致大量损失。
答辩人介入作为 ADSB 的接管人。……

FDIC 在联邦地方法院起诉了诉愿人,指控职业过失并违反信义义务。
诉愿人要求即决判决,辩称萨尼和戴知晓自己的渎职行为必然归罪于 S&L,
并进而归于 FDIC,它作为接管人承继 S&L。

FDIC 主张本案的诉讼理由根据加利福尼亚州法律创建,这是共同立
场。答辩人辩称,就裁决这些诉讼理由来说,(1)一个联邦普通法规则而不
是加利福尼亚州法律决定,知晓公司高级人员违反公司利益是否将归罪于
公司;以及(2)即便加利福尼亚州法律决定前一个问题,但联邦普通法决定
更窄的问题,即知晓公司高级人员违反公司利益的行为,在 FDIC 作为该公
司接管人起诉时是否将归罪于 FDIC。

第一条争论不必耽搁我们很长时间,因为很明显它是错误的。"不存
在联邦一般普通法",参见"伊利铁路公司诉汤普金斯案"①。……

那么,下面我们转到裁决的更实质的基础问题。它坚称,联邦先占权一
般不对归责法,而只适用于 FDIC 作为接管人的起诉。……本案中的争议
问题是,加利福尼亚州的裁决规则是否适用于归责问题,或被取而代

---

① 《美国案例汇编》第 304 卷,第 64 页(1938)。

之。……

《美国法典》第1821(d)(2)(A)(i)款说,"FDIC……通过法律的运作,应当承继——被保险存款机构的所有权利、所有权、权力和特权。"这个语言似乎表明,FDIC作为破产"承继"的接管人……,获得"被保险存款机构"的权利,这些权利在接管之前就存在。此后,在FDIC主张S&L索赔的诉讼中——通过说明S&L高级人员已经知晓——"任何针对原当事方的有利抗辩好于对接管人的抗辩",本案加州侵权索赔可能废止。

477 　　这不是司法可以在其中合理创造一种特别的联邦规则的案件。……对答辩人的立场致命的是,它已经认定与可识别的联邦政策或利益没有重大冲突。甚至没有危及最通用的(以及轻易援引的)所称的联邦利益,即一致性利益。此处争议的裁决规则并不规制美国或其任何代理人或合同人的主要行为,而只影响FDIC的权利和责任,作为接管人只考虑私人行为人已经发生的主要行为部分。统一的法律可能有利于FDIC的这类全国衡平诉讼,省略逐个州的研究并减少不确定性——但如果避免这些普通的后果而有资格作为一种可识别的联邦利益,那么我们将充斥着"联邦普通法"规则。

　　对识别一种加州法律妥协的、特定而具体的联邦政策或利益最切近的回应是其论点,关于知识归责(imputation of knowledge)的州规则可能"耗尽存款保险基金"。但既非FIRREA也非先前法律提出了任何期望的基金水平,因此,"耗尽"的回应一定意味着在任何可能的法律规则下,只是放弃可能增加保险基金的任何资金。实际上,这是一个很广泛的原则,它支持的不仅是消除此处争议的抗辩,而且是司法创造了丰富基金的、新的"联邦普通法"的诉讼理由。当然,我们没有任何权力做到这些,因为没有联邦政策规定保险基金应当总是赢家。……

　　即便不怎么有说服力——实际上,确实证明了答辩人关于联邦普通法制定(the federal-common-law-making)的简易方法的危险——是答辩人的论点,允许加州隔离"律师或会计师玩忽职守"将"危害联邦项目",由此对国家"纳税人而不是对过失错误行为人"强加代价。通过假定来判断什么构成了渎职,这个论点说明,"联邦普通法"的失控趋势对真正可识别的(与之相对的是司法创建)联邦政策没有限制。对一般律师和会计师,以及对向联邦保险金融机构提供具体服务的律师和会计师规定什么种类的侵权责任,"涉及很多考虑,必须加以衡量和评估"——举例来说,包括创造对尽职工作的激励,规定公平对待第三方,确保联邦存款保险基金充足收回财产,以及能够合理定价服务。至少在联邦体系内,我们裁定,衡量和评估功能"是更适合那些起草法律的人,而不是那些解释法律的人。"……

提问和评论

1. 法院通过"归责"公司经理们知识意味着什么?假设 FDIC 起诉一家会计师事务所,诉因是它在一家后来倒闭的银行财务报告上出具证明有过失。被告回答说,在审计期间,银行管理层藏匿了不利事实的材料,因此,如果知道藏匿情况,那么被告决不会对财务报告出具证明。FDIC 作为接管人可以归责前银行管理层,并用作对过失责任的辩护吗?

2. 你能明白为什么归责问题在银行倒闭诉讼中惹人注意?前银行经理们不再控制银行。倒闭的事实提出这种可能性,前银行经理们是否在银行陷入困境之前或之后,违反了自己的信义义务。FDIC 经常因为这些违反行为起诉经理们,提出特别的失职指控。如果 FDIC 也起诉银行的外部服务提供者,继而这些被告可能转而寻求以这些相同的指控理由指控 FDIC。监管机构的法律视为,公司知晓其高级人员和董事们知晓或应当知晓的东西。按照这些推测理论如批准、放弃、不得反言、不洁之手、过失相抵或比较过失,或没有减轻损失,这一归责知识可以影响公司的实质权利。举例来说,监管机构的法律一般视为委托人已经批准的代理人行为——甚至错误的、越权的行为——如果委托人知晓这些行为之后没有立即拒绝对此承担责任。因此,作为服务提供人的被告可以请求法院作如下推论:(1)前管理层知道自己失职;(2)法律将这种知晓归责到银行本身;(3)银行批准了这种失职行为(而服务提供人没有发现这种情况),并因而放弃了基于这种失职行为的任何债权要求;以及(4)因此,FDIC 作为银行的利益承继人,现在不能追求这一索赔。

3. 奥梅尔维尼与迈尔斯案实际判决了什么——被告有权进行归责抗辩?

4. 什么社会政策依据归责知识法律? 如果 FDIC 没有参与前管理层的坏事,而只是通过法律的运作承继倒闭银行的法定权利,那么,归责还有什么意义? 请思考归责如何可以隔离对银行破产可能承担重要责任的责任当事人,以及可能迫使一个无辜方——FDIC——承担费用。也请考虑存款保险基金将损失潜在的追收。另一方面,对赞成归责能说些什么?

储蓄监督局对凯、寿、费尔曼、海斯和汉德勒的强制行动

这个强制程序,和解而没有任何正式裁决,出自凯寿律师事务所(简称凯寿所)代理的林肯储贷,这是一家由臭名昭著的查尔斯·基廷管理的互助储蓄机构。在林肯和它的监管机构 OTS 闹矛盾时,林肯作为诉讼律师保有这家储蓄公司。林肯最终败诉,向政府付出了相当大的代价。OTS 后来对凯寿所和其他三位合伙人采取这个强制行动,要求他们支付 2.75 亿美元的"赔偿"。参见《关于菲什拜因》①。OTS 特别有力地采取执法行动,根据《美国法典》第 12 卷第 1821(d)(18)—(19)(A)款,冻结凯寿所的资产和金融财产。OTS 要求这家律师所提存一季度大多数合伙人的公司股票收益,对涉嫌的两个主要合伙人适用更高的提存百分比。它要求提前 5 天书面通知任何超过 50,000 美元的花费支出。它限制这家律师所、其合伙人以及合伙人家庭的资产处置。该所称,各家银行通过关闭对它的信贷额度,加剧了冻结的影响,使该所陷入严重的财务困境。

在身无分文现金、面临客户流失,甚至破产的情况下,凯寿所在下达冻结令之后六天内,与 OTS 和解。该律师所同意支付 4,100 万美元的罚金,并同意在任何未来银行客户代理中须遵循所作详细规定。和解方案也禁止

①　美国储蓄机构监督局,控告通知书,第 AP-92-19 号(1992 年 3 月 1 日)。

两位主要合伙人代理各个存款机构。

由于和解,我们可能永远不会知道此案的所有事实。OTS 签发了一个控告通知书。凯寿所在新闻发布会上予以回应,但在和解之前没有提出任何正式答辩。该律师所称,它已经像诉讼律师那样,在客户和政府之间处于敌对关系的情况下,按本该行事的方式行事。杰弗里·哈泽德教授,当时耶鲁法学院的一位法律伦理专家,表示支持这个立场。

争议要点包括如下几点:

- OTS 指控凯寿所进行虚假和误导性陈述,在提交本监管机构的文件中没有披露实质事实。凯寿所答辩,正如适用的法律伦理规则要求它去做的那样,它只是积极地为客户谋利益,根据最有利的观点,并依据其客户说明的基本事实和其他专业报告,正确地介绍其客户情况。

- OTS 指控,凯寿所伪称林肯储贷对某些房地产股权投资拥有豁免权利,尽管该律师所知道,关于这些投资的某些关键文件已经被篡改过。凯寿所辩称,倒填日期没有影响法律结果,因而公司没有义务对 OTS 披露倒填日期的事实。

- OTS 还利用篡改文件的事实指控,凯寿所应当通知林肯储贷,它的某些房地产股权投资并不是被豁免的,而且该律师所存有过失或罔顾后果地应告知而没有告知。该律师所否认这项指控。

- OTS 指控,凯寿所应当披露关于林肯储贷为控制林肯储贷的母公司的某些人提供不许可的个人避税所起作用的实质事实。该律师所回应,政府已经充分了解这一事务,甚至对其合法性提出过疑问,因此该律师所没有进一步披露的责任。

- OTS 指控,凯寿所在 OTS 与林肯储贷人员之间插手干预,从而像适用于它的客户的要求一样,成为遵守相同的报告和披露要求,因而未能满足这些规定。凯寿所答辩,关于律师所干预监管机构与客户,它仅仅是作为诉讼律师方并根据情况采取应有行动而已。

● OTS 指控,凯寿所因为没有告诉林肯董事会关于有些林肯官员正从事不利于该储贷机构的行为,违反了它自己的道德义务。该监管机构进一步指控,凯寿所未经客户同意同时代理林肯和林肯的母公司构成了利益冲突。凯寿所在哈泽德教授支持下回答,双重代表没有造成这种冲突,因为两个客户的利益没有冲突,该律师所合理地断定,它没有责任知会林肯董事会关于指称的有些林肯官员违反法律与信托的行为。

提问和评论

1. 甚至在凯寿所案之前,斯坦利·斯波金法官关于法律职业在互助储蓄机构崩溃时的作用提出了一些很尖锐的问题:

> 现在许多专业人士根据第五修正案主张自己的权利,而在当时这些显然不正当的交易正在进行时,他们到哪儿去了?为什么他们没有人公开表态,或自己脱离这些交易?还有,在这些交易完成时,外部会计师和律师们在哪儿?

参见《林肯储贷协会诉沃尔案》。[①]

2. 凯寿所案震惊了律师界,并引发了大量评论,大部分评论都是严厉批评 OTS。

3. 你认为 OTS 为什么如此严厉地对凯寿所处罚?是因为这个律师所的代理行为很糟,抑或 OTS 试图对律师界的其他人发出一种信号?如果是后者,它拿一个律师所作为个例恰当吗?——尤其在没有给予正式预先警告的情况下,OTS 试图对代理储蓄机构的律师所持有一种不同的标准,这种

---

① 《联邦补充案例》第 743 卷,第 901,920 页(特区地区法院,1990)。

标准区别于制约对抗代理的传统规则。

4. 关于银行业监管的有些事情——比如涉及很强的公共利益——让银行律师持有比其他律师更高的道德义务合理吗？

5. 你对 OTS 的道德观点如何理解？对凯寿所的指控意味着律师行在协助监管机构强制执行时负有某种义务？这种义务与律师积极代理客户的传统作用有冲突吗？

6. 注意 OTS 和凯寿所如何不同的一点是,关于律师行是否有义务查找客户陈述事实的背后真相——实际上,监控客户。为什么律师行没有权利信赖客户的陈述？但如果律师行有理由怀疑其客户陈述的真实性,那么然后它就有调查的责任？如果律师必须监控其客户,客户难道不会犹豫分享信息——并且缺乏充分信息难道不会阻碍律师指导客户合法经营？

7. 我们可以把凯寿所案视为突出强调,监管制度的非对抗前提与律师拥护的对抗前提是如何根本冲突的。

d. 监管的弊端作为抗辩

机构关联方起诉要求 FDIC 造成的损害赔偿,通常有一大堆的积极抗辩响应。举例来说,被告可能基于 FDIC 或其他监管机构的行为,提出某些抗辩。被告可能辩称,FDIC 是共同过失,没有减轻损害,假定风险,有不洁之手,控诉被告的行为不得反悔,在银行倒闭中本身侵入作为一个独立的干预因素。这种抗辩通过归咎于政府,试图避免责任。

《联邦侵权损害赔偿法》①许可诉美国政府的原因:

　　任何政府雇员在其职责范围内,其过失或错误行为或不作为引起……财产损失,在这些情况下,若是私人,美国将按照这种行为或不作为发生地的法律,对索赔人负责。

----

① 《美国法典》第 28 卷,§1346(b)。

但该法排除这样的责任,"基于行使……一种自由裁量权职能或职责……,无论涉及的自由裁量权是否滥用。"①

在"美国诉高贝尔案"②中,最高法院认定,这种自由裁量权职能例外规定,保护政府免于对股东基于政府官员声称的自己的过失行为承担损害赔偿责任——即便这些行为涉及银行的日常微观管理。但"高贝尔案"排除被 FDIC 起诉要求损害赔偿的人们,免于请求将监管弊端作为一个积极抗辩?

联邦法院同意,联邦银行业监管机构一般对它监管的银行没有义务。但有些情况表明,监管机构可能负有义务,如果监管机构(1)以自营而不是监管身份,或者(2)超越正常监管活动,并以自己的决策代替银行官员和董事们的决策。甚至在这些情况下,"高贝尔案"排除基于自由裁量权行为的金钱损害赔偿责任,即便这些行为涉及日常微观管理。但在 FDIC 作为倒闭银行接管人起诉要求金钱损害赔偿时,"高贝尔案"不得排除使用这样一种债权要求作为一种积极抗辩。

八、刑事惩罚

刑法作为对机构关联方不法行为的最终制裁手段。可是,在 1980 年代之前,对银行高管人员的刑事检控是相当罕见的——部分地反映了其他法律强制执行的优先顺序(例如毒品),以及对陪审团解释复杂金融犯罪的困难。但是,到了 1990 年,司法部大力推出了数千起刑事调查。因为有旨在调查和监控金融机构犯罪的专门拨款,所以国会的压力已经激起了司法部的干劲。《1990 年犯罪控制法》增强了对这类检控的高度重视,创建了关于金融机构的若干新罪,在司法部内部设立了一个专门的"金融机构欺诈局",对该部金融机构强制执行的业务活动增加法定拨款,授权奖励举报人,并保护告密者不受报复。布什第一届政府强调,他的政府"针对一种简

---

① 《美国法典》第 28 卷,§ 2680(a)。

② 《美国案例汇编》第 499 卷,第 315 页(1991)。

单、不妥协的立场:把坏蛋扔进监狱,"并且,"我们不会停下来,直到各类骗　482
子在联邦监狱度过他们生命的大部分。"

　　范围很广的一系列联邦刑事法律都可能适用银行业交易。若干专门的
银行法律规定了起点。联邦法律禁止:贿赂银行检查员[1];收取贷款回扣[2];
作为"金融街太保"经营持续金融犯罪企业[3];从联邦保险机构盗用、滥用资
金[4];伪造银行账本、记录或报告[5];作出虚假陈述以影响有联邦保险的金融
机构的信贷决策[6];向 FDIC 隐瞒资产[7];银行诈骗[8];阻挠对银行机构或其
客户的刑事调查[9];阻挠对金融机构的检查[10];违反停职或免职令[11];在涉及
不诚实或违反信托犯罪定罪后参与被保险金融机构的事务[12]。

　　FIRREA 对大多数这些罪项加大了惩罚,每项侵犯的罚金高达 100 万
美元,并处 20 年监禁。而《1990 年犯罪控制法》对很多这些惩处进一步加
大了惩罚,将 20 年监禁增加到 30 年(或者,在"金融街太保"成文法情况
下,判处终生监禁)。侵犯也可能没收被告源自或构成犯罪收益的任何
财产。[13]

　　要知道,违反有些银行业监管成文法,比如《银行控股公司法》[14],以及
《储贷机构控股公司法》[15],也进行刑事处罚,尽管是在较为温和的水平上
处罚。

----

① 《美国法典》第 18 卷,§ 212。
② 同上,§ 215。
③ 同上,§ 225。
④ 同上,§ 656—657。
⑤ 同上,§ § 1005—1007。
⑥ 同上,§ § 1014。
⑦ 同上,§ 1032。
⑧ 同上,§ 1044。
⑨ 同上,§ 1510(b)。
⑩ 同上,§ 1517。
⑪ 同上,§ 1818(j)。
⑫ 同上,§ 1829。
⑬ 同上,§ 982(a)(2)。
⑭ 《美国法典》第 12 卷,§ 1847(a)。
⑮ 同上,§ 1467a(i)。

除了这些专门的银行罪项之外,检察官也可能对被告控告各种一般联邦刑事罪。这些一般联邦刑事罪包括共谋罪[1];向联邦官员作出虚假陈述罪[2];邮件诈欺罪[3];电信欺诈罪[4];涉嫌诈骗操纵和贿赂组织刑事罪[5];以及欺诈获得财产的跨州运输罪[6]。

公诉检控经常包括很多犯罪,这可能给检察官在任何辩诉交易中的杠杆作用增加。此外,有人被判犯有诈骗罪、贿赂罪、偷窃金融机构罪,可以期待从宽判决。即使量刑法官倾向于宽恕,他在由美国量刑委员会颁布此类犯罪的指导方针之下的余地也有限。该指导方针特别规定了从重判决的条件:(1)如果犯罪"实质损害了一家金融机构的安全与稳健,"或者(2)如果犯罪影响了一家金融机构,并且被告从这起犯罪中得到高于 100 万美元的总收入。参见《美国量刑指南手册》。[7]

提问和评论

1. 司法部处理刑事起诉,而银行业监管机构处理大多数民事强制执行。从这种责任划分看可能引起什么问题?

2. 加强刑事起诉值得吗? 刑事起诉是有溯及力的,而不是减轻罪行的;它惩罚人们已经犯下的罪行——无法撤销的犯罪。在某种程度上,违法者可能被迫退赔,政府就不能更容易地在民事诉讼中得到补偿? 而且,免职和禁业程序不能更好地达成从银行体系中逐出坏蛋的目标? 可以肯定的是,刑事起诉对未来的不当行为创建了一种强大威慑力。但是,考虑到严厉的行政制裁,那么,刑事起诉形成足够额外的威慑力还需要一个监管和司法资源的重大承诺吗?

---

[1] 《美国法典》第 18 卷,§371。

[2] 同上,§1001。

[3] 同上,§1341。

[4] 同上,§1343。

[5] 同上,§§1962—1963。

[6] 同上,§2314。

[7] 《美国量刑指南手册》,§§2B1.1(b)(15)(A)—(B)(i),2B4.1(b)(2)(2012)。

3. 你能想到,在刑事起诉和保护联邦存款保险基金的目标之间存在任何冲突吗? 请思考关于董事和高管人员责任保险保费,一般如何从承保范围中剔除对犯罪行为的覆盖。

第十章　银行破产

第一节　引言

　　银行破产问题在本书第一章做了一个戏剧性入场。在中间几章里，像一个演员等待他的提示线索，它被翅膀笼罩着，因为监管机构用诸如资本标准、审慎规则、监督、检查以及强制执行这些防护措施试图避开它。现在，银行破产问题再次站在舞台中心。在本章，我们将考察倒闭银行的处理程序及其法律框架。我们将聚焦于"接管"，这是掌控倒闭银行，并用该银行资产支付存款人以及其他债权人的一种法律机制。我们也将考察联邦存款保险公司发挥的两个独特作用：作为保险人和作为接管人。

　　倒闭银行处理（"解决"）程序有四个基本步骤。首先，监管机构"任命一个接管人"以掌控银行。第二，接管人针对该银行"构建解决方案"，从银行清盘终结到银行卖出持续经营的几个选项中进行比选。第三，接管人"整理银行资产"，确定和收集银行拥有的所有项目的潜在价值。第四，接管人"确定债权人对银行债权要求的有效性和优先顺序"，并用银行资产的所得款项支付有效的债权要求。如果这些债权要求超出了银行资产的价值，因为几乎总是如此，接管人按法律规定的优先顺序支付债权人（先支付存款，然后次级债，普通非存款人债权要求）。这四个步骤不见得以这个顺序发生。FDIC 通常决定如何解决一家濒临倒闭银行——邀集一位收购者——在银行进入接管状态之前。此外，两个或以上的上述步骤会同时发生。

　　如同一个多世纪以来的历程，这个程序可能没有存款保险参与运作。毕竟，即便没有保险（并且另外也没有银行监管），我们仍然会需要保护和

出售倒闭银行的资产,确定对银行的有效债权要求,支付有效债权要求,当
有效债权要求超过银行资产价值时按某种标准决定支付债权要求。要完成
这些任务,我们可以使用《美国联邦破产法》,或者开发一种类似银行接管
人的特殊机制。

　　存款保险给予我们要有一个有效解决程序的一种额外理由:通过最小
化被保险银行倒闭造成的损失支撑保险基金。FDIC 支付保险索赔的资金
来自保险金,以及卖掉倒闭银行资产可能得到的补偿。解决程序越高效,
FDIC 的损失就越小。通过充当倒闭银行接管人,FDIC 控制这一程序,并有
机会最小化自己的损失。

　　长期以来,政策制定者、银行家和经济学家们一直辩论,如果银行倒闭,
FDIC 是否应当用保险基金防止大型银行无保险存款人招致任何损失。在
前面的几章中,我们已经遇到了"大而不能倒"的辩论。"大而不能倒"政策
的支持者辩称,让无保险存款人遭受损失,会使金融体系不稳定,削弱宏观
经济繁荣。反对者强调,这样一项政策,通过颠覆市场纪律,促进低效率和
长期动荡,并鼓励大型银行过度冒险。FDICIA 一般要求 FDIC,用最小成本
方法履行自己的保险义务,缩减"大而不能倒"的救治处理。因此,FDIC 一
般不能承担保护无保险存款人的额外花费。但尽管如此,如果大型银行破
产,FDIC 可能面临政治压力,以及保留保险基金法定必要性的政策辩论。
那些认为"大而不能倒"的人可能施压 FDIC 保护所有存款人,以避免声称
的"系统性风险"。

　　在本章,我们将考察关于接管的基本理论,说明如果我们没有充足法律
机制处理银行破产,那么可能就会出乱子,并说明接管如何帮助避免这些问
题。我们将考察接管程序的每一关键步骤:委派接管人,整理资产,以及用
所得钱款满足对银行的有效债权要求。我们也将考察适用于 FDIC 的解决
方法,FDIC 使用最小成本解决方法的规定,以及系统性风险的含义。

　　尽管我们将聚焦于接管,我们也将对"监管"给予一定注意,这是很少
使用的接管的替代选择。监管人和接管人两者共同之处是都掌控问题银
行,对存款人和其他债权人负有信义义务,并拥有许多相同的权利。但有一

点不同于接管人,就是监管人是将银行当作持续经营来运作,缺乏对银行破产清算的职权。

注解 FDIC 的双重角色

在处理 FDIC 保险银行的破产方面,FDIC 具有两套独特的权力和责任:作为接管人和作为存款保险人。这些职能,尽管是互补的,但在逻辑上是分离的:国会可以将接管指定给不同的政府机构,或者私营部门。在 19 世纪和 20 世纪初期,私人作为银行接管人。私人继续作为破产受托管理人。1989 年,国会创建了重组信托公司,这是一个临时性政府机构,作为破产的储蓄机构接收人,尽管联邦存款保险公司对储蓄机构承担保险责任。

487　　　　为突出说明 FDIC 两种角色之间的区别,本章——在讨论接管时——将通常指"接管人"或"FDIC 作为接管人",而不是仅仅称"FDIC"。在讨论 FDIC 的保险角色时,本章将通常指"FDIC 作为保险人。"

首先现在来谈其中的一个纠结问题:FDIC 作为保险人(官方说法,"FDIC 以其法人身份")可以购买资产,并且承担 FDIC 作为接管人的责任。[①] 在它这样履职时,它取得了相同的权利和权力——并对债权人承担相同的信义义务——作为接管人承担的责任。[②] 因此,FDIC 作为保险人也要整理资产,通知债权人提出自己的债权要求,确定这些债权要求的有效性,并按优先顺序支付有效的债权要求。

以大杂烩银行为例,这是一家破产的 FDIC 保险的银行,客户忠诚,优良资产价值 2.5 亿美元(例如,投资级证券,以及稳健商业与消费贷款),可疑资产的可能价值 1 亿美元(例如,评级从 BBB 落到 BB-的公司债券,以及有清偿能力但不熟练的房地产开发商贷款),以及不良资产的可能价值 5 千万美元(例如,违约贷款)。大杂烩银行拥有 6 亿美元有保险存款,没有其他负债:

---

① 《美国法典》第 12 卷,§1821(d)(1)。
② 同上,§1821(d)(3)(A),(C)。

表 10 - 1		大杂烩银行	
	FDIC 作为保险人购买资产之前		百万美元
资产		负债	
优良资产	250		
可疑资产	100	存款	600
不良资产	50		
总资产	400	总负债	600

泰迪银行要买大杂烩银行的优良资产,但对购买大杂烩银行的可疑资产和不良资产存在疑虑。如果 FDIC 支付泰迪银行这样一个差额,即它承接的存款负债减去它购买的资产价值的差额,那么它愿意承接大杂烩银行的存款负债。FDIC 和泰迪银行最终达成一致,FDIC 将以 2 亿美元现金替换大杂烩银行的可疑资产和不良资产,并支付泰迪银行额外 2 亿美元以承保所有 6 亿美元大杂烩银行的存款。FDIC 和泰迪银行可能实施这项交易如下:首先,FDIC 作为保险人从 FDIC 作为接管人以现金购买大杂烩银行的可疑资产和不良资产合计 1.5 亿美元。因而,如果这些资产卖出后拿不到 1.5 亿美元,那么 FDIC 作为保险人承接了这些资产的风险;如果这些资产卖出后拿到多于 1.5 亿美元,那么它也会得到这些资产的收益。这一出售留给大杂烩银行 4 亿美元优良资产:

表 10 - 2		大杂烩银行	
	FDIC 作为保险人购买资产之后		百万美元
资产		负债	
优良资产	400	存款	600
总资产	400	总负债	600

第二,泰迪银行从 FDIC 作为接管人购买大杂烩银行的优良资产,并承接大杂烩被保险的存款。第三,FDIC 作为保险人支付泰迪银行 2 亿美元,以弥补它承接的有保险存款(6 亿美元)与它购买的资产价值(4 亿美元)之间的差额。之后,FDIC 作为保险人,运用作为接管人的同样权力,对它购入的可疑资产和不良资产予以整理。

在讨论接管人的权力与责任方面,本章可能反复说道 FDIC 作为保险人在整理资产和支付债权要求上的潜在角色。但这会搅乱本来就是一个复杂的问题。此处要足够注意到,FDIC 作为保险人从接管人购买资产和承保负债时可以承接这些功能。在考察 FDIC 如何构建银行解决方案时,我们将再转到 FDIC 的双重角色问题。

第二节　接管的逻辑

让我们思考,如果我们没有充足机制处理银行破产问题,那会出什么岔子。银行破产的成本会增加。储户可能眼看着自己的存款封存数年,而最终收回只有存款的一部分。这种增加延迟和损失的风险会进一步激励储户挤兑,并加快他们的银行破产。破产可能会有显著的外部成本,破产引起的痛苦扩展到储户、其他债权人和股东。存款保险可能变成不可防守,因为它取决于保持损失在可管理范围内,并具有某些手段支付有保险的储户,以及处置倒闭银行的资产。

接管帮助避免或减轻这种问题。关闭银行停止挤兑,限制银行的非存款债权人积极收债的做法,并允许有时间有秩序地出售银行资产。通过减少法律上的不确定性,增加立即偿付的可能性,以及确保对所有储户的平等对待,可行的快速高效接管可以降低储户对问题银行挤兑的激励(以及对其他银行安全的恐慌)。接管人审查银行事务的前景可以帮助阻止银行管理层进行不正当的自我交易、私下交易(例如,向好友出售他人已经付款购买的一部分财产),以及其他不合规行为。简言之,一个有效的接管机制,无论有无存款保险,可能对存款人、银行其他债权人以及公众都有显著好处。

像银行接管一样,破产法提供了一个有序的机制,以帮助出售摇摇欲坠公司的资产,并偿付公司的负债,保护公司债权人的集体利益。没有这样一种机制,个人债权人试图向公司收债(比如,夺取公司开展业务需要的资产)可能让债权人集体变差,因为损害了公司的生存能力,并分散、浪费公司资产的持续经营价值。在以下节选中,托马斯·H. 杰克逊教授阐释了债权人保护原理。他辩称,在破产或问题企业的情形中(区别于个人需要一个新的开始),债权人保护代表了破产法的唯一正当目的。在杰克逊看来,破产法应仅关注与公司的债权人最大限度地追偿——而不是公司破产的外部成本(例如,对客户、员工、商业信心,以及本地及全国经济的伤害)。这个论点,尽管看起来僵硬,但也有助于突出银行接管的更广的目的:迅速支付储户,足以保护公众信心,并限定银行破产的外部成本。

杰克逊:《破产法的逻辑和局限》①

可以认为,破产法是债务人-债权人关系生发出来的一个独特方面:债务人偿还第一个债权人的义务对其剩余的债权人的影响。只有当债务人不足以偿还所有人时,这个问题才会特别的痛苦。……

债权人在破产以外的补救办法……可以准确地描述为一系列的"抢夺法",代表性的关键特征是先到先得。首先对债务人特定财产提出债权要求的债权人一般有权首先从这些资产中得到支付。这很像抢购一场热门的摇滚或戏剧门票:排队的头拨儿人得到最好的座位;排在队尾的人可能得不到任何票。

当问题是信用时,一个人在队伍中可能挣得一个位置的方式是不同的。有的方式涉及债务人的"自愿"行为:对于那些符合规定方式的"完美"债权人(通常给予公众对自己的债权要求必要的注意),债务人可能就痛快地支付了债权人,或者给予债权人某些资产的担保物权。② 在其他情况下,尽管没有债务人的同意,一个债权人的排队位置这样得到确认:债权人可能追随

---

① 第 8—13 页(1986)。

② 在房地产中,这一般要求一个信托契约的记录,或者适用的县档案按揭记录。关于动产,受《美国统一商法典》第 9 条管辖,一般要求提交适用的官方财务报表文件,或者被保管方的财产持有证明。

法院的介入,得到对债务人资产的一种"执行留置权"或"扣押"。① ……

尽管确定排队位置的方法不同,但基本排序原则是相同的。债权人根据自己的排队位置得到特定资产支持的支付。此外,也有几种例外情况,一个人的排队位置是由时间确定的,也就是他购得这些资产权益、并采取适当步骤公告了这一收购的时间。一个有清偿能力的债务人,就像有足够门票的一场演出,所有想看演出的顾客都有座位,并且所有座位被认为没有好坏之分。在这种情况下,一个人的排队位置基本是一个无差异的事情。但当不足以顾全满足所有权利人的足额要求时,这个排序方法将主要基于一个人加入排队的时间而界分输赢。

破产法的核心问题是,是否可以设计一个更好的排队系统,它值得实施新系统所不可避免产生的成本。在热门摇滚或戏剧演出门票的情况下,这种情形一定有输赢之分,而且除了门票不断涨价之外,似乎没有比先到先得原则分配有限座位的更好方法。然而,在信用世界,有强大的理由可以相信,要分配资不抵债债务人的资产,有比先到先得原则更好的方法。

破产法旨在处理的基本问题是,在没有足够的资产顾全情况下,个人债权人追偿制度可能使债权人集体变差。因为债权人存在权利冲突(也就是,支付给一个债权人的每一美元资产,变成对所有其他债权人不可用的资产),自己努力收债的倾向使得本来不好的情况雪上加霜(例如,一个债权人夺取并卖掉了对债权人经营至关重要的设备)。破产法回应了这种问题。依靠个人债权人追偿制度收债,产生了一个广泛存在问题的变异。说明这个问题的一种方式是特征化地描述为多方博弈——"囚徒困境"②的一

---

① "执行留置权",一般指留置权,发生在当地县郡官员执法时,根据法院判决和签发的执行令状,查封收押财产。关于固定财产,适用的留置有时叫做"判决留置权",它的发生是根据适用判决文件的判决摘要。关于各种无形动产,比如雇主对员工支付工资的义务,或一家银行支付储户存入该银行存款的义务,适用的留置叫做"扣押留置权",它的发生是根据送达的对该雇主或银行的扣押令,因为该案件可能……。

② "囚徒困境"基于(像"公共鱼塘"问题那样)三个基本前提。一是参与者不能……聚在一起并做集体决策。二是参与者都是自私自利的(或者冷酷且工于心计),而且不爱他人。三是个人行动达成的结果比集体解决方案更差。

种类型。如此以来,就有博弈论学者描述的一种终结期博弈的某些元素,于是,合作的基本问题一般是导致一组博弈者整体不理想的结果。因此,个人债权人,因为害怕企业破产,有动力去争夺他们可能抓到的东西,即便他们这么做的时候,具有使债权人集体境况变差的风险。

考察它的另一种方法是作为所谓的"公共鱼塘"一系列问题,这个问题对于比如石油和天然气等领域的律师是众所周知的。

破产法的这个角色基本是不容置疑的。但是,因为这个角色对破产法还能做什么进行限制,所以值得思考这个问题的基本原理,以便在考察信用是否存在这个问题,以及为什么存在这个问题之前,我们先理解它的基本特点。说明问题的载体是一个尽管简单但是很典型的一个"公共鱼塘"例子。设想你拥有一个湖,湖里有鱼。你是唯一一个有权在这个湖里捕鱼的人,没有人限制你决定捕多少鱼。你有能力今年捕尽所有的鱼,并可以卖得比如说 100,000 美元。然而,如果你这样做了,明年湖里就没有鱼了。所以,对你来说更好的做法是——你可以最大限度地提高你捕鱼的总回报——如果今年你捕获一部分鱼,但在湖里留下一部分鱼,让它们繁殖,那么你在随后的各年里都有鱼。假设,通过采用这种方法,你可能获得……每年 50,000 美元。有这样的收获结果,好像有了一笔每年 50,000 美元的永久年金。它有大约 500,000 美元的折现值。因为……当其他情况都相同时,500,000 美元要好于 100,000 美元。你作为唯一的所有人,会限制你自己的年内捕鱼数量。……但是,如果你不是唯一可以在这个湖里捕鱼的人,情况会怎么样?如果有 100 个人可以在这个湖里捕鱼会如何?最佳解决方案没有变化:最可取的做法是留一些鱼在湖里繁殖,因为这么做有 500,000 美元的折现值。但现在你不再限制从湖里捕捞多少鱼:你不得不担心其他人捕走多少鱼。如果有 100 个捕鱼人,那么你不能确定,即使限制你自己捕鱼但不知来年会不会有鱼,除非你也能控制其他人。于是,你现在也有动力尽可能多捕鱼,因为你今年最大限度地捕鱼(平均起来,假设你捕了 1,000 美元价值的鱼)对你来说要好于推迟观望(假设今年只捕 500 美元价值的鱼),与此同时,其他人大肆抢夺性捕捞,完全竭泽而渔。① 如果你推迟观望,那么你的总回报就只有 500 美元,因为来年、后年都不会留下什么。但是,如果100 个捕鱼人中的每个人都如此推理,那么这意味着,到第一个季度终结时,鱼获就荡然无存了。渔民们今年将分割 100,000 美元,但不会再有鱼了——也没有了钱——在未来的各年里。自私自利导致他们分割 100,000美元,而不是 500,000 美元。

人们所需要的是某种规则,这种规则使所有 100 个渔民就像只有一个所有人那样行事。这就是破产法进入不是鱼而是信用世界的图景。无破产法的抢夺规则,以及它们以先到先得为基础的分配规则,在他们感到债务人可能有比资产更多的负债时,对部分个人债权人产生一种今天去排队的激励(举例来说,通过让一位县郡官员去执行[也就是,抢夺]债务人的设备),因为如果不去抢夺,他们就有一无所得的风险。然而,这个由众多个人债权人作出的决定,对作为集体的债权人来说可能是错误的决定。即便债务人处于资不抵债,如果他们维持资产集中在一起,可能会更好。通过对他们执行一种集体的和强迫的法律程序,破产提供了使得这些心思各异的个人像一个人行事的一种方式。然而,不像典型的公共鱼塘解决方案,破产法的强迫解决方案并不适用于所有时代的所有地方。相反,它与个人债务催收规则并行,并在需要时、如果需要时随时取代个人债务催收规则。

提问和评论

"抢夺法"如何与债权人的利益反其道而行之? 你能给出一个例子,不是本章讨论过的案例,个人债权人的合法收债努力可能怎样损害作为债权人集体的利益?

---

① 注意这一点,像囚徒困境一样,假定你是自私自利、不爱他人的,而在有 100 个渔民的情境里,它只要有一个自私的人,就破坏了他人的利他主义。因此,这个假设似乎相当合理。

第三节　委派接管人

492

在考察了接管的原理之后,我们更密切地考察委派接管人的程序:谁委派接管人;谁担任接管人;接管的理由;以及对委派的司法审查程序。我们也对接管和监管进行比较,后者不经常使用,是针对一家问题银行修复(而不是清盘)的替代选择。

一、谁委派谁

如果一家银行行将被接管,给银行签发执照的政府监管机构委派接管人。因此,OCC 为国民银行或联邦储蓄机构委派接管人;而州监管局,对州立银行或州立储蓄机构委派接管人。如果签发执照的政府监管机构无理阻碍对 FDIC 保险的机构委派接管人,若对避免或减轻损失保险基金损失有必要,那么,FDIC 可以委派自己的接管人。[①]

法律上,FDIC 都作为破产的国民银行和联邦储蓄机构的接管人。[②] 实际上,FDIC 也作为破产的州立银行和储蓄机构的接管人。

二、接管的理由

接管的理由很多。如果存在任何下列理由,那么监管机构就可以对 FDIC 保险的银行委派接管人(或监管人)。[③] 有些理由与破产的现实性或风险有关;有些理由违反了法律或准则。为方便更好地理解这些理由,下面将这些理由分为五类,由数字标头注明。但这些分类并非是成文法的一部分,而且这些理由也适合于其他分类。

---

① 《美国法典》第 12 卷,§ 1821(c)(10)。

② 参见同上,§ 1821(c)(2)—(A)(ii)。

③ 同上,§ 1821(c)(5)。

（一）已经破产

（1）银行债务超过其资产。

（2）在正常业务过程中,银行不能或可能无法履行其义务。

（二）可能破产

（3）银行失去了 FDIC 保险。

（4）银行发生或可能会发生耗尽几乎所有资本的损失,并且变成资本充足的前景渺茫。

（5）银行资本严重不足,要不然是明显资本不足。

（三）不可接受的破产风险

（6）银行以不安全或不稳健方式交易业务。

（7）银行资本不足,而且（a）变成资本充足的前景渺茫;（b）没有在命令资本重组时,按照立即纠正措施法规予以资本重组。① （c）没有按时提交可接受的资本修复计划;或者（d）实质上没有贯彻这一计划。

（8）银行犯有违反成文法或法规,或者任何不安全或不稳健做法,或者可能引起资不抵债或大量耗散资产或收益的限制条件,或者削弱银行健康状况,或者拒绝有权检查人查看记录。

（四）违规

（9）银行通过违反成文法或法规,或者通过违反任何不安全或不稳健做法,大量耗散资产或收益。

（10）银行隐瞒记录或资产,或者拒绝有权检查人查看记录。

（11）银行故意违反一项禁止令。

（12）银行被宣告犯有洗钱罪。

（五）其他

（13）银行同意接管（或监管）。

三、正当程序

监管机构委派接管人或监管人,没有事先通知或听证。因此,银行可以

———————————

① 《美国法典》第 12 卷,§1831o（f）（2）（A）。

在法庭质疑这项委派行为。① 这种单方面的监管扣押引起明显的正当程序
关切。但政府有理由采取迅速行动。到银行进入接管状态时，它通常已经
资本不足，而且生存前景可疑，这种状况激励其管理层过度冒险而由 FDIC
承担冒险代价，帮助他们自己堆积资产，并隐瞒或销毁银行记录。出于对当
前管理层诚实和能力的怀疑，决定将一家健康银行置于监管状态，这也颇为
引人注目。因此，接管或监管的情况通常要求紧急行动。

　　如果接管或监管必须事先司法批准，那么，拟议行动的消息可能扩散到
储户和其他债权人，恶化银行的问题，并且很有可能触发挤兑，而挤兑会对
FDIC 造成更深重的损失。延迟也会给予管理层隐藏或销毁记录的机会。
为支持委派监管不事先听证的做法，最高法院宣告，"这是一种激进程序。
可是，金融机构的微妙性质以及在调查期间不可能保持信用，使得这种即刻
方式适用于监管权成为一种几乎不变的惯例。"然而，监管机构履行这一
"重大责任……必须无私和克制。"参见"费伊诉马洛尼案"。②

　　尽管在监管机构委派接管人或监管人之前，正当程序不要求举行一个
听证会，但它要求一个占后及时听证会。在 OCC 对联邦特许银行委派接管
人或监管人时，联邦法律规定提供这样的听证会。③ 另外参见"赫克特代表
詹姆斯·麦迪逊公司诉路德维希案"。④ 仅当监管机构是"武断、反复无常、
滥用自由裁量权，以及与其他法律不一致"时，法院必须"按是非曲直"规则
裁断，而且可以推翻监管机构的行为。审查监管机构非正式行为的基本标
准，依据《美国行政程序法》。⑤ 参见詹姆斯·麦迪逊公司案。⑥

　　在这种标准之下，"按是非曲直"的司法审查实际上多么严厉？尽管司
法方面不愿事后揣测接管人或监管人的委派行为，但是原告偶尔会说服联
邦地区法官去推翻这样一种委派。正如以下案例的解释，原告很少上诉

① 比如参见《美国法典》第 12 卷，§§191，203(b)，1464(d)(2)。
② 《美国案例汇编》第 332 卷，第 253—254 页(1947)。
③ 《美国法典》第 12 卷，§§203(b)(1)，1464(d)(2)(B)。
④ 《联邦案例汇编第三辑》第 82 卷，第 1085，1092，1024 页(特区巡回法院，1996)。
⑤ 《美国法典》第 12 卷，§203(b)(1)。
⑥ 《联邦案例汇编第三辑》第 82 卷，第 1085，1096—1098 页(特区巡回法院，1996)。

成功。

富兰克林储蓄协会诉储蓄机构管理局局长案①

布罗比,法官:

在保守经营了几乎一个世纪之后,富兰克林储蓄协会(简称富兰克林)在 1981 年采用了一种更加积极的战略。在下一个 80 年里,它将增加存款 50 倍,主要通过吸引短期、高利率的经纪转存款。它主要投资于抵押支持衍生证券和垃圾债。到 1989 年末,这类投资占到富兰克林总资产的 35%;贷款占 3%。经纪转存款占这家银行总存款的 70%。富兰克林收入下滑,盈利前景黯淡。

在 1990 年 2 月,储蓄机构管理局局长(简称局长)向富兰克林委派了监管人,主要基于以下认定:富兰克林处于一种不安全和不稳健的状况;已经耗尽资本而又不能补充资本;并且,已经犯有一种不安全和不稳健或非法行为,可能对存款人利益引起严重损害。局长基于这些认定的事实有"三卷文件,包括监管机构检查报告,富兰克林提交的月度、季度和年度财务报告,监管指示,其他规定的年度报告,以及独立审计结果报告。"

富兰克林提起诉讼,要求局长撤走监管人。局长辩称,联邦地方法院应当只根据局长编纂的行政记录审查委派监管命令。富兰克林设法引入额外新证据。联邦地方法院迎合富兰克林的要求,进行了为期 18 天的法官审理。审理期间,联邦地方法院"现场聆听了 25 名证人的证词;接受了 18 名证人的口供证词;收到超过 650 个审讯物证;进行了相互竞争的专家们的信誉裁定;还基本做了自己的调查认定,对比了自己的认定与局长的认定,裁定,委派监管人是错误的。"局长对法院关于撤销监管人的命令提出上诉。

在界定适当的审查范围方面,法院强调,《美国法典》第 12 卷第 1464 (d)(2)(B)款授予局长"委派监管人的专有权和管辖权",条件是"依局长意见,存在委派监管人的理由"。一种意见的形成,要经过对事实的评估,

① 《联邦案例汇编第二辑》第 934 卷,第 1127 页(第 10 巡回法院,1991)。

事实评估必须基于专业知识和专长。国会并不强制要求举行听证会,或对事实进行专门调查认定;相反,它要求只有局长意见的存在才是委派监管人的法定理由。关于这个制定法条文,存在着令人信服的理由:一家储蓄协会的资产……可能很快被消散;负债也会如此迅速地被创造;而且流动性可能突然消失。如果没有充足资本吸收损失,这些损失会落到 FDIC 身上,而且如果这些保险基金耗尽,那么就会祸及纳税人。由于这些原因,……一旦局长认为存在一个法定理由,他采取委派监管人的迅速行动,这是至关重要的。FIRREA 指示密切监督、广泛的自由裁量权和快速反应,这对局长的判断、知识和专业经验给予了尊重,也决定了审查是在一种狭窄而有限的范围内进行。……

　　因此我们认定,联邦地方法院在裁定中错误地使用短语"按是非曲直",……它指向的某种东西,超出了按《行政程序法》审查行政记录。根据"按是非曲直"的审查只能意味着,联邦地方法院驳回起诉或撤销委派监管人的裁决应当基于这一诉讼本身的是非曲直(也就是,委派监管人的合法理由是否存在),而不是根据程序或政策导向的理由。

　　在我们面前的案子,局长的确作出了正式的调查认定,还制作并核证了多卷册的、详尽的行政记录,这应该能够让复审法院开展实质而有意义的审查。……

　　行政记录充分支持局长的决定,富兰克林过度依赖经纪转存款。行政记录不必包含对经纪转存款资金的运用、它们的优点和缺点以及超出什么水平进行扩展处理。这样的信息对银行业人士是常识。此外,要求局长审查和仰仗所有工作底稿、所有谈话概要以及其他细枝末节,会使得 FIRREA 关于紧急监管行动的要求落空。局长需要审查的只是这样的信息,比如他认为必要的或理想的能够使他达成一种非正式和公平的意见。如果没有特殊情况,那么局长决定他必须审查什么信息,这应当是留给他的自由裁量权。如果在法庭受到质疑,局长必须制作和核证他做决定时所依赖的行政记录。这种行政记录必须包含足够数据信息,以许可复审法院决定局长的委派决定是否有合理的根据。此处的行政记录对许可有意义的司法审查是

⁴⁹⁵

充足的。……

　　总之,我们得出结论并认定:(1)审查范围通常是限于局长在作出委派监管人决定之前的监管机构记录;以及(2)所用审查标准是,……在《美国法典》第5卷第706(2)(A)款中,即仅当委派决定是"武断的,反复无常的,滥用自由裁量权,或有与法律不一致的其他问题",才可以撤消委派决定。

提问和评论

1. 有时,查封银行具有警察突袭的戏剧性和兴奋感,如在以下案子的情景:

　　　　联邦接管这家州立储贷协会,经过精心策划,只剩最后一步,就是物理查封这家储贷协会。在整个周末时间,联邦监管机构从全国调遣了数百名联邦银行检查员,赴加州各分支机构,服务指定前哨岗位。在1982年4月13日星期二,几位联邦和加州官员进入加州奥克兰的富达办公室,确切时间是下午4:40,在营业结束之前20分钟。当手表指针指向同一时间时,这些官员进入富达的总经理办公室,送达"关闭"这家储贷协会的文件,时间是下午4:47。接管团队的各个成员迅速分头运动,告诉大楼的其他员工这家储贷协会已被查封。监管机构辩论是否禁止所有门口,但因为有些富达员工需要回家而没有这样做。整个控制行动花了不到30分钟。

参见"富达储贷协会诉联邦住房贷款银行委员会案"。①

2. "富兰克林储蓄协会案"所用的审查标准"武断或反复无常",提供了正当程序保护吗? 我们可能提供更强的实质和程序保护吗? 这样做的话可能会产生什么问题?

_____

① 《联邦补充案例》第540卷,第1374,1380页(北加州地区法院)。复审,《联邦案例汇编第二辑》第689卷,第803页(第9巡回法院,1982)。

3. 国会"按是非曲直"司法审查的意图是什么？这个术语至少有三个可能的意义：首先，法院应当对行政记录进行标准审查，审议该监管机构决定的实质内容，但不接受额外新证据；第二，法院应当从头审查适用法律和有关事实，创建它自己的证据记录；以及第三，法院应当遵循中立原则，既考查行政记录，也考察法院自己创建的补充证据记录。联邦地方法院选取了第三种方法；上诉法院选取了第一种方法。哪一种方法最为有理有据？按第一种方法，如果监管机构没有举行听证会，那么行政记录包括什么？第二种方法与监管指示一致，支持监管机构的行为，除非它是"武断的，反复无常的，滥用自由裁量权，或有与法律不一致的其他问题"，是这样吗？

4. 尽管处于受监管状态，富兰克林储蓄协会仍然存在——如果富兰克林储蓄协会挑战法律成功，那么它的前经理们可能恢复对富兰克林储蓄协会的控制。但是，如果富兰克林储蓄协会处于接管状态，接管人可能在法院对挑战法律作出裁决之前就已经出售了富兰克林储蓄协会的资产。法院应当针对这样一种资产出售行为提供禁令性救济吗？适用的法律显然让终止接管或监管的诉讼进行专用司法审查，并禁止法院另外"抑制，或影响监管人行使权力或职能。"①这些法律排除针对出售资产的临时限制令或初步禁令吗？参见"哈拉尔森诉 FHLBB 案"②（结论是，撤走接管人的诉讼是专用救济方法）。在接管人满足债权人要求之后，股东们有足够权利保护，得到任何剩余资金吗？

5. 如果在关闭一家银行之前，监管机构涉嫌不端行为，会怎样？这种不端行为对挑战接管管理提供了理由吗？在"比斯坎联邦储贷机构诉FHLBB 案"③中，联邦地方法院撤销了接管人，因为负责这家储贷机构的监管机构涉嫌"无耻的"、"古怪的"和"过分的"行为，"裹着裹尸布地欺骗"。上诉法院逆转判决，认定那些事实性调查结果（它的准确性没有问题）并不相干。这家储贷机构订定，在它资不抵债时委派接管人。因为存在接管

---

① 《美国法典》第 12 卷，§ §203（b）（3），1464（d）（2）（D）, 1821（j）。
② 《联邦案例汇编第二辑》第 837 卷，第 1123 页（特区巡回法院，1988）。
③ 《联邦案例汇编第二辑》第 720 卷，第 1499 页（第 11 巡回法院，1983）。

的这一合法理由，"司法调查结束！"因此，这家储贷机构的股东没有救济吗？

注解接管与监管

本章重点讨论接管作为处理银行破产的一种关键机制。但是监管结构还有一种处置选择是将问题银行置于监管保护状态，像在"富兰克林储蓄协会案"他们所做的那样。接管人与监管人两者都取得控制权，并且两者都对存款人和其他债权人负有信义义务。但是，接管人清盘银行，而监管人将银行作为持续经营运作。银行作为法人实体在监管期满仍然存在，但在接管结束时已不存在。如果说接管人"清盘"一家倒闭银行，那么我们必须区分法律可行与现实可行。接管人通过出售其资产清盘原有法人实体，原有法人实体停止存在。但接管人可以结构出售，保持倒闭银行本质上的实际持续性：不同法人实体可以在原有地点、原有员工以及大部分原有资产和负债基础上继续经营倒闭银行的业务。可以理解的是，大多数人会认为，新银行是原有银行的延续，然而肯定已经发生了根本的法律变化。

接管与监管基本上服务于不同的目的。接管人解决破产的银行，而监管人对于银行监管机构打算保持开放的一些问题予以纠正。监管机构可以利用监管方式将银行控制权从能力和诚信可疑的管理层手中夺取过来，或者寻求修复问题银行。在例外情况中，监管机构可能委派监管人去筹备对濒临倒闭银行的接管：例如，如果银行的记录处于如此混乱状态，即便它具有潜在的持续经营价值，也不会有人收购这家银行。

监管保护很少见。从1934年到2012年，监管当局将2560个FDIC保险的金融机构置于接管，但仅有三家机构被监管保护（所有三家最终也被接管）。在储蓄机构崩溃期间，为了处理资不抵债的被FSLIC保险的储蓄机构，监管当局广泛使用监管保护，因为FSLIC无法支付或以其他方式保护关闭机构的被保险存款人。在1980年代，监管当局将数十家FSLIC保险的储蓄机构在接管之前置于监管保护。

提问和评论

1. 尽管过去常用于解决倒闭银行问题,但接管也具有威慑和康复功能。监管机构可以对虽有清偿能力但资本不足的银行,因为没有遵守立即纠正措施法规,实施接管。他们也可以对一个强壮健康的银行,因为隐瞒资产记录、故意违反禁止令或洗钱,实施接管。接管的前景是有助于鼓励合规经营,并威胁不端行为。关于促使资本不足的银行通过筹集资本或寻找收购者以解决自己的问题,这种前景也服务于康复目的。

2. 关于处理一家虽然营业但濒临破产的银行,为什么监管机构偏爱实施接管而不是监管? 如果这家银行在监管状态下营业,无保险的储户可能会提取自己的存款,并让 FDIC 承担这些储户原本会承担的损失。以布利克银行为例,这家银行处于破产边缘,而且没有现实可行的复苏前景。按市值,该银行有 10 亿美元总资产和 12 亿美元总负债;总负债中,有 10 亿美元是有保险的存款,2 亿美元是无保险的存款;该行净值有负 2 亿美元,这一数额就是其负债超过其资产的部分。有人必须承担这一损失。如果布利克银行直接进入接管状态,接管人将会对每一个存款人的每 100 美元存款支付 83.33 美元,这代表存款人对银行资产的分摊比例(10 亿美元总资产是 12 亿美元总负债的 83.3%)。先不管有无保险,每一个存款人会承担 16.7% 的损失。这一损失中,总计 1.67 亿美元归于集体保险存款,3,300 万美元归于所有无保险存款。FDIC 保险基金将覆盖有保险存款的损失,同时,无保险存款的持有人将承担自己的损失。

现在请考虑,如果布利克银行在接管之前先进入监管状态,会发生什么情况。有警觉的理智存款人会推断该银行存在严重问题,并会提取超过 100,000 美元保险限额的存款。监管人将必须从银行资产中全额支付这些存款。加上所有无保险存款的提取,该银行将有 8 亿美元总资产和 10 亿美元有保险存款——该行仍然有负 2 亿美元净值。但是,当该行破产并进入接管状态时,FDIC 保险基金将承担全部 2 亿美元损失。因此,先行监管会比立即接管多花费 FDIC 保险基金 3,300 万美元。

项目	立即接管		先监管后接管	
	资产	负债	资产	负债
总资产	1,000		800	
有保险存款		1,000		1,000
无保险存款		200		0
净值		−200		−200
总计存款损失		−200		−200
FDIC 损失		−167		−200
无保险存款损失		−33		无

表 10−3　　　　　　　　　　布利克银行　　　　　　　　百万美元

为简化,数据省略了接管与监管的管理费。

问　　题

假设,这里提到的每家银行都有 FDIC 保险,并且也恰恰像《美国法典》第 12 卷第 1821(c)(5)款一样,州法律具有同样的接管与监管理由。

1. 伊凡·里姆斯基控制了夜影银行,这是一家州立非成员银行,有 1 亿美元总资产,9 千万美元总负债。

(a)伊凡听说,一个银行检查员计划问他银行购买一艘 200,000 美元公海高速艇的事情。伊凡就把关于高速艇的文件拿回家,并放在书柜背后。FDIC 可以并应当委派接管人或监管人吗?

(b)FDIC 签发禁止令,要求该银行卖掉高速艇,并要求伊凡赔偿银行因出售产生的任何损失。在 2 月,禁止令成为终局禁止令,它要求银行到 9 月 1 日之前卖掉高速艇,但银行到那个日期仅收到一个 30,000 美元购买高速艇的报价。银行董事会决定再等 3 个月,试图出售这艘高速艇。现在到了 10 月下旬,FDIC 可以并应当委派接管人或监管人吗?

(c)伊凡向鲁里坦尼亚王国的普罗莫银行的一个秘密账户电汇了 200 万美元夜影银行现金。当问起这笔交易时,他转移了话题。关于普罗莫银行的所有人、管理层或经营情况,没有任何信息。FDIC 可以并应当委派接管人或监管人吗?

(d)当 FDIC 问起夜影银行的监管机构主管人员,她是否计划对该银行采取行动时,她回答,"还不行。伊凡一直对银行很好,而且他可能有某种比较好的解释。此外,这里的银行是稀缺的。为保持他们营业,我宁肯做过了头。"此后,FDIC 听说伊凡计划再次对普罗莫银行电汇 100 万美元。FDIC 可以并应当委派接管人或监管人吗?

2. 巴洛克银行总资产超过其总负债,但该银行昨天下午用尽了现金。当储户试图取款时,巴洛克银行柜员告诉他们等些时候再来。镇上的其他四家银行允许他们的客户提取不受限制。FDIC 可以并应当向巴洛克银行委派接管人或监管人吗?

3. 按本地建筑规范,任何楼梯扶手必须能够承受至少每英尺 240 磅(350 公斤/米)的力量。阿基利银行档案室一个远处的角落里有一段不长的楼梯扶手,长 10 英尺,能够承受每英尺 100 磅。FDIC 可以并应当委派接管人或监管人吗?

第四节　结构化解决方案

我们现在考察解决倒闭银行的一些选择,接管与存款保险之间的相互关系,保护受保险存款的机制,以及关于对待大型银行"大而不能倒"的法律约束。

一、接管与存款保险如何交织

在处理银行破产方面,任何接管人必须对如何处置银行资产和负债作出基本决策。一种极端情况是,接管人可能零散地出售资产,并用进款支付债务。另一种极端情况是,接管人可能找到一家健康银行,既愿意买下倒闭银行的资产,也愿意承接倒闭银行的负债。(在这么做时,接管人仍会整理资产,并支付债权要求,但会批量这么做。)中间选项包括打包卖掉某些或所有资产,并用进款支付债务。

但一个独立经营的接管人——得不到保险基金,没有政府授信额度,等等——具有有限选择:它必须依赖倒闭银行自身的价值。考虑一家私人拥有的公司的挑战,作为接管人会面临没有任何存款保险的一家倒闭银行。为了最彻底地观察这些挑战,我们假定,接管人没有它自己的资产或收入。这样的一个接管人只有靠卖掉倒闭银行的资产或以倒闭银行的资产抵押借入才能支付债权要求。这种对银行资产的依赖必然会延缓对银行储户的支付和增加艰难困苦。如果有一场经济衰退压制资产价格,接管人会不得不在二者之间做出选择,要么现在卖掉资产以换取其从前价值的一部分,要么持有资产、推迟出售,因而会进一步延迟对存款人的支付。没有自己的资产和收入,接管人不能做出可信的保证以有利于可疑资产的出售。(这种保证限制资产购买人的潜在损失:比如,给予购买人以购买价格的50%回售不良贷款的选择。)在每一个关键时刻,倒闭银行资产的相对非流动性会制约独立接管人的行动自由,也妨碍债权要求的立即偿付。

FDIC 作为存款保险人的角色帮助解决这些各项问题。FDIC 可以利用自己的保险基金立即支付倒闭银行的有保险存款,不需等待出售银行资产。它可以持有可疑资产,或者对处置可疑资产提供诚信担保。它不必在严重困境市场形势下抛售资产,而是可以持有资产并进行有序出售。如果一家健康银行只是寻求收购倒闭银行的存款,那么 FDIC 可以支付收购者以对这些存款负担承保责任(而且可以反映银行当地获得新客户的价值——比如,对承保的存款每 1 美元支付买方 99 美分)。FDIC 保险基金和政府授信限额给予它充足的流动性。

忧忧银行与末日银行说明了 FDIC 如何利用保险基金保护有保险的存款。每家银行倒闭,都留下 10 亿美元总负债,其中包括 9 亿美元有保险的存款,7 千万美元无保险的存款,以及 3 千万美元非存款负债,后者除非所有存款被全额付清,否则没有权利获得偿付。忧忧银行有 10 亿美元总资产,而末日银行 9 亿美元总资产。FDIC 作为保险人几乎立即付清了所有有保险的存款。在这样做的过程中,FDIC 向被保险储户购买了对银行的索赔。[1] 用技术术语来说,FDIC 变为这些索赔的代位求偿——因此有权接收银行资产中储户索赔的部分。FDIC 作为接管人卖掉了每家银行的资产,并对作为保险人的 FDIC 和无保险储户按比例分配出售资产的进款。忧忧银行的资产足够支付所有 9.7 亿美元存款(为了简化,我们不考虑接管的管理费,这笔费用在出售资产进款分配顺序中排首位)。FDIC 作为保险人和无保险储户都没有发生损失;实际上,还有剩余资金支付其他负债债项。但是,末日银行的资产只有其全部存款的 92.8%(9 亿÷9.7 亿)。FDIC 承继了有保险储户,接收了 8.35 亿(9 亿的 92.8%)美元,损失了 6,500 万美元。无保险储户接收了 6,500 万美元,损失了 500 万美元。

501

二、解决方案的几种选择

在解决倒闭银行过程中,FDIC 利用了四种基本交易类型:关于存款偿付,也叫做直接清算,就是 FDIC 清算银行的资产(零星或打包)并支付银行的债务。关于保险存款转让,就是 FDIC 支付健康银行以承保倒闭银行的有保险存款。关于购买与承保,就是 FDIC 安排收购者购买部分或全部倒闭银行的资产,并对部分或全部倒闭银行的负债承保。[2] 如果 FDIC 计划将倒闭银行作为持续经营出售,但还没有找到一位收购者,它可以形成一个桥银行,将倒闭银行的部分或全部资产和负债转移到桥银行,并让桥银行继续进行倒闭银行的业务,直至 FDIC 召集到一位收购者。[3]

FDIC 也能结合这些解决方案选项中的一项或多项。举例来说,它可以设立一家桥银行,继续进行倒闭银行的业务,并延后安排一位收购者收购资产,以及对桥银行的负债承保。同样地,在让一位收购者收购部分资产以及对桥银行的负债承保之后,FDIC 可以使用存款偿付办法处置剩余部分。不管怎样,接管人对无保险存款人和其他债权人可以立即部分付款("部分偿

---

① 《美国法典》第 12 卷,§1821(g)(1)。

② 一般参见《美国法典》第 12 卷,§§1821(c),(d),(i),(m)—(n),1823(c)。

③ 参见同上,§1821(n);也参见同上,§1821(d)(2)(F),(m)。

付"),对他们的部分偿付基于一种估计,就是他们索赔最终从清算中所能收到的偿付。①

提问和评论

理论上,FDIC 作为保险人可以给予一家问题银行"开户银行的援助",以防止问题银行一开始就倒闭。FDIC 通过从该银行购买无投票权证券或承保该银行部分负债来提供这样的援助。② 但在系统性风险的情况下除外,"开户银行的援助"必须满足两个几乎禁止的条件:它必须满足最小成本解决要求(下面讨论),并且它不得"以任何方式……裨益"该银行股东。③

三、最小成本解决要求

在处理一家具体的倒闭银行时,FDIC 必须采纳这种解决方法,它"对存款保险基金来说,是所有可能方法中成本最小的方法",以履行 FDIC 对银行有保险储户的义务。④ 为鉴别出最小成本方法,FDIC 必须"在现值基础上,使用一种现实的贴现率,评估替代方案,"并且,"对评估和评估基于的假设进行记录。"FDIC 必须保存这些记录文件至少五年,以便国会的监督助手,美国审计总署,可以审核 FDIC 最小成本解决的合规性。该制定法包括一项很窄的系统性风险例外规定,我们将在本章后面考察这项例外规定。

第五节　整理资产

一个接管人整理倒闭银行的资产,要识别银行拥有的所有潜在项目的

---

① 参见《美国法典》第 12 卷,§1821(d)(10)。
② 同上,§1823(a)(3),(c)(5),(8)。
③ 同上,§§1821(a)(4)(B),1823(c)(4)。
④ 同上,§1823(c)(4)。

价值,并将它们转化成现金。这些项目包括贷款、租赁、证券、保险索赔、其他金融或非金融合约权利、建筑物、设备以及现有的或潜在的合法要求。要整理资产,接管人有一系列有效的法律权力,包括银行从前拥有的权力,加上接管法律授予的更多权力。

我们将概览接管人的权力,尔后重点探讨其中四项权力:(1)"撤销"(也就是,使无效)欺诈性转让的权力,(2)对倒闭银行董事和高管人员追索的权力,(3)终止合同和租赁的权力,以及(4)强制执行交叉担保对 FDIC 债务的权力。其他类型的破产司法程序,包括根据破产法清算,采用前三项权力;第四项权力,交叉担保债务,只适用于 FDIC 保险的机构。

一、接管人权力概述

接管人承继银行所有的"权利,所有权,权力和特权,"并可行使银行董事、高管人员和股东所有权利。[①] 接管人也有由接管法律赋予的特定权力——在 FDIC 作为 FDIC 保险银行的接管人的情况下,《联邦存款保险法》赋予的特定权力。接管人可以催收银行贷款和其他资产:例如,接收借款人到期本金和利息的偿付,对违约贷款止赎,并出售银行投资组合的证券。它可以不经借款人同意出售贷款。因此,如果银行向你发放贷款以对你的小企业融资,那么接管人可以根据贷款合同向另一个放款人出售银行的权利(包括接收你还款的权利),无论你是否喜欢这个放款人。接管人也可以,不经存款人同意,向另一家银行转让存款。因此,如果你在 X 银行有 50,000美元存款,而它在星期五下午倒闭,那么你可能到星期一早上在 Y 银行有 50,000 美元存款,Y 银行是一家健康的 FDIC 保险的用户。接管人可以终止某些合同和租约而不承担违约金责任或损失的利润。因此,如果一家银行出租了他不需要的办公空间,那么接管人可以终止这一租赁合同。接管人对于为诈骗该银行或其债权人所做的接管前转让,可以使其无效。因此,如果银行行长将一辆价值 25,000 美元的银行所有的汽车,在银行衰

---

① 《美国法典》第 12 卷,§1821(d)(2)(A)(i),(B)(i)。

落时期作价 25 美元卖给她弟弟,接管人可以要求这位兄弟返还汽车,或者支付公允市价。接管人可以将这家银行与 FDIC 保险的另一家银行合并。①

503 法院一般不能"采取任何行动……约束或影响 FDIC 作为监管人或接管人……的权力或职能的行使。"②

二、撤销欺诈性转让

长久以来,债务人-债权人法律禁止债务人转让财产以"阻挡、延迟或欺骗"债权人。一个想象的坏行长杰伊的做法,会帮助我们理解这种交易。杰伊担任格尔银行的首席房地产贷款官,格尔银行是当地最大的房地产和建筑施工贷款人。商业和住宅房地产开发商公开赞许杰伊,同时为了批准他们的贷款,秘密支付给他要求的行贿资金。几年来,杰伊审查了 6 亿美元贷款,收了 300 万美元贿金。格尔银行最终倒闭,主要是受房地产贷款拖累。FDIC,作为该银行的接管人,发现了杰伊腐败的证据,FBI 对此开始调查。

听到受到调查,杰伊重新部署了他的资产。首先,他让他的妻子伊碧斯在开曼群岛开办了她自己的账户,这是银行保密天堂,并将他们的联合银行账户和经纪账户的大部分钱转到秘密账户。第二,杰伊将自己价值 200,000 美元的宾利欧陆汽车作价 10,000 美元卖给他女儿拉文,而拉文以每月 100 美元的租金将车租给杰伊。第三,杰伊支付鹨哥与松鸡律师所 6 亿美元用作未来的律师费。第四,杰伊和伊碧斯他们联合拥有一个外滩度假屋,他俩给予杰伊的叔叔阿尔巴特罗斯和婶婶安欣歌 500,000 美元的度假屋第一抵押贷款。"但我们没有借给你钱,"婶婶安欣歌抗议。"你俩对我们都非常好,"杰伊回答,"我们想表达我们的感激之情。"参照"债务重整信托公司诉史帕格诺里案"。③（对银行家亲属的一组类似的欺诈性转让无效。）

---

① 《美国法典》第 12 卷,§1821(d) —(e)。

② 同上,§1821(j)。

③ 《联邦补充案例》第 811 卷,第 1005 页(新泽西地区法院,1993)。

FDIC 作为接管人可能利用自己的职权打击这些交易中的每一项交易，以撤销由银行债权人或内部人"故意阻碍、延迟或欺骗"银行而造成的转让或招致的债务。① 关于向开曼群岛伊碧斯专人账户转移资金，杰伊和伊碧斯企图藏匿杰伊的所有权益，并将资金放到债权人拿不到的地方。以低于市价出售和回租宾利汽车，如果不是完全伪装，那也涉及了私下交易。度假屋假抵押担保的资产，本来可用于杰伊的债权人。由于规定这些交易涉嫌欺诈，接管人可以获得假按揭无效的判决，并判偿接管人收回宾利（或其转移时的价值）以及杰伊在开曼群岛银行账户的股份。② （关于预付律师费呢?）接管人也可根据州法，比如《统一欺诈性转让法》，打击欺诈性转让。

三、对倒闭银行的董事和高管人员提出索赔

倒闭银行的资产包括该银行对其董事和高管人员们的任何合法索赔，索赔原因包括违反信义义务，故意违规，以及其他可予起诉的渎职行为。相应地，接管人审查银行内部人的行为（包括可能导致银行倒闭的行为），识别潜在的索赔，并衡量这些索赔的强度，以及通过对他们判决获得和收集这些索赔的前景。

在接管人识别出一个可信索赔时，它会考虑，银行或内部人是否有保险支付索赔。银行有两类相关保险：行员守法保险和董事与高管人员（D&O）责任保险。这些类型的保险适用于不同形式的渎职行为。行员守法保险覆盖银行董事、高管人员或员工的欺诈或非法行为，但一般排除所有形式的过失。D&O 责任保险覆盖过失或总过失，但一般排除故意或刑事违法。因此，行员守法保险将覆盖盗用银行资金，而一个 D&O 保险保单将覆盖在管理银行事务上没有履行注意义务。

为了限制 D&O 责任保险的风险敞口，保险公司已经采用各种除外责任条款，明确规定保单未覆盖的损失或风险。按照监管机构的除外责任条款，

① 《美国法典》第 12 卷，§ 1821(d)(17)(A)。
② 参见同上，§ 1821(d)(17)(A)—(B)。

在由 FDIC 或代表 FDIC 或任何其他监管机构提起的任何诉讼中,保险人不承担任何这种诉讼对董事或高级人员的索赔,包括任何这种监管机构可能作为接管人或监管人提出的索赔。按这种保险政策,无论是 FDIC 还是被保险的高管人员或董事都不能追偿对他们的索赔。被保险人与被保险除外责任条款排除了由另一位董事、高管人员或银行本身对一位董事、高管人员的索赔责任,但股东独立提出的对有保险的董事、高管人员的派生诉讼除外。按惯例,银行 D&O 的保单包括两个除外责任条款。

在"FDIC 诉美国保险公司案"[1]中,一位股东对一家问题银行的董事们提起了派生诉讼。在这家银行倒闭后,FDIC 作为接管人提起了诉讼,获得了对两名董事的判决,并试图追偿银行的 D&O 责任保险。法院认定,这家监管机构和被保险人与被保险除外责任条款都排除了责任。监管机构免责条款是适用的,尽管 FDIC 只是接手了在接管之前股东提起的诉讼。被保险人与被保险除外责任条款的适用,是因为这个股东也是一位前董事、高管人员,因而按这种保险政策是一位被保险人。因此,后者的除外责任条款即使是派生诉讼也是适用的,并且,即使 FDIC 没有接手这个诉讼,也会排除其责任。

法院驳回了 FDIC 这一观点,即此处强制执行监管机构除外责任条款将会侵犯这一公共政策,这一政策反映在接管人的一般职权,以履行银行股东权利。国会已经考虑并拒绝了要求 D&O 保单仍然有效的提议,尽管委派接管人——并且对接管很关键的保险终止条款明确保持中立。[2]

提问和评论

1. 裁决对被保险人与被保险除外责任条款的解释与美国保险公司案一致吗?

2. 行员守法保险的承保覆盖范围与 D&O 责任保险的承保覆盖范围并

---

① 《联邦案例汇编第二辑》第 998 卷,第 404 页(第 7 巡回法院,1993)。
② 《美国法典》第 12 卷,§1821(e)(13)(A)—(B)。

不完全相同。正如我们所见,行员守法保险覆盖欺诈或非法行为,但不覆盖过失行为;而 D&O 责任保险覆盖过失,但不覆盖欺诈或非法行为。当董事或高级职员被指控,但没有被定罪(或被宣告涉嫌)为欺诈或非法时,可能出现困难的覆盖范围争议问题。因此,不能成功起诉银行官员滥用银行资产,可能触发了银行 D&O 责任保险的欺诈或非法行为的例外条款,不能让 FDIC 按照行员守法保险的承保覆盖范围予以追偿。

3. 行员守法保险的承保覆盖范围主要包括以下方面:

索赔的时效。行员守法保险一般只承保守法保险期间发生的索赔。因此,在 2008 年至 2012 年期间有效的守法保险,将不承保 2011 年犯下,但在 2013 年才发现的侵吞公款行为。(用保险业术语来说,典型的行员守法保险是一个"索赔型"保单,不是一个"事故型"保单:守法保险的关键承保范围是银行提交其索赔的时间,不是发生潜在损失的时间。)此外,一般说来,一旦委派接管人或监管人,守法保险协议立即终止。因此,如果损失是在银行进入接管状态之后才发现,那么,根据守法保险协议,接管人可能没有追索权。

员工"显性意图"导致的损失。行员守法保险一般只承保:实施具有"显性意图"的行动,以引起银行损失、使某人而非银行得到经济好处,由此导致的损失。当员工行为不诚实、但证据没有表明该员工试图裨益某人而非银行时,就产生了承保范围的问题。于是在这种情况下,索赔可能既不符合守法保险协议也不合乎 D&O 责任保险协议。

不诚实或欺诈直接导致的损失。行员守法保险可能排除对这类贷款损失的承保,这类贷款损失不是直接产生于员工的不诚实或欺诈行为。如果 FDIC 要求按照行员守法保险承保指称的员工不诚实造成的贷款损失,保险人可能作出这样的答复:这些损失缘自借款人的违约。

四、终止合同与租赁

无论繁荣或衰退,银行都有众多的合同关系:举例来说,与储户的关系,与其他债权人的关系,与供应商的关系,与业主的关系,与承租人的关系,与员工的关系。在银行倒闭时,对于其履行中的协议发生什么问题——银行、另一当事方或双方还没有完全履约的合同和租赁协议?

请思考奥迦斯银行的情况。它刚倒闭,FDIC 计划清盘。尚在运营的同时,奥迦斯银行:(1)发行了 10 年期存款证;(2)租赁了他人拥有的大楼办公区;(3)出租了它拥有的大楼的剩余空间;(4)同意向员工支付慷慨的退职福利金;(5)与比阿特丽斯银行签订了衍生品合约;(6)与查伦签订退休协议,此人是该行的资深董事会主席、总裁和首席执行官。按照退休协议,奥迦斯银行将支付查伦每月 1,000 美元,直至终生;查伦将出席董事会会议,继续提供咨询,并避免与奥迦斯银行竞争;以及(7)与西风公司签订了五年合同,按照该合同,西风公司为奥迦斯银行的所有建筑维持供暖和空调系统。该银行也许需要这些协议,但接管人不需要这些协议。如果可以的话,接管人可以对这些合同做些什么? 其他当事方有什么权利?

在倒闭银行进入接管状态之后的合理时间内,如果接管人确定任何协议是难以负担的,而且终止它会"促进该机构事务的有序管理",那么,该银行的接管人可以终止该银行是一方当事人的任何协议。①(监管人具有同样的终止权力,但为了简化,本节将只谈接管人。)一般地,接管人只对自银行进入破产管理之日确定的"实际直接补偿性损害赔偿"负责——不对惩罚性损害赔偿或利润损失、失去的机会或身心痛苦等损害赔偿负责。② 一些特殊规则适用于租约,不动产出售合同,服务合同,以及"合格金融合同。"

如果倒闭银行是不动产的承租人(即租客),那么接管人可以终止租约,并且一般只对终止之前的租金负责。③ 当银行是不动产的出租人时,接管人的灵活性较小。如果接管人废除租约,承租人要么把租赁视为终止或保留租赁期的余期使用权。在后一种情况下,承租人甚至可以从租金中扣

---

① 《美国法典》第 12 卷,§1821(e)(1)—(2)。
② 同上,§1821(e)(3)(A)—(B)。
③ 同上,§1821(e)(4)。

除因接管人未能履行契约义务的任何债务责任。① 如果租约规定承租人承担运转和维护费(这在商业租赁中是常见的),那么废除租约可能没有实际作用,而且通过提供一个原租约不存在的抵销权,甚至可能裨益承租人。

一些特殊规则适用于银行的合格金融合同(QFCs)。② 一个 QFC 包括"证券合同,商品合同,远期合约,回购协议,或互换协议。"③尽管接管人一般对银行向其他人转让权利或责任拥有广泛的自由裁量权,但它不能对 QFCs 挑三拣四。如果你与银行有一个 QFC,那么接管人不能将它(或你在它之下的任何债权与债务)转让给除了金融机构以外的任何人——而且接管人只能将你所有的 QFCs 转让到一个单一的金融机构(与这些 QFCs 下的所有债权与债务一起,再加上 QFCs 的担保物)。④ 类似地,如果与银行有多个 QFCs,那么接管人必须终止所有与你的 QFCs,不然一个都不能终止;它不能挑三拣四。⑤

如果接管人终止你的 QFC,那么你可以回收,作为补偿性损害赔偿,回收"覆盖正常与合理的成本,或其他合理的实用损害赔偿方式",这种损害赔偿是相关行业实用的。⑥ 但即便接管人要确认你对这一 QFC 的收回,你也有权利终止它。"尽管合同的任何条文规定了终止、违约、加速,或即将或仅仅因为资不抵债或委派监管人或接管人而行使权利,或由监管人或接管人行使权利或权力,"接管人还是可以强制执行大多数其他类型的合同,⑦但接管人不能对一个 QFC 做同样的强制执行。如果你的 QFC 使得接管人委派的理由是因为你要终止,清算,或加速这一合同,你可以这样做;你也可以行使任何相关的权利,以止赎担保物,并"捞出"应收金额。⑧

---

① 《美国法典》第 12 卷,§1821(e)(5)。
② 同上,§1821(e)(8)。
③ 同上,§1821(e)(8)(D)(i)。
④ 同上,§1821(e)(9)。
⑤ 同上,§1821(e)(11)。
⑥ 同上,§1821(e)(3)(C)(i)。
⑦ 同上,§1821(e)(13)(A)。
⑧ 同上,§1821(e)(8)(A)。

507 下表概括了终止各种类型协议的结果:

表 10 - 4   **终止倒闭银行的合同和租约**

协议类型	接管终止协议的结果
协议不在任何其他类别之内	接管人只对自银行进入接管之日确定的"实际直接补偿性损害赔偿"负责。接管人不对惩罚性损害赔偿或利润损失、失去的机会或身心痛苦等损害赔偿负责。
银行是承租人的租约	出租人只追偿终止之前累计的租金。出租人对于在任何加速条款或惩罚条款下的损害赔偿没有债权要求。
银行是出租人的租约	承租人如果没违约而接管人终止租约,则可以要么把租赁视为终止或保留租赁期的余期使用权。如果承租人保留租赁期的余期使用权,则承租人必须继续支付租金;如果接管人没有按租约履行责任,则承租人可以从租金中扣除因接管人原因导致的损害赔偿。
不动产出售合同	如果购买人拥有财产且无违约,而接管人终止租约,则购买人可以要么把合同视为终止或继续持有财产。如果购买人继续持有财产,则以下规则适用:购买人必须继续进行还款;如果接管人没有按合同履行银行义务,购买人可用因接管人原因导致的损害赔偿抵消还款;接管人应交付合同规定的房地契;而接管人没有其他义务或责任。
服务合同	如果在终止合同之前按合同接受服务,接管人应按合同对这些服务付款,并将这些付款视为管理费。即便已经按合同接受了服务,接管人仍然可以终止合同。
QFC	接管人必须要么终止银行与一个当事方的所有合格金融合同,要么一个都不能终止。如果接管人终止 QFC,另一方可以收回支付的合理费用。

对 QFC 的特殊处理削弱了对大型银行的市场约束。QFC 的对手方一般都是大型、老到的金融机构,能够很好地监测其他银行的稳健状况与冒险

行为。然而,如果银行倒闭,那么 QFC 规则让对手没有理由担心损失。

五、强制执行交叉担保责任

如果一家 FDIC 保险的银行倒闭并引起 FDIC 的损失,FDIC 可能认定另一家 FDIC 保险的存款机构,因为与倒闭银行的关系是控制、被控制或被共同控制的关系,要对这种损失负责。[①] 事实上,FDIC 可以无视 FDIC 保险的关联银行与这些存款机构之间的法人分离,并将它们视为单一的经济实体。实行交叉担保责任通常会导致关联银行倒闭,并使这家银行的资产(以及净值)可以帮助减少 FDIC 在第一家倒闭银行的损失。

请思考数字银行公司这个例子。数字银行公司拥有第一银行和第二银行。当第一银行倒闭时,它 1 亿美元有保险存款,无其他负债,并拥有公允市值资产 8,800 万美元。FDIC 面临 1,200 万美元的损失。但是,第二银行有资产 1 亿美元,有保险存款 8,500 万美元,非存款负债 500 万美元,以及净值 1,000 万美元。FDIC 的 1,200 万美元交叉担保索赔导致第二银行倒闭,但能使 FDIC 利用第二银行的净资产。因此,交叉担保使得 FDIC 的损失从 1,200 万美元减少到 200 万美元。

交叉担保责任仅适用于有 FDIC 保险的银行彼此之间的情况,这并不扩展到它们的控股公司或控股公司的关联公司(除非这些实体本身也是被保险的存款机构)。

第六节　　按照优先顺序支付有效债权

现在,我们从倒闭银行的资产方面转到它的负债方面。一旦接管人整理了倒闭银行的资产,那么接管人如何将这些所得进款分配给债权人呢?所有债权人必须向接管人提交他们债权的证明。接管人决定这些债权要求

---

① 《美国法典》第 12 卷,§ 1815(e)。

是否有效,不满意的债权人可以向法庭追求他们的债权。接管人支付有担保的债权——例如,由抵押贷款的妥善文档或留置银行财产支持的债权要求——来自担保物的价值。接管人对无担保的债权按如下顺序支付:(1)管理费,接管人履行其职责的费用;(2)存款,不论有无保险;(3)一般债务(例如,接管之前发生的债券、大多数未付票据以及未付工资),负债中不适合归入其他类别的剩余类别;(4)次级债务(例如,后偿债项);(5)对FDIC的交叉担保责任;以及(6)银行股东的所有者权益。抵销权——债权人可以用银行欠债权人的债项抵销债权人欠银行的债项——提出了一种特殊情况。优先权制度的潜在规避也是如此,比如,当无保险存款人宣称根据对银行资产或股东的法律构定信托起诉银行董事时,可能会出现这种情况。我们将依次讨论这些话题。

一、决定债权的有效性

FDIC 作为接管人通知倒闭银行的债权人提交他们债权要求的证明,并决定这些债权是否有效。不满意的债权要求人可以向地区法庭起诉接管人,以使他们的债权要求获得重新裁定。[①] 类似地,原告在接管之前对银行的未决诉讼必须给予接管人债权要求的证据,使得接管人有机会决定这些债权要求的有效性。原告不满意接管人的决定可以继续打官司。[②] 不管怎样,如果不及时向接管人提交证据,那么债权要求人一般丧失债权。[③]

在评估债权要求的有效性方面,接管人与法院一般采用的法律规则,与没有接管时会采用的规则相同:他们许可充分证明的、可依法强制执行的债权要求,并驳回所有其他债权要求。因此,他们驳回那些缺乏健全法律基础或适当证据支持、被限制性法律禁止的,或因其他理由而无效的债权要求。但四个特殊规则适用于针对接管人的债权要求。

第一,债权要求必须来自一项法定之债,这项法定之债在接管之前就存

---

① 《美国法典》第 12 卷,§ 1821(d)(3)—(7)。
② 同上,§ 1821(d)(5)—(6),(13)(D)。
③ 参见同上,§ 1821(d)(5)(C)。

在,并且债权要求的价值必须是确定的,或能够立即确定的。

第二,如果没有资产支付债权要求,既非接管人也非法院需要确定债权要求的有效性。因此,如果倒闭银行有 1 亿美元资产,1.1 亿美元存款,以及 0.1 亿美元其他负债,那么存款的债权要求会耗尽银行的资产,对低先占权的非存款债权要求没有留下任何东西。决定非存款债权要求的有效性也没有什么用:即便债权要求十分有效,接管人也无法满足他们。

第三,接管人对任何时间恰当证明的债权要求可以予以支付(叫做"破产分配金")——甚至在宣布提交债权要求的截止日之前。因此,债权人可能得不到支付是因为它在分配破产分配金之前还没有证明其债权要求。接管人对这种情况不承担责任:"债权人的债权要求没有在任何这样的支付时间内得到验明,这样的债权人得不到破产分配金"。[1] 尽管接管人继续整理倒闭银行的资产,但这一规则便于对债权要求进行部分支付(因而减少了债权人的不便)。

忘川河公司提供了一个警示例子。这是某人如何可能得不到支付的举例,他在宣布提交债权要求的截止日之前提交了有效债权要求,但因为接管人已经分配了倒闭银行的资产而没有予以支付。在坦塔罗斯银行倒闭时,它有 9 千万美元存款和 1 千万美元其他负债,包括欠忘川河公司 100 万美元。接管人立即对债权人给出书面通知,要求在 90 天之内提出债权要求。一个月之后,接管人估算,它出售该银行资产至少收入 9,400 万美元,也许多达 9,900 万美元,并决定支付 9,200 万美元破产分配金。除了忘川河公司之外,所有债权人都提交并证明了自己的债权要求。接管人满足了存款债权要求,之后对已经证明的非存款债权要求按每一美元 25 美分予以支付(200 万美元破产分配金除以 800 万美元债权要求)。忘川河公司在分配破产分配金之后、但仍在 90 天截止日之前提交了它的债权要求。不幸的是,该银行资产最终只卖得 9,200 万美元,没留下任何东西向非存款债权人进行任何进一步付款。忘川河公司错失良机。如果忘川河公司在分配破产分

---

[1] 《美国法典》第 12 卷,§1121(d)(10)(B)。

配金前提交并证明其债权要求,那么它可能(与所有其他非存款债权人一起)获得每一美元债权 22 美分(200 万美元破产分配金除以 900 万美元债权要求)的支付。

510   第四,所谓的补充协议规则,就是如果一项协议对 FDIC 作为接管人或保险人的利益不利,而且该银行的记录没有充足证明这项协议,那么可能使取决于倒闭银行这项协议的债权要求无效。[①] 参见"邓恩奇、杜梅公司诉 FDIC 案"。[②] 思考提坦银行的例子,该行将它通过止赎获得的一大片土地的一半卖给克洛诺斯。克洛诺斯后来发现他这项财产的法律描述仅有它应得的 90%。该银行爽快地同意改正这一错误,但没来得及改正它就倒闭了。只要该银行继续开业,法院就能够并将会为克洛诺斯作出判决。然而,如果该银行的记录没有充分证明正式协议的证据,那么接管人可能驳回克洛诺斯的债权要求。因此,一个在银行开业情况下能够对银行强制执行的协议可能对接管人不能强制执行。FDIC 已经缓和了对补充协议规则的强制执行。[③] 但这条规则给粗心人留下了一个陷阱。

二、优先顺序

大体上,我们已经看到,在对 FDIC 保险的银行支付债权要求时,接管人适用的优先顺序。有担保债权排在第一位,最大可达到担保这些债权的抵押品的价值。无担保债权遵循法律规定的优先顺序,接管人的管理费排在前面,而银行股东的所有权益排在最后。这一优先权制度维护债权人合理的预期,同时保护存款保险基金,并促进倒闭银行的迅速解决。现在,我们仔细考察先占权制度,先从处理有担保债权开始。

a. 有担保债权

拥有债务人特定财产担保物权(例如抵押权、留置权)的债权人可以出售这项财产——并从出售进款得到偿付——如果债务人违约的话。为保护

---

①　参见《美国法典》第 12 卷,§ 1123(e)。
②　《美国案例汇编》第 315 卷,第 447 页(1942)。
③　《联邦公告》第 62 卷,第 5984 页(1997)。

自己的权利,债权人必须完备担保物权,一般做法是提交公共记录有关适当文件的通知。一个完备的担保物权先占于随后提交的对这项财产的债权要求,并对这项财产的任何购买者有约束力。

倒闭银行的接管人从担保物价值中支付针对银行的有担保债权。如果担保物价值少于债权,这一债权只能保证得到担保物的价值;未满足的余额部分构成无担保债权。① 如果担保物价值多于债权,超出的价值用于支付其他债权要求。如果债权人没有完备提交担保物权,接管人对此项债权作为无担保债权处理。

以悬崖银行的例子来说明这些处理原则。因为仅需现金,这家银行使用投资组合中的贷款担保,从硫磺公司获得 1,000 万美元的贷款。硫磺公司完备了担保物权,而悬崖银行后来倒闭了。如果该行的接管人以 800 万美元出售这笔贷款,那么,硫磺公司除了接收这笔 800 万美元之外,还有剩余的 200 万美元贷款的无担保普通债权。如果这笔贷款以 1,400 万美元出售,接管人将支付硫磺公司 1,000 万美元,并用剩余的 400 万美元满足其他债权人。假如硫磺公司没有完备担保物权,那么它只有针对该银行的无担保普通债权,并在所有存款得到全额支付之前,得不到任何东西。

表 10 - 5　　　　　硫磺公司对悬崖银行 1,000 万美元担保贷款　　　　　511

事实	硫磺公司得到
硫磺公司没有完备担保物权	无担保债权 1,000 万美元
硫磺公司有完备担保物权,担保物	
变现价值:	
1,400 万美元	1,000 万美元 *
1,000 万美元	1,000 万美元 *
800 万美元	800 万美元 + 剩余 200 万美元无担保债权

* 接管人使用剩余 400 万美元支付其他无担保债权人。

---

① 参见《美国法典》第 12 卷, § 1821(d)(5)(D)(ii)。

b. 无担保债权

让我们更详细地考察无担保债权的六个层级。① 首先,接管人本身的花费,这叫做管理费。这类费用包括员工薪酬、法律与会计费以及水电费。

第二,存款,包括有保险存款和无保险存款。规定这类优先权是为了保护存款保险基金,这类优先权也帮助倒闭银行的无保险存款避免重大损失。无论如何,它显示了银行接管和破产法的优先事项之间的最显著区别:存款构成了银行负债的大部分,而破产法优先权覆盖的债权要求一般只占一家企业负债的一小部分。

第三,普通负债由不适合归入其他类别的负债组成。例如包括债券,商业票据,员工薪酬,应付账款(比如,办公用品未付账单,隔夜交货服务未付账单,聘用外部律师、咨询师、派对筹划员未付账单)。

第四,次级负债,最值得注意的是次级债。次级债的持有人之所以同意优先顺序排在存款和普通负债的后面,是因为推测有一个高利息回报率。

第五,任何对 FDIC 的交叉担保负债。

第六,银行股东的所有者权益。股东放在最后,反映了股东与债权人的隐性讨价还价。股东控制银行,因而有机会得到潜在的无限回报:在银行向债权人履行义务之后留下的所有收入与资产,将有利于股东的债权要求。债权人选择固定回报,但具有先于股东的债权要求。股东保有自己的可能机会;当下债权人获得优先权。

银行接管人一般支付顺序是,在对下一个低优先级的债权要求作出任何支付之前,先对给定的优先级之内的所有债权要求予以支付。因此,除非所有接管工作管理费和所有存款已经得到全额支付,否则接管人不会对普通债务支付任何东西;除非所有接管工作管理费、所有存款和普通债务已经得到全额支付,否则接管人不会对次级债支付任何东西;除非所有债务已经得到全额支付,否则接管人不会对股东支付任何东西。如果某一给定优先级的债权要求超过剩余资产,那么,债权要求对剩余资产的分割按债权比例

---

① 参见《美国法典》第 12 卷, § 1821(d)(11)(A)。

分配。(在直接清算中,只要每个债权人得到不低于它应得到的,FDIC作为接管人有偏离这些优先顺序的余地。)

以瓦尔哈拉银行为例,说明法定优先顺序的适用。这是一家FDIC保险的倒闭银行。接管人出售该银行资产收入9.5亿美元。债权人提交并验明的债权10亿美元,其中含有9亿美元存款,7,000万美元普通债务,以及3,000万美元次级债。接管人需要100万美元管理费。接管人首先支付了这些管理费,余留9.49亿美元资产。接下来,接管人支付了9亿美元存款债权,余留4,900万美元资产。再接下来,接管人按比例对7,000万美元普通债务的持有人分配4,900万美元资产,每个这种债权人得到每一美元70美分(4,900万美元资产÷7,000万美元债权=70%)。没有任何资产余留来支付次级债的债权人。

表10-6　　　　　　　　　　瓦尔哈拉银行　　　　　　　　单位:百万美元

优先顺序银行	债权优先级	本优先级中验明的债权	对这些债权的已付总额	对每一债权的支付%	支付本优先级后的余留
第一	管理费	1	1	100%	949
第二	存款	900	900	100%	49
第三	普通债务	70	49	70%	—
第四	次级债	30		0%	—
第五	交叉担保	—	—	—	—
第六	股东	—	—	—	—

三、抵销

现在让我们转到抵销权。这是另一种机制,在银行倒闭时,它影响无担保的债权人偿付前景。法兰西丝卡银行为保罗银行清算支票并提供服务。按照协议,法兰西丝卡银行借给保罗银行2,500万美元,而保罗银行将2,500万美元存入法兰西丝卡银行,以便利支票清算。如果保罗银行倒闭,每家银行对对方银行的债权会发生什么情况?如果没有抵销权,接管人可能提取保罗银行 2,500 万美元活期存款,但支付法兰西丝卡银行的只是法兰西丝卡银行按比例分割得到的保罗银行资产。如果接管人,在满足有担保债权和存款债权之后,有 6 亿美元资产偿付 10 亿美元的普通债权,法兰西丝卡银行可能只得到 2,500 万美元贷款中的 1,500 万美元。因此,在法兰西丝卡银行欠保罗银行的数额与保罗银行倒闭时欠法兰西丝卡银行的数额相等情况下,法兰西丝卡银行最终向接管人支付净额 1,000 万美元。

　　法兰西丝卡银行幸运的是,长期以来,法院已经许可倒闭银行的债权人抵销(也就是扣除)该银行欠他们与他们欠该银行的债务——至少如果债务源于相关交易。最高法院根据在"斯科特诉阿姆斯特朗案"[1]中的一组相似的事实,维持抵销权。在此案中,一家小银行把钱存入一家更大的银行,以便利支票清算、信用证和其他服务。最高法院宣告,"普通规则是,在彼此债务出于同一交易的情况下,一方无力偿付的债务合理抵销另一方所欠的债务。"

513　　抵销减轻像法兰西丝卡银行这样的当事人、同是破产银行的债权人和债务人的痛苦。法兰西丝卡银行可以从保罗银行在法兰西丝卡银行 2,500 万美元的存款扣减它对保罗银行 2,500 万美元的贷款,结果是不欠接管人任何东西。具有抵销权的债权人享有——一定程度上抵销——实际上存在的对具有相同债权优先级的其他债权人的优先权。法兰西丝卡银行得到了它对保罗银行 2,500 万美元贷款的足额偿付,尽管其他债权人仅得到普通债权每一美元 59 美分的偿付(在法兰西丝卡银行抵销后的余留 5.75 亿美元除以 9.75 亿美元普通债权)。

四、谋取优先权

　　债权人不满意在倒闭银行中的债权层级地位,有动力寻找法定优先权的出路。我们将考察两种这样的谋略:(1)无保险存款人试图维护对银行资产的法律构定信托(constructive trust);以及(2)股东们为了与接管人竞

---

[1] 《美国案例汇编》第 146 卷,第 499 页(1892)。

争,试图起诉自己的银行,指称银行董事们失职。

a. 法律构定信托

在佩恩广场银行倒闭之前的 20 年里,FDIC 保护了每一家倒闭的 FDIC 保险银行的所有存款人,没有强制执行对存款保险承保的法定限额。但当 FDIC 解决佩恩广场银行时,由于执行对存款保险承保的法定限额,这令无保险存款人感到惊讶。在接下来的案例中,两个无保险佩恩广场银行存款人寻求追讨他们存款的全部金额。他们辩称,该银行欺骗他们,歪曲性说自己有偿还能力,因而从公平立场来看,他们的钱从来没有成为该银行的资产。在他们看来,该银行只不过是为他们以"法律构定信托"方式持有这笔钱。

本案在 1993 年成文法之前审理,对所有倒闭的 FDIC 保险银行适用一套统一的优先权顺序,并给予存款优先于普通债权要求。在此法之前,联邦法律将国民银行存款归类为普通债权。法院意见的语言反映了这一规则。然而,法院的推理和结果甚至认定存款人优先有效:无保险存款人一般不能用"法律构定信托"理论获得比其他无保险存款人更有利的待遇。

下河社区联邦贷款协会诉佩恩广场银行案①

塔哈,巡回法官:

在佩恩广场银行(PSB)倒闭时,原告是 140 家信用社、48 家互助储蓄和 47 家商业银行的其中之一,这些机构存款人在佩恩广场银行有大量无保险存款。联邦地方法院认定,PSB 通过发布重大误导性财务报表,欺骗性引诱原告存款。越过 FDIC 作为接管人的反对,该法院对 PSB 的资产强加一个倾向于原告的法律构定信托——可让原告追收其存款全部金额的一种信托。上诉法院逆转联邦地方法院判决,认定原告完全是只能按比例得到他们在银行资产的份额。

国民银行的欺骗性行为会产生一个法律构定信托,仅当原告能证明该

_____

① 《联邦案例汇编第二辑》第 879 卷,第 754 页(第 10 巡回法庭,1989)。

银行的欺诈引起了一个特定伤害,这种伤害不是基本上所有其他存款人共有,并且给予原告补救不破坏接管人对破产银行财产的有序管理。这个一般规则体现在涉及法律构定信托的一些案例中,这些案例中的法律构定信托强加于无可救药的破产银行的资产。

在银行高级人员明知银行无可救药地走上破产之路之后,该银行还接受存款,这被认为是对这些存款人实施欺诈,这些存款人有权要求归还存款。……

那些在银行无可救药地走上破产情况下进行了存款的人,能证明一种具体欺诈行为只影响他们,因此他们相对于那些在银行无可救药地走上破产之前进行存款、希望或相信该银行未来有能力偿还存款的人们,具有衡平法上的优越地位。……

然而,即便在无可救药地走上破产情况下,如果这足以破坏接管人对破产银行财产的有序管理,或不然对其他类似境遇的存款人导致不公平对待,那么足额归还可能遭到拒绝。……

原告以外的金融机构在评估自己的未来损失风险时,无疑也把类似信托行为归于 PSB 歪曲财务状况。《国民银行法》排除对这些存款人予以区别对待。……

尽管原告主张,我们可以避免这种不平等对待,避免的途径是许可处境与原告类似的所有存款人作为集团诉讼,以确立法律构定信托。许可这种诉讼会潜在破坏《国民银行法》规定的接管人对破产银行财产的有序管理。我们不认为,国会打算让具有潜在粉碎性压力的债权淹没 FDIC,这种债权偏爱代表所有无保险存款人的利益,这些无保险存款人都声称他们了信赖误导信息,而这种信息是向所有存款人提供的。……对欺骗性陈述的任何补救影响或潜在影响所有债权人,所有债权人归属接管人,接管人坚称这些债权要求适合支持所有债权人的利益。……

b. 股东直接诉讼

一家倒闭银行的股东们,面临着丧失在他们该银行的全部投资,可能要求变换为债权人。举例来说,他们可以指称的前董事不端行为引起的伤害起诉银行的前董事们。但这样一种诉讼可能与接管人向这些董事们追讨索赔的努力存在潜在冲突。

此处,直接诉讼和派生诉讼之间的区别变得非常重要。在直接诉讼情况下,股东们以他们自己的名义起诉,要求强制执行他们自己的权利。在派生诉讼情况下,股东们以公司的名义起诉,要求强制执行公司的权利。股东可以将诉讼定格为自己的个人权利,但接管人很可能回应,这种诉讼实质上是主张公司权利。这个问题很关键,因为基于公司权利的债权要求属于接管人,接管人既可以掌握诉讼,又可以得到追讨的任何钱款。

515

利奇诉 FDIC 案①

戈德伯格,巡回法官:

……

在一家国民银行倒闭后两年,该银行的少数族裔股东起诉该银行的前董事,声称原告的银行股票变得一文不值,原因是银行的董事们管理银行不善,并且没有进行及时、准确地披露银行财务状况。接管人因为同样的指称行为起诉了银行的董事们。

表面上,《美国法典》第 12 卷第 93(a)款内容广泛,似乎适合范围很广的由银行股东、代理人或高管人员引起的损害诉讼。然而,本条文通过时的历史情境,随后遵循本条文的司法判决,以及来自当代的司法判决,所有这些都赞同一种更狭窄的解读。我们断定,国会意图是,本条文……区分两种人,一种人遭受的损害,法律当做"法人的"损害;另一种人遭受的损害,法律当做对此人"个体的"损害。

举例来说,如果一位董事盗窃了一家公司的资产,并且导致该公司的股价下跌,那么法律将这个法人团体视为受损害方,而不是将损失了股票价值的个人股东视为受损害方。另一方面,法律将根据一位董事的虚假信息而

---

① 《联邦案例汇编第二辑》第 860 卷,第 1266 页(第 5 巡回法庭,1988)。

购买股票的个人视为个体受损害方,这是由这位董事的行为引起的损害。在某种程度上,这种差异是一个损害扩散的问题。也就是说,当所有股东都受到损害时,这是法律视为法人团体本身经受的痛苦。当只有一个人受到损害,而其他股东没有被不当行为伤害时,法律确认此人的痛苦为个体的损害。

本案原告寻求证明,他们不同于其他股东,因为他们是唯一因为董事管理不善而损失钱款的一些人。然而,在1864年《国民银行法》通过时就存在的公司法,它将董事管理不善并引起公司估值缩水视为法人损害。申诉损害的权利那时属于、现在也属于公司。本规则存在例外规定,例外规定许可股东对法人损害提起派生诉讼。派生诉讼产生于⋯⋯公司拒绝了股东请求的起诉,或者公司已经被不端行为董事"俘获"因而提出任何要求都是徒劳。但是,只是在公司不会或不能保护它自己时,这些例外才提供了保护公司的一些机制。在本案,对原告苦衷的任何可能的法律救济现在归属在FDIC接管人手里的法人团体,不属于原告。⋯⋯

第93(a)款⋯⋯规定如下:

> 如果任何国民银行协会的董事明知故犯,或明知许可任何高级人员、代理人,或协会服务人员违反本法任何条文,⋯⋯那么,凡是参与或同意违反事项的董事应当承担个体责任,并以个人身份承担协会、股东或任何其他人遭受这种违反后果的所有损害赔偿。

本成文法表面上似乎许可原告因为指称的管理不善引起指称的原告股票价值缩水而起诉被告。⋯⋯然而,意思即使十分明白,但这些清楚的语句脱离它们出自的语境,也脱离其创建人打算让它们发挥的功能,可能无法准确传递创建人打算告知的意思。⋯⋯

在1864年颁布的第93(a)款⋯⋯不是在真空里创造的。在这个"伊利诉汤姆金斯案"之前的时代,它一般被理解为存在一个一般商业习惯法。⋯⋯按这个习惯法,只有法人团体因为公司遭受董事不端行为伤害,能够起诉不端行为的董事。……

我们今天术语称作的股东派生诉讼,在1864年国会颁布第93(a)款时,它是一般商业习惯法的一部分。在起草第93(a)款时,国会依据的事实是,在公司本身拒绝提起诉讼之前,遭受伤害的股东没有起诉违法董事的权利。正是这样的语境给予了这个片语的意思,"任何董事……应当承担……协会、股东或任何其他人遭受的……所有损害赔偿。"……

许可提起派生诉讼有……两个例外规定,本案原告不符合其中任何一个规定。两个例外规定是:(1)他们向公司提出要求,并且公司拒绝起诉;(2)行为不当董事已经"俘获"了公司,因此任何起诉要求都是徒劳之举。……因为哪一条例外都不适用,按第93(a)款,原告缺乏起诉的资格。

提问和评论

1. 一家倒闭银行的股东可以对银行前经理们因为损失股票价值坚持提出一个直接的"民事RICO"吗? 在这种情况下,法院按权利分类将民事RICO归入派生诉讼。参见比如,"克罗克诉FDIC案"。[①] 一家倒闭的互助储蓄机构的无保险存款人会怎样? 参见《关于太阳升证券诉讼》。[②] (结果一样。)

2. 按照第93(a)款,一个股东因为管理不善起诉一个有偿还能力的国民银行的董事们。原告律师设计这个诉讼适合于派生诉讼,并声称,要求现任董事授权公司向他们自己提起诉讼没有意义。数月后,该银行倒闭了,而且接管人寻求免除原告律师,理由是,接管人单独控制诉讼。结果如何? 参见"加夫诉FDIC案"。[③] (对国民银行主张派生债权要求的股东,一旦银行进入接管状态,作为个人没有起诉资格;通过将银行各项资产赋予接管人,接管管理"有效排除了个人股东基于同样诉因行为提起派生诉讼"。)你同意吗?

---

① 《联邦案例汇编第二辑》第826卷,第347,349页(第5巡回法庭,1987)。
② 《联邦案例汇编第二辑》第916卷,第874页(第3巡回法庭,1990)。
③ 《联邦案例汇编第二辑》第814卷,第311,315页(第6巡回法庭,1987)。

517   3. 股东有强烈动力找出诉讼理由,能禁得起因为缺乏资格的驳回。原告律师已经确认了各种直接诉讼理由,尤其是在联邦证券法下发生的一些诉讼。原告一般辩称,倒闭银行的董事们让银行歪曲了它的财务状况,并且原告因为信赖了这些歪曲,损失了钱款。但是,联邦证券欺诈诉讼裨益的只是那些在相关时间段买卖证券的一些人,但一般不给提升股东优先级。州法的诉讼理由,比如过失,证券欺诈,普通法意义上的欺诈,或者不公平商业做法,可以令人信服地裨益广大股东。

问　　题

    1. FDIC 作为卡纳克银行的接管人,已经整理了银行的资产,偿付了有担保债权人,并确定了下列针对银行的无担保债权(以百万美元为单位)是有效的:

表 10 - 7 　　　　　　　　　　　**卡纳克银行**

接管前发生的应付账款	50
接管管理费	20
债券	200
FDIC 作为保险人(存款保险人代位求偿)	1,600
次级债	120
无保险存款	200
其他负债	110
总计	2,300

    接管人有 20 亿美元可供分配。每类申请人会得到多少钱?

    2. 作为格尔银行的房地产贷款首席官,杰伊管理着 6 亿美元房地产贷款,而且收取了 300 万美元回扣。杰伊监督的不良贷款在导致该银行倒闭上起了主要作用。现在,杰伊为其罪行服长期徒刑。FDIC 作为格尔银行的接管人,已经将杰伊起诉,诉因是他违犯受信注意与诚信责任。杰伊目前有700 万美元资产和 300 万美元负债(尤其是未付税金和未付刑事罚金)。格尔银行总部在猎鹰州,杰伊在这里生活、工作和收取回扣。按照猎鹰州法律,"任何人由于任何非法或不公平业务做法,其生意或财产遭受伤害,在民事诉讼里,此人可以追讨其遭受损害的三倍赔偿。"格尔银行的前股东根据该州法律,已经起诉杰伊。如果他们各自的诉讼都胜诉,FDIC 和股东们将都各自获得判决远远超过杰伊的资产,大大少于他的净资产。FDIC 已经干涉股东的诉讼,并动议法院以缺乏资格为由,驳回股东的索赔要求。法院对这项动议应当如何作出决定?

518

第七节　系统性风险

最后,我们转到"系统性风险"问题。对这种风险的担心已经在制定银行业政策上起到了关键作用,尤其是因为它关系到银行倒闭。在一个自由市场里,单个银行易于挤兑,并且银行体系容易发生恐慌。国会创立联邦存款保险帮助保持对银行体系的信心,并防止重演"恐怖传染",这种银行恐慌在 1930 年代初期是显而易见的。对系统性稳定的担心已经影响到如何处理银行倒闭的裁决,最引人注目的是 2008 年金融危机。

一、什么是系统性风险

那么,什么是系统性风险?它是怎样发生的?罗伯特·E. 利坦和乔纳森·劳赫讨论了这种风险,以下节选是出自他们为美国财政部准备的一份报告。

利坦与劳赫:《21 世纪的美国金融》①

系统性危机有时很不同于普通金融损失或市场动荡。它一定是突然来袭,同时影响到足够多的人和公司,连累市场的整体绩效,而不仅仅是让一些人损失一些钱。多快、多广才有资格一定算是作为一场系统性危机?就

---

① 第98—112 页(1997)。

当下目的而言,以下工作定义应当足够:系统性风险指这种可能性,一个突然、一般未预计到、扰乱金融市场的事件,因而形成有效资源沟渠效应,足够快、足够大规模地引起实体经济的重大损失。

将整个金融体系带到功能失衡的边缘需要一种特殊类型的冲击。如果一场系统性崩溃发生,其原因可能是一种瀑布连串效应,一种传染性,一种资产内爆,或最可能的是这三者的某种结合。……

瀑布连串效应

金融机构,特别是银行,不仅与客户、而且彼此之间开展业务。小银行的存款余额存在大银行。理论上,系统性风险可能突然发生,条件是链条中的一个或多个最大环节——大型银行或证券公司——倒闭,触发多米诺骨式的其他公司倒闭,而早先倒闭的金融机构造成对继后倒闭公司的欠款。

例如,一连串损失的风险是 1984 年政府将联邦金融安全网扩展到所有的主要原因,包括倒闭的大陆伊利诺伊银行的无保险存款人。许多较小的银行在大陆伊利诺伊银行有无保险账户,这些账户的存款超过其股东的权益,因此如果他们在大陆伊利诺伊银行的所有存款被迫注销,那么他们将被迫破产。现实是,这种恐惧是错误的:尽管无保险存款人对大陆伊利诺伊银行的风险缺口很大,他们没有实际损失。实际上,有人只是失去了其存款的一小部分。而且,连锁性破产也没有出现,监管机构害怕的这种破产从来不是一个问题,至少不是在那个场合。……然而,大陆伊利诺伊银行事件至少说明了,从原理上看,相互连结连结如何可以是一种机制,通过这种机制,一个特别大的金融机构可能触发破产,或者至少造成其他机构的重大损失。

非常大的银行与大证券公司之间的相互连结是一个相对较新的来源,这种相互连结使得场外或柜台衍生品合约交易量呈现爆炸性增长。金融衍生品交易高度集中在大银行、大保险公司和大证券公司之间……

但衍生品合约只是代表一种形式,尽管编织现代金融市场结构的相互连结不断花样翻新,有时形式异常复杂。相互连结不一定是灾难性的。任何很大规模的当事方的倒闭,无论是什么理由,不可避免地引起其债权人的痛苦。但是债权人（以及对手）一般对这些风险保持清醒，并对它们实行分散化经营管理。此外，一个大型金融世界的分散算法使得甚至大型倒闭也很难严重损害整个系统。假设银行 A 倒闭。银行 B，假如已经在银行 A 投资其资产 15%，那么它肯定存在问题。但银行 A 倒闭的影响在进一步消除，银行 C 假设在银行 B 有 15% 资产、在银行 A 投资为零，这意味着，假如银行 A 倒闭，银行 C 在险资产最多占其资产的 2.25%（实际数字几乎肯定很小，因为甚至有保险的存款人在银行倒闭时一般也能收回一些自己的存款）。银行 A 倒闭的影响仍在进一步消除，银行 D 只是受到微不足道的影响。当然，这个举例高度简化。众多金融机构可能是处于银行 B 的立场；如果这些银行倒闭，它们可能变成新的破坏之源。因此，这种分散算法并不意味着瀑布连串效应不可能发生。然而，这的确意味着，在一个很大的金融市场里，如果情况是很少有金融机构大到足够吸收超过这个经济体资产的一小部分，那么冲击波从源地往外辐射时往往扩散很快。特定的机构确实可能受到冲击，但是，就像罐子里的果冻豆，它们很不擅长把冲击传输得更远一点。要危及金融体系的功能，触发事件需要很大，影响更大，例如，要比大陆伊利诺伊银行倒闭产生的影响还大。

然而，金融行业的一个部分潜在充当一个很有效的冲击传输者，原则上在数小时之内就能够把一个局部危机扩散到整个体系。这是一套清算和结算传输机制，每天发生在银行和债券公司之间。

正如一台计算机没有操作系统———一套程序，用软件告诉计算机硬件做什么，反之亦然，它让使用者告诉计算机做什么——不能运行一样，金融市场有自己的操作系统，没有这种操作系统，它们也是毫无价值的。当买家用现金支付时，不需要操作系统；此时清算和结算瞬间完毕，当面完成。但由支票或电子方式进行支付时，需要记账系统确保贷记钱款和证券，并每天从适当账户扣收。因此，各方在每笔交易中把支付或他们成交的金融工具留给市场处理。数千家银行和证券公司的命运通过结算系统彼此连接在一起，并且流经这个系统的资金数量是令人惊愕的——每天数万亿美元。如果这个系统垮掉，商业可能真正停止。这就是为什么清算和结算顺利运行是这个经济的最基本的金融任务的原因,也是为什么确保它每一天运行必须始终是财政政策的主要目标的原因。……

传染性扩散

在拥挤的剧院里喊"着火"好比是金融界的危机蔓延。举例来说,对问题银行的一场存款挤兑成为传染性扩散时,则其他银行的储户也发生挤兑,认为安全总比事后后悔好。如果货币当局没有提供足够的流动性(像1930年代发生的那样),继而同时许多银行挤兑,反过来可能导致更多其他银行的垮台。随着贷款的停顿,反过来就是对经济造成损害。不像瀑布连串效应,其特征是银行与其他金融机构之间的连结,传染性的存款挤兑可能击垮银行,不管它们是否彼此互有债权。

传染性扩散的发生是因为缺乏准确和及时的信息。储户挤兑,因为已经看到一个杰出的金融机构倒闭了,他们不能很容易地知道他们自己的银行是否十分安全。1930年代的传染性银行挤兑促使推行的存款保险,轻松实现了其目标……

无保险存款人。无保险存款人的潜在挤兑是另一个问题。正是为了防止这种挤兑,决策者扩展联邦安全网,覆盖若干大型银行的所有存款人(始于1970年代富兰克林国民银行倒闭,大陆伊利诺伊银行重演,并在1980年代有一些大型银行步其后尘)。但这种地毯式全面保证可能引诱大银行过度冒险。因此,在FDICIA(《联邦存款保险公司改进法》)里,国会使得政府超过……限额的扩展保护更加困难。对联邦安全网的更坚定限制,连同FDICIA更严格的资本标准以及它对银行陷入困境时采取立即措施的规定,应该有助于使大型银行的倒闭在未来不太可能。……

资产内爆

当然,除了瀑布连串效应和传染性扩散以外,系统性风险的另一重要来源是一种突然的、持续的资产价值下跌。1980年代最令人担心的那个事件就是这种类型:1987年10月股价暴跌,爆发储贷危机与发展中国家债务危机,其时流入商业开发商和第三世界国家的贷款变成坏账。未来资产崩溃的前景是什么?

股市迭次崩盘。股权价值深跌可能会导致广泛问题的一个方式只不过是人们紧张不安,削弱消费者的商业信心,进而触发总支出下降,并反过来触发经济整体的衰退。但是,除了这方面,一个股市崩盘的可能特点是兼有传染性扩散和瀑布连串效应。当股价突然下跌时,一种传染性扩散因素几乎总是出现:许多投资者可能同时陷入恐慌,驱使价格下跌,全然不顾客观确定的基本价值如何。瀑布连串效应可能进一步恶化任何起始的价格下跌。举例来说,在经济大萧条之前的低利润率抛售可以视作瀑布连串效应的一个例子……

资产价值下降。除了股市崩盘之外,收缩贷款会怎么样?像美国1980年代的情况,那时对发展中国家贷款和对商业房地产贷款变成坏账,或者像日本的情况,在1980年代泡沫经济破裂时,让银行经受严峻考验。或者,从过去历史上看另一个例子,如果利率再次上升到两位数,引起所有期限较长贷款的市场价值大幅下降,这会怎样?类似这种情况下,经济因贷款损失受到的伤害可能不会像因纠正措施受到的伤害那么大——强制执行资本规定,不可避免减缩贷款——监管机构最终必须采取措施,防止进一步损害金融和对纳税人造成损失。许多经济学家相信,1990—1991年从经济衰退的复苏,一经开始,便因为许多银行努力重建其资产负债表、满足更加严格的资本标准而不愿贷款,致使复苏步履缓慢。

学者们辩论,存款机构遭受的大规模贷款损失是否真正算是"系统性事件"。怀疑者指出,这样的麻烦问题,远不是突然出现,通常是旷日持久的事情,更像是商业周期进入衰退而不是金融冲击。其他人反驳说,不管怎样,广泛的贷款损失可能伤害整个经济,不仅是抑制投资和支出,而且也消耗了支撑存款保险基金的纳税人的口袋。……

提问和评论

1. 使用利坦与劳赫叙述的概念,你如何分析 2008 年金融危机? 1907

年的金融恐慌?

2. 在讨论通过衍生品合约发生瀑布连串效应的可能性时,利坦与劳赫坚称,"一个大型金融世界的分散算法使得甚至大型倒闭也很难严重损害整个系统。"然而,在 2008 年金融危机中,大型银行之间的衍生品相关的连结在促进这些银行的救助方面发挥了主要作用。利坦与劳赫的这个观点错了吗?

二、最低成本原则的系统性风险例外

尽管一般要求 FDIC 使用"最少花费存款保险基金"的方法解决倒闭银行,但法律规定了少数例外情况。在这些情况下,最低成本原则"会对经济状况或金融稳定有严重不利影响。"①美国财政部长,经"与总统磋商",仅当联邦储备委员会和 FDIC 理事会的 2/3 多数举荐,才可以作出这种例外处理。财政部必须记录部长的这一决定。国家审计署必须对这一例外处理进行审计并报告,包括它增加道德风险的可能性。FDIC 必须征收特别评估费以弥补偏离成本最低解决方法的额外成本。这样一种评估不仅适用于被保险银行的国内存款(如在正常情况下 FDIC 的保险费),而且也适用于它们的外币存款以及大多数非存款负债。

例外处理将故意模糊的系统性风险标准与处理流程相结合,旨在引发足够的政治痛苦,这样决策者会很少援用例外处理。国会的意图是逐案作出这种决定,与之形成对比的是 FDIC 在 1980 年代大规模使用"大而不能倒"的处理方式。但在 2008 年决策者再次大规模使用"大而不能倒"的处理方式。逐案决定很不方便,并且,如果一再地重复,那会加深公众对银行稳健监管失败的义愤,这在金融危机时达到顶点。因此,决策者对系统性风险的调查认定不受任何特定银行的最低成本原则束缚——而是让这一调查认定充当"大而不能倒"处理的公开理由。

---

① 《美国法典》第 12 卷,§ 1823(c)(4)(G)。

提问和评论

1. FDIC 现在要求资产大于 500 亿美元的每家银行,都要准备一个详细计划(用白话说叫做"生前预嘱"),说明如果进入接管状态,FDIC 如何快速和有效地处理该银行。

2. 如何处理非银行金融机构?《多德-弗兰克法》制定了一套程序,按照这一程序,财政部长可以——在通知和进行快速、保密听证之后——获得一个法庭命令,授权部长对这样一家公司委派 FDIC 作为接管人,条件是,不然该公司的倒闭会对美国金融稳定有"严重不利影响"。而后,FDIC 处理这家公司,使用的工具以接管银行使用的工具为模型——但没有保险基金或公众存款,以保护债权人免于损失。该法也要求资产大于 500 亿美元的任何银行控股公司和任何被指定为系统重要性非银行公司,要按照《破产法》准备处理该公司的一个详细计划(银行接管程序仍适用于银行控股公司所有的银行,但《破产法》适用于控股公司本身)。

问　　题

1. 泰坦尼亚是一个贫困国家,但气候宜人,景色优美,而且钛金属资源储量丰富——这是用于建造航空器需要的金属,具有高强度、重量级的特点。泰坦尼亚因为开采和出口钛矿以及发展了大规模的旅游业,经济繁荣了 20 年。房地产价格翻了七倍。泰坦尼亚的各家银行对开发旅游导向的饭店、餐馆、商店以及其他设施融资,故而生意兴隆。这些银行资本充足,谨慎经营名不虚传。不过,因为害怕国际恐怖主义,导致旅游业与钛矿需求急剧下降。泰坦尼亚的失业率翻了三倍,房地产价格下跌了 50%。借款人贷款违约,贷款损失耗尽了这些银行的资本,而且银行大量停止发放新的贷款。甚至最有信誉的客户也存在贷款困难。这种信贷缺乏进一步加剧了失业,并加速房地产价格下跌。从此,泰坦尼亚的经济陷于严重衰退。你如何分析泰坦尼亚的问题?

2. 在经过数十年极权主义者统治和经济停滞之后,卡德米亚经济近来也走上繁荣。一个新的民主政府对包括所有四大现有银行在内的国有企业进行了私有化,并废除了银行监管。有 40 家新银行开业。有的银行,像普里米银行,有很好的管理且资本充足。有的银行,像德鲁吉银行,管理不善,资本稀薄。然而,这些脆弱银行通过大胆发放贷款和支付高息存款取悦客户。一切似乎顺当。其后,德鲁吉银行——新银行中最突出、最激进的银行——突然倒闭了,而且其经理层逃离了这个国家。全国的存款人排起队来,要求取回他们的存款。普里米银行指称有很好的管理、资本充足以及贷款质量优良,但一切徒然,该行储户听不进去。不久,普里米银行和卡德米亚的所有其他银行都倒闭了。你如何分析卡德米亚的问题?

3. 翡翠银行、猫眼石银行和莱茵石银行都在自由国经营,这是一个繁荣的国家,有最低限度的银行监管。所有三家银行都有财务稳健的美誉。各家银行都有 10% 的资本与资产比率。翡翠银行和猫眼石银行都是存款多多但贷款机会寥寥:在对所有可靠客户申请人发放贷款后,每家银行仍持有超量现金。因此,这两家银行都把超量现金存进莱茵石银行。这些存款中,翡翠银行占其资产的 20% ,猫眼石银行占其资产的 22% 。有天早上,翡翠银行和猫眼石银行的行长听说,莱茵石银行行长抢劫了自己银行的一半资产,并驾驶公海高速艇消失了。"我们银行毁了!"两个无辜的行长宣称,"我们甚至不能开门营业了。"你如何分析自由国的问题?

附录

专用名词[*]

A

abusive practices   不当做法,违规操作

accelerating the loan   加快贷款,加速贷款偿还

acceleration clause   加速条款,提前偿付条款,加速偿付条款

acceptable   合意的;可以接受的

account   账户

  close the account   清户,关闭账户

  demand debt account   活期债务账户

  demand equity account   活期权益账户

  employee-benefit plan account   员工福利账户

  escrow account   托管账户,代管账户

  government account   政府账户

  irrevocable trust account   不可撤销信托账户

  joint account   联合账户

  retirement account   退休账户

  revocable trust account   可撤销信托账户

  revolving account   循环账户

  single account   单人账户

account of a corporation , partnership, or unincorporated association   公司(合伙企业、非公司社团)账户

acounts payable   应付账款

---

* 本表由译者编制

account summary　账户概览

accounting　会计

accounting principles　会计准则

　　Generally Accepted Accounting Principles(GAAP)《公认会计准则》

　　regulatory accounting principles　监管会计准则

accreditation programs　认证方案,鉴定程序

Act　法,法案

action for civil damage　民事赔偿诉讼

community activist　社区活动家

acquisition, conservatorship, receivership　收购、托管、接管

activity　活动,业务

　　permissible activities　许可的业务

actual charge　实际收费

actual damage　实际损害

additional evidence　额外新证据

affidavits or testimony　宣誓书或证言

adhesion contract　附合合同

adjudication　破产宣告,判决,裁决

adjudicatory proceeding　审判程序

administrative action　行政诉讼,行政行为,行政措施

administrative enforcement action　行政执法行为,行政执法

administrative enforcement order　行政强制令

administrative expenses　管理费,行政开支

administrative law judge　行政法法官,行政法院法官

administrative record　行政备案,行政记录

administrative services　行政服务,管理服务

admonitory policy　警告政策

adequately capitalized　资本适足

advance money　垫款

adversarial premises　对抗前提

adversary representation　对抗代理,对抗陈述

adverse action repricing　不利行为重定价

adverse market condition　不利的市场条件

aff'd per curiam　肯定法庭意见,支持法庭判词

affiliate　附属机构,关联公司

affiliate transactions　关联交易

affiliated banks　附属银行,关联银行

affiliated institution　附属机构,关联公司

affiliation　关联关系

affirmative action　积极行动或措施,反歧视行动,平权措施,平权行动

affirmative defense　积极抗辩

aftermarket　售后服务市场,配件市场

African American neighborhood　非洲裔美国人社区,非洲裔社区

aggregate spending　支出总额

agreement　协议,协定,合约,合同,契约

agreement corporation　协议公司

alimony　抚养费,赡养费

alternative courses of action　备选行动方案,备选方案

American Express　美国运通公司

American International Group（AIG）　美国国际集团（简称 AIG）

American Rule　美国规则（诉讼当事人各自支付自己的律师费）

amici　朋友,法院临时法律顾问

amount of harm inflicted　造成的伤害量

anecdotal evidence　轶事证据,坊间证据,传闻证据

annual percentage rate　年利率

appellate process　上诉处理程序

applicable law　适用法律

appoint　委派;指定

appropriate federal banking agency　联邦银行监管主管部门

arbitration agreement　仲裁协议

arm's length　保持距离型,公平地,保持距离型公平

articles of incorporation　美国公司章程,公司成立最初文件,公司条例

assets　资产

　bad assets　不良资产

　dubious assets　可疑资产

　financial assets　金融资产

　fixed assets　固定资产

　good assets　优良资产

　hard assets　硬资产

　intangible / tangible assets　无形/有形资产

　interest-earning assets　生息资产

　low-quality asset　劣质资产

　non-interest-earning assets　非生息资产

　problematic assets　问题资产

　risk-weighted assets　风险权重资产

　total assets　总资产,资产总额

asset-backed securities　资产支持证券

asset-backed securities pool　资产支持证券资金池

asset implosion　资产内爆

asset valuation　资产计价,资产估价,资产估值

assign　受让人

assigning ratings　指定评级,分配评级

assignment　转让

assumed risk　假定风险

attorney　律师(尤指代表当事人出庭者),辩护律师,代理律师

attorney's fee and cost　律师费

attorney general　(美)司法部长,总检察长,检察总长,首席检察官

authorized appropriation　法定拨款

automatic stay　自动中止

autonomy　自治,自律,自主,自治权

avoid　使无效,撤销,废止,推翻

award　判偿,裁定额,损失赔偿裁定额

　　B

back pay　欠薪,拖欠薪水

back-up enforcement authority　备用执法权,备用强制执行权

bank examiner　银行监管人员,银行检查员,银行查账员

bad faith　不诚实,奸诈

balance sheet　资产负债表

　off balance sheet　表外

　off balance sheet items　表外项目

balkanization　巴尔干化,巴尔干化现象,巴尔干方式;分割成小国

balloon payment　分期付款中最后一笔特大的偿还款,气球式付款

bank　银行

　broad bank　广义银行

　commercial bank　商业银行

　credit card bank　信用卡银行

　investment bank　投资银行

　narrow bank　狭义银行

　rural bank　村镇银行

　shadow bank　影子银行

　strong bank　资金雄厚的银行,强壮银行,健康银行

weak bank　虚弱银行,脆弱银行,疲弱银行,问题银行

Bank for International Settlements　国际清算银行

bank of issue　发钞银行

bank fraud　银行诈骗

bank insiders　银行内部人,银行知情人

Bank of America　美国银行

bank officials　银行高级职员,银行官员

bank holding company　银行控股公司

bank holiday　银行假日

Bank Merger Competitive Analysis Screening Process　《银行兼并竞争分析筛
　选流程》

bank notes　银行券

bank powers　银行能力

bank premises　银行建筑物

bank regulation　银行监管

bankers' acceptance　银行承兑汇票

banker's bond　行员守法保险

banking　银行业,银行业务,金融

　corporate banking　公司银行业务,对公业务

　investment banking　投资银行业务

　personal banking　个人银行业务,对私业务

　private banking　私人银行业务

Banking Crisis　银行业危机,金融危机

banking entity　银行业实体

banking policy　银行政策,金融政策

banking practices　银行业惯例

banking services　银行服务

bank runs and panics　银行挤兑和恐慌

bankruptcy proceedings　破产程序;破产诉讼

bankruptcy reorganization　破产重组

bar association　律师协会,律师公会

Basel Committee on Banking Supervision　巴塞尔银行业监督委员会(简称 BCBS)

Basel Ⅰ Risk-based Capital Guidelines　巴塞尔Ⅰ风险资本标准

Bear Stearns　贝尔斯登

bearer-type negotiable instruments　无记名式可转让票据

benchmark price　基准价格

bench trial　(无陪审团的)法官审理,无陪审审理

beneficial interest　受益权,受益权益,实益权益

between jobs　失业,待业,工作之间

bill　账单,钞票,法案

　　payment of bill　账单支付

bill of exchange　汇票

bill of lading　提货单

bills of credit　信用券,取款凭单

billing cycle　计费周期

billing dispute　计费争议,计费纠纷

billing period　结算期

billing statement　账单,对账单

binding arbitration　具有约束力的仲裁,拘束性仲裁,约束性仲裁

binding loan commitment　有约束力的贷款承诺

blighted property　房产不整理

"Bivens" remedy　比文斯案救济方法

board of directors　董事会

Board of Governors of the Federal Reserve System;the Board of Governors　联邦储备委员会

bona fide error　善意的过错,善意的错误

bond　债券

 general obligation bonds　普通公债

 Private Placement Bonds　私募债券

 Public Offering Bonds　公募债券

 revenue bonds　收益债券

bookkeep　记账,簿记

 bookkeep entries　复式记账,簿记记账

book value　账面价值

borrower　借款人

branch　分行

branching　分行化,设立分行

branch Banking　银行分行化,银行分行制

brand recognition　品牌识别,品牌认知,品牌认同

breach　违反

breach plus advantage-taking　恃强违约

break the buck　跌破面值

bridge bank　桥银行,过渡银行

bring a claim　提出索赔

bright line rule　明线规则

broad contractual language　广义的合同语言

brokered deposit　经纪转存款

budgeting system　预算系统

building codes　建筑规范

bullion(gold, silver, platinum, palladium and copper)　贵金属(黄金、白银、铂金、钯金和铜)

burden of proving　举证责任

Bureau of Consumer Financial Protection　消费者金融保护局

business　业务,企业,行业

　　new lines of business　新业务

business bar　银行吧

business entity　企业实体,商业实体,营业个体

business judgment rule　商业判断规则,经营判断规则

business venture　商业投资

by-laws　议事程序,公司章程,章程细则

C

call option　看涨期权,买入选择权

call report　财务季报,财务报告

CAMELS system　骆驼评级体系

cap　上限,最高金额

　　maximum adjustment cap　最大调整限额

capital　资本

　　additional tier 1 capital　其他一级资本

　　book-value capital　账面价值资本,账面资本

　　economic capital　经济资本

　　regulatory capital　监管资本

　　reported capital　申报资本

　　required capital　规定资本,要求资本

　　tier 1 capital　一级资本

　　tier 2 capital　二级资本

　　total capital　总资本,资本总额

capital adequacy　资本充足率

capital and surplus　资本与盈余

capital conservation buffer　资本留存缓冲,资本防护缓冲

capital consequences　资本影响

capital deficiency 资本亏损

capital directives 资本指令

capital distribution 资本分配

capital gain 资本收益,资本增值

capital requirements 资本要求,资本规定

capital restoration plan 资本修复计划,资本恢复计划

capital standards 资本标准,资本要求

captured 俘获的

case 案例,案件,案,事例,情况

   matrimonial case 婚姻案件

case-by-case adjudication 个案具体分析的判决,个案裁决

cascades 瀑布连串效应

case law 判例法,案例法

cash flow 现金流量,现金周转,现金流

cash sale 现金销货,非赊销

cashing checks 兑现支票

cashing checks and transmitting money 兑现支票、汇款

Catch-22 第 22 条军规,进退维谷的局面,无法摆脱的困境,左右为难的
   境地

cause of action 诉讼理由 案由,诉因

cease-and-desist order 禁止令,制止令,停止令,停止和终止令

   final cease-and-desist order 终局禁止令

   temporary cease-and-desist order 临时禁止令

   regular cease-and-desist order 正式禁止令

certified public accountant(CPA) 注册会计师,执业会计师,注册公共会
   计师

certifying digital signature 验证数字签名

certiorari (上级法院向下级法院发出的)诉讼案卷调卷令,调审令,诉讼文

件移送命令

cert. granted sub nom（即 certiorari granted sub nomine）　批准案件名称更改过的调审令

cert. grante　批准调审令

CFPB's Regulation X　消费者金融保护局的 X 条例

circumstances evidence　环境证据，间接证据，旁证

civil fine　民事处罚，民事罚款

chain banking　连锁银行

channeling of resources　资源沟渠效应，资源流失

character and quality　人格和品质，性格素质

charge　收取，征收，收费

    actual charge　实际收费

    disclosed charge　披露收费

    finance charge　财务费用

    hidden charge　隐含费用，隐藏收费

    transaction charge　交易手续费

charitable institution　慈善机构，慈善机关

charitable, philanthropic, or benevolent instrumentalities　慈善类金融工具

charter　执照，特许执照

chartered institution　获得特许机构，获得凭照的机构

chartering authority　颁发执照当局，颁发执照的权威机关

check clearing　支票清算

checking accounts　支票账户

Chevron deference　雪佛龙尊重

child support payments　子女抚养费

Citibank　花旗银行

citizen participation　公民参与，民意参与

civil action　民事诉讼

civil liability　民事责任

civil litigation　民事诉讼,民商诉讼

civil money penalty(CMP)　罚金,民事罚金

civil penalty　民事处罚

civil remedy　民事补偿,民事赔偿

civil relief　民事救济

claim　声请,求偿,索赔,权利主张,权利要求

claims made　索赔发生制,索赔型

class action　集团诉讼,集体诉讼

　　consumer class action　消费者集体诉讼

class action complaint　集体诉讼案

class action waiver/ class litigation waiver　集体诉讼豁免权

class certification　集体诉讼核证,集团诉讼证明

class counsel　集体诉讼的顾问律师,集团代表律师

classic card　(信用卡)普通卡

class-wide relief　集体救济,集团救济

Clearing House Association L. L. C.　清算所协会有限责任公司

client　顾客,客户,当事人,委托人

　　litigation client　诉讼委托人

closed-end investment company　定额投资公司

cloud on the title　产权瑕疵,产权不清

closure rule　关闭规则

coinsurance　共负保险

collection agency　收账代理商,催收账款公司,讨债公司

collective action problem　集体行动问题

collateral　抵押品,担保物,担保品,质品,质押物

　　financial collateral　金融担保

collateralized debt obligation(CDO)　担保债务凭证(CDO)

collective-arbitration waiver in consumer contract　消费合同的集体仲裁豁免权

collection practices　收费规范,收费惯例

come with costs　付出代价

comment letter　意见函

commercial banks　商业银行

commercial paper　商业票据

commercial use　商业用途,商业应用,工业应用

commissions　佣金,手续费,服务费

commitment letter　承诺函

Commodity Futures Trading Commission, CFTC　商品期货交易委员会（CFTC）

commodity contract　商品合同

common bond　共同债券

common enterprise　共同企业

common equity　普通股本

common law　习惯法,普通法

common ownership in individuals　个人共同所有权

common pool problem　"公共鱼塘"问题,"公共池塘"问题

common shares　普通股

community activists　社区活动家

community blight remediation　社区衰败修复

community development banks　社区开发银行

community development financial institutions　社区开发金融机构

community development lending　社区开发贷款

community funds　社区基金

community groups　社区团体

company　公司

limited company 有限公司

private company 私人公司

public company 公开公司

unlimited company 无限公司

company-town exception 公司城例外

comparison chart 比对图表

comparison shop/comparison shopping 货比三家,比较购物

compensatory damage 赔偿金,补偿性赔偿,赔偿损害

competent evidence 证据,有法律效力的证据

complaints 投诉,诉状

compliance 合规

compliance examination 合规检查

Comptroller of the Currency, Comptroller 货币监理官

concentration ratio 集中度

concentration limits; deposit-concentration limits 集中度限制;存款集中度限制

conduct 行为,实施

criminal conduct 犯罪行为

intentional misconduct 故意违规行为

misconduct 不当行为,不端行为,违规行为

Conference of State Bank Supervisors 州立银行监管联席会议

conflicting evidence 冲突证据,矛盾证据

congeries of services 系列服务

consent decree 同意令

consensual 经双方同意的,在两愿下成立的

consolidated enterprise 联合企业

consumer compliance examination 消费者法规合规性检查

Consumer Financial Protection Bureau 消费者金融保护局

consent judgment　和解判决,和解裁决

conservator or receiver　监管人或接管人

conservatorship or receivership　监管或接管,处于监管或接管状态

consideration　约因,对价

consortia　财团,联合体,银团

conspiracy　共谋罪,串谋,同谋

consumer banking　消费金融

consumer bankruptcy　消费者破产

consumer contract　消费者合同,消费契约

consumer financial law　消费金融法

consumer reporting agencies　消费者征信机构

constitution　宪法

constitutional scrutiny　违宪审查,宪法监督

contagion of fear　"恐怖传染",恐惧的蔓延

contiguous political subdivisions　相邻行政区

Continental Congress　大陆会议

Continental Illinois National Bank　大陆伊利诺伊国民银行

contingent liability　或有负债

contingencies　或有事项

continuing disregard　持续蔑视

contract　合同,合约,契约,契据

contractual rights　合约权利

contributory negligence　共同过失

contributory or comparative negligence　过失相抵或比较过失

constricted lending　收缩贷款

control　控制

controlling influence　控制性影响

controlling interest　多数股权　控股权益

controlling weight　支配性重视

construction loan　施工贷款,基建贷款,建筑贷款

constructive trust　法律构定信托

convert debts into equity　债务转换成股本,债转股

cooked the books　伪造或篡改账本,造假账

core banking function　银行核心功能

corporate governance　公司治理,公司治理结构

costs　诉讼费,法律费用

costs of discovery and litigation　发现与诉讼成本

costs of operation and upkeep　运转和维护费

Council of State Bank Supervisors　州银行监督委员会

counterparty　交易对手,对手方,订约方

countervailing principles　抗衡原则

Countrywide Financial　美国金融服务公司

Countrywide Home Loan, Inc.　全国房屋贷款公司

corporate family　企业家族,企业群

corporate powers　法人权限,公司权力

corporation　法团,公司,法人

corporate body　法人团体,社团法人,法团

correspondent bank　代理行

correspondent banking service　代理银行服务,代理行服务

coupon　优惠券,折价券,息票,赠券

courior service　快递服务

court process　法律程序,法院程序

cost　成本,费用

　　appraisal cost　鉴定成本,鉴定费,评估成本

　　efficiency cost　效率成本

　　marginal cost　边际成本

cost deferral　成本递延

cost of the property　产权成本,房产价格

cottage industry　家庭工业,家庭式工业,作坊

counterparty　交易对手,对手方,订约方

countervailing principles　抗衡原则

Countrywide Financial　美国国家金融服务公司

court　法院,法庭

　circuit court　巡回法院

　court of appeals　上诉法院

　district court　联邦地方法院

　intermediate appellate court　中级上诉法院

　Supreme Court　最高法院

　superior court　高等法院

coverage limits　承保限额

covered transaction　受管辖交易

covert payment　红包

creating and destroying money　创造和消灭货币

credibility determination　信誉裁定

credit　信用,信贷

　close-end credit　封闭式信贷

　commercial credit　商业信用,商业信贷

　extension of credit　信贷扩展,发放贷款,借贷

　grant a line of credit　授信额度

　home equity line of credit　房屋净值信贷额度

　immediate credit　直接贷项,即刻可用的信贷

　line of credit　信用额度

　open-end credit　开放式信贷

credit analysis　信用分析

credit billing 信用卡账单

credit bureau 征信机构,征信所

credit card 信用卡

credit card portfolio 信用卡投资组合,信用卡组合,信用卡业务

credit-conversion factor 信用转换系数

credit decision 信贷决策

credit-equivalent amount 等量信用金额

credit exposure 信用敞口,信用暴露,信贷风险

credit facilities 信贷便利,信贷融通,信贷服务

credit history 信用记录,信用历史

credit information 信用信息,资信调查,资信情况

credit-worthiness /creditworthy 资信状况,信誉/有信誉的

creditor 债权人

credit limit 信贷限额,信用额度

creditor-protection 债权人保护

credit quality 信贷质量

credit report 信用报告

credit sale 赊销

credit score 信用分数,信用评分,信贷评分,信用积分

credit scoring procedure 信用评分程序

credit standard 信用标准,信贷规范

credit unions 信用社(其他译法:信贷协会,信贷联盟等)

creditworthy borrower 诚信借款人

criminal fine 刑事罚金

criminal prosecution 刑事检控,刑事起诉

critically undercapitalized 资本严重不足

cross-guarantee 交叉担保

cross-guarantee liability 交叉担保负债,交叉担保责任

cross-subsidize   交叉补贴,跨界资助

culpability   罪过

currency   通货

current earnings   当期利润,即期收益

current yield   当期收益率,现时收益率

curse of bigness   大的祸害

D

D&O liability policy   董事或高级职员责任保险,D&O 责任保险

daily interest   日息,按日计息

data processing services   数据处理服务

dealing in foreign exchange   外汇交易,经营外汇

debt   债务,借记

　　card debts   信用卡账单,信用卡债务

　　credit card debt   信用卡欠款

　　convertible debt   可转换债

　　convertible debt securities   可转换债券

　　subordinated debt   次级债

　　subordinated debtholder   次级债持有人

debt collection company   讨债公司,收数公司

debt instrument   债务工具,债务证券,债务票据

debt obligation   债务,债务凭证,债务契约,债务承担

debt securities   债务证券,债券

debtor in possession   债务人制度,债务人;拥有资产所有权的债务人

debit card   借记卡

decision   决定,判决,裁定

declaratory judgment   宣告式判决,确认之诉,宣言判决

deed of trust   信托抵押,委托书,托管契约,信托契约

deductible 保险免赔额

deed of trust 信托契约,托管契约

de facto 实际的,事实上的

de facto employees 事实雇员

default rate 违约率

defendant 被告人,被告方,被诉方

defense 辩护,抗辩

defense of imputation 归责抗辩

defense of mistake of law 法律错误抗辩

default 违约

  default option 违约期权

delaying tactics 拖延策略,拖延时间的战术,缓兵之计

demand deposit 活期存款

demand accounts 活期账户

demand debt 即期债务

demand equity 即期权益

de minimis investment 少量投资

de novo review 重新审查

deposit 存款

  brokered deposit 经纪转存款

  certificate of deposit 存款单,存单,存款凭证,定期存款

  demand deposit 活期存款

  high-rate deposit 高利率存款,高息存款

  insured deposit 被保险存款

  saving deposit 储蓄存款

  time deposit 定期存款

  time deposit certificate 定期存单

deposit facilities 存款服务,存款设施,存款便利

deposit insurance　存款保险,存款保险制度

deposit payoff　存款偿付

deposit-taking　吸收存款

deposition　笔录口供,供词记录,证人陈述,口供

　deposition testimony　口供证词

depository institutions　存款机构

depreciation or amortization　折旧或摊销

deregulation　解除管制,放宽管制

derivative action　派生诉讼,股东代表诉讼

derivatives contracts　衍生品合约

determination　裁定

differential pricing　差别化定价

Dillon Read Capital Management　狄龙里德资本管理公司

direct　指令,命令,指导,指示

discounted disbursement　折扣支付,打折付款

discipline　约束,纪律

　depositor discipline　储户约束

　market discipline　市场约束,市场约束

　regulatory discipline　监管纪律,监管约束

　shareholder discipline　股东约束

　supplementing regulatory discipline　补充监管纪律/监管约束

discipline by nondeposit creditor　非存款债权人约束

discretion　自由裁量权,任意决定权,酌情权

discrimination　歧视

　intentional discrimination　故意性歧视

　unconscious discrimination　无意识歧视

discriminatory intent　歧视意图

disclosure　信息披露

disclosure document　公开披露文件

Discover Bank rule　"发现银行规则"(禁止集体诉讼豁免权)

discovery　证据开示

district court　联邦地方法院,地方法院

distress sale　亏本公卖,扣押物拍卖

diversification　多样化

diversification of loans　贷款多元化,贷款多样化

divestiture　资产剥离,剥离股权

dividends　红利,股息,利息;(破产时清算的)破产分配金

documents　票据,单证

double jeopardy　重复起诉

double liability　双重责任

down payment　(分期付款的)首期付款,首付

drastic procedure　激进程序

dual banking system　双重银行制度

due diligence　尽职调查

due process of law　正当程序,正当法律程序,程序正义

dumping grounds　垃圾堆积场,倾销市场

duplicate service　复制服务

duration　久期

duties and liabilities　义务与责任

E

econometric control　计量经济方法

economic decentralization　经济分权,经济分散化

economic loss rule　经济损失规则

economic power　经济权力,经济力量,经济势力,经济强国

economic revitalization　经济振兴

economy at large　经济生活

economy of scale 规模经济

effect test　效果测试,因果测验,效果标准

efficiency cost　效率成本

electronic transfer　电汇

emotional harm or emotional distress　精神损害,情感痛苦

empirical study　实证研究,经验研究

employee benefits consulting　员工福利咨询

employee-benefit plan　员工福利计划

employee compensation　员工薪酬

employment history　工作经历,工作经验,就业经验

endlessly reiterated principle of statutory construction　法定解释的无限重复原则

end period　终结期

enforcement　强制执行,执法

enforcement action　强制措施,强制行动,执法行动,执行,执法

enforcement order　强制执行令

enforcement procedure　强制执行程序

enforcement power　强制执行权力

entered a judgment　做出判决

entity　实体

equity　权益,衡平法

　　tangible equity　有形净值,有形资产净值,有形权益

equitable rationing scarce credit　公平配给稀缺信贷

equitable title　衡平法的所有权,实际权益

escrow statement　托管账户结算单

establish　证实,查实,确定

estoppel　不得反言

etiquette school　礼仪学校

evidence　证据

　　substantial evidence　实质证据,实质证据

　　thoroughness evidence　彻底的证据

ex ante/ex post　事前/事后

excess reserves　超额准备金

exchange-traded　场内市场,交易所交易

exchange-traded funds　上市基金公司

exclusions　免责条款,除外责任,除外责任条款

exclusive dealing arrangement　独家经销契约,排他性交易安排

exclusive franchise　专营权,独家特许权

exigent circumstance　紧急情况,紧急情形

ex parte　单方面

ex parte regulatory seizure　单方面的监管扣押

expenses　费用

Experian　益佰利(美国主要三大消费者征信机构之一)

exposure　暴露,敞口,风险敞口

　　bank exposure　银行放款总额,银行暴露

　　large exposure　巨额贷款,大型贷款暴露

express limit　(集团诉讼追讨损害赔偿)最高限制,上限

expressio unius est exclusio alterius　明示其一排除其他原则

excesses　过分行为,出轨行为,过激行为

Equifax　意可发公司(美国主要三大消费者征信机构之一)

equity claim　权益要求权

equity prices　股票价格,资产价格

equity of redemption　赎回权,赎回抵押品的权利,衡平法上取回担保物的
　　权利

equitable access to banking services　公平获得银行服务

equitable rationing scarce credit　公平配给稀缺信贷

equitable subordination　次级债权,从属求偿,衡平居次理论,衡平居次原则

equity interest　权益,权益性资本

equity investment　权益投资

examiner-hours　（银行）检查小时

expedited judicial review　快捷司法审查,便捷司法审查

exposure　风险敞口

expressive benefits　表现性收益,表达性利益

extending credit　发放贷款,提供贷款

extending repayment　延期还款计划,延期还款

extension of credit　信贷扩展,发放贷款

external audit　外部审计

extraordinary gains　超常收益

F

factual findings　事实性裁决,事实调查结果

failing bank / failed bank　濒临倒闭的银行/倒闭银行,濒临破产的银行/破产银行

Fair Isaac Company(FICO)　费尔-艾萨克公司(FICO)

fairness and efficiency　公平与效率

fair value　公允价值

Fannie Mae　房利美

FDIC's Risk Management Mannual of Examination Policies　《FDIC 风险管理检查政策手册》

Fed　美联储

　　Fed membership　联邦储备成员银行

　　Federal Reserve Board　联邦储备委员会

　　Federal Reserve Association　联邦储备协会

Federal Reserve bank　联邦储备银行

Federal Reserve System, Fed　联邦储备系统(简称 Fed)

federal agencies　联邦行政机构,联邦监管部门

Federal Deposit Insurance Corporation(FDIC)　联邦存款保险公司(简称 FDIC)

Federal Financial Institutions Examination Council(FFIEC)　联邦金融机构检查委员会(FFIEC)

Federal Home Loan Bank Board　联邦住房贷款银行委员会

Federal Home Loan Bank System　联邦住房贷款银行系统

Federal Open Market Committee　联邦公开市场委员会

Federal Register, Fed. Reg. or FR　《联邦公报》(简称 FR)

Federal safety net　联邦安全网

Federal Savings and Loan Insurance Corporation 联邦储贷保险公司(简称 FSLIC)

Fed membership　联邦储备成员银行

Fed's Regulation Q　美联储 Q 条例

fee　费,收费

　annual fee　年费

　appraisal fee　评估费

　bounced check fee　空头支票费,跳票费

　cash advance fee　现金垫付费

　finders' fee　经纪费,中介费

　late payment fee　滞纳金

　loan discount fee　降低利率费

　membership fee　会员费

　not sufficient funds (NSF) fee　金额不足费

　over limit fee　超限费

　processing fee　处理费,受理费,手续费,申请费

unearned fees 预收劳务费,不劳而获收费

undivided unearned fee 未拆分预收劳务费

fee and commission 费及佣金

fee for document preparation 文件制作费

fee for notarization 公证费

fee incurred to obtain credit reports 信用报告获取费

fee-shifting 费用转移

fee-splitting 收费劈分

feedback cycle 回馈循环

felony 重罪

FFIEC's State Liaison Committee FFIEC 州联络委员会

Fidelity 富达国际投资

fiduciary (尤指财产)受信人,受托人,受信托人(或公司)

fiduciary capacity 受托人资格,受托人身份,信托职务

fiduciary duty 信义义务,诚信责任

fiduciary duty of care 注意信义义务

fiduciary or investment advisory services 受托人或投资咨询服务

field consumer complaints 处理消费者投诉

file a class action lawsuit 提起集体诉讼

file a complaint 呈交诉状,提出控告,提出申诉,投诉

file a lawsuit 起诉,提起诉讼,打官司

filing fee 受理费

final administrative enforcement mechanism 终局行政执法机制

finance 金融,财政,财务

finance charge 财务费用

finance company 金融公司

financial affairs 财务,金融事务

financial and operational risk 财务与经营风险

financial-collateral 金融担保

financial condition 财务状况,财政状况

financial crisis 金融危机

financial guarantee 融资性保函,金融担保,财务保障

financial institutions 金融机构

financial intermediation 金融媒介

financial literacy 金融/财务/理财知识

financial means 金融手段,财政手段,资金

financial model 财务模式,账务模型

financial performance 财务业绩,财务绩效,财务表现

financial sector 金融业;金融行业;金融部门

Financial Services Regulatory Authority(FINRA) 金融服务监管局(FINRA)

Financial Stability Oversight Council 金融稳定监管委员会(别译:金融稳定
监督委员会,金融稳定监管理事会)

financial statement 财务报表,会计报表,财务报告;财力证明

financing order 融资顺序

financial soundness 财务稳健性,财务稳健

finder service 撮合服务

finder activities 撮合业务

finding 认定,调查结果,对事实的认定,判决,裁决

firm 商号

flat charge 固定收费,统一收费

flat payment schedule 固定还款计划,扁平还款计划

flipping 炒卖

fluctuating interest rate 浮动利率

follow an intermediate course 遵循中立原则

forbearance 通融,债务偿还期的延展

foreclosure 止赎,丧失抵押品赎回权

foreclosure practices　丧失抵押品赎回权的实践/惯例

foreclosure referral　推荐止赎,止赎引荐

foreclosure abuses　止赎滥用

force-placed insurance　强制保险

forecasting processes　预测过程

forward contract　远期合约,远期合同

Fractional Reserve; Fractional Reserve System　部分准备金制度

franchise value　特许权经营价值,特许价值

Freddie Mac　房地美

fraud　欺诈

fraudulent concealment　欺诈性隐瞒

fraudulent misrepresentation　虚报,欺诈性虚报,故意谎报,不实陈述

fraudulent transfer　欺诈性转让,诈欺性转移

full-scope　全面

fund　基金,资金

    Insurance Fund　保险基金

    National Credit Union Share Insurance Fund　国家信用社保险基金

fund management　资金管理

Future　期货

futures commission merchant　期货代理商,期货经纪商,期货佣金商

futures contract　期货合约,期货合同

G

gambling casino　赌场

garnishment　扣押

GEICO(Government Employees Insurance Company)　政府雇员保险公司,盖可保险公司

Generally Accepted Accounting Principles, GAAP　《公认会计准则(GAAP)》 general liability　一般责任,普通责任;一般负债,普通负债,普通债务

general loan-loss reserves　一般贷款损失准备,一般贷款损失拨备

general obligation bonds　普通公债,普通责任债券

general oversight regime　全面监督制度

general partner　普通合伙人

generic terms　普通用语,通用说法

geographic Expansion　地域扩张

geographic restrictions　地域限制

gerrymandering-type strategy　选区性欺骗策略

Girard Trust Corn Exchange Bank　吉拉德信托谷物交易所银行

glass-steagall wall　格拉斯-斯蒂格尔墙

going concern　持续经营

going-concern value　持续经营价值,经营价值

gold bullion　黄金,金条

Goldman Sachs　高盛

good faith　诚信,善意,诚实信用

good faith estimate　诚信贷款费用估算/估价表

good risk　良性风险

Great Depression　(1930 年代)大萧条,经济大萧条

grounds　理由

governing　规制

Government Accountability Office(GAO)　美国审计总署,美国政府责任办公室

government entity　政府实体,政府机构,政府单位

government intervention　政府干预

government-sponsored enterprises, GSE　政府设立的企业,简称 GSE

"grab law"　"抢夺法"

grandfather date　豁免日

grandfathered　被豁免的,不受新法规限制的

grandfather rights　豁免权利

grandfathering rule　溯及力原则,溯及既往原则

grant　补助金,授予

granted certiorari　准予调卷

group banking　集团银行

gross negligence　严重过失,总计过失

guarantee　保函

guaranteeing check　保证支票

H

hall of records　档案馆

hard earnings　血汗钱,辛苦钱,来之不易的收入

hearing　听证会

hedge fund　对冲基金,避险基金,套利基金

hedgeing activities　套期保值业务

Herfindahl-Hirschman Index, HHI　赫芬达尔—赫希曼指数,贺氏指数

Hert-Scott-Rodino Act　赫特-斯科特-罗迪诺法

high points or padded closing costs　高点或虚高成交价

high-powered money　高能货币

high-pressure sale　高压销售,强行推销

high roller　高速发展者

high-rolling institution　高速发展机构

high-rolling strategy　高速发展战略

high volatility　高波动性

noteholder　持票人

holding company　控股公司

　　bank holding company　银行控股公司

financial holding company　金融控股公司

saving and loan holding company　储贷机构控股公司

thrift holding company　互助储蓄控股公司

holding company system　控股公司体系

home equity　房屋净值贷款,房屋净值

home renovation business　家庭装修业务

home state　州籍

horizontal review　横向审查

host state　东道州

housing counseling　房市咨询

housing finance　住房金融,住宅信贷,房地产融资

humiliation and mental distress　屈辱和精神痛苦

hypothetical monopolist test　假定垄断者测试

I

IKB Deutsche Industriebank　德国工业银行

immediate credit　直接贷项,即刻可用的信贷

immediate credit for items　立即信贷项目,直接贷记项目

immunity or release　豁免或释放

implied undertaking　默示保证

imposition of liability　规定责任

imprudent act　轻率行为,轻率举动,不审慎行为

imprudent or improper conduct　轻率或不当行为

incidental powers　附属能力

income　收入,收益

eligible retained income　合格留存收益

income stream　收入来源,收入流

incoming-earning assets　生息资产

independent accountant　独立会计师

independent contractor　独立合同人,独立承包人

independent duty of care　独立注意义务/谨慎义务/谨慎责任

indictment　公诉

individual bank　单个银行

individual relief　个别救济

Individual Retirement Account ,IRA　个人退休账户

Inducement　诱因,利诱

Indymack Financial　印地麦克金融公司

inefficiencies of excessive size　规模过大的无效率

informal action　非正式行动

informal communication　非正式沟通

information broker　信息经纪人

initial capital　创办资本,启动资金,创业资本

initial disclosure　首次披露

injunction　禁止令,禁制令,法院禁令

injunctive relief　禁令性救济

inner-city　中心城区,内城区,市中心平民区,市中心贫民区

in re　(拉丁语)关于

insider　内部人,知情人,内部人

insider abuse　内部滥用

insider lending/insider loan　内部贷款

inspections　视察检查

installment　分期付款

institution　机构

　　financial institutions　金融机构

　　lending institutions　贷款机构,放贷机构

institution-affiliated party　机构关联方

institution of contract　合同制度

insurance　保险

  casualty insurance　意外保险,意外事故保险,意外险

  coinsurance　共同保险,共负保险

  credit insurance　信用保险,信贷保险

  deposit insurance　存款保险,存款保险制度

  federal deposit insurance　联邦存款保险,联邦存款保险制度

  homeowner insurance　房主保险

  life insurance　人寿保险,人身保险,寿险

  pricing of deposit insurance　存款保险定价

  private insurance　私人保险,私营保险

  property insurance　财产保险,财险

  state deposit insurance　州联邦存款保险,州联邦存款保险制度

  title insurance　产权保险,业权保险

insurance agency　保险代理,保险代理公司

insurance agent　保险代理商,保险代理人

insurance coverage　保险金额,承保范围

insurance fund　保险基金

insurance premiums　保险费,保费

insured deposit transfer　保险存款转让

insured depositor/uninsured depositor　有保险存款人/无保险存款人

intent　意图,打算,意向

  discriminatory intent　歧视意图

  invidious intent　歧视意图,不公平意向

interest　利息,利益,权益,产权

  accrued interest　应计利息

  a party in interest　利害当事人

  non-interest　非利息

interest groups　利益集团

interlinkages　相互关联,相互连结

intentional infliction of emotional distress　蓄意精神伤害,蓄意造成情绪困扰

interbank liability　银行同业负债,同业存款

internal affairs doctrine　内部事务原则,内部事务准则

internal control　内部管制,内部控制,内控,内部监控

Interstate expansion　州际扩张

institutional responsibility　制度责任

intra-agency　跨局处

intrastate branching　州内分行化

introductory period　引导期,优惠期

investment and financial advice　投资与理财建议

investment advisor　投资顾问

investment in bonds　债券投资

IOU(I owe you)　借据,欠条

issue of imputation　归责问题

J

joint or coordinated investigation　联合或协作调查

joint statement　联合声明

joint training program　联合培训计划

joint venture　合资企业

joint venture partner　合资伙伴,合伙方

JP Morgan Chase　摩根大通银行

judgment-proof　不怕判决,免责

judicial proceedings　司法程序

judicial creation　司法创造,司法创建,司法生成

judicial decision　司法判决,司法裁决

judicial deference　司法尊重,司法尊重,司法顺从主义

judicial review　司法审查

judge　法官

junk bonds　垃圾债券,垃圾债

jurisdiction　管辖权,司法管辖权,审判权,管辖区域

juryreturns a verdict　陪审团宣布了一项裁决

justice　大法官

K

Kickback　回扣

knowingly or recklessly　故意或过失

L

lack standing　不适格,无资格

large contract　大额合同,大型合同,大额订单

law　法律,法例,法,法则,法

　　banking law　银行法,金融法,银行法学

　　common law　普通法

law enforcement　执法

law firm　律师行,律师事务所

law of negotiable instruments　票据法

law of imputation　归责法

least-cost resolution　最小成本解决方案,最小成本原则

legal　法律的,基于普通法的,法定的,依法的,合法的

legal and accounting fees　法律和会计费用

legal assistance　法律协助,法律救助,法律扶助

legal challenge　法律挑战,法律质疑,司法挑战

legal claim　合法要求

legal conclusion　法律结论

legal ethics　法律伦理

legal fee　律师费,法律费用,诉讼费

legal form　法定形式

legal obligation　法律义务,法定义务

legal proceedings　诉讼,法律程序

legal profession　法律职业,法律行业

legal standard　法律标准,法定标准

legal system　法律体系

legitimate business need　合法业务需要

legitimate inference　合理推断

lending arrangement　贷款协议

lending discrimination　贷款歧视

lending limits　贷款限额,贷款限制

lender　贷款人,债权人,贷方,放款人

lender liability　贷方责任,贷款人责任

lender of last resort　最后贷款人

letter killeth, while the spirit giveth life　不以词害意

letters of credit　信用证

　　commercial letters of credit　商业信用证

　　standby letters of credit　备用信用证

leverage　杠杆,杠杆率,杠杆比率,杠杆作用

　　leverage limit　杠杆限制

　　leverage ratio　杠杆率,杠杆比率

liability　负债,责任,债务

Libertaria　自由国

lien　留置权

　　execution lien　执行留置权

    equitable lien　衡平法留置权

    garnishment lien　扣押留置权

    judgment lien　判决留置权

    maritime lien　海上留置权

    mortgage　按揭,抵押

    pledge　质押

    possessory lien　管有留置权

lifeboat　救生艇

life insurance company　寿险公司

life expectancy　预期寿命,平均寿命

lifeline checking　低收入个人支票账户

legitimate business purpose　合法的营业目的

limit on deposit insurance coverage　存款保险覆盖限额,存款保险金额上限

limite immunity　限制豁免

limited means　有限财力

limited powers　有限能力

limited-life preferred shares　限期优先股

    short-term preferred shares　短期优先股

    intermediate-term preferred shares　中期优先股

    long-term preferred shares　长期优先股

limited-purpose bank　有限目的银行

line of credit　（银行对某客户的）贷款最高限额,授信额度

line up　邀集,排选

liquidation　破产清算

liquid assets　流动资产

liquidated damages　违约金,违约赔偿金

litigant　诉讼当事人

litigation　诉讼

general litigation　一般诉讼

particular litigation　特定诉讼

matrimonial litigation　婚姻诉讼

living will　生前预嘱

loan　贷款

an arm's length loan　正常贷款,合法贷款

closed-end loan　封闭式贷款

commercial real estate loans　商业房地产贷款

construction loan　基建贷款,建筑贷款,施工贷款

credit card loan　信用卡贷款

diversification of loans　贷款多元化,贷款分散化

educational loan　教育贷款

home equity loan　房屋净值贷款,房屋权益贷款

home improvement loan　改善住房贷款,房屋修缮贷款,家居装修贷款

home mortgage loans　住房抵押贷款

loan origination　贷款起始收费,贷款发放

mortgage loans financing apartment buildings　公寓大楼融资抵押贷款

nonconforming loan　不合格贷款

open-end loan　开放式贷款

originating loans　承作放款

originations and purchases of loans　贷款的发放和购买

permanent financing loan　长期融资贷款,永久融资贷款

past-due loan　逾期贷款

portfolio of loans　贷款组合

presold residential construction loans　预售住宅建筑贷款

restructure loan　重组贷款

syndicated loan　银团贷款,辛迪加贷款,联合贷款

undiversified loan　单一贷款

loan application　申请贷款,贷款申请,贷款申请书

loan broker　贷款掮客/中介/经纪

loan commitment　贷款承诺

loan officer　信贷员,贷款官员,贷款员

loan-loss reserves　贷款损失拨备,贷款损失准备金

loan note and the identity　贷款证及识别码

loan originator　贷款发放人,贷款创造者

loan portfolio　贷款组合;贷款投资组合;贷款资产组合

loan servicer　贷款服务机构

loan terms　贷款条件,贷款期限

loans to small businesses　对小企业贷款

loan-to-value（LTV）ratio　贷款成数,担保品贷放率

loss, doubtful, or substandard　（贷款分类）损失、可疑或次级

loss mitigation　降低损失,损失减少,止损,减损

loans outstanding　贷款余额

M

mail fraud　邮件诈欺罪

majority/plurality　过半数,大多数/（未超过半数的）最多数票,简单多数

making a public offering　公开发行

making a market　做市,创造市场

make restitution　退赔

malpractice　渎职,玩忽职守,不法行为

mandamus and quo warranto　训令和令状

mandatory arbitration clause　强制仲裁条款

manifest intend　显性意图

marginal efficiency gains　边际效率,边际效益

marginal operation　边际状态运转,营业无利

marketability　适销性,变现性

market　市场

　perfect market　完全市场

market context　市场环境,市场情况

market discipline　市场约束,市场约束

market failure　市场失灵,市场失效

market imperfections　市场缺陷

market price quotation　市场行情一览表

market power　市场势力,市场权势

market shares　市场份额

market value　市值

market-value net worth　净资产市值

marshal assets　整理资产

material risk　重大风险

material supervisory determination　（形成正式决定前）材料监督决定

material witness　重要证人

maturity　到期

MBNA America Bank, N. A.　美国美信银行

mediation　调解

merger and consolidation　兼并与重组,合并与重组

MegaCorp　超大集团,巨型企业

merchant banking　商人银行业务

mentally incapacitated　弱智,精神上无行为能力

merger and acquisition　兼并与收购,并购

merger and consolidation　兼并与整合

Merrill Lynch /Merrill Lynch, Pierce, Fenner & Smith, Inco.　美林/美银美
　林投资银行

Metropolitan Statistical Areas(MSAs)　都市统计区(MSAs)

misconduct　行为不端,不当行为,失当行为,失职

misdeeds　违法行为,不良行为,罪恶,劣行

mismatch　(期限)错配

mistakes of fact　事实误解

mistakes of law　法律错误

mitigation options　缓解办法

mobile home　房车,(拖车式)活动房屋

modified payoff　减少支付,部分偿付

Modigliani and Miller theorem　莫迪利亚尼-米勒定理,MM 定理

money　货币

　　high-powered money　高能货币

money market funds（MMFs）　货币市场基金(简称 MMFs)

money market mutual funds　货币市场共同基金

money order　汇票,汇款单,现金支票

money pool　资金池

monetary settlement　货币性和解,货币安置,货币清算

money supply　货币供应

money transmitter　汇款公司

monitoring　监测,监控

moral hazard　道德风险

moratorium　中止(尤指经官方同意的),暂停,暂禁

more than minimal　超过最低限度

Morgan　摩根

mortgage　抵押,抵押单据,抵押证明,抵押权,债权,抵押贷款,房贷,按揭
　　贷款

　　adjustable-rate mortgage　浮动利率抵押贷款

　　first mortgage　第一抵押权

　　fixed-rate mortgage, FRM　固定利率抵押贷款

prime mortgage　优质抵押贷款

subprime mortgage　次级抵押贷款

mortgage-backed securities(MBS)　抵押支持证券(MBS)

mortgage-backed securities pool　资产支持证券池

mortgage broker　抵押贷款经纪人/公司,抵押贷款经纪

mortgage industry　抵押贷款行业,按揭业

mortgage loss　抵押贷款损失

Mortgage Pass-Through Certificate　抵押贷款通过证书

mortgage pool　抵押权集合;抵押权池

multi-bank holding company　多银行持股公司

multiparty game　多方博弈

mutual fund　共同基金,基金

N

named plaintiff　具名原告

National Association of State Credit Union Supervisors　全国州信用联盟监督
协会

national bank　国民银行

Nationsbank　全国银行,国民银行

National Courior Association　全国快递协会

National Credit Union Administration, NCUA　国家信用社管理局(别译:美
国信用合作社管理局,简称 NCUA)

national economy　国民经济

National Monetary Commission　国家货币委员会

Natural Resources Defense Council Inc.　自然资源保护委员会有限公司

negative amortization/negative amortization plan　负摊还,负分期付款/负摊还
计划

negative equity　负资产,负产权,负权益,负净值

negligence 过失,过失行为

   mere negligence 轻微过失

   simple negligence 一般过失

   gross negligence 重大过失

negligence theory 过失侵权理论

negligent hiring and supervision 随意雇佣和监督

negligent misrepresentation 过失性虚假陈述,疏忽的失实陈述

negligent noncompliance 过失违法

net asset value 资产净值

net income 净收入

net interest income, NII 净利息收入,简称 NII

net interest margin, NIM 净利差,简称 NIM

net worth 净值

New Deal 罗斯福新政

news release 新闻稿,新闻发布

nominal party 名义上的当事人

nonadversarial premises 非对抗前提

nondeposite creditor 非存款债权人

nondeposit deposit 非存款存款

nonliquid assets 非流动资产

nonperforming loans 不良贷款

non sequitur 不合逻辑的推论

nonsuit （因证据不足）驳回诉讼

nonvoting securities 无投票权证券,无表决权证券

norms 规范,标准,基准

notary public 公证人

note 票据,纸币,钞票

   promissory note 本票,期票,承诺函

notice and comment procedure　公告和评论程序

notice of charge　控告通知书

notice of dispute　争议通知书

Northern Rock Bank　北方岩石银行

NOW account = negotiated order of withdrawal account　可转让提款指令账户,可转让提取命令活期账户

numerical score　计分

nursing home　老年护理中心,养老院,疗养院

O

obligations　债券,职责,责任,义务

obligation of good faith　信义义务

occurrence basis　事故发生制,事故型

on credit　赊账,赊购

on remand　发回重审

one-bank holding company　单一银行控股公司

off-exchange　场外衍生品交易

office supply　办公用品,办公室费用

Office of the Comptroller of the Currency(OCC)　货币监理署(OCC)

Office of Thrift Supervision,OTS　储蓄机构管理局(OTS)

off-site monitoring and　非现场监测

ombudsman　申诉专员,监察专员

on-site examination　现场检查

on welfare　吃福利,享受福利

open-bank assistance　开户银行的援助

operating income　营业收入

operating subsidiary　运营子公司

opportunity cost　机会成本

oppressive tactics　压迫性策略,压迫手段

optimal solution　最优解,最佳解决方案

option　期权

　　call option　看涨期权,买入期权,买入选择权

　　put option　看跌期权,卖出期权,卖出选择权

opt-in regime　选择加入制度

oral argument　口头陈诉,口头辩论,言词辩论

order　命令,令

　　suspension order　中止令,停职令

ordinary care　普通注意

originating bank　主理银行

origination fees　启动费,发起费用

　　credit check fee　信用调查费,信用审查费

　　appraisal fee　评估费

　　flood certification fee　洪水认证费,防洪认证费

　　tax certification fee　税务认证费

　　escrow analysis fee　第三方代管账户分析费

　　underwriting analysis fee　承保分析费

　　document preparation fee　文件编制费,材料准备费

　　separate fees　分笔收费,独立收费

out of session　休会

out-of-state　州外

outside counsel　外部律师

outstanding　未结清的

outstanding balance due　到期未付余额

overall evaluation　综合评价,总体评价,整体评价

overcharge　高额收费,要价过高,宰人价

overdraw　透支

overnight delivery services　隔夜交货服务,隔夜递送服务

oversight　监督

owe a duty　有责任

ownership interest　所有者权益

P

padded closing costs　虚高成交价

padded recording fee　虚高登记费,虚高记录费

participants　市场参与者

party-planner　派对筹划员,晚会策划人,宴会策划人

past due　逾期,过期

payment forbearance　偿还延期,还款宽限

payment schedule　还款计划,还款时间表

payment shock　月供惊魂;还款冲击;支付冲击

payment system　支付系统

pecuniary interest　金钱利益

penalty structure　惩罚结构

Penn Square Bank(PSB)　佩恩广场银行

pension funds　养老基金(公司);退休基金(公司)

per curiam　(拉丁)法院的,依法院,由法院所定,引用法官判词

perfect foresight　完美预见,完全预见

personal knowledge　个人知识,个体知识

personal reviewed　本人审核,个体审核

perverse incentive　反常激励

pet projects　宠爱项目,偏爱项目,得意项目

petitioner　诉愿人,离婚诉讼的原告

physical impossibility　实际上不可能,不可能

physical seizure　查封,物理查封

place in escrow　提存

plaintiff　原告,申诉人

plaintiff-friendly　亲原告,示好原告

plan of reorganization　重组计划

plea bargaining　辩诉交易

pledge　质押,典当

pledgee　受质人

pledger　质押人

police power　管制权,治安权,警察权

policy rationale　政策道理,政策根据,政策基础

political coalition　政治联盟

poll results　民意调查结果

portfolio company　投资组合公司,被投资公司

portfolio diversification　投资组合多元化,投资分散化

post-origination fees　后期费

　　foreclosure fees　止赎费

　　late fees　滞纳金

　　prepayment penalty　提前还款罚金

　　dispute-resolution or arbitration fees　解决争端费,或仲裁费

power　能力,职权

　　bank powers　银行能力,银行职权

　　core banking powers　银行核心能力

　　corporate powers　法人能力

　　earning power　盈利能力

　　enumerated powers　列举能力

　　incidental powers　附属能力

　　limited powers　有限能力,受限制能力

　　market powers　市场势力

related powers　相关能力

practices　惯例,做法,措施,实践

debt collection practices　收债惯例

practitioner　（职业律师或医生）开业者,执业者

predatory lending　掠夺性放贷,掠夺性贷款

predatory loan　掠夺性贷款

preemption　优先权,优先,先占权,先占

preemption clauses　先占权条款

Preemption Doctrine　先占原则

preferential treatment　优惠待遇

preferred card　（信用卡）金卡

preferred customer　首选客户,优惠顾客

preferred shares　优先股,特别股

convertible preferred shares 可转换优先股

unconvertible preferred shares　非可转换优先股

preferential terms　优惠条件

preferential lending　优惠贷款

premises　办公用房

premium fees　溢价费

prepayment option　提前还款权,提前偿还期权

prepayment penalty　提前还款罚金

preponderance of evidence 优势证据

prerogative writs　君主特权令

prescription　规定

present value　折现值,现值,当前价值

presumption against surplusage　反多余内容假设,假定双方不会约定多余的
内容

pretrial order　审前命令

price control　价格管制,价格控制

price regulation　价格管制,价格监管,价格调整

price-fixing agreement　固定价格协议,统一价格协议

pricing　定价

    differential pricing　差异化定价

    perfect pricing　完美定价

    pricing of deposit insurance　存款保险定价

    risk-based pricing　基于风险的定价

    pricing system　定价体系

preliminary injunction　预先禁令

primary regulator　主要监管机构,主要监管部门

prime real estate　美国房地产市场

primary conduct　主要行为

primary dealer　一级交易商

primary federal regulator　联邦监管主管机构

principal or interest　本金或利息

principal　委托人,主事人

as principal/as agent　自营/代理

principal or fiduciary　委托人或受托人

principal transaction　本人交易

principal underwriter　主承销商

prior approval　事先批准

priorities　先占权,优先权

priority claim　优先受偿,优先受偿权

priority class　优先级

priorit system　优先权制度

prisoners' dilemma　囚徒困境

privacy concern　首要关注,首要关注问题,主要关注点,主要担忧

privacy litigation　隐私权诉讼

private actors　私人行为人

private contract　私人契约,私人合约

private equity fund　私募股权基金,私募基金

private parties　私方,私人当事人

private litigation　私权诉讼

private parties　私方,私人当事人

private civil litigation／public civil litigation　私人民事诉讼/公共民事诉讼

private equity fund　私募股权基金,私募基金

private right　私权利

privately placing securities　私下配售证券,私募证券

private right of action　私人诉权

privatized state enterprise　国有企业私有化

privileged claim　先占索偿权

privity of contract　合同关系不涉及第三人原则,合约当事人

provoke public outrage　激起公愤

probable cause　可能原因

problem bank　问题银行

procedures　程序

professional malpractice　职业过失,职业责任事故

professional negligence　专业过失,业务疏忽

promissory note　承诺函

prompt post-seizure hearing　占后及时听证会

proper procedure　正当程序

proper purpose　正当目的

property　财产

　real property　不动产

　estate property　房地产

premises　办公用房

personal property　动产

residential property　住宅,住宅物业,住宅地产/房地产

prompt corrective action　立即纠正措施

prompt corrective action statute　立即纠正措施法规

prompt corrective action provisions　立即纠正措施法条

prompt post-seizure hearing　占后及时听证会

property-casualty insurance　财产灾害保险

proper precautions　相应预防措施

proprietary loan　自营贷款

proprietary trading　自营,自营交易

property security firm　物业保安公司

pro rata　按比例,按比例分配

pro rata share　分摊比例

protected category　受保护群体,被保护群体

protest procedure　抗诉程序,抗议程序

provision　规定,条款,条文;拨款,预留款项

proviso　但书,限制条款

proxies and intermediaries　代理和中介机构

Prudentia　保德信金融集团

prudential rules　审慎规则,审慎原则

public company　公开公司,公营公司,公共公司,公益公司,招股公司,上市
公司

public confidence　公众信心

public enforcement and private enforcement　公共执行和私人执行

public file　公共文件,公用档案

public right　公权利

public-spiritedness　公益精神,公众意识

public utility 公用事业(公司),公共事业

punitive damage 惩罚性损害赔偿

purchase and assumption 购买与承保

putative class action 假定的集体诉讼,推定集体诉讼

Q

qualified financial contracts（QFCs） 合格金融合同(QFCs)

qualified immunity 合格豁免权

qualified privilege 有条件的特权,受约制特权,特许权

qualifying collateral 合格担保品,合格抵押品

quasi-public entity 准公共实体

quiet title 判决产权归属,确定物权归属

R

raised eyebrows 表示不满,表示怀疑

rate 比率

  adjustable-rate 可调利率

  annual interest rate 年利率

  assessment rate 评估折算率,评估费率

  fixed-rate 固定利率

  fluctuating interest rate 浮动利率

  increased penalty rate 加罚利率

  index-driven rate 指数驱动利率

  initial rate 起始利率

  interest rate 利率,利息率

  introductory rate 引导利率

  periodic rate 周期性利率,循环利率

  premium rate 保险费率,保险价格

prime rate　基准利率,最优惠利率

regular interest rate　一般利率

reserve rate　准备金率

rate schedule　费率表,税率表,价格制度

variable interest rate　浮动利率

rate of return　收益率,回报率

ratification　批准

rating system　分级制度,评级系统

rationale　道理,理由,理据

real and personal property　不动产和动产,动产和不动产

real estate　房地产,不动产

residential real estate　住宅房地产

commercial real estate　商业房地产,商业地产

real estate settlement services　房地产过户结算服务

realistic discount rate　现实贴现率,实质贴现率

realistic job prospects　现实的就业前景

reasonable cause　正当理由,合理理由

rebut　反驳,反证

recess appointment power　休会任命权

receipt　收据,收条

reckless disregard　毫不顾及,全然不顾,鲁莽行为

reciprocity　互惠

recourse　追索权

regular consultation　定期磋商

regulatory burden　监管负担

regulatory malpractice　监管的弊端

regulatory program　管制项目

receiver　接管人,财产管理人,官方接管人

receivership　接管,接管管理,接管状态

Reconstruction Finance Corporation　重建金融公司

recording process　记录程序

recourse　求援, 追索权

recovery　收回,追偿

redeem　赎回

redlining　（以拒给贷款,抵押,保险等经济性)地域歧视

referring loan to foreclosure　决定提交止赎,提交止赎处理

regular audit　常规审计,定期审计

regulation　规例,规定,规条,规则,细则

Regulation Z　Z 条例

regulators　监管当局,监管部门,监管机构

regulatory accounting principles　监管会计准则

Regulatory agencies　监管当局,监管部门,监管机构

regulatory burden　监管负担

regulatory competition　监管竞争

regulatory initiatives　监管举措

regulatory scrutiny　监管审查

regulatory turf　监管地盘

Reg Q thrift differential　Q 条例互助储蓄级差

reimbursement, indemnification, or guarantee against loss　补偿、赔偿或担保
　损失

related interests　相关利益方

related powers　相关能力

related transactions　关联交易

release　释放,转让

relative bargaining power　相对议价能力

relief　免除,宽免,救济

relocation assistance 搬迁援助

remedy 救济方法,补救,追偿

removal 免职,解职

REO = real estate owned 拥有的不动产

repeated refinancing 重复再融资

repo 回购

report form 报告格式

repurchases 回购

repurchase agreement 回购协议

request comment 置评请求,请求评论

requisite capital 必要资本,必要资金

resident examiners 派驻检查员,派驻检查

reserve against deposit 存款准备金

Reserve Primary Fund 美国货币市场基金(别译:主要储备基金,货币市场基金)

residential tract development 住宅成片开发

Resolution Trust Corporation 债务重整信托公司

retained earnings 未分配利润,留存收益

retirement benefits 退休福利金/退休金

restrospective 有溯及力的

return a verdict (陪审团)宣布判决

return on assets 资产回报率

return on equity 净资产收益率/股本回报率/权益报酬率

rev'd on other grounds sub nom 基于其他理由复审

reviewing court 复审法院,再审法院

right of setoff 抵销权,抵销权制度

right of visitation 巡查权利

respondant 被诉人,被告,与讼人,被上诉人

requirements   要求,规定

    capital requirements   资本要求,资本要求

reverse   逆转,推翻

reversed and remanded   撤销并发回重审

RICO(Racketeer-Influenced and Corrupt Organizations)   诈骗操纵和贿赂组织,黑恶势力

    civil RICO   民事反黑恶势力法

    criminal RICO   刑事反黑恶势力法

risk   风险

    credit risk   信用风险

    foreign exchange rate risk   汇率风险

    interest rate risk   利率风险

    liquidity risk   流动性风险

    market risk   市场风险

    operational risk   操作分析

    ordinary risk   正常风险

    reputation risk   声誉风险

    value at risk   风险价值

risk-based capital requirement   基于风险的资本要求,基于风险的资本要求

risk-based capital ratios   基于风险的资本比率,风险资本比率

riskless principal transaction   本人交易,无风险自营交易

risk management   风险管理

risk-mitigating/ risk mitigation   风险缓释

risk-taking   承担风险,冒险行为,冒险

risk-weighted assets   风险权重资产

Rival oversight regime   竞争性的监督制度

robo-signing   机器人签名,机器签名,自动签

royalty claim   特许权使用费索赔

Rube Goldberg regulatory structure　鲁布·戈德堡式的监管结构

rule　规则,法则,统治

　　prudential rules　审慎规则

　　usury rules　高利贷的规则

rule of comity　礼让规则

rule "upon the merits"　"按是非曲直"规则

rules versus standards　规则对标准

rulemaking　规则制定,规章制定

rulemaking process　规章制定程序

runs and panics　挤兑和恐慌

　　　　　S

Sachsen LB　萨克森银行

safe deposit business　保险箱业务,贵重物品保管业务,保管业

safety net　金融安全网

safeguards　保障措施,保护措施

safe harbor　安全港,免责规定

safe haven　安全区

sales tax　美国的消费税

Sallie Mae　学生贷款行销协会

Santa Claus　圣诞老人

satisfaction of a debt　偿还债务

savings and loans(S&L)　储贷协会(S&L)(其他译法:储蓄贷款机构;储蓄
　　与贷款机构;信用合作社等)

saving and loan holding company　储贷机构控股公司

saving bank　储蓄银行

saving bonds　储蓄债券

saving clause　保留条款,但书,对例外情况的附加条款

scienter　恶意,明知,故意

section　条,项,节,段

　　subsection　分条

second-guess　事后揣测,事后批评,事后诸葛亮

second market　第二板市场,第二市场

secret arrangement　秘密安排,秘密协议

secured claim　有担保债权,附带担保的债权

secured creditors　有担保的债权人

secured transactions　担保交易

securities　证券

　　asset-backed securities　资产支持证券

　　mortgage-backed securities　抵押贷款支持证券

　　Treasury securities　国债,国库券

securities broker-dealers　证券经纪商

securities contracts　证券合同

securities firms　证券公司

security interest　担保物权,担保权益

segregated, earmarked deposit account　隔离专用存款账户

seize　查封,占领

seizing a bank　查封银行

self-dealing　自我交易,自利交易,假公济私

self-fulfilling prophecy　自我实现的预言,自圆的预言,自我应验预言

senior executive　高级主管

sensitivity to market risk　市场风险敏感度

serve　送达

set aside　驳回,取消,搁置

setoff　抵销

right of setoff　抵销权

settlement 和解;结算

settlement statement 过户费清单,结算单

severance benefits 退职福利金,退职抚恤金

shadow bank 影子银行

shareholder 股东

shares 股份,股票

　　blue shares 蓝筹股

　　common shares 普通股份

　　green shares 环保股

　　preferred shares 优先股

　　cumulative preferred shares 累积优先股

　　cumulative perpetual preferred shares 累积永续优先股

　　noncumulative preferred shares 非累积优先股

　　noncumulative perpetual preferred shares 非累积永续优先股

　　red shares 红筹股

shares outstanding 流通在外股票,流通股

sharp practice 欺诈手段

short sale 沽空,卖空,短售,短售屋

side agreement 补充协议;附件;附带协议

side business 副业

silent （成文法条文）没有提及的

sine qua non 不可欠缺的;必要条件

significantly undercapitalized 资本显著不足

single-borrower limit 单一借款人限额

single-family home/ single-family house 独栋住宅

slander of title 产权诽谤

small business 小型企业,小企业

small but significant and non-transitory increase in price 小幅、但有意义的、

　　且非临时性的涨价(简称 SSNIP)

small claim court　　小额诉讼法庭,小额法庭

social benefit　社会公益,社会效益

social utility　社会效用

sole shareholder　单一股东,唯一股东

sovereign's visitorial powers　统制"巡查权力"

sovereign's powers to enforce the law　统制执法权力

sovereignty immunity　主权豁免(诉讼豁免)

special purpose vehicles　特殊目的公司

specialized examination　专项检查

specie　铸币

specific risk　特殊风险,特定风险,个别风险

stake　股份,利害关系,风险,赌金

standard form　标准格式,格式

Standard Metropolitan Statistical Areas, SMSAs　标准大都市统计区(SMSAs)

standard of honesty in fact　事实上的诚实标准

state member bank　州成员银行

statutes　制定法,制成法,成文法,法章,单行法,法规,法令

　consumer protection statutes　消费者保护法

statutory　法订的,法定的

statutory condition　法定条件

statutory control　法定控制

statutory damage　法定损害赔偿

statutory exemption　法定例外,在法例上获得豁免

statutory language　法定语言,法律措辞

statutory purpose　法令的目的

statutory successor　法定承继人

straight liquidation　直接清算

structured finance　结构化金融

structured loan　结构化贷款

submarket approach　子市场方法,次市场方法

subordinated claim　次级债权

subordinated debts　次级债,后偿债项,从属债项

subordinated liability　从属责任,次级负债,次级债

substantial noncompliance　严重违规

successors and assigns　继承人和受让人

summary judgment　即决判决,即决判决

supervise and examine　监督检查

subprime　次贷,次级房贷,次级贷

subprime mortgages　次级抵押贷款

subsidiary　子公司

substantial compliance　实质相符,实质合规

substantial evidence　实质证据

substantive law　实体法

substantive rules　实体规则

"sue and be sued" clause　"诉与被诉"条款

summary discharge　即决执行,即决解除

supplemental evidentiary record　补充证据记录

supracompetitive price　超竞争价格,高于市价价格

Supremacy Clause　至高条款(美国宪法第六条第二款)

Supreme Court, the Court　最高法院(简称 the Court)

supervision and law enforcement　监管和执法

supervision and control　监管和控制

supervisory system　监管体系,监管制度,监督系统

suspending or terminating　中止或者终止

suspension, removal, and prohibition of personnel　(人员)停职、免职和禁业

swap　掉期,互换,互换合约,互换协议

swap agreement　互换协议

sweetheart deals　甜心交易,私下交易

switching cost　转换成本,转移成本

systemic risk　系统性风险,系统风险

systemically significant bank / systemically significant nonbank　系统重要性银
行/系统重要性非银行机构

T

tangible capital　有形资本

targeted neighborhoods　目标小区/社区

tax　税收

tax and transfer system　税赋与移转制度

tax-induced-distortion　税收引起的失真

tax liability　税务负担,纳税责任,纳税金额,纳税义务

tax sale　欠税拍卖,欠税财产的拍卖或公卖

teller's check　出纳员支票

temporary restraining order　临时限制令

terminate　禁业性解雇,终止

test　测试,验证,验证方法

test case　判例案件

testimony　证词,证言,证据

　　oral testimony　口头证词

　　written testimony　面证词

thin capitalization　资本弱化

thrift industry　互助储蓄业

thrift institutions, thrifts　储蓄机构,互助储蓄机构(简称 thrifts)

thrift kingpins　储蓄机构头目,储蓄机构老大

tie-in 搭售,捆绑销售

tightened credit conditions 收紧信贷条件

time lines 时间线,时间期限,时限

time-price differential 时间价格区分

time purchase price 分期付款购买价格

title （尤指土地或财产的）所有权,所有权凭证,房地契

   slander of title 产权诽谤,所有权诽谤,诋毁物权/所有权,权利毁谤

title to land 土地所有权

to get in line 排队,插队

toll-free telephone number 免费电话号码

totality-of-the circumstances test 总体情况测试

Too big to fail(TBTF) 大而不能倒(简称 TBTF)

top dollar 高价,最高价

Torah 摩西五经

tort 侵权,侵权行为,过失罪

   defamation 诽谤,毁谤,毁坏名誉,中伤

   intentional infliction of emotional distress 蓄意精神伤害,蓄意造成情绪困扰

   invasion of privacy 侵犯隐私,侵犯隐私权

   negligence 疏忽,过失行为,失职

total assets 总资产

total equity 总负债

total liabilities 总权益,总股本

trade associations 同业公会

transfer 转让,转移,让渡

transaction accounts 交易账户

Trans Union 环联公司(美国主要三大消费者征信机构之一)

Transaction services 交易服务

traveler check　旅行支票

Treasury security　美国国债

trial court　初审法院,审判法院;审判法庭

trial exhibits　审讯物证

trial procedure　审判程序,庭审程序

Troubled Asset Relief Program（TARP）　问题资产纾解计划(简称 TARP)

trustee　受托人；信托公司

truth in lending　诚实贷款

tsnami of financial distress　金融危机海啸

tiedproduct　被搭售品

tying　搭售

tyingproduct　搭售品

U

unbundling　分类计价

unclean hands　不洁之手

unconscionability doctrine　显失公平原则

undercapitalized　资本不足

underlying obligation　标的债项,基础义务

underlying real assets　基础真实资产

underwriting standards　承销标准,贷款标准,保险标准

unearned markup　劳务费加价

unequal bargaining power　不平等议价能力

Uniform Financial Institution Rating System　统一金融机构评级体系

United Bank of Switzerland（UBS）　瑞士联合银行集团(简称瑞银,英文简称 UBS)

unimproved property　未开发地产

unemployed payment forbearance　失业给付的宽容

unsafe or unsound practice　不安全或不稳健做法

unscrupulous operator　不法经营者

unsecured debt　无担保债券,无担保债务

unsecured claims　无担保债权

unsecured creditors　无担保的债权人

unsolicitied card　非申请卡

unwarranted by the facts　不为事实所支持

upon demand　见票即付

upon the merits　按是非曲直

upside gain　上行增益

U. S. Sentencing Commission　美国量刑委员会

usury　高利贷

V

value　价值

　book value　账面价值

　franchise value　特许权价值

　going-concern value　连续经营价值

　market value　市值

　par value　面值,票面价值

　reported value　申报值

verdict　(陪审团的)裁决,裁定

vicariously liable　转承责任,代偿责任

video-game arcades　电子游戏厅

violation　违反,违例,违犯

virtual pawnshop　虚拟当铺

virtue of localism　地方主义美德

Visa /MasterCard　维萨卡/万事达卡

visitations　巡视检查

visitor　巡查人

visitorial powers; visitation powers　巡查权力

visitorial administrative oversight　巡查性行政监督

Volcker Rule　沃尔克规则

volatile funding sources　不稳定资金来源

voting shares　投票权股票

W

Wachovia　瓦霍维亚银行

Washington Mutual　华盛顿互惠银行

wage attachment　工资扣押

waiving of deficiency balance　宽免欠缺余额

waiver　放弃

well capitalized　资本雄厚

Wells Fargo　富国银行

Western Union　西联汇款公司

willfulness　故意

win-win strategy　双赢策略

windfall　意外之财,外快

wire fraud　电信诈欺

without recourse　无追索

wolf pack　狼群战术,一帮小流氓

workpaper　作业报告,工作底稿

wrong people　错的人

wrongful act　不当行为,错误行为,不法行为

written agreement　书面协议,书面同意

written instruments　文书,文据,票据,证券,契约

Y

yield spread　收益率差价,收益差,利差

yield spread premium　收益差价奖金,收益溢价,利率溢价费

Z

zaibatsu system　财阀体系

zealous advocacy　积极辩护

成文法一览表 [*]

Administrative Procedure Act, APA

《美国行政程序法》(APA)

Bank Holding Company Act

《1956 年银行控股公司法》

Bank Secrecy Act

《银行保密法》

Banking Act of 1933

《1933 年银行法》

Bankruptcy Code

《美国联邦破产法》

Bank Merger Act

《银行兼并法》

Change in Bank Control Act

《银行控制变更法》

Civil Right Act of 1964

《1964 年民事权利法》

Clayton Act

《克莱顿法》

Code of Federal Regulations(CFR)

《美国联邦法规》(CFR)

Community Reinvestment Act

《社区再投资法》

---

[*] 本表为译者编制

Crime Control Act of 1990

《1990 年犯罪控制法》

Delaware General Corporation Act

《特拉华普通公司法》

Dodd-Frank Wall Street Reform and Consumer Protection Act, AFP

《多德-弗兰克华尔街改革和消费者保护法》(AFP)

Edge Act

《埃奇法》

Emergency Economic Stabilization Act of 2008

《2008 年紧急经济稳定法》

Equal Credit Opportunity Act, ECOA

《平等信贷机会法》(ECOA)

Fair and Accurate Credit Transactions Act

《公平准确信用交易法》

Fair Credit Reporting Act

《公平信用报告法》

Fair Debt Collection Practices Act, FDCPA

《公平债务催收法》(FDCPA)

Fair Housing Act

《1974 年公平住房法》

Federal Arbitration Act (FAA)

《联邦仲裁法》(FAA)

Federal Credit Union Act

《联邦信用社法》

Federal Deposit Insurance Act

《联邦存款保险法》

Federal Deposit Insurance Corporation Improvement of Act of 1991

《1991 年联邦存款保险公司改进法》(FDICIA)

Federal Reserve Act

《联邦储备法》

Federal Rule of Civil Procedure

《联邦民事诉讼规则》

Federal Tort Claims Act

《联邦侵权赔偿法》

Federal Trade Commission Act

《1914 年联邦贸易委员会法》

Financial Institutions Reform, Recovery, and Enforcement Act, FIRREA

《金融机构改革,恢复和执行法》(FIRREA)

Freedom of Information Act (FOIA)

《信息自由法》(简称 FOIA)

Gramm-Leach-Bliley Act

《格雷姆-里奇-比利雷法》(即《1999 年金融服务现代化法》)

Glass-Steagall Act

《格拉斯-斯蒂格尔法》

Hart-Scot-Rodino Act

《赫特-斯科特-罗迪诺法》

Home Owners' Loan Act of 1933

《1933 年房主贷款法》

Home Ownership and Equity Protection Act

《1994 年住房所有权及权益保护法》

International Banks Act of 1978

《1978 年国际银行法》

International Convergence of Capital Measurement and Capital Standards (Basel I)

《关于资本计量与资本标准的国际一致协议(巴塞尔 I)》

International Lending Supervision Act of 1983

《1983 年国际贷款监督法》

International Money Laundering Abatement and Anti-Terrorists Financing Act

《2001 年国际反洗钱与反恐怖主义者融资法》

Mcfadden Act

《麦克法登法》

Model Business Corporation Act

《美国标准公司法》

National Bank Act

《国民银行法》

National House Act

《1934 年国家房屋法》

Rcketeer Influenced and Corrupt Organization Act

《诈骗影响和腐败组织法》

Real Estate Settlement Procedure Act, RESPA

《房地产结算程序法》(RESPA)

Restatement (Second) of Contracts

《合同法第二次重述》

Right to Financial Privacy Act

《1978 年金融隐私法》

Riegle Community Development and Regulatory Improvement Act

《里格尔社区开发与监管改进法》

Riegle-Neal Interstate Banking and Branching Efficiency Act of 1994

《1994 年里格尔-尼尔州际银行和分行化有效法》

Saving and Loan Holding Company Act

《储贷机构控股公司法》

Sherman Act

《谢尔曼法》

Subanes-Oxley Act of 2002

《2002 年萨班斯-奥克斯利法》

Service members Civil Relief Act（SCRA）

《军人民事救济法》（SCRA）

Texas Business and Commercial Code

《得克萨斯州商法典》

Talmud　（犹太法典）

《塔木德》

Delaware General Corporation Law

《特拉华州普通公司法》

Truth in Lending Act，TILA

《诚实借贷法》（TILA）

Uniform Commercial Code（UCC）

《1952 年美国统一商法典》（UCC）

U. C. C.　Comment

《〈美国统一商法典〉述评》

Uniform Fraudulent Transfer Act

《统一欺诈性转让法》

Uniform Gifts to the Minors Act

《统一赠与未成年人法》

Uniform Partnership Act

《统一合伙法》

USA PATRIOT Act

《美国爱国者法》

U. S. Sentencing Guidelines Manual

《美国量刑指南手册》

United States Code

《美国法典》

图书在版编目(CIP)数据

美国金融机构法. 上,银行法/(美)卡内尔等著;
高华军译. —北京:商务印书馆,2016
(威科法律译丛)
ISBN 978-7-100-12227-6

Ⅰ.①美… Ⅱ.①卡…②高… Ⅲ.①金融机构—金
融法—研究—美国②银行法—研究—美国 Ⅳ.
①D971.222.8

中国版本图书馆 CIP 数据核字(2016)第 100717 号

威科法律译丛

美国金融机构法

(第五版)

上册 银行法

理查德·斯考特·卡内尔
〔美〕 乔纳森·R. 梅西 著
杰弗里·P. 米勒
高华军 译

商 务 印 书 馆 出 版
(北京王府井大街36号 邮政编码100710)
商 务 印 书 馆 发 行
北 京 冠 中 印 刷 厂 印 刷
ISBN 978-7-100-12227-6

2016 年 6 月第 1 版 开本 787×960 1/16
2016 年 6 月北京第 1 次印刷 印张 51¾
定价:155.00 元